国家建筑标准设计图集 18J811-1

（替代 13J811-1改）

《建筑设计防火规范》图示

按《建筑设计防火规范》GB 50016-2014(2018年版)编制

批准部门：中华人民共和国住房和城乡建设部

组织编制：中 国 建 筑 标 准 设 计 研 究 院

中国计划出版社

图书在版编目（CIP）数据

国家建筑标准设计图集.《建筑设计防火规范》图示：18J811－1/中国建筑标准设计研究院组织编制．—北京：中国计划出版社，2018. 10

ISBN 978－7－5182－0938－5

Ⅰ.①国...　Ⅱ.①中...　Ⅲ.①建筑设计—中国—图集②建筑设计—防火—建筑规范—中国—图集　Ⅳ.①TU206②TU892－65

中国版本图书馆 CIP 数据核字（2018）第 240851 号

国家建筑标准设计图集

《建筑设计防火规范》图示

18J811－1

中国建筑标准设计研究院　组织编制

（邮政编码：100048　电话：010－68799100）

广告发布登记号：京西市监广登字 20170256 号

☆

中国计划出版社出版

（地址：北京市西城区木樨地北里甲 11 号国宏大厦 C 座 3 层）

北京强华印刷厂印刷

787mm×1092mm　1/16　17.25 印张　69 千字

2018 年 10 月第 1 版　2020 年 4 月第 3 次印刷

☆

ISBN 978－7－5182－0938－5

定价：138.00 元

《建筑设计防火规范》图示(2018年版)编审名单

编制组负责人：倪照鹏　林　莉　蔡昭昀　郭　景

编制组成员：王宗存　李晓宁　杨立萌　李　雯　成　龙　高　杰　李　笺
吴　颖　曹　奕　张　嘉　张　博

审查组长：党　杰　华东建筑设计研究总院

审查组成员：沈　纹　原公安部消防局标准规范处
高建民　原福建省消防总队
江　刚　广东省建筑设计研究院
赵克伟　原北京市公安消防总队
周燕珉　清华大学建筑学院
吴文超　北京市海淀区消防支队
刘　赍　北京市海淀区消防支队

项目负责人：郭　景

项目技术负责人：朱显泽

国标图热线电话：010-68799100　发　行　电　话：010-68318822
查阅标准图集相关信息请登录国家建筑标准设计网站 http://www.chinabuilding.com.cn

《建筑设计防火规范》图示(2018年版)

主编单位 中国京冶工程技术有限公司
应急管理部天津消防研究所
中国建筑标准设计研究院有限公司

统一编号 GJBT－1508

实行日期 二〇一八年十一月一日

图集号 18J811-1

主编单位负责人

主编单位技术负责人

技术审定人

设计负责人

目 录

目录						图集号	18J811-1
审核	蔡昭昀	校对	林莉	设计	李晓宁	页	1

目录							图集号	18J811-1
审核	蔡昭昀	蔡昭昀	校对	林莉	林莉	设计 李晓宁	李晓宁	页 2

编 制 说 明

1 编制依据

住房和城乡建设部建质[2008]83号文“关于发布《2008年国家建筑标准设计编制工作计划》的通知”。

《建筑设计防火规范》GB 50016-2014（2018年版）及相关的建筑设计标准、规范。

当依据的标准规范进行修订或有新的标准规范出版实施时，本图集与现行工程建设标准不符的内容、限制或淘汰的技术或产品视为无效。工程技术人员在参考使用时，应注意加以区别，并应对本图集相关内容进行复核后选用。

2 适用范围

本图集可供全国建设单位、规划和建筑设计、施工、监理、验收等相关人员以及消防监督人员配合规范使用；并可作为建筑设计相关专业的教师和学生对这部分内容教学的参考。

3 编制原则

将《建筑设计防火规范》GB 50016-2014（2018年版）的部分条文通过图示、表格等形式表示出来，力求简明、准确地反映《建筑设计防火规范》GB 50016-2014（2018年版）的原意，以便于使用者更好地理解和执行《建筑设计防火规范》GB 50016-2014（2018年版）。图集中图示，仅限于对所在条款内容图示，不表述其他内容。

4 编制方式

4.1 本图集以《建筑设计防火规范》GB 50016-2014（2018年版）的条文及条文说明为依据，图示内容按《建筑设计防火规范》GB 50016-2014（2018年版）条文的顺序排列。

4.2 图示表达：

4.2.1 正文蓝底部分是对《建筑设计防火规范》GB 50016-2014（2018年版）原文（包括章节编号等）的直接引用。

字体按规范编制的要求，强制性条文为**黑体**，普通条文为宋体。

4.2.2 白底部分为图示的内容，是对《建筑设计防火规范》GB 50016-2014（2018年版）条文的理解和注释，字体采用仿宋体。

4.3 “【图示×】”为本图集在《建筑设计防火规范》GB 50016-2014（2018年版）条文相应处加注的图示对应编号。

4.4 “〖条文说明〗”为本图集在《建筑设计防火规范》GB 50016-2014（2018年版）条文相应处引用的条文说明的注解。

4.5 “[注释]”是编制单位对《建筑设计防火规范》GB 50016-2014（2018年版）条文所包含内容的说明，提示设计中应注意的问题或该条目的适用范围。

4.6 对规范条文的解释图示内容较多时，采用续页的编排方式。

4.7 图集中凡涉及到的防火墙、防火堤、防爆墙等采用红色填充表示。对耐火极限有特别要求的隔墙、楼板、防火门窗等采用红色表示。

4.8 图集中图示为规范所述的普遍常见做法，不限制其他符合规范的做法。

5 图集解释

5.1 本图集由应急管理部天津消防研究所负责具体解释工作。

5.2 实际工程中若对条文的理解有疑义，请与应急管理部天津消防研究所联系。地址：天津市南开区卫津南路110号，邮政编码：300381。

1 总则

1.0.1 为了预防建筑火灾，减少火灾危害，保护人身和财产安全，制定本规范。

1.0.2 本规范适用于下列新建、扩建和改建的建筑：

1 厂房；

2 仓库；

3 民用建筑；

4 甲、乙、丙类液体储罐（区）；

5 可燃、助燃气体储罐（区）；

6 可燃材料堆场；

7 城市交通隧道。

人民防空工程、石油和天然气工程、石油化工工程和火力发电厂与变电站等的建筑防火设计，当有专门的国家标准时，宜从其规定。

1.0.3 本规范不适用于火药、炸药及其制品厂房（仓库）、花炮厂房（仓库）的建筑防火设计。

1.0.4 同一建筑内设置多种使用功能场所时，不同使用功能场所之间应进行防火分隔，该建筑及其各功能场所的防火设计应根据本规范的相关规定确定。

1.0.5 建筑防火设计应遵循国家的有关方针政策，针对建筑及其火灾特点，从全局出发，统筹兼顾，做到安全适用、技术先进、经济合理。

1.0.6 建筑高度大于250m的建筑，除应符合本规范的要求外，尚应结合实际情况采取更加严格的防火措施，其防火设计应提交国家消防主管部门组织专题研究、论证。

1.0.7 建筑防火设计除应符合本规范的规定外，尚应符合国家现行有关标准的规定。

2 术语、符号

2.1 术语

2.1.1 高层建筑 high-rise building

建筑高度大于27m的住宅建筑和建筑高度大于24m的非单层厂房、仓库和其他民用建筑。【图示1】【图示2】【图示3】

注：建筑高度的计算应符合本规范附录A的规定。

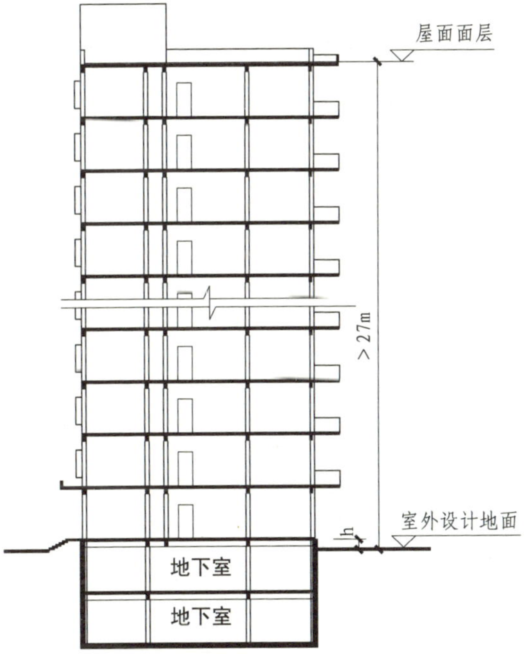

建筑高度大于27m住宅建筑

剖面示意图

[注释]h为室内外差或建筑的地下或半地下室的顶板面高出室外设计地面的高度。对于住宅建筑，h是否计入建筑高度详见附录A。

2.1.1 图示1

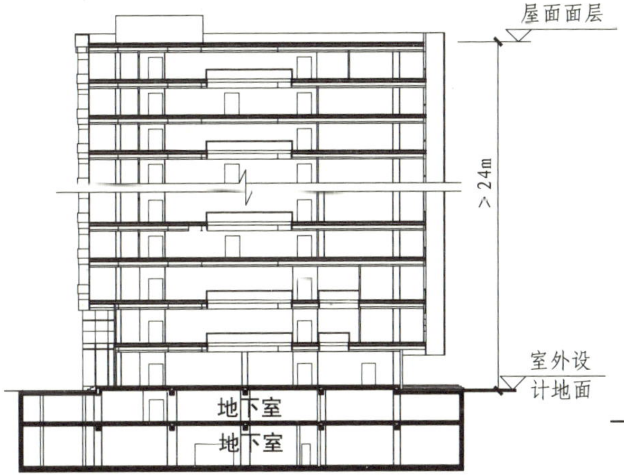

建筑高度大于24m的其他民用建筑

剖面示意图

2.1.1 图示2

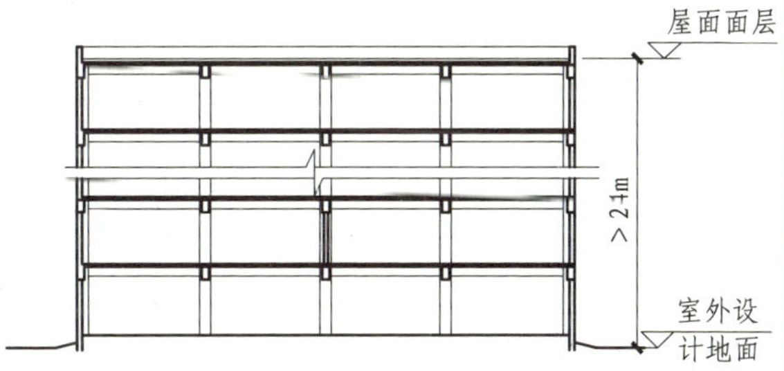

建筑高度大于24m的非单层厂房、仓库

剖面示意图

2.1.1 图示3

[注释]建筑高度的计算见本图集附录A。

2.1 术 语						图集号	18J811-1
审核	蔡昭昀	校对	林 莉	设计	李晓宁	页	2-1

2.1.2 裙房 podium

在高层建筑主体投影范围外，与建筑主体相连且建筑高度不大于24m的附属建筑。【图示】

2.1.3 重要公共建筑 important public building

发生火灾可能造成重大人员伤亡、财产损失和严重社会影响的公共建筑。

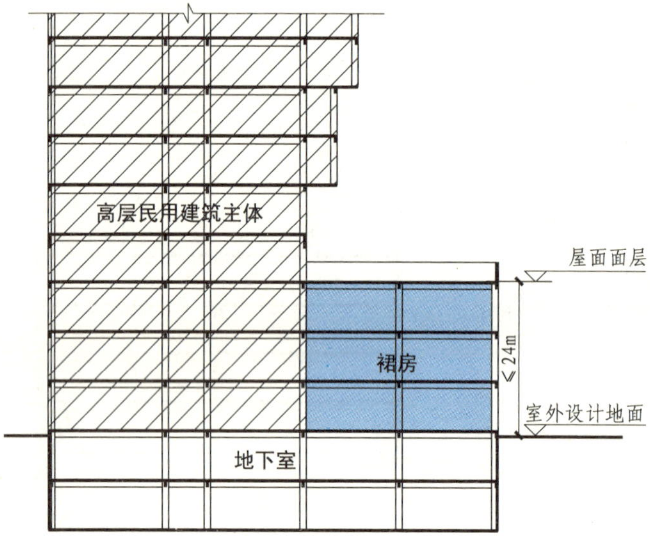

剖面示意图

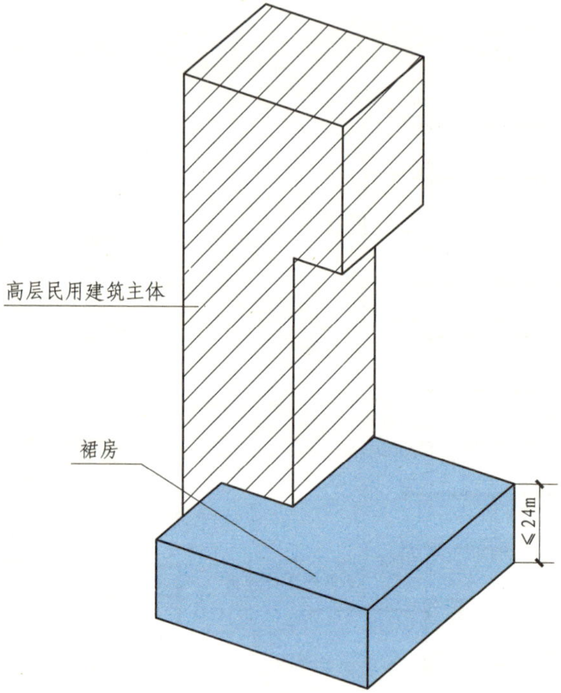

轴侧示意图

2.1.2 图示

2.1 术 语								图集号	18J811-1
审核	蔡昭昀	蔡昭昀	校对	林 莉	林莉	设计	李晓宁	李晓宁	页	2-2

2.1.4 商业服务网点 commercial facilities

设置在住宅建筑的首层或首层及二层，每个分隔单元建筑面积不大于300 m²的商店、邮政所、储蓄所、理发店等小型营业性用房。

【图示1】【图示2】

2.1.5 高架仓库 high rack storage

货架高度大于7m且采用机械化操作或自动化控制的货架仓库。

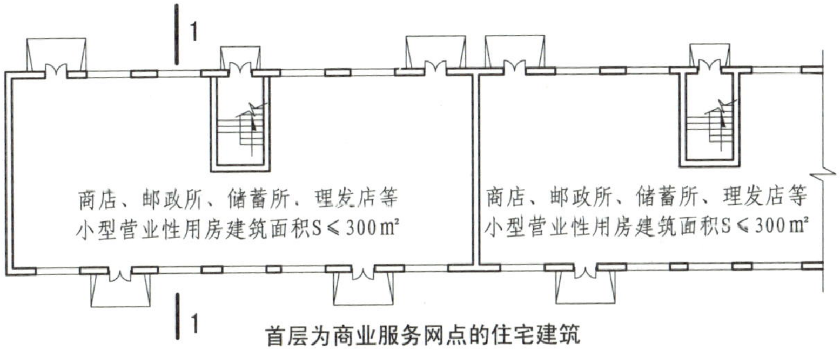

首层为商业服务网点的住宅建筑

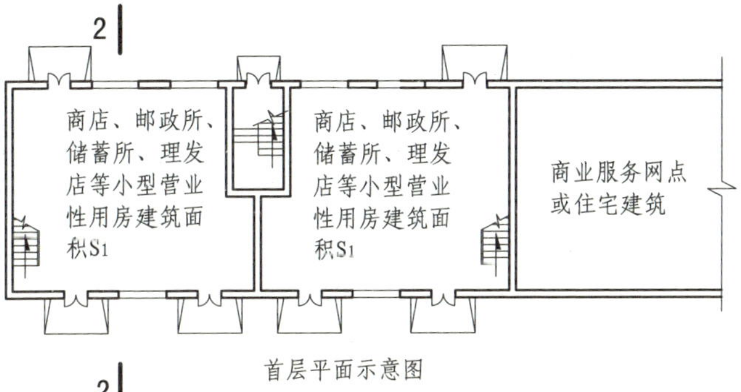

首层平面示意图

2.1.4 图示1

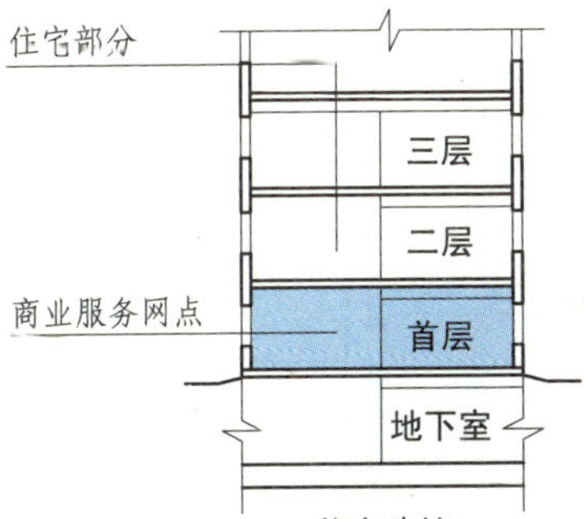

住宅建筑

1-1

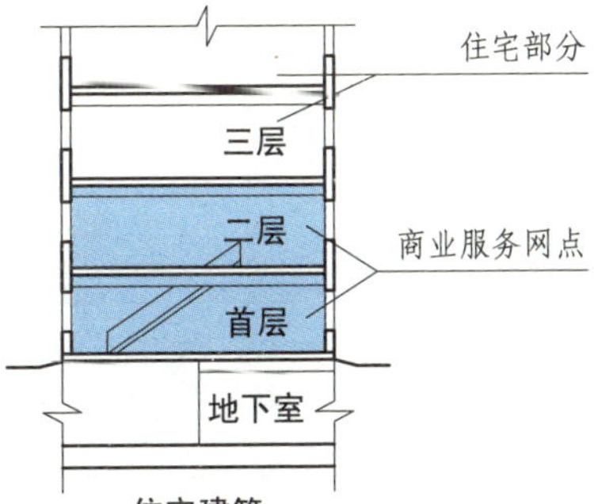

住宅建筑

2-2

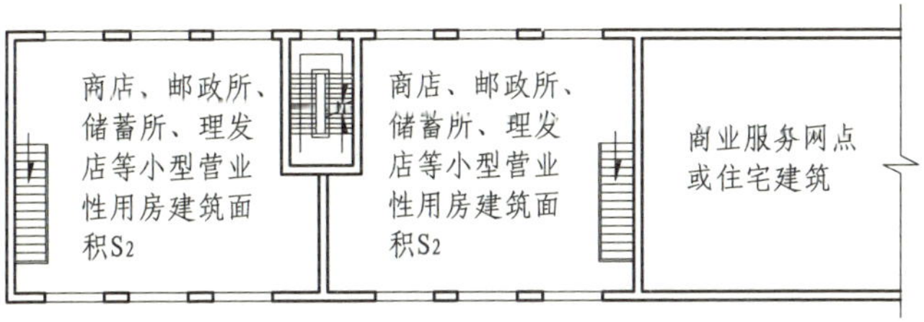

二层平面示意图

[注释]S为每个分隔单元建筑面积，$S_1+S_2=S$，且S≤300m²。

首层及二层为商业服务网点的住宅建筑

2.1.4 图示2

[注释]商业服务网点的疏散门的数量、宽度等设计应符合第5.4.11条的相关规定。

2.1 术 语							图集号	18J811-1
审核	蔡昭昀	蔡昭昀	校对	林 莉	林莉	设计 李晓宁	李晓宁	页 2-3

2.1.6 半地下室 semi-basement

房间地面低于室外设计地面的平均高度大于该房间平均净高1/3，且不大于1/2者。【图示】

2.1.7 地下室 basement

房间地面低于室外设计地面的平均高度大于该房间平均净高1/2者。【图示】

2.1.8 明火地点 open flame location

室内外有外露火焰或赤热表面的固定地点（民用建筑内的灶具、电磁炉等除外）。

2.1.9 散发火花地点 sparking site

有飞火的烟囱或进行室外砂轮、电焊、气焊、气割等作业的固定地点。

2.1.10 耐火极限 fire resistance rating

在标准耐火试验条件下，建筑构件、配件或结构从受到火的作用时起，至失去承载能力、完整性或隔热性时止所用时间，用小时表示。

2.1.11 防火隔墙 fire partition wall

建筑内防止火灾蔓延至相邻区域且耐火极限不低于规定要求的不燃性墙体。

2.1.12 防火墙 fire wall

防止火灾蔓延至相邻建筑或相邻水平防火分区且耐火极限不低于3.00h的不燃性墙体。

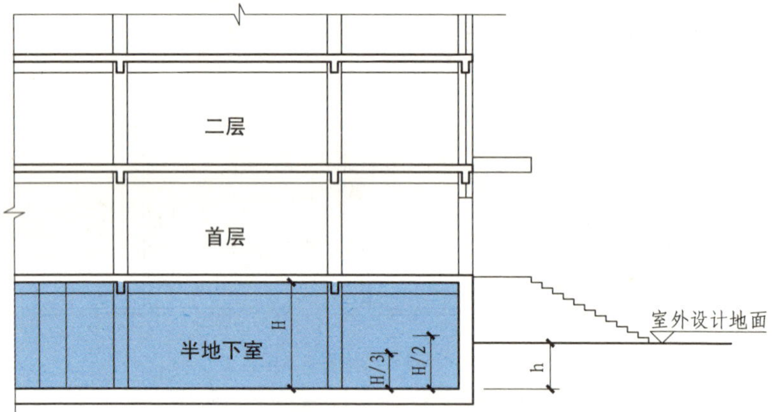

H/3 ＜ h ≤ H/2

半地下室剖面示意图

2.1.6 图示

H：房间平均净高

h：房间地面低于室外地面的平均高度

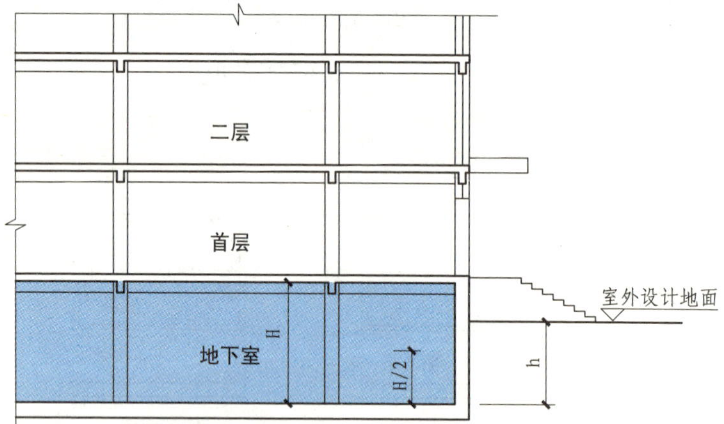

h＞H/2

地下室剖面示意图

2.1.7 图示

2.1 术 语								图集号	18J811-1
审核	蔡昭昀	蔡昭昀	校对	林 莉	林莉	设计	李晓宁	李晓宁	页 2-4

2.1.13　避难层（间）　refuge floor（room）

建筑内用于人员暂时躲避火灾及其烟气危害的楼层（房间）。

2.1.14　安全出口　safety exit

供人员安全疏散用的楼梯间和室外楼梯的出入口或直通室内外安全区域的出口。【图示】

2.1.15　封闭楼梯间　enclosed staircase

在楼梯间入口处设置门，以防止火灾的烟和热气进入的楼梯间。

2.1.16　防烟楼梯间　smoke-proof staircase

在楼梯间入口处设置防烟的前室、开敞式阳台或凹廊（统称前室）等设施，且通向前室和楼梯间的门均为防火门，以防止火灾的烟和热气进入的楼梯间。

2.1.17　避难走道　exit passageway

采取防烟措施且两侧设置耐火极限不低于3.00h的防火隔墙，用于人员安全通行至室外的走道。

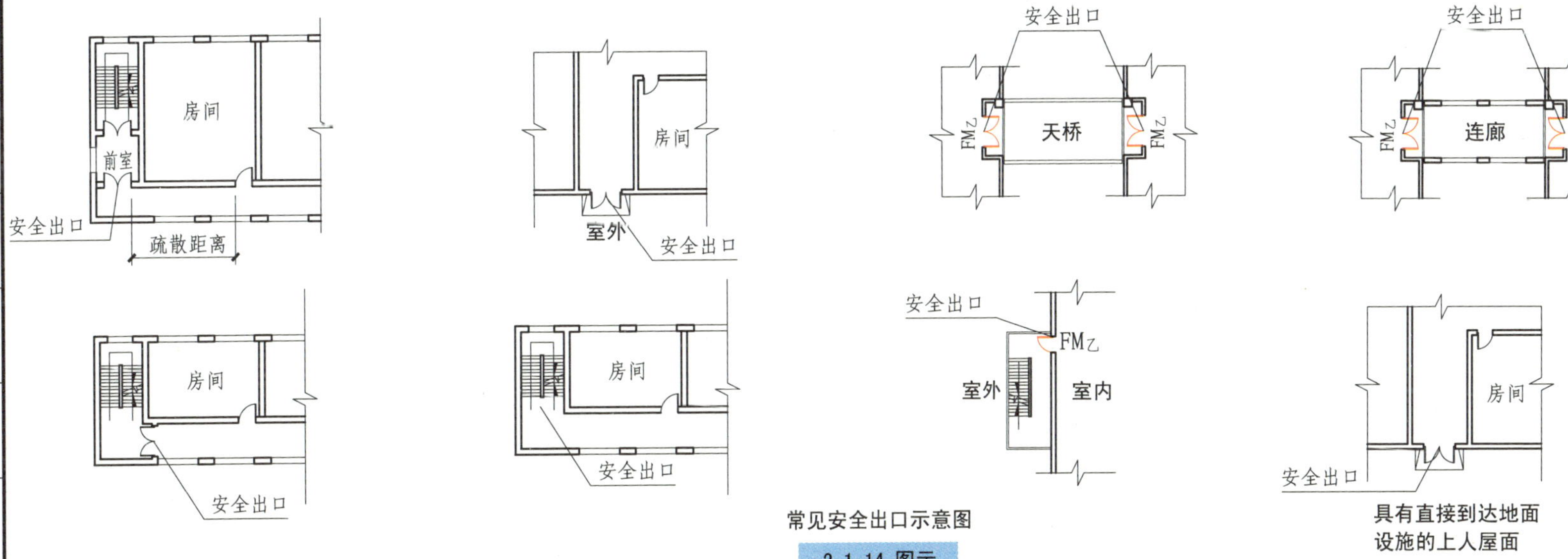

常见安全出口示意图

2.1.14 图示

〖条文说明〗本条术语解释中的“室内安全区域”包括符合规范规定的避难层、避难走道等，“室外安全区域”包括室外地面、符合疏散要求并具有直接到达地面设施的上人屋面、平台以及符合本规范第6.6.4条要求的天桥、连廊等。尽管本规范将避难走道视为室内安全区，但其安全性能仍有别于室外地面，因此设计的安全出口要直接通向室外，尽量避免通过避难走道再疏散到室外地面。

2.1 术语							图集号	18J811-1
审核	蔡昭昀	蔡昭昀	校对	林 莉	林莉	设计	李晓宁	李晓宁	页	2-5

2.1.18 闪点 flash point

在规定的试验条件下，可燃性液体或固体表面产生的蒸气与空气形成的混合物，遇火源能够闪燃的液体或固体的最低温度（采用闭杯法测定）。

2.1.19 爆炸下限 lower explosion limit

可燃的蒸气、气体或粉尘与空气组成的混合物，遇火源即能发生爆炸的最低浓度。

2.1.20 沸溢性油品 boil-over oil

含水并在燃烧时可产生热波作用的油品。

2.1.21 防火间距 fire separation distance

防止着火建筑在一定时间内引燃相邻建筑，便于消防扑救的间隔距离。

注：防火间距的计算方法应符合本规范附录B的规定。

2.1.22 防火分区 fire compartment

在建筑内部采用防火墙、楼板及其他防火分隔设施分隔而成，能在一定时间内防止火灾向同一建筑的其余部分蔓延的局部空间。

2.1.23 充实水柱 full water spout

从水枪喷嘴起至射流90%的水柱水量穿过直径380mm圆孔处的一段射流长度。

2.2 符号

A——泄压面积；

C——泄压比；

D——储罐的直径；

DN——管道的公称直径；

ΔH——建筑高差；

L——隧道的封闭段长度；

N——人数；

n——座位数；

K——爆炸特征指数；

V——建筑物、堆场的体积，储罐、瓶组的容积或容量；

W——可燃材料堆场或粮食筒仓、席穴囤、土圆仓的储量。

3 厂房和仓库

3.1 火灾危险性分类

3.1.1 生产的火灾危险性应根据生产中使用或产生的物质性质及其数量等因素划分，可分为甲、乙、丙、丁、戊类，并应符合表3.1.1的规定。

[注释]本规范根据物质的火灾危险特性，定性或定量地规定了生产和储存建筑的火灾危险性分类原则，石油化工、石油天然气、医药等有关行业还可根据实际情况进一步细化。

表 3.1.1 生产的火灾危险性分类

生产的火灾危险性类别	使用或产生下列物质生产的火灾危险性特征	生产的火灾危险性分类举例[摘自《建筑设计防火规范》GB 500016-2014(2018年版)条文说明，供设计参考]
甲	1.闪点小于28℃的液体；	闪点小于28℃的油品和有机溶剂的提炼、回收或洗涤部位及其泵房，橡胶制品的涂胶和胶浆部位，二硫化碳的粗馏、精馏工段及其应用部位，青霉素提炼部位，原料药厂的非纳西汀车间的烃化、回收及电感精馏部位，皂素车间的抽提、结晶及过滤部位，冰片精制部位，农药厂乐果厂房，敌敌畏的合成厂房、磺化法糖精厂房，氯乙醇厂房，环氧乙烷、环氧丙烷工段，苯酚厂房的磺化、蒸馏部位，焦化厂吡啶工段，胶片厂片基车间，汽油加铅室，甲醇、乙醇、丙酮、丁酮异丙醇、醋酸乙酯、苯等的合成或精制厂房，集成电路工厂的化学清洗间（使用闪点小于28℃的液体），植物油加工厂的浸出车间；白酒液态法酿酒车间、酒精蒸馏塔，酒精度为38度及以上的勾兑车间、灌装车间、酒泵房；白兰地蒸馏车间、勾兑车间、灌装车间、酒泵房
	2.爆炸下限小于10%的气体；	乙炔站，氢气站，石油气体分馏（或分离）厂房，氯乙烯厂房，乙烯聚合厂房，天然气、石油伴生气、矿井气、水煤气或焦炉煤气的净化（如脱硫）厂房压缩机室及鼓风机室，液化石油气灌瓶间，丁二烯及其聚合厂房，醋酸乙烯厂房，电解水或电解食盐厂房，环己酮厂房，乙基苯和苯乙烯厂房，化肥厂的氢氮气压缩厂房，半导体材料厂使用氢气的拉晶间，硅烷热分解室
	3.常温下能自行分解或在空气中氧化能导致迅速自燃或爆炸的物质；	硝化棉厂房及其应用部位，赛璐珞厂房，黄磷制备厂房及其应用部位，三乙基铝厂房，染化厂某些能自行分解的重氮化合物生产，甲胺厂房，丙烯腈厂房
	4.常温下受到水或空气中水蒸气的作用，能产生可燃气体并引起燃烧或爆炸的物质；	金属钠、钾加工厂房及其应用部位，聚乙烯厂房的一氧二乙基铝部位，三氯化磷厂房，多晶硅车间三氯氢硅部位，五氧化二磷厂房
	5.遇酸、受热、撞击、摩擦、催化以及遇有机物或硫黄等易燃的无机物，极易引起燃烧或爆炸的强氧化剂；	氯酸钠、氯酸钾厂房及其应用部位，过氧化氢厂房，过氧化钠、过氧化钾厂房，次氯酸钙厂房
	6.受撞击、摩擦或与氧化剂、有机物接触时能引起燃烧或爆炸的物质；	赤磷制备厂房及其应用部位，五硫化二磷厂房及其应用部位
	7.在密闭设备内操作温度不小于物质本身自燃点的生产	洗涤剂厂房石蜡裂解部位，冰醋酸裂解厂房

3.1 火灾危险性分类						图集号	18J811-1
审核	蔡昭昀	校对	林莉	设计	李晓宁	页	3-1

续表 3.1.1

生产的火灾危险性类别	使用或产生下列物质生产的火灾危险性特征	生产的火灾危险性分类举例[摘自《建筑设计防火规范》GB 500016-2014(2018年版)条文说明，供设计参考]
乙	1. 闪点不小于28℃，但小于60℃的液体；	闪点大于或等于28℃至小于60℃的油品和有机溶剂的提炼、回收、洗涤部位及其泵房，松节油或松香蒸馏厂房及其应用部位，醋酸酐精馏厂房，己内酰胺厂房，甲酚厂房，氯丙醇厂房，樟脑油提取部位，环氧氯丙烷厂房，松针油精制部位，煤油灌桶间
	2. 爆炸下限不小于10%的气体；	一氧化碳压缩机室及净化部位，发生炉煤气或鼓风炉煤气净化部位，氨压缩机房
	3. 不属于甲类的氧化剂；	发烟硫酸或发烟硝酸浓缩部位，高锰酸钾厂房，重铬酸钠（红钒钠）厂房
	4. 不属于甲类的易燃固体；	樟脑或松香提炼厂房，硫黄回收厂房，焦化厂精萘厂房
	5. 助燃气体；	氧气站，空分厂房
	6. 能与空气形成爆炸性混合物的浮游状态的粉尘、纤维、闪点不小于60℃的液体雾滴	铝粉或镁粉厂房，金属制品抛光部位，煤粉厂房、面粉厂的碾磨部位、活性炭制造及再生厂房，谷物筒仓的工作塔，亚麻厂的除尘器和过滤器室
丙	1. 闪点不小于60℃的液体；	闪点大于或等于60℃的油品和有机液体的提炼、回收工段及其抽送泵房，香料厂的松油醇部位和乙酸松油脂部位，苯甲酸厂房，苯乙酮厂房，焦化厂焦油厂房，甘油、桐油的制备厂房，油浸变压器室，机器油或变压油灌桶间，润滑油再生部位，配电室（每台装油量大于60kg的设备），沥青加工厂房，植物油加工厂的精炼部位
	2. 可燃固体	煤、焦炭、油母页岩的筛分、转运工段和栈桥或储仓，木工厂房，竹、藤加工厂房，橡胶制品的压延、成型和硫化厂房，针织品厂房，纺织、印染、化纤生产的干燥部位，服装加工厂房，棉花加工和打包厂房，造纸厂备料、干燥车间，印染厂成品厂房，麻纺厂粗加工车间，谷物加工房，卷烟厂的切丝、卷制、包装车间，印刷厂的印刷车间，毛涤厂选毛车间，电视机、收音机装配厂房，显像管厂装配工段烧枪间，磁带装配厂房，集成电路工厂的氧化扩散间、光刻间，泡沫塑料厂的发泡、成型、印片压花部位，饲料加工厂房，畜（禽）屠宰、分割及加工车间、鱼加工车间
丁	1. 对不燃烧物质进行加工，并在高温或熔化状态下经常产生强辐射热、火花或火焰的生产；	金属冶炼、锻造、铆焊、热轧、铸造、热处理厂房
	2. 利用气体、液体、固体作为燃料或将气体、液体进行燃烧作其他用的各种生产；	锅炉房，玻璃原料熔化厂房，灯丝烧拉部位，保温瓶胆厂房，陶瓷制品的烘干、烧成厂房，蒸汽机车库，石灰焙烧厂房，电石炉部位，耐火材料烧成部位，转炉厂房，硫酸车间焙烧部位，电极煅烧工段，配电室（每台装油量小于等于60kg的设备）
	3. 常温下使用或加工难燃烧物质的生产	难燃铝塑料材料的加工厂房，酚醛泡沫塑料的加工厂房，印染厂的漂炼部位，化纤厂后加工润湿部位
戊	常温下使用或加工不燃烧物质的生产	制砖车间，石棉加工车间，卷扬机室，不燃液体的泵房和阀门室，不燃液体的净化处理工段，除镁合金外的金属冷加工车间，电动车库，钙镁磷肥车间（焙烧炉除外），造纸厂或化学纤维厂的浆粕蒸煮工段，仪表、器械或车辆装配车间，氟利昂厂房，水泥厂的轮窑厂房，加气混凝土厂的材料准备、构件制作厂房

3.1.2 同一座厂房或厂房的任一防火分区内有不同火灾危险性生产时，厂房或防火分区内的生产火灾危险性类别应按火灾危险性较大的部分确定【图示1】；当生产过程中使用或产生易燃、可燃物的量较少，不足以构成爆炸或火灾危险时，可按实际情况确定；当符合下述条件之一时，可按火灾危险性较小的部分确定：

1 火灾危险性较大的生产部分占本层或本防火分区建筑面积的比例小于5%或丁、戊类厂房内的油漆工段小于10%，且发生火灾事故时不足以蔓延至其他部位或火灾危险性较大的生产部分采取了有效的防火措施；【图示2】

2 丁、戊类厂房内的油漆工段，当采用封闭喷漆工艺，封闭喷漆空间内保持负压、油漆工段设置可燃气体探测报警系统或自动抑爆系统，且油漆工段占所在防火分区建筑面积的比例不大于20%。【图示3】

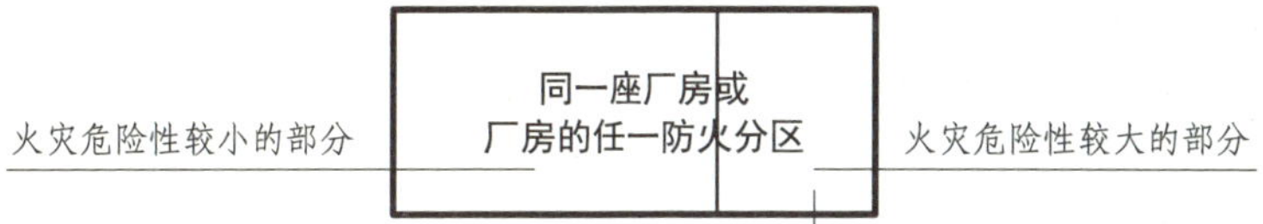

平面示意图一

3.1.2 图示1

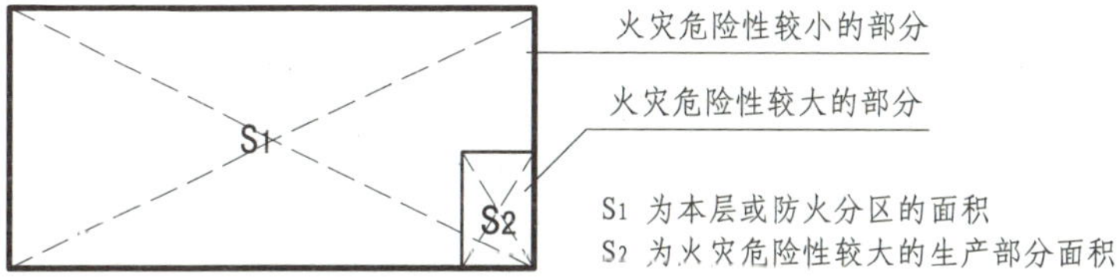

当同时满足下列要求时， 可按火灾危险性较小的部分确定其火灾危险性分类:

(1) $S_2 < 5\%S_1$（丁、戊类厂房的油漆工段$S_2 < 10\%S_1$）

(2) 且发生火灾事故时不足以蔓延到其他部位或S_2采取了有效的防火措施

平面示意图二

3.1.2 图示2

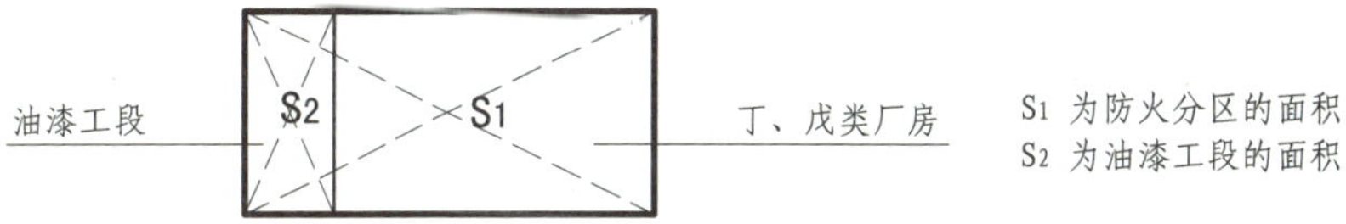

丁、戊类厂房内的油漆工段同时满足下列要求时，可按火灾危险性较小的部分确定生产火灾危险性分类:

(1) 采用封闭喷漆工艺;

(2) 封闭喷漆空间内保持负压;

(3) 设置可燃气体探测报警系统或自动抑爆系统;

(4) $S_2 \leqslant 20\%S_1$。

平面示意图三

3.1.2 图示3

3.1 火灾危险性分类							图集号	18J811-1
审核	蔡昭昀	[signature]	校对	林 莉	[signature]	设计 李晓宁 [signature]	页	3-3

目录 | 编制说明 | 总则 术语 符号 | 厂房和仓库 | 甲、乙、丙类液体、气体储罐（区）和可燃材料堆场 | 民用建筑 | 建筑构造 | 灭火救援设施 | 消防设施的设置 | 供暖、通风和空气调节 | 电气 | 木结构建筑 | 城市交通隧道 | 附录

3.1.3 储存物品的火灾危险性应根据储存物品的性质和储存物品中的可燃物数量等因素划分，可分为甲、乙、丙、丁、戊类，并应符合表3.1.3的规定。

表 3.1.3 储存物品的火灾危险性分类

储存物品的火灾危险性类别	储存物品的火灾危险性特征	储存物品的火灾危险性分类举例[摘自《建筑设计防火规范》GB 500a016-2014(2018年版)条文说明，供设计参考]
甲	1 闪点小于28℃的液体；	己烷，戊烷，环戊烷，石脑油，二硫化碳，苯、甲苯，甲醇、乙醇，乙醚，蚁酸甲酯、醋酸甲酯、硝酸乙酯，汽油，丙酮，丙烯，以金属储罐和陶坛等方式且酒精度为38度及以上的白酒库、人工洞白酒库、食用酒精库
	2 爆炸下限小于10%的气体，受到水或空气中水蒸气的作用能产生爆炸下限小于10%气体的固体物质；	乙炔，氢，甲烷，环氧乙烷，水煤气，液化石油气，乙烯、丙烯、丁二烯，硫化氢，氯乙烯，电石，碳化铝
	3 常温下能自行分解或在空气中氧化能导致迅速自燃或爆炸的物质；	硝化棉，硝化纤维胶片，喷漆棉，火胶棉，赛璐珞棉，黄磷
	4 常温下受到水或空气中水蒸气的作用，能产生可燃气体并引起燃烧或爆炸的物质；	金属钾、钠、锂、钙、锶，氢化锂、氢化钠，四氢化锂铝
	5 遇酸、受热、撞击、摩擦以及遇有机物或硫磺等易燃的无机物，极易引起燃烧或爆炸的强氧化剂；	氯酸钾、氯酸钠，过氧化钾、过氧化钠，硝酸铵
	6 受撞击、摩擦或与氧化剂、有机物接触时能引起燃烧或爆炸的物质	赤磷，五硫化二磷，三硫化二磷
乙	1 闪点不小于28℃，但小于60℃的液体；	煤油，松节油，丁烯醇、异戊醇，丁醚，醋酸丁酯、硝酸戊酯，乙酰丙酮，环己胺，溶剂油，冰醋酸，樟脑油，蚁酸
	2 爆炸下限不小于10%的气体；	氨气、一氧化碳
	3 不属于甲类的氧化剂；	硝酸铜，铬酸，亚硝酸钾，重铬酸钠，铬酸钾，硝酸，硝酸汞、硝酸钴，发烟硫酸，漂白粉
	4 不属于甲类的易燃固体；	硫黄，镁粉，铝粉，赛璐珞板（片），樟脑，萘，生松香，硝化纤维漆布，硝化纤维色片
	5 助燃气体；	氧气，氟气，液氯
	6 常温下与空气接触能缓慢氧化，积热不散引起自燃的物品	漆布及其制品，油布及其制品，油纸及其制品，油绸及其制品

3.1 火灾危险性分类	图集号	18J811-1
审核 蔡昭昀 校对 林莉 设计 李晓宁	页	3-4

续表 3.1.3

储存物品的火灾危险性类别	储存物品的火灾危险性特征		储存物品的火灾危险性分类举例[摘自《建筑设计防火规范》GB 500016-2014(2018年版)条文说明，供设计参考]
丙	1	闪点不小于60℃的液体；	动物油、植物油，沥青，蜡，润滑油、机油、重油，闪点大于等于60℃的柴油，糖醛，采用瓶装等方式存放完成全部生产过程、可供销售的白酒、白兰地成品库
	2	可燃固体	化学、人造纤维及其织物，纸张，棉、毛、丝、麻及其织物，谷物，面粉，粒径大于等于2mm的工业成型硫黄，天然橡胶及其制品，竹、木及其制品，中药材，电视机、收录机等电子产品，计算机房已录数据的磁盘储存间，冷库中的鱼、肉间
丁		难燃烧物品	自熄性塑料及其制品，酚醛泡沫塑料及其制品，水泥刨花板
戊		不燃烧物品	钢材、铝材、玻璃及其制品，搪瓷制品、陶瓷制品，不燃气体，玻璃棉、岩棉、陶瓷棉、硅酸铝纤维、矿棉，石膏及其无纸制品，水泥、石、膨胀珍珠岩

3.1.4 同一座仓库或仓库的任一防火分区内储存不同火灾危险性物品时，仓库或防火分区的火灾危险性应按火灾危险性最大的物品确定。【图示】

3.1.5 丁、戊类储存物品仓库的火灾危险性，当可燃包装重量大于物品本身重量1/4或可燃包装体积大于物品本身体积的1/2时，应按丙类确定。【图示】

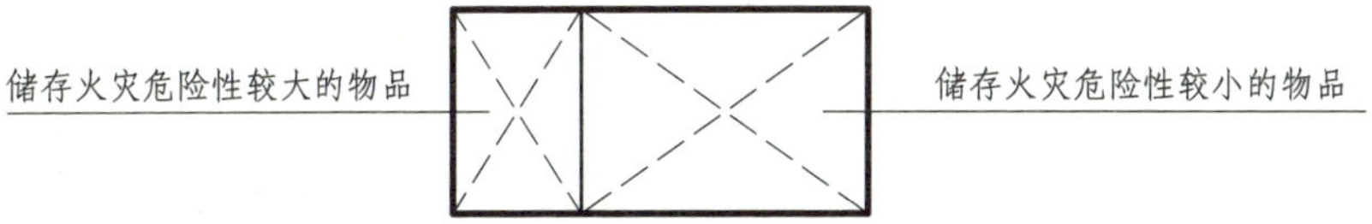

[注释]应按储存火灾危险性最大的物品确定同一座仓库或仓库的任一防火分区的火灾危险性分类。

平面示意图

3.1.4 图示

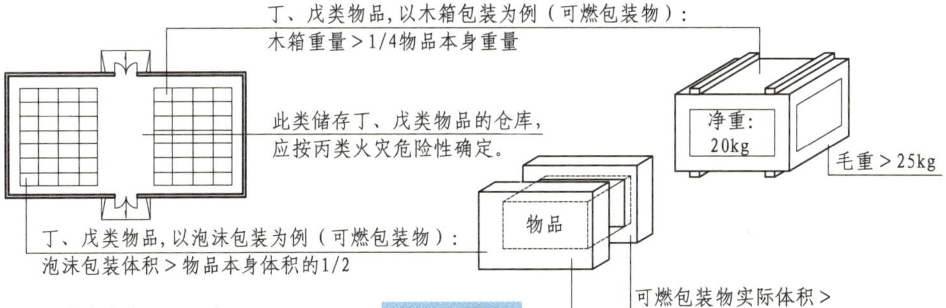

丁、戊类仓库平面示意图

3.1.5 图示

3.2 厂房和仓库的耐火等级

3.2.1 厂房和仓库的耐火等级可分为一、二、三、四级，相应建筑构件的燃烧性能和耐火极限，除本规范另有规定外，不应低于表3.2.1的规定。

表 3.2.1 不同耐火等级厂房和仓库建筑构件的燃烧性能和耐火极限（h）

构件名称		耐火等级			
		一级	二级	三级	四级
墙	防火墙	不燃性 3.00	不燃性 3.00	不燃性 3.00	不燃性 3.00
	承重墙	不燃性 3.00	不燃性 2.50	不燃性 2.00	难燃性 0.50
	楼梯间和前室的墙 电梯井的墙	不燃性 2.00	不燃性 2.00	不燃性 1.50	难燃性 0.50
	疏散走道两侧的隔墙	不燃性 1.00	不燃性 1.00	不燃性 0.50	难燃性 0.25
	非承重外墙 房间隔墙	不燃性 0.75	不燃性 0.50	难燃性 0.50	难燃性 0.25
柱		不燃性 3.00	不燃性 2.50	不燃性 2.00	难燃性 0.50
梁		不燃性 2.00	不燃性 1.50	不燃性 1.00	难燃性 0.50
楼板		不燃性 1.50	不燃性 1.00	不燃性 0.75	难燃性 0.50
屋顶承重构件【图示】		不燃性 1.50	不燃性 1.00	难燃性 0.50	可燃性
疏散楼梯		不燃性 1.50	不燃性 1.00	不燃性 0.75	可燃性
吊顶（包括吊顶搁栅）		不燃性 0.25	难燃性 0.25	难燃性 0.15	可燃性

注：二级耐火等级建筑内采用不燃材料的吊顶，其耐火极限不限。

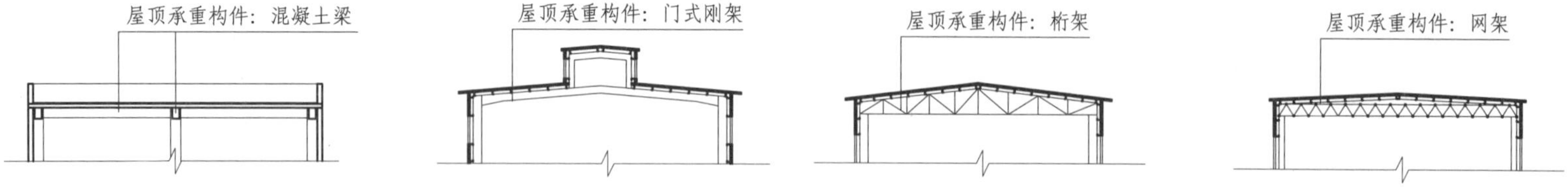

屋顶承重构件示例图

3.2.1 图示

3.2 厂房和仓库的耐火等级						图集号	18J811-1
审核 蔡昭昀	蔡昭昀	校对 林莉	林莉	设计 李晓宁	李晓宁	页	3-6

3.2.2 高层厂房，甲、乙类厂房的耐火等级不应低于二级，建筑面积不大于300m²的独立甲、乙类单层厂房可采用三级耐火等级的建筑。【图示】

3.2.3 单、多层丙类厂房和多层丁、戊类厂房的耐火等级不应低于三级。

使用或产生丙类液体的厂房和有火花、赤热表面、明火的丁类厂房，其耐火等级均不应低于二级，当为建筑面积不大于500m²的单层丙类厂房或建筑面积不大于1000m²的单层丁类厂房时，可采用三级耐火等级的建筑。【图示】

3.2.4 使用或储存特殊贵重的机器、仪表、仪器等设备或物品的建筑，其耐火等级不应低于二级。【图示】

3.2.5 锅炉房的耐火等级不应低于二级，当为燃煤锅炉房且锅炉的总蒸发量不大于4t/h时，可采用三级耐火等级的建筑。【图示】

3.2.6 油浸变压器室、高压配电装置室的耐火等级不应低于二级，其他防火设计应符合现行国家标准《火力发电厂与变电站设计防火规范》GB 50229等标准的规定。

3.2.7 高架仓库、高层仓库、甲类仓库、多层乙类仓库和储存可燃液体的多层丙类仓库，其耐火等级不应低于二级。

单层乙类仓库，单层丙类仓库，储存可燃固体的多层丙类仓库和多层丁、戊类仓库，其耐火等级不应低于三级。

3.2.8 粮食筒仓的耐火等级不应低于二级；二级耐火等级的粮食筒仓可采用钢板仓。

粮食平房仓的耐火等级不应低于三级；二级耐火等级的散装粮食平房仓可采用无防火保护的金属承重构件。

厂房（仓库）的耐火等级

名 称	最低耐火等级	备 注
高层厂房	二级	
甲、乙类厂房	二级	建筑面积≤300m²的独立甲、乙类单层厂房可采用三级耐火极限建筑
使用或产生丙类液体的厂房和有火花、赤热表面、明火的丁类厂房	二级	当为建筑面积≤500m²的单层丙类厂房或建筑面积≤1000m²的单层丁类厂房时，可采用三级耐火等级的建筑
使用或储存特殊贵重的机器、仪表、仪器等设备或物品的建筑	二级	—
锅炉房	二级	当为燃煤锅炉房且锅炉的总蒸发量≤4t/h时，可采用三级耐火等级的建筑
油浸变压器室、高压配电装置室	二级	当其他防火设计应符合现行国家标准《火力发电厂与变电站设计防火规范》GB50229等标准的规定
高架仓库、高层仓库、甲类仓库、多层乙类仓库、储存可燃液体的多层丙类仓库	二级	—
粮食筒仓	二级	二级耐火等级时可采用钢板仓
散装粮食平房仓	二级	二级耐火等级时可采用无防火保护的金属承重构件
单、多层丙类厂房和多层丁、戊类厂房	三级	—
单层乙类仓库，单层丙类仓库，储存可燃固体的多层丙类仓库和多层丁、戊类仓库	三级	—
粮食平房仓	三级	—

3.2 厂房和仓库的耐火等级							图集号	18J811-1
审核	蔡昭昀	[signature]	校对	林 莉	[signature]	设计 李晓宁 [signature]	页	3-7

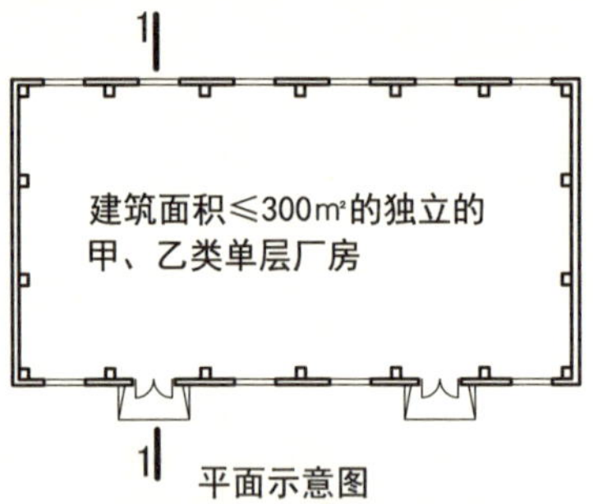

平面示意图

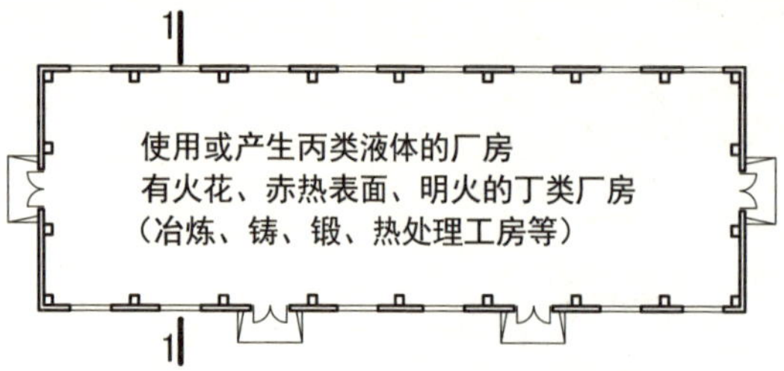

平面示意图

平面示意图

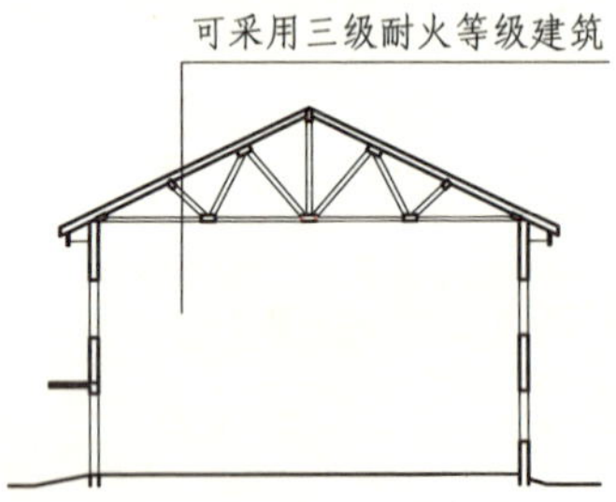

1-1

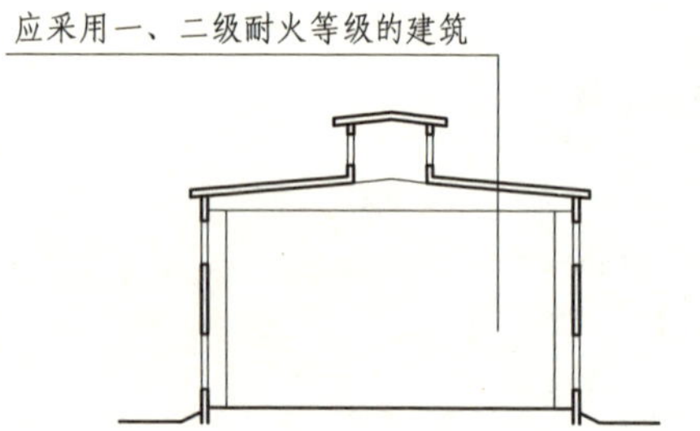

1-1

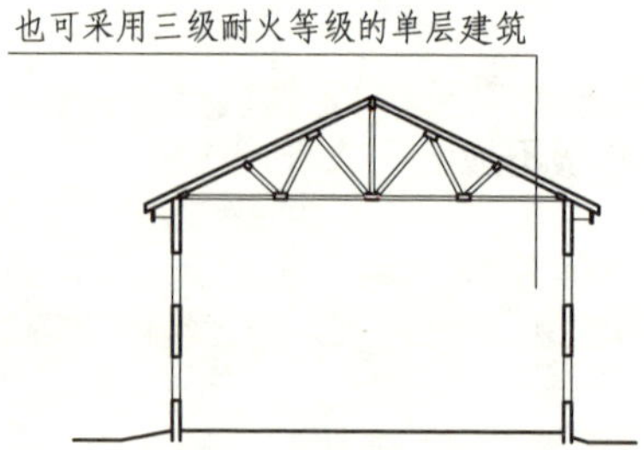

2-2

3.2.2 图示

3.2.3 图示

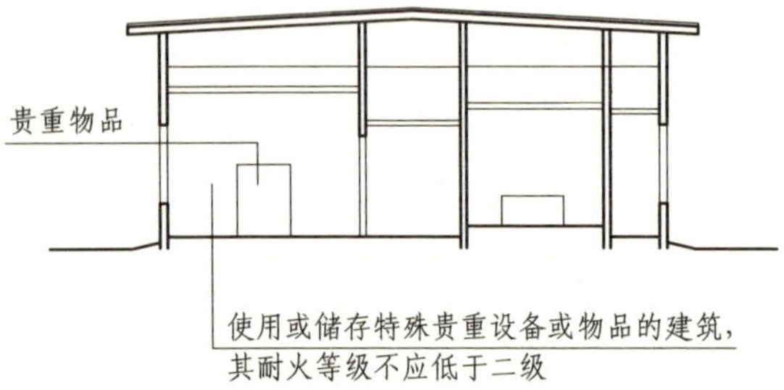

3.2.4 图示

〖条文说明〗

特殊贵重的设备或物品主要有：

1 价格昂贵、损失大的设备。

2 影响工厂或地区生产全局或影响城市生命线供给的关键设施，如热电厂、燃气供给站、水厂、发电厂、化工厂等的主控室，失火后影响大、损失大、修复时间长，也应认为是“特殊贵重”的设备。

3 特殊贵重物品，如货币、金银、邮票、重要文物、资料、档案库以及价值较高的其他物品。

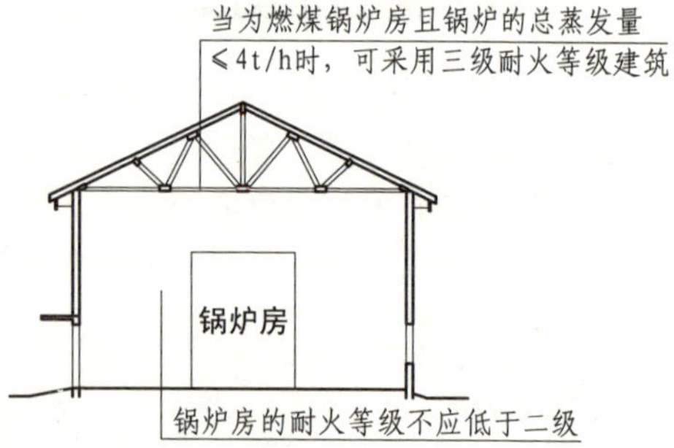

剖面示意图

3.2.5 图示

3.2 厂房和仓库的耐火等级							图集号	18J811-1
审核	蔡昭昀	(签名)	校对	林 莉	(签名)	设计 李晓宁 (签名)	页	3-8

3.2.9　甲、乙类厂房和甲、乙、丙类仓库内的防火墙，其耐火极限不应低于4.00h。【图示】

3.2.10 一、二级耐火等级单层厂房（仓库）的柱，其耐火极限分别不应低于2.50h和2.00h。【图示】

3.2.11　采用自动喷水灭火系统全保护的一级耐火等级单、多层厂房（仓库）的屋顶承重构件，其耐火极限不应低于1.00h。【图示】

3.2.12　除甲、乙类仓库和高层仓库外，一、二级耐火等级建筑的非承重外墙，当采用不燃性墙体时，其耐火极限不应低于0.25h；当采用难燃性墙体时，不应低于0.50h。

4层及4层以下的一、二级耐火等级丁、戊类地上厂房（仓库）的非承重外墙，当采用不燃性墙体时，其耐火极限不限。

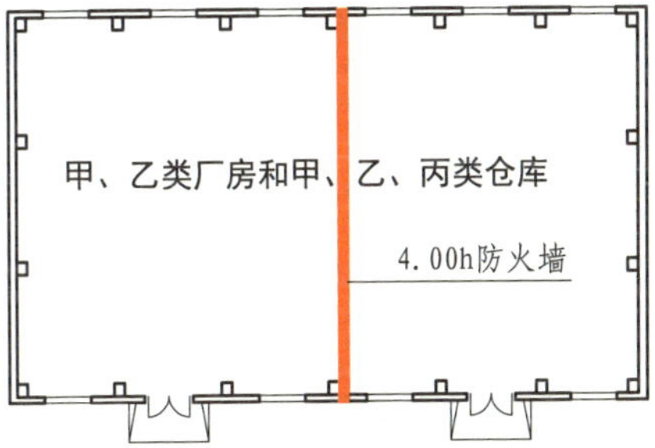

平面示意图

3.2.9 图示

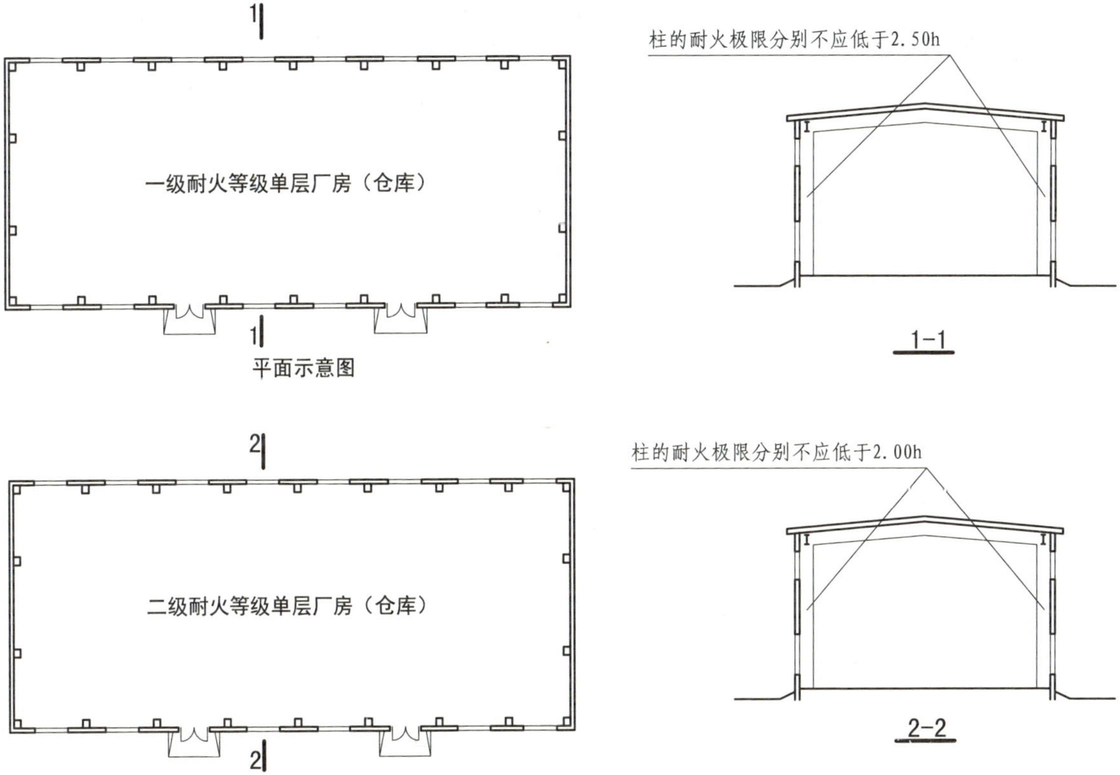

3.2.10 图示

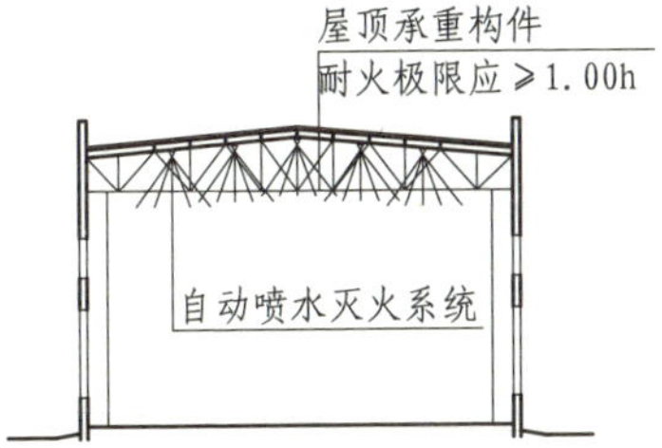

设置自动喷水灭火系统全保护的一级耐火等级单、多层厂房（仓库）

3.2.11 图示

3.2 厂房和仓库的耐火等级							图集号	18J811-1
审核	蔡昭昀	校对	林 莉		设计	李晓宁	页	3-9

目录
编制说明
总则
术语
符号
厂房和仓库
甲、乙、丙类液体、气体储罐（区）和可燃材料堆场
民用建筑
建筑构造
灭火救援设施
消防设施的设置
供暖、通风和空气调节
电气
木结构建筑
城市交通隧道
附录

3.2.13 二级耐火等级厂房（仓库）内的房间隔墙，当采用难燃性墙体时，其耐火极限应提高0.25h。

3.2.14 二级耐火等级多层厂房和多层仓库内采用预应力钢筋混凝土的楼板，其耐火极限不应低于0.75h。

3.2.15 一、二级耐火等级厂房（仓库）的上人平屋顶，其屋面板的耐火极限分别不应低于1.50h和1.00h。【图示】

3.2.16 一、二级耐火等级厂房（仓库）的屋面板应采用不燃材料。【图示】

屋面防水层宜采用不燃、难燃材料，当采用可燃防水材料且铺设在可燃、难燃保温材料上时，防水材料或可燃、难燃保温材料应采用不燃材料作防护层。

3.2.17 建筑中的非承重外墙、房间隔墙和屋面板，当确需采用金属夹芯板材时，其芯材应为不燃材料，且耐火极限应符合本规范有关规定。【图示】

3.2.18 除本规范另有规定外，以木柱承重且墙体采用不燃材料的厂房（仓库），其耐火等级可按四级确定。【图示】

3.2.19 预制钢筋混凝土构件的节点外露部位，应采取防火保护措施，且节点的耐火极限不应低于相应构件的耐火极限。【图示】

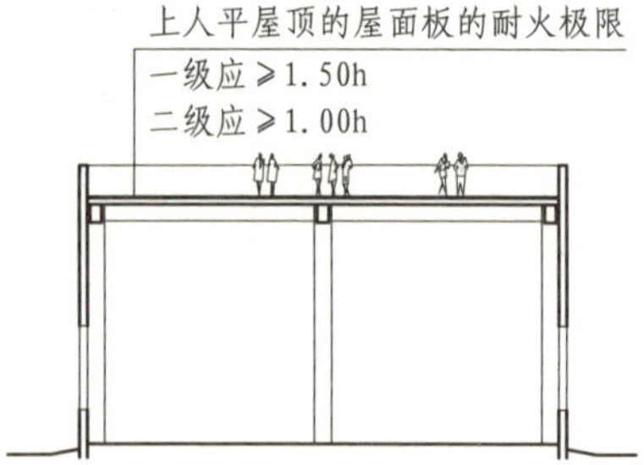

一、二级耐火等级的厂房（仓库）

3.2.15 图示

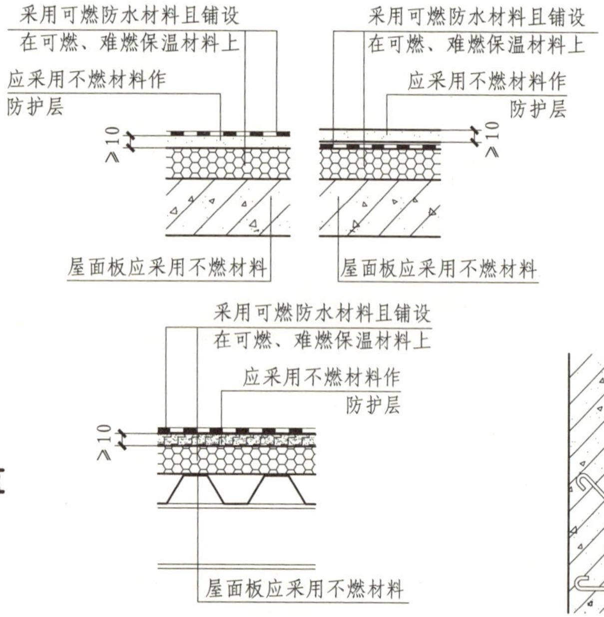

一、二级耐火等级厂房（仓库）屋面板材料

[注释]防护层厚度应符合本规范第6.7.10条的规定。

3.2.16 图示

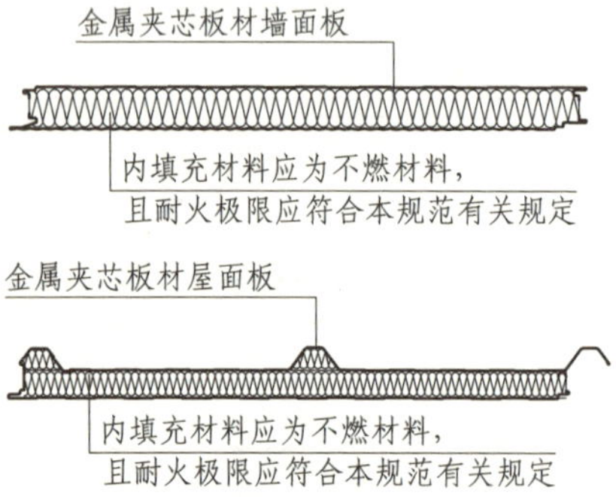

3.2.17 图示

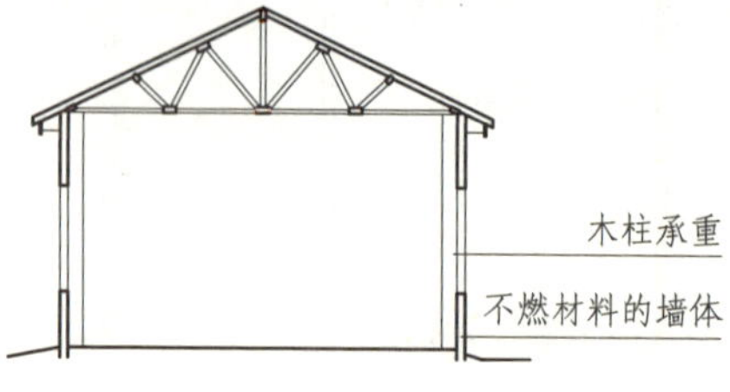

厂房（仓库）的耐火等级可按四级确定

3.2.18 图示

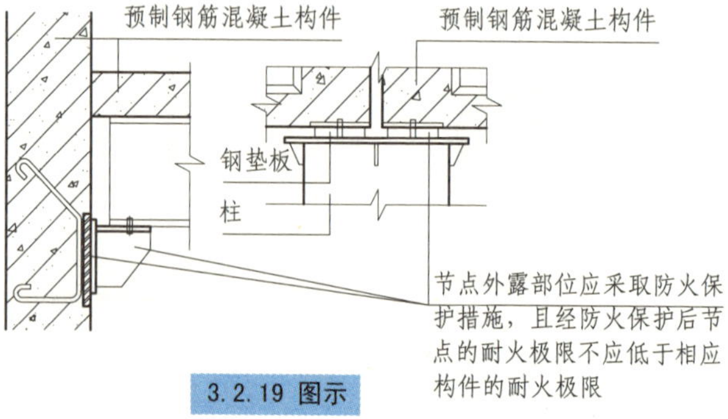

3.2.19 图示

3.2 厂房和仓库的耐火等级						图集号	18J811-1
审核	蔡昭昀	校对	林 莉	设计	李晓宁	页	3-10

3.3 厂房和仓库的层数、面积和平面布置

3.3.1 除本规范另有规定外，厂房的层数和每个防火分区的最大允许建筑面积应符合表3.3.1的规定。

表 3.3.1 厂房的层数和每个防火分区的最大允许建筑面积

生产的火灾危险性类别	厂房的耐火等级	最多允许层数	每个防火分区的最大允许建筑面积（m²）			
			单层厂房	多层厂房	高层厂房	地下或半地下厂房（包括地下或半地下室）
甲	一级	宜采用单层	4000	3000	—	—
	二级		3000	2000	—	—
乙	一级	不限	5000	4000	2000	—
	二级	6	4000	3000	1500	—
丙	一级	不限	不限	6000	3000	500
	二级	不限	8000	4000	2000	500
	三级	2	3000	2000	—	—
丁	一、二级	不限	不限	不限	4000	1000
	三级	3	4000	2000	—	—
	四级	1	1000	—	—	—
戊	一、二级	不限	不限	不限	6000	1000
	三级	3	5000	3000	—	—
	四级	1	1500	—	—	—

注：1 防火分区之间应采用防火墙分隔。除甲类厂房外的一、二级耐火等级厂房，当其防火分区的建筑面积大于本表规定，且设置防火墙确有困难时，可采用防火卷帘或防火分隔水幕分隔。采用防火卷帘时，应符合本规范第6.5.3条的规定；采用防火分隔水幕时，应符合现行国家标准《自动喷水灭火系统设计规范》GB 50084的规定。

2 除麻纺厂房外，一级耐火等级的多层纺织厂房和二级耐火等级的单、多层纺织厂房，其每个防火分区的最大允许建筑面积可按本表的规定增加0.5倍，但厂房内的原棉开包、清花车间与厂房内其他部位之间均应采用耐火极限不低于2.50h的防火隔墙分隔，需要开设门、窗、洞口时，应设置甲级防火门、窗。

3 一、二级耐火等级的单、多层造纸生产联合厂房，其每个防火分区的最大允许建筑面积可按本表的规定增加1.5倍。一、二级耐火等级的湿式造纸联合厂房，当纸机烘缸罩内设置自动灭火系统，完成工段设置有效灭火设施保护时，其每个防火分区的最大允许建筑面积可按工艺要求确定。

4 一、二级耐火等级的谷物筒仓工作塔，当每层工作人数不超过2人时，其层数不限。

5 一、二级耐火等级卷烟生产联合厂房内的原料、备料及成组配方、制丝、储丝和卷接包、辅料周转、成品暂存、二氧化碳膨胀烟丝等生产用房应划分独立的防火分隔单元，当工艺条件许可时，应采用防火墙进行分隔。其中制丝、储丝和卷接包车间可划分为一个防火分区，且每个防火分区的最大允许建筑面积可按工艺要求确定，但制丝、储丝及卷接包车间之间应采用耐火极限不低于2.00h的防火隔墙和1.00h的楼板进行分隔。厂房内各水平和竖向防火分隔之间的开口应采取防止火灾蔓延的措施。

6 厂房内的操作平台、检修平台，当使用人数少于10人时，平台的面积可不计入所在防火分区的建筑面积内。

7 “—”表示不允许。

目录 编制说明 | 总则 术语 符号 | 厂房和仓库 | 甲、乙、丙类液体、气体储罐（区）和可燃材料堆场 | 民用建筑 | 建筑构造 | 灭火救援设施 | 消防设施的设置 | 供暖、通风和空气调节 | 电气 | 木结构建筑 | 城市交通隧道 | 附录

3.3.2　除本规范另有规定外，仓库的层数和面积应符合表3.3.2的规定。

表 3.3.2　仓库的层数和面积

储存物品的火灾危险性类别		仓库的耐火等级	最多允许层数	每座仓库的最大允许占地面积和每个防火分区的最大允许建筑面积（m²）						
				单层仓库		多层仓库		高层仓库		地下或半地下仓库（包括地下或半地下室）
				每座仓库	防火分区	每座仓库	防火分区	每座仓库	防火分区	防火分区
甲	3、4项	一级	1	180	60	—	—	—	—	—
	1、2、5、6项	一、二级	1	750	250	—	—	—	—	—
乙	1、3、4项	一、二级	3	2000	500	900	300	—	—	—
		三级	1	500	250	—	—	—	—	—
	2、5、6项	一、二级	5	2800	700	1500	500	—	—	—
		三级	1	900	300	—	—	—	—	—
丙	1项	一、二级	5	4000	1000	2800	700	—	—	150
		三级	1	1200	400	—	—	—	—	—
	2项	一、二级	不限	6000	1500	4800	1200	4000	1000	300
		三级	3	2100	700	1200	400	—	—	—
丁		一、二级	不限	不限	3000	不限	1500	4800	1200	500
		三级	3	3000	1000	1500	500	—	—	—
		四级	1	2100	700	—	—	—	—	—
戊		一、二级	不限	不限	不限	不限	2000	6000	1500	1000
		三级	3	3000	1000	2100	700	—	—	—
		四级	1	2100	700	—	—	—	—	—

续表 3.3.2

注：1 仓库内的防火分区之间必须采用防火墙分隔，甲、乙类仓库内防火分区之间的防火墙不应开设门、窗、洞口；地下或半地下仓库（包括地下或半地下室）的最大允许占地面积，不应大于相应类别地上仓库的最大允许占地面积。

2 石油库区内的桶装油品仓库应符合现行国家标准《石油库设计规范》GB50074的规定。

3 一、二级耐火等级的煤均化库，每个防火分区的最大允许建筑面积不应大于12000 m²。

4 独立建造的硝酸铵仓库、电石仓库、聚乙烯等高分子制品仓库、尿素仓库、配煤仓库、造纸厂的独立成品仓库，当建筑的耐火等级不低于二级时，每座仓库的最大允许占地面积和每个防火分区的最大允许建筑面积可按本表的规定增加1.0倍。

5 一、二级耐火等级粮食平房仓的最大允许占地面积不应大于12000 m²，每个防火分区的最大允许建筑面积不应大于3000 m²；三级耐火等级粮食平房仓的最大允许占地面积不应大于3000 m²，每个防火分区的最大允许建筑面积不应大于1000 m²。

6 一、二级耐火等级且占地面积不大于2000 m²的单层棉花库房，其防火分区的最大允许建筑面积不应大于2000 m²。

7 一、二级耐火等级冷库的最大允许占地面积和防火分区的最大允许建筑面积，应符合现行国家标准《冷库设计规范》GB 50072的规定。

8 “—”表示不允许。

3.3.3 厂房内设置自动灭火系统时，每个防火分区的最大允许建筑面积可按本规范第3.3.1条的规定增加1.0倍。当丁、戊类的地上厂房内设置自动灭火系统时，每个防火分区的最大允许建筑面积不限。厂房内局部设置自动灭火系统时，其防火分区的增加面积可按该局部面积的1.0倍计算。

仓库内设置自动灭火系统时，除冷库的防火分区外，每座仓库的最大允许占地面积和每个防火分区的最大允许建筑面积可按本规范第3.3.2条的规定增加1.0倍。

3.3.4 甲、乙类生产场所（仓库）不应设置在地下或半地下。【图示】

3.3.5 员工宿舍严禁设置在厂房内。【图示1】

办公室、休息室等不应设置在甲、乙类厂房内，确需贴邻本厂房时，其耐火等级不应低于二级，并应采用耐火极限不低于3.00h的防爆墙与厂房分隔，且应设置独立的安全出口。【图示2】

办公室、休息室设置在丙类厂房内时，应采用耐火极限不低于2.50h的防火隔墙和1.00h的楼板与其他部位分隔，并应至少设置1个独立的安全出口。如隔墙上需开设相互连通的门时，应采用乙级防火门。【图示3】

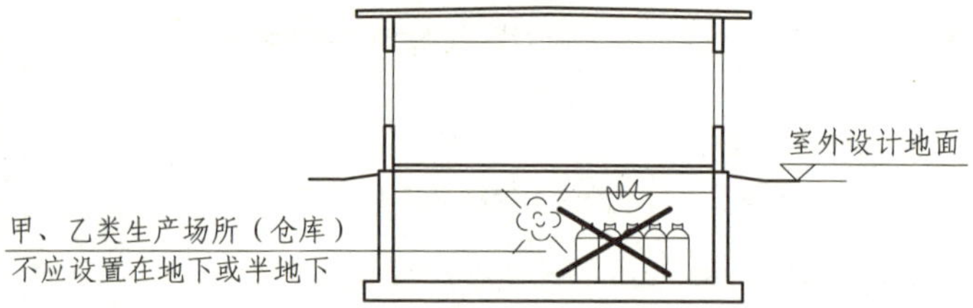

剖面示意图

3.3.4 图示

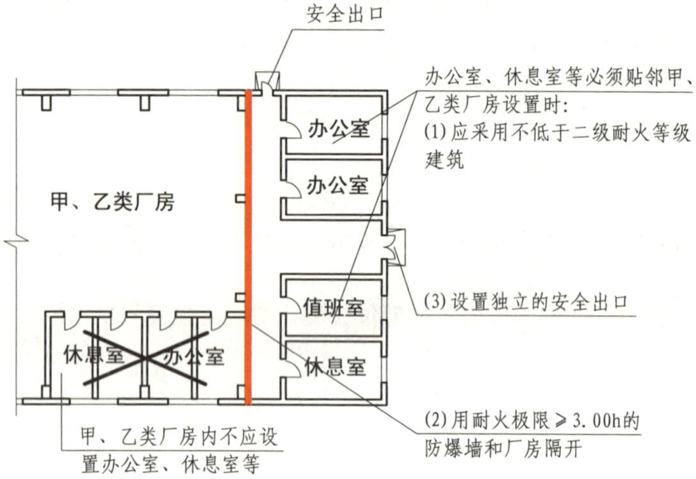

办公室、休息室贴邻甲、乙类厂房设置平面图

[注释]防爆墙应根据生产部位可能产生的爆炸超压值、泄压面积大小、爆炸的概率与建筑成本等综合考虑进行设计，可选用钢筋混凝土墙、配筋砖墙等，参见国标图集14J938《抗爆、泄爆门窗及屋盖、墙体建筑构造》。

3.3.5 图示2

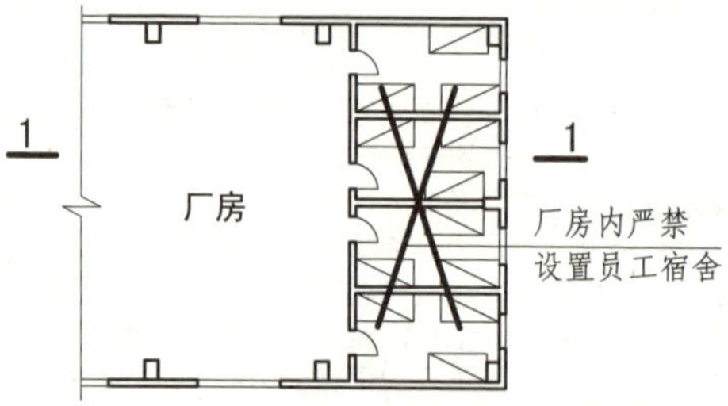

厂房内严禁设员工宿舍
平面示意图

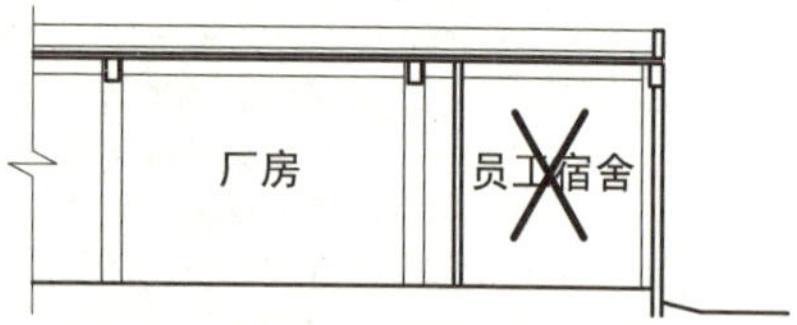

1-1

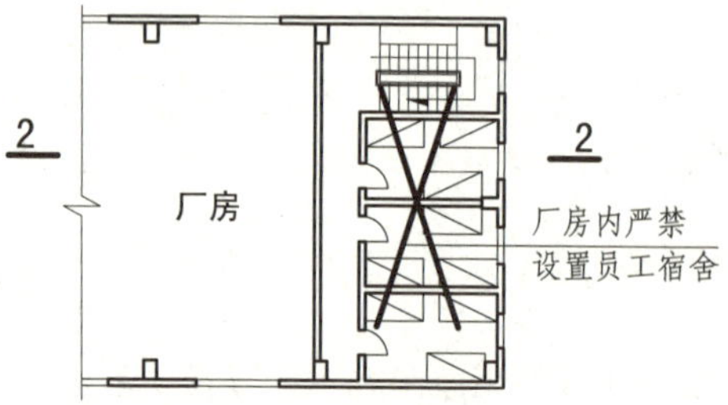

厂房内严禁设员工宿舍
平面示意图

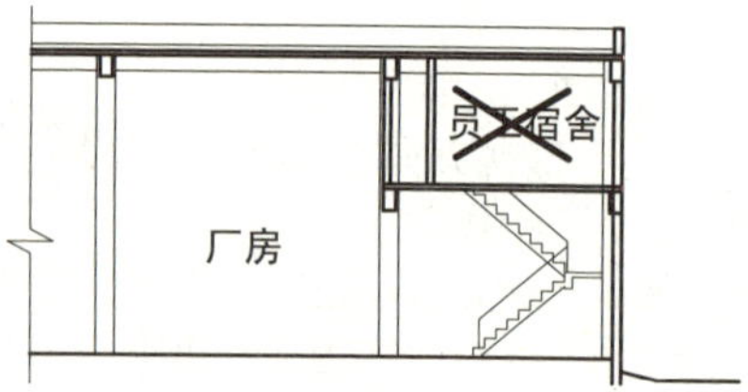

2-2

3.3.5 图示1

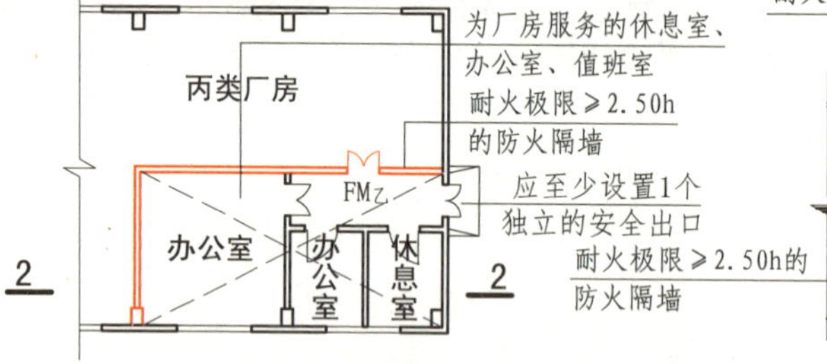

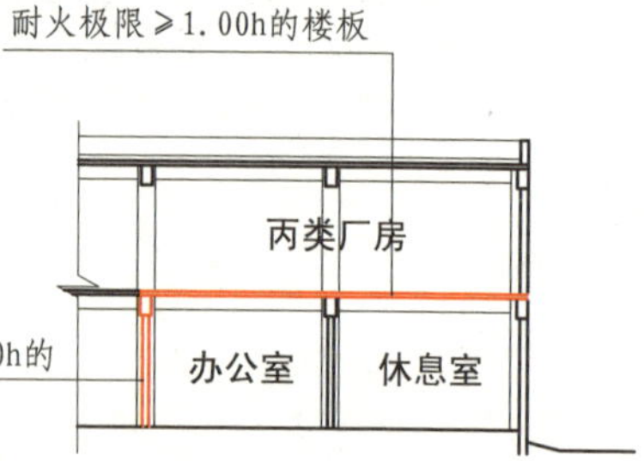

2-2

丙类厂房内设置办公室、休息室
平面示意图

3.3.5 图示3

3.3 厂房和仓库的层数、面积和平面布置						图集号	18J811-1
审核	蔡昭昀	校对	林莉	设计	李晓宁	页	3-14

3.3.6　厂房内设置中间仓库时，应符合下列规定：

1　甲、乙类中间仓库应靠外墙布置，其储量不宜超过1昼夜的需要量；

2　**甲、乙、丙类中间仓库应采用防火墙和耐火极限不低于1.50h的不燃性楼板与其他部位分隔；**【图示1】

3　丁、戊类中间仓库应采用耐火极限不低于2.00h的防火隔墙和1.00h的楼板与其他部位分隔；【图示2】

4　仓库的耐火等级和面积应符合本规范第3.3.2条和第3.3.3条的规定。

3.3.7　厂房中的丙类液体中间储罐应设置在单独房间内，其容量不应大于5m³。设置中间储罐的房间，应采用耐火极限不低于3.00h的防火隔墙和1.50h的楼板与其他部位分隔，房间门应采用甲级防火门。【图示】

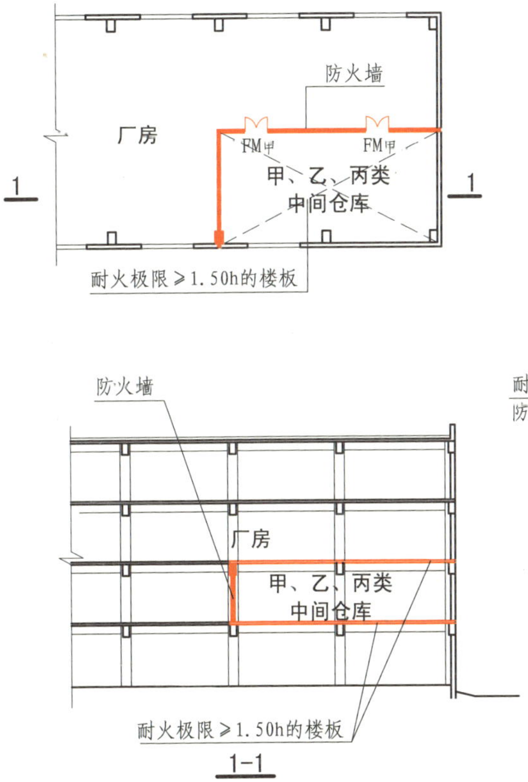

3.3.6 图示1

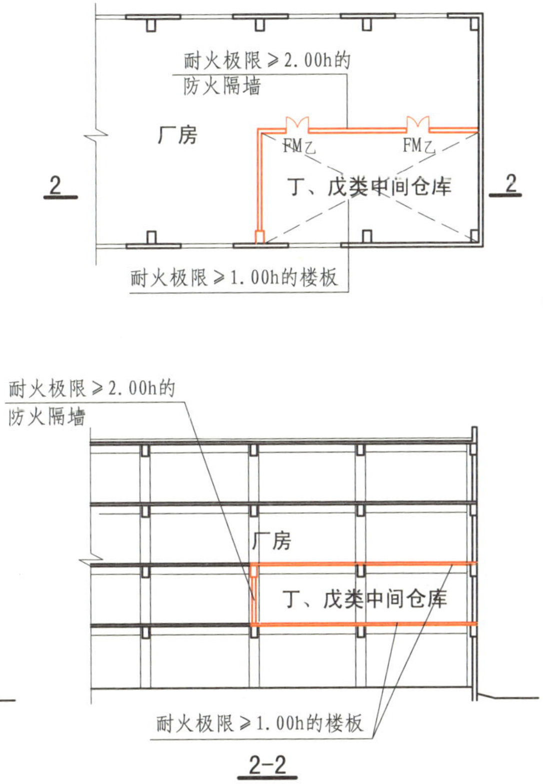

3.3.6 图示2

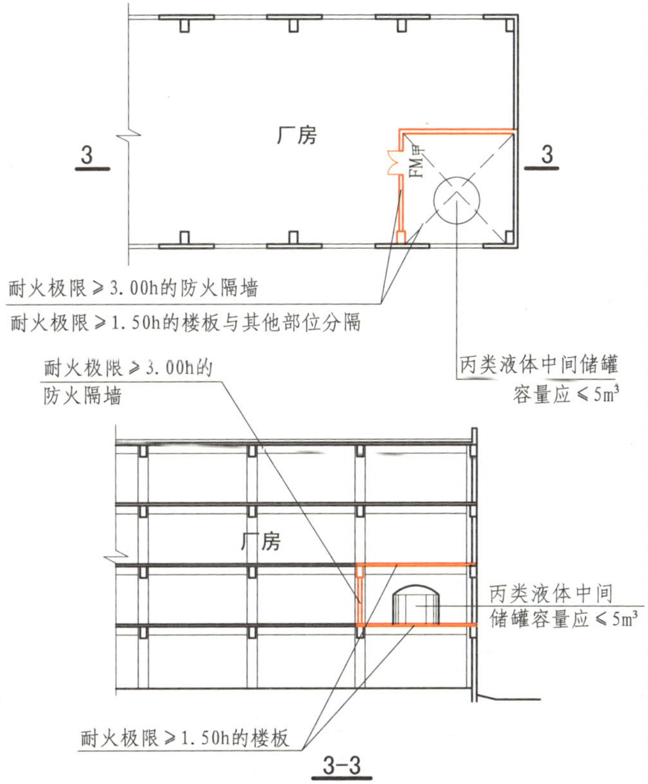

3.3.7 图示

[注释]仓库的耐火等级和面积应符合本规范第3.3.2条和第3.3.3条的规定。

3.3 厂房和仓库的层数、面积和平面布置							图集号	18J811-1
审核	蔡昭昀	蔡昭昀	校对	高 杰	高杰	设计 吴 颖 吴颖	页	3-15

3.3.8 变、配电站不应设置在甲、乙类厂房内或贴邻，且不应设置在爆炸性气体、粉尘环境的危险区域内【图示1】。供甲、乙类厂房专用的10kV及以下的变、配电站，当采用无门、窗、洞口的防火墙分隔时，可一面贴邻，并应符合现行国家标准《爆炸危险环境电力装置设计规范》GB 50058等标准的规定【图示2】。

乙类厂房的配电站确需在防火墙上开窗时，应采用甲级防火窗。【图示3】

3.3.9 员工宿舍严禁设置在仓库内。【图示 1】

办公室、休息室等严禁设置在甲、乙类仓库内，也不应贴邻。【图示2】

办公室、休息室设置在丙、丁类仓库内时，应采用耐火极限不低于2.50h的防火隔墙和1.00h的楼板与其他部位分隔，并应设置独立的安全出口。隔墙上需开设相互连通的门时，应采用乙级防火门。【图示3】

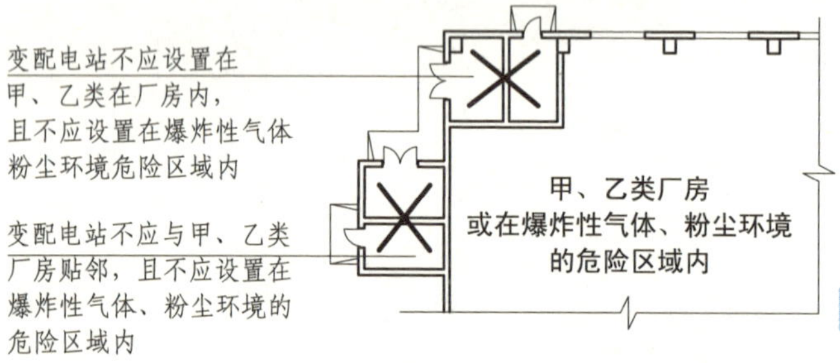

3.3.8 图示1

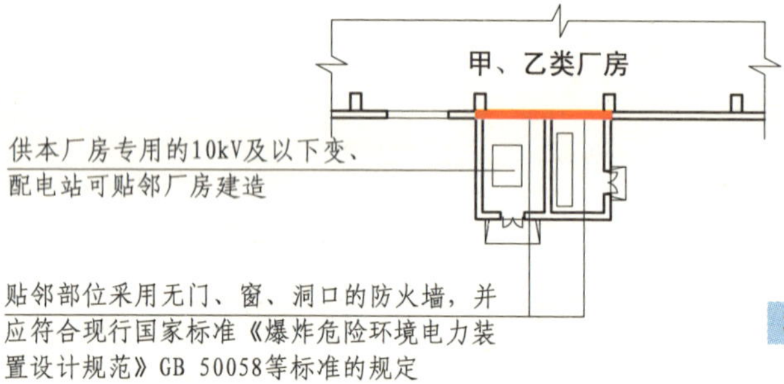

3.3.8 图示2

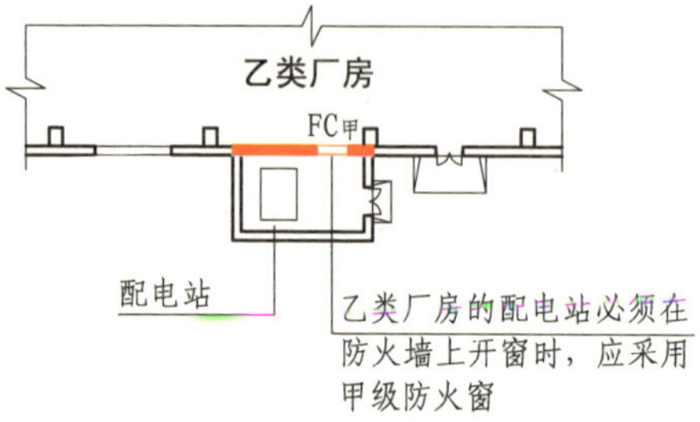

3.3.8 图示3

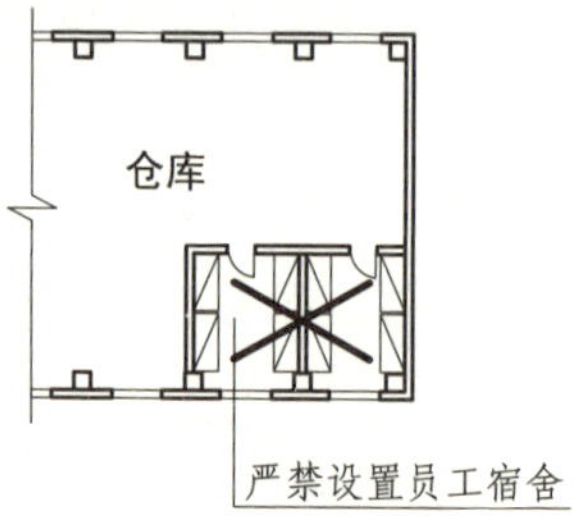

3.3.9 图示1

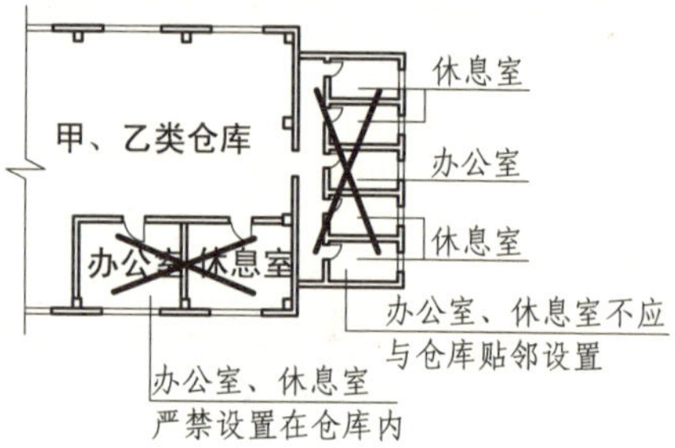

3.3.9 图示2

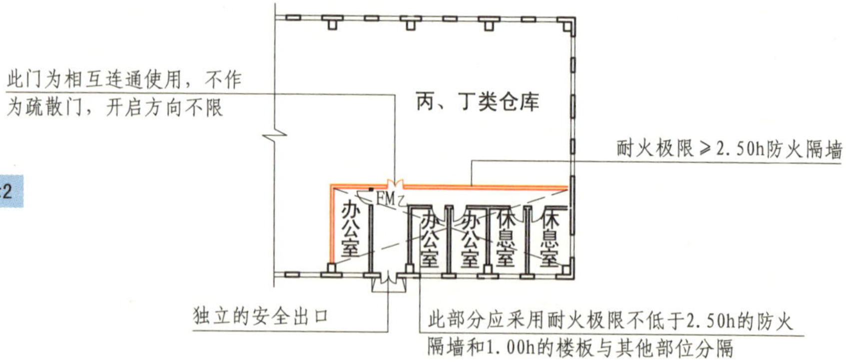

3.3.9 图示3

3.3 厂房和仓库的层数、面积和平面布置						图集号	18J811-1
审核	蔡昭昀	校对	林 莉	设计	李晓宁	页	3-16

3.3.10 物流建筑的防火设计应符合下列规定：

1 当建筑功能以分拣、加工等作业为主时，应按本规范有关厂房的规定确定，其中仓储部分应按中间仓库确定；

2 当建筑功能以仓储为主或建筑难以区分主要功能时，应按本规范有关仓库的规定确定【图示1】，但当分拣等作业区采用防火墙与储存区完全分隔时，作业区和储存区的防火要求可分别按本规范有关厂房和仓库的规定确定【图示2】。其中，当分拣等作业区采用防火墙与储存区完全分隔且符合下列条件时，除自动化控制的丙类高架仓库外，储存区的防火分区最大允许建筑面积和储存区部分建筑的最大允许占地面积，可按本规范表3.3.2（不含注）的规定增加3.0倍：

1）储存除可燃液体、棉、麻、丝、毛及其他纺织品、泡沫塑料等物品外的丙类物品且建筑的耐火等级不低于一级；

2）储存丁、戊类物品且建筑的耐火等级不低于二级；

3）建筑内全部设置自动水灭火系统和火灾自动报警系统。【图示3】【图示4】

3.3.11 甲、乙类厂房（仓库）内不应设置铁路线。

需要出入蒸汽机车和内燃机车的丙、丁、戊类厂房（仓库），其屋顶应采用不燃材料或采取其他防火措施。

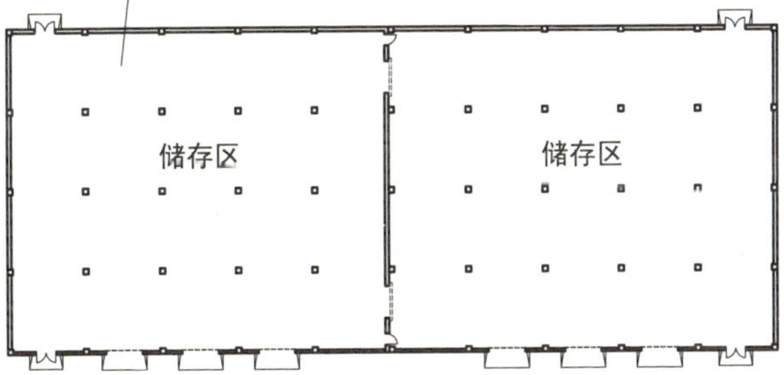

储存型物流建筑平面示意图

3.3.10 图示1

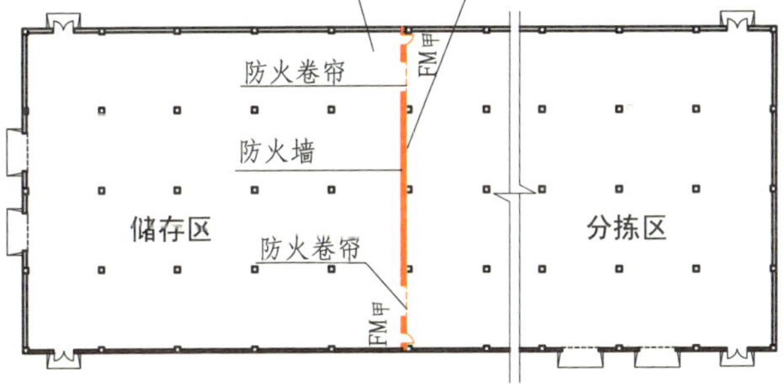

[注释]防火分区要根据其生产加工的火灾危险性按本规范对相关的火灾危险性类别厂房的规定进行划分。

作业型物流建筑平面示意图

3.3.10 图示2

物流建筑的分拣等作业区采用防火墙与储存区完全分隔时，储存区的防火分区最大允许建筑面积和储存区部分建筑的最大允许占地面积（自动化控制的丙类高架仓库除外）

储存物品的火灾危险性类别	储存区的耐火等级	最多允许层数	建筑内全部设置自动水灭火系统和火灾自动报警系统时储存区最大允许占地面积和每个防火分区的最大允许建筑面积（m²）						
			单层		多层		高层		地下或半地下（包括地下或半地下室）
			占地面积	防火分区	占地面积	防火分区	占地面积	防火分区	防火分区
丙2类（除棉、麻、丝、毛及其他纺织品、泡沫塑料等物品）	一级	不限	24000	6000	19200	4800	16000	4000	1200
丁	一、二级	不限	不限	12000	不限	6000	19200	4800	2000
戊	一、二级	不限	不限	不限	不限	8000	24000	6000	4000

3.3.10 图示3

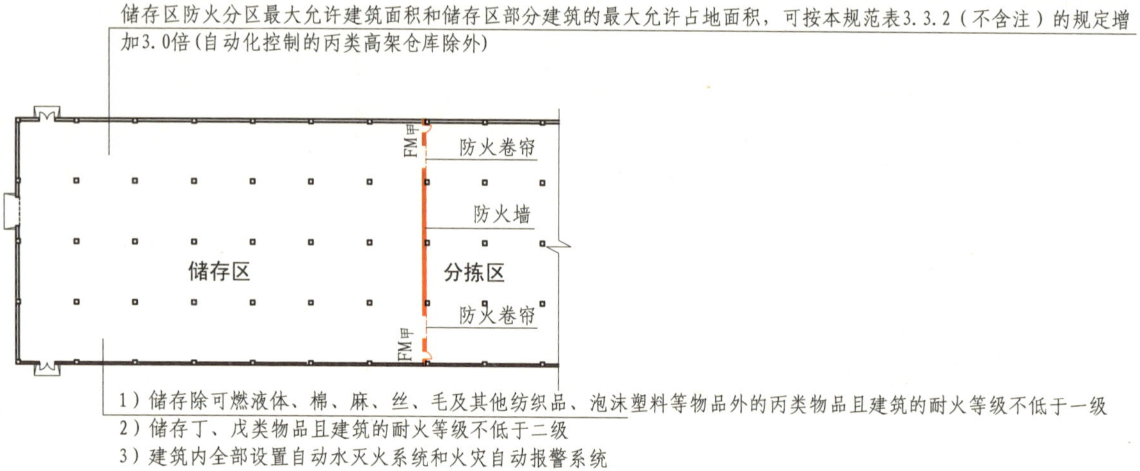

3.3.10 图示4

3.3 厂房和仓库的层数、面积和平面布置	图集号	18J811-1
审核 蔡昭昀 校对 林莉 设计 李晓宁	页	3-18

3.4 厂房的防火间距

3.4.1 除本规范另有规定外，厂房之间及与乙、丙、丁、戊类仓库、民用建筑等的防火间距不应小于表3.4.1的规定，与甲类仓库的防火间距应符合本规范第3.5.1条的规定。

表 3.4.1 厂房之间及与乙、丙、丁、戊类仓库、民用建筑等的防火间距（m）

名称			甲类厂房	乙类厂房（仓库）			丙、丁、戊类厂房（仓库）				民用建筑				
			单、多层	单、多层		高层	单、多层			高层	裙房，单、多层			高层	
			一、二级	一、二级	三级	一、二级	一、二级	三级	四级	一、二级	一、二级	三级	四级	一类	二类
甲类厂房	单、多层	一、二级	12	12	14	13	12	14	16	13	25			50	
乙类厂房	单、多层	一、二级	12	10	12	13	10	12	14	13					
		三级	14	12	14	15	12	14	16	15					
	高层	一、二级	13	13	15	13	13	15	17	13					
丙类厂房	单、多层	一、二级	12	10	12	13	10	12	14	13	10	12	14	20	15
		三级	14	12	14	15	12	14	16	15	12	14	16	25	20
		四级	16	14	16	17	14	16	18	17	14	16	18		
	高层	一、二级	13	13	15	13	13	15	17	13	13	15	17	20	15
丁、戊类厂房	单、多层	一、二级	12	10	12	13	10	12	14	13	10	12	14	15	13
		三级	14	12	14	15	12	14	16	15	12	14	16	18	15
		四级	16	14	16	17	14	16	18	17	14	16	18		
	高层	一、二级	13	13	15	13	13	15	17	13	13	15	17	15	13
室外变、配电站	变压器总油量（t）	≥5，≤10	25	25	25	25	12	15	20	12	15	20	25	20	
		>10，≤50					15	20	25	15	20	25	30	25	
		>50					20	25	30	20	25	30	35	30	

注：1 乙类厂房与重要公共建筑的防火间距不宜小于50m；与明火或散发火花地点，不宜小于30m。单、多层戊类厂房之间及与戊类仓库的防火间距可按本表的规定减少2m，与民用建筑的防火间距可将戊类厂房等同民用建筑按本规范第5.2.2条的规定执行。为丙、丁、戊类厂房服务而单独设置的生活用房应按民用建筑确定，与所属厂房的防火间距不应小于6m。确需相邻布置时，应符合本表注2、3的规定。

2 两座厂房相邻较高一面外墙为防火墙，或相邻两座高度相同的一、二级耐火等级建筑中相邻任一侧外墙为防火墙且屋顶的耐火极限不低于1.00h时，其防火间距不限，但甲类厂房之间不应小于4m【图示1】。两座丙、丁、戊类厂房相邻两面外墙均为不燃性墙体，当无外露的可燃性屋檐，每面外墙上的门、窗、洞口面积之和各不大于外墙面积的5%，且门、窗、洞口不正对开设时，其防火间距可按本表的规定减少25%。甲、乙类厂房（仓库）不应与本规范第3.3.5条规定外的其他建筑贴邻。

3 两座一、二级耐火等级的厂房，当相邻较低一面外墙为防火墙且较低一座厂房的屋顶无天窗，屋顶的耐火极限不低于1.00h，或相邻较高一面外墙的门、窗等开口部位设置甲级防火门、窗或防火分隔水幕或按本规范第6.5.3条的规定设置防火卷帘时，甲、乙类厂房之间的防火间距不应小于6m；丙、丁、戊类厂房之间的防火间距不应小于4m。【图示2】

4 发电厂内的主变压器，其油量可按单台确定。

5 耐火等级低于四级的既有厂房，其耐火等级可按四级确定。

6 当丙、丁、戊类厂房与丙、丁、戊类仓库相邻时，应符合本表注2、3的规定。

3.4 厂房的防火间距						图集号	18J811-1
审核	蔡昭昀	校对	林 莉	设计	李晓宁	页	3-19

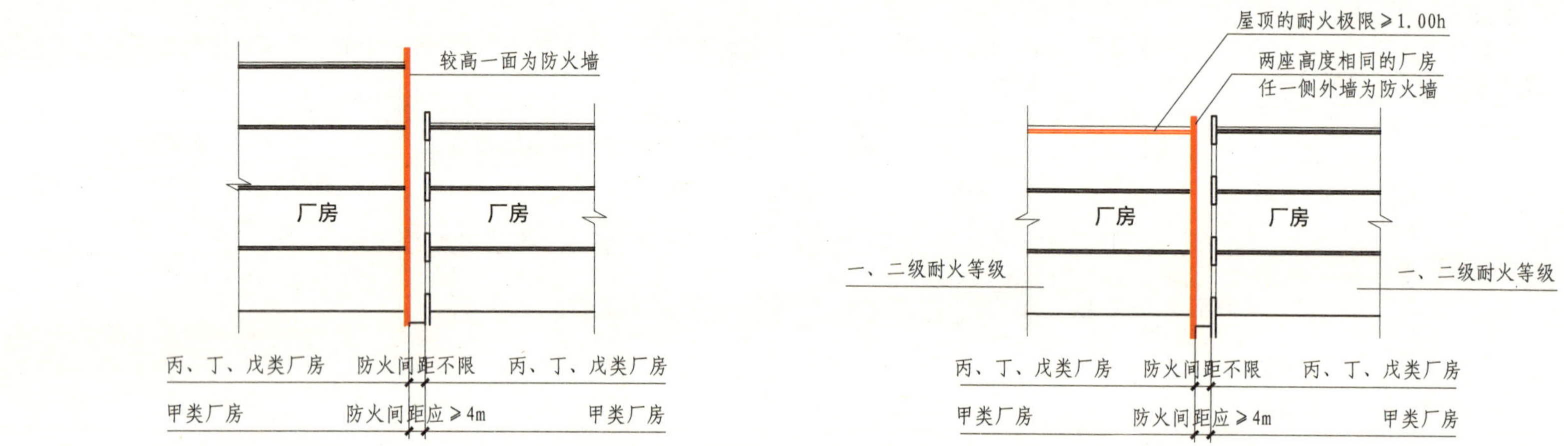

[注释]当防火间距不限时，图示中防火墙应无门、窗、洞口。

3.4.1 图示1

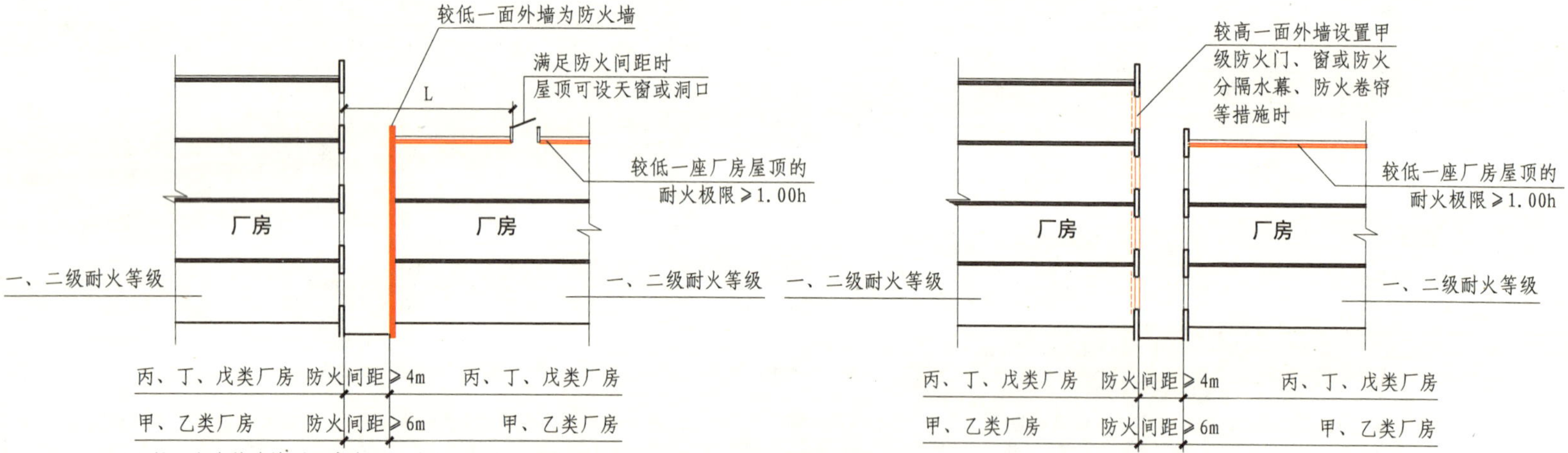

[注释]L为建筑外墙到天窗或洞口的水平距离，具体距离应根据第3.4.1条有关规定确定。

3.4.1 图示2

[注释]当丙、丁、戊类厂房与丙、丁、戊类仓库相邻时，也应符合本条规定。

3.4 厂房的防火间距						图集号	18J811-1
审核	蔡昭昀	校对	林 莉	设计	李晓宁	页	3-20

3.4.2 **甲类厂房与重要公共建筑的防火间距不应小于50m，与明火或散发火花地点的防火间距不应小于30m。**【图示】

3.4.3 散发可燃气体、可燃蒸气的甲类厂房与铁路、道路等的防火间距不应小于表3.4.3的规定【图示】，但甲类厂房所属厂内铁路装卸线当有安全措施时，防火间距不受表3.4.3规定的限制。

表 3.4.3 散发可燃气体、可燃蒸气的甲类厂房与铁路、道路等的防火间距（m）

名称	厂外铁路线中心线	厂内铁路线中心线	厂外道路路边	厂内道路路边	
				主要	次要
甲类厂房	30	20	15	10	5

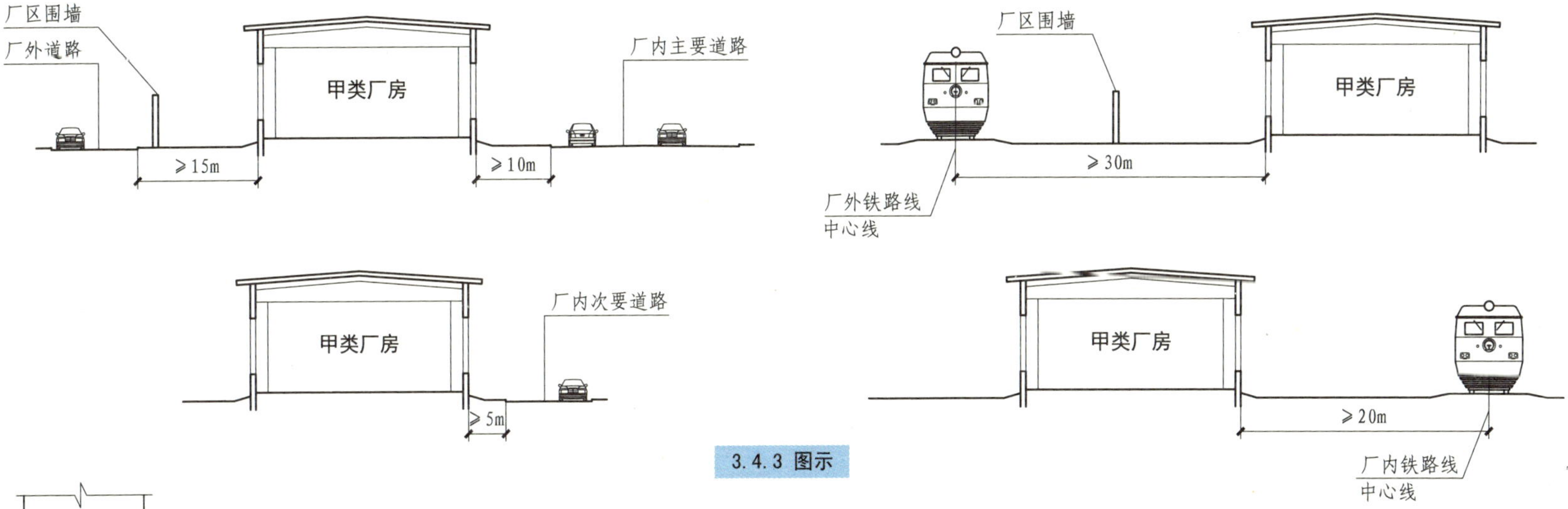

3.4.3 图示

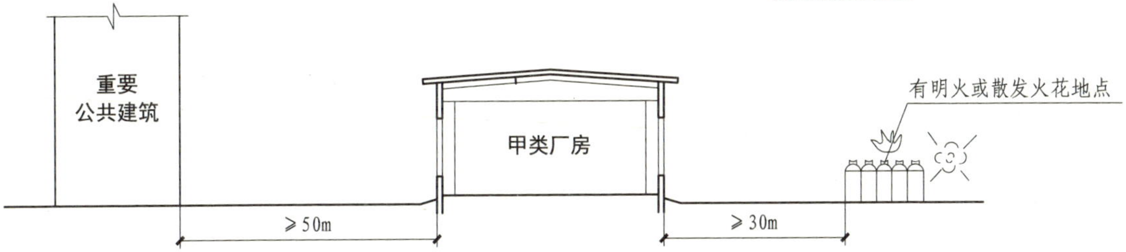

3.4.2 图示

3.4 厂房的防火间距							图集号	18J811-1
审核	蔡昭昀	校对	林 莉	设计	李晓宁		页	3-21

3.4.4 高层厂房与甲、乙、丙类液体储罐，可燃、助燃气体储罐，液化石油气储罐，可燃材料堆场（除煤和焦炭场外）的防火间距，应符合本规范第4章的规定，且不应小于13m。【图示1】【图示2】

高层厂房与各类储罐的防火间距

名称		一个罐区的总容量V（m³）	与高层厂房的防火间距（m）
液体储罐（区）	甲、乙类	1≤V＜50	13
		50≤V＜200	15
		200≤V＜1000	20
		1000≤V＜5000	25
	丙类	5≤V＜250	13
		250≤V＜1000	15
		1000≤V＜5000	20
		5000≤V＜25000	25
装卸鹤管	甲、乙类液体	--	14
	丙类液体	--	13
湿式可燃气体储罐		V＜1000	13
		1000≤V＜10000	15
		10000≤V＜50000	20
		50000≤V＜100000	25
		100000≤V＜300000	30
湿式氧气储罐		V≤1000	13
		1000＜V≤50000	13
			14

3.4.4 图示1

高层厂房与露天、半露天可燃材料堆场的防火间距（m）

名　称	一个堆场的总储量	与高层厂房防火间距（m）
粮食席穴囤W（t）	10≤W＜5000	15
	5000≤W＜20000	20
粮食土圆仓W（t）	500≤W＜10000	13
	10000≤W＜20000	15
棉、麻、毛、化纤、百货W（t）	10≤W＜500	13
	500≤W＜1000	15
	1000≤W＜5000	20
秸秆、芦苇、打包废纸等W（t）	10≤W＜5000	15
	5000≤W＜10000	20
	W≥10000	25
木材等V（m³）	50≤V＜1000	13
	1000≤V＜10000	15
	V≥10000	20

3.4.4 图示2

〖条文说明〗高层厂房与甲、乙、丙类液体储罐的防火间距应按本规范第4.2.1条的规定执行，与甲、乙、丙类液体装卸鹤管的防火间距应按本规范第4.2.8条的规定执行，与湿式可燃气体储罐或罐区的防火间距应按本规范4.3.1的规定执行，与湿式氧气储罐或罐区的防火间距应按本规范表4.3.3的规定执行，与液化天然气储罐的防火间距应按本规范表4.3.8的规定执行，与液化石油气储罐的间距应按本规范表4.4.1的规定执行，与可燃材料堆场的防火间距应按本规范表4.5.1的规定执行。高层厂房、仓库与上述储罐、堆场的防火间距，凡小于13m者，应按13m确定。

3.4 厂房的防火间距						图集号	18J811-1
审核	蔡昭昀	校对	林莉	设计	李晓宁	页	3-22

3.4.5 丙、丁、戊类厂房与民用建筑的耐火等级均为一、二级时，丙、丁、戊类厂房与民用建筑的防火间距可适当减小，但应符合下列规定：

1 当较高一面外墙为无门、窗、洞口的防火墙，或比相邻较低一座建筑屋面高15m及以下范围内的外墙为无门、窗、洞口的防火墙时，其防火间距不限；【图示1】【图示2】

2 相邻较低一面外墙为防火墙，且屋顶无天窗或洞口、屋顶的耐火极限不低于1.00h，或相邻较高一面外墙为防火墙，且墙上开口部位采取了防火措施，其防火间距可适当减小，但不应小于4m。【图示3】【图示4】

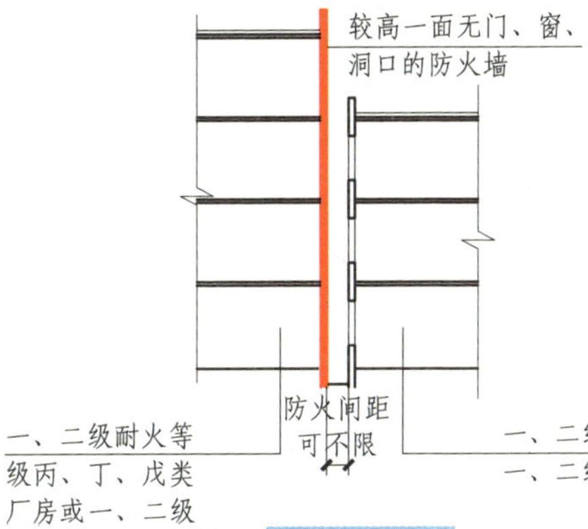

3.4.5 图示1

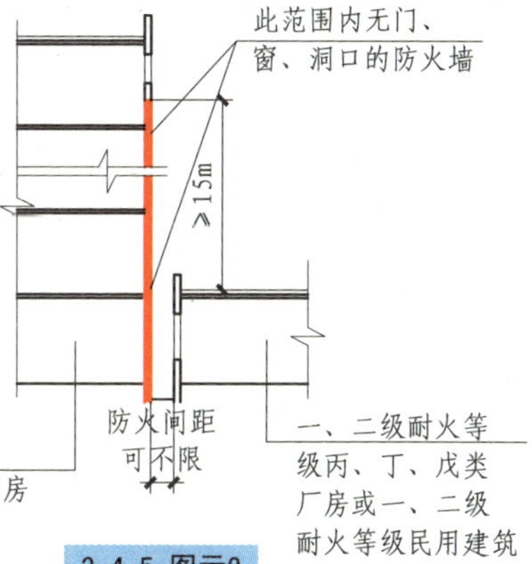

3.4.5 图示2

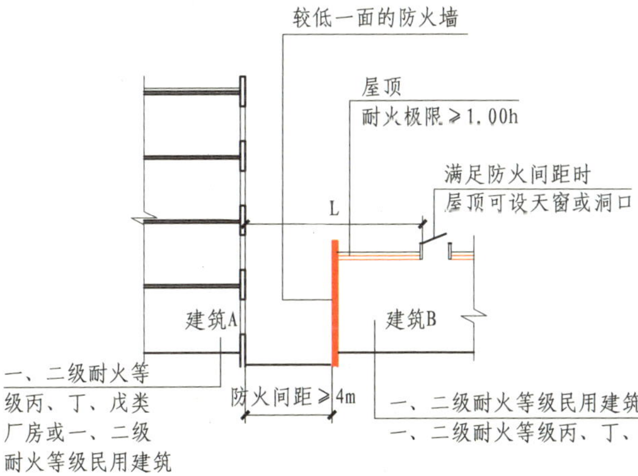

[注释]L为建筑外墙到天窗或洞口的水平距离，具体距离应根据第3.4.1条有关规定确定。

3.4.5 图示3

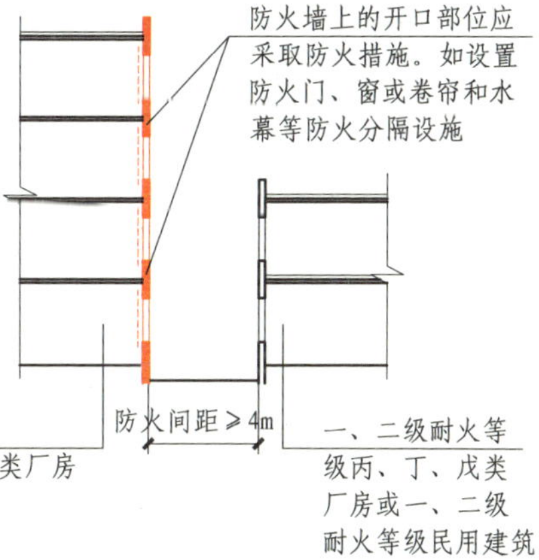

3.4.5 图示4

[注释]高度大于100m的民用建筑与相邻建筑的防火间距应符合第5.2.6条的规定。

3.4 厂房的防火间距						图集号	18J811-1
审核	蔡昭昀	校对	林 莉	设计	李晓宁	页	3-23

3.4.6 厂房外附设化学易燃物品的设备，其外壁与相邻厂房室外附设设备的外壁或相邻厂房外墙的防火间距，不应小于本规范第3.4.1条的规定。用不燃材料制作的室外设备，可按一、二级耐火等级建筑确定。【图示1】

总容量不大于15m³ 的丙类液体储罐，当直埋于厂房外墙外，且面向储罐一面4.0m范围内的外墙为防火墙时，其防火间距可不限。【图示2】

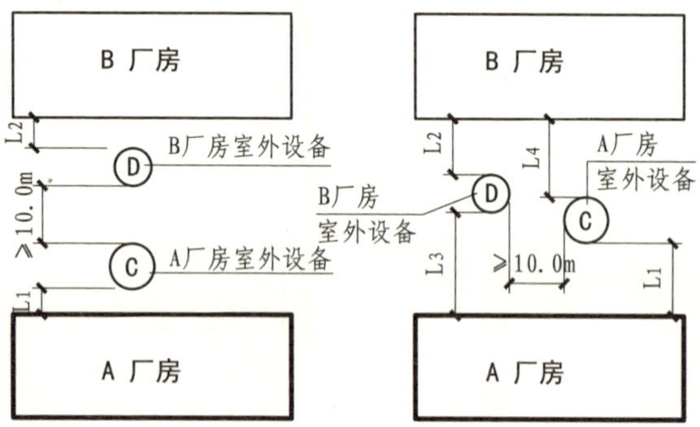

厂房外有室外化学易燃易爆物品设备时的防火间距

3.4.6 图示1

[注释]

1　L1、L2为室外设备C、D外壁分别与B、A厂房的间距，应根据厂房与设备的火灾危险性类别和设备及厂房的耐火等级按第3.4.1条有关规定确定。厂房外装有化学易燃物品的室外设备，设备本身采用不燃材料制作，可按相当于一、二级耐火等级的建筑考虑。

2　L3、L4为室外设备C、D外壁与相邻其他厂房之间的距离，应根据相邻厂房与设备的火灾危险性类别和设备及厂房的耐火等级按第3.4.1条有关规定确定。

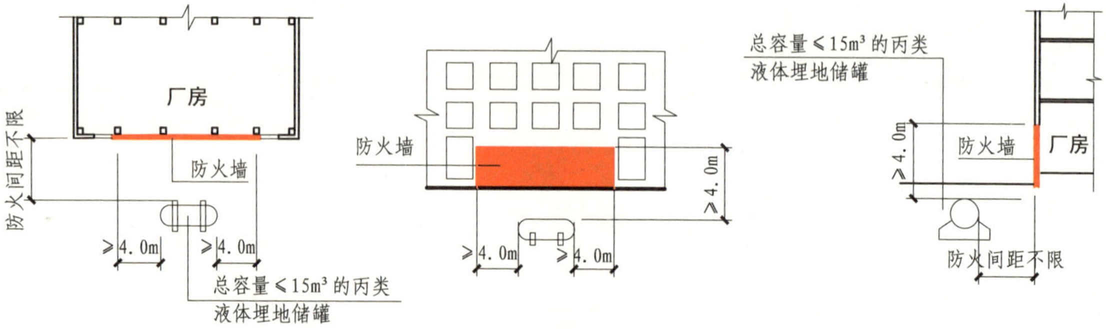

平面示意图　　立面示意图　　剖面示意图

3.4.6 图示2

3.4 厂房的防火间距							图集号	18J811-1
审核	蔡昭昀	(签名)	校对	林 莉	(签名)	设计 李晓宁 (签名)	页	3-24

3.4.7 同一座“U”形或“山”形厂房中相邻两翼之间的防火间距，不宜小于本规范第3.4.1条的规定【图示1】，但当厂房的占地面积小于本规范第3.3.1条规定的每个防火分区最大允许建筑面积时，其防火间距可为6m【图示2】。

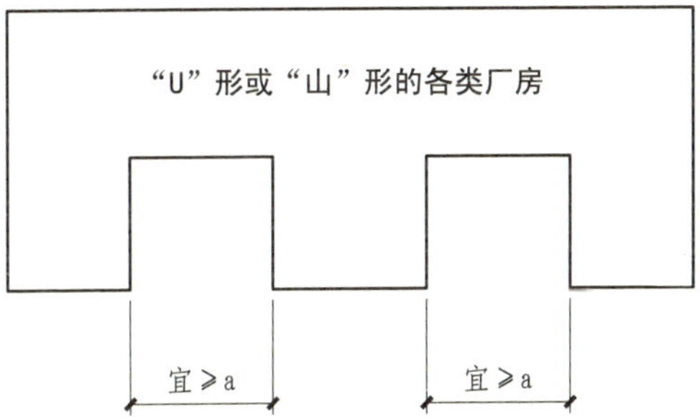

3.4.7 图示1

同一座“U”形或“山”形厂房中相邻两翼之间的防火间距

耐火等级	生产火灾危险性	防火间距a(m)
一、二级	甲类厂房	12
	单、多层乙类厂房	10
	单、多层丙、丁类厂房	10
	高层厂房	13
三级	单、多层乙、丙、丁、戊类厂房	14
四级	单、多层丙、丁类厂房	18

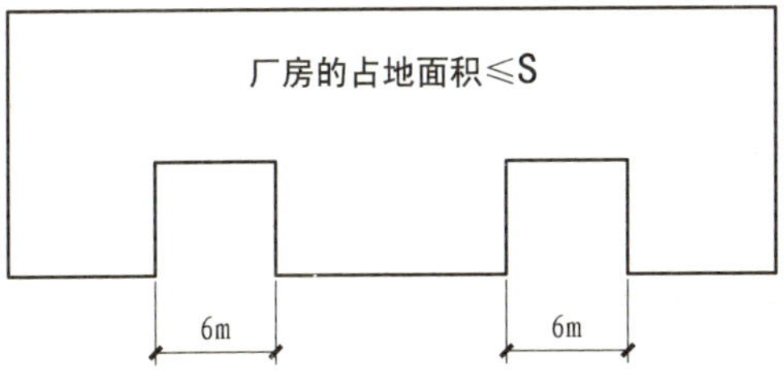

3.4.7 图示2

“U”形或“山”形厂房的允许占地面积（S）

耐火等级	甲类生产厂房		乙类生产厂房			丙类生产厂房			丁类生产厂房			戊类生产厂房		
	单层	多层	单层	多层	高层	单层	多层	高层	单层	多层	高层	单层	多层	高层
一级	4000	3000	5000	4000	2000	不限	6000	3000	不限	不限	4000	不限	不限	6000
二级	3000	2000	4000	3000	1500	8000	4000	2000	不限	不限	4000	不限	不限	6000
三级	—	—	—	—	—	3000	2000	—	4000	2000	—	5000	3000	—
四级	—	—	—	—	—	—	—	—	1000	—	—	1500	—	—

3.4 厂房的防火间距	图集号	18J811-1
审核 蔡昭昀 校对 林莉 设计 李晓宁	页	3-25

3.4.8　除高层厂房和甲类厂房外，其他类别的数座厂房占地面积之和小于本规范第3.3.1条规定的防火分区最大允许建筑面积（按其中较小者确定，但防火分区的最大允许建筑面积不限者，不应大于10000m²）时，可成组布置。当厂房建筑高度不大于7m时，组内厂房之间的防火间距不应小于4m；当厂房建筑高度大于7m时，组内厂房之间的防火间距不应小于6m。

组与组或组与相邻建筑的防火间距，应根据相邻两座中耐火等级较低的建筑，按本规范第3.4.1条的规定确定。【图示】

3.4.9　一级汽车加油站、一级汽车加气站和一级汽车加油加气合建站不应布置在城市建成区内。

3.4.10　汽车加油、加气站和加油加气合建站的分级，汽车加油、加气站和加油加气合建站及其加油（气）机、储油（气）罐等与站外明火或散发火花地点、建筑、铁路、道路的防火间距以及站内各建筑或设施之间的防火间距，应符合现行国家标准《汽车加油加气站设计与施工规范》GB 50156的规定。

3.4.11　电力系统电压为35kV～500kV且每台变压器容量不小于10MV·A的室外变、配电站以及工业企业的变压器总油量大于5t的室外降压变电站，与其他建筑的防火间距不应小于本规范第3.4.1条和第3.5.1条的规定。

3.4.12　厂区围墙与厂区内建筑的间距不宜小于5m，围墙两侧建筑的间距应满足相应建筑的防火间距要求。

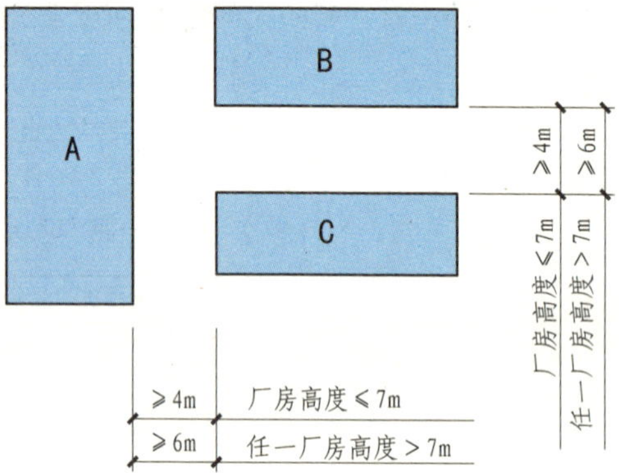

[注释]
1　A、B、C厂房中，不得有高层厂房和甲类厂房；
2　以A、B、C厂房中，生产火灾危险性类别最高的一座按其耐火等级、层数首先确定此类厂房防火分区的最大允许建筑面积（最大允许建筑面积不限者，不应大于10000m²），当此数座厂房的占地面积总和小于该最大允许建筑面积时，则此数座厂房可成组布置。
3　当厂房内设置自动灭火系统时，上述厂房的最大允许建筑面积可增加1.0倍。

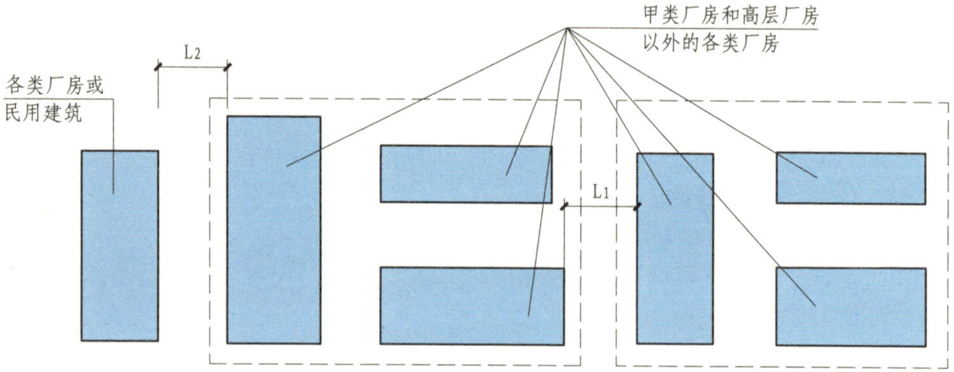

组与组或组与相邻建筑的防火间距平面布置示意图

[注释]
1　组与组之间的防火间距：本图系指组和组间相邻厂房之间的距离L1。
2　组与相邻建筑之间的防火间距，本图系指组中厂房与邻近建筑物之间的距离L2。
3　L1、L2应根据相邻两座中耐火等级较低的建筑，按第3.4.1条中有关规定所列各建筑物的生产火灾危险性类别、耐火等级、层数等确定。

3.4.8 图示

3.5 仓库的防火间距

3.5.1 甲类仓库之间及与其他建筑、明火或散发火花地点、铁路、道路等的防火间距不应小于表3.5.1的规定。

表 3.5.1 甲类仓库之间及与其他建筑、明火或散发火花地点、铁路、道路等的防火间距（m）

名称		甲类仓库（储量，t）			
		甲类储存物品第3、4项		甲类储存物品第1、2、5、6项	
		≤5	＞5	≤10	＞10
高层民用建筑、重要公共建筑		50			
裙房、其他民用建筑、明火或散发火花地点		30	40	25	30
甲类仓库		20	20	20	20
厂房和乙、丙、丁、戊类仓库	一、二级	15	20	12	15
	三级	20	25	15	20
	四级	25	30	20	25
电力系统电压为35kV～500kV且每台变压器容量不小于10MV·A的室外变、配电站，工业企业的变压器总油量大于5t的室外降压变电站		30	40	25	30
厂外铁路线中心线		40			
厂内铁路线中心线		30			
厂外道路路边		20			
厂内道路路边	主要	10			
	次要	5			

注：甲类仓库之间的防火间距，当第3、4项物品储量不大于2t，第1、2、5、6项物品储量不大于5t时，不应小于12m。甲类仓库与高层仓库的防火间距不应小于13m。

3.5.2 除本规范另有规定外，乙、丙、丁、戊类仓库之间及与民用建筑的防火间距，不应小于表3.5.2的规定。

表 3.5.2 乙、丙、丁、戊类仓库之间及与民用建筑的防火间距（m）

名称			乙类仓库			丙类仓库				丁、戊类仓库			
			单、多层		高层	单、多层			高层	单、多层			高层
			一、二级	三级	一、二级	一、二级	三级	四级	一、二级	一、二级	三级	四级	一、二级
乙、丙、丁、戊类仓库	单、多层	一、二级	10	12	13	10	12	14	13	10	12	14	13
		三级	12	14	15	12	14	16	15	12	14	16	15
		四级	14	16	17	14	16	18	17	14	16	18	17
	高层	一、二级	13	15	13	13	15	17	13	13	15	17	13
民用建筑	裙房，单、多层	一、二级	25			10	12	14	13	10	12	14	13
		三级	25			12	14	16	15	12	14	16	15
		四级	25			14	16	18	17	14	16	18	17
	高层	一类	50			20	25	25	20	15	18	18	15
		二类	50			15	20	20	15	13	15	15	13

注：1 单、多层戊类仓库之间的防火间距，可按本表的规定减少2m。【图示1】

2 两座仓库的相邻外墙均为防火墙时，防火间距可以减小，但丙类仓库，不应小于6m；丁、戊类仓库，不应小于4m【图示2】。两座仓库相邻较高一面外墙为防火墙，或相邻两座高度相同的一、二级耐火等级建筑中相邻任一侧外墙为防火墙且屋顶的耐火极限不低于1.00h，且总占地面积不大于本规范第3.3.2条一座仓库的最大允许占地面积规定时，其防火间距不限【图示3】【图示4】。

3 除乙类第6项物品外的乙类仓库，与民用建筑的防火间距不宜小于25m，与重要公共建筑的防火间距不应小于50m，与铁路、道路等的防火间距不宜小于表3.5.1中甲类仓库与铁路、道路等的防火间距。

3.5 仓库的防火间距							图集号	18J811-1
审核	蔡昭昀	校对	林莉	设计	李晓宁		页	3-28

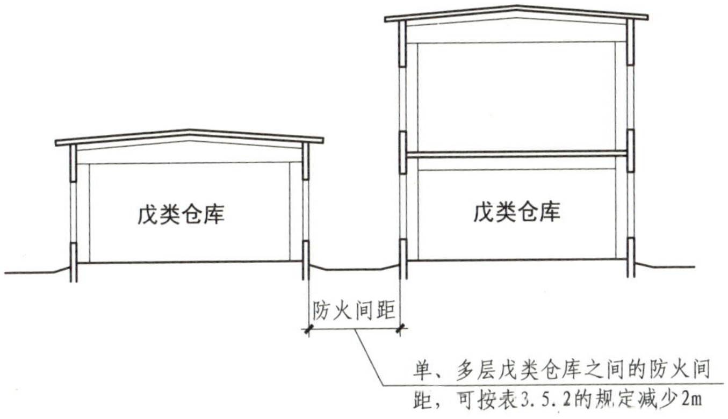

3.5.2 图示1

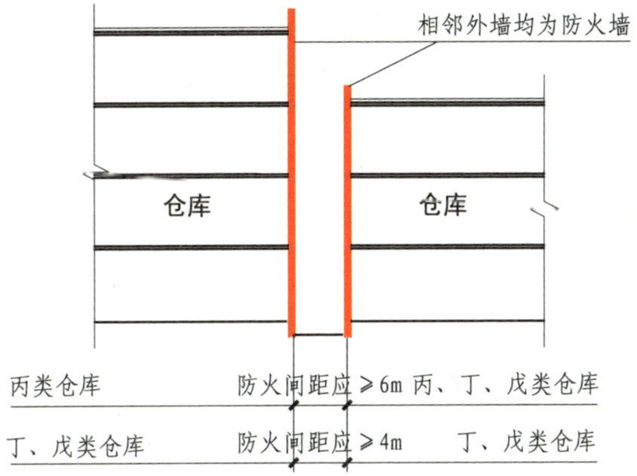

3.5.2 图示2

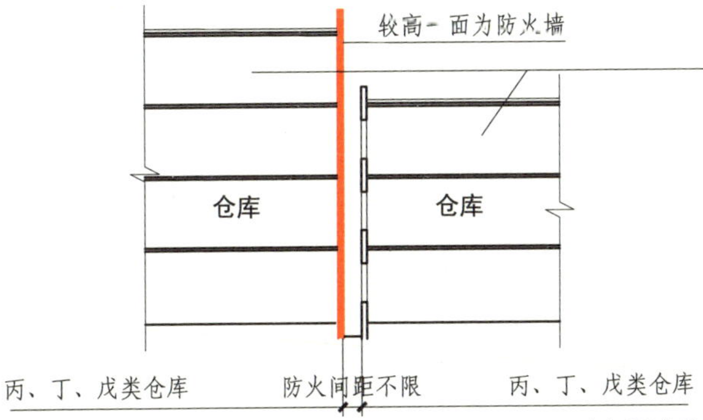

总占地面积不大于本规范第3.3.2条一座仓库的最大允许占地面积规定时

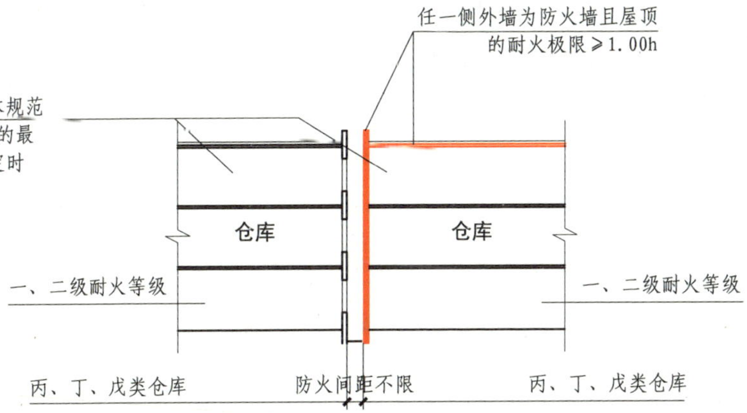

[注释]当防火间距不限时，图示中防火墙应无门、窗、洞口。

3.5.2 图示3

3.5.2 图示4

3.5 仓库的防火间距							图集号	18J811-1
审核	蔡昭昀	蔡昭昀	校对	林 莉	林莉	设计	李晓宁	李晓宁	页	3-29

3.5.3 丁、戊类仓库与民用建筑的耐火等级均为一、二级时，仓库与民用建筑的防火间距可适当减小，但应符合下列规定：

1 当较高一面外墙为无门、窗、洞口的防火墙，或比相邻较低一座建筑屋面高15m及以下范围内的外墙为无门、窗、洞口的防火墙时，其防火间距可不限；【图示1】【图示2】

2 相邻较低一面外墙为防火墙，且屋顶无天窗或洞口、屋顶耐火极限不低于1.00h，或相邻较高一面外墙为防火墙，且墙上开口部位采取了防火措施，其防火间距可适当减小，但不应小于4m。【图示3】【图示4】

3.5.4 粮食筒仓与其他建筑、粮食筒仓组之间的防火间距，不应小于表3.5.4的规定。

表 3.5.4 粮食筒仓与其他建筑、粮食筒仓组之间的防火间距（m）

名称	粮食总储量W（t）	粮食立筒仓			粮食浅圆仓		其他建筑		
		W≤40000	40000＜W≤50000	W＞50000	W≤50000	W＞50000	一、二级	三级	四级
粮食立筒仓	500＜W≤10000	15	20	25	20	25	10	15	20
	10000＜W≤40000						15	20	25
	40000＜W≤50000	20					20	25	30
	W＞50000	25					25	30	—
粮食浅圆仓	W≤50000	20	20	25	20	25	20	25	—
	W＞50000	25					25	30	—

注：1 当粮食立筒仓、粮食浅圆仓与工作塔、接收塔、发放站为一个完整工艺单元的组群时，组内各建筑之间的防火间距不受本表限制。
2 粮食浅圆仓组内每个独立仓的储量不应大于10000t。

3.5.5 库区围墙与库区内建筑的间距不宜小于5m，围墙两侧建筑的间距应满足相应建筑的防火间距要求。

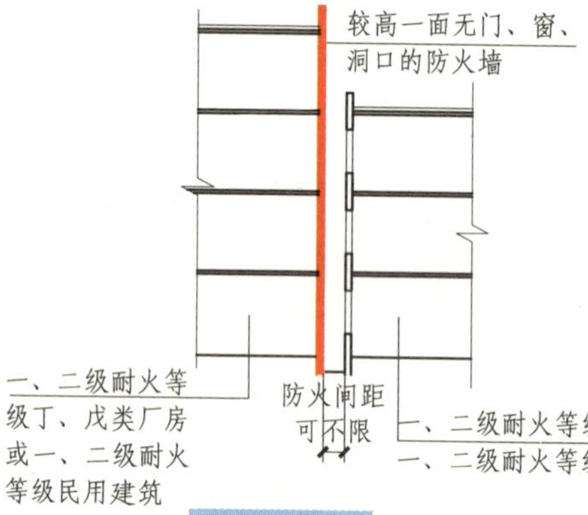

3.5.3 图示1

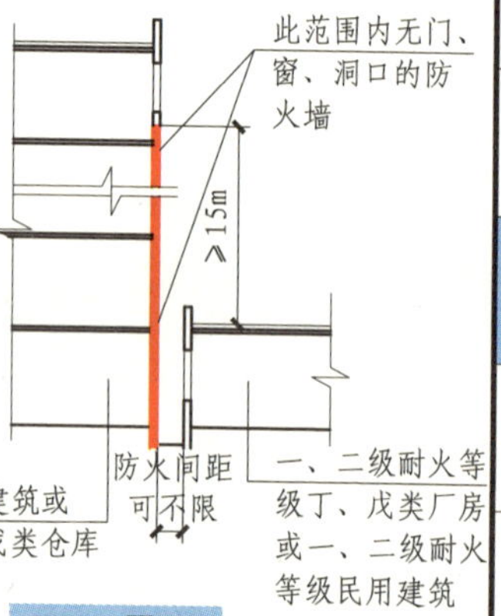

3.5.3 图示2

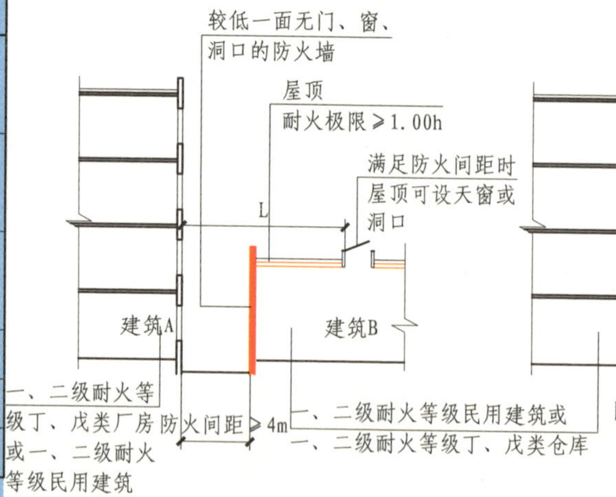

[注释]L为建筑外墙到天窗或洞口的水平距离，具体距离应根据第3.5.1条有关规定确定

3.5.3 图示3

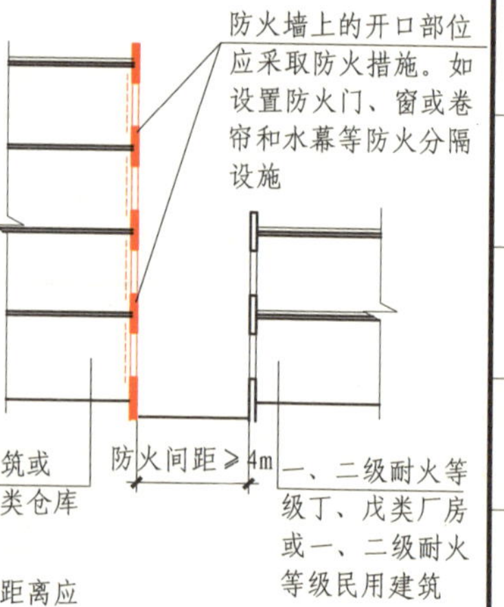

3.5.3 图示4

[注释]高度大于100m的民用建筑与相邻建筑的防火间距应符合第5.2.6条的规定。

3.6 厂房和仓库的防爆

3.6.1 有爆炸危险的甲、乙类厂房宜独立设置，并宜采用敞开或半敞开式。其承重结构宜采用钢筋混凝土或钢框架、排架结构。
【图示】

3.6.2 有爆炸危险的厂房或厂房内有爆炸危险的部位应设置泄压设施。

3.6.3 泄压设施宜采用轻质屋面板、轻质墙体和易于泄压的门、窗等，应采用安全玻璃等在爆炸时不会产生尖锐碎片的材料。

泄压设施的设置应避开人员密集场所和主要交通道路，并宜靠近有爆炸危险的部位。【图示1】

作为泄压设施的轻质屋面板和墙体的质量不宜大于60kg/m²。【图示2】

屋顶上的泄压设施应采取防冰雪积聚措施。【图示2】

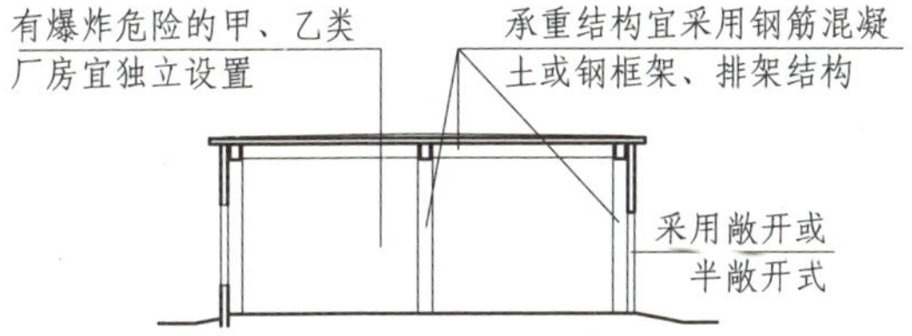

有爆炸危险的甲、乙类厂房

3.6.1 图示

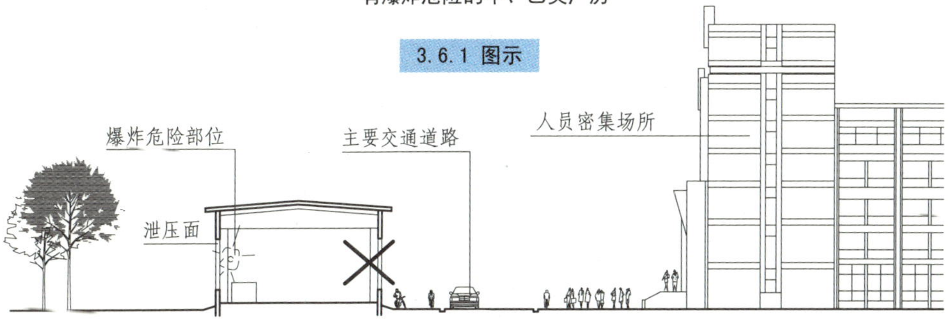

[注释]泄压设施的设置应避开人员密集场所和主要交通道路，并宜靠近有爆炸危险的部位。

3.6.3 图示1

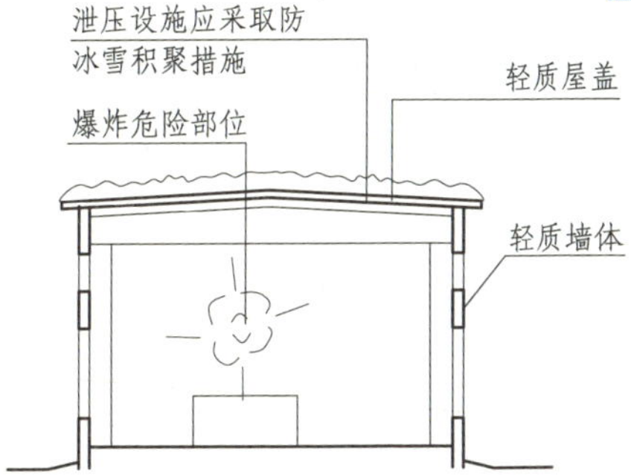

有爆炸危险的厂房

3.6.3 图示2

[注释]泄压设施需采用：

1 轻质屋盖、轻质墙体(单位质量宜≤60kg/m²)，当采用轻质屋面泄压时，应同时考虑屋面负风压对屋面的风揭作用。

2 易于泄压的门窗（门窗的单位质量轻、玻璃受压易破碎、门窗选用的小五金断面较小、构造节点的处理上要求易断裂、脱落等，门窗的开启方向选择向外开）。

3 参见国标图集14J938《抗爆、泄爆门窗及屋盖、墙体建筑构造》。

3.6.4 厂房的泄压面积宜按下式计算，但当厂房的长径比大于3时，宜将建筑划分为长径比不大于3的多个计算段，各计算段中的公共截面不得作为泄压面积：

$$A = 10CV^{2/3} \qquad (3.6.4)$$

式中 A—泄压面积（m²）；
V—厂房的容积（m³）；
C—泄压比，可按表3.6.4选取（m²/m³）。

表 3.6.4 厂房内爆炸性危险物质的类别与泄压比规定值（m²/m³）

厂房内爆炸性危险物质的类别	C值
氨、粮食、纸、皮革、铅、铬、铜等 $K_{尘}<10MPa·m·s^{-1}$的粉尘	≥0.030
木屑、炭屑、煤粉、锑、锡等 $10MPa·m·s^{-1} \leq K_{尘} \leq 30MPa·m·s^{-1}$的粉尘	≥0.055
丙酮、汽油、甲醇、液化石油气、甲烷、喷漆间或干燥室，苯酚树脂、铝、镁、锆等 $K_{尘}>30MPa·m·s^{-1}$的粉尘	≥0.110
乙烯	≥0.160
乙炔	≥0.200
氢	≥0.250

注：1 长径比为建筑平面几何外形尺寸中的最长尺寸与其横截面周长的积和4.0倍的建筑横截面积之比。
2 $K_{尘}$是指粉尘爆炸指数。

【示例1】【示例2】

[计算举例1]确定厂房的泄压面积。

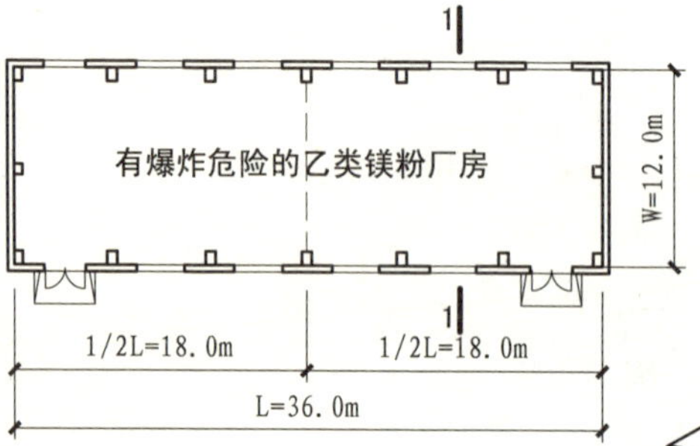

平面图

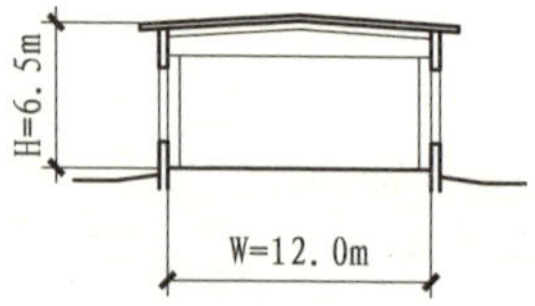

1-1

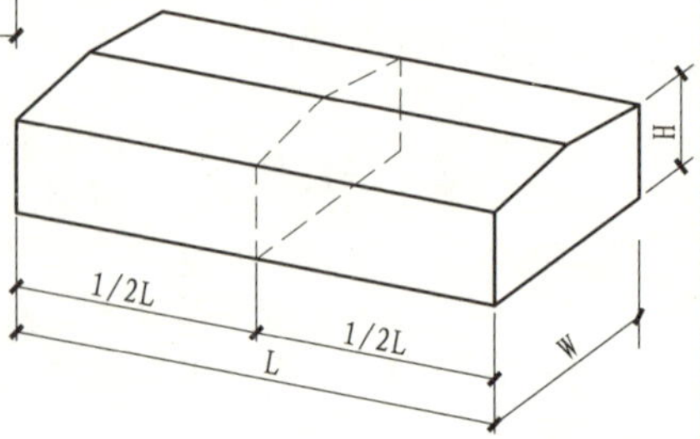

示意图

长径比=L×[（W+H）×2]/（4×W×H），
其中：
L为建筑平面几何外形尺寸中的最长尺寸；
W为建筑的宽度；
H为建筑的平均高度。

已知：厂房跨度（W）12.0m，长度（L）36.0m，平均高度（H）6.5m

解答：
1）查表3.6.4 得 C=0.110
2）计算厂房的长径比：
36.0×（12.0+6.5）×2/（4×12.0×6.5）=1332/312=4.3＞3
3）以上计算结果不满足本条文的要求，因此将该厂房分为两段再进行长径比计算（也可视情况分成多个计算段）：
18.0×（12.0+6.5）×2/（4×12.0×6.5）=666/312=2.1＜3
（满足长径比的要求）
4）计算每段厂房的容积：
V=18.0×12.0×6.5=1404（m³）
5）代入公式（3.6.4）：
$A_1=10\times0.110\times1404^{2/3}=1.1\times125.4=137.9$（m²）
（每段的泄压面积）
6）整个厂房需要泄压面积：
$A=A_1\times2=137.9\times2=275.8$（m²）

3.6.4 示例1

[计算举例2]确定厂房的泄压面积(A、B两段分别计算)。

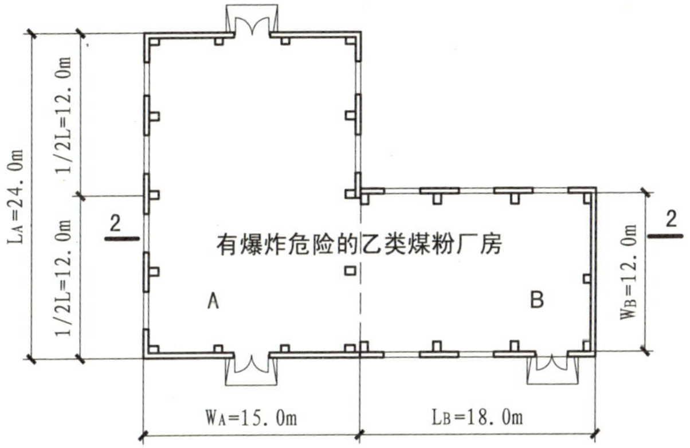

平面图

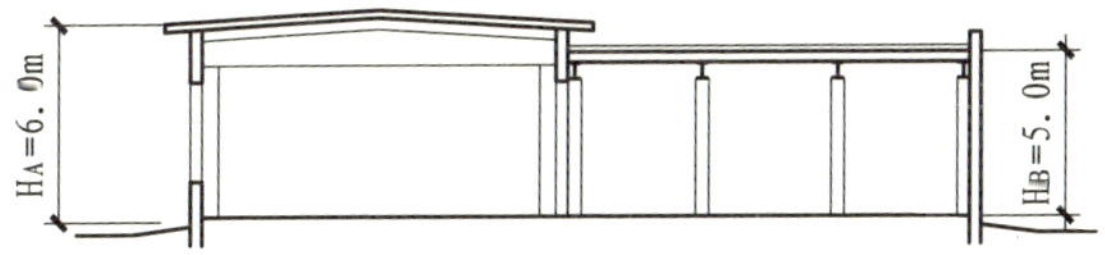

2-2

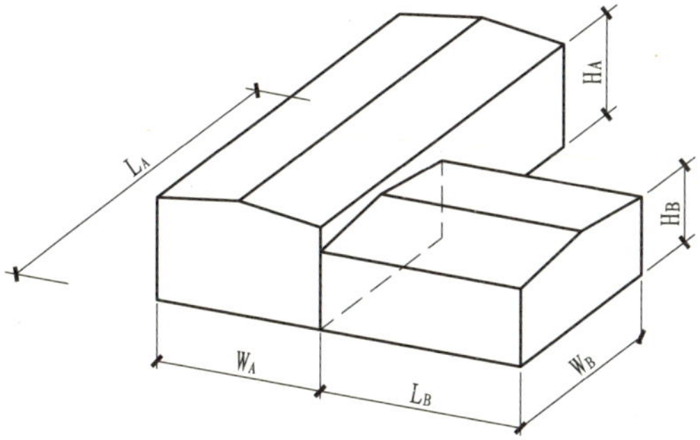

示意图

已知：厂房跨度：　　A段（W_A）15.0m，　B段（W_B）12.0m；

　　　厂房长度：　　A段（L_A）24.0m，　B段（L_B）18.0m；

　　　厂房平均高度：A段（H_A）6.0m，　B段（H_B）5.0m。

解答：

1）查表3.6.3　得 C=0.055

2）计算厂房的长径比（按A、B两段分别计算）：

　A段跨度15.0m　24.0×（15.0+6.0）×2/（4×15.0×6.0）=1008/360=2.8＜3

　B段跨度12.0m　18.0×（12.0+5.0）×2/（4×12.0×5.0）= 612/240=2.6＜3

　以上计算结果均满足长径比的要求

3）计算厂房容积：

　A段　V_A=24.0×15.0×6.0=2160（m^3）

　B段　V_B=18.0×12.0×5.0=1080（m^3）

4）代入公式（3.6.3）：

　A段　A_A=10×0.055×$2160^{2/3}$=0.55×167=91.9（m^2）

　B段　A_B=10×0.055×$1080^{2/3}$=0.55×105.3=57.9（m^2）

5）厂房A段需要泄压面积91.9（m^2）

　厂房B段需要泄压面积57.9（m^2）

[注释]示意图中的虚线部分即指计算段中的公共截面，不得作为泄压面积。

3.6.4 示例2

3.6.5 散发较空气轻的可燃气体、可燃蒸气的甲类厂房，宜采用轻质屋面板作为泄压面积。顶棚应尽量平整、无死角，厂房上部空间应通风良好。【图示】

3.6.6 散发较空气重的可燃气体、可燃蒸气的甲类厂房和有粉尘、纤维爆炸危险的乙类厂房，应符合下列规定：【图示】

1 应采用不发火花的地面。采用绝缘材料作整体面层时，应采取防静电措施。

2 散发可燃粉尘、纤维的厂房，其内表面应平整、光滑，并易于清扫。

3 厂房内不宜设置地沟，确需设置时，其盖板应严密，地沟应采取防止可燃气体、可燃蒸气和粉尘、纤维在地沟积聚的有效措施，且应在与相邻厂房连通处采用防火材料密封。

3.6.7 有爆炸危险的甲、乙类生产部位，宜布置在单层厂房靠外墙的泄压设施或多层厂房顶层靠外墙的泄压设施附近。【图示】

有爆炸危险的设备宜避开厂房的梁、柱等主要承重构件布置。

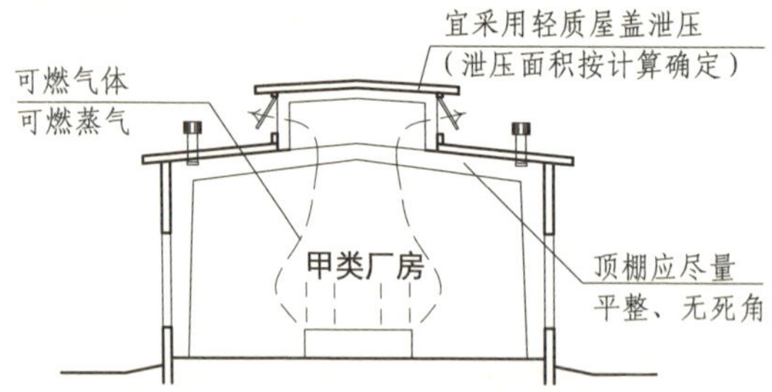

散发较空气轻的可燃气体、可燃蒸气的甲类厂房

[注释]爆炸危险区域内的通风，其空气流量能使该空间内含有爆炸危险物质的混合气体或粉尘的浓度始终保持在爆炸下限值的25％以下时，可定为通风良好。

3.6.5 图示

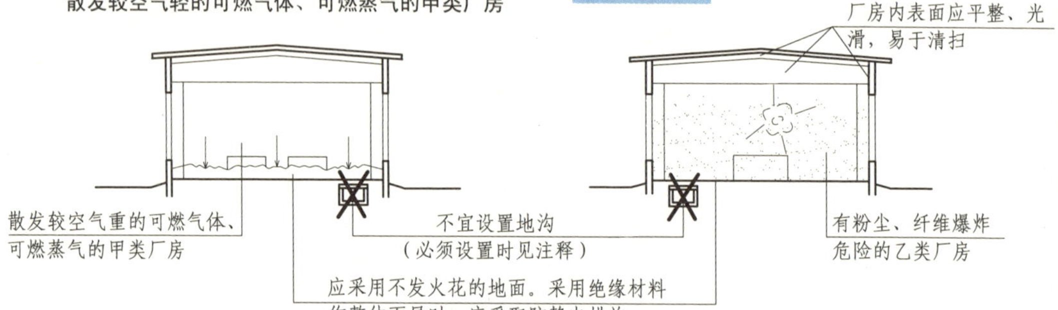

[注释]厂房内必须设置地沟时：
1 沟盖板应密封；
2 对可燃气体、可燃蒸气、粉尘、纤维在沟内积聚采用有效防止措施；
3 与相邻厂房地沟连通时，应在连通处用防火材料密封。

3.6.6 图示

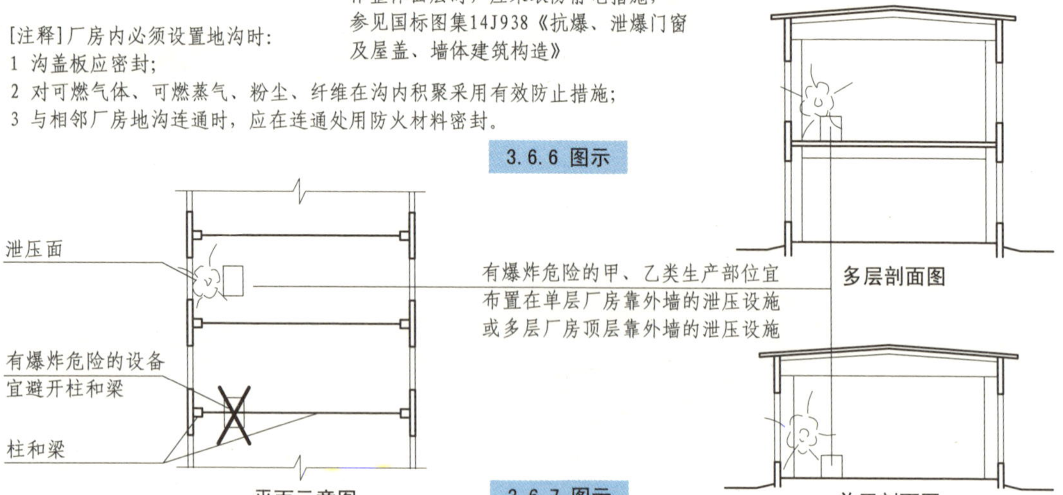

3.6.7 图示

3.6 厂房和仓库的防爆							图集号	18J811-1
审核	蔡昭昀	校对	林 莉		设计	李晓宁	页	3-34

3.6.8 有爆炸危险的甲、乙类厂房的总控制室应独立设置。【图示】

3.6.9 有爆炸危险的甲、乙类厂房的分控制室宜独立设置，当贴邻外墙设置时，应采用耐火极限不低于3.00h的防火隔墙与其他部位分隔。【图示】

3.6.10 有爆炸危险区域内的楼梯间、室外楼梯或有爆炸危险的区域与相邻区域连通处，应设置门斗等防护措施。门斗的隔墙应为耐火极限不应低于2.00h的防火隔墙，门应采用甲级防火门并应与楼梯间的门错位设置。【图示】

3.6.11 使用和生产甲、乙、丙类液体的厂房，其管、沟不应与相邻厂房的管、沟相通【图示1】，**下水道应设置隔油设施**【图示2】。

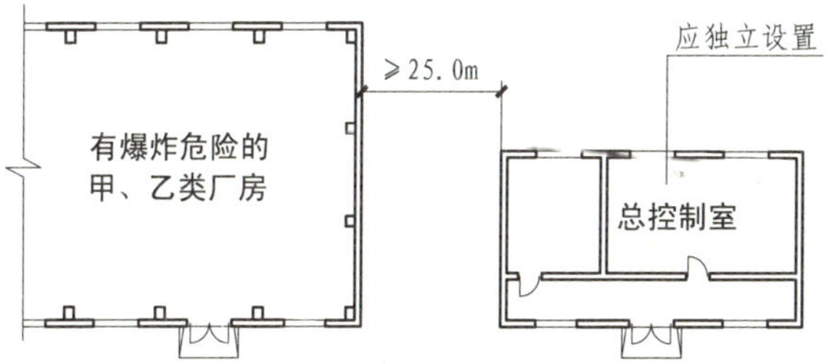

[注释]甲、乙类厂房与民用建筑之间的防火间距见表3.4.1。

3.6.8 图示

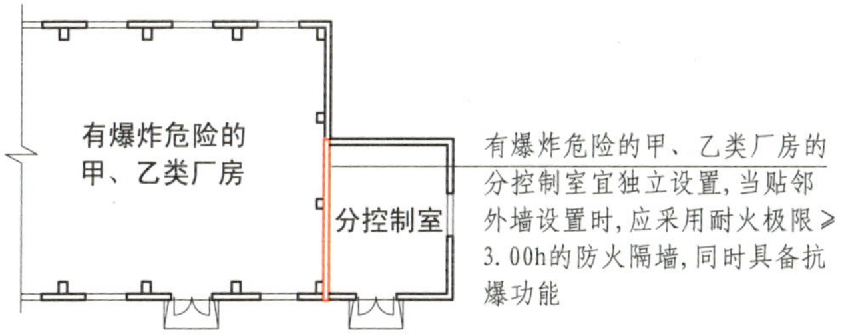

3.6.9 图示

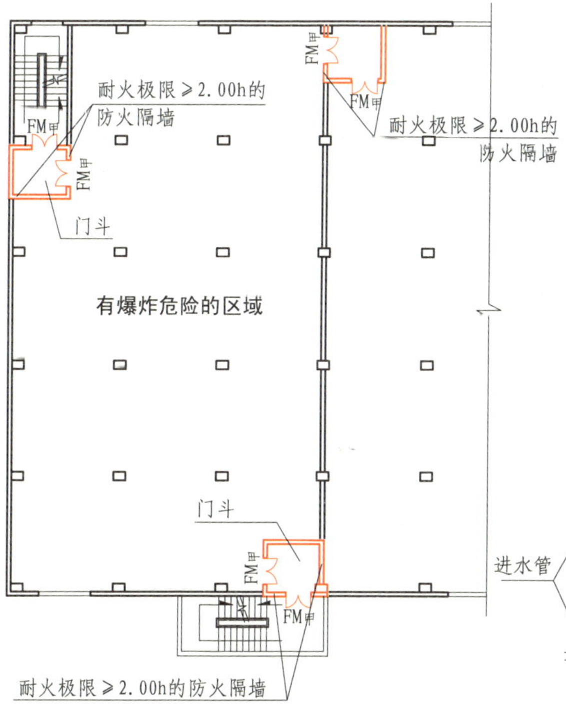

[注释]门斗隔墙要满足耐火极限要求。

3.6.10 图示

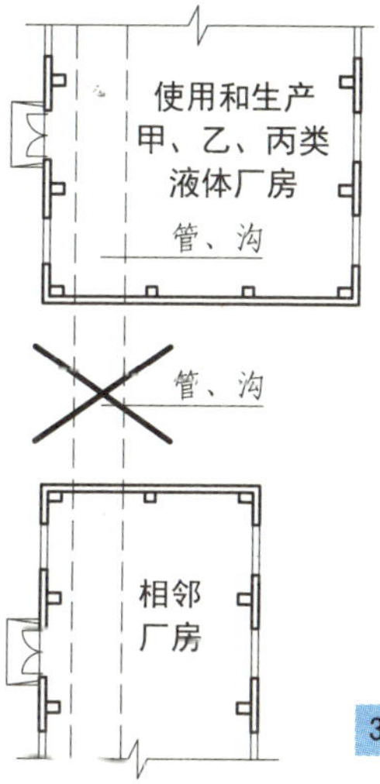

3.6.11 图示1

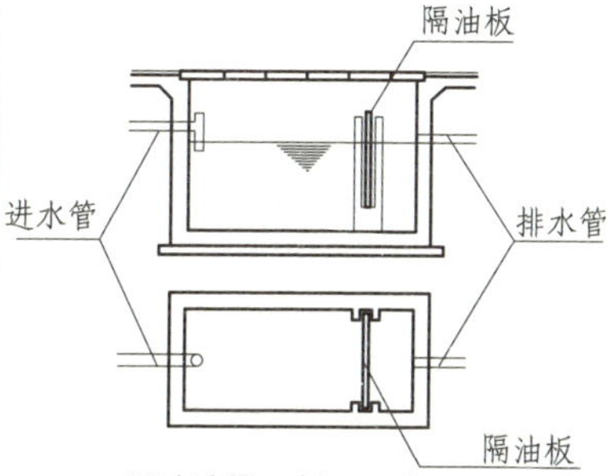

隔油池平、剖面示意图
（供参考）

3.6.11 图示2

3.6 厂房和仓库的防爆						图集号	18J811-1
审核	蔡昭昀	校对	林 莉	设计	李晓宁	页	3-35

3.6.12 甲、乙、丙类液体仓库应设置防止液体流散的设施【图示1】。遇湿会发生燃烧爆炸的物品仓库应采取防止水浸渍的措施【图示2】。

3.6.13 有粉尘爆炸危险的筒仓，其顶部盖板应设置必要的泄压设施。

粮食筒仓工作塔和上通廊的泄压面积应按本规范第3.6.4条的规定计算确定【图示1】。有粉尘爆炸危险的其他粮食储存设施应采取防爆措施【图示2】。

3.6.14 有爆炸危险的仓库或仓库内有爆炸危险的部位，宜按本节采取防爆措施、设置泄压设施。

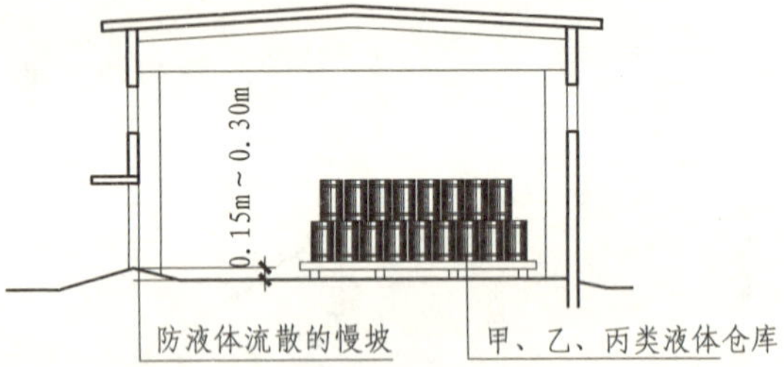

3.6.12 图示1

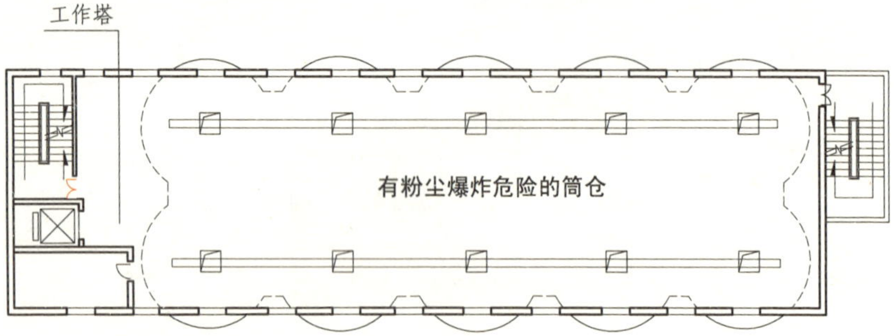

[注释]粮食筒仓的工作塔、上通廊的泄压面积按第3.6.4条规定计算确定。筒仓顶部盖板应设必要的泄压设施。

3.6.13 图示1

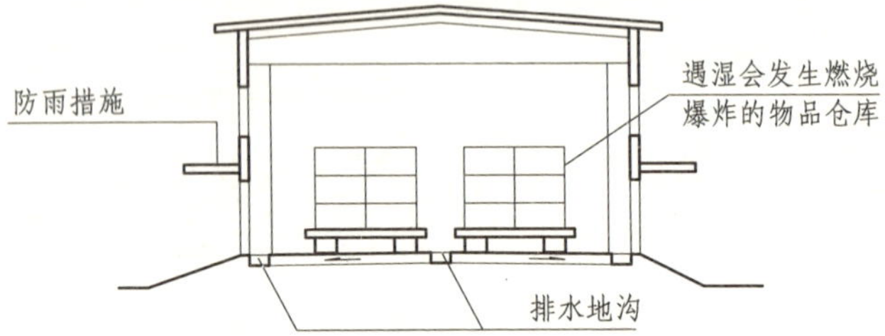

[注释]金属钾、钠、锂、钙、锶，氢化锂等遇水会发生燃烧爆炸的物品的仓库，要求设置防止水浸渍的设施，如使室内地面高出室外地面、仓库屋面严密遮盖，防止渗漏雨水，装卸这类物品的仓库栈台有防雨水的遮挡等措施。

3.6.12 图示2

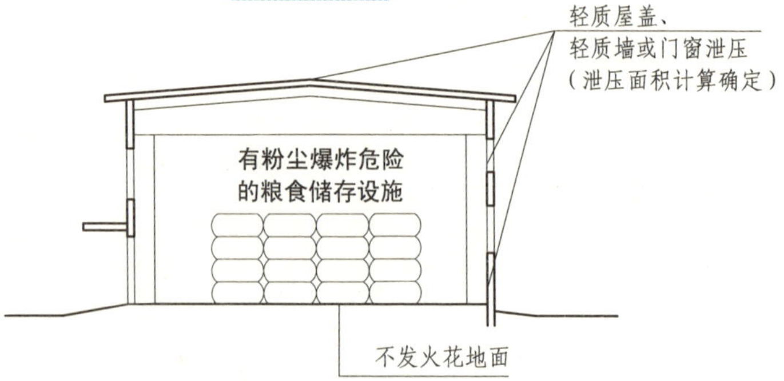

3.6.13 图示2

3.6 厂房和仓库的防爆						图集号	18J811-1
审核	蔡昭昀	校对	林莉	设计	李晓宁	页	3-36

3.7 厂房的安全疏散

3.7.1 厂房的安全出口应分散布置。每个防火分区或一个防火分区的每个楼层，其相邻2个安全出口最近边缘之间的水平距离不应小于5m。【图示】

3.7.2 厂房内每个防火分区或一个防火分区内的每个楼层，其安全出口的数量应经计算确定，且不应少于2个；当符合下列条件时，可设置1个安全出口：

1 甲类厂房，每层建筑面积不大于100m²，且同一时间的作业人数不超过5人；

2 乙类厂房，每层建筑面积不大于150m²，且同一时间的作业人数不超过10人；

3 丙类厂房，每层建筑面积不大于250m²，且同一时间的作业人数不超过20人；

4 丁、戊类厂房，每层建筑面积不大于400m²，且同一时间的作业人数不超过30人；

5 地下或半地下厂房（包括地下或半地下室），每层建筑面积不大于50m²，且同一时间的作业人数不超过15人。

3.7.3 地下或半地下厂房（包括地下或半地下室），当有多个防火分区相邻布置，并采用防火墙分隔时，每个防火分区可利用防火墙上通向相邻防火分区的甲级防火门作为第二安全出口，但每个防火分区必须至少有1个直通室外的独立安全出口。【图示】

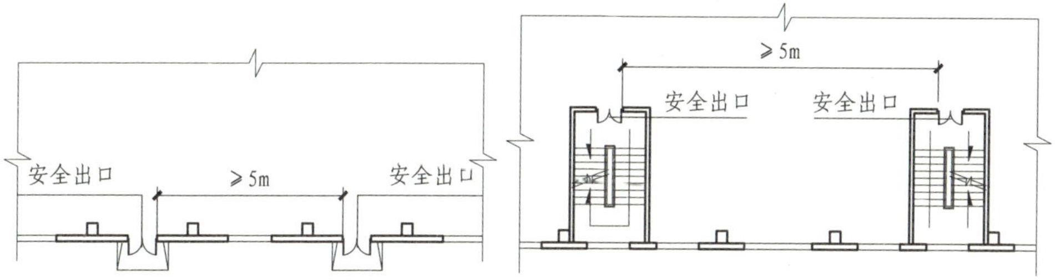

3.7.1 图示

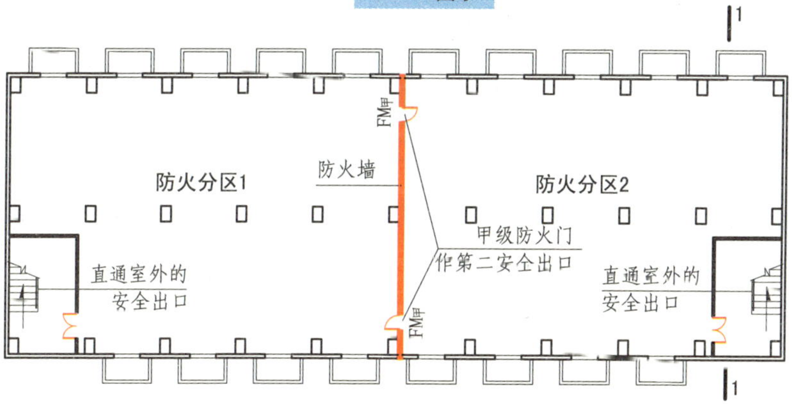

厂房的地下室、半地下室平面示意图

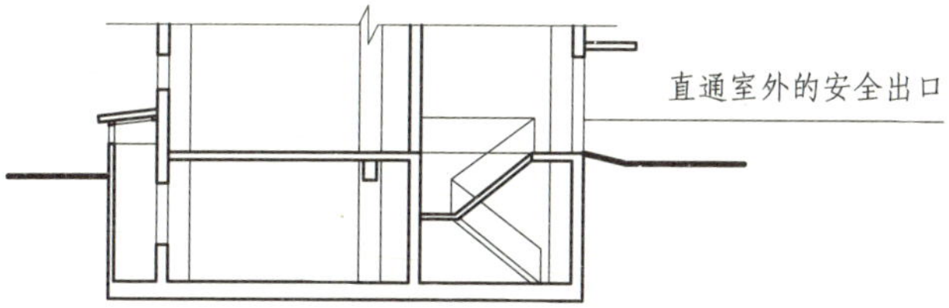

1-1

3.7.3 图示

3.7 厂房的安全疏散							图集号	18J811-1
审核	蔡昭昀	蔡昭昀	校对	高杰	高杰	设计 吴颖	吴颖	页 3-37

3.7.4　厂房内任一点至最近安全出口的直线距离不应大于表3.7.4的规定。【图示】

表 3.7.4　厂房内任一点至最近安全出口的直线距离（m）

生产的火灾危险性类别	耐火等级	单层厂房	多层厂房	高层厂房	地下或半地下厂房（包括地下或半地下室）
甲	一、二级	30	25	—	—
乙	一、二级	75	50	30	—
丙	一、二级	80	60	40	30
	三　级	60	40	—	—
丁	一、二级	不限	不限	50	45
	三　级	60	50	—	—
	四　级	50	—	—	—
戊	一、二级	不限	不限	75	60
	三　级	100	75	—	—
	四　级	60	—	—	—

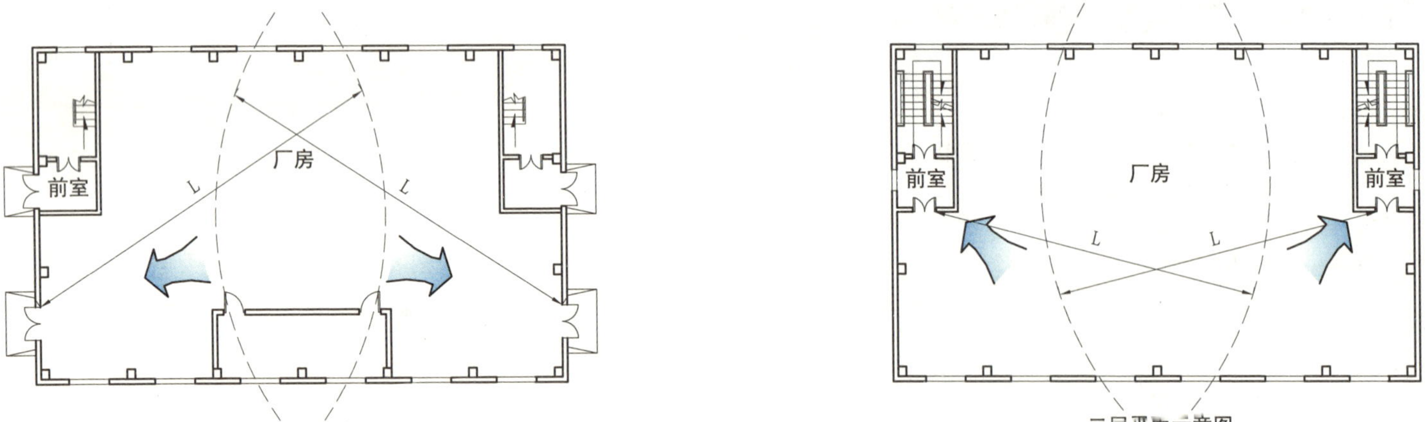

首层平面示意图　　二层平面示意图

3.7.4 图示

[注释]L为厂房内任一点至最近安全出口的直线距离。

3.7 厂房的安全疏散						图集号	18J811-1
审核	蔡昭昀	校对	林 莉	设计	李晓宁	页	3-38

3.7.5 厂房内疏散楼梯、走道、门的各自总净宽度，应根据疏散人数按每100人的最小疏散净宽度不小于表3.7.5的规定计算确定【图示1】。但疏散楼梯的最小净宽度不宜小于1.10m，疏散走道的最小净宽度不宜小于1.40m，门的最小净宽度不宜小于0.90m。当每层疏散人数不相等时，疏散楼梯的总净宽度应分层计算，下层楼梯总净宽度应按该层及以上疏散人数最多一层的疏散人数计算。

首层外门的总净宽度应按该层及以上疏散人数最多一层的疏散人数计算，且该门的最小净宽度不应小于1.20m。【图示2】

3.7.6 高层厂房和甲、乙、丙类多层厂房的疏散楼梯应采用封闭楼梯间或室外楼梯。建筑高度大于32m且任一层人数超过10人的厂房，应采用防烟楼梯间或室外楼梯。

表 3.7.5 厂房内疏散楼梯、走道和门的每100人最小疏散净宽度

厂房层数（层）	1～2	3	≥4
最小疏散净宽度（m/百人）	0.60	0.80	1.00

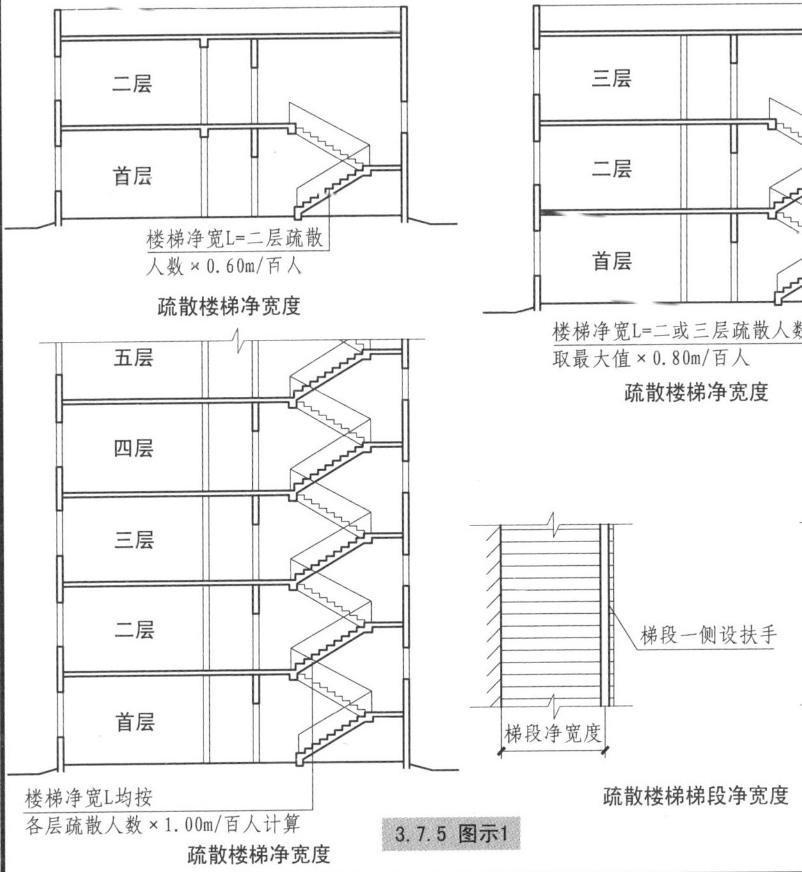

3.7.5 图示1

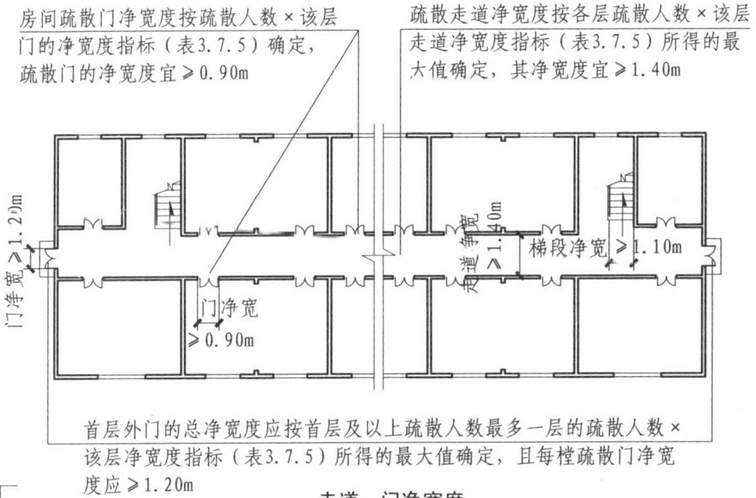

3.7.5 图示2

目录 编制说明
总则 术语 符号
厂房和仓库
甲、乙、丙类液体、气体储罐（区）和可燃材料堆场
民用建筑
建筑构造
灭火救援设施
消防设施的设置
供暖、通风和空气调节
电气
木结构建筑
城市交通隧道
附录

3.8 仓库的安全疏散

3.8.1 仓库的安全出口应分散布置。每个防火分区或一个防火分区的每个楼层，其相邻2个安全出口最近边缘之间的水平距离不应小于5m。【图示】

3.8.2 每座仓库的安全出口不应少于2个【见3.8.1图示】，当一座仓库的占地面积不大于300m²时，可设置1个安全出口【图示1】。仓库内每个防火分区通向疏散走道、楼梯或室外的出口不宜少于2个【图示2】【图示4】，当防火分区的建筑面积不大于100m²时，可设置1个出口。通向疏散走道或楼梯的门应为乙级防火门【图示2】【图示3】。

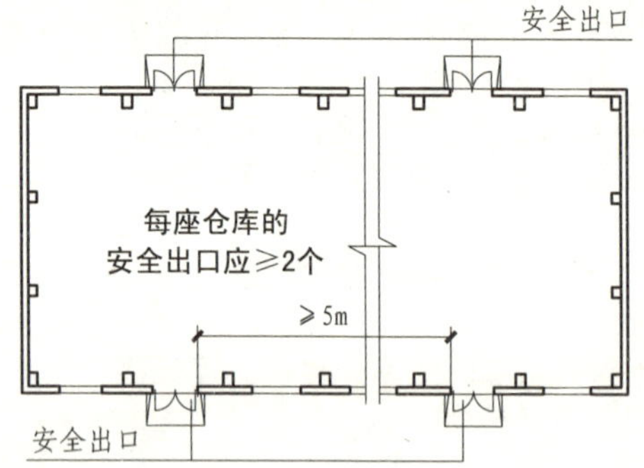

3.8.1 图示

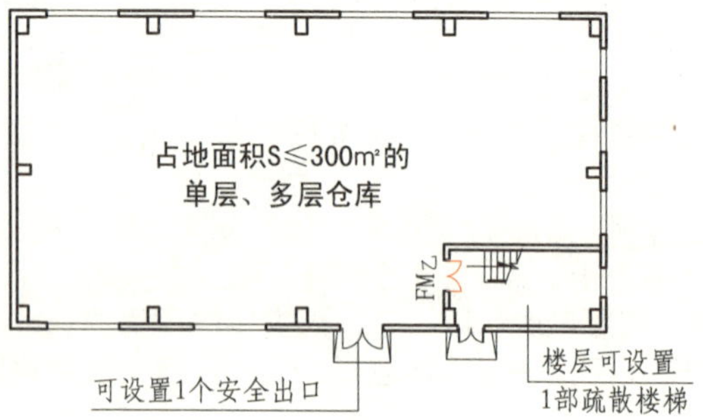

3.8.2 图示1

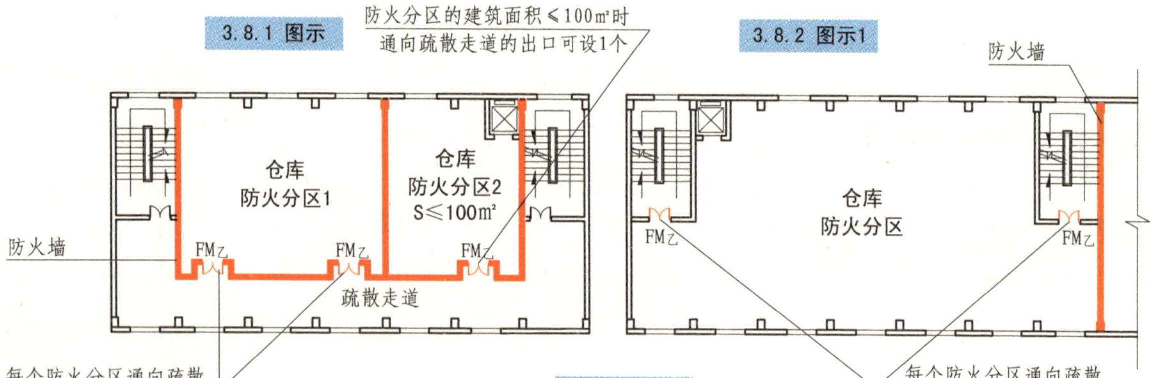

3.8.2 图示2

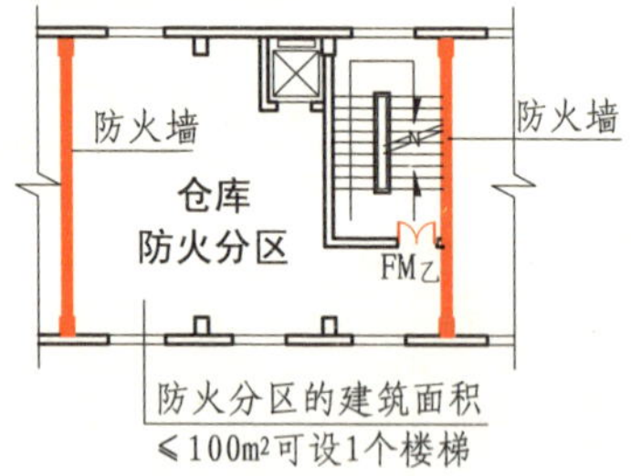

3.8.2 图示3

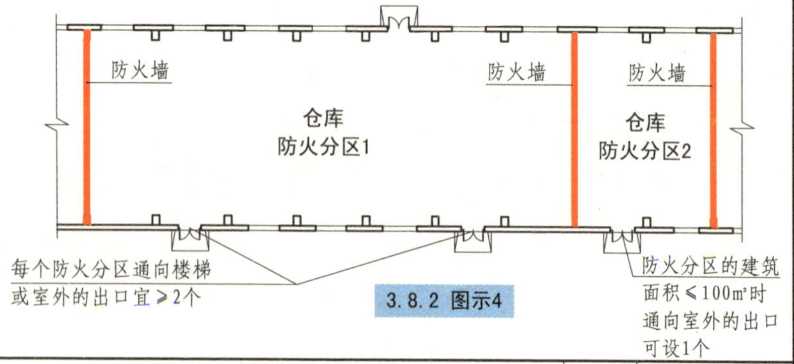

3.8.2 图示4

3.8 仓库的安全疏散								图集号	18J811-1
审核	蔡昭昀	蔡昭昀	校对	林 莉	林莉	设计	李晓宁	李晓宁	页	3-40

3.8.3 **地下或半地下仓库（包括地下或半地下室）的安全出口不应少于2个**【图示1】；**当建筑面积不大于100m²时，可设置1个安全出口**【图示2】。

地下或半地下仓库（包括地下或半地下室），当有多个防火分区相邻布置并采用防火墙分隔时，每个防火分区可利用防火墙上通向相邻防火分区的甲级防火门作为第二安全出口，但每个防火分区必须至少有1个直通室外的安全出口。【图示3】

3.8.4 冷库、粮食筒仓、金库的安全疏散设计应分别符合现行国家标准《冷库设计规范》GB 50072和《粮食钢板筒仓设计规范》GB 50322等标准的规定。

3.8.5 粮食筒仓上层面积小于1000m²，且作业人数不超过2人时，可设置1个安全出口。

3.8.6 仓库、筒仓中符合本规范第6.4.5条规定的室外金属梯，可作为疏散楼梯，但筒仓室外楼梯平台的耐火极限不应低于0.25h。

3.8.7 **高层仓库的疏散楼梯应采用封闭楼梯间。**

3.8.8 除一、二级耐火等级的多层戊类仓库外，其他仓库内供垂直运输物品的提升设施宜设置在仓库外，确需设置在仓库内时，应设置在井壁的耐火极限不低于2.00h的井筒内。室内外提升设施通向仓库的入口应设置乙级防火门或符合本规范第6.5.3条规定的防火卷帘。

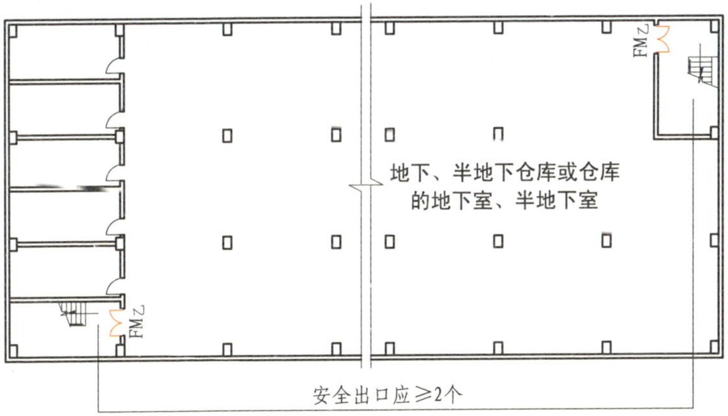

平面示意图

3.8.3 图示1

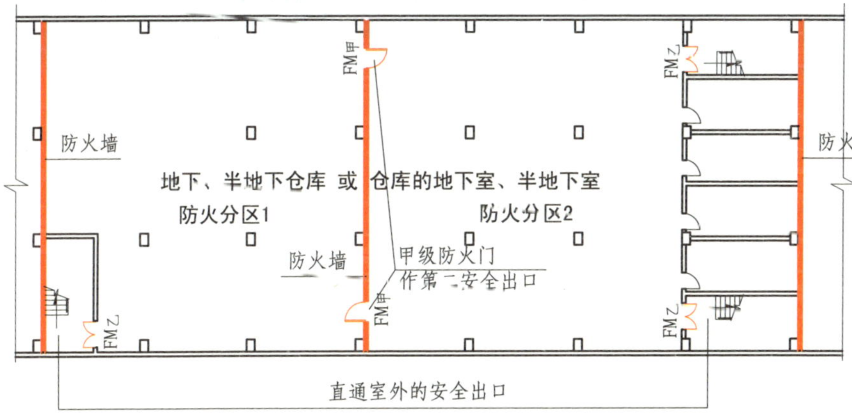

平面示意图

3.8.3 图示3

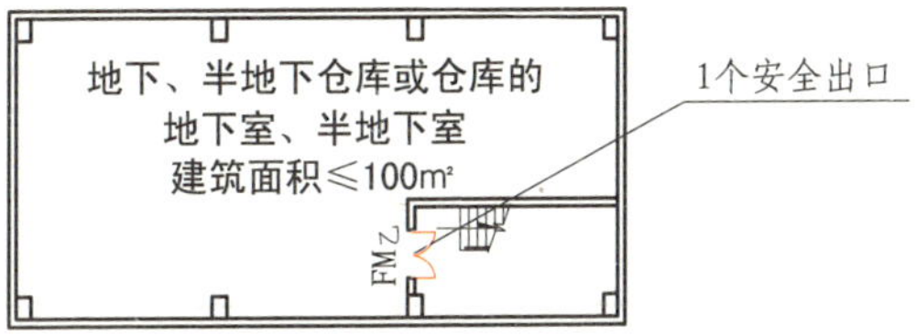

平面示意图

3.8.3 图示2

3.8 仓库的安全疏散						图集号	18J811-1
审核	蔡昭昀	校对	林莉	设计	李晓宁	页	3-41

4 甲、乙、丙类液体、气体储罐（区）和可燃材料堆场

4.1 一般规定

4.1.1 甲、乙、丙类液体储罐区，液化石油气储罐区，可燃、助燃气体储罐区和可燃材料堆场等，应布置在城市（区域）的边缘或相对独立的安全地带，并宜布置在城市（区域）全年最小频率风向的上风侧。

甲、乙、丙类液体储罐（区）宜布置在地势较低的地带。当布置在地势较高的地带时，应采取安全防护设施。【图示】

液化石油气储罐（区）宜布置在地势平坦、开阔等不易积存液化石油气的地带。

4.1.2 桶装、瓶装甲类液体不应露天存放。

4.1.3 液化石油气储罐组或储罐区的四周应设置高度不小于1.0m的不燃性实体防护墙。

4.1.4 甲、乙、丙类液体储罐区，液化石油气储罐区，可燃、助燃气体储罐区和可燃材料堆场，应与装卸区、辅助生产区及办公区分开布置。

4.1.5 甲、乙、丙类液体储罐，液化石油气储罐，可燃、助燃气体储罐和可燃材料堆垛，与架空电力线的最近水平距离应符合本规范第10.2.1条的规定。

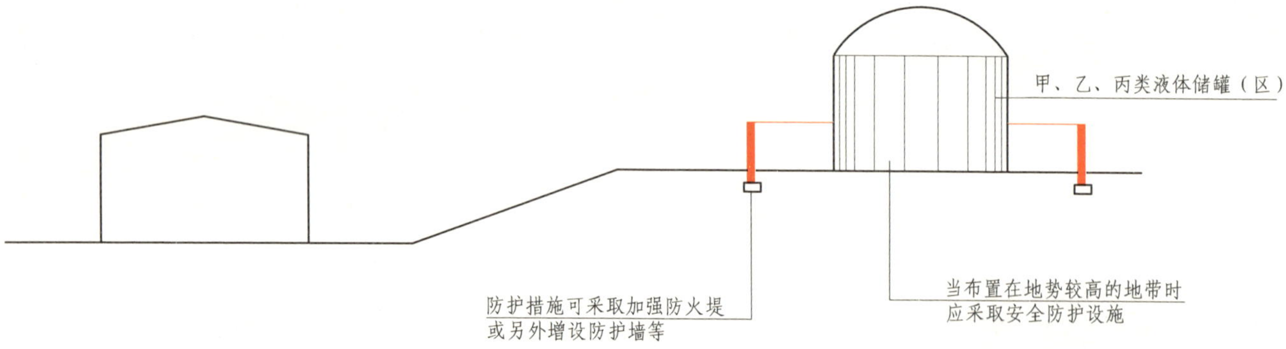

4.1.1 图示

4.1 一般规定							图集号	18J811-1
审核	蔡昭昀	蔡昭昀	校对	李笺	李笺	设计 吴颖	吴颖	页 4-1

4.2 甲、乙、丙类液体储罐（区）的防火间距

4.2.1 甲、乙、丙类液体储罐（区）和乙、丙类液体桶装堆场与其他建筑的防火间距，不应小于表4.2.1的规定。

表 4.2.1 甲、乙、丙类液体储罐（区），乙、丙类液体桶装堆场与其他建筑的防火间距（m）

类别	一个罐区或堆场的总容量V（m^3）	建筑物				室外变、配电站
		一、二级		三级	四级	
		高层民用建筑	裙房，其他建筑			
甲、乙类液体储罐（区）	1≤V＜50	40	12	15	20	30
	50≤V＜200	50	15	20	25	35
	200≤V＜1000	60	20	25	30	40
	1000≤V＜5000	70	25	30	40	50
丙类液体储罐（区）	5≤V＜250	40	12	15	20	24
	250≤V＜1000	50	15	20	25	28
	1000≤V＜5000	60	20	25	30	32
	5000≤V＜25000	70	25	30	40	40

注：1 当甲、乙类液体储罐和丙类液体储罐布置在同一储罐区时，罐区的总容量可按$1m^3$甲、乙类液体相当于$5m^3$丙类液体折算。【图示1】
2 储罐防火堤外侧基脚线至相邻建筑的距离不应小于10m。【图示2】
3 甲、乙、丙类液体的固定顶储罐区或半露天堆场，乙、丙类液体桶装堆场与甲类厂房（仓库）、民用建筑的防火间距，应按本表的规定增加25%，且甲、乙类液体的固定顶储罐区或半露天堆场，乙、丙类液体桶装堆场与甲类厂房（仓库）、裙房、单、多层民用建筑的防火间距不应小于25m，与明火或散发火花地点的防火间距应按本表有关四级耐火等级建筑物的规定增加25%。
4 浮顶储罐区或闪点大于120℃的液体储罐区与其他建筑的防火间距，可按本表的规定减少25%。
5 当数个储罐区布置在同一库区内时，储罐区之间的防火间距不应小于本表相应容量的储罐区与四级耐火等级建筑物防火间距的较大值。
6 直埋地下的甲、乙、丙类液体卧式罐，当单罐容量不大于$50m^3$，总容量不大于$200m^3$时，与建筑物的防火间距可按本表规定减少50%。
7 室外变、配电站指电力系统电压为35kV～500kV且每台变压器容量不小于10MV·A的室外变、配电站和工业企业的变压器总油量大于5t的室外降压变电站。

4.2.2 甲、乙、丙类液体储罐之间的防火间距不应小于表4.2.2的规定。

表 4.2.2 甲、乙、丙类液体储罐之间的防火间距（m）

类别			固定顶储罐			浮顶储罐或设置充氮保护设备的储罐	卧式储罐
			地上式	半地下式	地下式		
甲、乙类液体储罐	单罐容量V（m^3）	V≤1000	0.75D	0.5D	0.4D	0.4D	≥0.8m
		V＞1000	0.6D				
丙类液体储罐		不限	0.4D	不限	不限	—	

注：1 D为相邻较大立式储罐的直径（m），矩形储罐的直径为长边与短边之和的一半。
2 不同液体、不同形式储罐之间的防火间距不应小于本表规定的较大值。
3 两排卧式储罐之间的防火间距不应小于3m。
4 当单罐容量不大于$1000m^3$且采用固定冷却系统时，甲、乙类液体的地上式固定顶储罐之间的防火间距不应小于0.6D。
5 地上式储罐同时设置液下喷射泡沫灭火系统、固定冷却水系统和扑救防火堤内液体火灾的泡沫灭火设施时，储罐之间的防火间距可适当减小，但不宜小于0.4D。
6 闪点大于120℃的液体，当单罐容量大于$1000m^3$时，储罐之间的防火间距不应小于5m；当单罐容量不大于$1000m^3$时，储罐之间的防火间距不应小于2m。

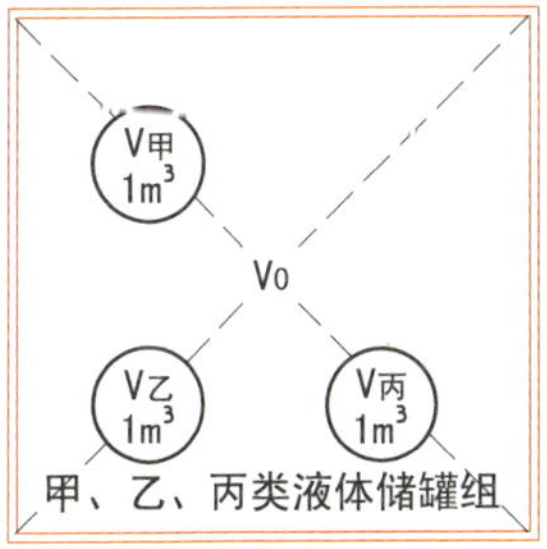

罐区的总容量 $V_0=V_甲+V_乙+V_丙$

甲、乙类液体储罐的容量折算成丙类液体：

$1m^3\ V_甲=5m^3\ V_丙$　$1m^3\ V_乙=5m^3\ V_丙$

$V_0=5m^3+5m^3+1m^3=11m^3\ V_丙$

V_0为防火堤内的有效容量

$V_甲$为甲类液体的容量

$V_乙$为乙类液体的容量

$V_丙$为丙类液体的容量

平面示意图

4.2.1 图示1

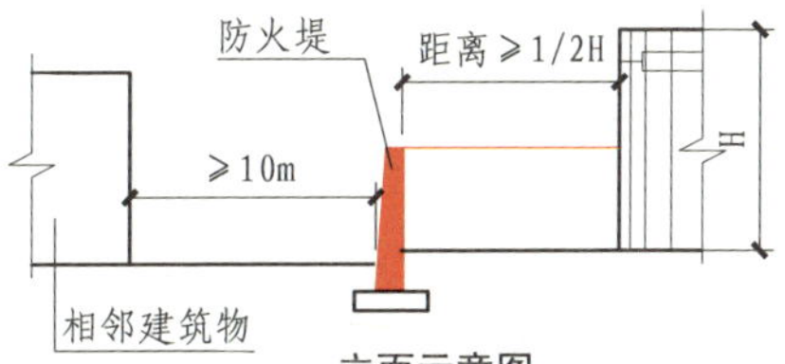

立面示意图

4.2.1 图示2

[注释]高度大于100m的民用建筑与相邻建筑的防火间距应符合第5.2.6条的规定。

4.2 甲、乙、丙类液体储罐（区）的防火间距	图集号	18J811-1
审核 蔡昭昀 （签名） 校对 李笺 （签名） 设计 吴颖 （签名）	页	4-2

4.2.3 甲、乙、丙类液体储罐成组布置时，应符合下列规定：

1 组内储罐的单罐容量和总容量不应大于表4.2.3的规定。

2 组内储罐的布置不应超过两排。甲、乙类液体立式储罐之间的防火间距不应小于2m，卧式储罐之间的防火间距不应小于0.8m【图示1】；丙类液体储罐之间的防火间距不限【图示2】。

3 储罐组之间的防火间距应根据组内储罐的形式和总容量折算为相同类别的标准单罐，按本规范第4.2.2条的规定确定。【图示3】

4.2.4 甲、乙、丙类液体的地上式、半地下式储罐区，其每个防火堤内宜布置火灾危险性类别相同或相近的储罐。沸溢性油品储罐不应与非沸溢性油品储罐布置在同一防火堤内。地上式、半地下式储罐不应与地下式储罐布置在同一防火堤内。

表 4.2.3 甲、乙、丙类液体储罐分组布置的最大容量

类别	单罐最大容量（m^3）	一组罐最大容量（m^3）
甲、乙类液体	200	1000
丙类液体	500	3000

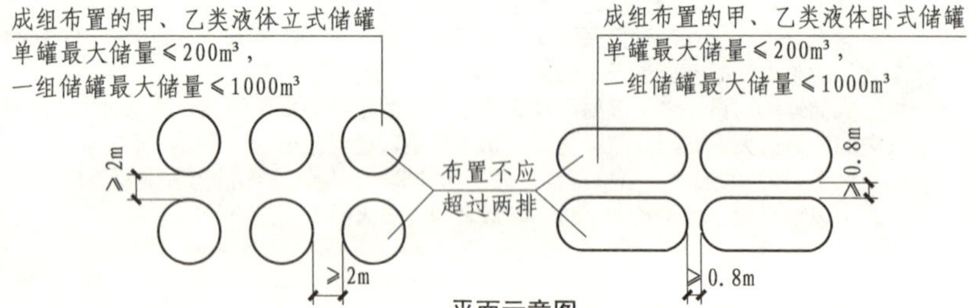

平面示意图

4.2.3 图示1

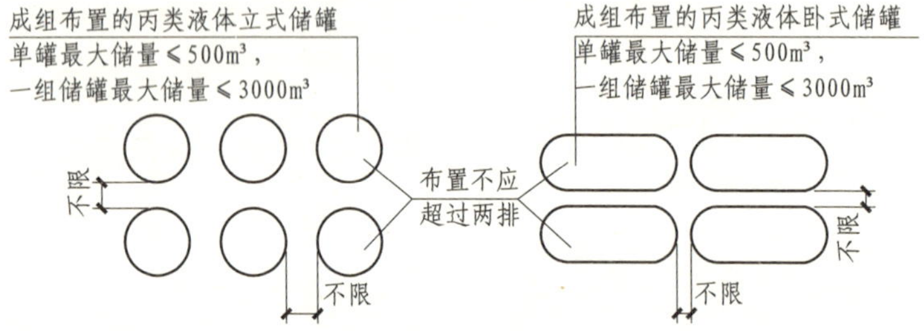

[注释]间距不限者，应满足储罐安装、检修的距离需要。

平面示意图

4.2.3 图示2

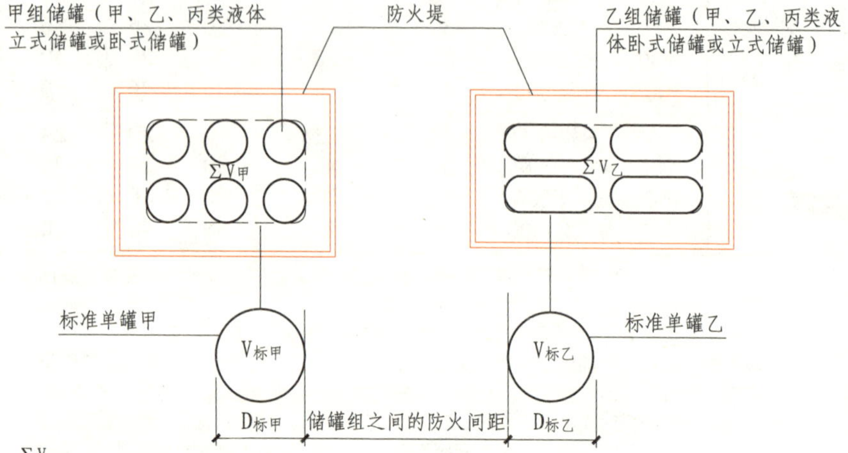

$\Sigma V_{甲}$：甲组内储罐总储量

$V_{标甲}$：标准单罐甲的储量

$D_{标甲}$按$\Sigma V_{甲}=V_{标甲}$确定标准单罐甲的直径

$\Sigma V_{乙}$：乙组内储罐总储量

$V_{标乙}$：标准单罐乙的储量

$D_{标乙}$按$\Sigma V_{乙}=V_{标乙}$确定标准单罐乙的直径

[注释]

1 根据标准单罐的直径$D_{标甲}$、$D_{标乙}$和储罐的形式按表4.2.2确定储罐组的防火间距。

2 标准单罐：储罐的形式和容量与罐组的形式和总容量一致，其直径D和高度H等按常规的储罐的设计模数考虑，一般储罐的经济尺寸是H＝0.375D。

4.2.3 图示3

4.2 甲、乙、丙类液体储罐（区）的防火间距						图集号	18J811-1
审核	蔡昭昀	校对	林莉	设计	李晓宁	页	4-3

4.2.5 甲、乙、丙类液体的地上式、半地下式储罐或储罐组，其四周应设置不燃性防火堤。防火堤的设置应符合下列规定：

1 防火堤内的储罐布置不宜超过2排，单罐容量不大于1000m³ 且闪点大于120℃的液体储罐不宜超过4排。【图示1】

2 防火堤的有效容量不应小于其中最大储罐的容量。对于浮顶罐，防火堤的有效容量可为其中最大储罐容量的一半。【图示2】

3 防火堤内侧基脚线至立式储罐外壁的水平距离不应小于罐壁高度的一半。防火堤内侧基脚线至卧式储罐的水平距离不应小于3m。【图示3】【图示4】

4 防火堤的设计高度应比计算高度高出0.2m，且应为1.0m～2.2m，在防火堤的适当位置应设置便于灭火救援人员进出防火堤的踏步。【图示4】

5 沸溢性油品的地上式、半地下式储罐，每个储罐均应设置一个防火堤或防火隔堤。

6 含油污水排水管应在防火堤的出口处设置水封设施，雨水排水管应设置阀门等封闭、隔离装置。

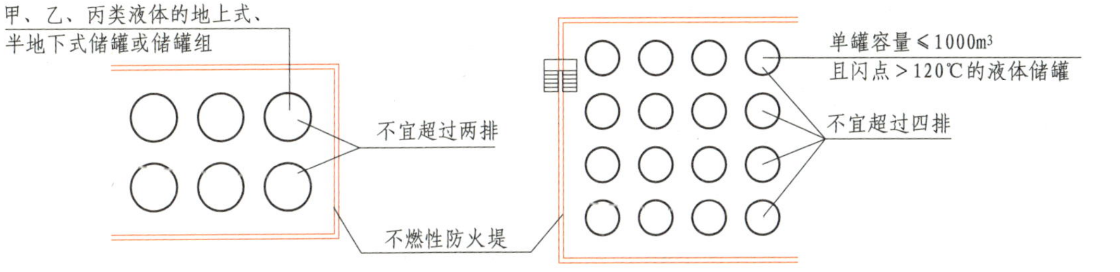

平面示意图

4.2.5 图示1

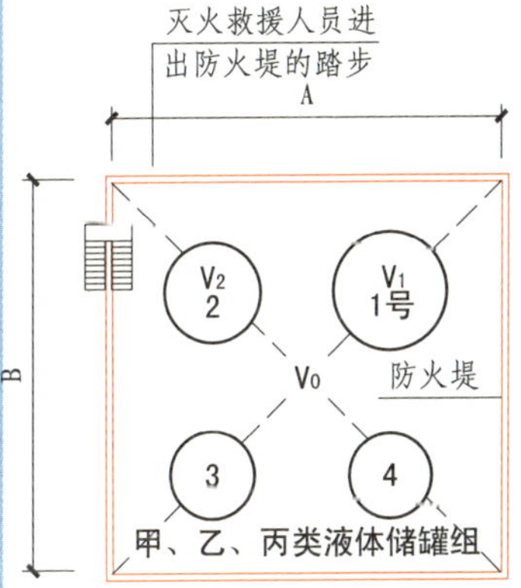

平面示意图

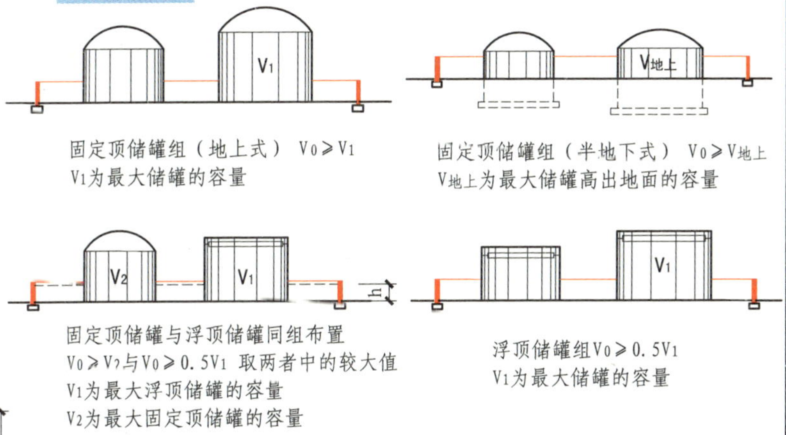

立面示意图

[注释]

1 图中1号的储罐为组内最大的储罐，容量为V_1（m³）。

2 V_0为防火堤内的有效容量：

$$V_0=[(A\times B)-(F_1+F_2+F_3+F_4)]\times h\ (m^3)$$

1号、2号、3号、4号储罐的占地面积分别为F_1、F_2、F_3、F_4（m²）；

h为防火堤的计算高度（m）。

3 H为罐壁高度。

4.2.5 图示2

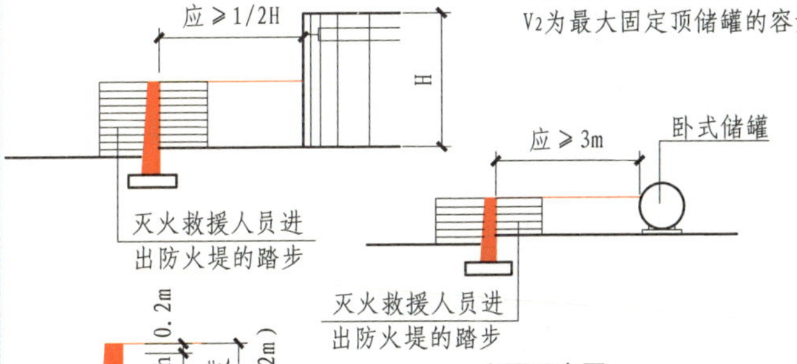

立面示意图

4.2.5 图示3

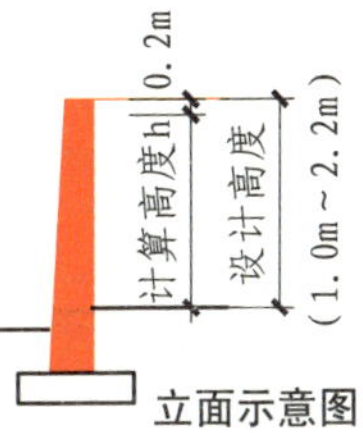

立面示意图

4.2.5 图示4

4.2 甲、乙、丙类液体储罐（区）的防火间距							图集号	18J811-1
审核	蔡昭昀	校对	林莉	设计	李晓宁		页	4-4

4.2.6 甲类液体半露天堆场，乙、丙类液体桶装堆场和闪点大于120℃的液体储罐（区），当采取了防止液体流散的设施时，可不设置防火堤。

【图示】

4.2.7 甲、乙、丙类液体储罐与其泵房、装卸鹤管的防火间距不应小于表4.2.7的规定。

表 4.2.7 甲、乙、丙类液体储罐与其泵房、装卸鹤管的防火间距（m）

液体类别和储罐形式		泵房	铁路或汽车装卸鹤管
甲、乙类液体储罐	拱顶罐	15	20
	浮顶罐	12	15
丙类液体储罐		10	12

注：1 总容量不大于1000m³ 的甲、乙类液体储罐和总容量不大于5000m³ 的丙类液体储罐，其防火间距可按本表的规定减少25%。

2 泵房、装卸鹤管与储罐防火堤外侧基脚线的距离不应小于5m。

4.2.8 甲、乙、丙类液体装卸鹤管与建筑物、厂内铁路线的防火间距不应小于表4.2.8的规定。

表 4.2.8 甲、乙、丙类液体装卸鹤管与建筑物、厂内铁路线的防火间距（m）

名称	建筑物			厂内铁路线	泵房
	一、二级	三级	四级		
甲、乙类液体装卸鹤管	14	16	18	20	8
丙类液体装卸鹤管	10	12	14	10	

注：装卸鹤管与其直接装卸用的甲、乙、丙类液体装卸铁路线的防火间距不限。

4.2.9 甲、乙、丙类液体储罐与铁路、道路的防火间距不应小于表4.2.9的规定。

表 4.2.9 甲、乙、丙类液体储罐与铁路、道路的防火间距（m）

名称	厂外铁路线中心线	厂内铁路线中心线	厂外道路路边	厂内道路路边	
				主要	次要
甲、乙类液体储罐	35	25	20	15	10
丙类液体储罐	30	20	15	10	5

4.2.10 零位罐与所属铁路装卸线的距离不应小于6m。

4.2.11 石油库的储罐（区）与建筑的防火间距，石油库内的储罐布置和防火间距以及储罐与泵房、装卸鹤管等库内建筑的防火间距，应符合现行国家标准《石油库设计规范》GB 50074的规定。

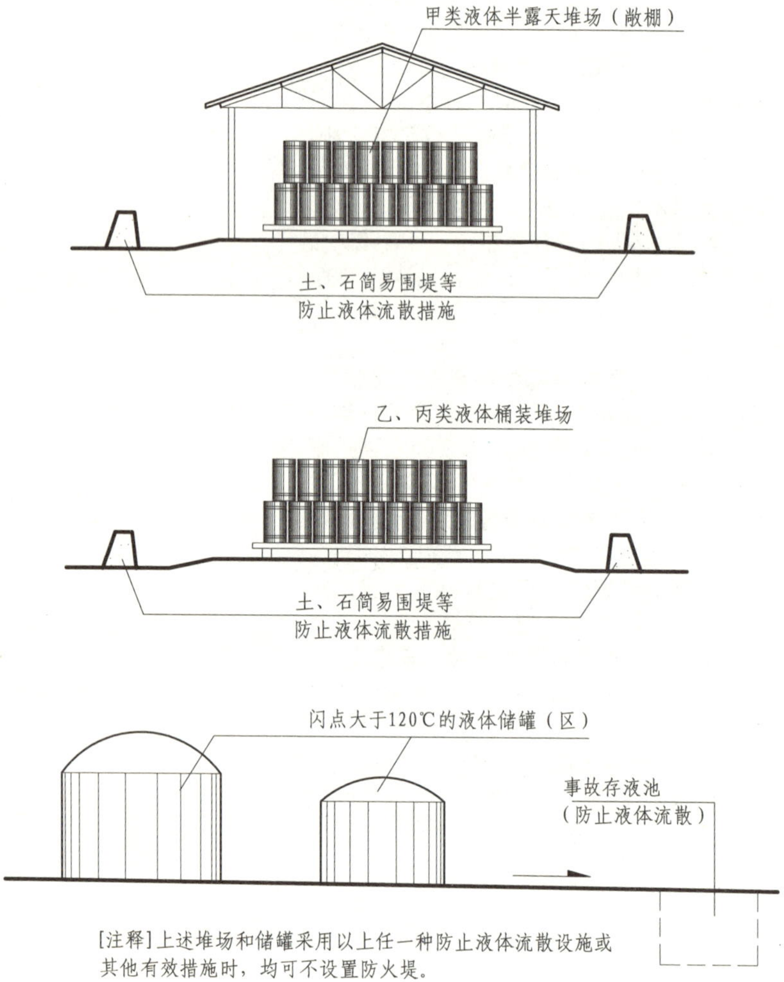

[注释]上述堆场和储罐采用以上任一种防止液体流散设施或其他有效措施时，均可不设置防火堤。

4.2.6 图示

4.2 甲、乙、丙类液体储罐（区）的防火间距

图集号	18J811-1
审核 蔡昭昀 校对 李笺 设计 吴颖	页 4-5

4.3　可燃、助燃气体储罐（区）的防火间距

4.3.1　可燃气体储罐与建筑物、储罐、堆场等的防火间距应符合下列规定：

1　湿式可燃气体储罐与建筑物、储罐、堆场等的防火间距不应小于表4.3.1的规定。

表 4.3.1　湿式可燃气体储罐与建筑物、储罐、堆场等的防火间距（m）

名称		湿式可燃气体储罐（总容积V，m^3）				
		V＜1000	1000≤V＜10000	10000≤V＜50000	50000≤V＜100000	100000≤V＜300000
甲类仓库 甲、乙、丙类液体储罐 可燃材料堆场 室外变、配电站 明火或散发火花的地点		20	25	30	35	40
高层民用建筑		25	30	35	40	45
裙房，单、多层民用建筑		18	20	25	30	35
其他建筑	一、二级	12	15	20	25	30
	三　级	15	20	25	30	35
	四　级	20	25	30	35	40

注：固定容积可燃气体储罐的总容积按储罐几何容积（m^3）和设计储存压力（绝对压力，10^5Pa）的乘积计算。

2　固定容积的可燃气体储罐与建筑物、储罐、堆场等的防火间距不应小于表4.3.1的规定。

3　干式可燃气体储罐与建筑物、储罐、堆场等的防火间距：当可燃气体的密度比空气大时，应按表4.3.1的规定增加25%；当可燃气体的密度比空气小时，可按表4.3.1的规定确定。

4　湿式或干式可燃气体储罐的水封井、油泵房和电梯间等附属设施与该储罐的防火间距，可按工艺要求布置。

5　容积不大于20m^3的可燃气体储罐与其使用厂房的防火间距不限。

4.3.2　可燃气体储罐（区）之间的防火间距应符合下列规定：

1　湿式可燃气体储罐或干式可燃气体储罐之间及湿式与干式可燃气体储罐的防火间距，不应小于相邻较大罐直径的1/2。

2　固定容积的可燃气体储罐之间的防火间距不应小于相邻较大罐直径的2/3。

3　固定容积的可燃气体储罐与湿式或干式可燃气体储罐的防火间距，不应小于相邻较大罐直径的1/2。

4　数个固定容积的可燃气体储罐的总容积大于200000m^3时，应分组布置。卧式储罐组之间的防火间距不应小于相邻较大罐长度的一半；球形储罐组之间的防火间距不应小于相邻较大罐直径，且不应小于20m。

4.3.3 氧气储罐与建筑物、储罐、堆场等的防火间距应符合下列规定：

1 湿式氧气储罐与建筑物、储罐、堆场等的防火间距不应小于表4.3.3的规定。

表 4.3.3 湿式氧气储罐与建筑物、储罐、堆场等的防火间距（m）

名称		湿式氧气储罐（总容积V，m^3）		
		$V\leqslant1000$	$1000<V\leqslant50000$	$V>50000$
明火或散发火花地点		25	30	35
甲、乙、丙类液体储罐，可燃材料堆场，甲类仓库，室外变、配电站		20	25	30
民用建筑		18	20	25
其他建筑	一、二级	10	12	14
	三级	12	14	16
	四级	14	16	18

注：固定容积氧气储罐的总容积按储罐几何容积（m^3）和设计储存压力（绝对压力，10^5Pa）的乘积计算。

2 氧气储罐之间的防火间距不应小于相邻较大罐直径的1/2。

3 氧气储罐与可燃气体储罐的防火间距不应小于相邻较大罐的直径。

4 固定容积的氧气储罐与建筑物、储罐、堆场等的防火间距不应小于表4.3.3的规定。

5 氧气储罐与其制氧厂房的防火间距可按工艺布置要求确定。

6 容积不大于50m^3的氧气储罐与其使用厂房的防火间距不限。

注：1m^3液氧折合标准状态下800m^3气态氧。

4.3.4 液氧储罐与建筑物、储罐、堆场等的防火间距应符合本规范第4.3.3条相应容积湿式氧气储罐防火间距的规定。液氧储罐与其泵房的间距不宜小于3m【图示1】。总容积小于等于3m^3的液氧储罐与其使用建筑的防火间距应符合下列规定：

1 当设置在独立的一、二级耐火等级的专用建筑物内时，其防火间距不应小于10m；

2 当设置在独立的一、二级耐火等级的专用建筑物内，且面向使用建筑物一侧采用无门窗洞口的防火墙隔开时，其防火间距不限；

3 当低温储存的液氧储罐采取了防火措施时，其防火间距不应小于5m。

医疗卫生机构中的医用液氧储罐气源站的液氧储罐应符合下列规定：

1 单罐容积不应大于5m^3，总容积不宜大于20m^3；【图示2】

2 相邻储罐之间的距离不应小于最大储罐直径的0.75倍；【图示3】

3 医用液氧储罐与医疗卫生机构外建筑的防火间距应符合本规范第4.3.3条的规定，与医疗卫生机构内建筑的防火间距应符合现行国家标准《医用气体工程技术规范》GB 50751的规定。【图示4】

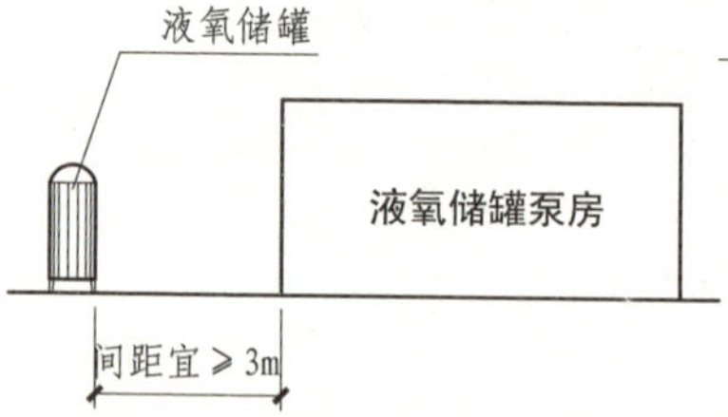

4.3.4 图示1

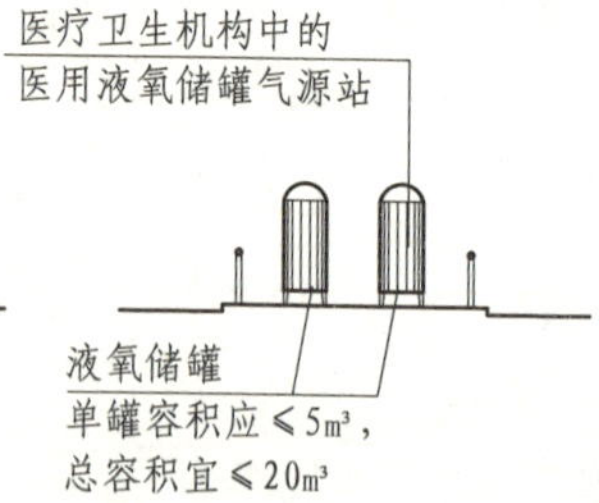

4.3.4 图示2

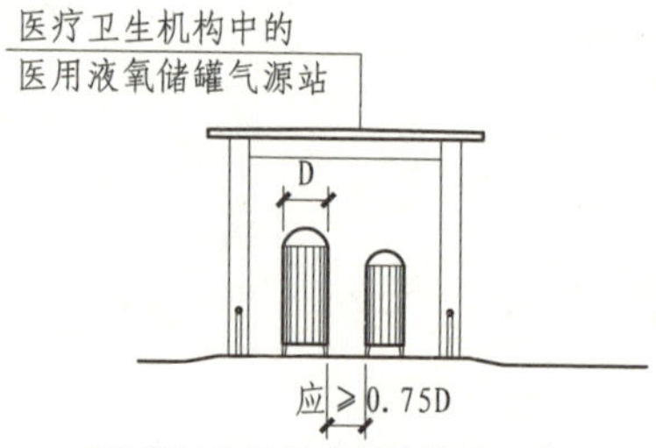

[注释]D为医用液氧储罐最大罐直径。

4.3.4 图示3

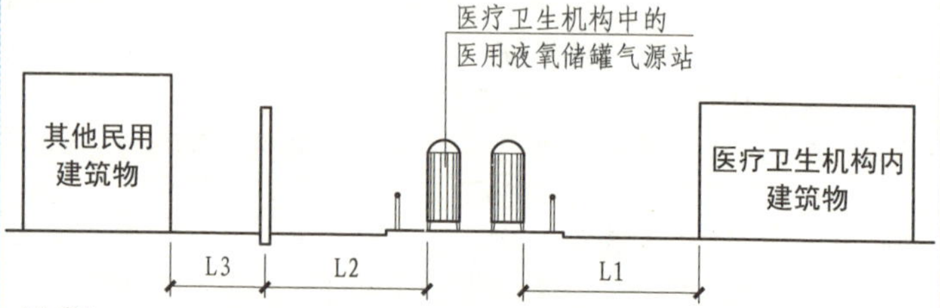

[注释]

1 L1为医用液氧储罐与医疗卫生机构内建筑物、构筑物的防火距离，应符合现行国家标准《医用气体工程技术规范》GB 50751的规定。

2 L2为医用液氧储罐与实体围墙的间距，L3为医疗卫生机构外建筑的防火距离，应符合本规范第4.3.3条的规定。

4.3.4 图示4

4.3.5　液氧储罐周围5m范围内不应有可燃物和沥青路面。

4.3.6　可燃、助燃气体储罐与铁路、道路的防火间距不应小于表4.3.6的规定。

表 4.3.6　可燃、助燃气体储罐与铁路、道路的防火间距（m）

名　称	厂外铁路线中心线	厂内铁路线中心线	厂外道路路边	厂内道路路边	
				主要	次要
可燃、助燃气体储罐	25	20	15	10	5

4.3.7　液氢、液氨储罐与建筑物、储罐、堆场等的防火间距可按本规范第4.4.1条相应容积液化石油气储罐防火间距的规定减少25%确定。

4.3.8　**液化天然气气化站的液化天然气储罐（区）与站外建筑等的防火间距不应小于表4.3.8的规定，与表4.3.8未规定的其他建筑的防火间距，应符合现行国家标准《城镇燃气设计规范》GB 50028的规定。**

表 4.3.8　液化天然气气化站的液化天然气储罐（区）与站外建筑等的防火间距（m）

名　称		液化天然气储罐（区）（总容积V，m^3）							集中放散装置的天然气放散总管
		V≤10	10＜V≤30	30＜V≤50	50＜V≤200	200＜V≤500	500＜V≤1000	1000＜V≤2000	
单罐容积V（m^3）		V≤10	V≤30	V≤50	V≤200	V≤500	V≤1000	V≤2000	
居住区、村镇和重要公共建筑（最外侧建筑物的外墙）		30	35	45	50	70	90	110	45
工业企业（最外侧建筑物的外墙）		22	25	27	30	35	40	50	20
明火或散发火花地点，室外变、配电站		30	35	45	50	55	60	70	30
其他民用建筑，甲、乙类液体储罐，甲、乙类仓库，甲、乙类厂房，秸秆、芦苇、打包废纸等材料堆场		27	32	40	45	50	55	65	25
丙类液体储罐，可燃气体储罐，丙、丁类厂房，丙、丁类仓库		25	27	32	35	40	45	55	20
公路（路边）	高速，Ⅰ、Ⅱ级，城市快速	20			25				15
	其他	15			20				10
架空电力线（中心线）		1.5倍杆高					1.5倍杆高，但35kV及以上架空电力线不应小于40m		2.0倍杆高
架空通信线（中心线）	Ⅰ、Ⅱ级	1.5倍杆高		30		40			1.5倍杆高
	其他	1.5倍杆高							
铁路（中心线）	国家线	40	50	60	70		80		40
	企业专用线	25			30		35		30

注：居住区、村镇指1000人或300户及以上者；当少于1000人或300户时，相应防火间距应按本表有关其他民用建筑的要求确定。

4.4 液化石油气储罐（区）的防火间距

4.4.1 液化石油气供应基地的全压式和半冷冻式储罐（区），与明火或散发火花地点和基地外建筑等的防火间距不应小于表4.4.1的规定，与表4.4.1未规定的其他建筑的防火间距应符合现行国家标准《城镇燃气设计规范》GB 50028的规定。

表 4.4.1 液化石油气供应基地的全压式和半冷冻式储罐（区）与明火或散发火花地点和基地外建筑等的防火间距（m）

名称		液化天然气储罐（区）（总容积V，m^3）						
		30＜V≤50	50＜V≤200	200＜V≤500	500＜V≤1000	1000＜V≤2500	2500＜V≤5000	5000＜V≤10000
单罐容积V（m^3）		V≤20	V≤50	V≤100	V≤200	V≤400	V≤1000	V＞1000
居住区、村镇和重要公共建筑（最外侧建筑物的外墙）		45	50	70	90	110	130	150
工业企业（最外侧建筑物的外墙）		27	30	35	40	50	60	75
明火或散发火花地点，室外变、配电站		45	50	55	60	70	80	120
其他民用建筑，甲、乙类液体储罐，甲、乙类仓库，甲、乙类厂房，秸秆、芦苇、打包废纸等材料堆场		40	45	50	55	65	75	100
丙类液体储罐，可燃气体储罐，丙、丁类厂房，丙、丁类仓库		32	35	40	45	55	65	80
助燃气体储罐，木材等材料堆场		27	30	35	40	50	60	75
其他建筑	一、二级	18	20	22	25	30	40	50
	三级	22	25	27	30	40	50	60
	四级	27	30	35	40	50	60	75
公路（路边）	高速，Ⅰ、Ⅱ级	20	25					30
	Ⅲ、Ⅳ级	15	20					25
架空电力线（中心线）		应符合本规范第10.2.1条的规定						
架空通信线（中心线）	Ⅰ、Ⅱ级	30		40				
	Ⅲ、Ⅳ级	1.5倍杆高						
铁路（中心线）	国家线	60	70		80		100	
	企业专用线	25	30		35		40	

注：1 防火间距应按本表储罐区的总容积或单罐容积的较大者确定。
2 当地下液化石油气储罐的单罐容积不大于50m^3，总容积不大于400m^3时，其防火间距可按本表的规定减少50%。
3 居住区、村镇指1000人或300户及以上者；当少于1000人或300户时，相应防火间距应按本表有关其他民用建筑的要求确定。

4.4.2　**液化石油气储罐之间的防火间距不应小于相邻较大罐的直径。**

数个储罐的总容积大于3000m^3时，应分组布置，组内储罐宜采用单排布置。组与组相邻储罐之间的防火间距不应小于20m。

4.4.3　液化石油气储罐与所属泵房的防火间距不应小于15m。当泵房面向储罐一侧的外墙采用无门、窗、洞口的防火墙时，防火间距可减至6m。液化石油气泵露天设置在储罐区内时，储罐与泵的防火间距不限。

4.4.4　全冷冻式液化石油气储罐、液化石油气气化站、混气站的储罐与周围建筑的防火间距，应符合现行国家标准《城镇燃气设计规范》GB 50028的规定。

工业企业内总容积不大于10m^3的液化石油气气化站、混气站的储罐，当设置在专用的独立建筑内时，建筑外墙与相邻厂房及其附属设备的防火间距可按甲类厂房有关防火间距的规定确定。当露天设置时，与建筑物、储罐、堆场等的防火间距应符合现行国家标准《城镇燃气设计规范》GB 50028的规定。

4.4.5　**Ⅰ、Ⅱ级瓶装液化石油气供应站瓶库与站外建筑等的防火间距不应小于表4.4.5的规定。瓶装液化石油气供应站的分级及总存瓶容积不大于1m^3的瓶装供应站瓶库的设置，应符合现行国家标准《城镇燃气设计规范》GB 50028的规定。**

表 4.4.5　Ⅰ、Ⅱ级瓶装液化石油气供应站瓶库与站外建筑等的防火间距（m）

名　称	Ⅰ 级		Ⅱ 级	
瓶库的总存瓶容积V（m^3）	6<V≤10	10<V≤20	1<V≤3	3<V≤6
明火或散发火花地点	30	35	20	25
重要公共建筑	20	25	12	15
其他民用建筑	10	15	6	8
主要道路路边	10	10	8	8
次要道路路边	5	5	5	5

注：总存瓶容积应按实瓶个数与单瓶几何容积的乘积计算。

4.4.6　Ⅰ级瓶装液化石油气供应站的四周宜设置不燃性实体围墙，但面向出入口一侧可设置不燃性非实体围墙。

Ⅱ级瓶装液化石油气供应站的四周宜设置不燃性实体围墙，或下部实体部分高度不低于0.6m的围墙。

4.5 可燃材料堆场的防火间距

4.5.1 露天、半露天可燃材料堆场与建筑物的防火间距不应小于表4.5.1的规定。

表 4.5.1 露天、半露天可燃材料堆场与建筑物的防火间距（m）

名 称	一个堆场的总储量	建筑物		
		一、二级	三级	四级
粮食席穴囤W（t）	10≤ W＜5000	15	20	25
	5000≤W＜20000	20	25	30
粮食土圆仓W（t）	500≤W＜10000	10	15	20
	10000≤W＜20000	15	20	25
棉、麻、毛、化纤、百货W（t）	10≤W＜500	10	15	20
	500≤W＜1000	15	20	25
	1000≤W＜5000	20	25	30
秸杆、芦苇、打包废纸等W（t）	10≤W＜5000	15	20	25
	5000≤W＜10000	20	25	30
	W≥10000	25	30	40
木材等V（m^3）	50≤V＜1000	10	15	20
	1000≤V＜10000	15	20	25
	V≥10000	20	25	30
煤和焦炭W（t）	100≤W＜5000	6	8	10
	W≥10000	8	10	12

注： 露天、半露天秸杆、芦苇、打包废纸等材料堆场，与甲类厂房（仓库）、民用建筑的防火间距应根据建筑物的耐火等级分别按本表的规定增加25%且不应小于25m，与室外变、配电站的防火间距不应小于50m，与明火或散发火花地点的防火间距应按本表四级耐火等级建筑物的相应规定增加25%。

当一个木材堆场的总储量大于25000m^3或一个秸杆、芦苇、打包废纸等材料堆场的总储量大于20000t时，宜分设堆场。各堆场之间的防火间距不应小于相邻较大堆场与四级耐火等级建筑物的防火间距。

不同性质物品堆场之间的防火间距，不应小于本表相应储量堆场与四级耐火等级建筑物防火间距的较大值。

4.5 可燃材料堆场的防火间距								图集号	18J811-1
审核	蔡昭昀	蔡昭昀	校对	李 笺	李笺	设计	吴 颖	吴颖	页 4-11

4.5.2 露天、半露天可燃材料堆场与甲、乙、丙类液体储罐的防火间距，不应小于本规范表4.2.1和表4.5.1中相应储量堆场与四级耐火等级建筑物防火间距的较大值。

4.5.3 露天、半露天秸杆、芦苇、打包废纸等材料堆场与铁路、道路的防火间距不应小于表4.5.3的规定，其他可燃材料堆场与铁路、道路的防火间距可根据材料的火灾危险性按类比原则确定。

表 4.5.3 露天、半露天可燃材料堆场与铁路、道路的防火间距（m）

名　称	厂外铁路线中心线	厂内铁路线中心线	厂外道路路边	厂内道路路边	
				主要	次要
秸杆、芦苇、打包废纸等材料堆场	30	20	15	10	5

5 民用建筑

5.1 建筑分类和耐火等级

5.1.1 民用建筑根据其建筑高度和层数可分为单、多层民用建筑和高层民用建筑。高层民用建筑根据其建筑高度、使用功能和楼层的建筑面积可分为一类和二类。民用建筑的分类应符合表5.1.1的规定。

表5.1.1 民用建筑的分类

名称	高层民用建筑		单、多层民用建筑
	一 类	二 类	
住宅建筑	建筑高度大于54m的住宅建筑（包括设置商业服务网点的住宅建筑）【图示1】	建筑高度大于27m，但不大于54m的住宅建筑（包括设置商业服务网点的住宅建筑）【图示2】	建筑高度不大于27m的住宅建筑（包括设置商业服务网点的住宅建筑）【图示3】
公共建筑	1. 建筑高度大于50m的公共建筑 ；【图示4】 2. 建筑高度24m以上部分任一楼层建筑面积大于1000m²的商店、展览、电信、邮政、财贸金融建筑和其他多种功能组合的建筑；【图示5】 3. 医疗建筑、重要公共建筑、独立建造的老年人照料设施【图示6】【图示7】； 4. 省级及以上的广播电视和防灾指挥调度建筑、网局级和省级电力调度建筑； 5. 藏书超过100万册的图书馆、书库	除一类高层公共建筑外的其他高层公共建筑	1. 建筑高度大于24m的单层公共建筑；【图示8】【图示9】 2. 建筑高度不大于24m的其他公共建筑【图示10】

注：1 表中未列入的建筑，其类别应根据本表类比确定。
2 除本规范另有规定外，宿舍、公寓等非住宅类居住建筑的防火要求，应符合本规范有关公共建筑的规定。
3 除本规范另有规定外，裙房的防火要求应符合本规范有关高层民用建筑的规定。

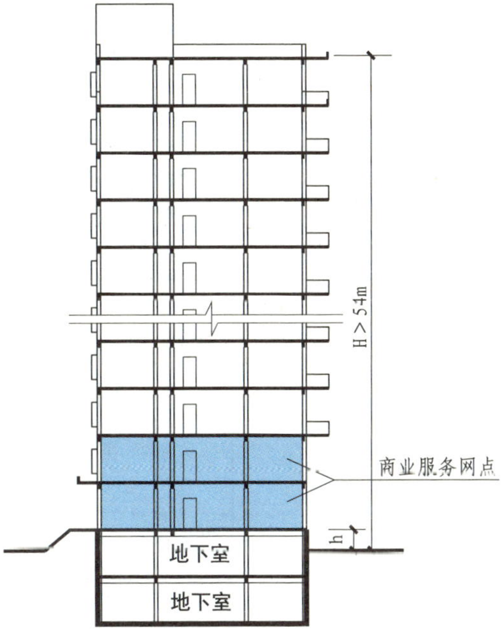

一类高层住宅建筑

剖面示意图

5.1.1 图示1

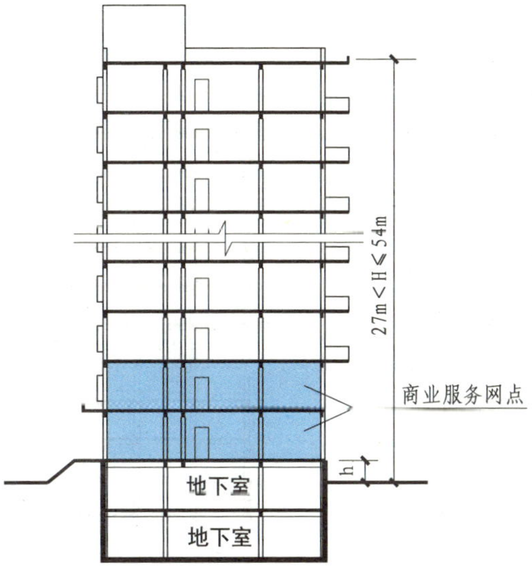

二类高层住宅建筑

剖面示意图

5.1.1 图示2

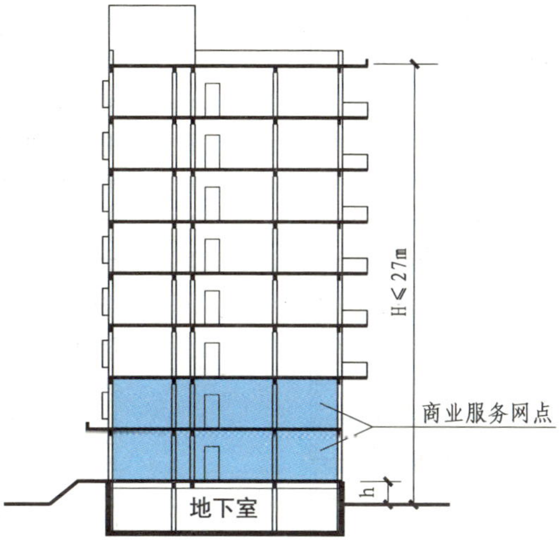

多层住宅建筑

剖面示意图

5.1.1 图示3

[注释]h为室内外差或建筑的地下或半地下室的顶板面高出室外设计地面的高度。对于住宅建筑，h是否计入建筑高度H详见附录A。

5.1 建筑分类和耐火等级						图集号	18J811-1
审核	蔡昭昀	校对	林 莉	设计	李雯	页	5-2

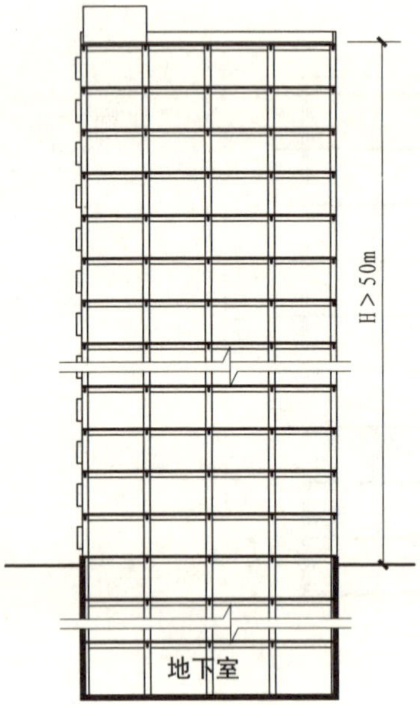

一类高层公共建筑

剖面示意图一

5.1.1 图示4

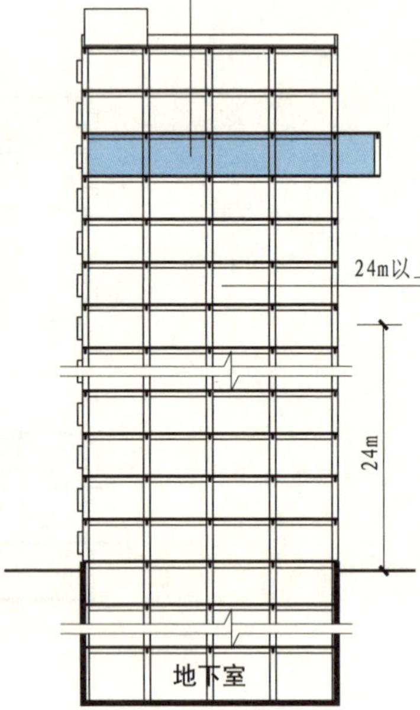

一类高层公共建筑

剖面示意图二

5.1.1 图示5

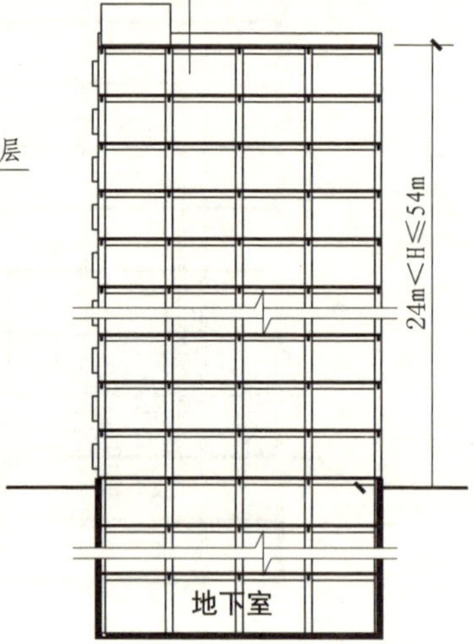

一类高层公共建筑

剖面示意图三

5.1.1 图示6

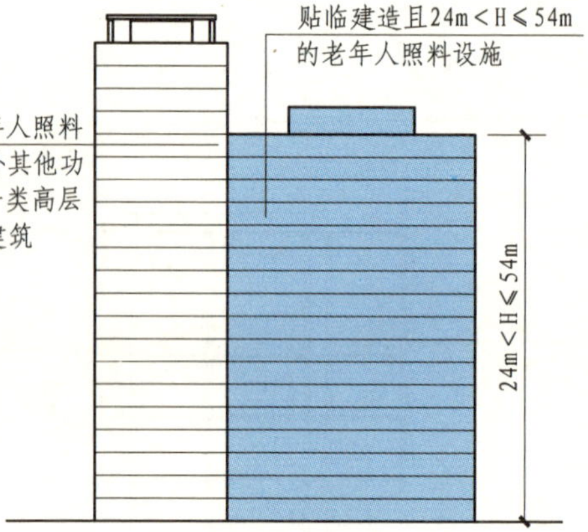

一类高层公共建筑

立面示意图

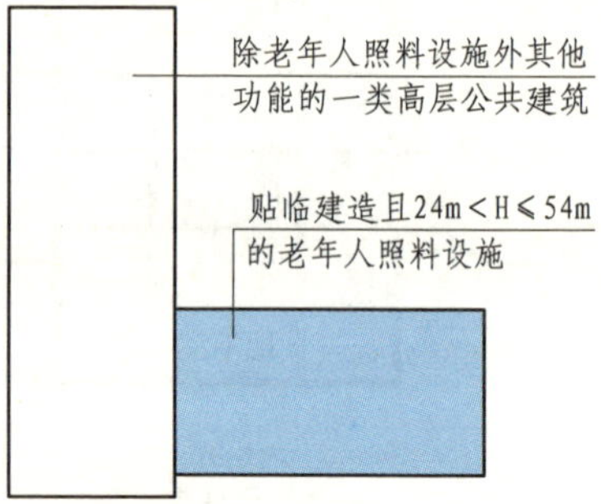

一类高层公共建筑

平面示意图

〖条文说明〗本条表5.1.1中的“独立建造的老年人照料设施”包括与其他建筑贴临建造的老年人照料设施。

5.1.1 图示7

5.1 建筑分类和耐火等级							图集号	18J811-1
审核	蔡昭昀	蔡昭昀	校对	林莉	林莉	设计 李雯 李雯	页	5-3

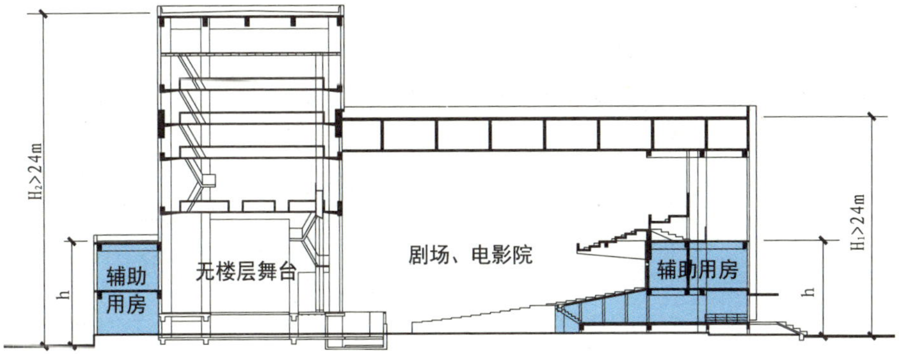

建筑高度＞24m的单层公共建筑

剖面示意图一

5.1.1 图示8

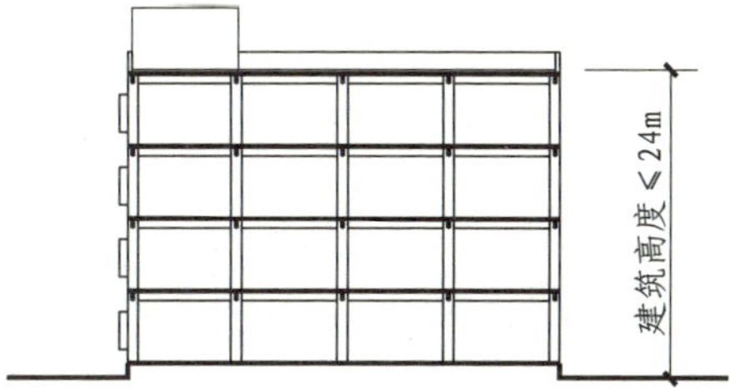

建筑高度≤24m的多层公共建筑

剖面示意图

5.1.1 图示10

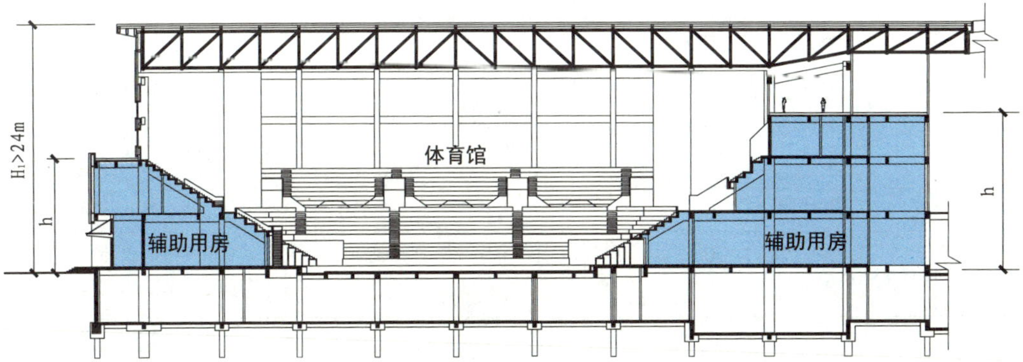

建筑高度＞24m的单层公共建筑

剖面示意图二

5.1.1 图示9

[注释]h为辅助用房顶板到室外设计地面的高度。当h≤24m时，整体建筑按单、多层建筑进行防火设计；当h＞24m时，整体建筑按高层建筑进行防火设计。

5.1 建筑分类和耐火等级	图集号	18J811-1
审核 蔡昭昀 校对 林莉 设计 李雯	页	5-4

5.1.2 民用建筑的耐火等级可分为一、二、三、四级。除本规范另有规定外，不同耐火等级建筑相应构件的燃烧性能和耐火极限不应低于表5.1.2的规定。

表5.1.2 不同耐火等级建筑相应构件的燃烧性能和耐火极限(h)

构件名称		耐火等级 一级	二级	三级	四级
墙	防火墙	不燃性 3.00	不燃性 3.00	不燃性 3.00	不燃性 3.00
	承重墙	不燃性 3.00	不燃性 2.50	不燃性 2.00	难燃性 0.50
	非承重外墙	不燃性 1.00	不燃性 1.00	不燃性 0.50	可燃性
	楼梯间和前室的墙 电梯井的墙 住宅建筑单元之间的墙和分户墙	不燃性 2.00	不燃性 2.00	不燃性 1.50	难燃性 0.50
	疏散走道两侧的隔墙	不燃性 1.00	不燃性 1.00	不燃性 0.50	难燃性 0.25
	房间隔墙	不燃性 0.75	不燃性 0.50	难燃性 0.50	难燃性 0.25
柱		不燃性 3.00	不燃性 2.50	不燃性 2.00	难燃性 0.50
梁		不燃性 2.00	不燃性 1.50	不燃性 1.00	难燃性 0.50
楼板		不燃性 1.50	不燃性 1.00	不燃性 0.50	可燃性
屋顶承重构件		不燃性 1.50	不燃性 1.00	可燃性 0.50	可燃性
疏散楼梯		不燃性 1.50	不燃性 1.00	不燃性 0.50	可燃性
吊顶（包括吊顶搁栅）		不燃性 0.25	难燃性 0.25	难燃性 0.15	可燃性

注：1 除本规范另有规定外，以木柱承重且墙体采用不燃材料的建筑，其耐火等级应按四级确定。
2 住宅建筑构件的耐火极限和燃烧性能可按现行国家标准《住宅建筑规范》GB 50368的规定执行。

5.1.3 民用建筑的耐火等级应根据其建筑高度、使用功能、重要性和火灾扑救难度等确定，并应符合下列规定：

1 地下或半地下建筑（室）和一类高层建筑的耐火等级不应低于一级；

2 单、多层重要公共建筑和二类高层建筑的耐火等级不应低于二级。

5.1.3A 除木结构建筑外，老年人照料设施的耐火等级不应低于三级。

5.1.4 建筑高度大于100m的民用建筑，其楼板的耐火极限不应低于2.00h。【图示1】

一、二级耐火等级建筑的上人平屋顶，其屋面板的耐火极限分别不应低于1.50h和1.00h。【图示2】

5.1.5 一、二级耐火等级建筑的屋面板应采用不燃材料。

屋面防水层宜采用不燃、难燃材料，当采用可燃防水材料且铺设在可燃、难燃保温材料上时，防水材料或可燃、难燃保温材料应采用不燃材料作防护层。【图示】

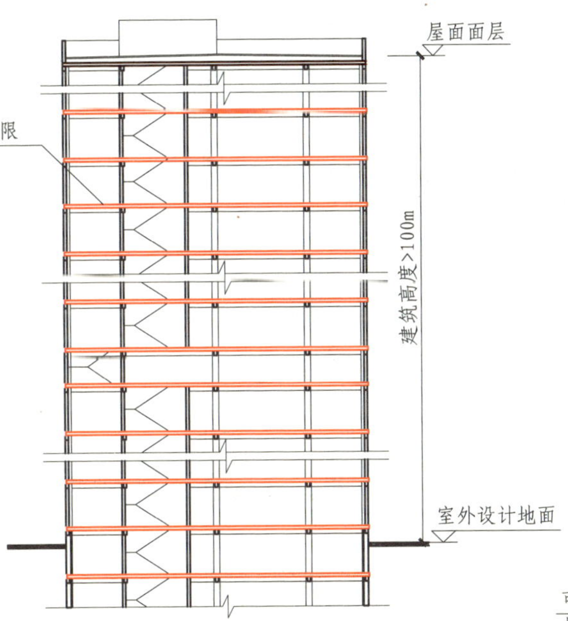

建筑高度＞100m的民用建筑剖面示意图

5.1.4 图示1

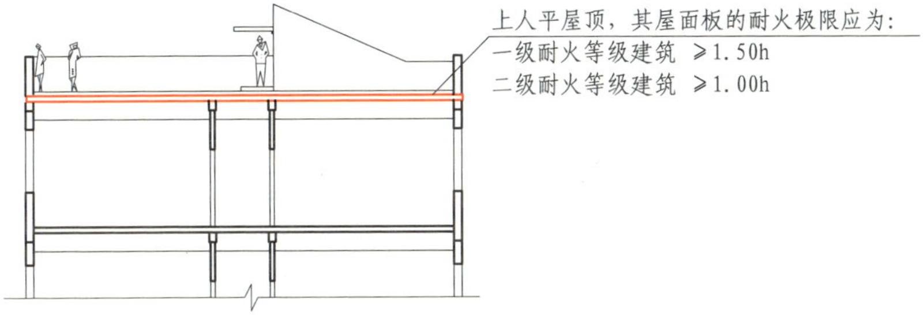

一、二级耐火等级建筑的上人平屋顶剖面示意图

5.1.4 图示2

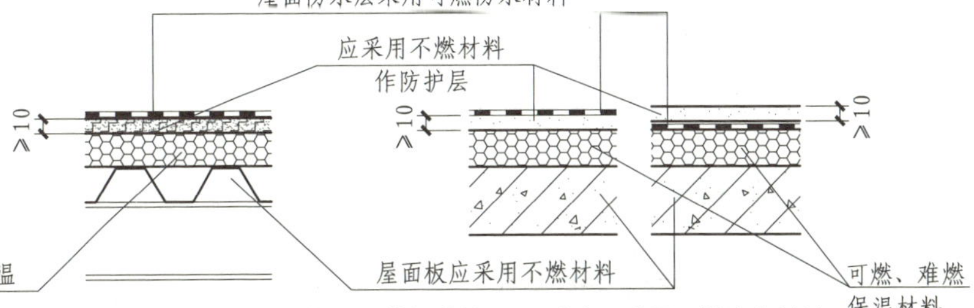

一、二级耐火等级建筑 屋面防水层采用可燃防水材料

[注释]防护层的厚度应符合第6.7.10条相关规定。

5.1.5 图示

5.1 建筑分类和耐火等级							图集号	18J811-1
审核	蔡昭昀	蔡昭昀	校对	林莉	林莉	设计	李雯 李雯	页 5-6

5.1.6　二级耐火等级建筑内采用难燃性墙体的房间隔墙，其耐火极限不应低于0.75h；当房间的建筑面积不大于100m²时，房间隔墙可采用耐火极限不低于0.50h的难燃性墙体或耐火极限不低于0.30h的不燃性墙体。【图示1】

二级耐火等级多层住宅建筑内采用预应力钢筋混凝土的楼板，其耐火极限不应低于0.75h。【图示2】

5.1.7　建筑中的非承重外墙、房间隔墙和屋面板，当确需采用金属夹芯板材时，其芯材应为不燃材料，且耐火极限应符合本规范有关规定。

5.1.8　二级耐火等级建筑内采用不燃材料的吊顶，其耐火极限不限。

三级耐火等级的医疗建筑、中小学校的教学建筑、老年人照料设施及托儿所、幼儿园的儿童用房和儿童游乐厅等儿童活动场所的吊顶，应采用不燃材料；当采用难燃材料时，其耐火极限不应低于0.25h。【图示1】

二、三级耐火等级建筑内门厅、走道的吊顶应采用不燃材料。【图示2】

5.1.9　建筑内预制钢筋混凝土构件的节点外露部位，应采取防火保护措施，且节点的耐火极限不应低于相应构件的耐火极限。

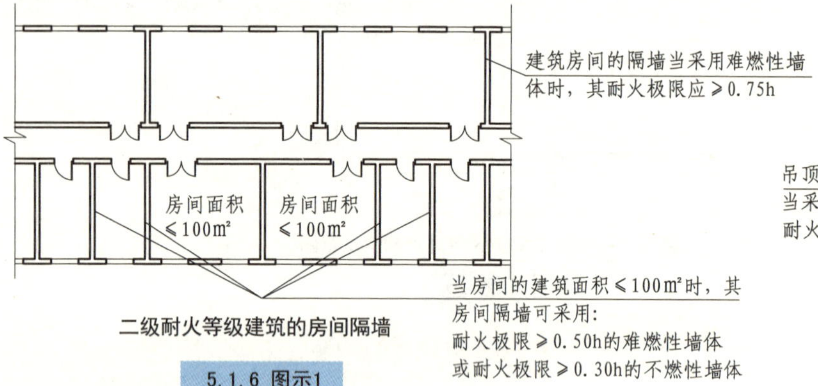

二级耐火等级建筑的房间隔墙

5.1.6 图示1

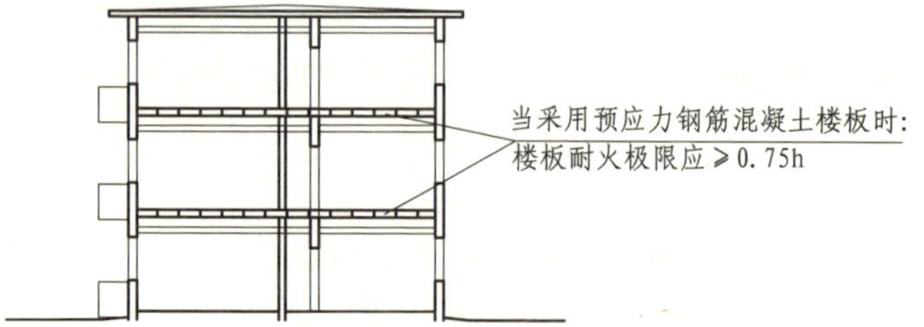

二级耐火等级多层住宅建筑的楼板

5.1.6 图示2

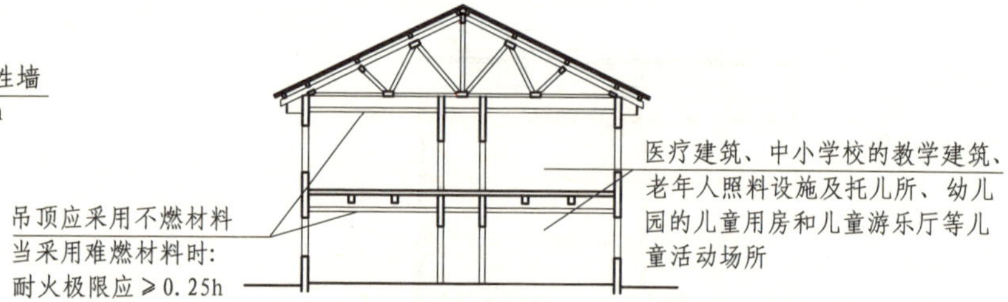

三级耐火等级建筑的吊顶

5.1.8 图示1

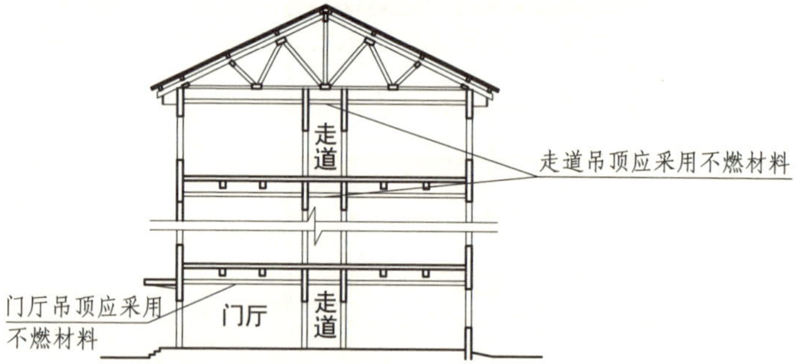

二、三级耐火等级建筑门厅、走道的吊顶

5.1.8 图示2

5.1 建筑分类和耐火等级							图集号	18J811-1
审核	蔡昭昀	蔡昭昀	校对	林莉	林莉	设计	李雯 李雯	页 5-7

5.2 总平面布局

5.2.1 在总平面布局中，应合理确定建筑的位置、防火间距、消防车道和消防水源等，不宜将民用建筑布置在甲、乙类厂（库）房，甲、乙、丙类液体储罐，可燃气体储罐和可燃材料堆场的附近。

5.2.2 民用建筑之间的防火间距不应小于表5.2.2的规定【图示1】，与其他建筑的防火间距，除应符合本节规定外，尚应符合本规范其他章的有关规定。

表5.2.2 民用建筑之间的防火间距（m）

建筑类别		高层民用建筑	裙房和其他民用建筑		
		一、二级	一、二级	三级	四级
高层民用建筑	一、二级	13	9	11	14
裙房和其他民用建筑	一、二级	9	6	7	9
	三级	11	7	8	10
	四级	14	9	10	12

注：1 相邻两座单、多层建筑，当相邻外墙为不燃性墙体且无外露的可燃性屋檐，每面外墙上无防火保护的门、窗、洞口不正对开设且该门、窗、洞口的面积之和不大于外墙面积的5%时，其防火间距可按本表的规定减少25%。【图示2】

2 两座建筑相邻较高一面外墙为防火墙【图示3】，或高出相邻较低一座一、二级耐火等级建筑的屋面15m及以下范围内的外墙为防火墙时，其防火间距不限【图示4】。

3 相邻两座高度相同的一、二级耐火等级建筑中相邻任一侧外墙为防火墙，屋顶的耐火极限不低于1.00h时，其防火间距不限。【图示5】

4 相邻两座建筑中较低一座建筑的耐火等级不低于二级，相邻较低一面外墙为防火墙且屋顶无天窗，屋顶的耐火极限不低于1.00h时，其防火间距不应小于3.5m；对于高层建筑，不应小于4.0m。【图示6】

5 相邻两座建筑中较低一座建筑的耐火等级不低于二级且屋顶无天窗，相邻较高一面外墙高出较低一座建筑的屋面15m及以下范围内的开口部位设置甲级防火门、窗，或设置符合现行国家标准《自动喷水灭火系统设计规范》GB 50084规定的防火分隔水幕或本规范第6.5.3条规定的防火卷帘时，其防火间距不应小于3.5m；对于高层建筑，不应小于4m。【图示7】

6 相邻建筑通过连廊、天桥或底部的建筑物等连接时，其间距不应小于本表的规定。【图示8】【图示9】【图示10】

7 耐火等级低于四级的既有建筑，其耐火等级可按四级确定。【图示11】

5.2.3 民用建筑与单独建造的变电站的防火间距应符合本规范第3.4.1条有关室外变、配电站的规定，但与单独建造的终端变电站的防火间距，可根据变电站的耐火等级按本规范第5.2.2条有关民用建筑的规定确定。

民用建筑与10kV及以下的预装式变电站的防火间距不应小于3m。【图示】

民用建筑与燃油、燃气或燃煤锅炉房的防火间距应符合本规范第3.4.1条有关丁类厂房的规定，但与单台蒸汽锅炉的蒸发量不大于4t/h或单台热水锅炉的额定热功率不大于2.8MW的燃煤锅炉房的防火间距，可根据锅炉房的耐火等级按本规范第5.2.2条有关民用建筑的规定确定。

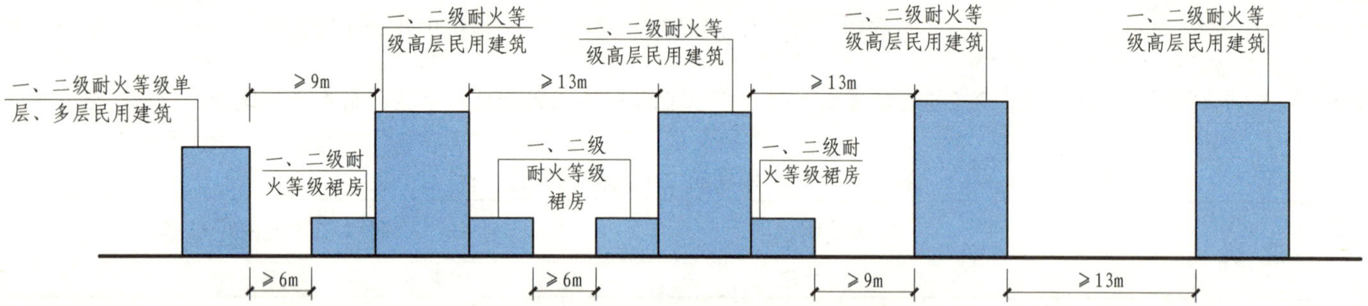

一、二级耐火等级民用建筑之间的防火间距

[注释]三、四级耐火等级民用建筑防火间距应符合本图集表5.2.2的规定。

5.2.2 图示1

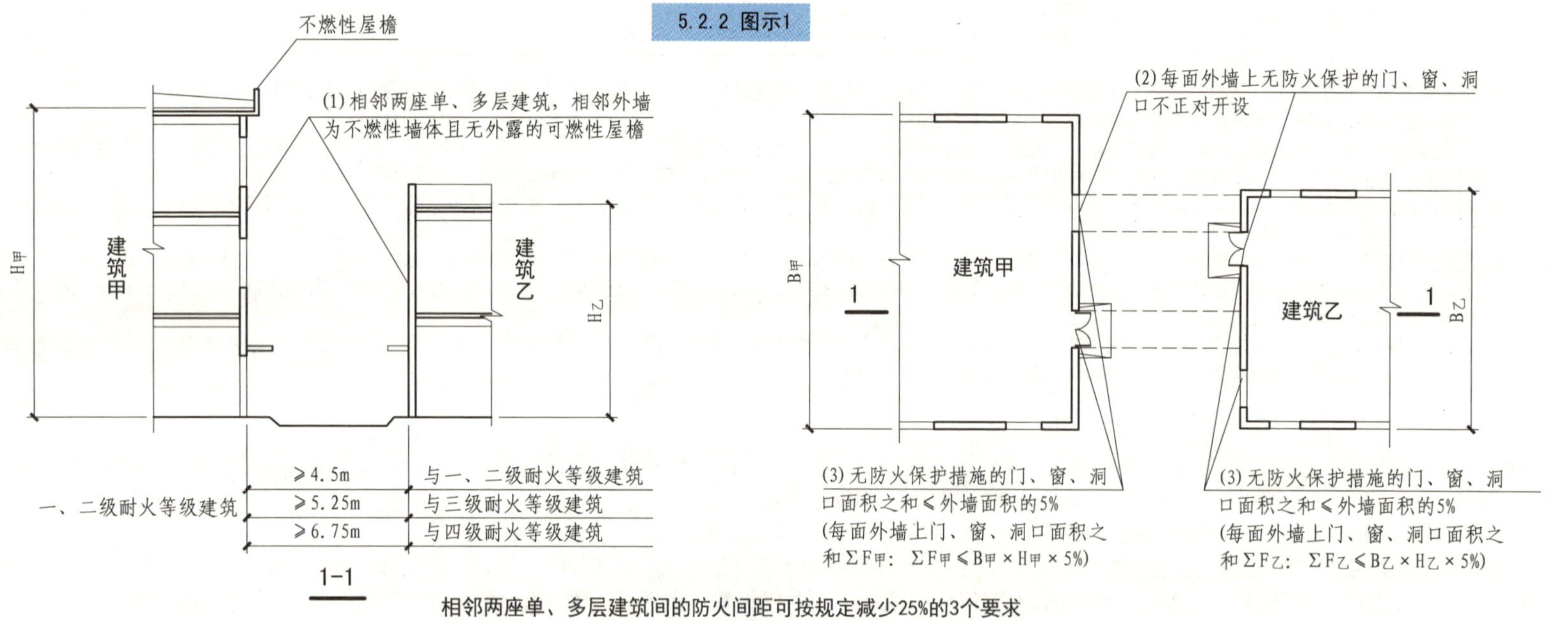

相邻两座单、多层建筑间的防火间距可按规定减少25%的3个要求

5.2.2 图示2

5.2 总平面布局							图集号	18J811-1
审核	蔡昭昀	蔡昭昀	校对	林 莉	林莉	设计	李雯 李雯	页 5-9

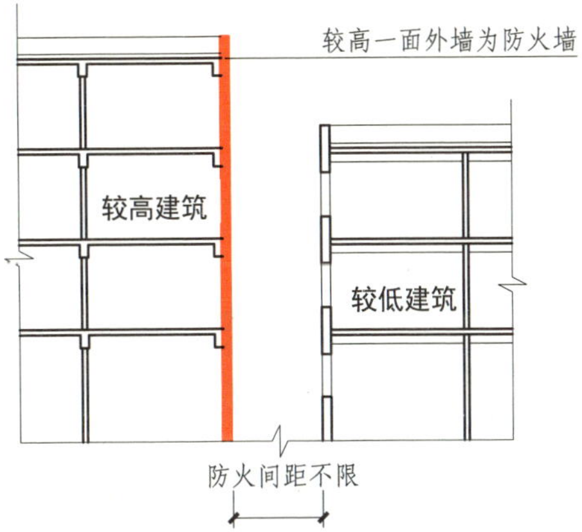

5.2.2 图示3

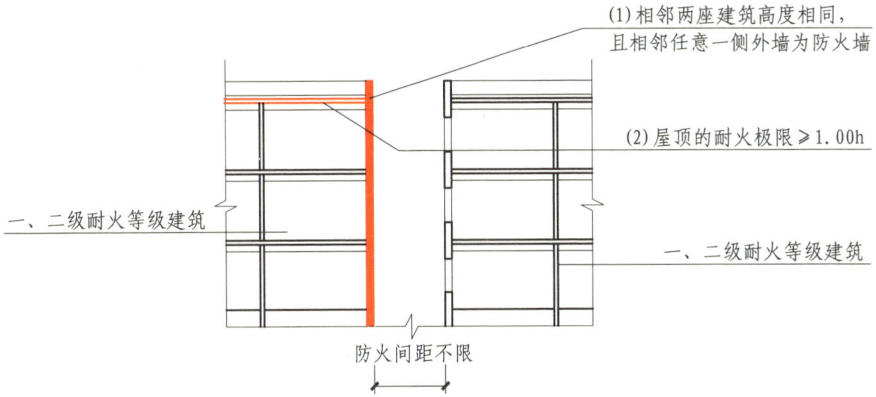

5.2.2 图示5

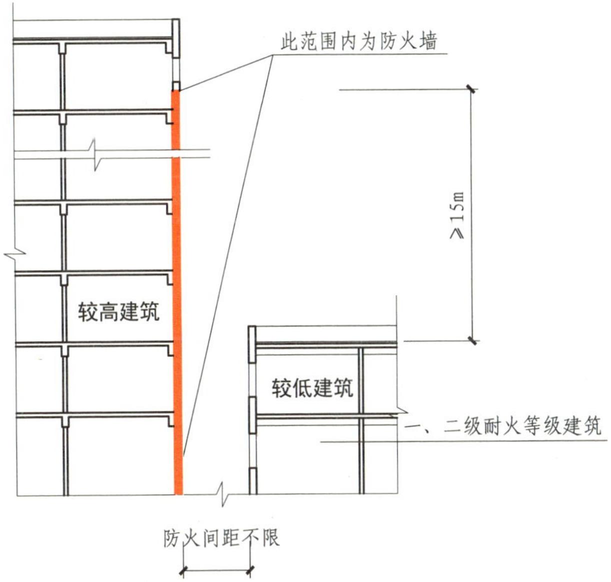

5.2.2 图示4

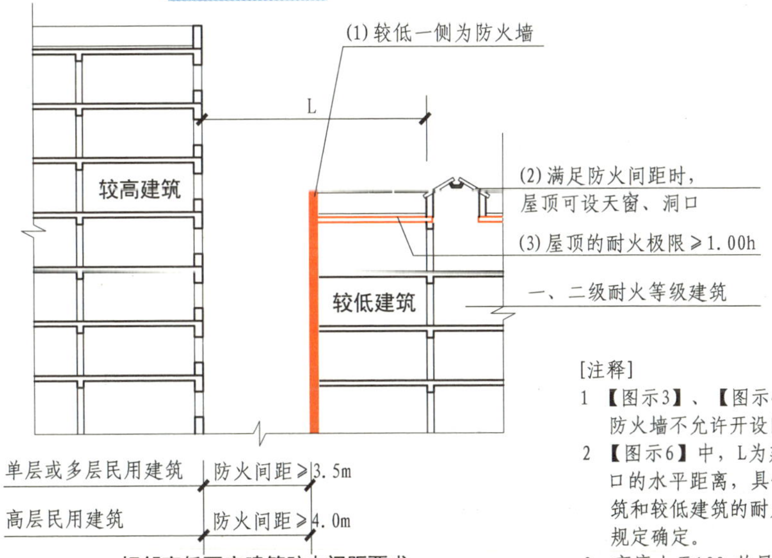

相邻高低两座建筑防火间距要求

5.2.2 图示6

[注释]

1 【图示3】、【图示4】、【图示5】中，防火墙不允许开设门、窗、洞口。

2 【图示6】中，L为建筑外墙到天窗、洞口的水平距离，具体距离应根据较高建筑和较低建筑的耐火等级按表5.2.2有关规定确定。

3 高度大于100m的民用建筑与相邻建筑的防火间距应符合第5.2.6条的规定。

5.2 总平面布局								图集号	18J811-1
审核	蔡昭昀	蔡昭昀	校对	林 莉	林莉	设计	李雯	页	5-10

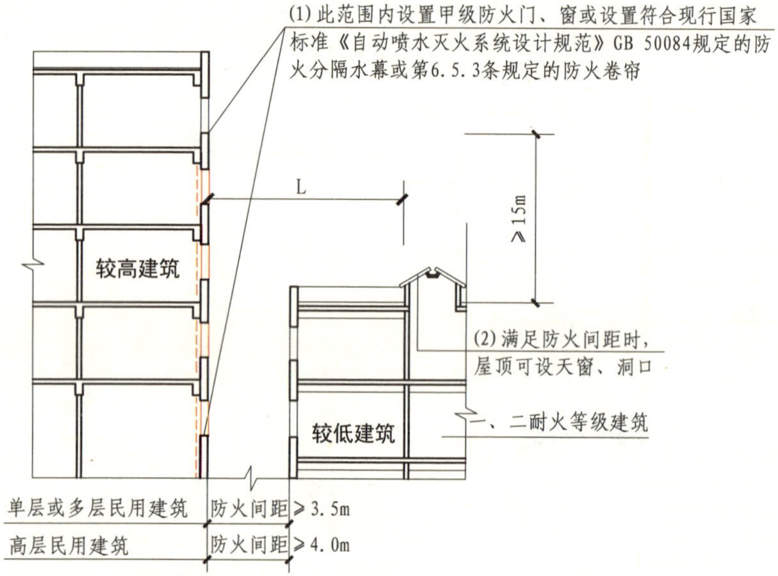

相邻高低两座建筑防火间距要求

5.2.2 图示7

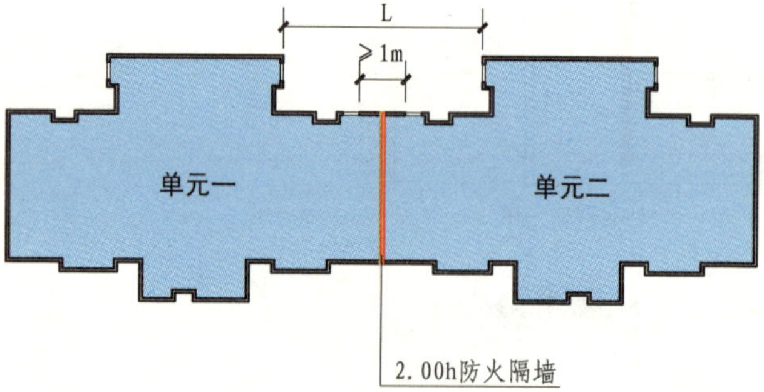

住宅建筑单元与单元之间凹槽的防火间距

5.2.2 图示9

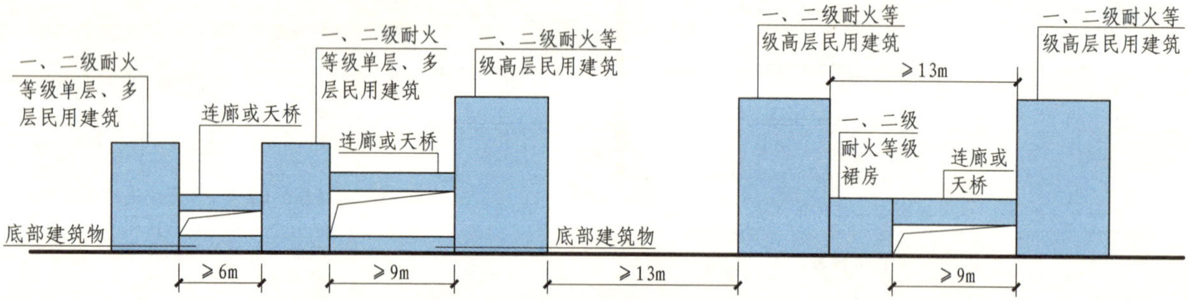

相邻建筑通过连廊、天桥或底部的建筑等连接时的防火间距

5.2.2 图示8

[注释]

1 【图示7】中，高度大于100m的民用建筑与相邻建筑的防火间距应符合第5.2.6条的规定。

2 【图示7】中，L为建筑外墙到天窗、洞口的水平距离，具体距离应根据较高建筑和较低建筑的耐火等级按表5.2.2有关规定确定。

3 【图示9】L一般不小于6m。

5.2 总平面布局							图集号	18J811-1
审核	蔡昭昀	(签名)	校对	林莉	(签名)	设计 李雯 (签名)	页	5-11

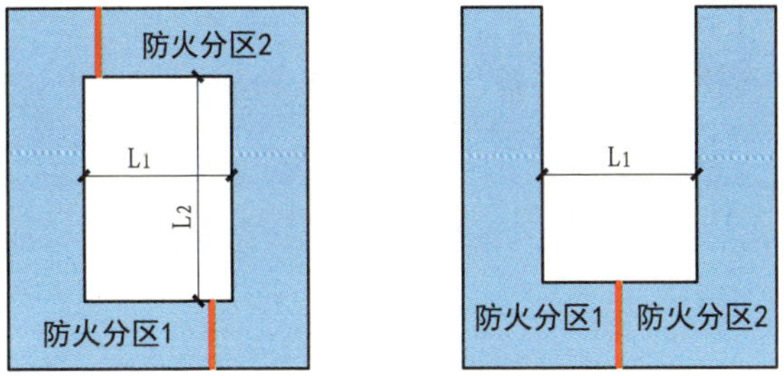

回字形、U形建筑平面示意图

[注释]L1、L2为两个不同防火分区的相对外墙之间的间距，一般不小于6m。

5.2.2 图示10

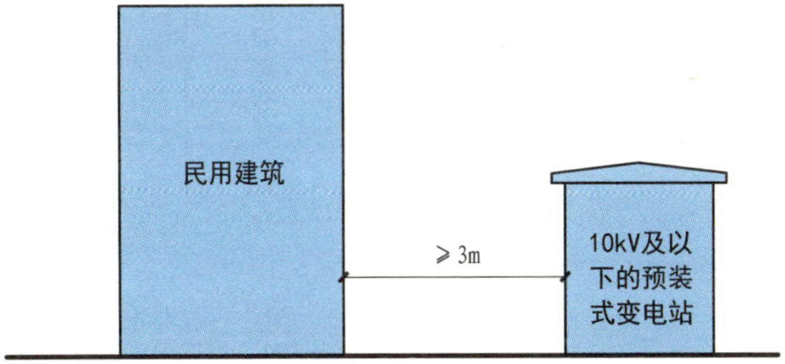

民用建筑与10kV及以下的预装式变电站的防火间距

5.2.3 图示

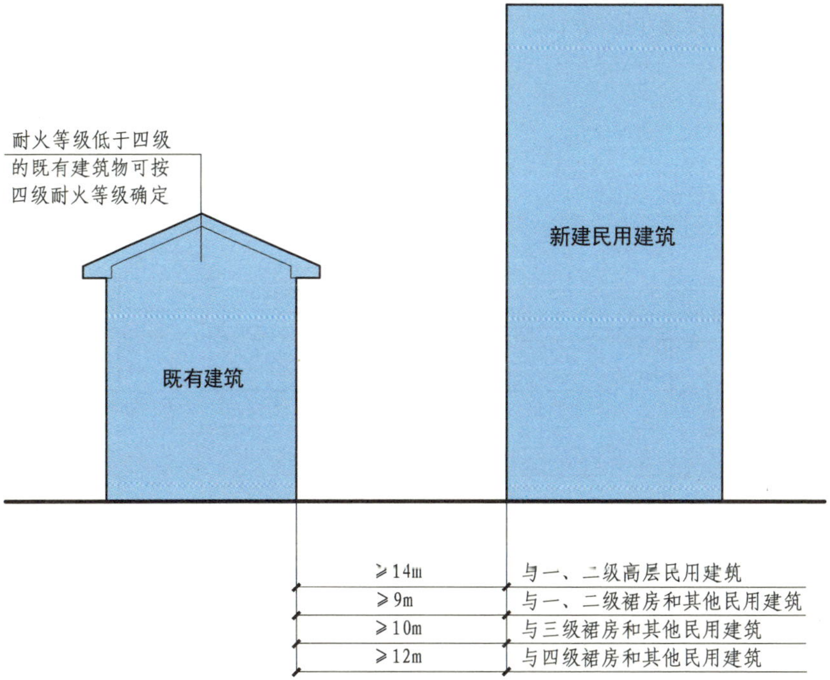

低于四级的既有建筑与新建民用建筑防火间距

5.2.2 图示11

5.2 总平面布局								图集号	18J811-1
审核	蔡昭昀	蔡昭昀	校对	林 莉	林莉	设计	李雯	页	5-12

5.2.4 除高层民用建筑外，数座一、二级耐火等级的住宅建筑或办公建筑，当建筑物的占地面积总和不大于2500m²时，可成组布置，但组内建筑物之间的间距不宜小于4m。组与组或组与相邻建筑物的防火间距不应小于本规范第5.2.2条的规定。【图示】

5.2.5 民用建筑与燃气调压站、液化石油气气化站或混气站、城市液化石油气供应站瓶库等的防火间距，应符合现行国家标准《城镇燃气设计规范》GB 50028的规定。

5.2.6 建筑高度大于100m的民用建筑与相邻建筑的防火间距，当符合本规范第3.4.5条、第3.5.3条、第4.2.1条和第5.2.2条允许减小的条件时，仍不应减小。

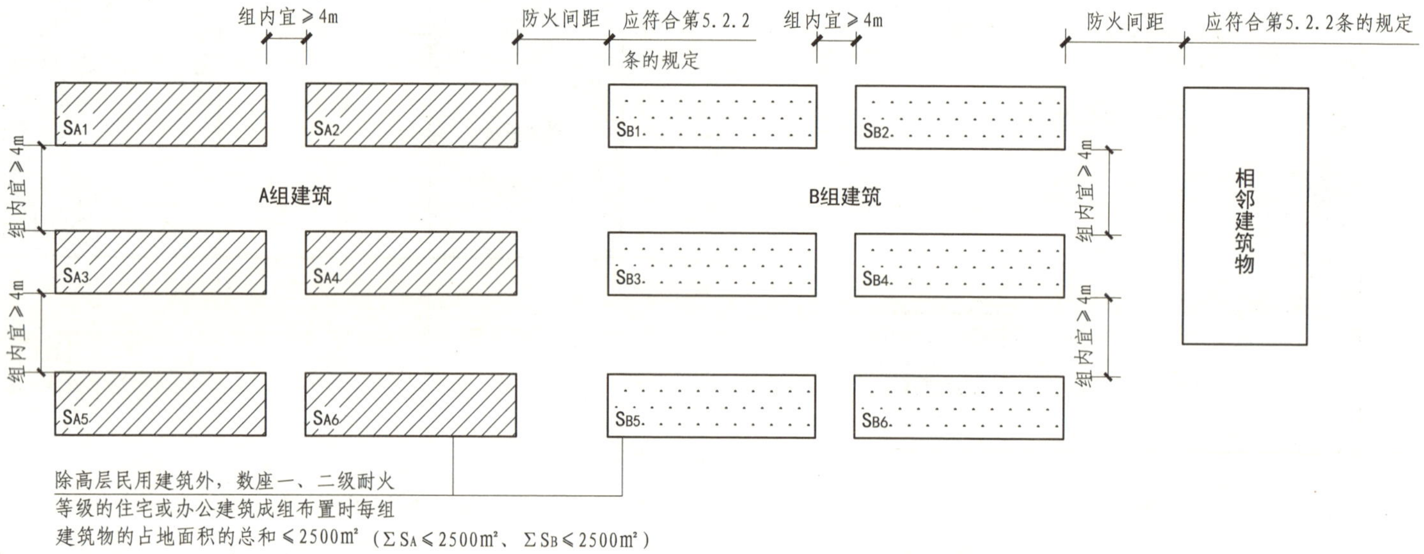

平面示意图

5.2.4 图示

[注释] S_{A1}、S_{A2}……为A组单栋建筑占地面积，S_{B1}、S_{B2}……为B组单栋建筑占地面积，当 $\Sigma S_A \leqslant 2500m^2$ 且 $\Sigma S_B \leqslant 2500m^2$ 时，防火间距如图所示。

5.2 总平面布局						图集号	18J811-1
审核	蔡昭昀	校对	林莉	设计	李雯	页	5-13

5.3 防火分区和层数

5.3.1 除本规范另有规定外，不同耐火等级建筑的允许建筑高度或层数、防火分区最大允许建筑面积应符合表5.3.1的规定。

表5.3.1 不同耐火等级建筑的允许建筑高度或层数、防火分区最大允许建筑面积

名称	耐火等级	允许建筑高度或层数	防火分区的最大允许建筑面积（m²）	备注
高层民用建筑	一、二级	按本规范第5.1.1条确定	1500【图示1】	对于体育馆、剧场的观众厅，防火分区的最大允许建筑面积可适当增加
单、多层民用建筑	一、二级	按本规范第5.1.1条确定	2500【图示1】	
	三级	5层	1200【图示1】	
	四级	2层	600【图示1】	
地下或半地下建筑（室）	一级	—	500【图示1】	设备用房的防火分区最大允许建筑面积不应大于1000m²

注：1 表中规定的防火分区最大允许建筑面积，当建筑内设置自动灭火系统时，可按本表的规定增加1.0倍【图示2】；局部设置时，防火分区的增加面积可按该局部面积的1.0倍计算【图示3】。

2 裙房与高层建筑主体之间设置防火墙时，裙房的防火分区可按单、多层建筑的要求确定。【图示4】

一、二级耐火等级高层民用建筑
S≤1500m²
一、二级耐火等级单层或多层民用建筑
S≤2500m²
三级耐火等级建筑S≤1200m²
四级耐火等级建筑S≤600m²
地下、半地下建筑（室）S≤500m²
地下室设备用房S≤1000m²

防火分区的最大允许建筑面积S
平面示意图

5.3.1 图示1

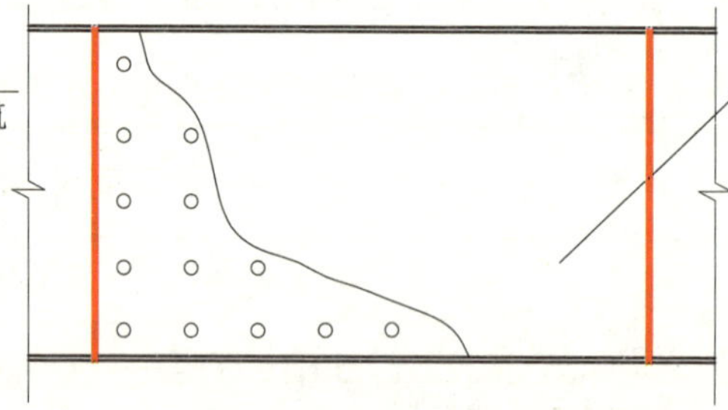

一、二级耐火等级高层民用建筑
S≤3000m²
一、二级耐火等级单层或多层民用建筑S≤5000m²
三级耐火等级建筑S≤2400m²
四级耐火等级建筑S≤1200m²
地下、半地下建筑（室）S≤1000m²
地下室设备用房S≤2000m²

当建筑内设置自动灭火系统时防火分区的最大允许建筑面积S
平面示意图

5.3.1 图示2

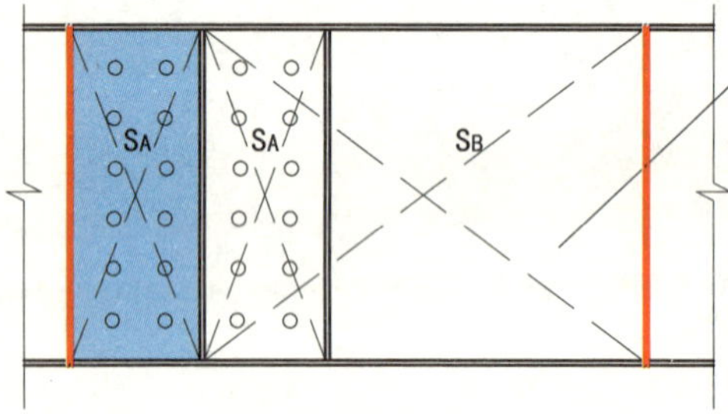

一、二级耐火等级高层民用建筑
S≤(1500+SA) m²
一、二级耐火等级单层或多层民用建筑
S≤(2500+SA) m²
三级耐火等级建筑S≤(1200+SA) m²
四级耐火等级建筑S≤(600+SA) m²
地下、半地下建筑（室）S≤(500+SA) m²
地下室设备用房S≤（1000+SA）m²

局部设置自动灭火系统（面积为2SA）时防火分区的最大允许建筑面积S
平面示意图

[注释] 设SB为一个防火分区的最大允许建筑面积（SB表示建筑内不设置自动灭火系统时的防火分区最大允许建筑面积），当设自动灭火系统的面积为2SA时，则此防火分区面积可增加SA（m²），即S=SA+SB，新增加的SA也应设置自动灭火系统。

5.3.1 图示3

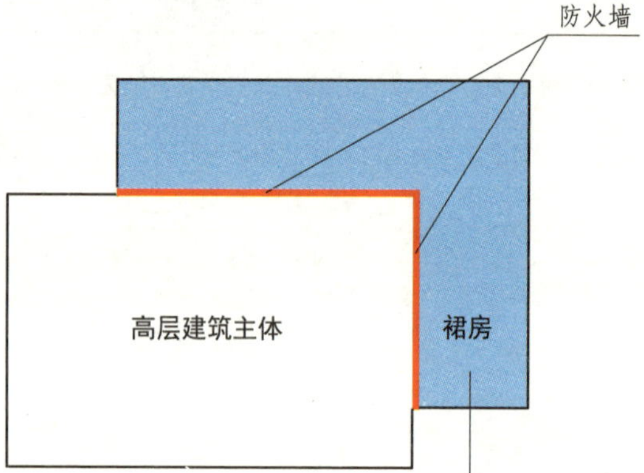

当裙房与高层建筑主体之间设置防火墙时，裙房的防火分区可按单、多层建筑的要求确定

平面示意图

5.3.1 图示4

5.3 防火分区和层数							图集号	18J811-1
审核	蔡昭昀	[signature]	校对	林莉	[signature]	设计 李雯 [signature]	页	5-15

5.3.1A 独立建造的一、二级耐火等级老年人照料设施的建筑高度不宜大于32m，不应大于54m；独立建造的三级耐火等级老年人照料设施，不应超过2层。【图示1】【图示2】【图示3】

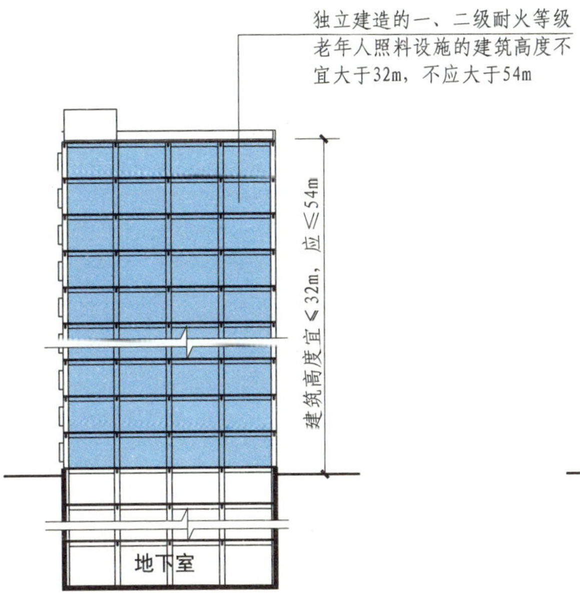

独立建造的一、二级耐火等级老年人照料设施

剖面示意图一

5.3.1A 图示1

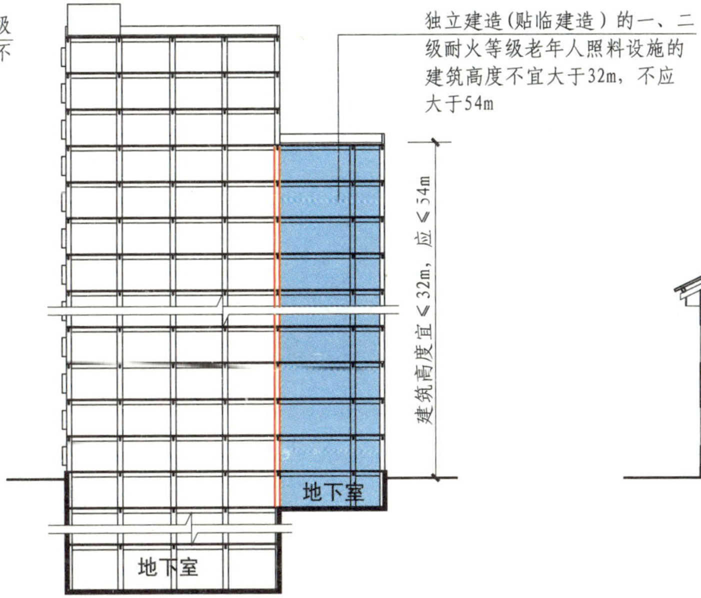

独立建造（贴临建造）的一、二级耐火等级老年人照料设施

剖面示意图二

5.3.1A 图示2

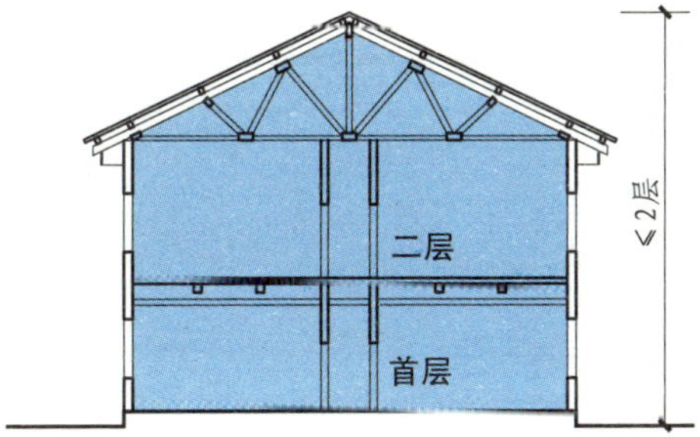

独立建造的三级耐火等级老年人照料设施

剖面示意图

5.3.1A 图示3

5.3 防火分区和层数						图集号	18J811-1
审核	蔡昭昀	校对	林莉	设计	李雯	页	5-16

5.3.2 建筑内设置自动扶梯、敞开楼梯等上、下层相连通的开口时，其防火分区的建筑面积应按上、下层相连通的建筑面积叠加计算；当叠加计算后的建筑面积大于本规范第5.3.1条的规定时，应划分防火分区。【图示1】【图示2】

建筑内设置中庭时，其防火分区的建筑面积应按上、下层相连通的建筑面积叠加计算；当叠加计算后的建筑面积大于本规范第5.3.1 条的规定时，应符合下列规定：【图示3】

1 与周围连通空间应进行防火分隔：采用防火隔墙时，其耐火极限不应低于1.00h；采用防火玻璃墙时，其耐火隔热性和耐火完整性不应低于1.00h，采用耐火完整性不低于1.00h的非隔热性防火玻璃墙时，应设置自动喷水灭火系统进行保护；采用防火卷帘时，其耐火极限不应低于3.00h，并应符合本规范第6.5.3条的规定；与中庭相连通的门、窗，应采用火灾时能自行关闭的甲级防火门、窗；

2 高层建筑内的中庭回廊应设置自动喷水灭火系统和火灾自动报警系统；

3 中庭应设置排烟设施；

4 中庭内不应布置可燃物。

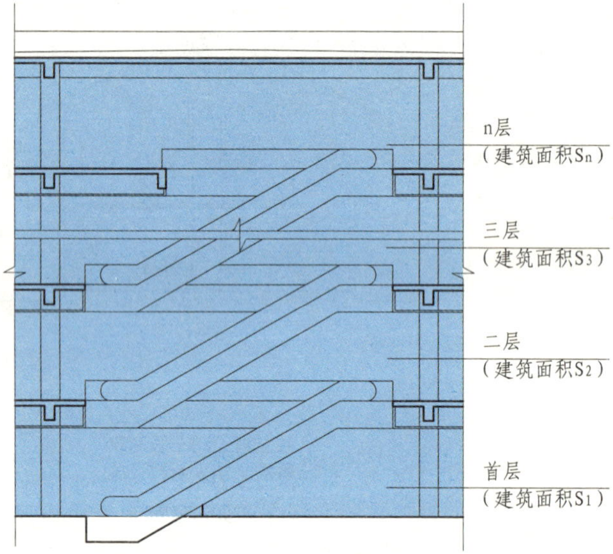

自动扶梯 剖面示意图

[注释]以自动扶梯为例，其防火分区面积（S）应按上、下层相连通面积叠加计算，即$S=S_1+S_2+......+S_n$，当叠加计算后的建筑面积大于本规范第5.3.1条的规定时，应划分防火分区。

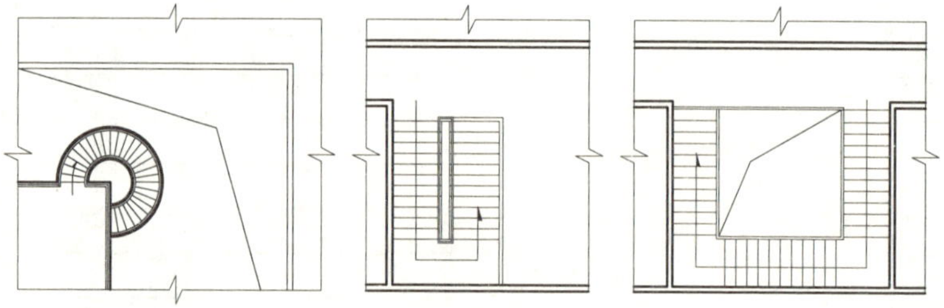

敞开楼梯 平面示意图

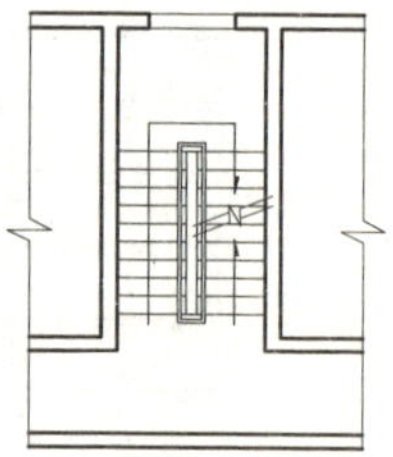

敞开楼梯间 平面示意图

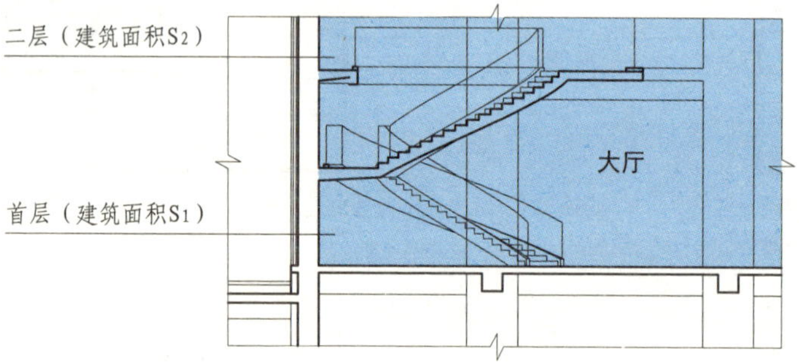

敞开楼梯 剖面示意图

[注释]对于本规范允许采用敞开楼梯间的建筑，如5层或5层以下的教学建筑、普通办公建筑等，该敞开楼梯间可以不按上、下层相连通的开口考虑。

5.3.2 图示1

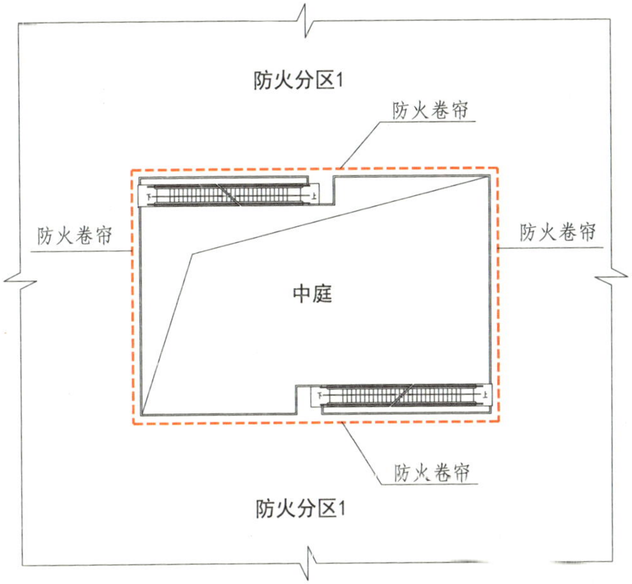

自动扶梯布置在中庭内
平面示意图

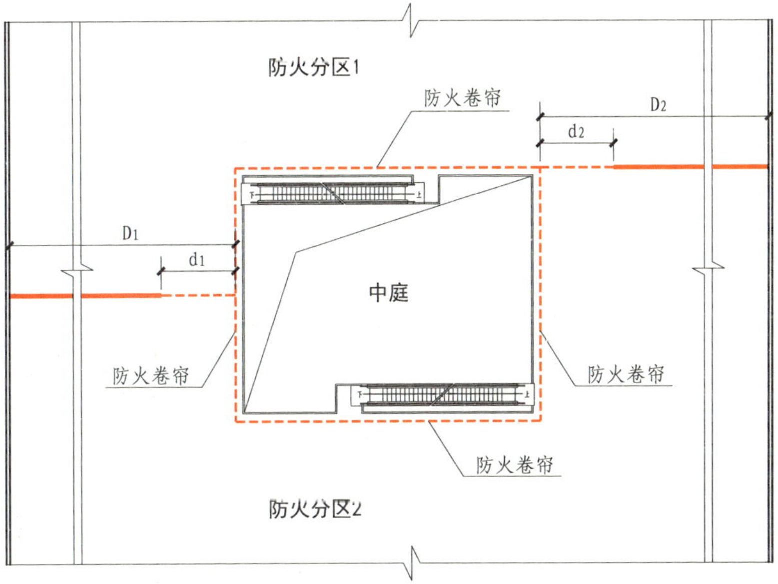

自动扶梯布置在中庭内
平面示意图

[注释]
D—某一防火分隔区域与相邻防火分隔区域两两之间需要进行分隔的部位的总宽度，$D=D_1+D_2$；
d—防火卷帘的宽度，$d=d_1+d_2$。
当D≤30m时，d≤10m；
当D＞30m时，d≤D/3，且d≤20m。

5.3.2 图示2

5.3 防火分区和层数

审核	蔡昭昀	蔡昭昀	校对	林莉	林莉	设计	李雯	李雯	图集号	18J811-1
									页	5-18

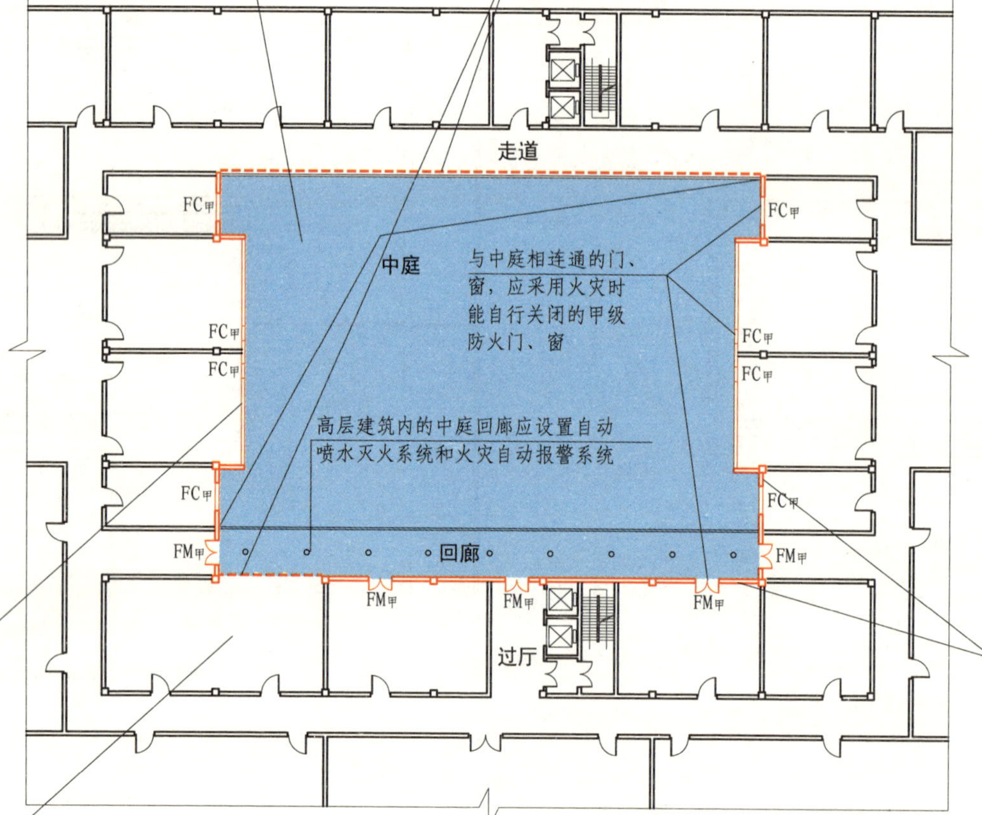

中庭各层连通建筑面积之和大于防火分区最大允许建筑面积时，每层应采用的相应措施

平面示意图

5.3.2 图示3

5.3 防火分区和层数	图集号	18J811-1
审核 蔡昭昀 校对 林莉 设计 李雯	页	5-19

5.3.3 防火分区之间应采用防火墙分隔，确有困难时，可采用防火卷帘等防火分隔设施分隔。采用防火卷帘分隔时，应符合本规范第 6.5.3条的规定。【图示】

5.3.4 一、二级耐火等级建筑内的商店营业厅、展览厅，当设置自动灭火系统和火灾自动报警系统并采用不燃或难燃装修材料时，其每个防火分区的最大允许建筑面积应符合下列规定：

1 设置在高层建筑内时，不应大于4000m²；【图示1】

2 设置在单层建筑或仅设置在多层建筑的首层内时，不应大于10000m²；【图示2】

3 设置在地下或半地下时，不应大于2000m²。【图示3】

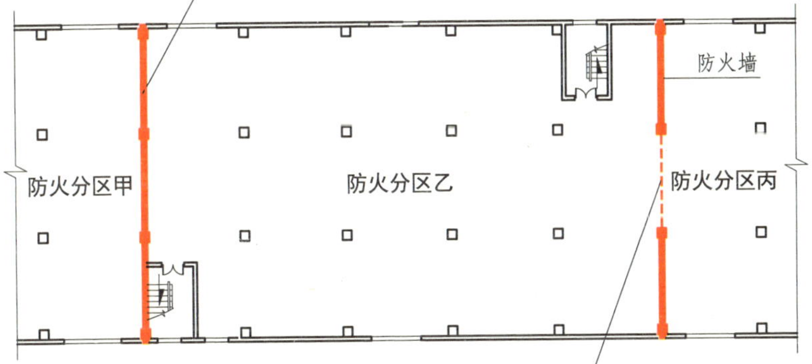

平面示意图

5.3.3 图示

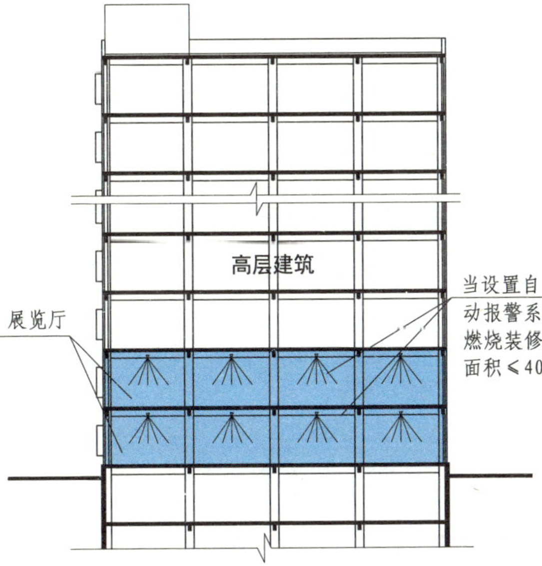

一、二级耐火等级高层建筑 剖面示意图

5.3.4 图示1

5.3 防火分区和层数

图集号	18J811-1
审核 蔡昭昀 校对 林莉 设计 李雯	页 5-20

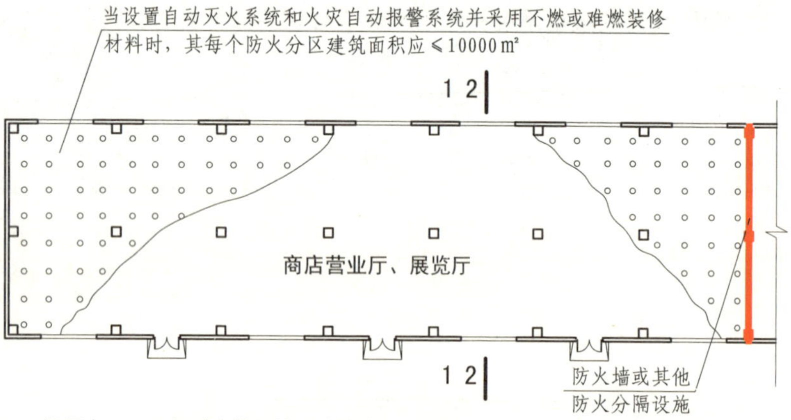

设置在一、二级耐火等级单层建筑或仅设置在一、二级耐火等级多层建筑的首层
平面示意图

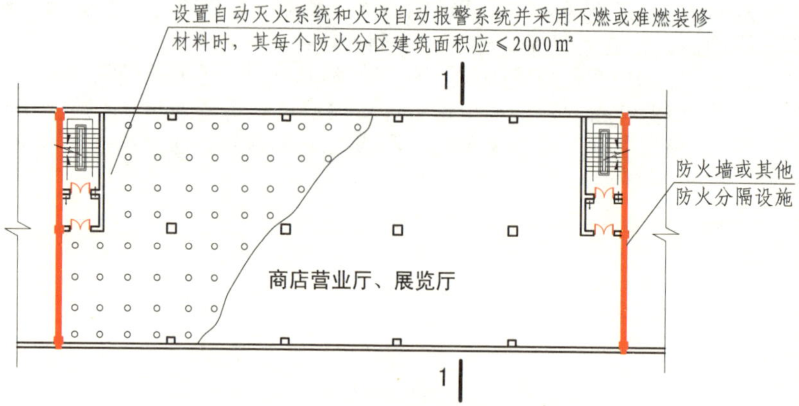

设置在一、二级耐火等级建筑地下或半地下

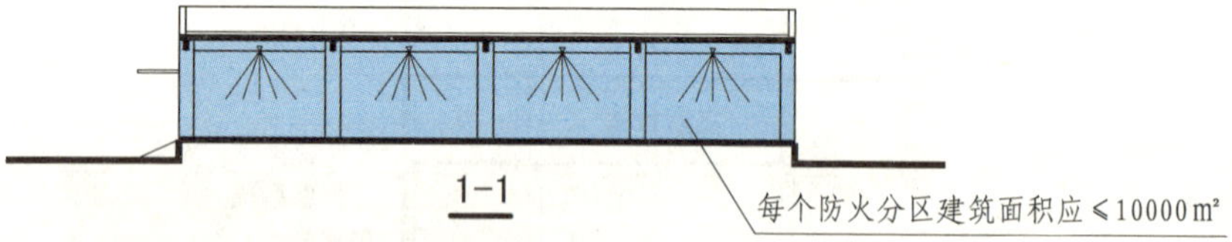

设置在一、二级耐火等级单层建筑内的商店营业厅、展览厅
剖面示意图

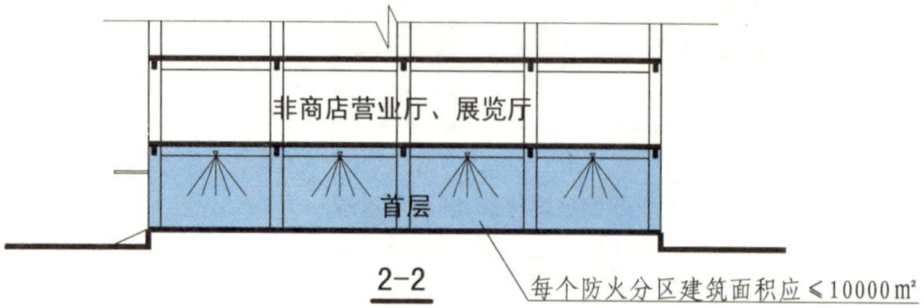

仅设置在一、二级耐火等级多层建筑首层内的商店营业厅、展览厅
剖面示意图

5.3.4 图示2

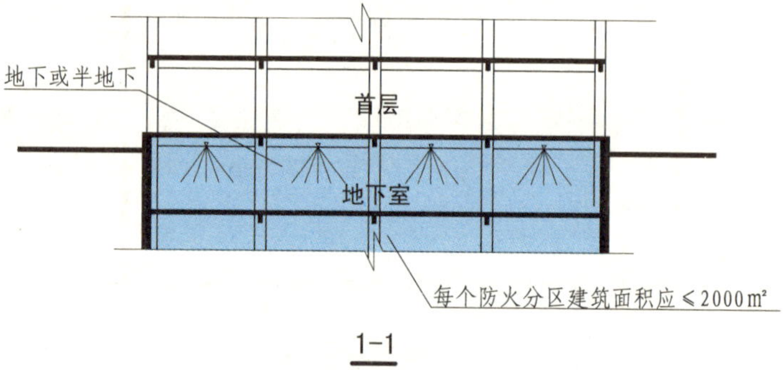

设置在一、二级耐火等级建筑地下或半地下的商店营业厅、展览厅
剖面示意图

5.3.4 图示3

5.3 防火分区和层数						图集号	18J811-1
审核	蔡昭昀	校对	林莉	设计	李雯	页	5-21

5.3.5 总建筑面积大于20000m²的地下或半地下商店，应采用无门、窗、洞口的防火墙、耐火极限不低于2.00h的楼板分隔为多个建筑面积不大于20000m²的区域【图示1】。相邻区域确需局部连通时，应采用下沉式广场等室外开敞空间、防火隔间、避难走道、防烟楼梯间等方式进行连通【图示2】，并应符合下列规定：

1 下沉式广场等室外开敞空间应能防止相邻区域的火灾蔓延和便于安全疏散，并应符合本规范第6.4.12条的规定；【图示3】

2 防火隔间的墙应为耐火极限不低于3.00h的防火隔墙，并应符合本规范第6.4.13条的规定；【图示4】

3 避难走道应符合本规范第6.4.14条的规定；

4 防烟楼梯间的门应采用甲级防火门。【图示2】

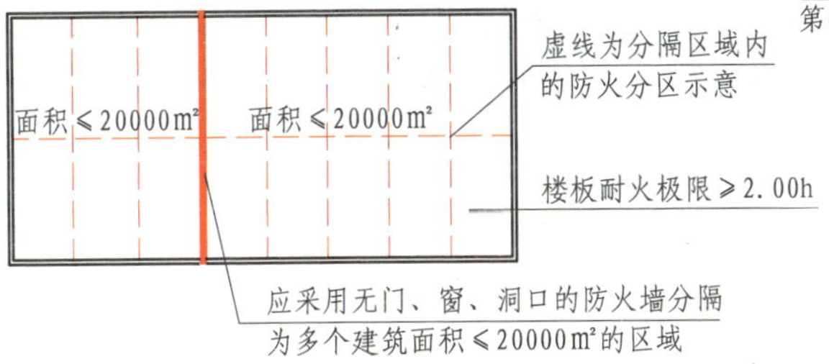

总建筑面积＞20000m²的地下或半地下商店平面示意图

5.3.5 图示1

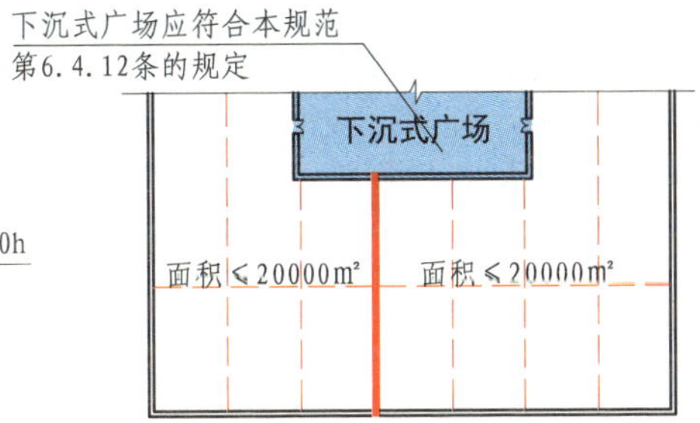

用下沉式广场方式连通平面示意图

5.3.5 图示3

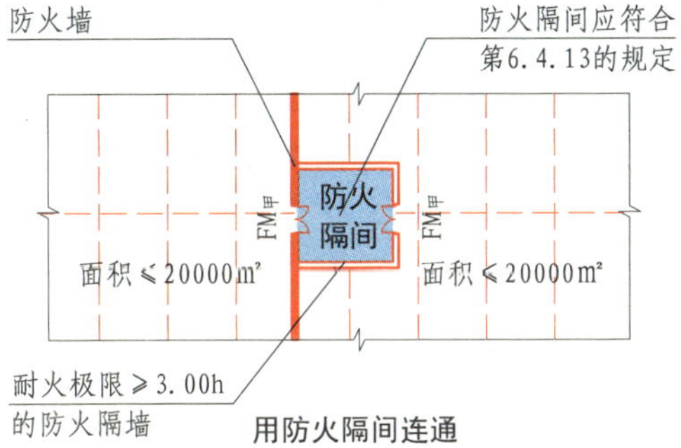

用防火隔间连通平面示意图

5.3.5 图示4

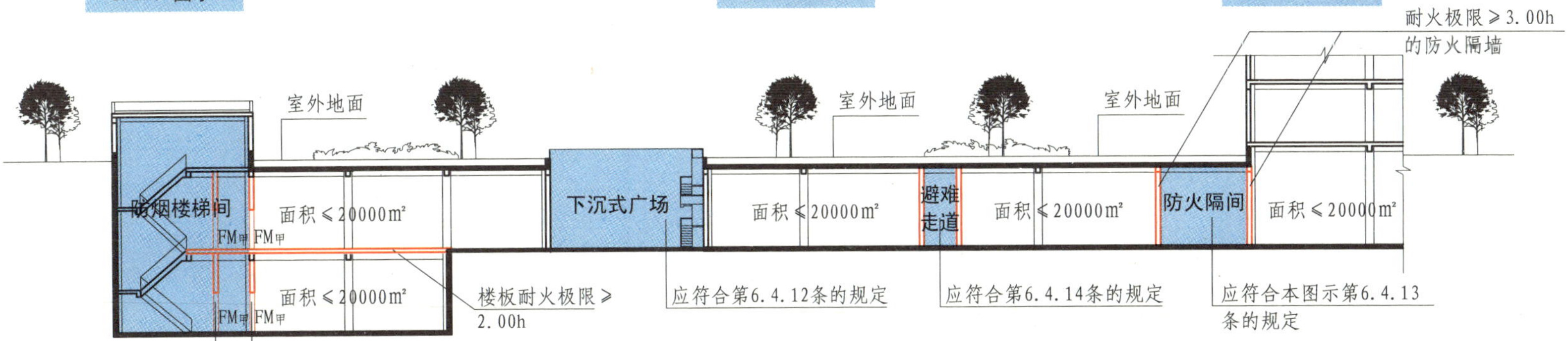

总建筑面积＞20000m²的地下或半地下商店剖面示意图

5.3.5 图示2

5.3 防火分区和层数							图集号	18J811-1
审核	蔡昭昀	蔡昭昀	校对	林莉	林莉	设计	李雯	李雯	页	5-22

目录 编制说明 | 总则 术语 符号 | 厂房和仓库 | 甲、乙、丙类液体、气体储罐（区）和可燃材料堆场 | 民用建筑 | 建筑构造 | 灭火救援设施 | 消防设施的设置 | 供暖、通风和空气调节 | 电气 | 木结构建筑 | 城市交通隧道 | 附录

5.3.6 餐饮、商店等商业设施通过有顶棚的步行街连接，且步行街两侧的建筑需利用步行街进行安全疏散时，应符合下列规定：

1 步行街两侧建筑的耐火等级不应低于二级。【图示1】

2 步行街两侧建筑相对面的最近距离均不应小于本规范对相应高度建筑的防火间距要求且不应小于9m。步行街的端部在各层均不宜封闭，确需封闭时，应在外墙上设置可开启的门窗，且可开启门窗的面积不应小于该部位外墙面积的一半。步行街的长度不宜大于300m。【图示1】

3 步行街两侧建筑的商铺之间应设置耐火极限不低于2.00h的防火隔墙，每间商铺的建筑面积不宜大于300m²。【图示2】

4 步行街两侧建筑的商铺，其面向步行街一侧的围护构件的耐火极限不应低于1.00h，并宜采用实体墙，其门、窗应采用乙级防火门、窗；当采用防火玻璃墙（包括门、窗）时，其耐火隔热性和耐火完整性不应低于1.00h；当采用耐火完整性不低于1.00h的非隔热性防火玻璃墙（包括门、窗）时，应设置闭式自动喷水灭火系统进行保护。相邻商铺之间面向步行街一侧应设置宽度不小于1.0m、耐火极限不低于1.00h的实体墙。【图示2】【图示3】

当步行街两侧的建筑为多个楼层时，每层面向步行街一侧的商铺均应设置防止火灾竖向蔓延的措施，并应符合本规范第6.2.5条的规定；设置回廊或挑檐时，其出挑宽度不应小于1.2m【图示4】；步行街两侧的商铺在上部各层需设置回廊和连接天桥时，应保证步行街上部各层楼板的开口面积不应小于步行街地面面积的37%，且开口宜均匀布置【图示5】。

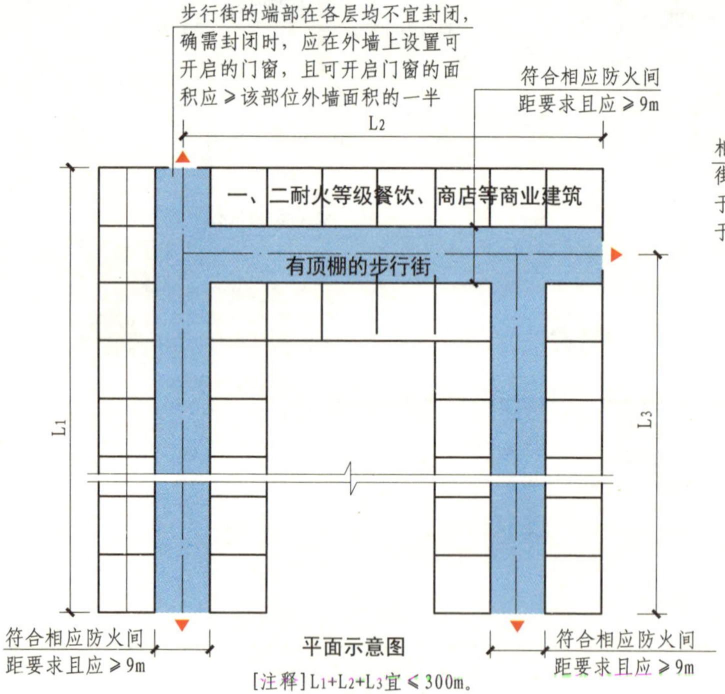

平面示意图

[注释] $L_1+L_2+L_3$宜≤300m。

5.3.6 图示1

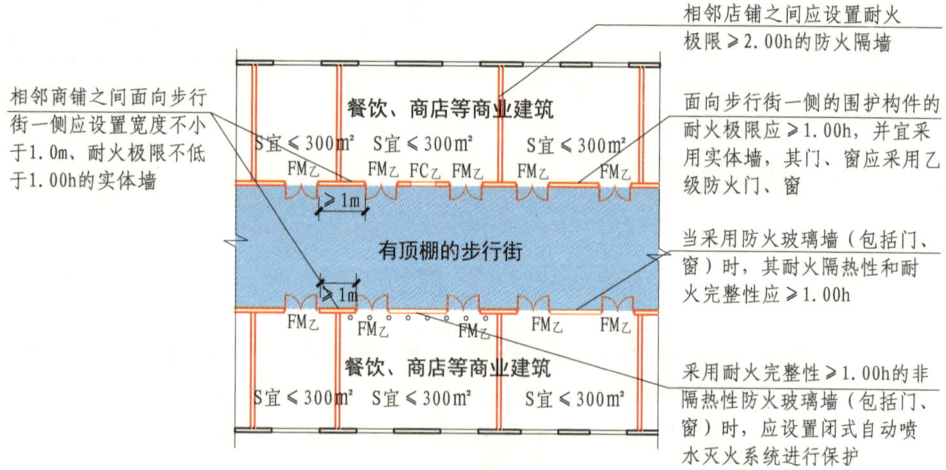

平面示意图

5.3.6 图示2

5.3 防火分区和层数						图集号	18J811-1
审核	蔡昭昀	校对	林莉	设计	李雯	页	5-23

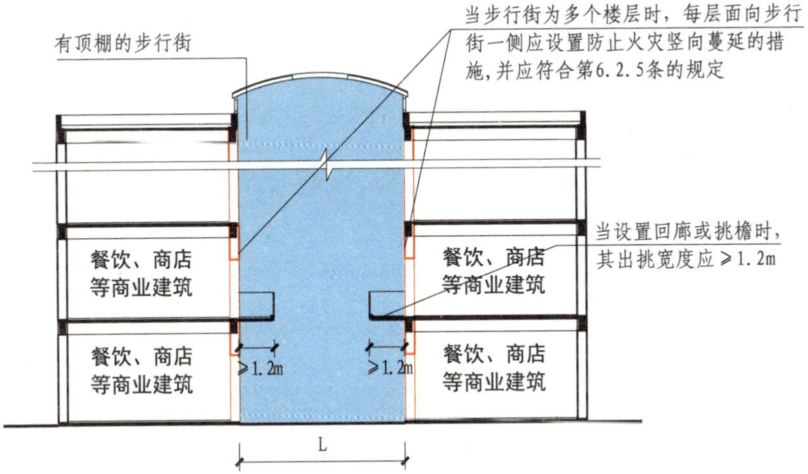

步行街两侧为多个楼层时剖面示意图

[注释]L应符合相应防火间距要求且L应≥9m。

5.3.6 图示4

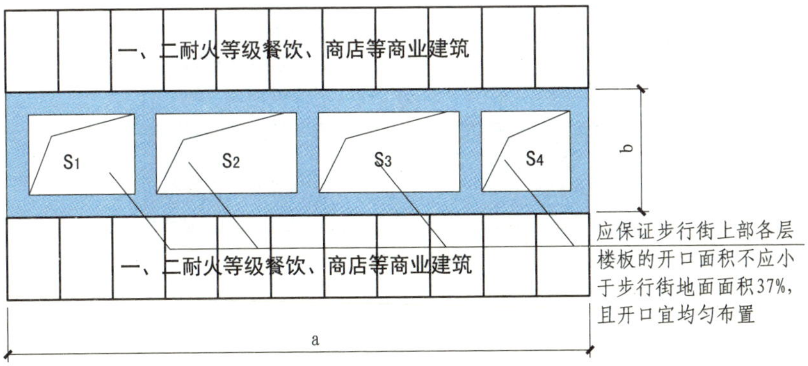

步行街两侧商铺在上部各层需设回廊或连接天桥时平面示意图

[注释]S1、……S4为某一层步行街上开洞的面积ΣS应≥（a×b）×37%

5.3.6 图示5

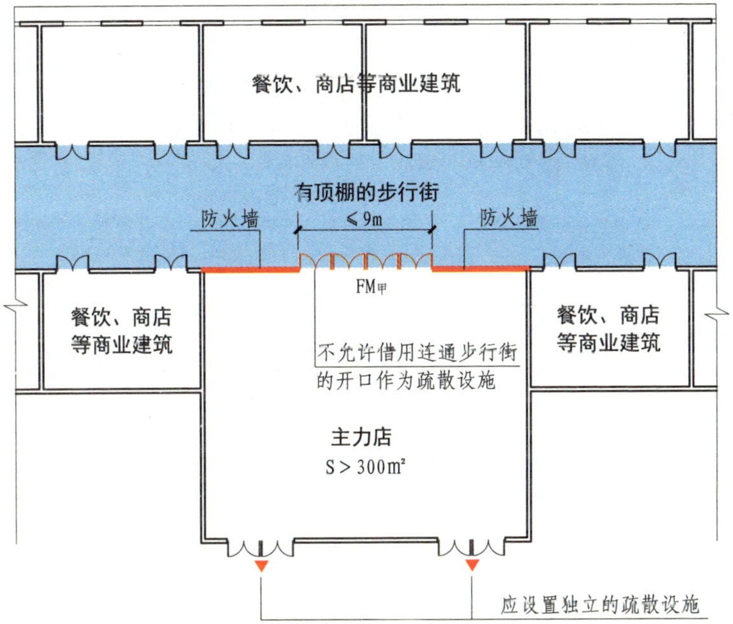

[注释]根据公消〔2016〕113号，对于利用建筑内部有顶棚的步行街进行安全疏散的超大城市综合体，步行街两侧的主力店应采用防火墙与步行街之间进行分隔，连通步行街开口部位宽度不应大于9m，主力店应设置独立的疏散设施，不允许借用连通步行街的开口。步行街首层与地下层之间不应设置中庭、自动扶梯等上下连通的开口。

5.3.6 图示3

5.3 防火分区和层数

5.3 防火分区和层数							图集号	18J811-1
审核	蔡昭昀	（签名）	校对	林莉	（签名）	设计 李雯 （签名）	页	5-24

5　步行街两侧建筑内的疏散楼梯应靠外墙设置并宜直通室外，确有困难时，可在首层直接通至步行街；首层商铺的疏散门可直接通至步行街，步行街内任一点到达最近室外安全地点的步行距离不应大于60m【图示6】。步行街两侧建筑二层及以上各层商铺的疏散门至该层最近疏散楼梯口或其他安全出口的直线距离不应大于37.5m【图示7】。

6　步行街的顶棚材料应采用不燃或难燃材料，其承重结构的耐火极限不应低于1.00h【图示8】。步行街内不应布置可燃物。

7　步行街的顶棚下檐距地面的高度不应小于6.0m，顶棚应设置自然排烟设施并宜采用常开式的排烟口，且自然排烟口的有效面积不应小于步行街地面面积的25%。常闭式自然排烟设施应能在火灾时手动和自动开启。【图示8】

8　步行街两侧建筑的商铺外应每隔30m设置DN65的消火栓，并应配备消防软管卷盘或消防水龙，商铺内应设置自动喷水灭火系统和火灾自动报警系统；每层回廊均应设置自动喷水灭火系统。步行街内宜设置自动跟踪定位射流灭火系统。

9　步行街两侧建筑的商铺内外均应设置疏散照明、灯光疏散指示标志和消防应急广播系统。

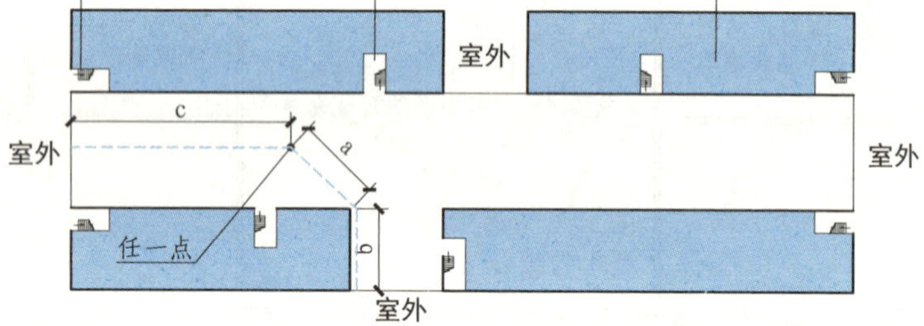

[注释]任一点到达最近室外安全地点的步行距离应≤60m（a+b≤60m或c≤60m）

首层平面示意图

5.3.6 图示6

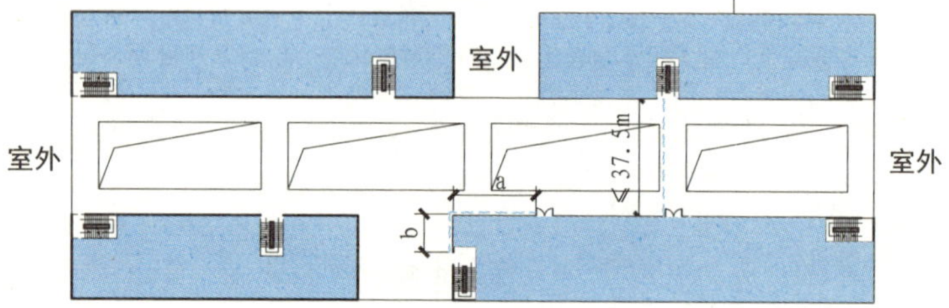

[注释]步行街两侧建筑二层及以上各层商铺的疏散门至该层最近疏散楼梯口或其他安全出口的直线距离应≤37.5m(a+b≤37.5m)

二层或以上平面示意图

5.3.6 图示7

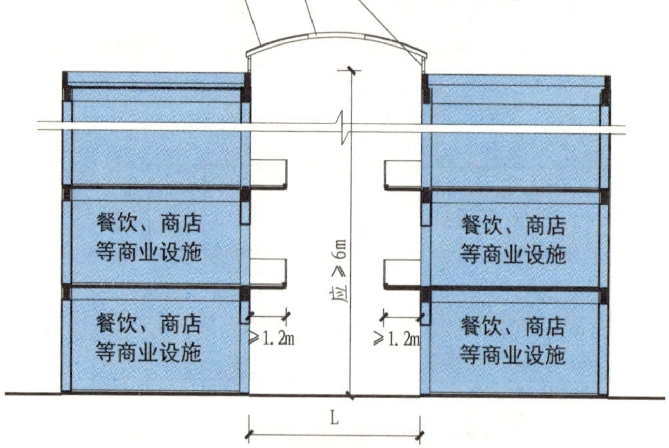

剖面示意图

[注释]L应符合相应防火间距要求且L应≥9m。

5.3.6 图示8

5.3 防火分区和层数						图集号	18J811-1
审核	蔡昭昀	校对	林莉	设计	李雯	页	5-25

5.4 平面布置

5.4.1 民用建筑的平面布置应结合建筑的耐火等级、火灾危险性、使用功能和安全疏散等因素合理布置。

5.4.2 除为满足民用建筑使用功能所设置的附属库房外，民用建筑内不应设置生产车间和其他库房。

经营、存放和使用甲、乙类火灾危险性物品的商店、作坊和储藏间，严禁附设在民用建筑内。【图示】

5.4.3 商店建筑、展览建筑采用三级耐火等级建筑时，不应超过2层；采用四级耐火等级建筑时，应为单层【图示1】。营业厅、展览厅设置在三级耐火等级的建筑内时，应布置在首层或二层【图示2】；设置在四级耐火等级的建筑内时，应布置在首层【图示3】。

营业厅、展览厅不应设置在地下三层及以下楼层。地下或半地下营业厅、展览厅不应经营、储存和展示甲、乙类火灾危险性物品。【图示4】

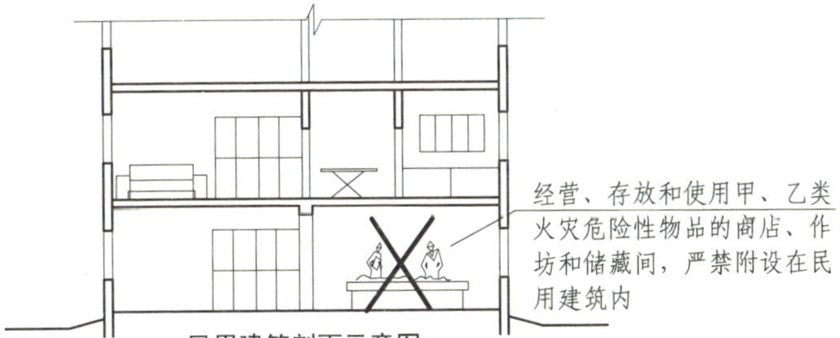

民用建筑剖面示意图

5.4.2 图示

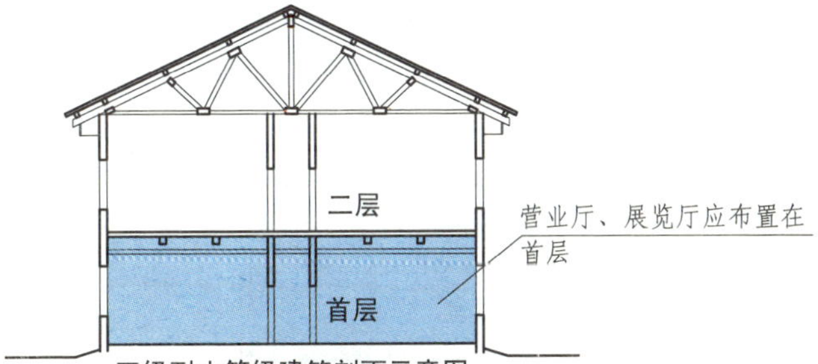

四级耐火等级建筑剖面示意图

5.4.3 图示3

商店建筑、展览建筑独立建造层数要求

耐火等级	层数
三级	应≤2层
四级	应为单层

5.4.3 图示1

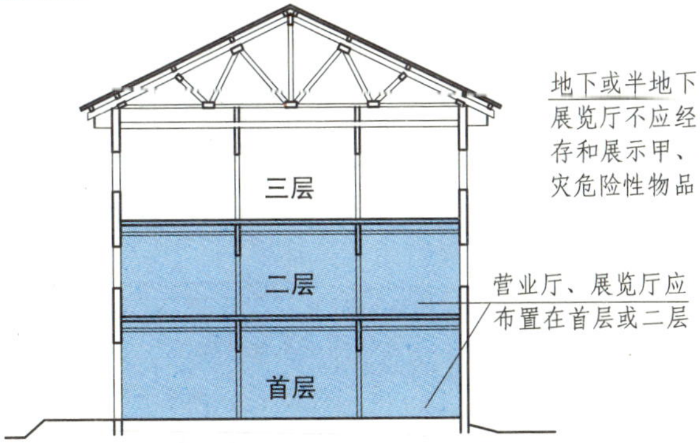

三级耐火等级建筑剖面示意图

5.4.3 图示2

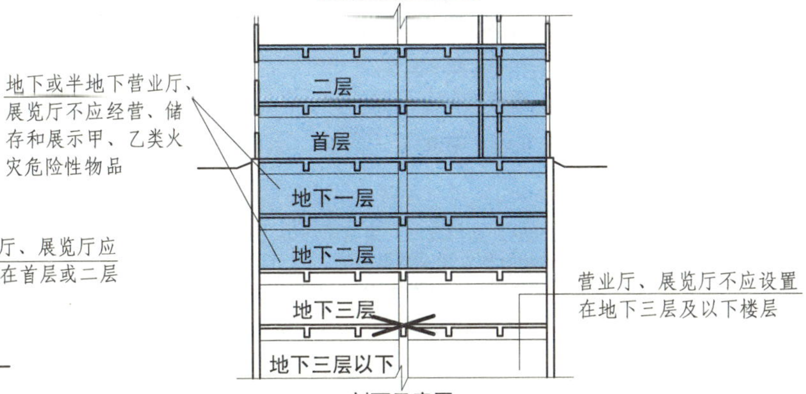

剖面示意图

5.4.3 图示4

5.4 平面布置							图集号	18J811-1
审核	蔡昭昀	校对	高 杰	设计	李 笺		页	5-26

5.4.4 **托儿所、幼儿园的儿童用房和儿童游乐厅等儿童活动场所宜设置在独立的建筑内，且不应设置在地下或半地下**【图示1】；**当采用一、二级耐火等级的建筑时，不应超过3层；采用三级耐火等级的建筑时，不应超过2层；采用四级耐火等级的建筑时，应为单层**【图示2】；**确需设置在其他民用建筑内时，应符合下列规定：**

1 **设置在一、二级耐火等级的建筑内时，应布置在首层、二层或三层；**【图示3】

2 **设置在三级耐火等级的建筑内时，应布置在首层或二层；**【图示4】

3 **设置在四级耐火等级的建筑内时，应布置在首层；**【图示5】

4 **设置在高层建筑内时，应设置独立的安全出口和疏散楼梯；**【图示6】

5 设置在单、多层建筑内时，宜设置独立的安全出口和疏散楼梯。

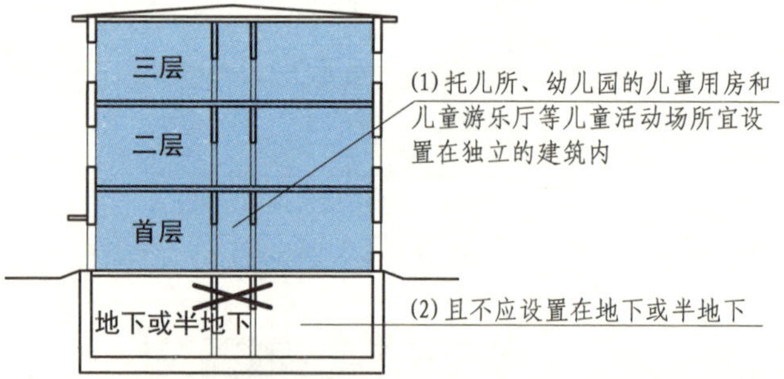

独立建造 剖面示意图

5.4.4 图示1

托儿所、幼儿园的儿童用房和儿童游乐厅等儿童活动场所独立建造层数要求

耐火等级	层数
一、二级	应≤3层
三级	应≤2层
四级	应为单层

5.4.4 图示2

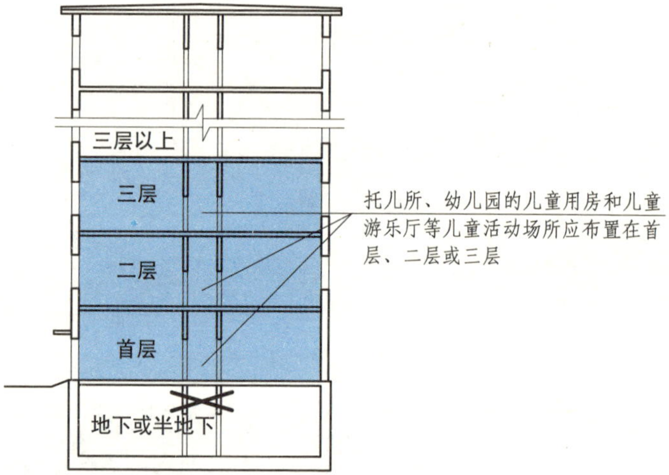

确需设置在其他民用一、二级耐火等级建筑内时

剖面示意图

5.4.4 图示3

5.4 平面布置							图集号	18J811-1
审核	蔡昭昀	（签名）	校对	郭景	（签名）	设计 林莉 （签名）	页	5-27

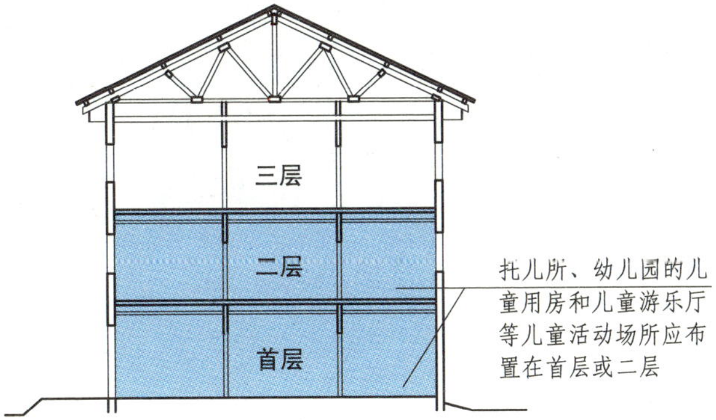

确需设置在其他民用三级耐火等级建筑内时
剖面示意图

5.4.4 图示4

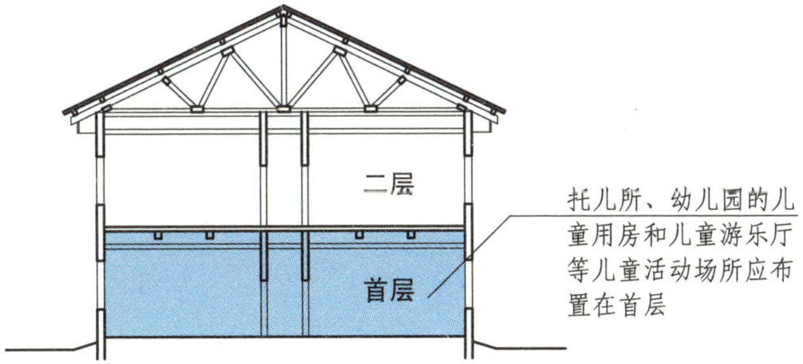

确需设置在其他民用四级耐火等级建筑内时
剖面示意图

5.4.4 图示5

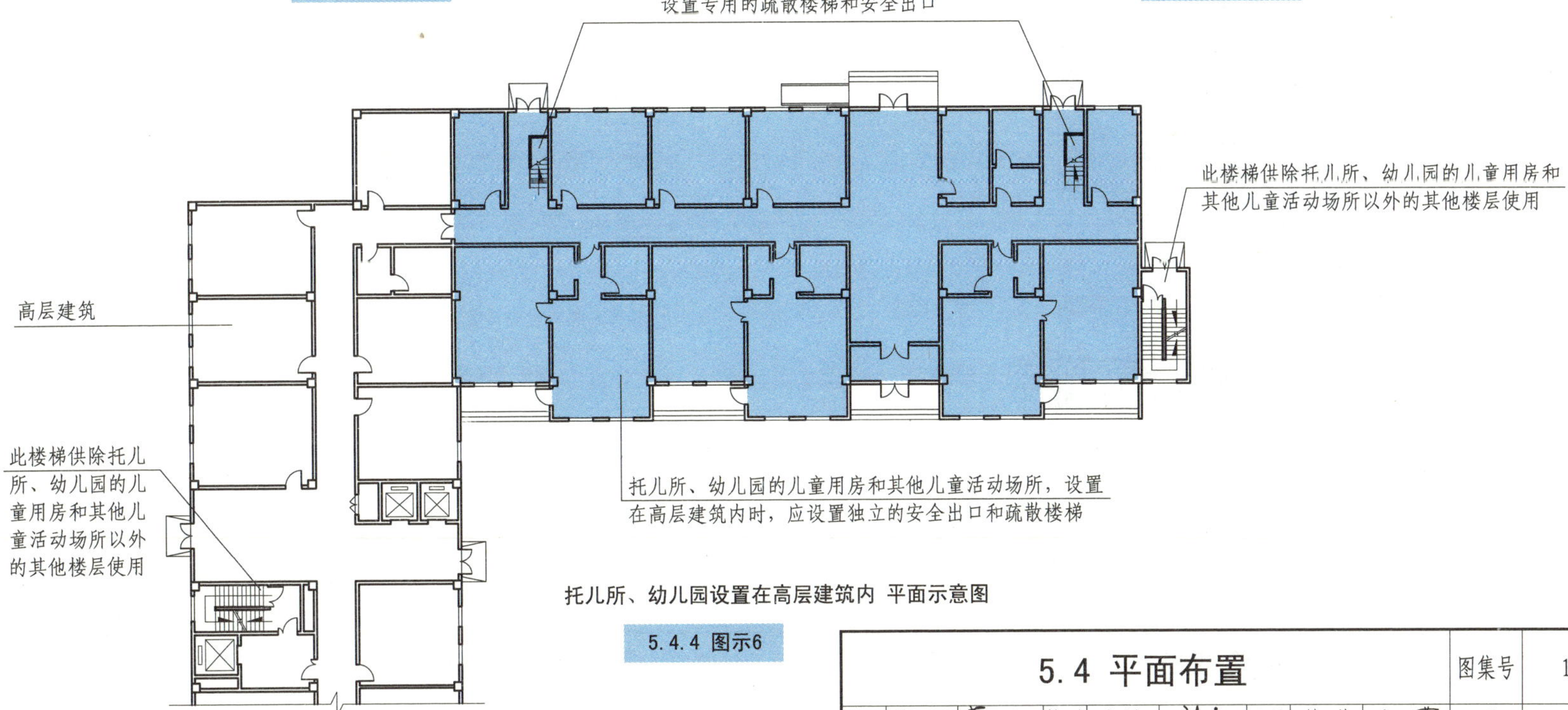

托儿所、幼儿园设置在高层建筑内 平面示意图

5.4.4 图示6

5.4 平面布置						图集号	18J811-1
审核	蔡昭昀	校对	郭景	设计	林 莉	页	5-28

5.4.4A 老年人照料设施宜独立设置。当老年人照料设施与其他建筑上、下组合时，老年人照料设施宜设置在建筑的下部，并应符合下列规定：

1 老年人照料设施部分的建筑层数、建筑高度或所在楼层位置的高度应符合本规范第5.3.1A条的规定；【图示1】【图示2】

2 老年人照料设施部分应与其他场所进行防火分隔，防火分隔应符合本规范第6.2.2条的规定；【图示3】

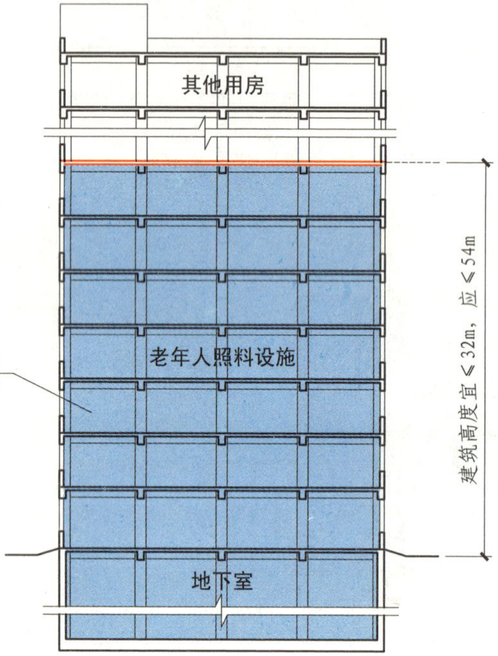

老年人照料设施设置在一、二级耐火等级建筑内时剖面示意图

5.4.4A 图示1

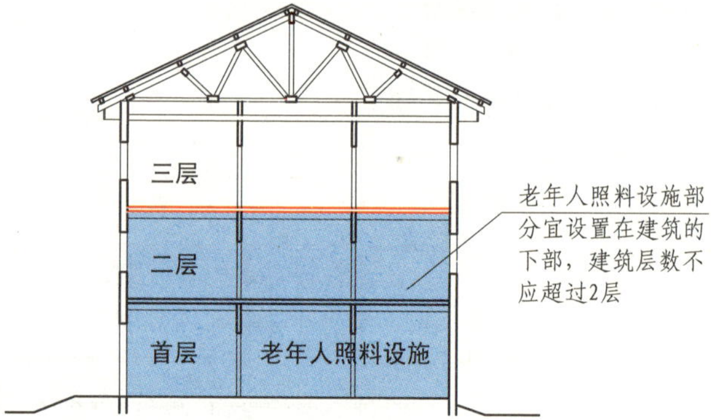

老年人照料设施设置在三级耐火等级建筑内时剖面示意图

5.4.4A 图示2

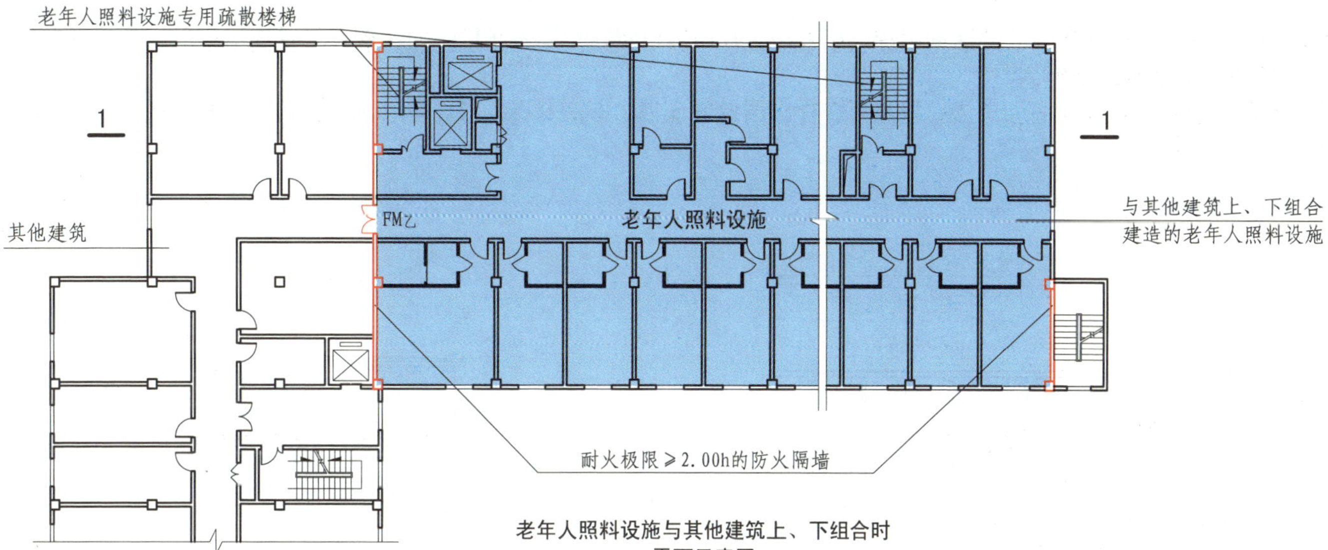

老年人照料设施与其他建筑上、下组合时
平面示意图

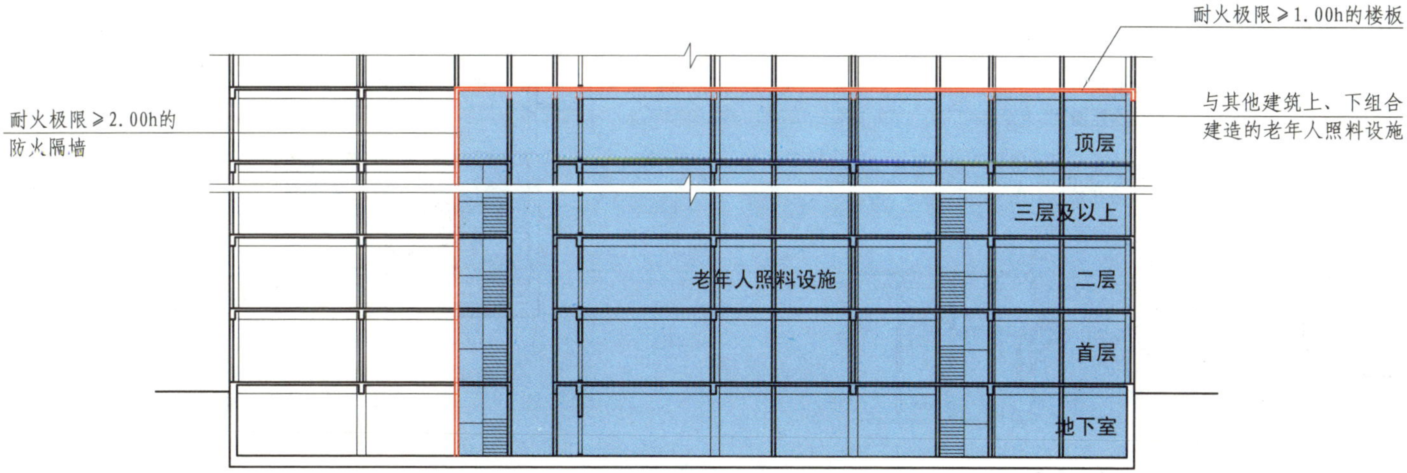

1-1

5.4.4A 图示3

5.4 平面布置							图集号	18J811-1
审核	蔡昭昀	蔡昭昀	校对	郭景	郭景	设计 林莉 林莉	页	5-30

5.4.4B 当老年人照料设施中的老年人公共活动用房、康复与医疗用房设置在地下、半地下时，应设置在地下一层，每间用房的建筑面积不应大于200m²且使用人数不应大于30人。

老年人照料设施中的老年人公共活动用房、康复与医疗用房设置在地上四层及以上时，每间用房的建筑面积不应大于200m²且使用人数不应大于30人。【图示】

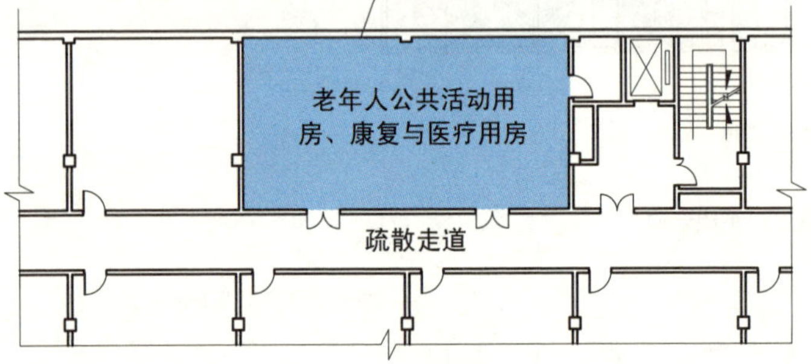

老年人照料设施
地下一层平面示意图

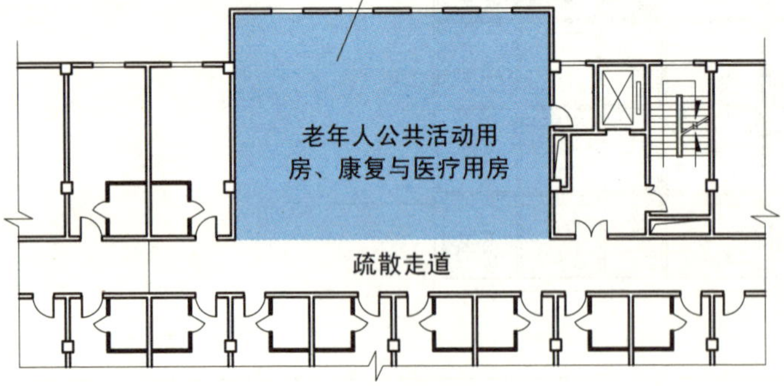

老年人照料设施
地上四层及以上楼层平面示意图

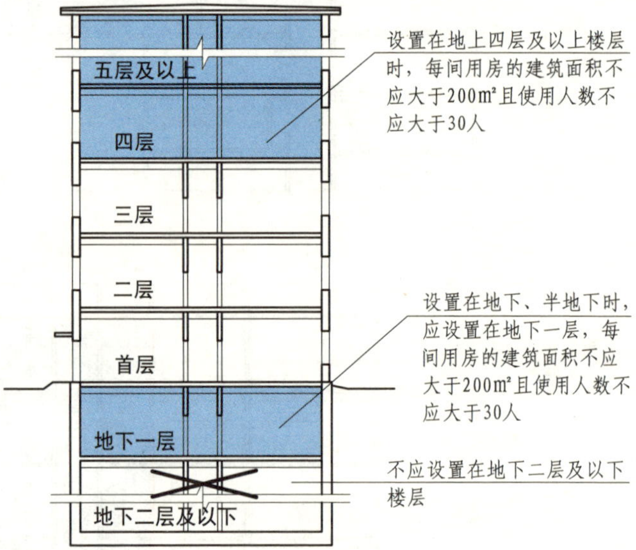

老年人照料设施中的老年人公共活动用房、康复与医疗用房设置在建筑内时
剖面示意图

5.4.4B 图示

5.4 平面布置						图集号	18J811-1
审核	蔡昭昀	校对	郭景	设计	林莉	页	5-31

5.4.5　医院和疗养院的住院部分不应设置在地下或半地下。

医院和疗养院的住院部分采用三级耐火等级建筑时，不应超过2层；采用四级耐火等级建筑时，应为单层【图示1】；设置在三级耐火等级的建筑内时，应布置在首层或二层【图示2】；设置在四级耐火等级的建筑内时，应布置在首层【图示3】。

医院和疗养院的病房楼内相邻护理单元之间应采用耐火极限不低于2.00h的防火隔墙分隔，隔墙上的门应采用乙级防火门，设置在走道上的防火门应采用常开防火门。【图示4】

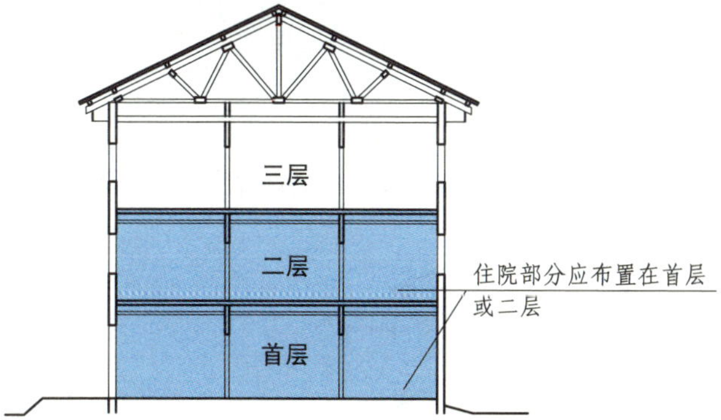

医院和疗养院的住院部分设置在
三级耐火等级建筑内时
剖面示意图

5.4.5 图示2

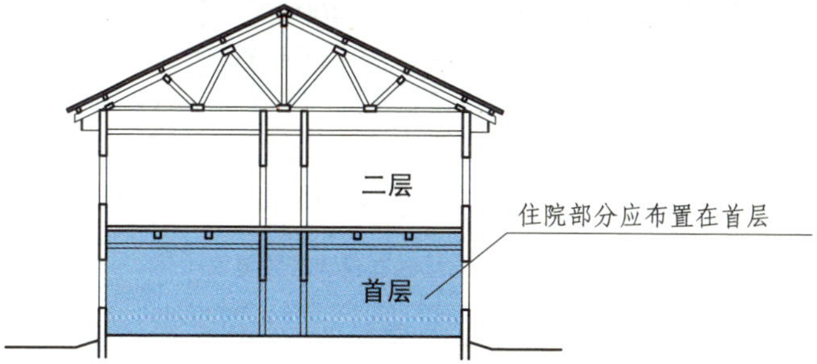

医院和疗养院的住院部分设置在
四级耐火等级建筑内时
剖面示意图

5.4.5 图示3

医院和疗养院的住院部分独立建造层数要求

耐火等级	层数
三级	应≤2层
四级	应为单层

5.4.5 图示1

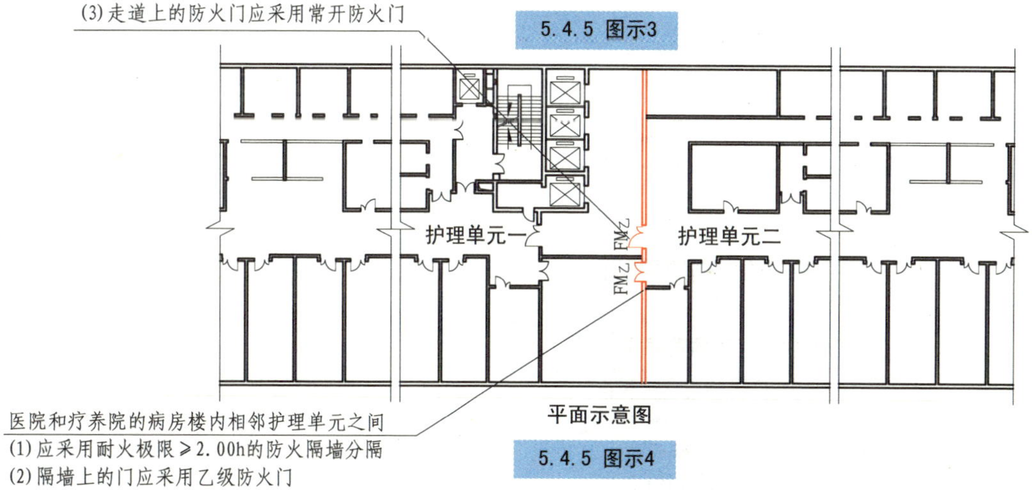

平面示意图

5.4.5 图示4

5.4 平面布置						图集号	18J811-1
审核 蔡昭昀	[签名]	校对 高杰	[签名]	设计 李笺	[签名]	页	5-32

5.4.6 教学建筑、食堂、菜市场采用三级耐火等级建筑时，不应超过2层；采用四级耐火等级建筑时，应为单层【图示1】**；设置在三级耐火等级的建筑内时，应布置在首层或二层**【图示2】**；设置在四级耐火等级的建筑内时，应布置在首层**【图示3】。

5.4.7 剧场、电影院、礼堂宜设置在独立的建筑内；采用三级耐火等级建筑时，不应超过2层【图示1】；确需设置在其他民用建筑内时，至少应设置1个独立的安全出口和疏散楼梯，并应符合下列规定：

1 应采用耐火极限不低于2.00h的防火隔墙和甲级防火门与其他区域分隔。【图示2】

2 设置在一、二级耐火等级的建筑内时，观众厅宜布置在首层、二层或三层；确需布置在四层及以上楼层时，一个厅、室的疏散门不应少于2个，且每个观众厅的建筑面积不宜大于400㎡。【图示3】

3 设置在三级耐火等级的建筑内时，不应布置在三层及以上楼层。【图示4】

4 设置在地下或半地下时，宜设置在地下一层，不应设置在地下三层及以下楼层。【图示5】

5 设置在高层建筑内时，应设置火灾自动报警系统及自动喷水灭火系统等自动灭火系统。

教学建筑、食堂、菜市场独立建造层数要求

耐火等级	层数
三级	应≤2层
四级	应为单层

5.4.6 图示1

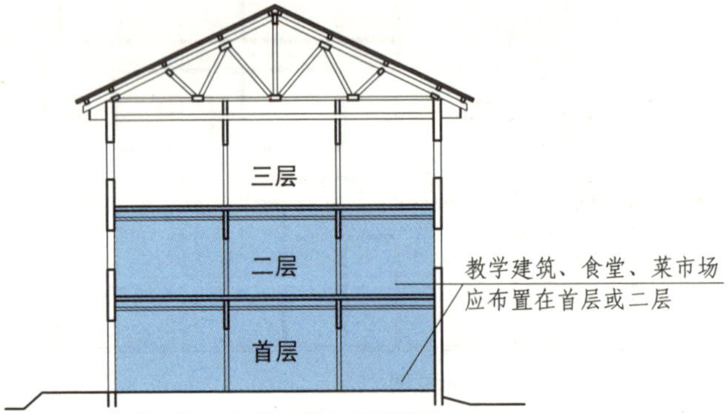

教学建筑、食堂、菜市场设置在三级耐火等级建筑内时

剖面示意图

5.4.6 图示2

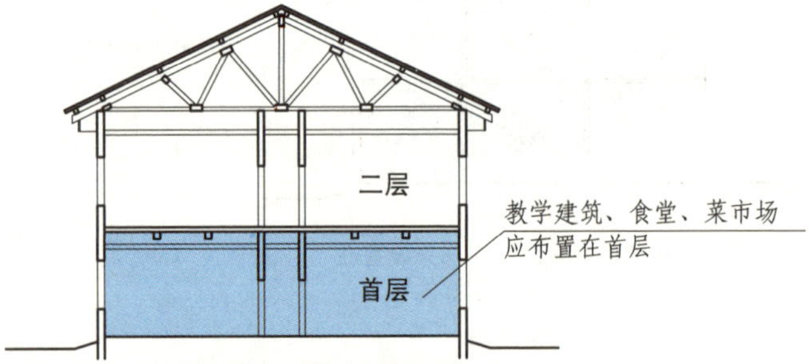

教学建筑、食堂、菜市场设置在四级耐火等级建筑内时

剖面示意图

5.4.6 图示3

剧场、电影院、礼堂独立建造层数要求

耐火等级	层数
三级	应≤2层

5.4.7 图示1

5.4 平面布置						图集号	18J811-1
审核	蔡昭昀	校对	高杰	设计	李笺	页	5-33

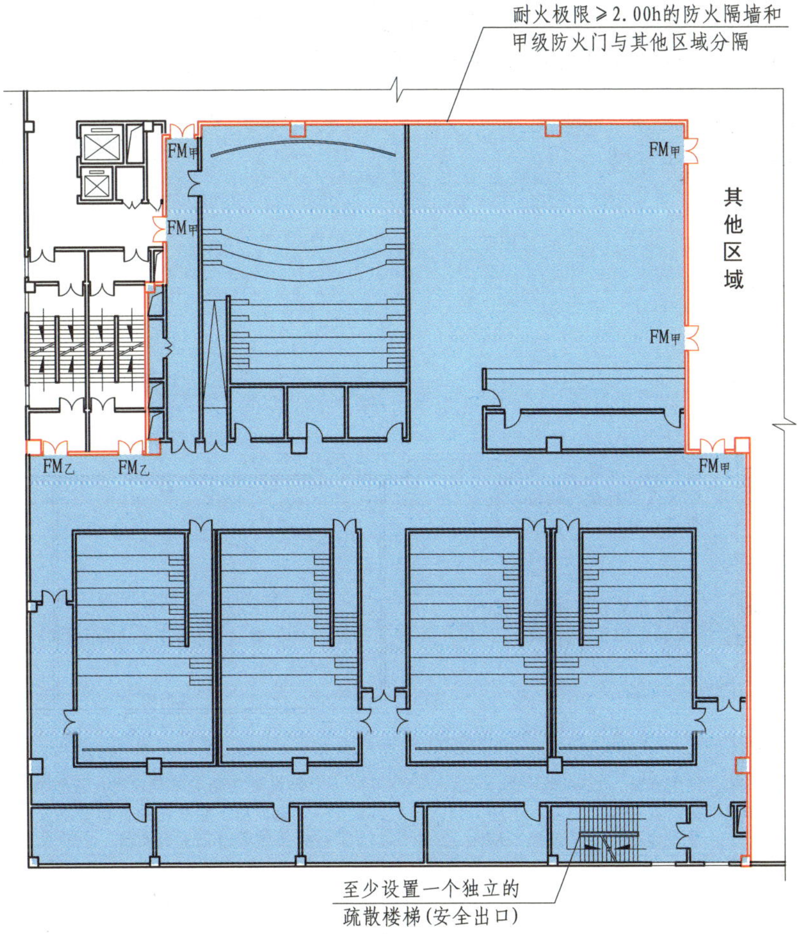

剧场、电影院、礼堂设置在其他民用建筑内时
平面示意图

5.4.7 图示2

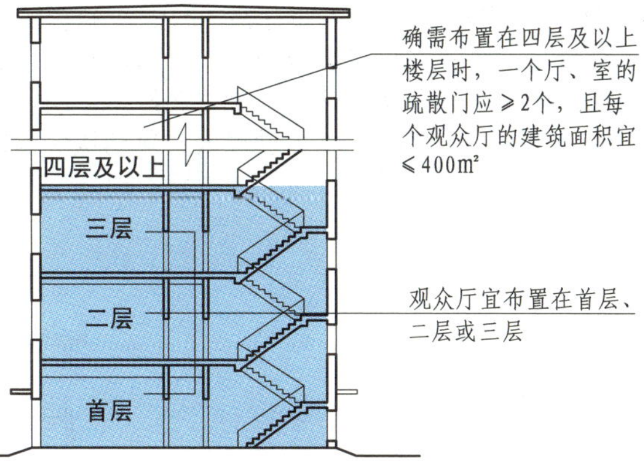

剧场、电影院、礼堂设置在一、二级耐火等级建筑内时
剖面示意图

5.4.7 图示3

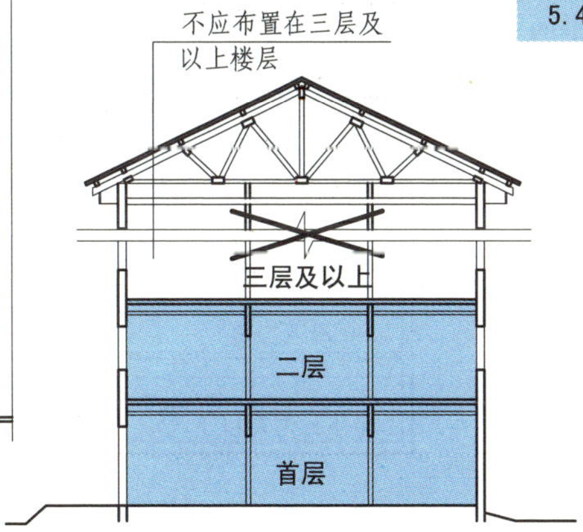

剧场、电影院、礼堂设置在三级耐火等级建筑内时
剖面示意图

5.4.7 图示4

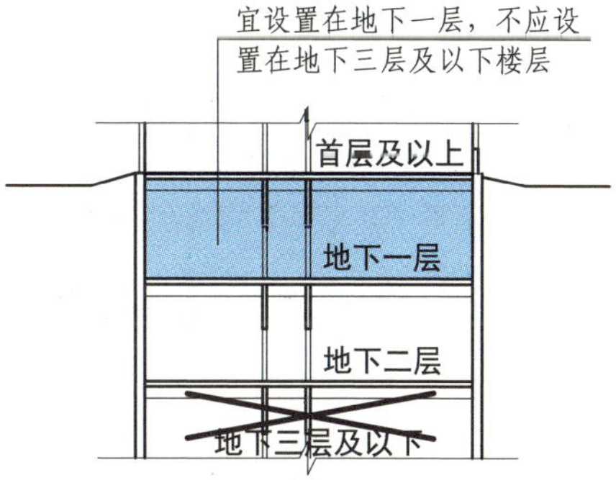

剧场、电影院、礼堂设置在地下或半地下时
剖面示意图

5.4.7 图示5

[注释]剧院、电影院和礼堂设置在其他建筑内时，疏散楼梯尽量独立设置，不能完全独立设置时，也至少要保证一部疏散楼梯，仅供该场所使用，不与其他用途的场所或楼层共用。

5.4 平面布置							图集号	18J811-1
审核	蔡昭昀	蔡昭昀	校对	高 杰	高杰	设计	李 笺	李笺	页	5-34

5.4.8 建筑内的会议厅、多功能厅等人员密集的场所，宜布置在首层、二层或三层。设置在三级耐火等级的建筑内时，不应布置在三层及以上楼层【图示1】。确需布置在一、二级耐火等级建筑的其他楼层时，应符合下列规定【图示2】【图示3】：

1 一个厅、室的疏散门不应少于2个，且建筑面积不宜大于400㎡；

2 设置在地下或半地下时，宜设置在地下一层，不应设置在地下三层及以下楼层；

3 设置在高层建筑内时，应设置火灾自动报警系统和自动喷水灭火系统等自动灭火系统。

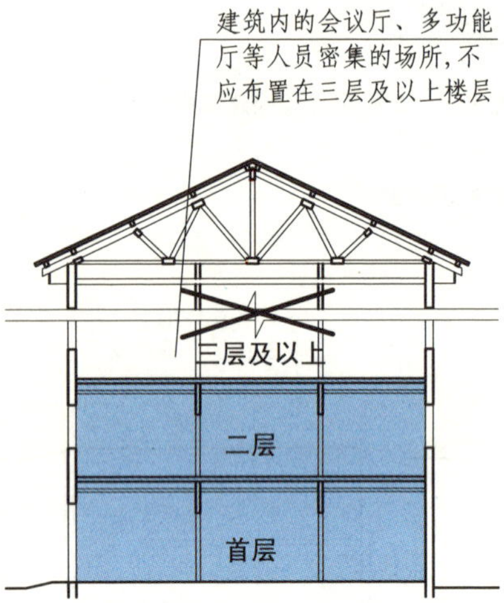

三级耐火等级建筑
剖面示意图

5.4.8 图示1

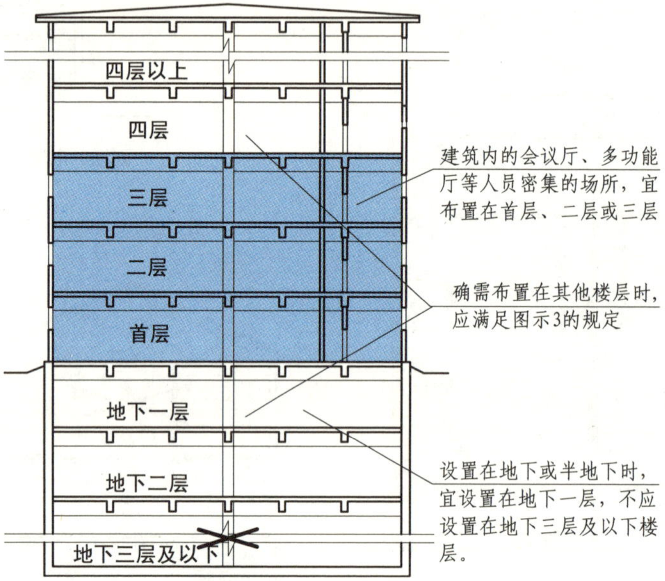

一、二级耐火等级建筑
剖面示意图

5.4.8 图示2

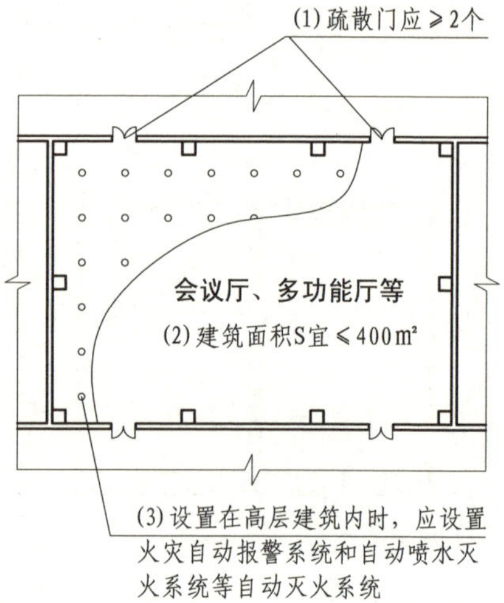

一、二级耐火等级建筑内的会议厅、多功能厅等人员密集的场所，布置在除首层、二层或三层外楼层时 平面示意图

5.4.8 图示3

5.4.9 歌舞厅、录像厅、夜总会、卡拉OK厅（含具有卡拉OK功能的餐厅）、游艺厅（含电子游艺厅）、桑拿浴室（不包括洗浴部分）、网吧等歌舞娱乐放映游艺场所（不含剧场、电影院）的布置应符合下列规定：

1 **不应布置在地下二层及以下楼层；**【图示3】

2 宜布置在一、二级耐火等级建筑内的首层、二层或三层的靠外墙部位；【图示1】

3 不宜布置在袋形走道的两侧或尽端；【图示1】【图示2】

4 **确需布置在地下一层时，地下一层的地面与室外出入口地坪的高差不应大于10m；**【图示3】

5 **确需布置在地下或四层及以上楼层时，一个厅、室的建筑面积不应大于200m²；**【图示2】

6 **厅、室之间及与建筑的其他部位之间，应采用耐火极限不低于2.00h的防火隔墙和1.00h的不燃性楼板分隔，设置在厅、室墙上的门和该场所与建筑内其他部位相通的门均应采用乙级防火门。**【图示1】【图示2】【图示3】

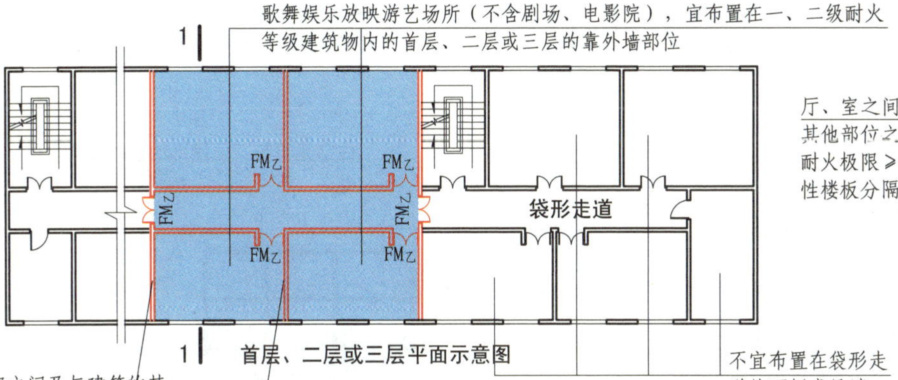

首层、二层或三层平面示意图

5.4.9 图示1

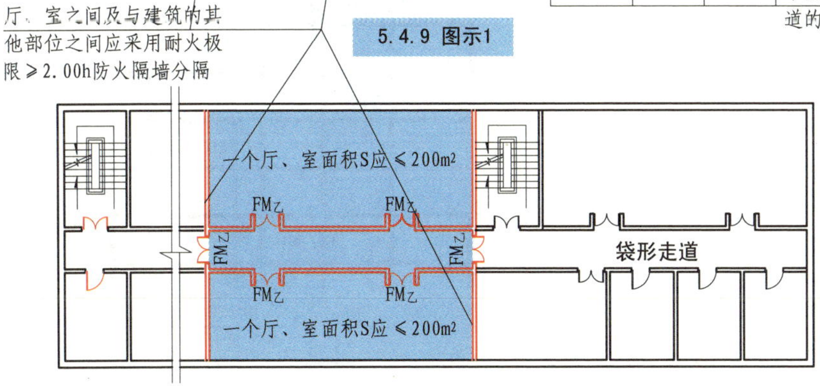

地下一层和地上四层及四层以上平面示意图

5.4.9 图示2

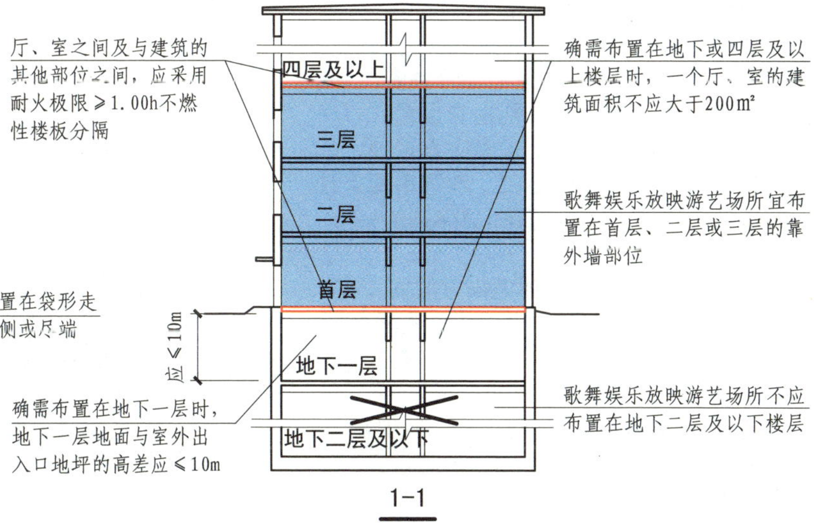

1-1

5.4.9 图示3

[注释]歌舞厅、录像厅、夜总会、卡拉OK厅（含具有卡拉OK功能的餐厅）、游艺厅（含电子游艺厅）、桑拿浴室（不包括洗浴部分）、网吧等歌舞娱乐放映游艺场所（不含剧场、电影院）确需布置在袋形走道的两侧或尽端时应满足第5.5.17条的规定。

5.4 平面布置						图集号	18J811-1
审核	蔡昭昀	校对	高杰	设计	李笺	页	5-36

5.4.10 除商业服务网点外，住宅建筑与其他使用功能的建筑合建时，应符合下列规定：【图示】

1 住宅部分与非住宅部分之间，应采用耐火极限不低于2.00h且无门、窗、洞口的防火隔墙和1.50h的不燃性楼板完全分隔；当为高层建筑时，应采用无门、窗、洞口的防火墙和耐火极限不低于2.00h的不燃性楼板完全分隔。建筑外墙上、下层开口之间的防火措施应符合本规范第6.2.5条的规定。

2 住宅部分与非住宅部分的安全出口和疏散楼梯应分别独立设置；为住宅部分服务的地上车库应设置独立的疏散楼梯或安全出口，地下车库的疏散楼梯应按本规范第6.4.4条的规定进行分隔。

3 住宅部分和非住宅部分的安全疏散、防火分区和室内消防设施配置，可根据各自的建筑高度分别按照本规范有关住宅建筑和公共建筑的规定执行；该建筑的其他防火设计应根据建筑的总高度和建筑规模按本规范有关公共建筑的规定执行。

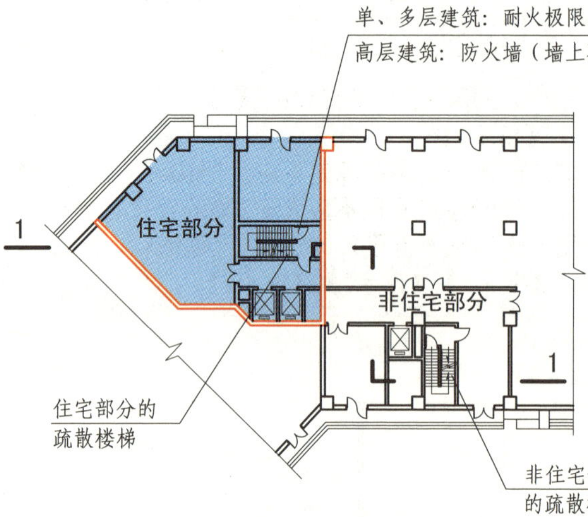

住宅建筑与其他使用功能的建筑合建
首层平面示意图

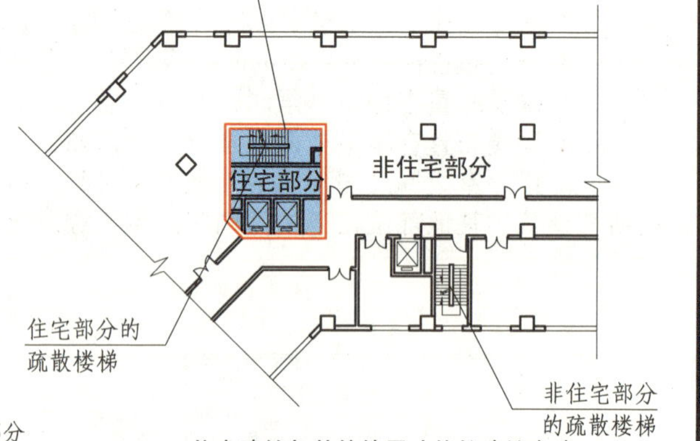

住宅建筑与其他使用功能的建筑合建
非住宅部分平面示意图

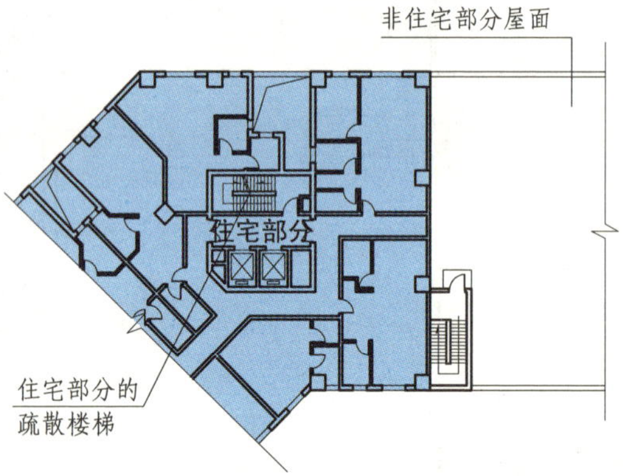

住宅建筑与其他使用功能的建筑合建
住宅部分平面示意图

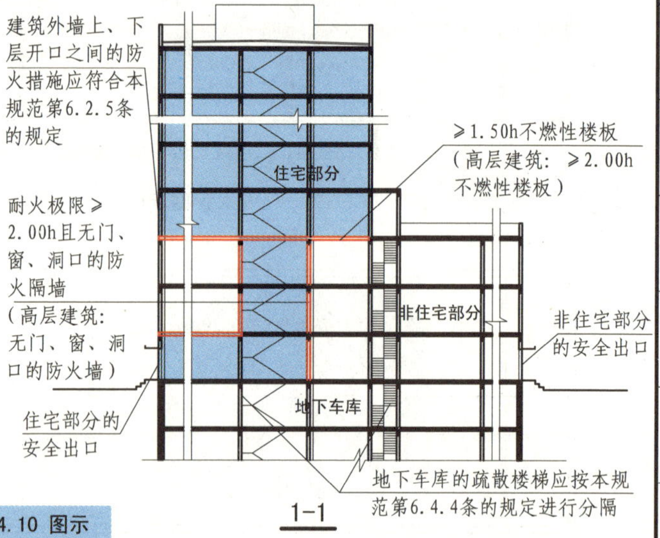

5.4.10 图示

5.4 平面布置							图集号	18J811-1
审核	蔡昭昀	[signature]	校对	郭景	[signature]	设计 林莉 [signature]	页	5-37

5.4.11　设置商业服务网点的住宅建筑，其居住部分与商业服务网点之间应采用耐火极限不低于2.00h且无门、窗、洞口的防火隔墙和1.50h的不燃性楼板完全分隔，住宅部分和商业服务网点部分的安全出口和疏散楼梯应分别独立设置。【图示1】

商业服务网点中每个分隔单元之间应采用耐火极限不低于2.00h且无门、窗、洞口的防火隔墙相互分隔【图示1】，当每个分隔单元任一层建筑面积大于200m²时，该层应设置2个安全出口或疏散门。每个分隔单元内的任一点至最近直通室外的出口的直线距离不应大于本规范表5.5.17中有关多层其他建筑位于袋形走道两侧或尽端的疏散门至最近安全出口的最大直线距离。【图示2】【图示3】【图示4】

注：室内楼梯的距离可按其水平投影长度的1.50倍计算。

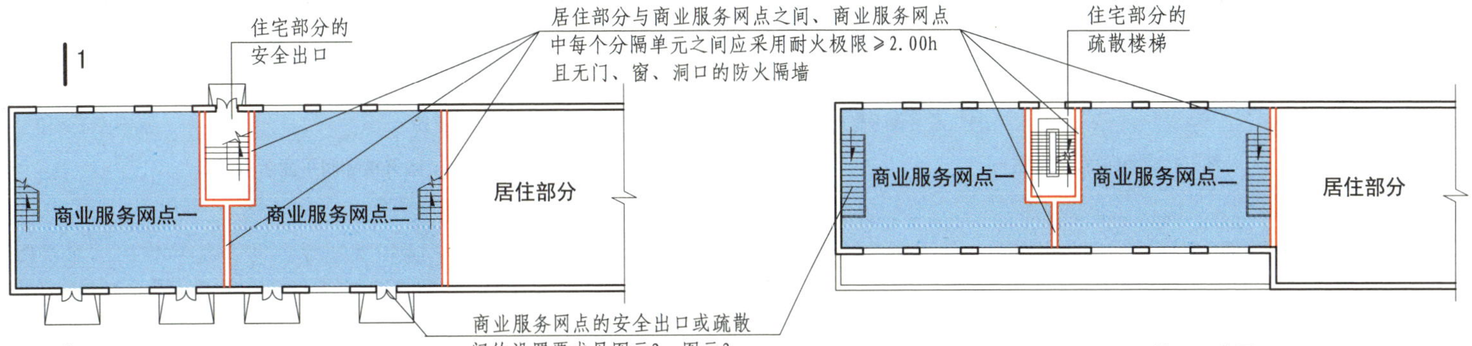

首层平面示意图　　　二层平面示意图

首层及二层为商业服务网点的住宅建筑

5.4.11 图示1

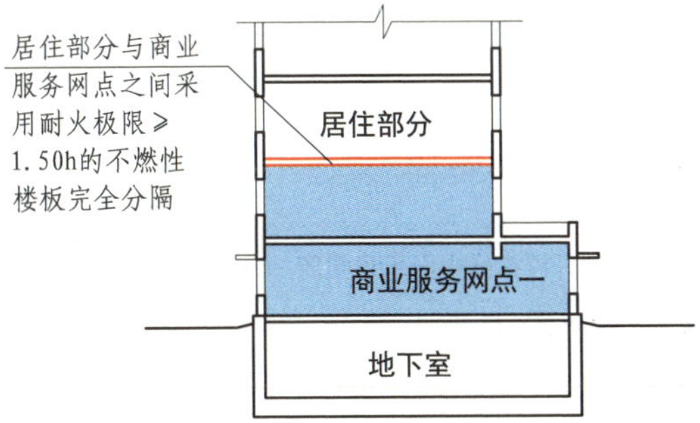

1-1

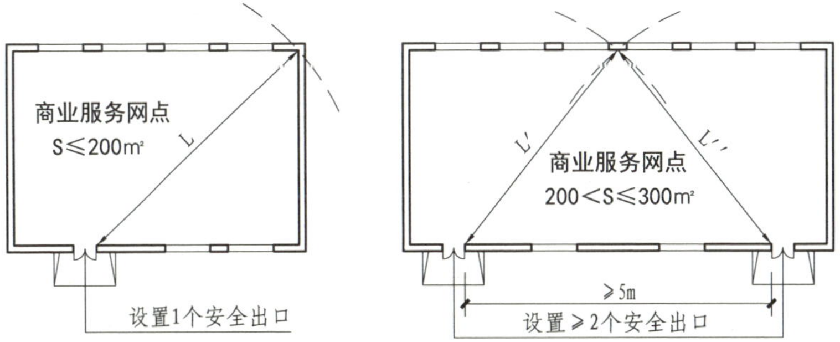

商业服务网点仅布置在首层的安全疏散 平面示意图

5.4.11 图示2

[注释]

1 商业服务网点应设置在住宅建筑的首层或首层及二层。
2 商业服务网点每个分隔单元的建筑面积应≤300㎡。
3 商业服务网点应为商店、邮政所、储蓄所、理发店等小型营业性用房。
4 L（L′、L′′）为商业服务网点中每个分隔单元内的任一点至最近直通室外的出口的直线距离。

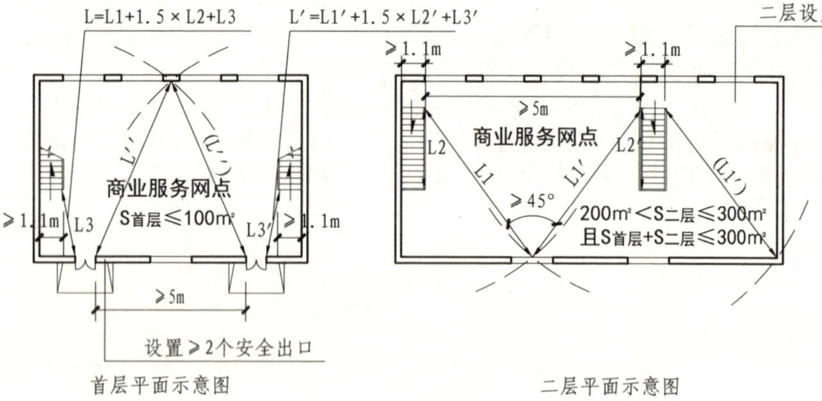

首层平面示意图 二层平面示意图

敞开楼梯间平面示意图一

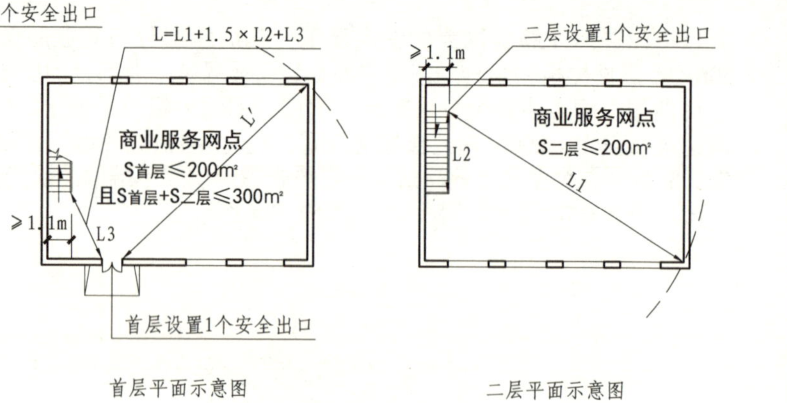

首层平面示意图 二层平面示意图

敞开楼梯间平面示意图二

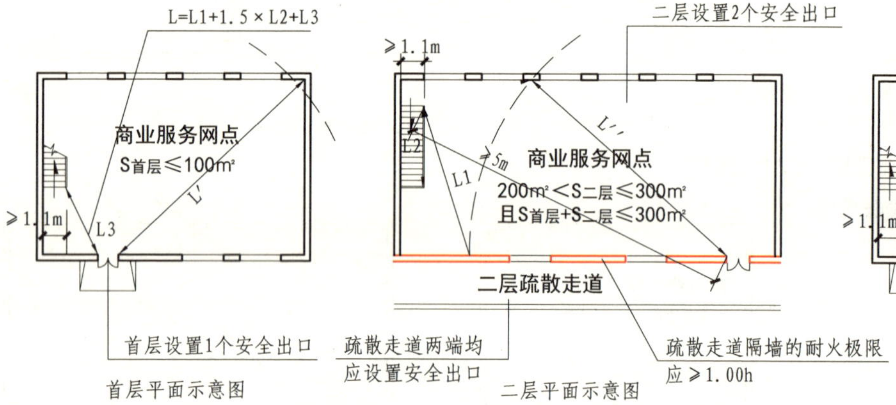

首层平面示意图 二层平面示意图

敞开楼梯间平面示意图三

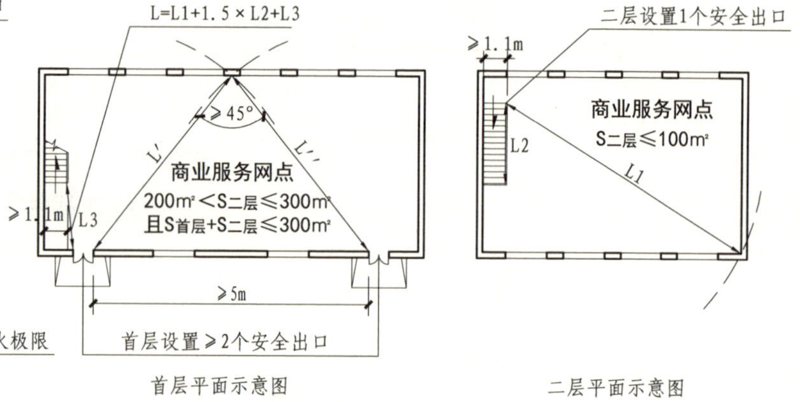

首层平面示意图 二层平面示意图

敞开楼梯间平面示意图四

[注释]

1 L（L′、L′′）为商业服务网点中每个分隔单元内的任一点至最近直通室外的出口（或封闭楼梯间门）的直线距离，此距离不应大于第5.5.17条表5.5.17中有关多层其他建筑位于袋形走道两侧或尽端的疏散门至最近安全出口的最大直线距离。

2 商业服务网点每个分隔单元的建筑面积应≤300m²，任意一层建筑面积>200m²时，该层应设置2个安全出口或疏散门。

3 室内楼梯的距离可按其水平投影长度的1.50倍计算。

4 商业服务网点内疏散楼梯的净宽度不小于1.1m。

5 商业服务网点疏散走道隔墙的耐火极限应≥1.00h。

6 商业服务网点疏散走道两端均应设置安全出口。

商业服务网点布置在首层及二层的安全疏散

5.4.11图示3

5.4 平面布置						图集号	18J811-1
审核	蔡昭昀	校对	郭景	设计	林莉	页	5-39

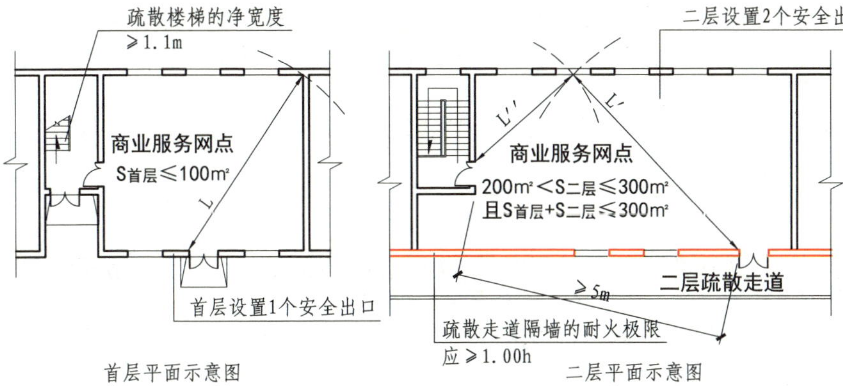

封闭楼梯间平面示意图一

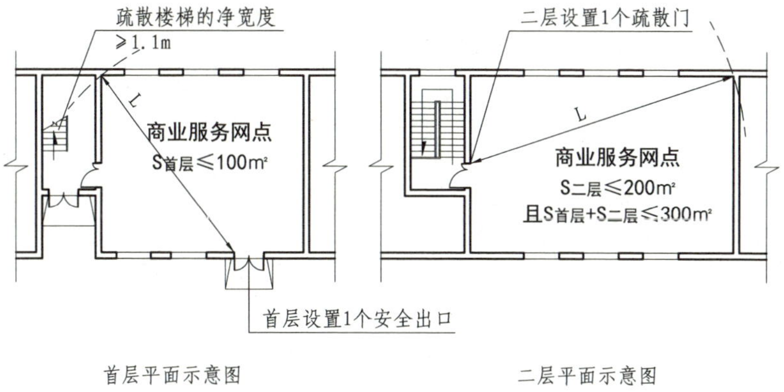

封闭楼梯间平面示意图二

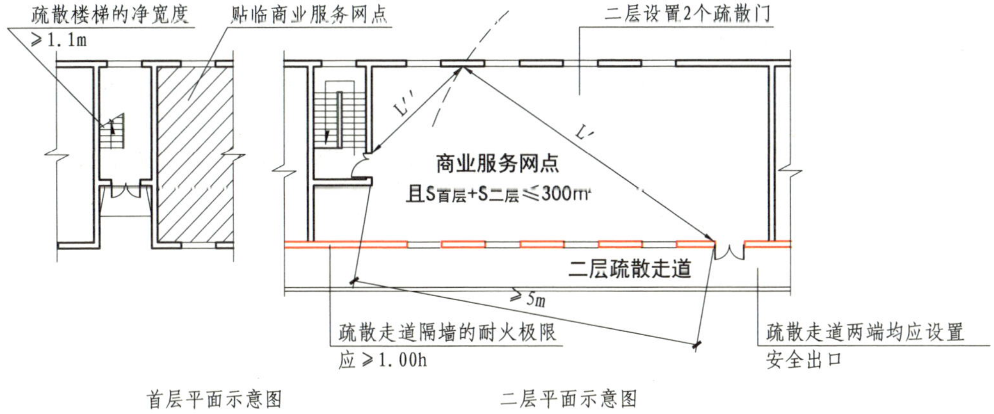

封闭楼梯间平面示意图三

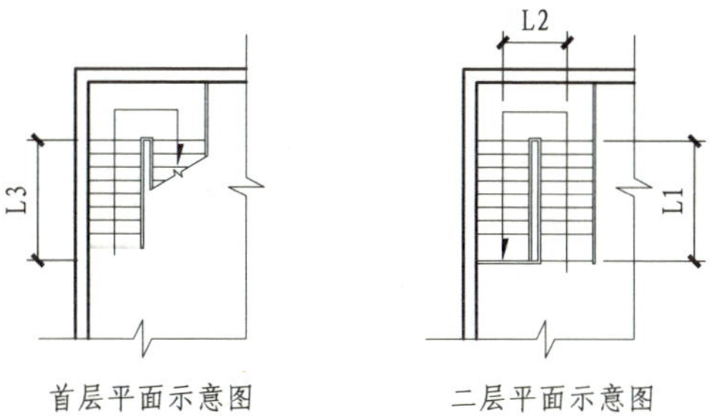

[注释]室内双跑楼梯的距离L=1.5×L1+L2+1.5×L3

敞开楼梯疏散距离

商业服务网点布置在首层及二层的安全疏散

5.4.11 图示4

[注释]

1 L（L'、L''）为商业服务网点中每个分隔单元内的任一点至最近直通室外的出口（或封闭楼梯间门）的直线距离，此距离不应大于第5.5.17条表5.5.17中有关多层其他 建筑位于袋形走道两侧或尽端的疏散门至最近安全出口的最大直线距离。

2 商业服务网点每个分隔单元的建筑面积应≤300m²，任意一层建筑面积＞200m²时，该层应设置2个安全出口或疏散门。

3 室内楼梯的距离可按其水平投影长度的1.50倍计算。

4 商业服务网点内疏散楼梯的净宽度不小于1.1m。

5 商业服务网点疏散走道隔墙的耐火极限应≥1.00h。

6 商业服务网点疏散走道两端均应设置安全出口。

5.4 平面布置							图集号	18J811-1
审核	蔡昭昀	校对	郭景	设计	林莉		页	5-40

5.4.12 燃油或燃气锅炉、油浸变压器、充有可燃油的高压电容器和多油开关等，宜设置在建筑外的专用房间内【图示1】；确需贴邻民用建筑布置时，应采用防火墙与所贴邻的建筑分隔，且不应贴邻人员密集场所，该专用房间的耐火等级不应低于二级【图示2】；确需布置在民用建筑内时，不应布置在人员密集场所的上一层、下一层或贴邻【图示3】，并应符合下列规定：

1 燃油或燃气锅炉房、变压器室应设置在首层或地下一层的靠外墙部位【图示4】，但常（负）压燃油或燃气锅炉可设置在地下二层或屋顶上。设置在屋顶上的常（负）压燃气锅炉，距离通向屋面的安全出口不应小于6m【图示5】。

采用相对密度（与空气密度的比值）不小于0.75的可燃气体为燃料的锅炉，不得设置在地下或半地下。【图示6】

2 锅炉房、变压器室的疏散门均应直通室外或安全出口。【图示7】

3 锅炉房、变压器室等与其他部位之间应采用耐火极限不低于2.00h的防火隔墙和1.50h的不燃性楼板分隔。在隔墙和楼板上不应开设洞口，确需在隔墙上设置门、窗时，应采用甲级防火门、窗。【图示7】【图示8】

4 锅炉房内设置储油间时，其总储存量不应大于$1m^3$，且储油间应采用耐火极限不低于3.00h的防火隔墙与锅炉间分隔；确需在防火隔墙上设置门时，应采用甲级防火门。【图示9】

5 变压器室之间、变压器室与配电室之间，应设置耐火极限不低于2.00h的防火隔墙。【图示10】

6 油浸变压器、多油开关室、高压电容器室，应设置防止油品流散的设施。油浸变压器下面应设置能储存变压器全部油量的事故储油设施。【图示10】

7 应设置火灾报警装置。

8 应设置与锅炉、变压器、电容器和多油开关等的容量及建筑规模相适应的灭火设施，当建筑内其他部位设置自动喷水灭火系统时，应设置自动喷水灭火系统。

9 锅炉的容量应符合现行国家标准《锅炉房设计规范》GB 50041的规定。油浸变压器的总容量不应大于1260kV·A，单台容量不应大于630kV·A。

10 燃气锅炉房应设置爆炸泄压设施。燃油或燃气锅炉房应设置独立的通风系统，并应符合本规范第9章的规定。

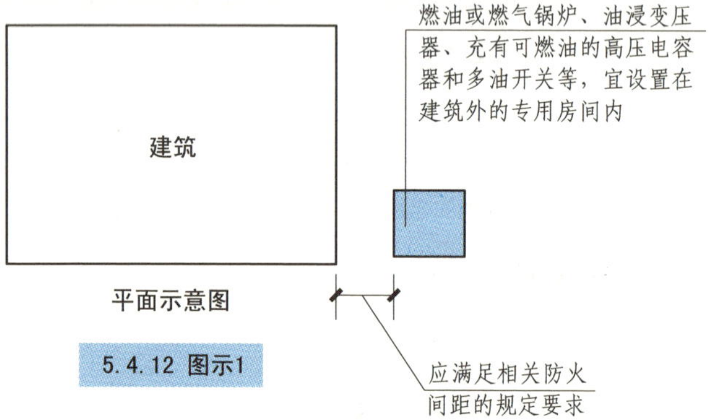

5.4.12 图示1

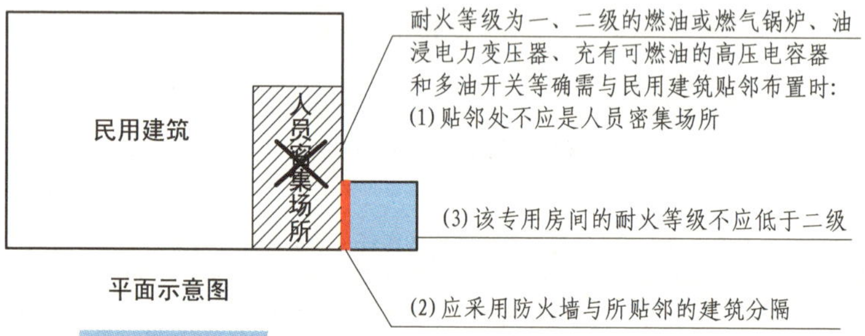

5.4.12 图示2

5.4 平面布置							图集号	18J811-1
审核	蔡昭昀	[signature]	校对	高杰	[signature]	设计 李笺 [signature]	页	5-41

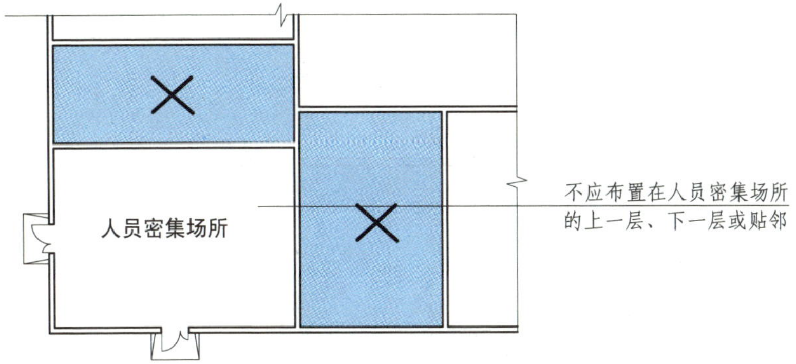

民用建筑 平面示意图

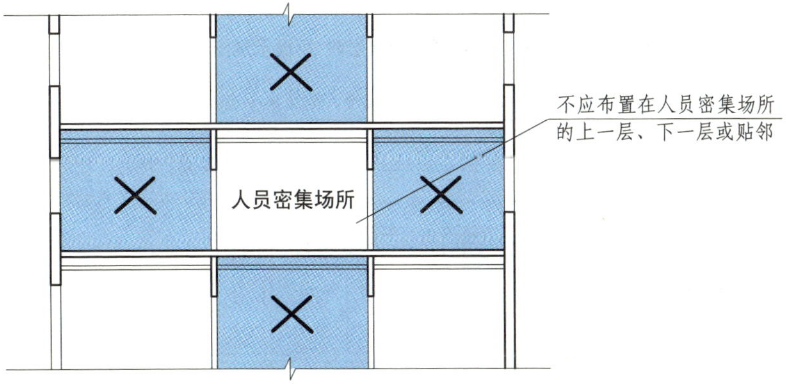

民用建筑 剖面示意图

燃油或燃气锅炉、油浸变压器、充有可燃油的高压电容器和多油开关等确需布置在民用建筑内时

5.4.12 图示3

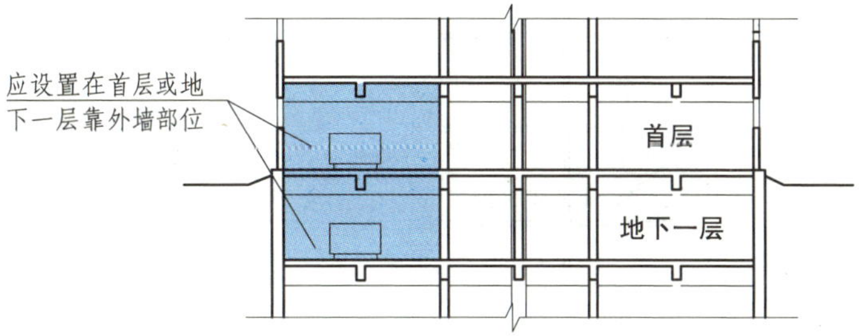

燃油或燃气锅炉房、变压器室确需设置在民用建筑内时 剖面示意图

5.4.12 图示4

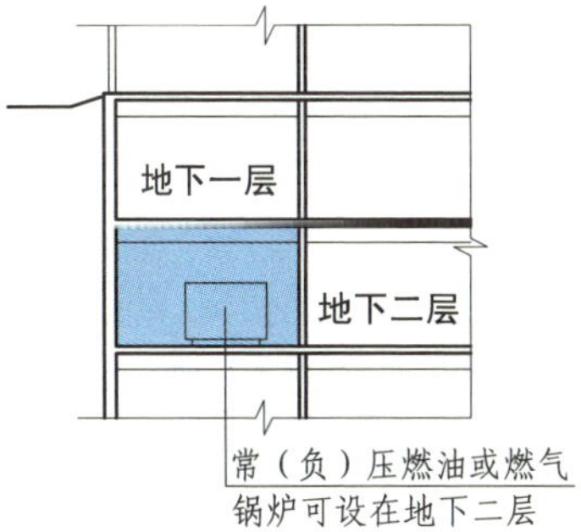

剖面示意图

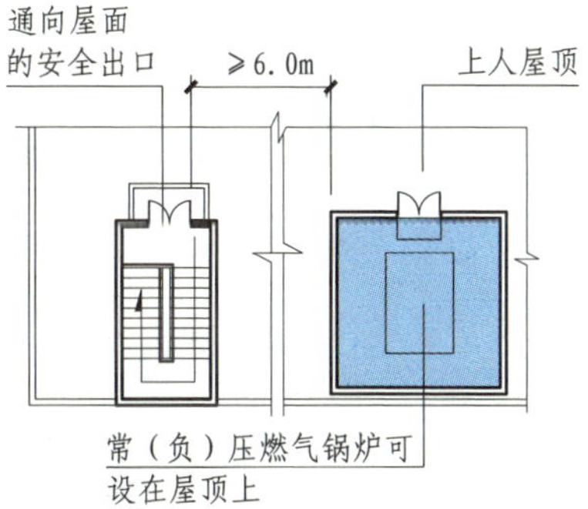

屋顶平面示意图

常（负）压燃油或燃气锅炉确需设置在民用建筑内时

5.4.12 图示5

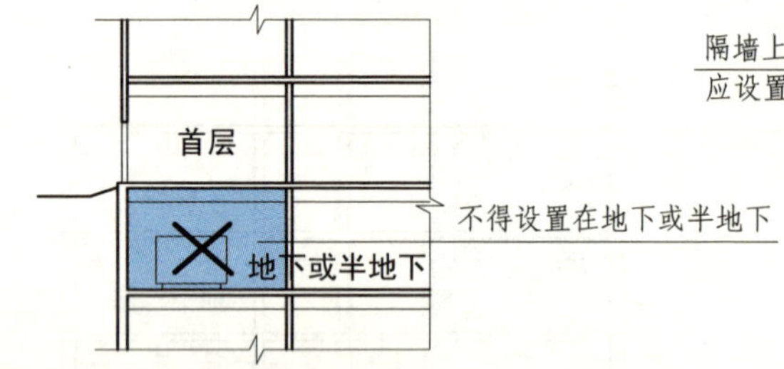

剖面示意图

采用相对密度（与空气密度的比值）≥0.75的可燃气体为燃料的锅炉确需布置在民用建筑内时

5.4.12 图示6

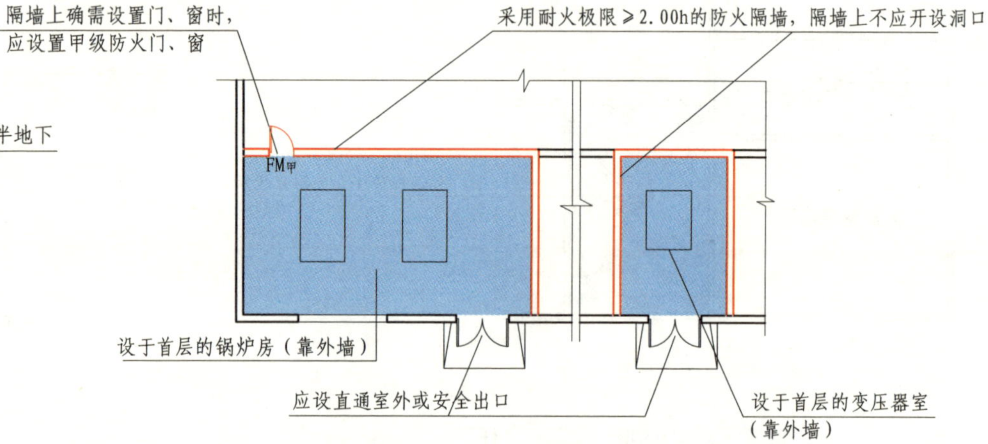

锅炉房、变压器室确需布置在民用建筑内首层时 平面示意图

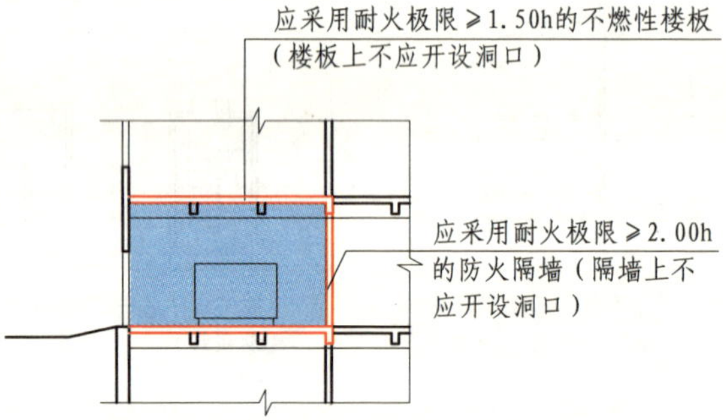

锅炉房、变压器室确需布置在民用建筑内时 剖面示意图

5.4.12 图示8

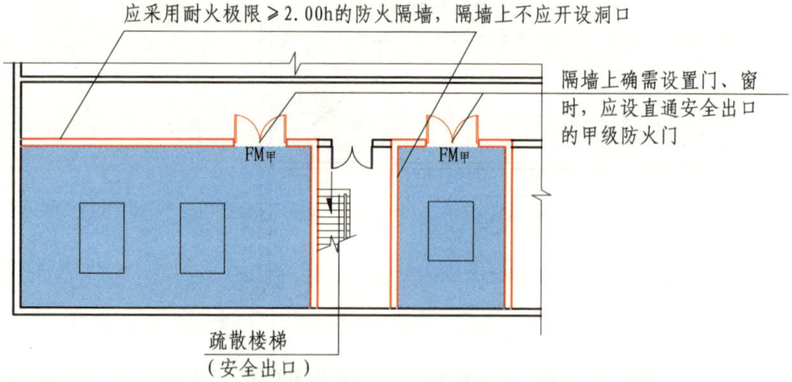

锅炉房、变压器室确需布置在民用建筑内地下层时 平面示意图

5.4.12 图示7

5.4 平面布置							图集号	18J811-1
审核	蔡昭昀	蔡昭昀	校对	高杰	高杰	设计 李笺	页	5-43

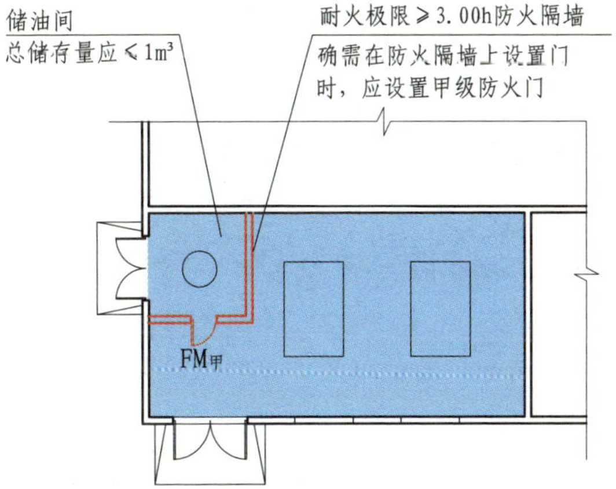

锅炉房内设置储油间时平面示意图一

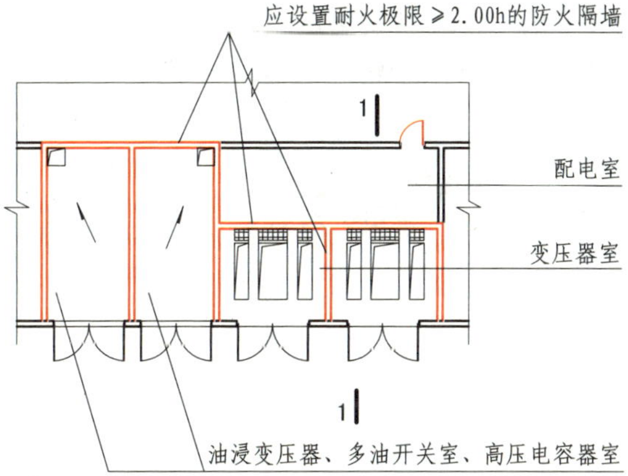

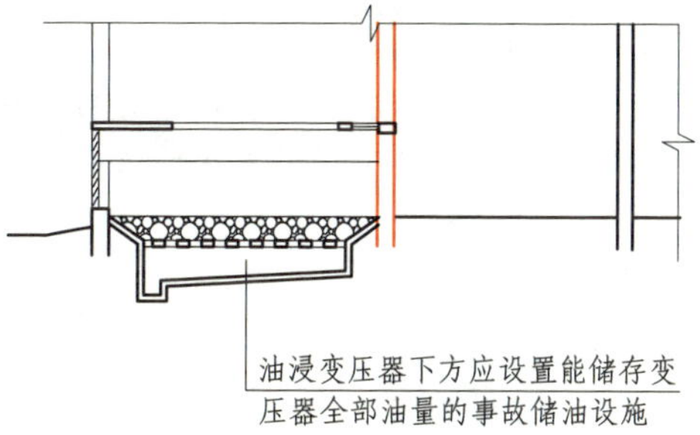

1-1

[注释]应设有防止油品流散的设施。

平面示意图

5.4.12 图示10

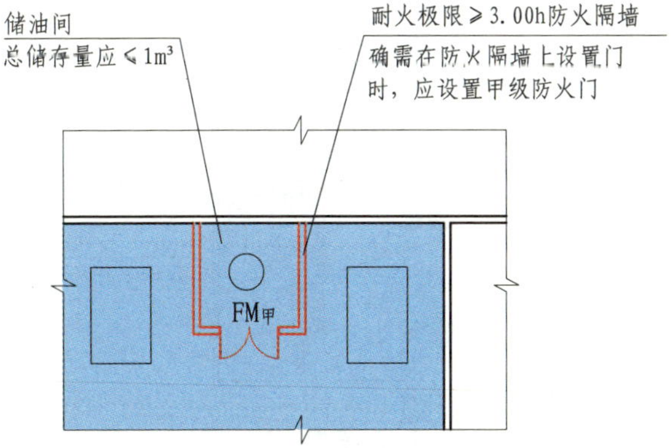

锅炉房内设置储油间时平面示意图二

5.4.12 图示9

5.4 平面布置						图集号	18J811-1
审核	蔡昭昀	校对	林 莉	设计	成 龙	页	5-44

5.4.13 布置在民用建筑内的柴油发电机房应符合下列规定：

1 宜布置在首层或地下一、二层。【图示1】

2 不应布置在人员密集场所的上一层、下一层或贴邻。【图示2】

3 应采用耐火极限不低于2.00h的防火隔墙和1.50h的不燃性楼板与其他部位分隔，门应采用甲级防火门。【图示1】

4 机房内设置储油间时，其总储存量不应大于$1m^3$，储油间应采用耐火极限不低于3.00h的防火隔墙与发电机间分隔；确需在防火隔墙上开门时，应设置甲级防火门。【图示3】

5 应设置火灾报警装置。

6 应设置与柴油发电机容量和建筑规模相适应的灭火设施，当建筑内其他部位设置自动喷水灭火系统时，机房内应设置自动喷水灭火系统。

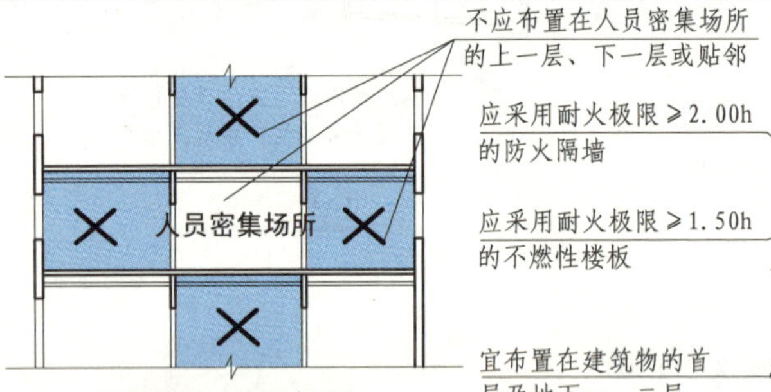

民用建筑 剖面示意图

5.4.13 图示2

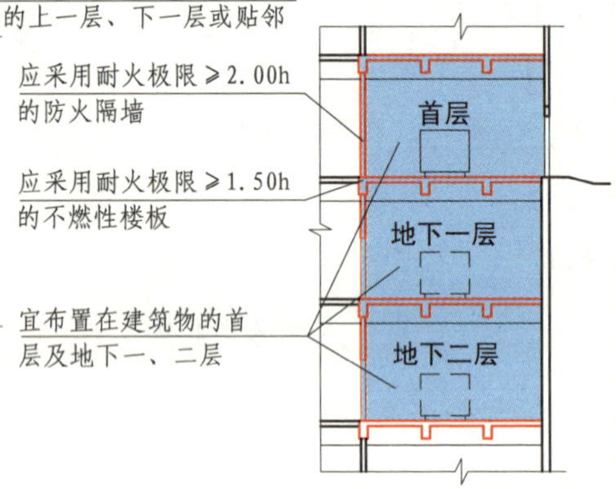

布置在民用建筑内的柴油发电机房 剖面示意图

5.4.13 图示1

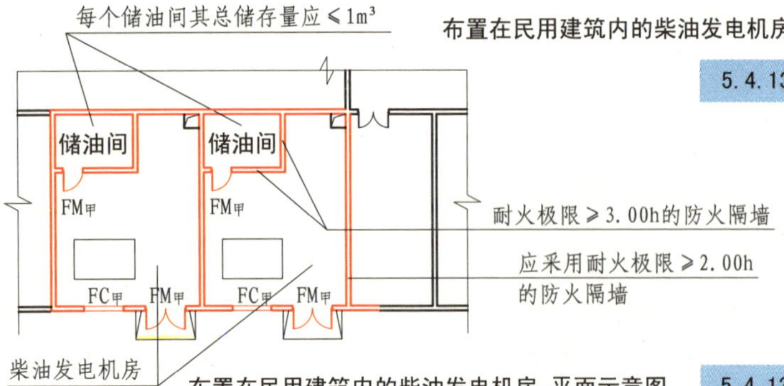

布置在民用建筑内的柴油发电机房 平面示意图

5.4.13 图示3

5.4.14 供建筑内使用的丙类液体燃料，其储罐应布置在建筑外，并应符合下列规定：

1 当总容量不大于$15m^3$，且直埋于建筑附近、面向油罐一面4.0m范围内的建筑外墙为防火墙时，储罐与建筑的防火间距不限；【图示1】

2 当总容量大于$15m^3$时，储罐的布置应符合本规范第4.2节的规定；

3 当设置中间罐时，中间罐的容量不应大于$1m^3$，并应设置在一、二级耐火等级的单独房间内，房间门应采用甲级防火门。【图示2】

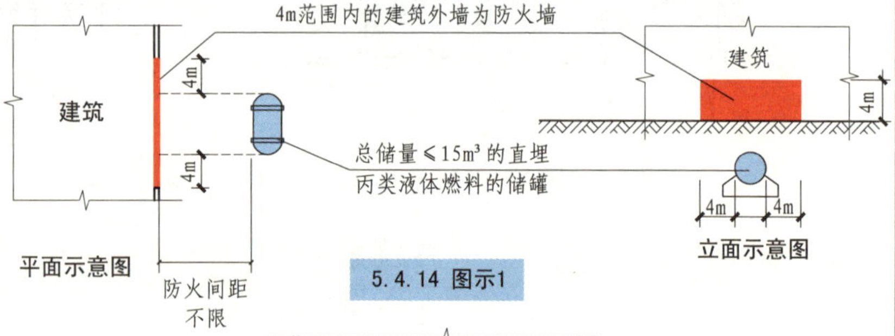

5.4.14 图示1

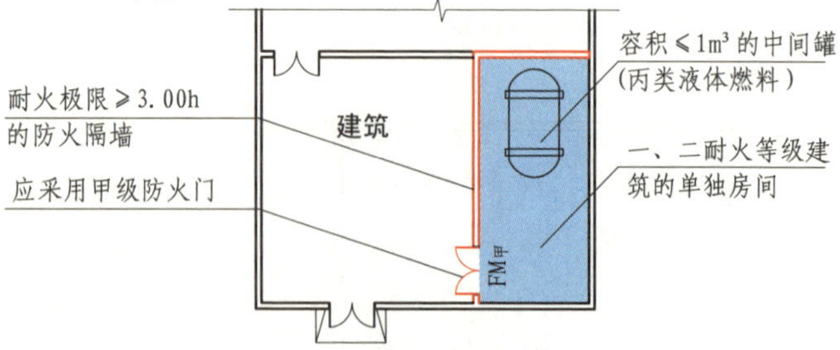

平面示意图

5.4.14 图示2

5.4.15 设置在建筑内的锅炉、柴油发电机，其燃料供给管道应符合下列规定：

1 在进入建筑物前和设备间内的管道上均应设置自动和手动切断阀；【图示1】

2 储油间的油箱应密闭且应设置通向室外的通气管，通气管应设置带阻火器的呼吸阀，油箱的下部应设置防止油品流散的设施；【图示2】

3 燃气供给管道的敷设应符合现行国家标准《城镇燃气设计规范》GB 50028的规定。

5.4.16 高层民用建筑内使用可燃气体燃料时，应采用管道供气。使用可燃气体的房间或部位宜靠外墙设置，并应符合现行国家标准《城镇燃气设计规范》GB 50028的规定。

5.4.17 建筑采用瓶装液化石油气瓶组供气时，应符合下列规定：

1 应设置独立的瓶组间；

2 瓶组间不应与住宅建筑、重要公共建筑和其他高层公共建筑贴邻，液化石油气气瓶的总容积不大于1 m^3 的瓶组间与所服务的其他建筑贴邻时，应采用自然气化方式供气；【图示1】

3 液化石油气气瓶的总容积大于1m^3、不大于4m^3的独立瓶组间，与所服务建筑的防火间距应符合本规范表5.4.17的规定；【图示2】

表5.4.17 液化石油气气瓶的独立瓶组间与所服务建筑的防火间距（m）

名称		液化石油气气瓶的独立瓶组间的总容积V（m^3）	
		V≤2	2<V≤4
明火或散发火花地点		25	30
重要公共建筑、一类高层民用建筑		15	20
裙房和其他民用建筑		8	10
道路（路边）	主要	10	
	次要	5	

注：气瓶总容积应按配置气瓶个数与单瓶几何容积的乘积计算。

4 在瓶组间的总出气管道上应设置紧急事故自动切断阀；【图示2】

5 瓶组间应设置可燃气体浓度报警装置；【图示1】【图示2】

6 其他防火要求应符合现行国家标准《城镇燃气设计规范》GB 50028的规定。

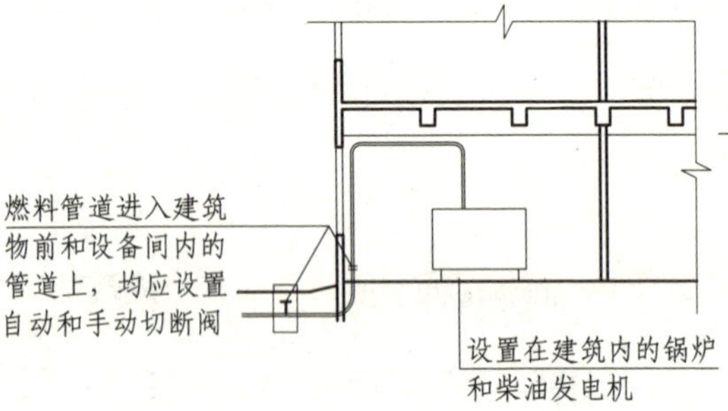

剖面示意图

5.4.15 图示1

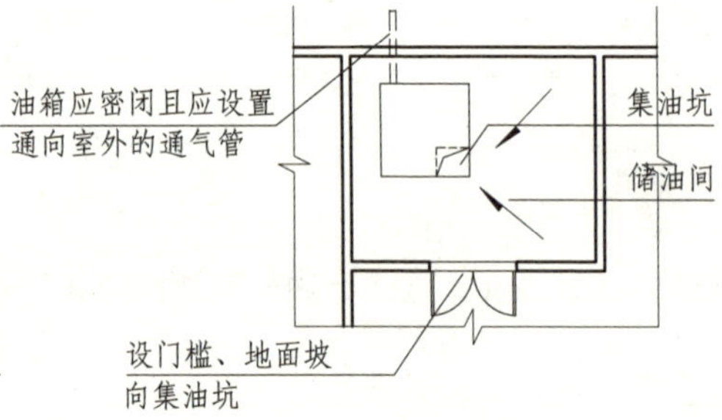

平面示意图

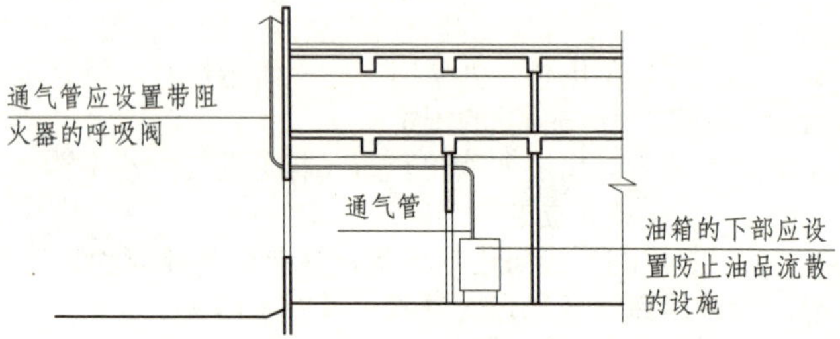

剖面示意图

5.4.15 图示2

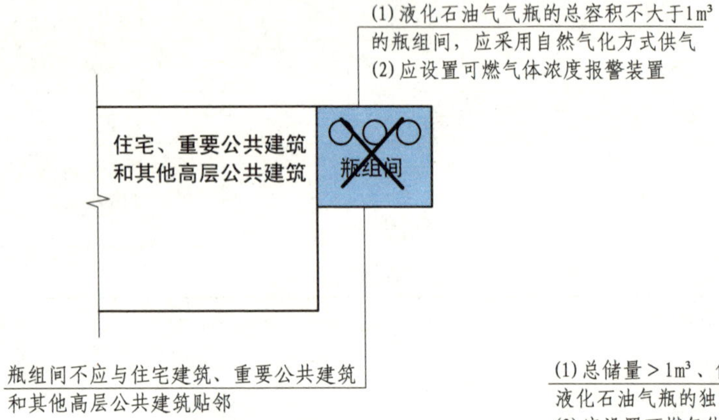

平面示意图

5.4.17 图示1

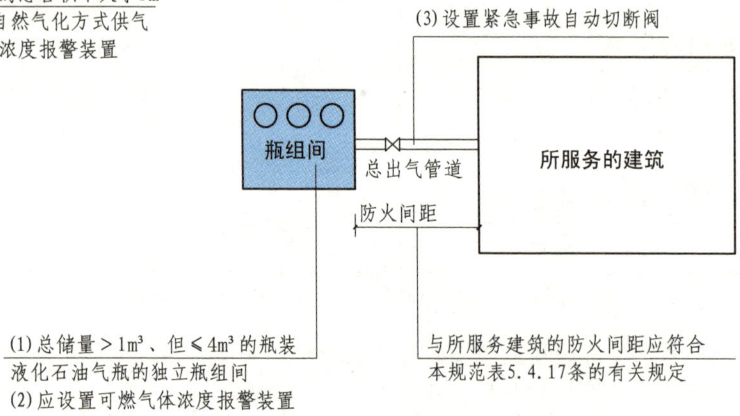

平面示意图

5.4.17 图示2

5.4 平面布置							图集号	18J811-1
审核	蔡昭昀	校对	郭景		设计	林莉	页	5-47

5.5 安全疏散和避难

Ⅰ 一般要求

5.5.1 民用建筑应根据其建筑高度、规模、使用功能和耐火等级等因素合理设置安全疏散和避难设施。安全出口和疏散门的位置、数量、宽度及疏散楼梯间的形式，应满足人员安全疏散的要求。

5.5.2 建筑内的安全出口和疏散门应分散布置，且建筑内每个防火分区或一个防火分区的每个楼层、每个住宅单元每层相邻两个安全出口以及每个房间相邻两个疏散门最近边缘之间的水平距离不应小于5m。【图示1】【图示2】【图示3】【图示4】

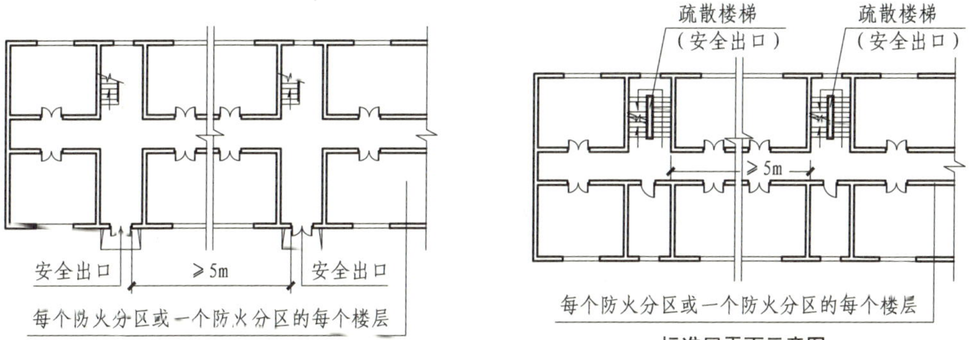

首层平面示意图　　标准层平面示意图

5.5.2 图示1

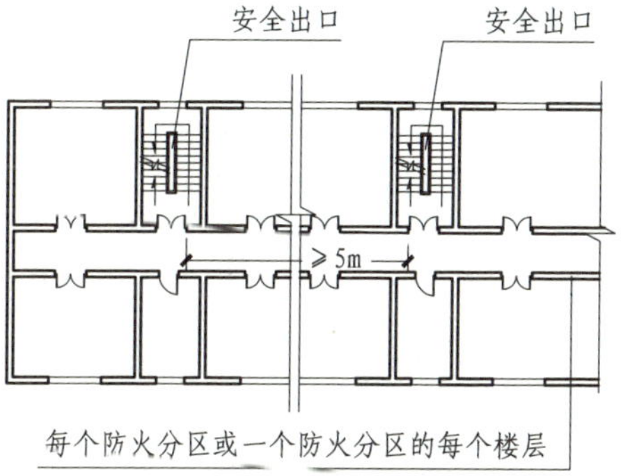

5.5.2 图示2

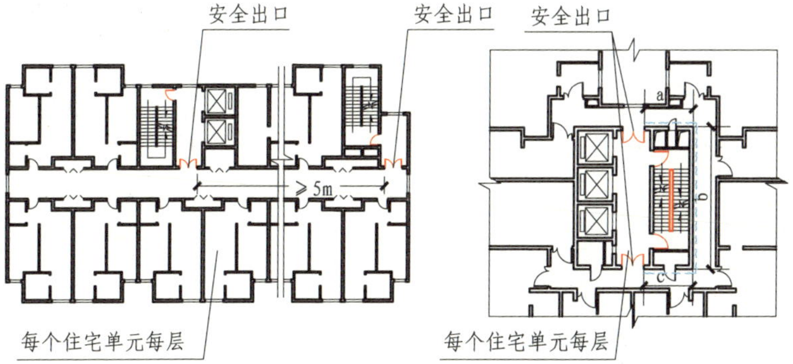

[注释] a+b+c≥5m。

5.5.2 图示3 住宅单元标准层平面示意图

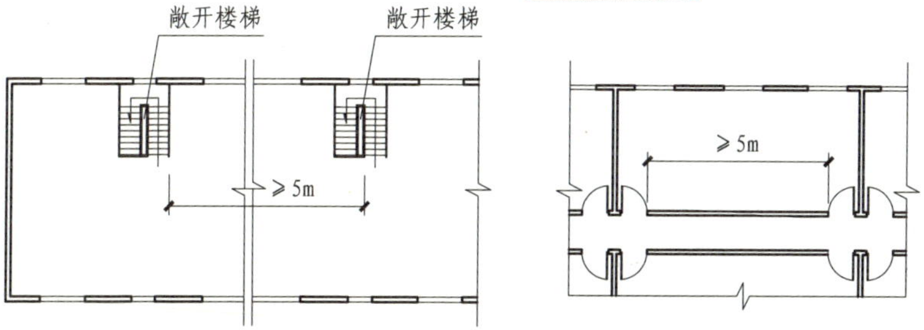

5.5.2 图示4 房间平面示意图

[注释]公共建筑内房间的疏散门数量应经计算确定，设置要求见第5.5.15等条目。

5.5.3 建筑的楼梯间宜通至屋面，通向屋面的门或窗应向外开启。【图示】

5.5.4 自动扶梯和电梯不应计作安全疏散设施。【图示】

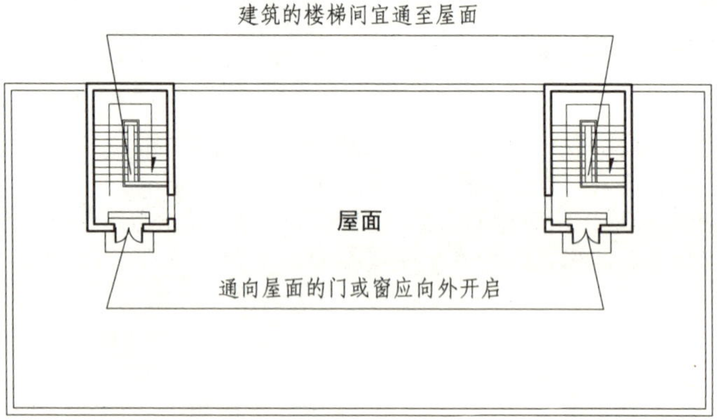

[注释]其他有关建筑楼梯间通至屋面的设置要求见第5.5.11、5.5.26条。

屋顶平面示意图

5.5.3 图示

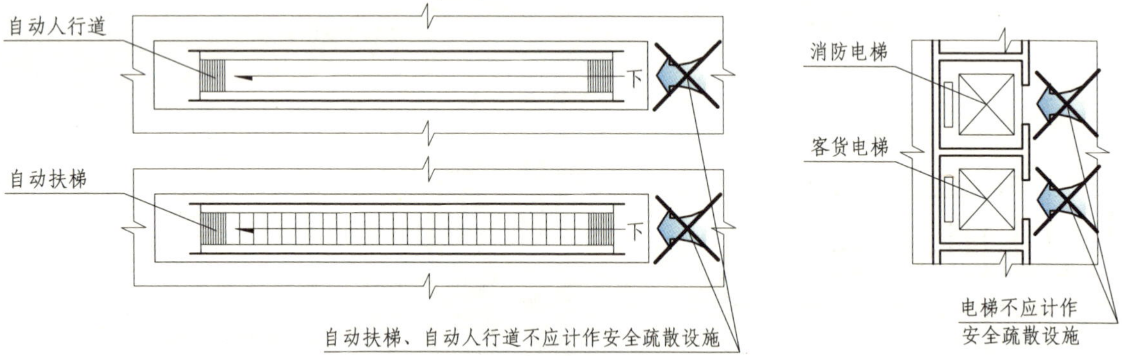

平面示意图

5.5.4 图示

5.5 安全疏散和避难								图集号	18J811-1
审核	蔡昭昀	[签名]	校对	林 莉	[签名]	设计	成 龙 [签名]	页	5-49

5.5.5 除人员密集场所外，建筑面积不大于500m²、使用人数不超过30人且埋深不大于10m的地下或半地下建筑（室），当需要设置2个安全出口时，其中一个安全出口可利用直通室外的金属竖向梯。【图示1】

除歌舞娱乐放映游艺场所外，防火分区建筑面积不大于200m²的地下或半地下设备间【图示2】、防火分区建筑面积不大于50m²且经常停留人数不超过15人的其他地下或半地下建筑（室），可设置1个安全出口或1部疏散楼梯【图示3】。

除本规范另有规定外，建筑面积不大于200m²的地下或半地下设备间、建筑面积不大于50m²且经常停留人数不超过15人的其他地下或半地下房间，可设置1个疏散门。【图示4】

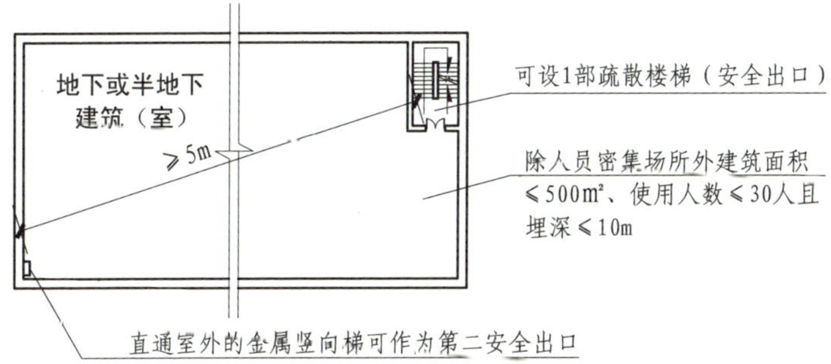

地下或半地下建筑（室）平面示意图

5.5.5 图示1

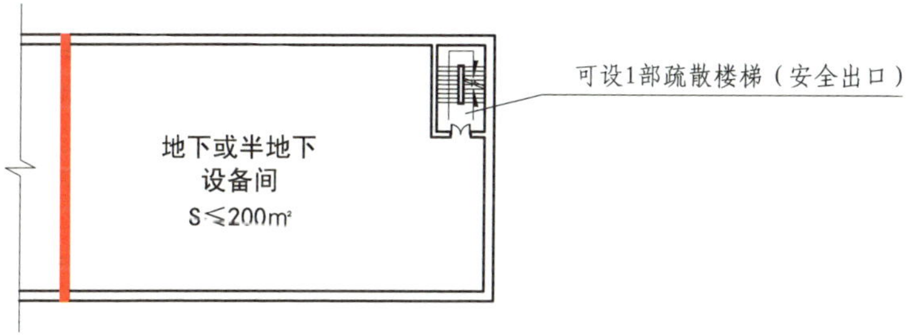

地下或半地下设备间 平面示意图

5.5.5 图示2

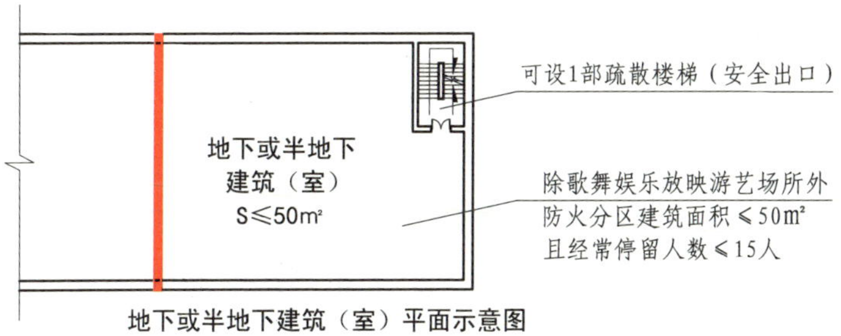

地下或半地下建筑（室）平面示意图

5.5.5 图示3

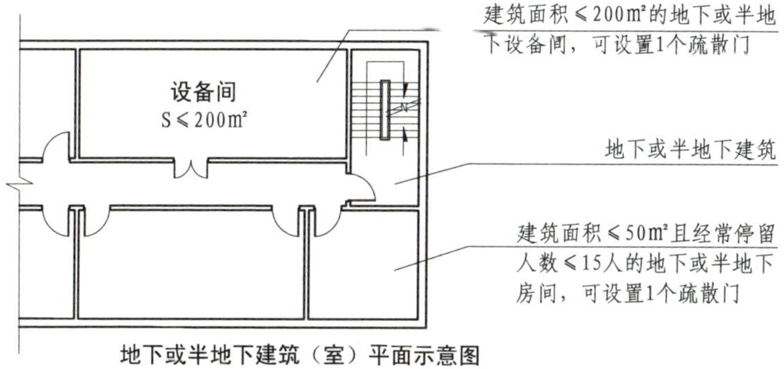

地下或半地下建筑（室）平面示意图

5.5.5 图示4

5.5 安全疏散和避难							图集号	18J811-1
审核	蔡昭昀		校对	林 莉		设计 成 龙	页	5-50

5.5.6 直通建筑内附设汽车库的电梯，应在汽车库部分设置电梯候梯厅，并应采用耐火极限不低于2.00h的防火隔墙和乙级防火门与汽车库分隔。【图示】

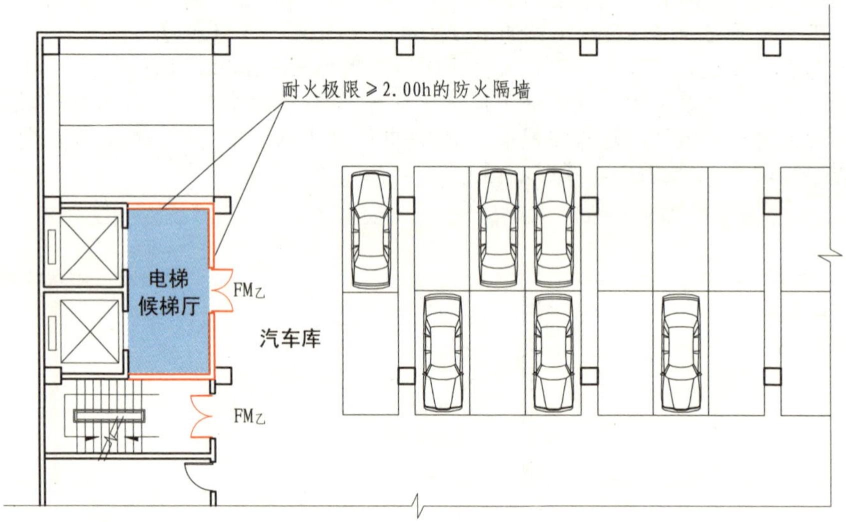

平面示意图 5.5.6 图示

5.5.7 高层建筑直通室外的安全出口上方，应设置挑出宽度不小于1.0m的防护挑檐。【图示】

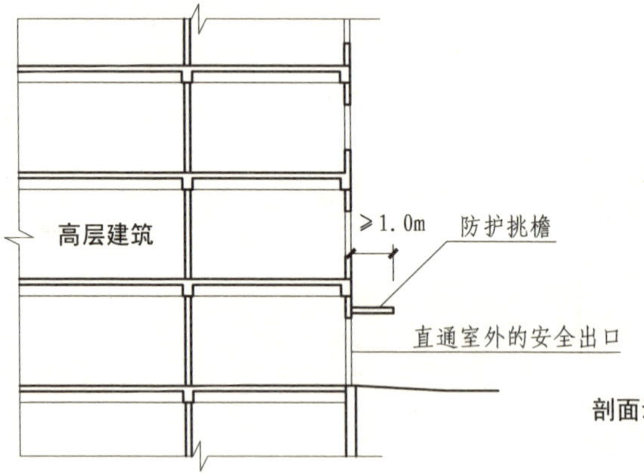

剖面示意图 5.5.7 图示

5.5 安全疏散和避难							图集号	18J811-1
审核	蔡昭昀	[signature]	校对	吴颖	[signature]	设计 高杰 [signature]	页	5-51

II 公共建筑

5.5.8 公共建筑内每个防火分区或一个防火分区的每个楼层，其安全出口的数量应经计算确定，且不应少于2个【图示1】。设置1个安全出口或1部疏散楼梯的公共建筑应符合下列条件之一：

1 除托儿所、幼儿园外，建筑面积不大于200㎡且人数不超过50人的单层公共建筑或多层公共建筑的首层；【图示2】

2 除医疗建筑，老年人照料设施，托儿所、幼儿园的儿童用房，儿童游乐厅等儿童活动场所和歌舞娱乐放映游艺场所等外，符合表5.5.8规定的公共建筑。【图示3】

表5.5.8 设置1部疏散楼梯的公共建筑

耐火等级	最多层数	每层最大建筑面积（㎡）	人数
一、二级	3层	200	第二、三层的人数之和不超过50人
三级	3层	200	第二、三层的人数之和不超过25人
四级	2层	200	第二层人数不超过15人

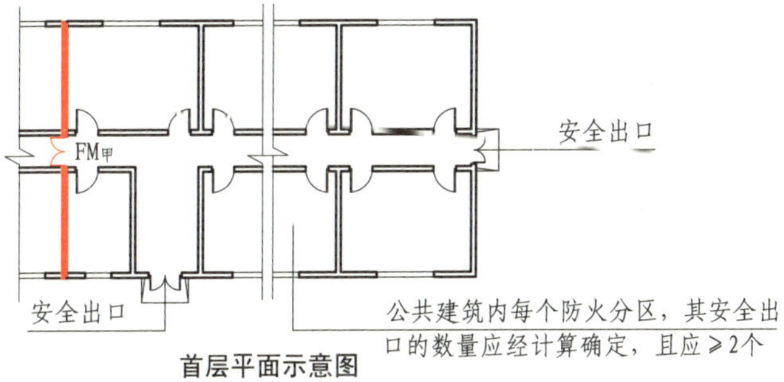

首层平面示意图

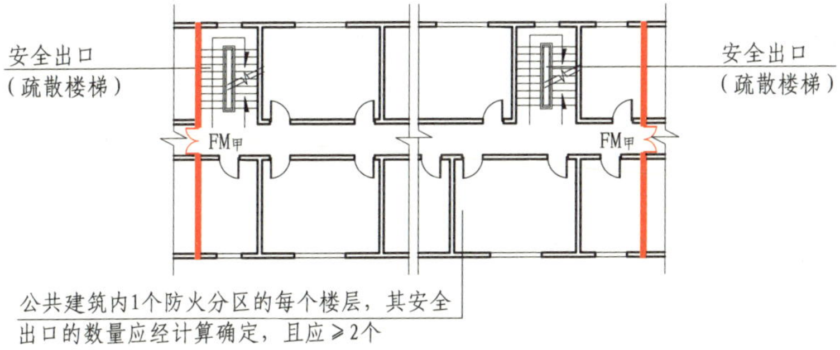

标准层平面示意图

5.5.8 图示1

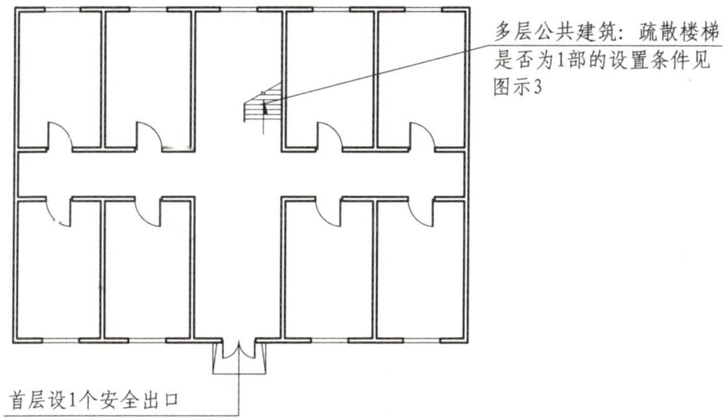

除托儿所、幼儿园外的单层公共建筑或多层公共建筑首层平面示意图

5.5.8 图示2

[注释]除托儿所、幼儿园外设置1部疏散楼梯（或安全出口）的公共建筑应满足如下条件：

（1）单层公共建筑：建筑面积≤200m²且人数≤50人；

（2）多层公共建筑：首层建筑面积≤200m²且首层人数≤50人，同时满足设置1部疏散楼梯的要求。

5.5 安全疏散和避难						图集号	18J811-1
审核	蔡昭昀	校对	郭景	设计	林莉	页	5-52

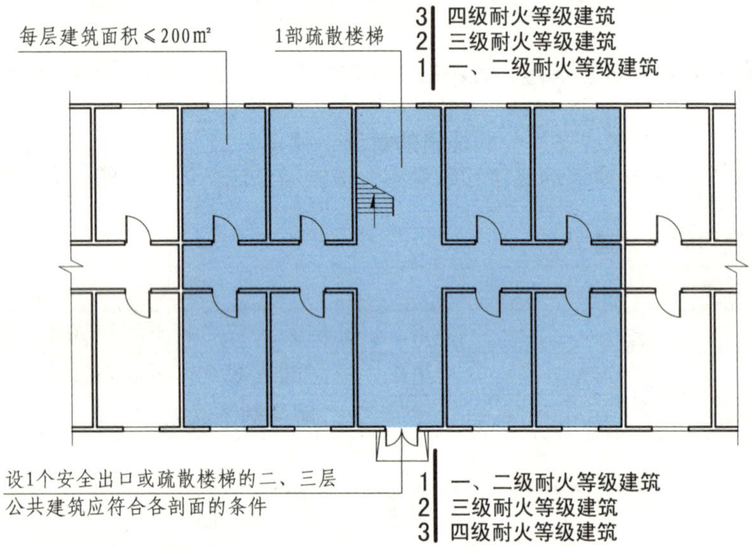

除医疗建筑，老年人照料设施，托儿所、幼儿园的儿童用房，
儿童游乐厅等儿童活动场所和歌舞娱乐放映游艺场所外的公共建筑
首层平面示意图

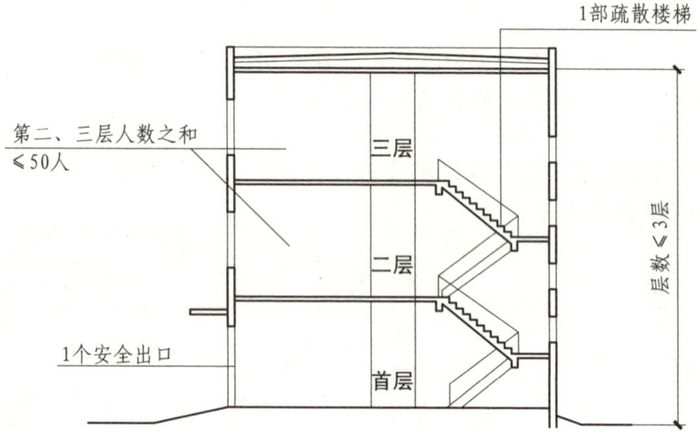

1-1
一、二级耐火等级建筑

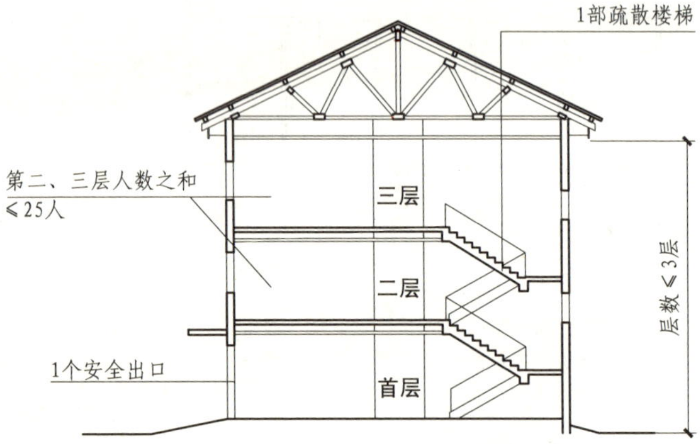

2-2
三级耐火等级建筑

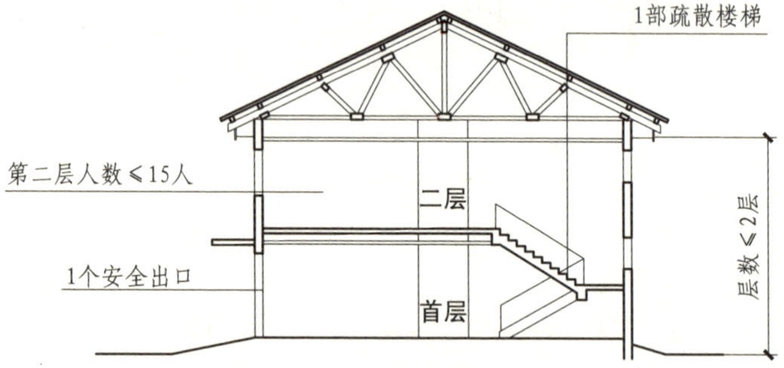

3-3
四级耐火等级建筑

5.5.8 图示3

5.5 安全疏散和避难							图集号	18J811-1
审核	蔡昭昀	校对	郭景		设计	林莉	页	5-53

5.5.9 一、二级耐火等级公共建筑内的安全出口全部直通室外确有困难的防火分区，可利用通向相邻防火分区的甲级防火门作为安全出口，但应符合下列要求：

1 利用通向相邻防火分区的甲级防火门作为安全出口时，应采用防火墙与相邻防火分区进行分隔；

2 建筑面积大于1000m²的防火分区，直通室外的安全出口不应少于2个【图示1】；建筑面积不大于1000m²的防火分区，直通室外的安全出口不应少于1个【图示2】；

3 该防火分区通向相邻防火分区的疏散净宽度不应大于其按本规范第5.5.21条规定计算所需疏散总净宽度的30%，建筑各层直通室外的安全出口总净宽度不应小于按照本规范第5.5.21条规定计算所需疏散总净宽度。

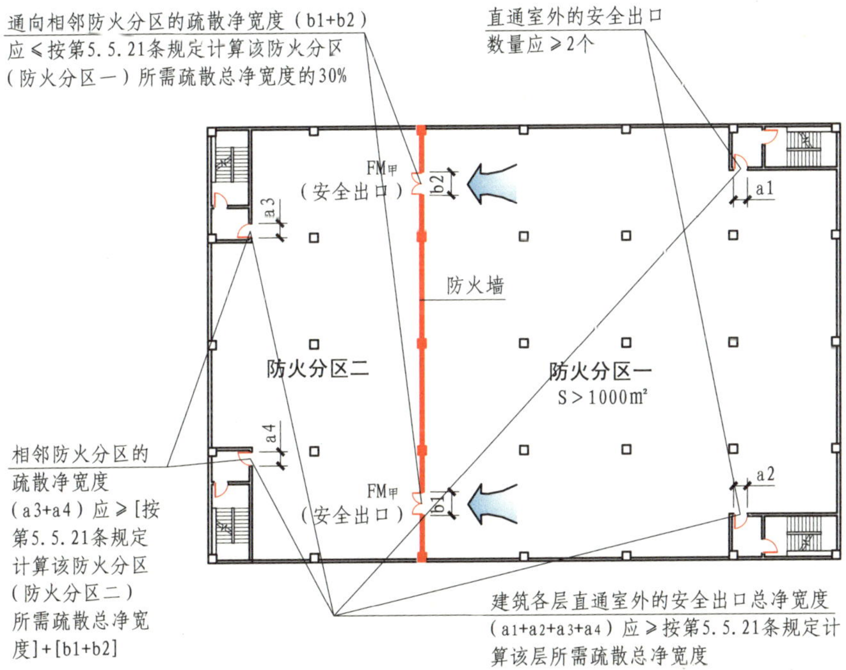

一、二级耐火等级公共建筑 平面示意图

5.5.9 图示1

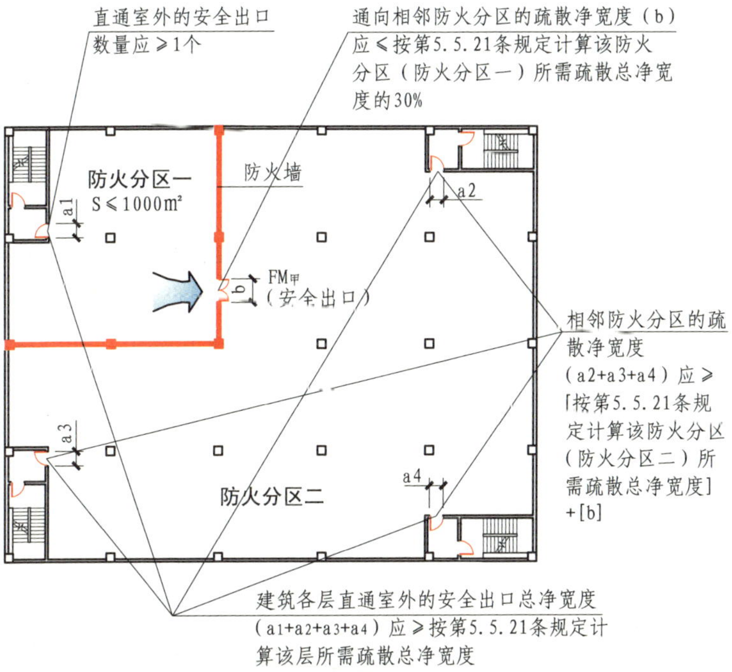

一、二级耐火等级公共建筑 平面示意图

5.5.9 图示2

目录 编制说明
总则 术语 符号
厂房和仓库
甲、乙、丙类液体、气体储罐（区）和可燃材料堆场
民用建筑
建筑构造
灭火救援设施
消防设施的设置
供暖、通风和空气调节
电气
木结构建筑
城市交通隧道
附录

5.5.10 高层公共建筑的疏散楼梯，当分散设置确有困难且从任一疏散门至最近疏散楼梯间入口的距离不大于10m时，可采用剪刀楼梯间，但应符合下列规定：【图示】

1 楼梯间应为防烟楼梯间；

2 梯段之间应设置耐火极限不低于1.00h的防火隔墙；

3 楼梯间的前室应分别设置。

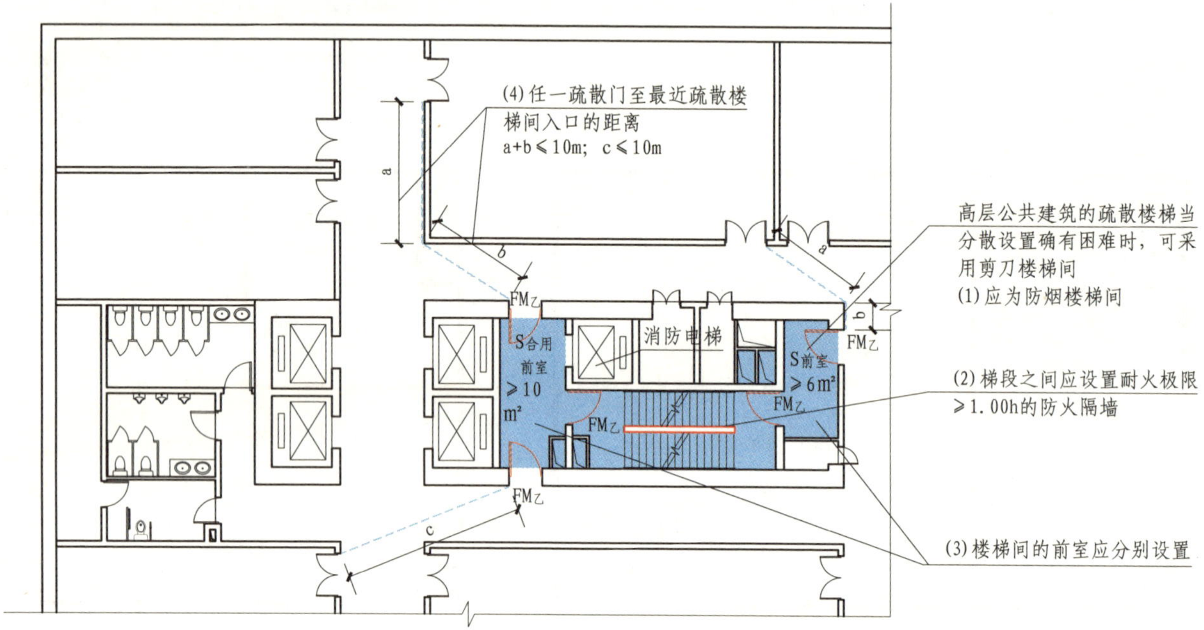

高层公共建筑 平面示意图

5.5.10 图示

[注释]

1 本图示为高层公共建筑的一个防火分区采用剪刀楼梯间作为2个安全出口的情况。

2 防烟楼梯间及其前室的设置要求见第6.4.3条等条目。

5.5 安全疏散和避难						图集号	18J811-1
审核	蔡昭昀	校对	林 莉	设计	成 龙	页	5-55

5.5.11 设置不少于2部疏散楼梯的一、二级耐火等级多层公共建筑，如顶层局部升高，当高出部分的层数不超过2层、人数之和不超过50人且每层建筑面积不大于200㎡时，高出部分可设置1部疏散楼梯，但至少应另外设置1个直通建筑主体上人平屋面的安全出口，且上人屋面应符合人员安全疏散的要求。【图示】

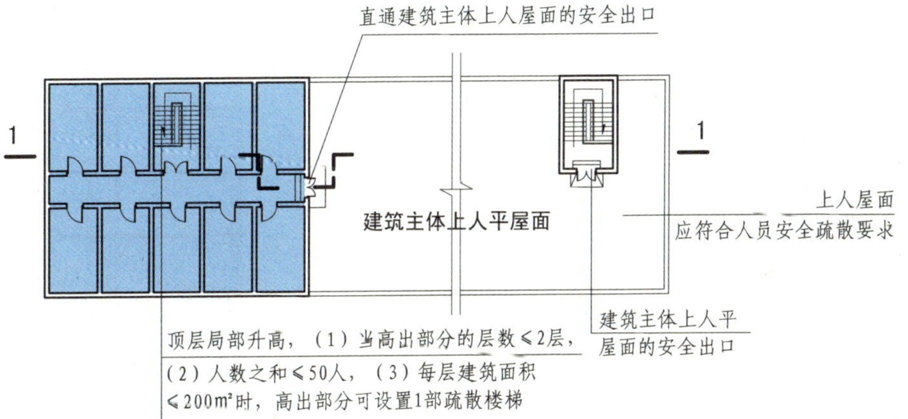

一、二级耐火等级多层公共建筑 平面示意图

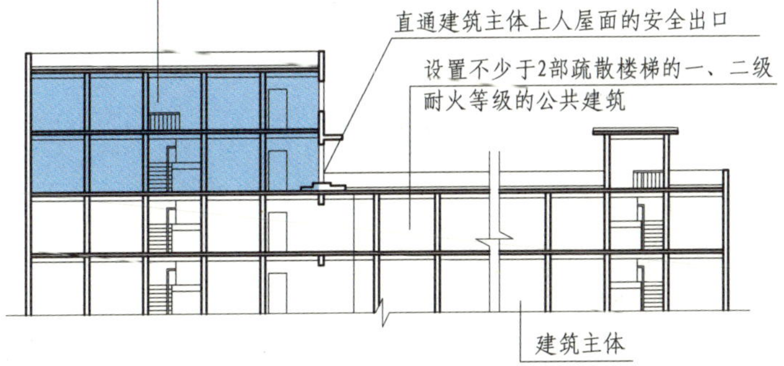

1-1

5.5.11 图示

5.5 安全疏散和避难						图集号	18J811-1
审核	蔡昭昀	校对	郭景	设计	林莉	页	5-56

5.5.12　一类高层公共建筑和建筑高度大于32m的二类高层公共建筑，其疏散楼梯应采用防烟楼梯间。裙房和建筑高度不大于32m的二类高层公共建筑，其疏散楼梯应采用封闭楼梯间。【图示1】

注：当裙房与高层建筑主体之间设置防火墙时，裙房的疏散楼梯可按本规范有关单、多层建筑的要求确定。【图示2】

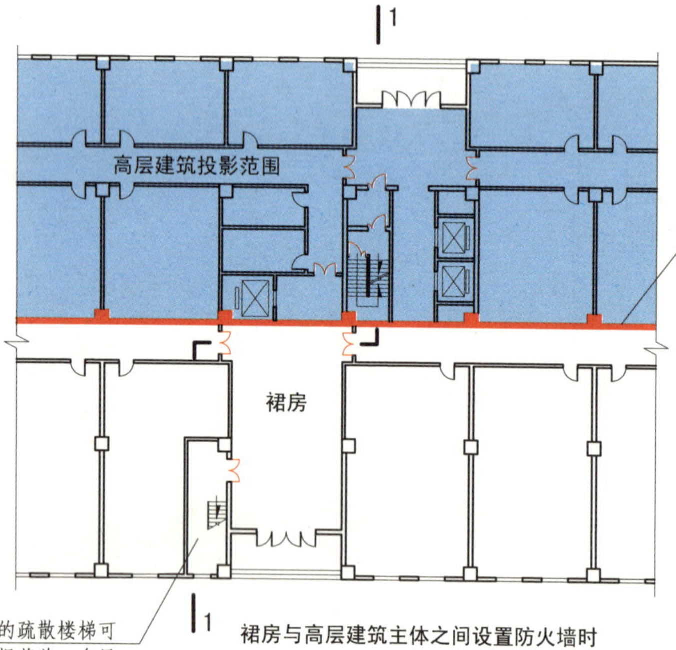

裙房与高层建筑主体之间设置防火墙时首层平面图

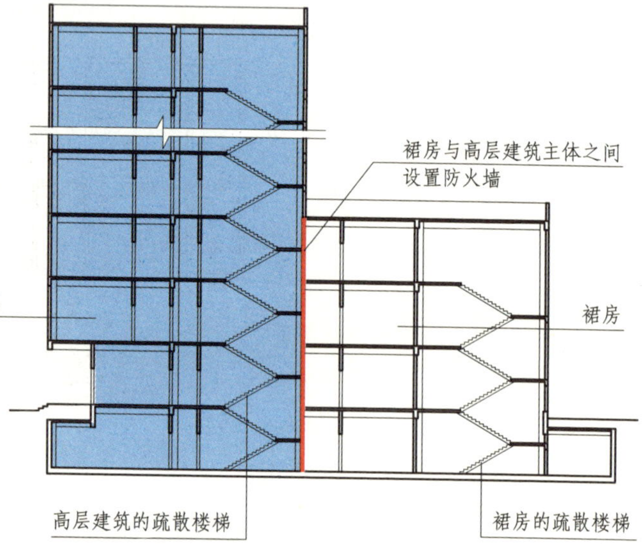

5.5.12 图示2

1-1

高层公共建筑疏散楼梯的设置要求

类别或部位	建筑高度（H）	疏散楼梯设置要求
一类	—	防烟楼梯间
二类	H＞32m	防烟楼梯间
二类	H⩽32m	封闭楼梯间
裙房	—	封闭楼梯间

5.5.12 图示1

[注释]

1　高层公共建筑分类见第5.1.1条。
2　建筑高度计算规定见附录A。
3　封闭楼梯间、防烟楼梯间设置要求见第6.4.2、6.4.3条。
4　当裙房与高层建筑主体之间设置防火墙时，裙房的疏散楼梯可按本规范有关单、多层建筑的要求确定。
5　当裙房与高层建筑主体之间采用不开设门、窗、洞口的防火墙分隔时，裙房的疏散宽度指标可按本规范有关单、多层建筑的要求确定。

5.5.13　下列多层公共建筑的疏散楼梯，除与敞开式外廊直接相连的楼梯间外【图示1】，均应采用封闭楼梯间【图示2】：

1　医疗建筑、旅馆及类似使用功能的建筑；

2　设置歌舞娱乐放映游艺场所的建筑；

3　商店、图书馆、展览建筑、会议中心及类似使用功能的建筑；

4　6层及以上的其他建筑。

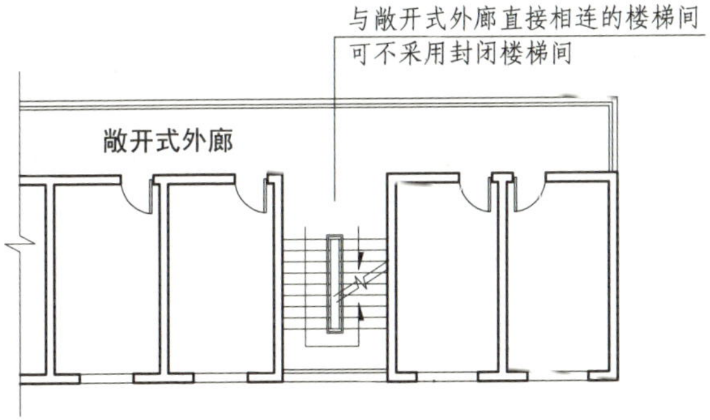

5.5.13 图示1

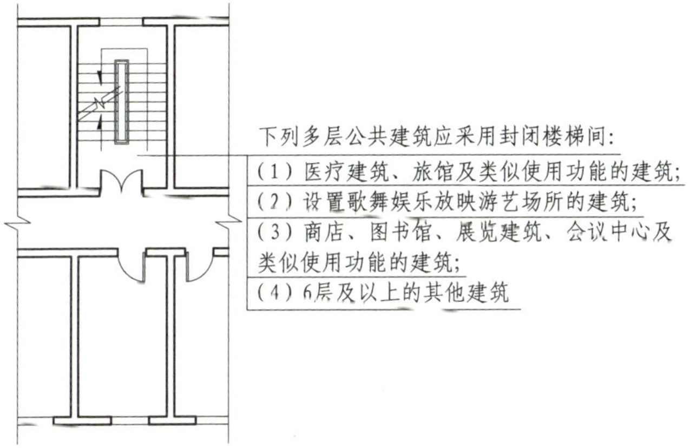

5.5.13 图示2

5.5.13A 老年人照料设施的疏散楼梯或疏散楼梯间宜与敞开式外廊直接连通【图示1】，不能与敞开式外廊直接连通的室内疏散楼梯应采用封闭楼梯【图示2】。建筑高度大于24m的老年人照料设施，其室内疏散楼梯应采用防烟楼梯间。【图示3】

建筑高度大于32m的老年人照料设施，宜在32m以上部分增设能连通老年人居室和公共活动场所的连廊【图示4】，各层连廊应直接与疏散楼梯、安全出口或室外避难场地连通。

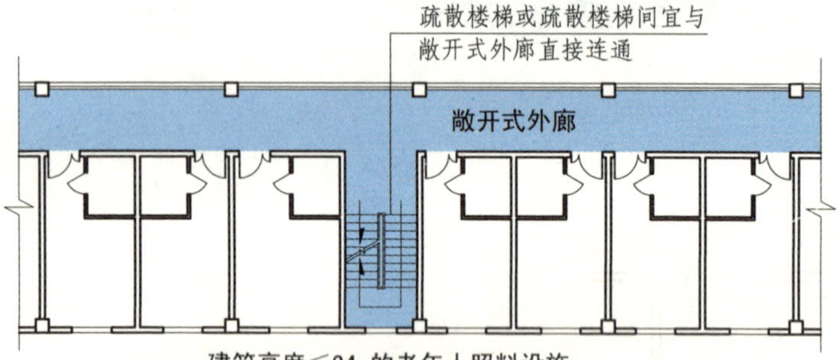

建筑高度≤24m的老年人照料设施
平面示意图

5.5.13A 图示1

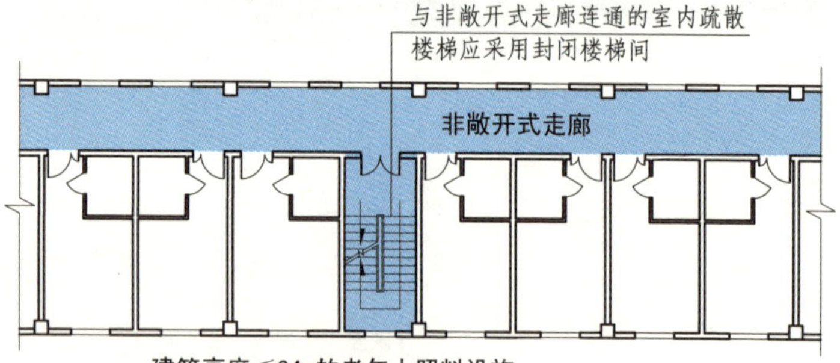

建筑高度≤24m的老年人照料设施
平面示意图

5.5.13A 图示2

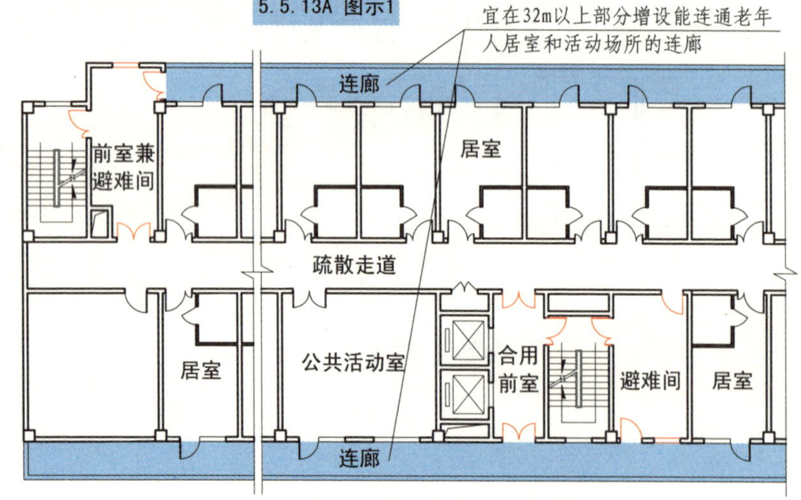

建筑高度大于32m的老年人照料设施
平面示意图

5.5.13A 图示4

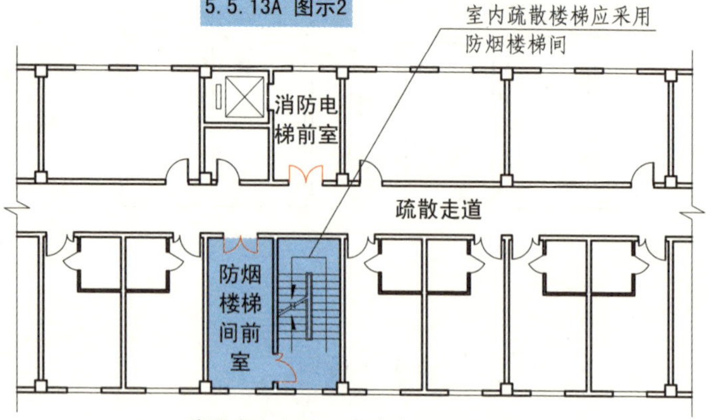

建筑高度大于24m的老年人照料设施
平面示意图

5.5.13A 图示3

5.5 安全疏散和避难						图集号	18J811-1
审核	蔡昭昀	校对	郭景	设计	林莉	页	5-59

5.5.14 公共建筑内的客、货电梯宜设置电梯候梯厅，不宜直接设置在营业厅、展览厅、多功能厅等场所内【图示1】。老年人照料设施内的非消防电梯应采取防烟措施，当火灾情况下需用于辅助人员疏散时，该电梯及其设置应符合本规范有关消防电梯及其设置要求【图示2】。

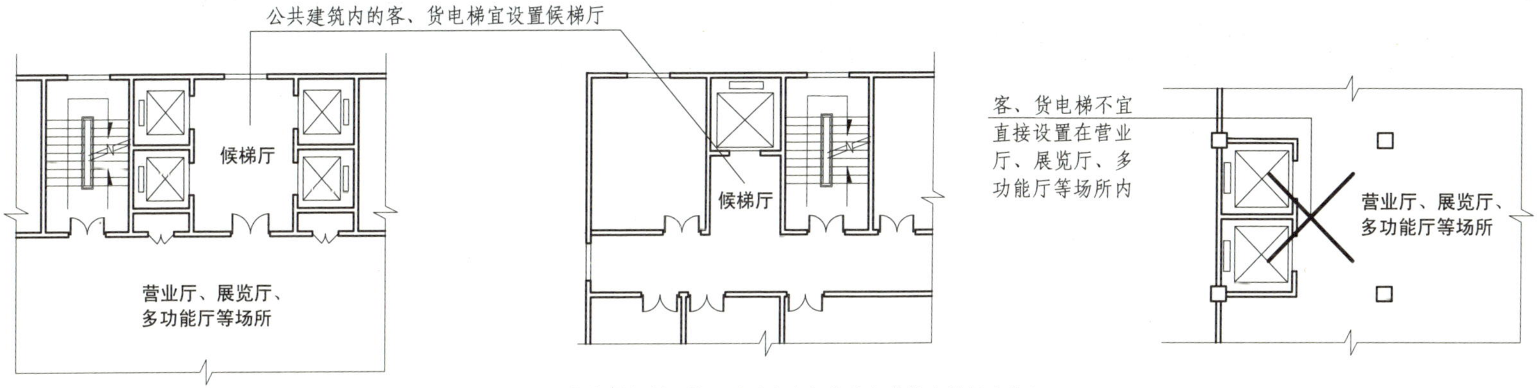

[注释]客、货电梯候梯厅是否设置防火门按本规范的有关规定执行。

5.5.14 图示1

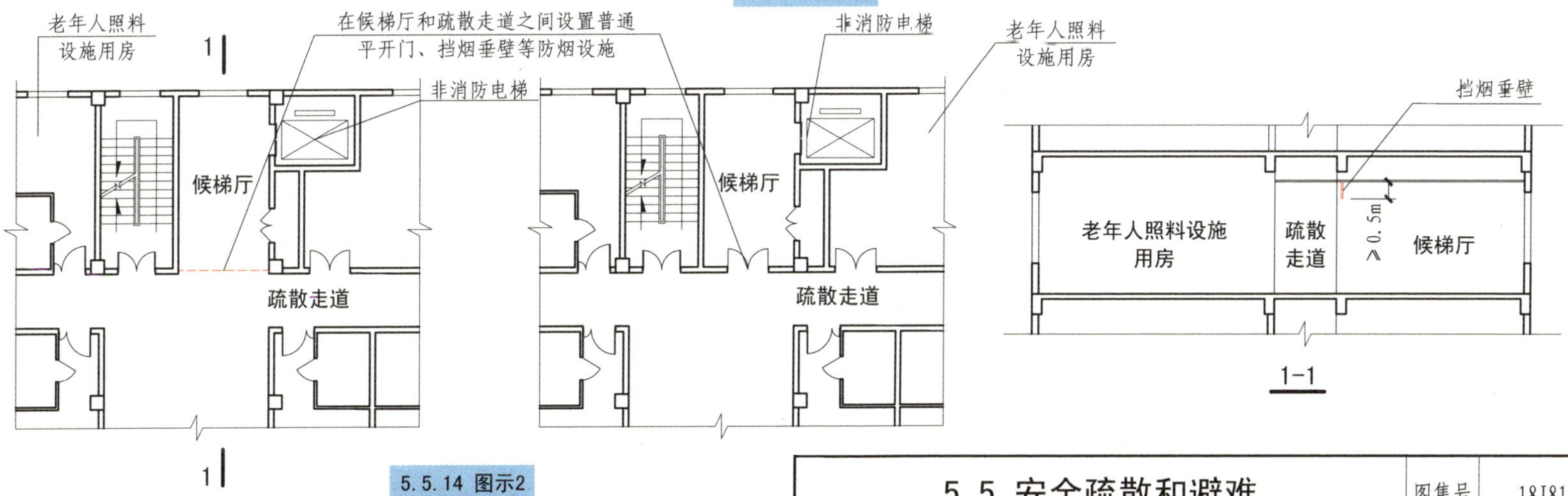

5.5.14 图示2

5.5.15 公共建筑内房间的疏散门数量应经计算确定且不应少于2个。除托儿所、幼儿园、老年人照料设施、医疗建筑、教学建筑内位于走道尽端的房间外，符合下列条件之一的房间可设置1个疏散门：【图示】

1 位于两个安全出口之间或袋形走道两侧的房间，对于托儿所、幼儿园、老年人照料设施，建筑面积不大于50m²；对于医疗建筑、教学建筑，建筑面积不大于75m²；对于其他建筑或场所，建筑面积不大于120m²。

2 位于走道尽端的房间，建筑面积小于50m²且疏散门的净宽度不小于0.90m，或由房间内任一点至疏散门的直线距离不大于15m、建筑面积不大于200m²且疏散门的净宽度不小于1.40m。

3 歌舞娱乐放映游艺场所内建筑面积不大于50m²且经常停留人数不超过15人的厅、室。

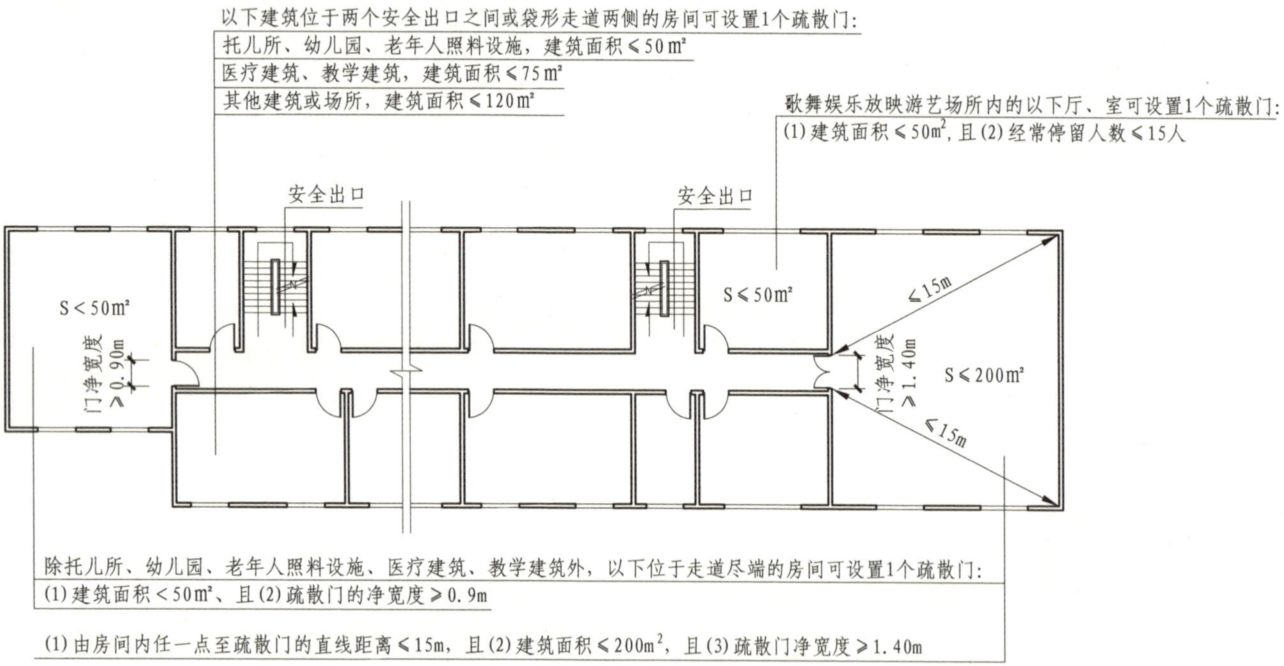

公共建筑 平面示意图

[注释] 房间疏散门的开启方向见第6.4.11条的规定。

5.5.15 图示

5.5 安全疏散和避难							图集号	18J811-1
审核	蔡昭昀	校对	郭景		设计	林莉	页	5-61

5.5.16 剧场、电影院、礼堂和体育馆的观众厅或多功能厅，其疏散门的数量应经计算确定且不应少于2个，并应符合下列规定：

1 **对于剧场、电影院、礼堂的观众厅或多功能厅，每个疏散门的平均疏散人数不应超过250人；当容纳人数超过2000人时，其超过2000人的部分，每个疏散门的平均疏散人数不应超过400人。**【图示1】

2 对于体育馆的观众厅，每个疏散门的平均疏散人数不宜超过400人～700人。【图示2】

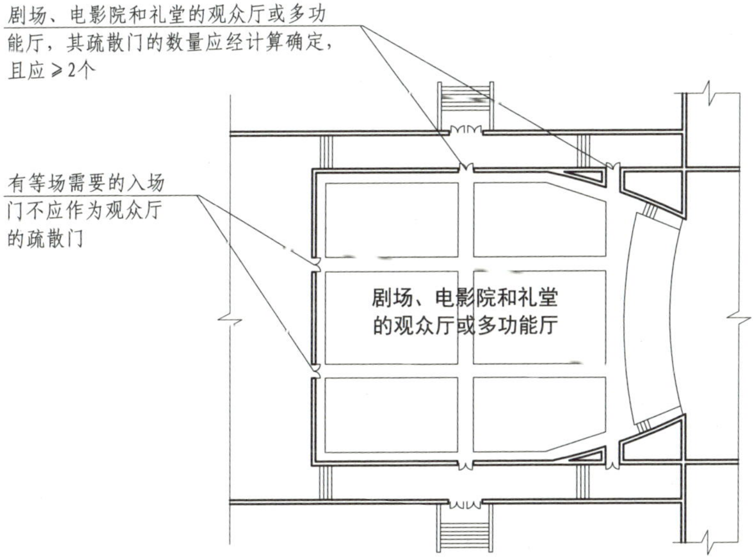

[注释]疏散门数量计算举例：
当观众厅容纳人数x≤2000（人），疏散门数量n≥x/250。
当观众厅容纳人数x＞2000（人），疏散门数量n≥2000/250+（x-2000）/400。

剧场、电影院和礼堂的观众厅或多功能厅
平面示意图

5.5.16 图示1

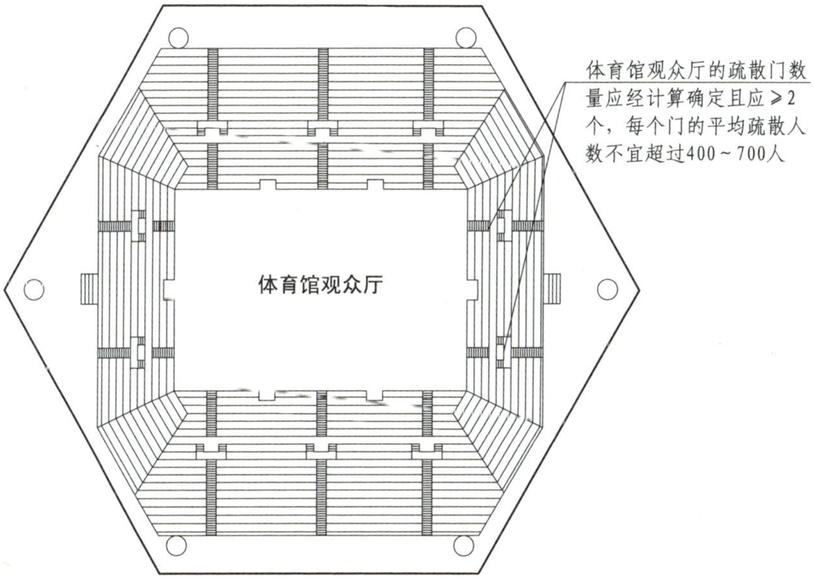

体育馆观众厅 平面示意图

5.5.16 图示2

5.5.17　公共建筑的安全疏散距离应符合下列规定：

1　直通疏散走道的房间疏散门至最近安全出口的直线距离不应大于表5.5.17的规定。【图示1】【图示2】

表 5.5.17 直通疏散走道的房间疏散门至最近安全出口的直线距离（m）

名称			位于两个安全出口之间的疏散门			位于袋形走道两侧或尽端的疏散门		
			一、二级	三级	四级	一、二级	三级	四级
托儿所、幼儿园 老年人照料设施			25	20	15	20	15	10
歌舞娱乐放映游艺场所			25	20	15	9	—	—
医疗建筑	单、多层		35	30	25	20	15	10
医疗建筑	高层	病房部分	24	—	—	12	—	—
医疗建筑	高层	其他部分	30	—	—	15	—	—
教学建筑	单、多层		35	30	25	22	20	10
教学建筑	高层		30	—	—	15	—	—
高层旅馆、展览建筑			30	—	—	15	—	—
其他建筑	单、多层		40	35	25	22	20	15
其他建筑	高层		40	—	—	20	—	—

注：1　建筑内开向敞开式外廊的房间疏散门至最近安全出口的直线距离可按本表的规定增加5m。【图示3】

2　直通疏散走道的房间疏散门至最近敞开楼梯间的直线距离，当房间位于两个楼梯间之间时，应按本表的规定减少5m；当房间位于袋形走道两侧或尽端时，应按本表的规定减少2m。【图示4】

3　建筑物内全部设置自动喷水灭火系统时，其安全疏散距离可按本表的规定增加25%。【图示1】【图示2】【图示3】【图示4】

2　楼梯间应在首层直通室外，确有困难时，可在首层采用扩大的封闭楼梯间或防烟楼梯间前室。当层数不超过4层且未采用扩大的封闭楼梯间或防烟楼梯间前室时，可将直通室外的门设置在离楼梯间不大于15m处。【图示5】

3　房间内任一点至房间直通疏散走道的疏散门的直线距离，不应大于表5.5.17规定的袋形走道两侧或尽端的疏散门至最近安全出口的直线距离。【图示6】

4　一、二级耐火等级建筑内疏散门或安全出口不少于2个的观众厅、展览厅、多功能厅、餐厅、营业厅等，其室内任一点至最近疏散门或安全出口的直线距离不应大于30m；当疏散门不能直通室外地面或疏散楼梯间时，应采用长度不大于10m的疏散走道通至最近的安全出口。当该场所设置自动喷水灭火系统时，室内任一点至最近安全出口的安全疏散距离可分别增加25%。【图示7】

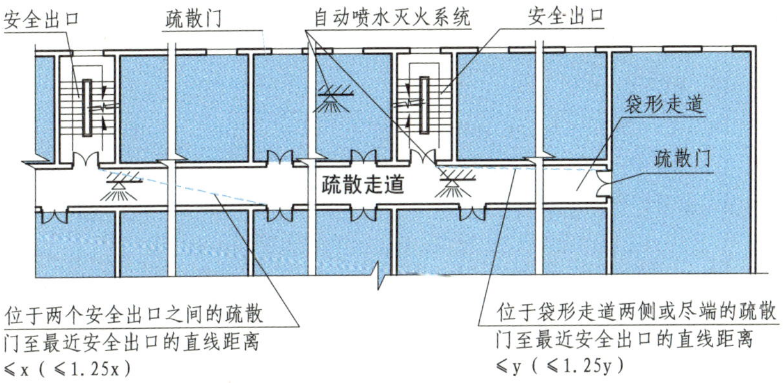

直通疏散走道的房间疏散门至最近安全出口的直线距离 平面示意图

5.5.17 图示1

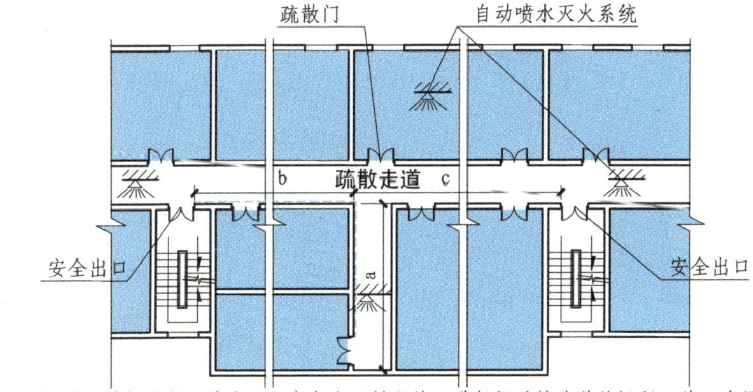

[注释]对于除托儿所、幼儿园、老年人照料设施，歌舞娱乐放映游艺场所，单、多层医疗建筑，单、多层教学建筑以外的下列建筑应同时满足以下两点要求：

（1）$a<b$且$a<c$

（2）对于一、二级耐火等级其他建筑：$2a+b\leqslant 40m$，或$2a+c\leqslant 40m$
（$2a+b\leqslant 50m$，或$2a+c\leqslant 50m$）

（3）高层医疗建筑其他部分、高层教学建筑、高层旅馆、展览建筑：$2a+b\leqslant 30m$。

直通疏散走道的房间疏散门至最近安全出口的直线距离 平面示意图

5.5.17 图示2

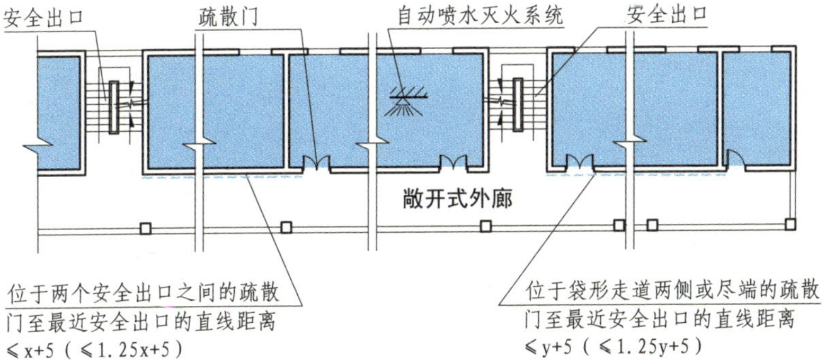

直通敞开式外廊的房间疏散门至最近安全出口的直线距离 平面示意图

5.5.17 图示3

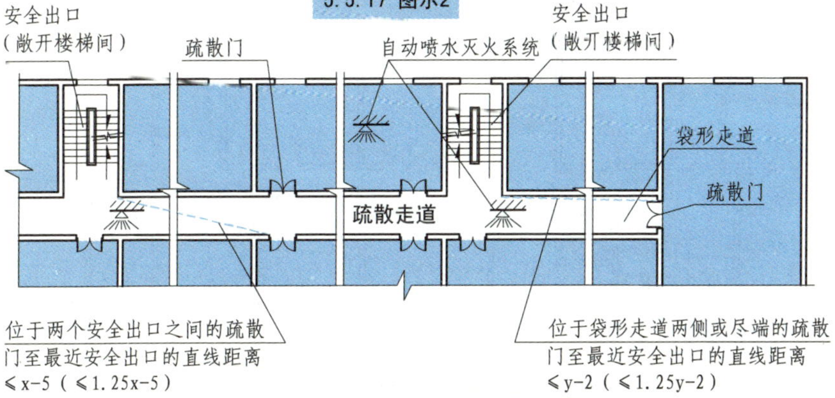

直通疏散走道的房间疏散门至最近敞开式楼梯间的直线距离 平面示意图

5.5.17 图示4

[注释]

1 x为表5.5.17中位于两个安全出口之间的疏散门至最近安全出口的最大直线距离(m)；y为表5.5.17中位于袋形走道两侧或尽端的疏散门至最近安全出口的最大直线距离(m)。

2 建筑物内全部设自动喷水灭火系统时，安全疏散距离按括号内数字。

5.5 安全疏散和避难							图集号	18J811-1
审核	蔡昭昀	（签名）	校对	林 莉	（签名）	设计 成 龙 （签名）	页	5-64

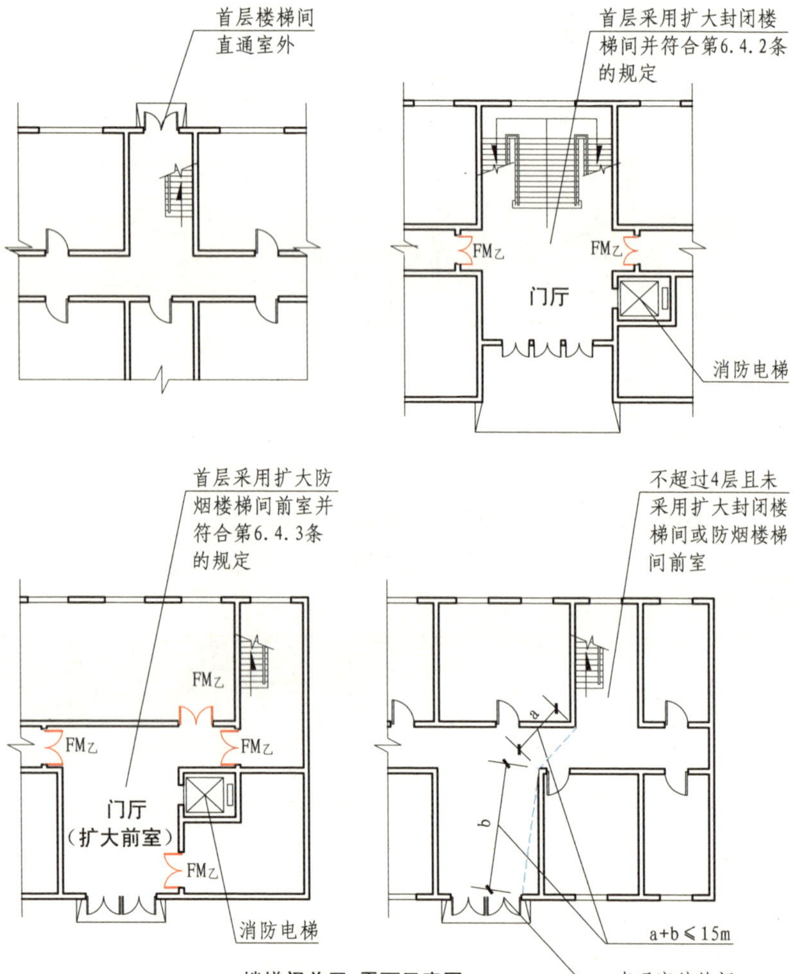

楼梯间首层 平面示意图

5.5.17 图示5

房间内任一点到疏散门的最大直线距离（L）

名 称			一、二级	三级	四级
托儿所、幼儿园 老年人照料设施			20	15	10
歌舞娱乐放映游艺场所			9	—	—
医疗建筑	单、多层		20	15	10
	高层	病房部分	12	—	—
		其他部分	15	—	—
教学建筑	单、多层		22	20	10
	高层		15	—	—
高层旅馆、展览建筑			15	—	—
其他建筑	单、多层		22	20	15
	高层		20	—	—

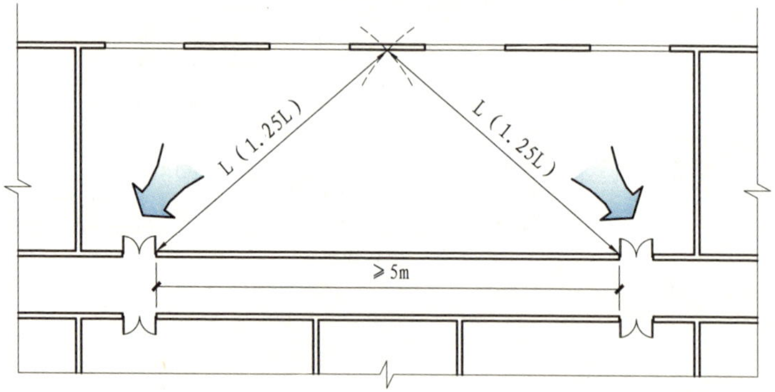

［注释］建筑物内全部设自动喷水灭火系统时，安全疏散距离按括号内数字。

房间内任一点到疏散门的距离 平面示意图

5.5.17 图示6

5.5 安全疏散和避难						图集号	18J811-1
审核	（签名）	校对	林莉	（签名）	设计 成龙 （签名）	页	5-65

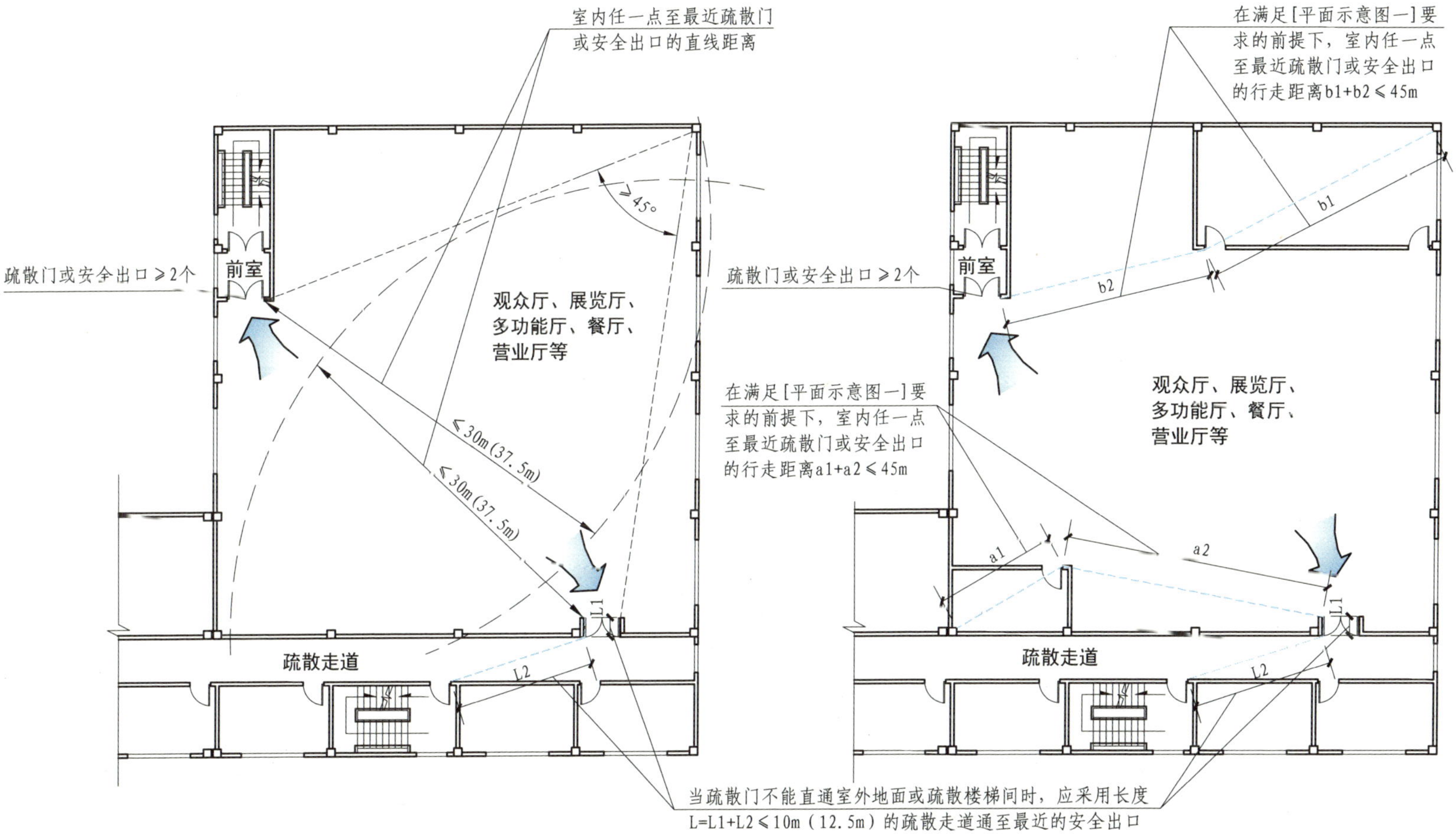

一、二级耐火等级公共建筑
平面示意图一

一、二级耐火等级公共建筑
平面示意图二

5.5.17 图示7

[注释]
1 建筑物内全部设自动喷水灭火系统时，安全疏散距离按括号内数字。
2 平面示意图二中的其他部位仍应满足平面示意图一中的要求。
3 平面示意图二中的“a1+a2≤45m（b1+b2≤45m）”为参照《人员密集场所消防安全管理》GA654-2006中有关“行走距离”的相关规定。
4 楼梯形式应根据实际工程情况确定。

5.5 安全疏散和避难								图集号	18J811-1
审核	蔡昭昀	蔡昭昀	校对	林莉	林莉	设计	成龙	页	5-66

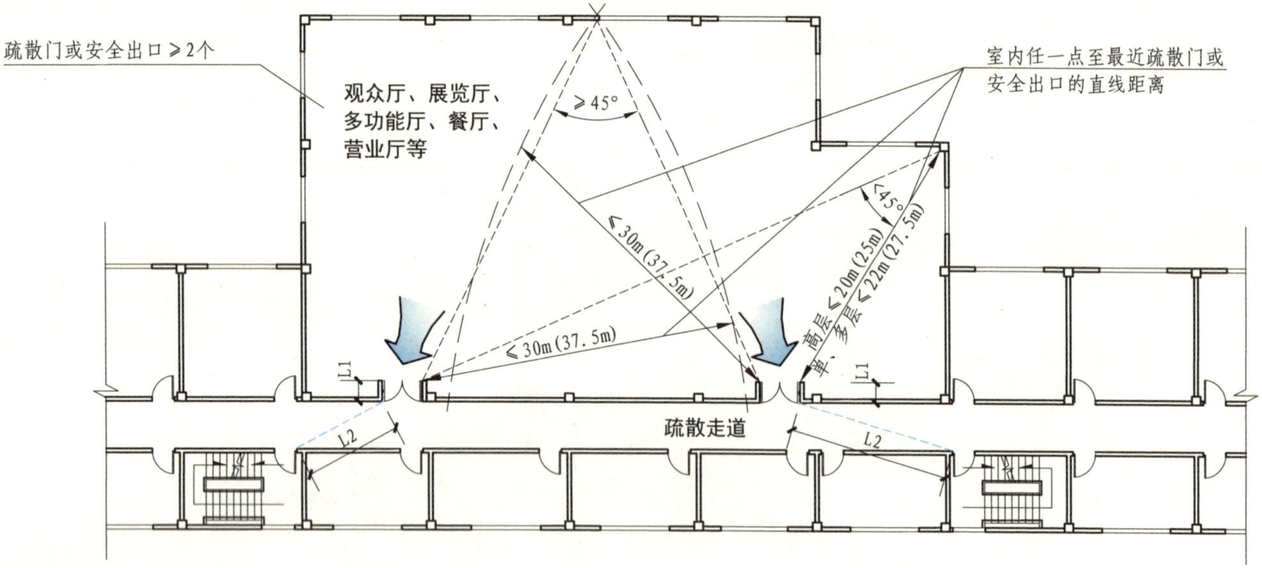

[注释]当室内任一点至最近疏散门或安全出口的直线距离≤30m(37.5m)时，疏散走道通至最近的安全出口长度L=L1+L2≤10m(12.5m)，且任一点与两个疏散门的连线夹角≥45°。当夹角<45°时，此点至最近疏散门或安全出口的直线距离单、多层≤22m(27.5m)，高层≤20m(25m)。

一、二级耐火等级公共建筑平面示意图三

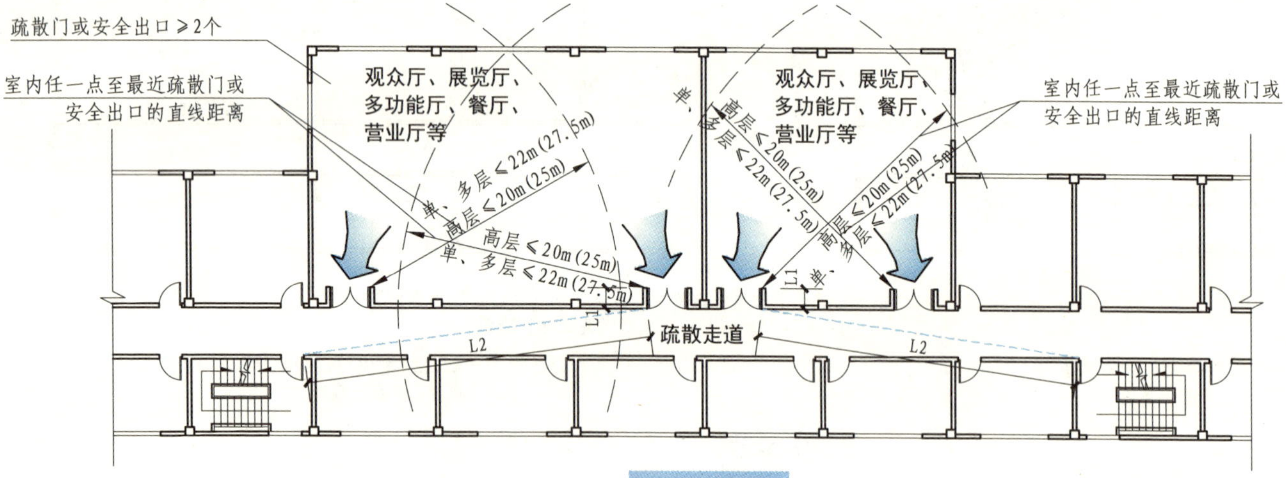

[注释]当室内任一点至最近疏散门或安全出口的直线距离单、多层≤22m(27.5m)，高层≤20m(25m)时，疏散走道通至最近的安全出口长度L=L1+L2≤40m(50m)。

一、二级耐火等级公共建筑平面示意图四

5.5.17 图示7续

[注释]建筑物内全部设自动喷水灭火系统时，安全疏散距离按括号内数字。

5.5 安全疏散和避难						图集号	18J811-1
审核	蔡昭昀	校对	林 莉	设计	成 龙	页	5-67

5.5.18 除本规范另有规定外，公共建筑内疏散门和安全出口的净宽度不应小于0.90m，疏散走道和疏散楼梯的净宽度不应小于1.10m【图示1】。高层公共建筑内楼梯间的首层疏散门、首层疏散外门、疏散走道和疏散楼梯的最小净宽度应符合表5.5.18的规定【图示2】【图示3】。

表5.5.18 高层公共建筑内楼梯间的首层疏散门、首层疏散外门、疏散走道和疏散楼梯的最小净宽度（m）

建筑类别	楼梯间的首层疏散门、首层疏散外门	走道		疏散楼梯
		单面布房	双面布房	
高层医疗建筑	1.30	1.40	1.50	1.30
其他高层公共建筑	1.20	1.30	1.40	1.20

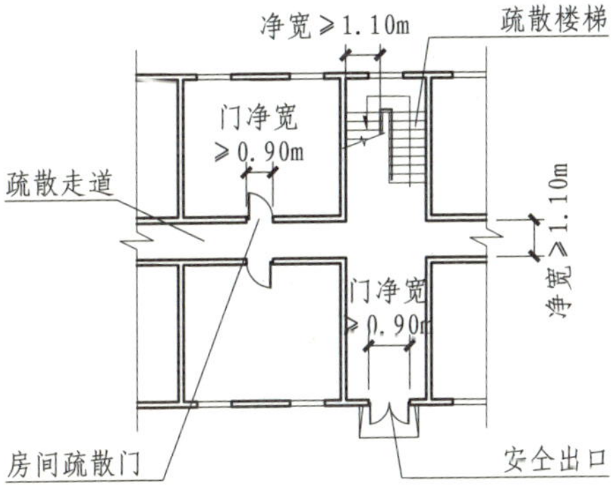

公共建筑 平面示意图

5.5.18 图示1

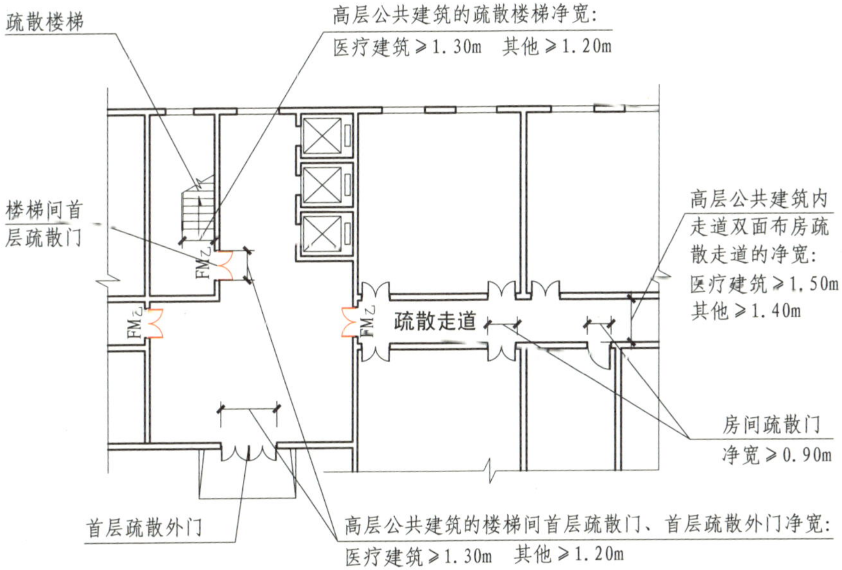

高层公共建筑 平面示意图

5.5.18 图示2

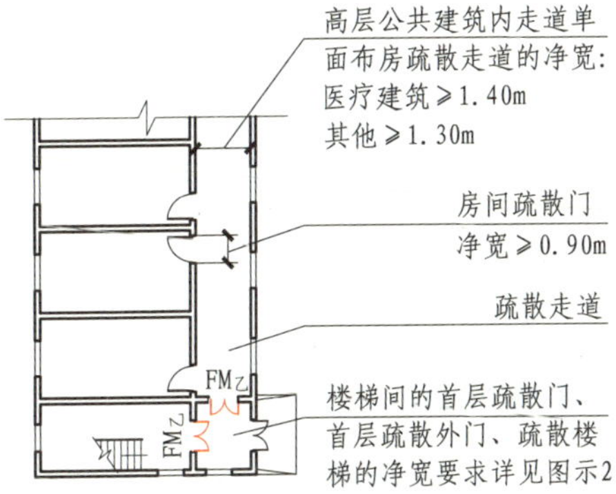

高层公共建筑 平面示意图

5.5.18 图示3

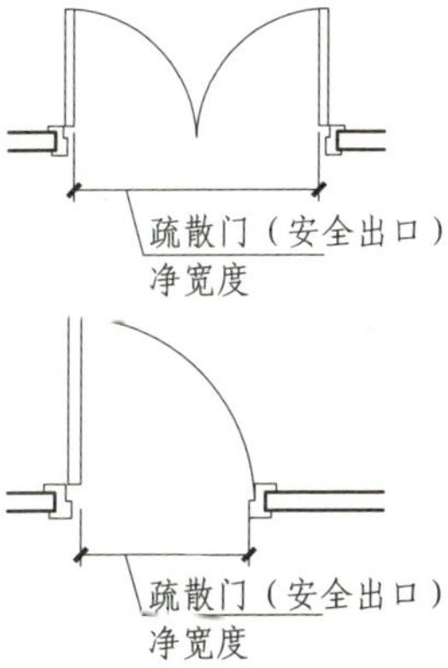

疏散门、安全出口宽度
平面示意图

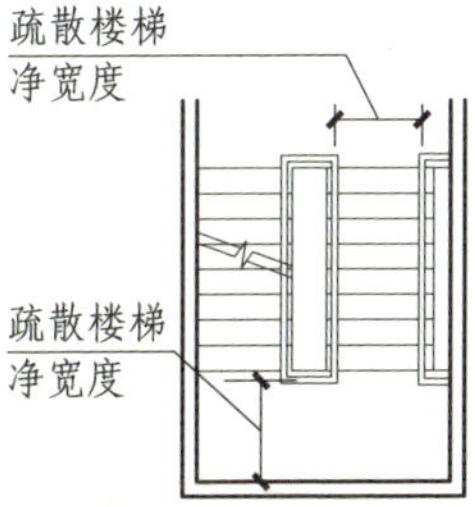

疏散楼梯净宽度
平面示意图

5.5 安全疏散和避难	图集号	18J811-1
审核 蔡昭昀 校对 林莉 设计 成龙	页	5-68

5.5.19 人员密集的公共场所、观众厅的疏散门不应设置门槛，其净宽度不应小于1.40m，且紧靠门口内外各1.40m范围内不应设置踏步【图示1】。

人员密集的公共场所的室外疏散通道的净宽度不应小于3.00m，并应直接通向宽敞地带【图示2】。

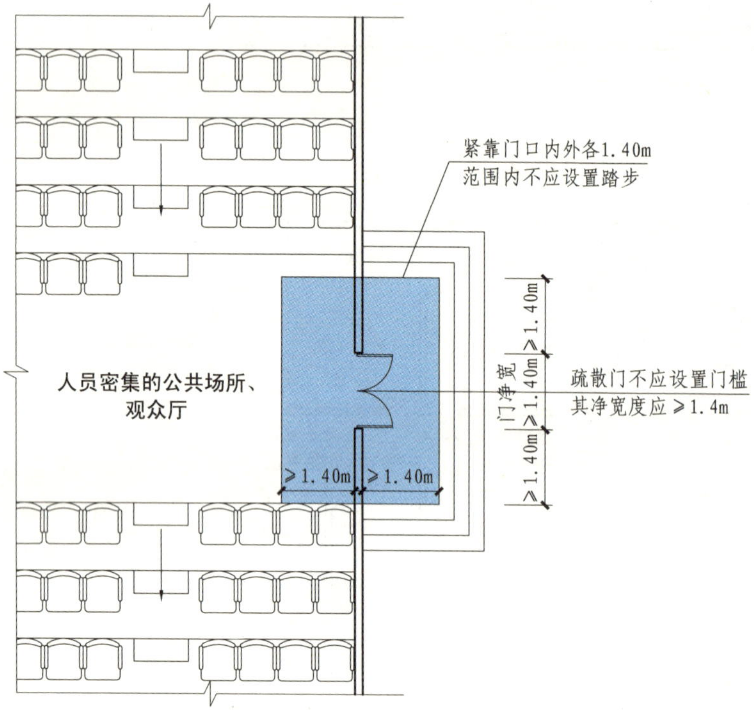

平面示意图

5.5.19 图示1

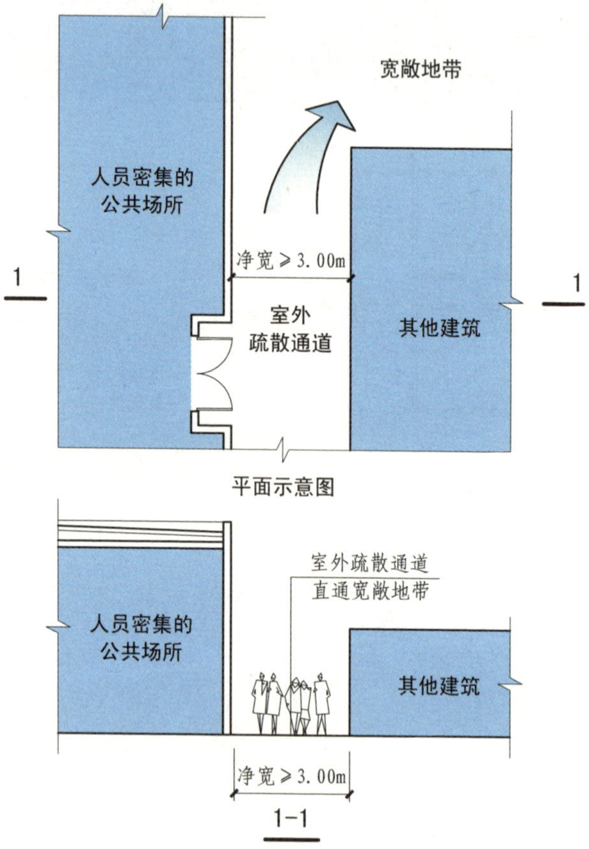

5.5.19 图示2

5.5.20 剧场、电影院、礼堂、体育馆等场所的疏散走道、疏散楼梯、疏散门、安全出口的各自总净宽度，应符合下列规定：

1 观众厅内疏散走道的净宽度应按每100人不小于0.60m计算，且不应小于1.00m；边走道的净宽度不宜小于0.80m。

布置疏散走道时，横走道之间的座位排数不宜超过20排；纵走道之间的座位数：剧场、电影院、礼堂等，每排不宜超过22个；体育馆，每排不宜超过26个；前后排座椅的排距不小于0.90m时，可增加1.0倍，但不得超过50个；仅一侧有纵走道时，座位数应减少一半。【图示1】

2 剧场、电影院、礼堂等场所供观众疏散的所有内门、外门、楼梯和走道的各自总净宽度，应根据疏散人数按每100人的最小疏散净宽度不小于表5.5.20-1的规定计算确定。【图示2】

表 5.5.20-1 剧场、电影院、礼堂等场所每100人所需最小疏散净宽度（m/百人）

观众厅座位数（座）			≤2500	≤1200
耐火等级			一、二级	三级
疏散部位	门和走道	平坡地面	0.65	0.85
		阶梯地面	0.75	1.00
	楼 梯		0.75	1.00

3 体育馆供观众疏散的所有内门、外门、楼梯和走道的各自总净宽度，应根据疏散人数按每100人的最小疏散净宽度不小于表5.5.20-2的规定计算确定。【图示3】

表 5.5.20-2 体育馆每100人所需最小疏散净宽度（m/百人）

观众厅座位数范围(座)			3000～5000	5001～10000	10001～20000
疏散部位	门和走道	平坡地面	0.43	0.37	0.32
		阶梯地面	0.50	0.43	0.37
	楼 梯		0.50	0.43	0.37

注：本表中对应较大座位数范围按规定计算的疏散总净宽度，不应小于对应相邻较小座位数范围按其最多座位数计算的疏散总净宽度。对于观众厅座位数少于3000个的体育馆，计算供观众疏散的所有内门、外门、楼梯和走道的各自总净宽度时，每100人的最小疏散净宽度不应小于表5.5.20-1的规定。

4 有等场需要的入场门不应作为观众厅的疏散门。【图示2】【图示3】

[注释]
本条适用于独立建造的情况，附设在其他建筑内时，其疏散楼梯和走道的净宽度指标应执行本规范第5.5.21条的规定。

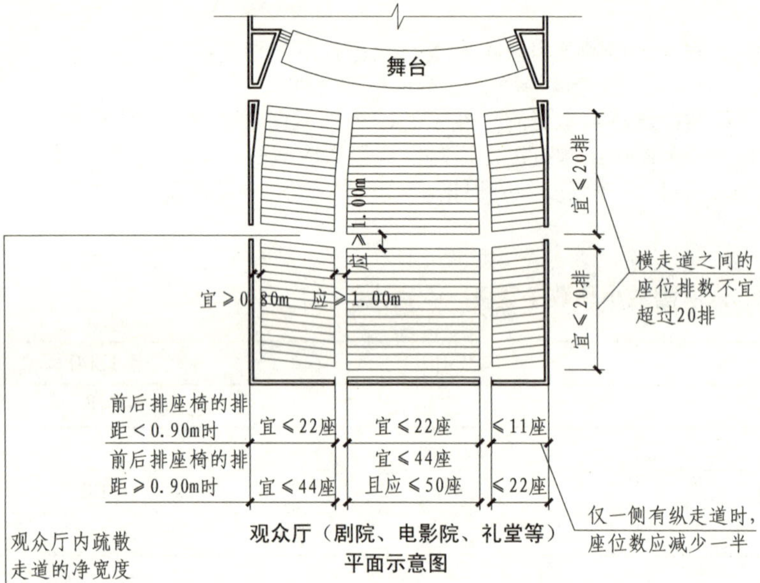

观众厅（剧院、电影院、礼堂等）平面示意图

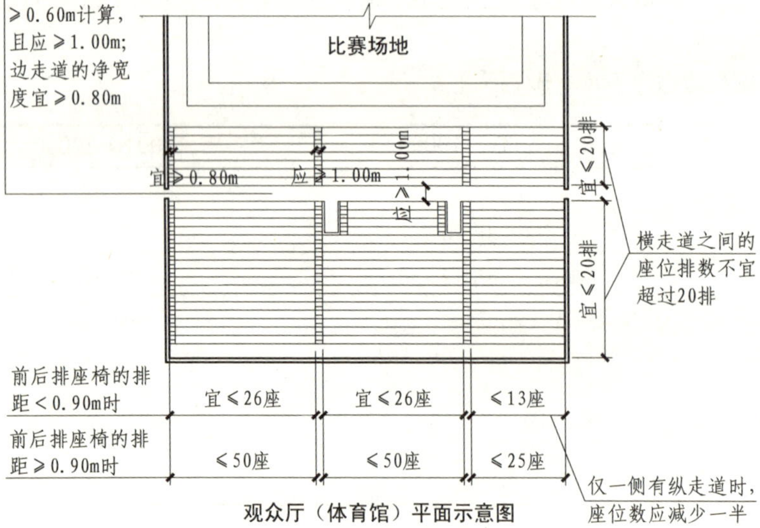

观众厅（体育馆）平面示意图

5.5.20 图示1

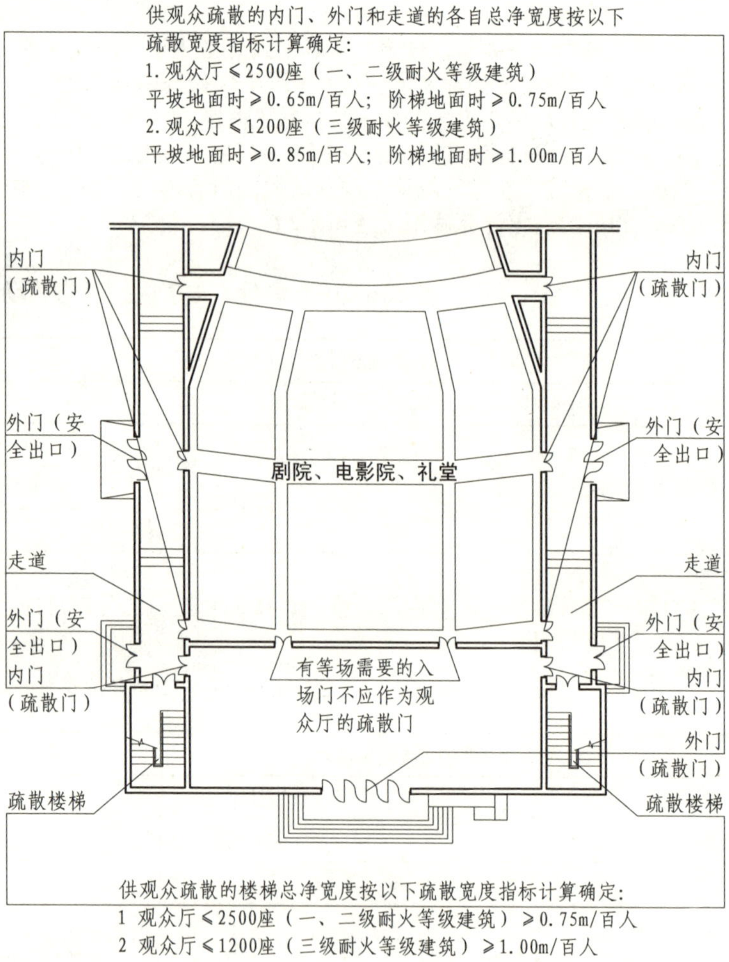

[注释]本条适用于独立建造的情况，附设在其他建筑内时，应执行本规范第5.5.21条的规定。

独立建造的剧院（电影院、礼堂）平面示意图

5.5.20 图示2

供观众疏散的内门、外门和走道的各自总净宽度按以下疏散宽度指标计算确定：
1. 观众厅小于3000座，不应小于表5.5.20-1规定
2. 观众厅3000～5000座，平坡地面时≥0.43m/百人；阶梯地面时≥0.50m/百人
3. 观众厅5001～10000座，平坡地面时≥0.37m/百人；阶梯地面时≥0.43m/百人
4. 观众厅10001～20000座，平坡地面时≥0.32m/百人；阶梯地面时≥0.37m/百人

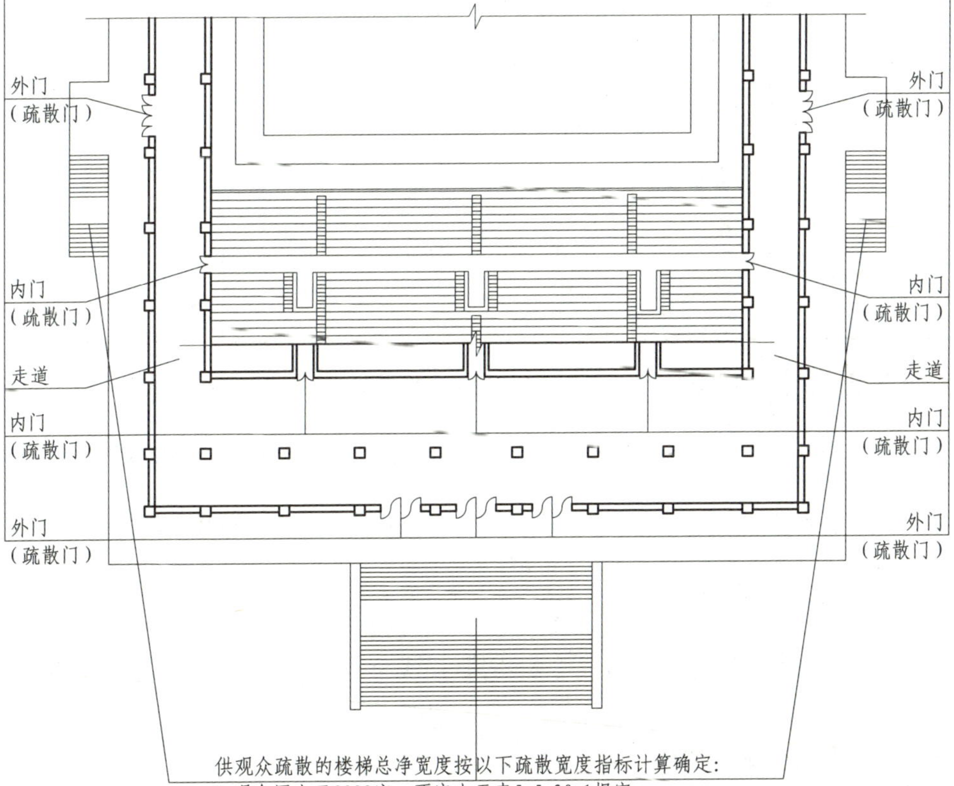

供观众疏散的楼梯总净宽度按以下疏散宽度指标计算确定：
1. 观众厅小于3000座，不应小于表5.5.20-1规定
2. 观众厅3000～5000座≥0.50m/百人
3. 观众厅5001～10000座≥0.43m/百人
4. 观众厅10001～20000座≥0.37m/百人

独立建造的体育馆观众厅 平面示意图

5.5.20 图示3

[注释]

1 【图示3】中，计算疏散总宽度时，应考虑较大座位数范围按规定计算的疏散总宽度，不应小于对应相邻较小座位数范围按其最多座位数计算的疏散总宽度。

举例A：5000座档次观众厅的疏散楼梯总宽度

5000×0.5/100=25（m）

其上一档次5001～10000座观众厅的疏散楼梯总宽度凡按规定计算小于25m者，如5500座观众厅的疏散楼梯总宽度按计算为

5500×0.43/100=23.65≤25（m），均应按25m确定。

举例B：10000座档次观众厅的疏散走道（平坡地面）总宽度

10000×0.37/100=37（m）

其上一档次10001～20000座观众厅的疏散走道（平坡地面）总宽度凡按规定计算小于37m者，如11000座观众厅的疏散走道总宽度按计算为

11000×0.32/100=35.2≤37（m），均应按37m确定。

2 本条适用于独立建造的情况，附设在其他建筑内时，应执行本规范第5.5.21条的规定。

5.5 安全疏散和避难						图集号	18J811-1
审核	蔡昭昀	校对	林莉	设计	成龙	页	5-72

5.5.21　除剧场、电影院、礼堂、体育馆外的其他公共建筑，其房间疏散门、安全出口、疏散走道和疏散楼梯的各自总净宽度，应符合下列规定：

1　每层的房间疏散门、安全出口、疏散走道和疏散楼梯的各自总净宽度，应根据疏散人数按每100人的最小疏散净宽度不小于表5.5.21-1的规定计算确定。当每层疏散人数不等时，疏散楼梯的总净宽度可分层计算，地上建筑内下层楼梯的总净宽度应按该层及以上疏散人数最多一层的人数计算；地下建筑内上层楼梯的总净宽度应按该层及以下疏散人数最多一层的人数计算。【图示1】

表 5.5.21-1　每层的房间疏散门、安全出口、疏散走道和疏散楼梯的每100人最小疏散净宽度（m/百人）

建筑层数		建筑的耐火等级		
		一、二级	三级	四级
地上楼层	1～2层	0.65	0.75	1.00
	3层	0.75	1.00	—
	≥4层	1.00	1.25	—
地下楼层	与地面出入口地面的高差ΔH≤10m	0.75	—	—
	与地面出入口地面的高差ΔH>10m	1.00	—	—

2　地下或半地下人员密集的厅、室和歌舞娱乐放映游艺场所，其房间疏散门、安全出口、疏散走道和疏散楼梯的各自总净宽度，应根据疏散人数按每100人不小于1.00m计算确定。【图示2】

3　首层外门的总净宽度应按该建筑疏散人数最多一层的人数计算确定，不供其他楼层人员疏散的外门，可按本层的疏散人数计算确定。【图示3】

4　歌舞娱乐放映游艺场所中录像厅的疏散人数，应根据厅、室的建筑面积按不小于1.0人/m²计算；其他歌舞娱乐放映游艺场所的疏散人数，应根据厅、室的建筑面积按不小于0.5人/m²计算。【图示4】

5　有固定座位的场所，其疏散人数可按实际座位数的1.1倍计算。【图示4】

6　展览厅的疏散人数应根据展览厅的建筑面积和人员密度计算，展览厅内的人员密度不宜小于0.75人/m²。【图示4】

7　商店的疏散人数应按每层营业厅的建筑面积乘以表5.5.21-2规定的人员密度计算。对于建材商店、家具和灯饰展示建筑，其人员密度可按表5.5.21-2规定值的30%确定。【图示5】

表5.5.21-2　商店营业厅内的人员密度（人/m²）

楼层位置	地下第二层	地下第一层	地上第一、二层	地上第三层	地上第四层及以上各层
人员密度	0.56	0.60	0.43～0.60	0.39～0.54	0.30～0.42

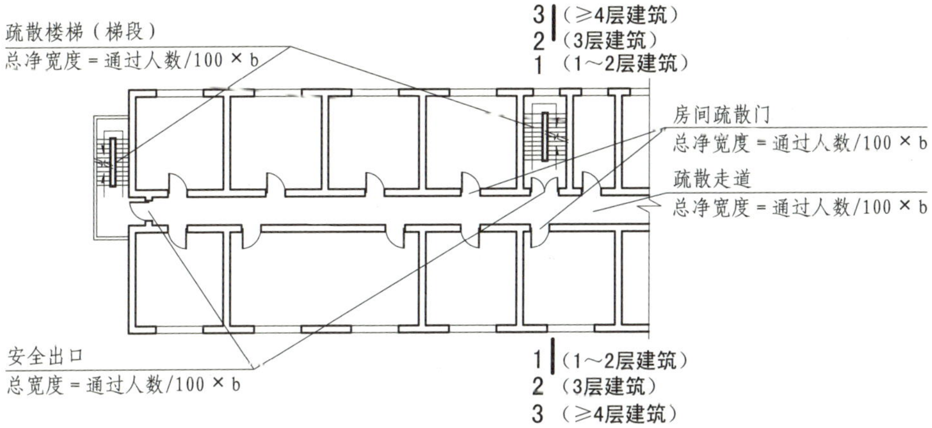

标准层平面示意图

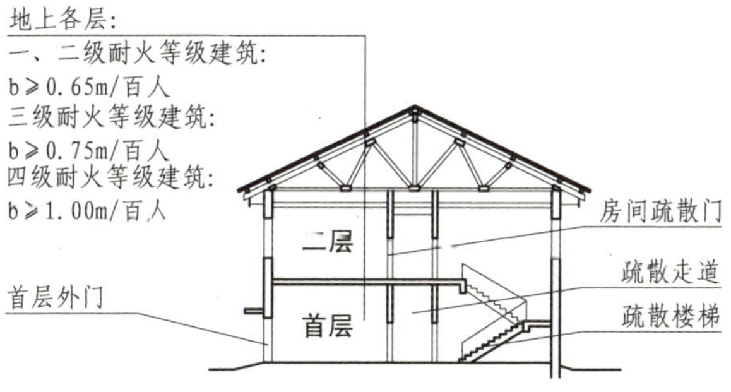

1-1 (1～2层建筑)

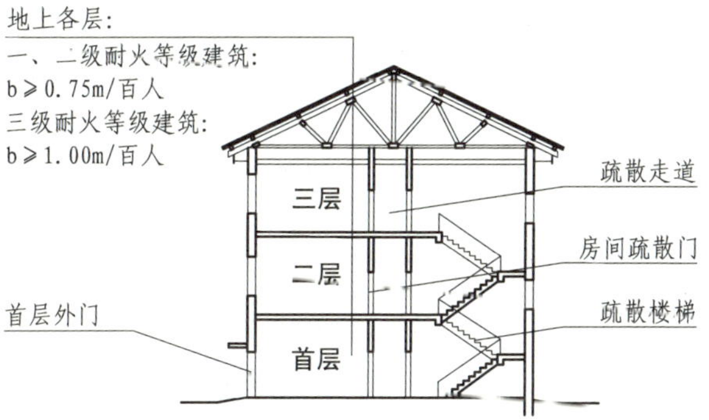

2-2 (3层建筑)

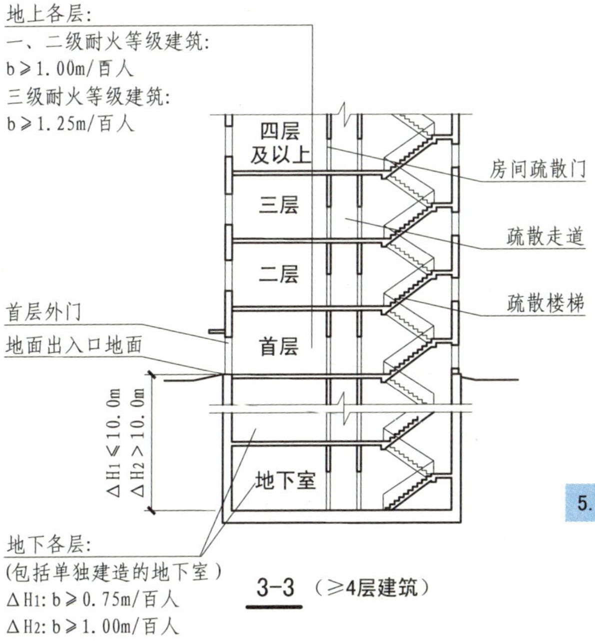

3-3 (≥4层建筑)

5.5.21 图示1

[注释]

1 同层中疏散走道、安全出口、疏散楼梯的每百人净宽度值(b)均相同。当安全出口为疏散门时，净宽度应为疏散门净宽。

2 当每层疏散人数不等时，疏散楼梯（梯段）的总净宽度可分层计算，地上建筑内下层楼梯的总净宽度应按该层及以上疏散人数最多一层的人数计算；地下建筑内上层楼梯的总净宽度应按该层及以下疏散人数最多一层的人数计算。

3 首层外门的总净宽度应按该建筑疏散人数最多一层的人数计算确定，不供其他楼层人员疏散的外门，可按本层的疏散人数计算确定。

4 1-1、2-2剖面所示建筑如有地下部分，地下楼层b值同3-3剖面图。

5.5 安全疏散和避难	图集号	18J811-1
审核 蔡昭昀 校对 林 莉 设计 成 龙	页	5-74

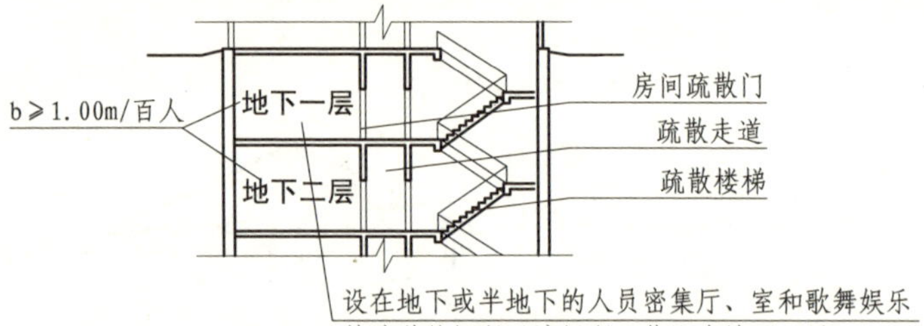

[注释]
1 b为各疏散部位每百人净宽度的规定值。
2 “人员密集的厅、室”包括商店营业厅、证券营业厅等。

设在地下或半地下的人员密集厅、室和歌舞娱乐放映游艺场所 剖面示意图

5.5.21 图示2

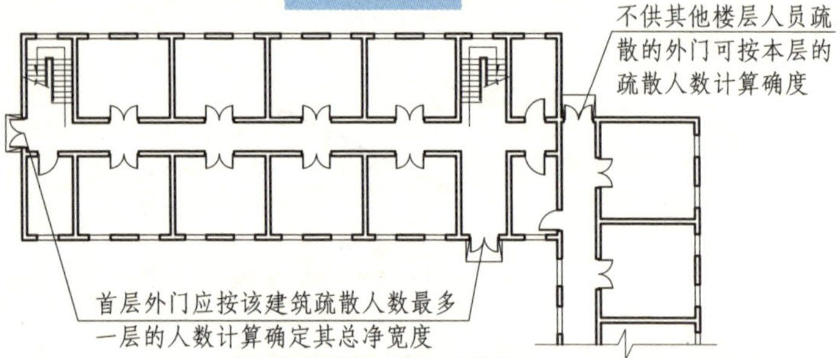

首层外门疏散 平面示意图

5.5.21 图示3

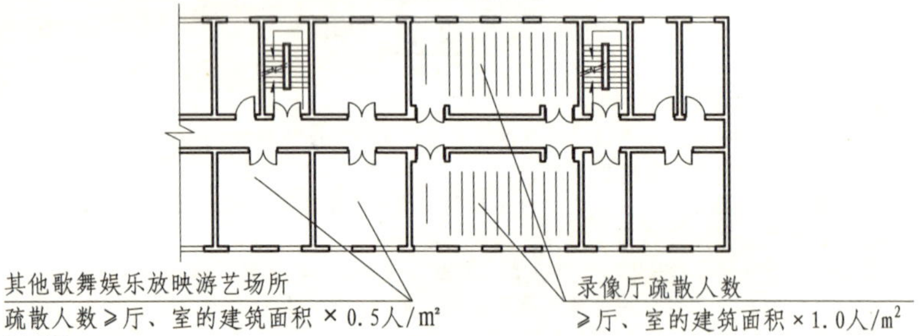

[注释]
1 有固定座位的场所，其疏散人数可按实际座位数的1.1倍计算。
2 展览厅的疏散人数应根据展览厅的建筑面积和人员密度计算，展览厅内的人员密度宜≥0.75人/m²。

歌舞娱乐放映游艺场所 平面示意图

5.5.21 图示4

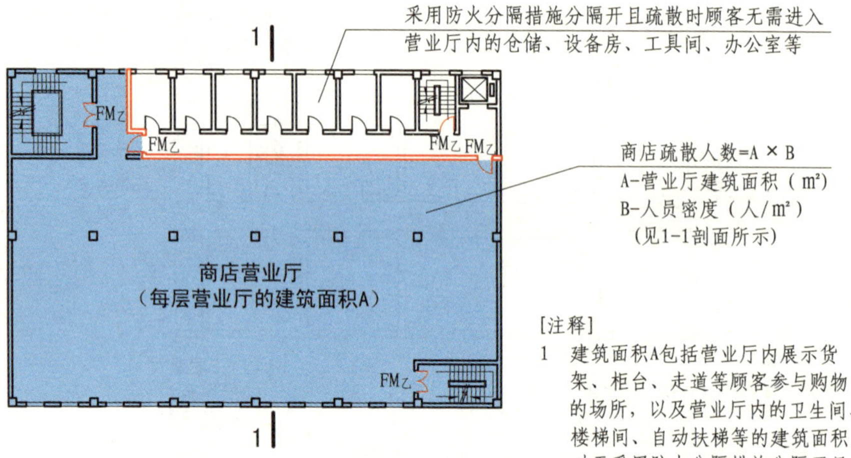

商店营业厅 平面示意图

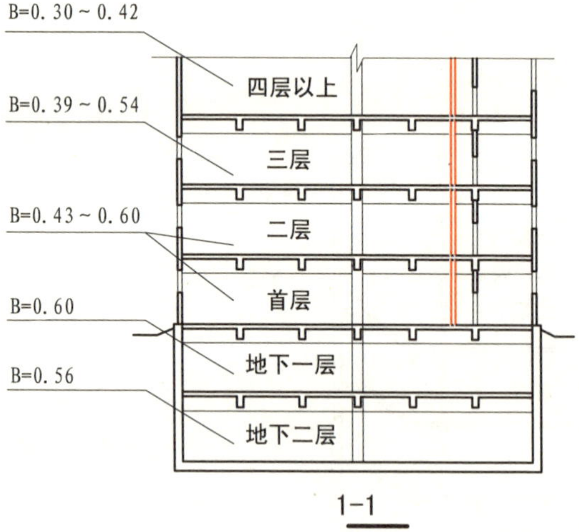

[注释]
1 建筑面积A包括营业厅内展示货架、柜台、走道等顾客参与购物的场所，以及营业厅内的卫生间、楼梯间、自动扶梯等的建筑面积。对于采用防火分隔措施分隔开且疏散时顾客无需进入营业厅内的仓储、设备房、工具间、办公室等可不计入该建筑面积。
2 据表5.5.21-2确定人员密度值（B）时，应考虑商店的建筑规模，当建筑规模较小（比如营业厅的总建筑面积小于3000m²）时宜取上限值，当建筑规模较大时，可取下限值。
3 对于建材商店、家具和灯饰展示建筑，可按B的30%确定。但当一座商店建筑内设置有多种商业用途时，考虑到不同用途区域可能会随经营状况或经营者的变化而变化，尽管部分区域可能用于家具、建材经销等类似用途，但人员密度仍需要按照该建筑的主要商业用途来确定，不能再按照上述方法折减。

5.5.21 图示5

5.5 安全疏散和避难							图集号	18J811-1
审核	蔡昭昀	蔡昭昀	校对	林 莉	林莉	设计 成 龙	页	5-75

5.5.22 人员密集的公共建筑不宜在窗口、阳台等部位设置封闭的金属栅栏，确需设置时，应能从内部易于开启；窗口、阳台等部位宜根据其高度设置适用的辅助疏散逃生设施。【图示】

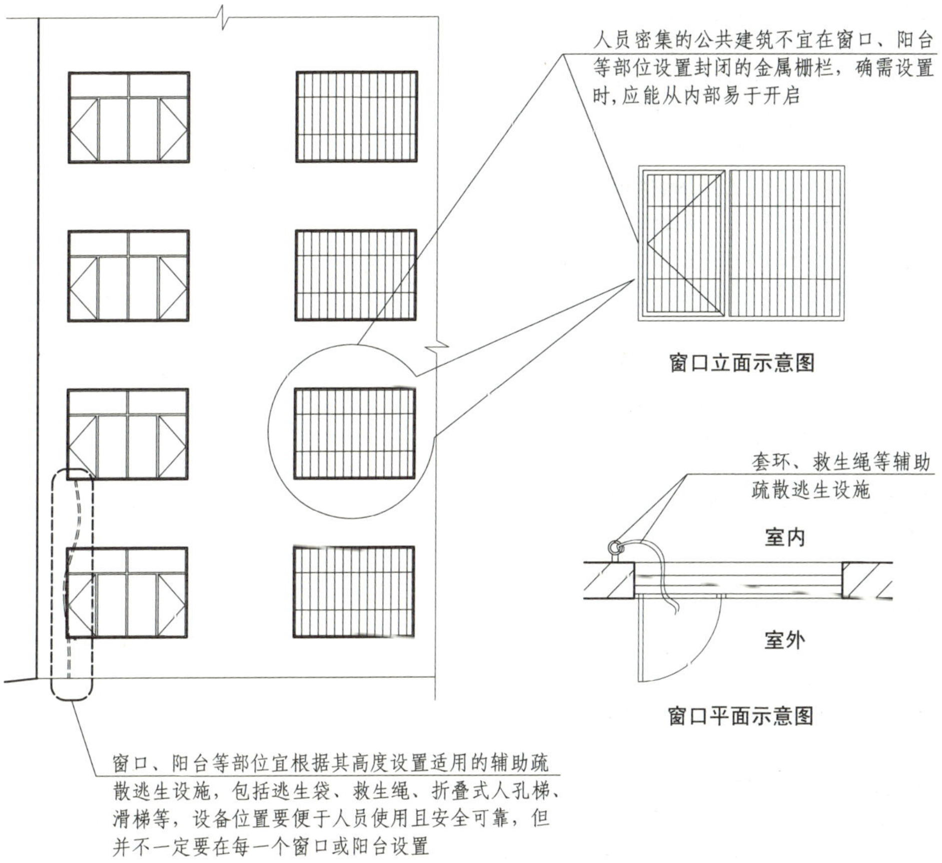

人员密集的公共建筑 立面示意图

5.5.22 图示

5.5.23 建筑高度大于100m的公共建筑，应设置避难层（间）。避难层（间）应符合下列规定：【图示1】【图示2】

1 第一个避难层（间）的楼地面至灭火救援场地地面的高度不应大于50m，两个避难层（间）之间的高度不宜大于50m。

2 通向避难层（间）的疏散楼梯应在避难层分隔、同层错位或上下层断开。

3 避难层（间）的净面积应能满足设计避难人数避难的要求，并宜按5.0人/m²计算。

4 避难层可兼作设备层。设备管道宜集中布置，其中的易燃、可燃液体或气体管道应集中布置，设备管道区应采用耐火极限不低于3.00h的防火隔墙与避难区分隔。管道井和设备间应采用耐火极限不低于2.00h的防火隔墙与避难区分隔，管道井和设备间的门不应直接开向避难区；确需直接开向避难区时，与避难层区出入口的距离不应小于5m，且应采用甲级防火门。

避难间内不应设置易燃、可燃液体或气体管道，不应开设除外窗、疏散门之外的其他开口。

5 避难层应设置消防电梯出口。

6 应设置消火栓和消防软管卷盘。

7 应设置消防专线电话和应急广播。

8 在避难层（间）进入楼梯间的入口处和疏散楼梯通向避难层（间）的出口处，应设置明显的指示标志。

9 应设置直接对外的可开启窗口或独立的机械防烟设施，外窗应采用乙级防火窗。

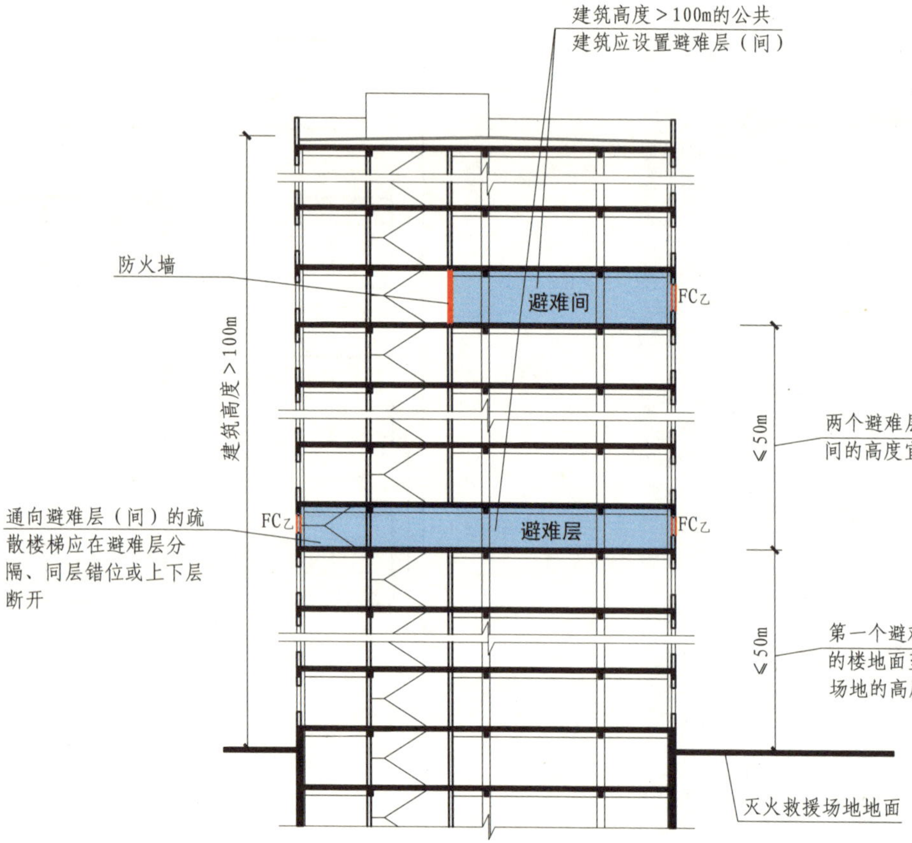

建筑高度＞100m的公共建筑
避难层（间）设置位置 剖面示意图

5.5.23 图示1

5.5 安全疏散和避难	图集号	18J811-1
审核 蔡昭昀 校对 林莉 设计 成龙	页	5-77

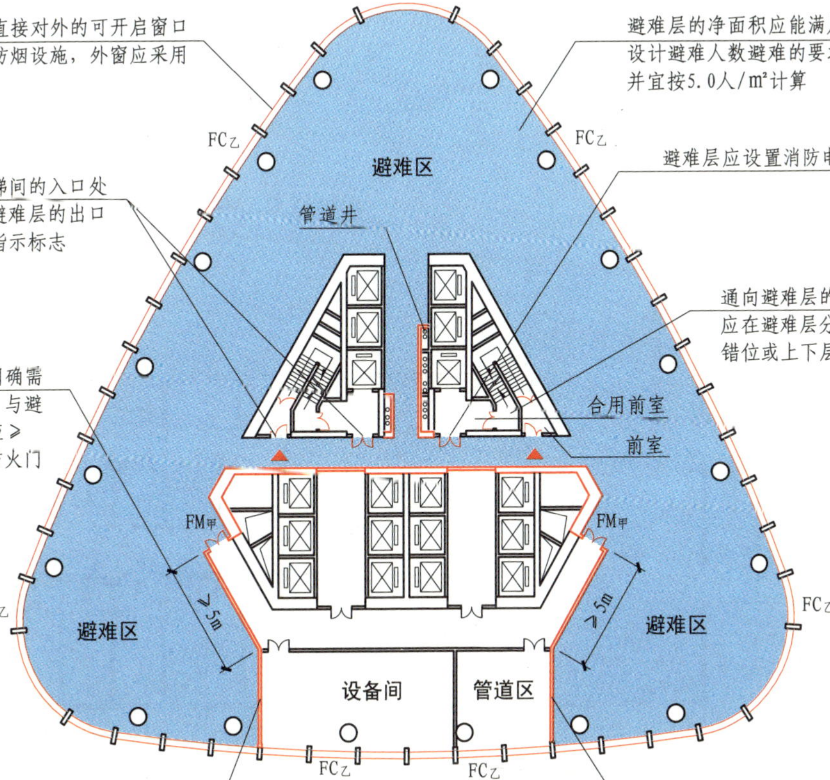

避难层平面示意图

5.5.23 图示2

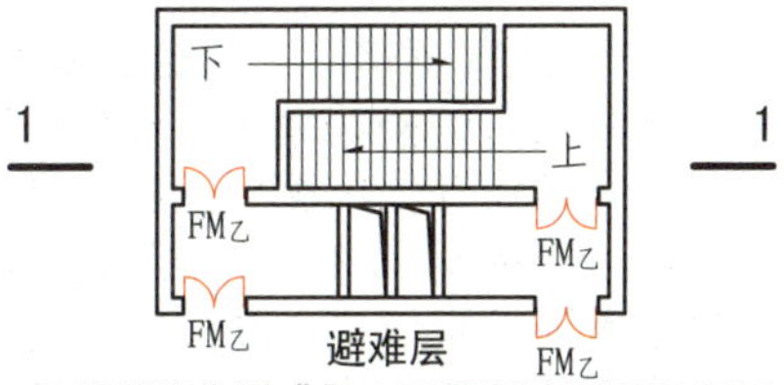

防烟楼梯在避难层上下层断开平面示意图

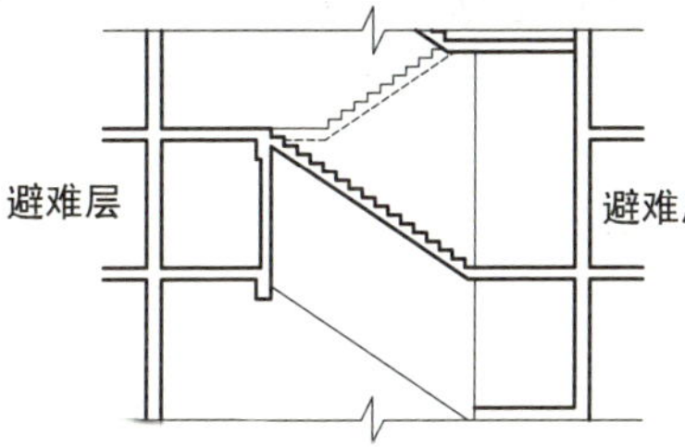

1-1

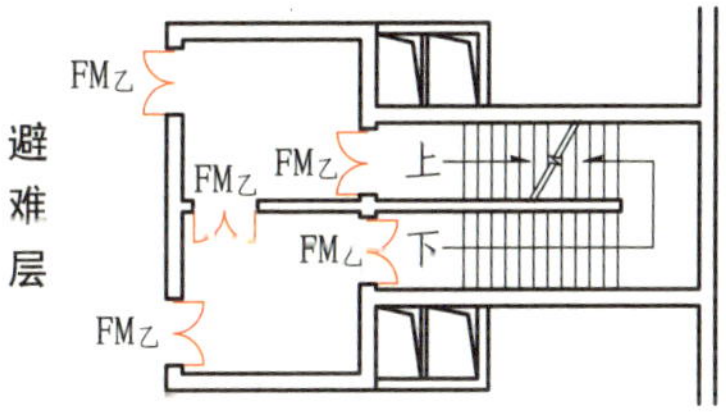

防烟楼梯在避难层分隔平面示意图

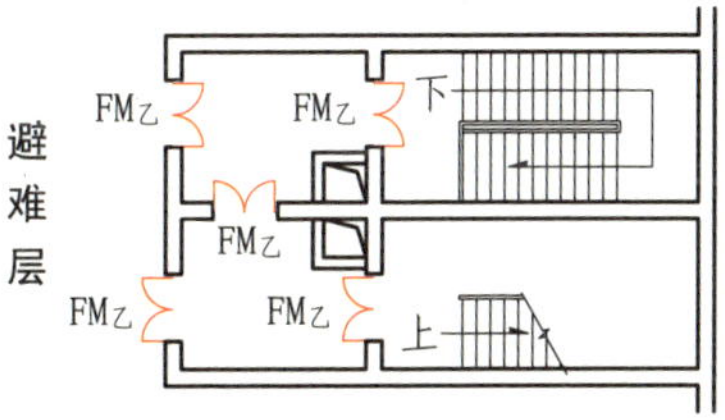

防烟楼梯在避难层同层错位平面示意图

[注释]防烟楼梯在避难层（间）的做法平面示意图：通向避难层（间）的疏散楼梯应在避难层分隔、同层错位或上下层断开。

5.5 安全疏散和避难						图集号	18J811-1
审核	蔡昭昀	校对	郭景	设计	林莉	页	5-78

5.5.24　高层病房楼应在二层及以上的病房楼层和洁净手术部设置避难间。避难间应符合下列规定：【图示1】【图示2】

1　避难间服务的护理单元不应超过2个，其净面积应按每个护理单元不小于25.0㎡确定。

2　避难间兼作其他用途时，应保证人员的避难安全，且不得减少可供避难的净面积。

3　应靠近楼梯间，并应采用耐火极限不低于2.00h的防火隔墙和甲级防火门与其他部位分隔。

4　应设置消防专线电话和消防应急广播。

5　避难间的入口处应设置明显的指示标志。

6　应设置直接对外的可开启窗口或独立的机械防烟设施，外窗应采用乙级防火窗。

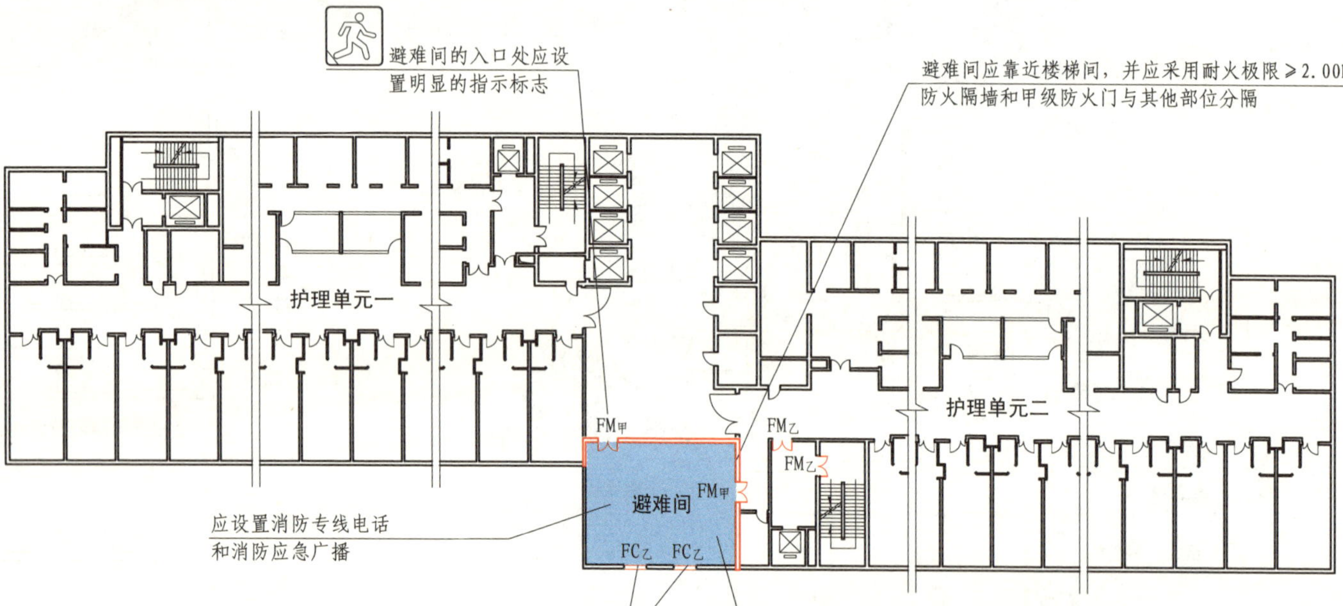

高层病房楼二层及以上的病房楼层和洁净手术部避难间设置要求　平面示意图

5.5.24 图示1

5.5 安全疏散和避难							图集号	18J811-1
审核	蔡昭昀	蔡昭昀	校对	林莉	林莉	设计 成龙 成龙	页	5-79

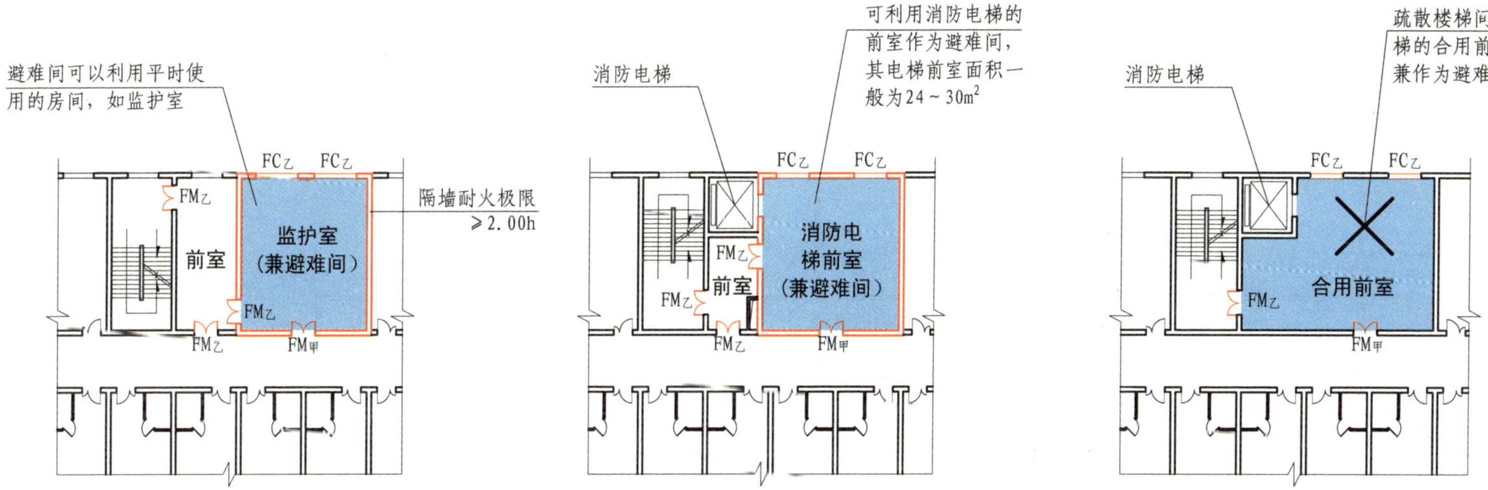

监护室作为避难间　　　消防电梯前室作为避难间　　　合用前室不适合作为避难间

避难间设置 平面示意图

5.5.24 图示2

5.5.24A 3层及3层以上总建筑面积大于3000m²（包括设置在其他建筑内三层及以上楼层）的老年人照料设施，应在二层及以上各层老年人照料设施部分的每座疏散楼梯间的相邻部位设置1间避难间；当老年人照料设施设置与疏散楼梯或安全出口直接连通的开敞式外廊、与疏散走道直接连通且符合人员避难要求的室外平台等时，可不设置避难间【图示1】。避难间内可供避难的净面积不应小于12m²，避难间可利用疏散楼梯间的前室或消防电梯的前室，其他要求应符合本规范第5.5.24条的规定【图示2】。

供失能老年人使用且层数大于2层的老年人照料设施，应按核定使用人数配备简易防毒面具。

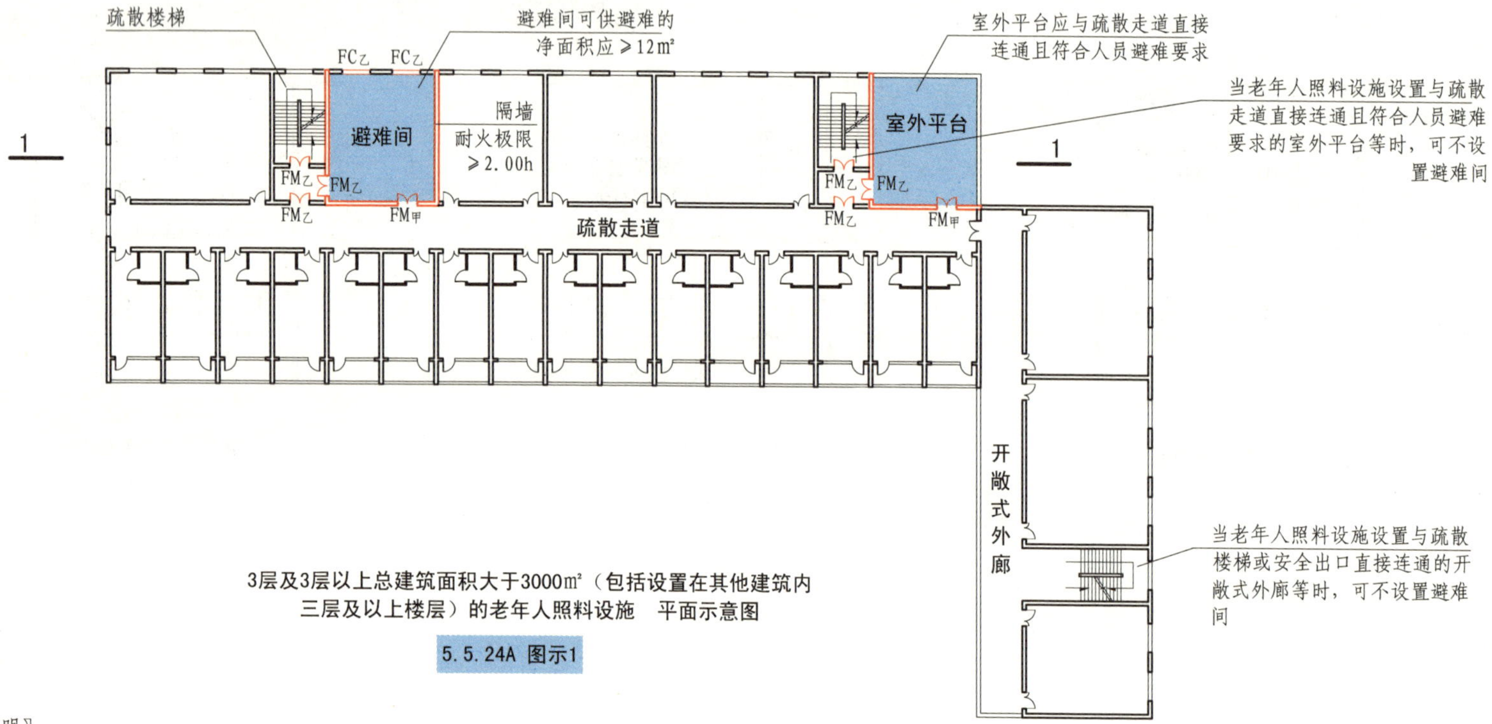

3层及3层以上总建筑面积大于3000m²（包括设置在其他建筑内三层及以上楼层）的老年人照料设施 平面示意图

5.5.24A 图示1

〖条文说明〗

1 避难间的使用面积不应小于12m²，不需另外增加12m²避难面积。避难间的净宽度要能满足方便救援中移动担架（床）等的要求，净面积大小还要根据该房间所服务区域的老年人实际身体状况等确定。

2 本条中老年人照料设施的总建筑面积，当老年人照料设施独立建造时，为该老年人照料设施单体的总建筑面积；当老年人照料设施设置在其他建筑或与其他建筑组合建造时，为其中老年人照料设施部分的总建筑面积。

5.5 安全疏散和避难							图集号	18J811-1
审核	蔡昭昀	蔡昭昀	校对	林莉	林莉	设计 成龙 成龙	页	5-81

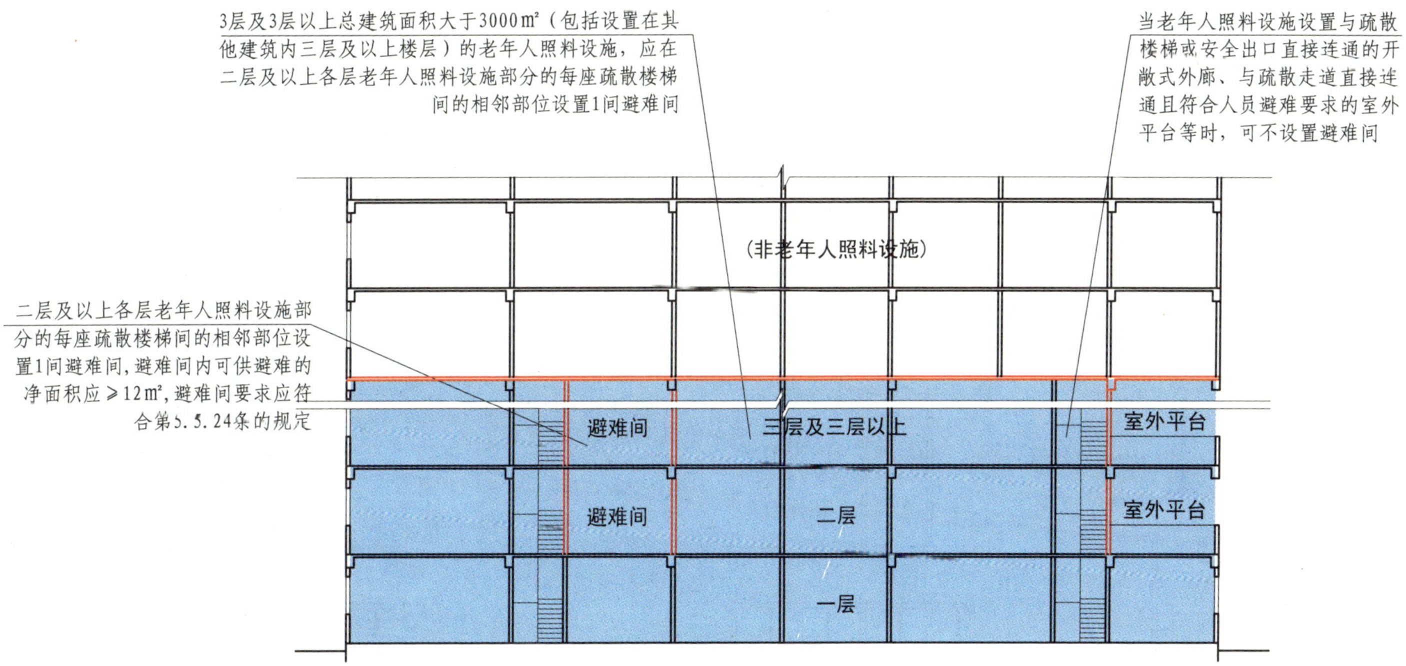

1-1剖面示意图

5.5.24A 图示1续

〖条文说明〗

1 避难间的使用面积不应小于12㎡，不需另外增加12㎡避难面积。避难间的净宽度要能满足方便救援中移动担架（床）等的要求，净面积大小还要根据该房间所服务区域的老年人实际身体状况等确定。

2 本条中老年人照料设施的总建筑面积，当老年人照料设施独立建造时，为该老年人照料设施单体的总建筑面积；当老年人照料设施设置在其他建筑或与其他建筑组合建造时，为其中老年人照料设施部分的总建筑面积。

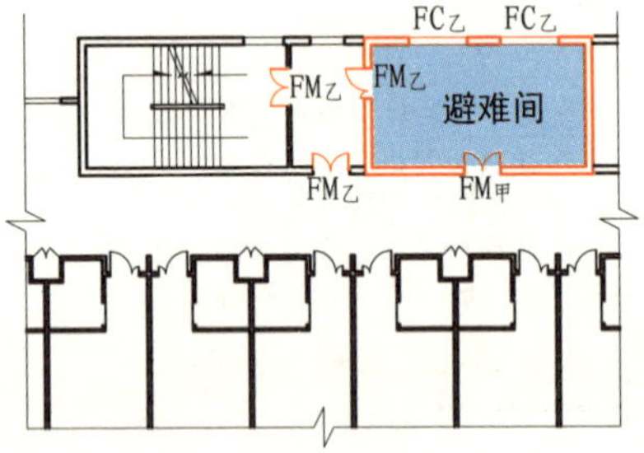

避难间的门可直接开向疏散楼梯间或前室

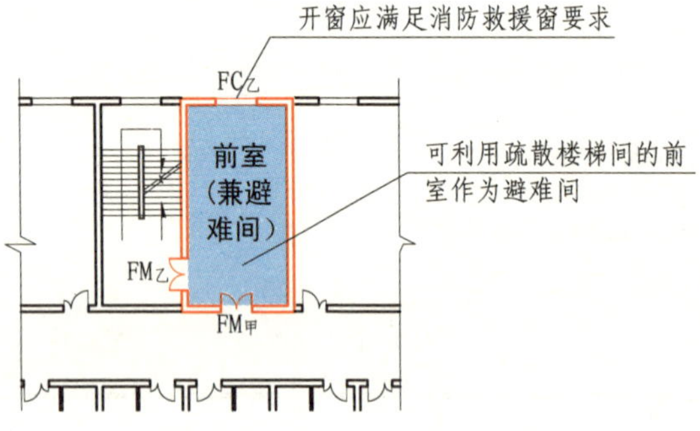

楼梯间前室作为避难间

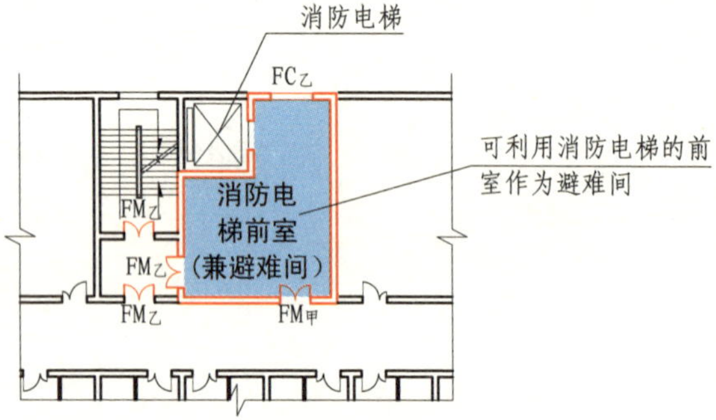

消防电梯前室作为避难间

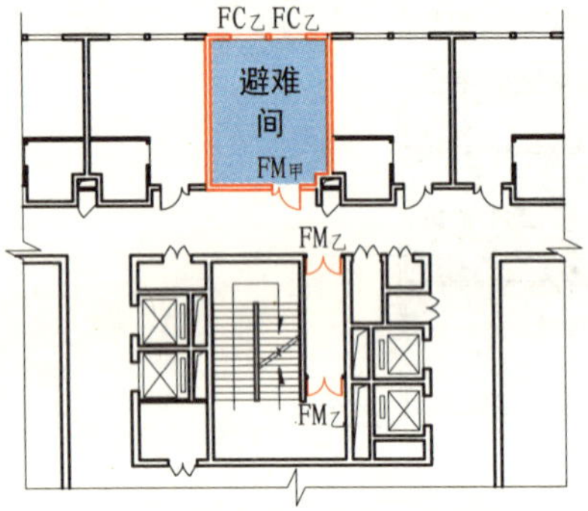

疏散楼梯相邻部位设置避难间

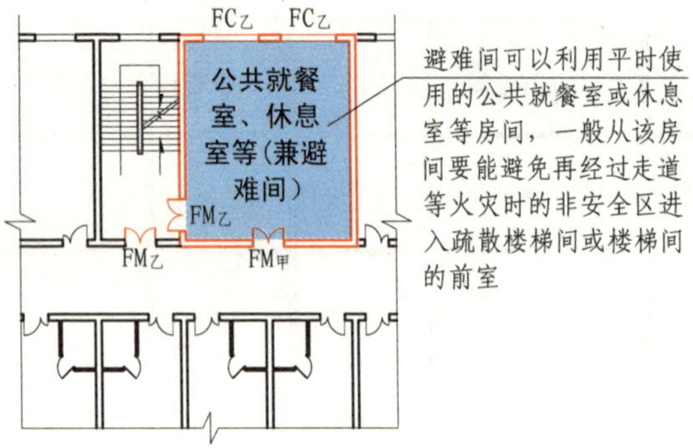

公共就餐、休息室等作为避难间

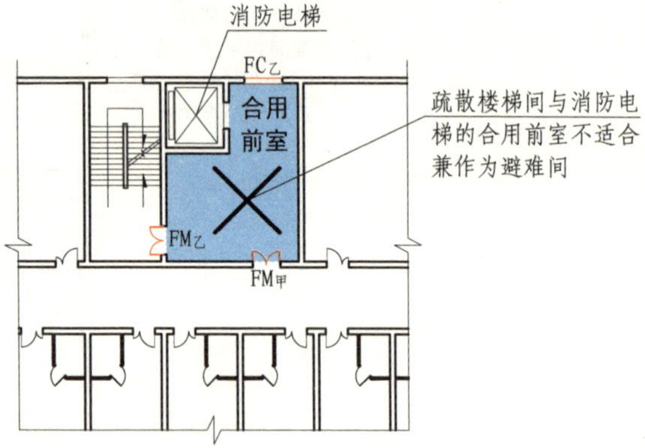

合用前室不适合做避难间

避难间设置 平面示意图

5.5.24A 图示2

〖条文说明〗

1 避难间的使用面积不应小于12m²，不需另外增加12m²避难面积。避难间的净宽度要能满足方便救援中移动担架（床）等的要求，净面积大小还要根据该房间所服务区域的老年人实际身体状况等确定。

2 本条中老年人照料设施的总建筑面积，当老年人照料设施独立建造时，为该老年人照料设施单体的总建筑面积；当老年人照料设施设置在其他建筑或与其他建筑组合建造时，为其中老年人照料设施部分的总建筑面积。

5.5 安全疏散和避难	图集号	18J811-1
审核 蔡昭昀 校对 林莉 设计 成龙	页	5-83

III 住宅建筑

5.5.25 住宅建筑安全出口的设置应符合下列规定：

1 建筑高度不大于27m的建筑，当每个单元任一层的建筑面积大于650㎡，或任一户门至最近安全出口的距离大于15m时，每个单元每层的安全出口不应少于2个；【图示1】

2 建筑高度大于27m、不大于54m的建筑，当每个单元任一层的建筑面积大于650㎡，或任一户门至最近安全出口的距离大于10m时，每个单元每层的安全出口不应少于2个；【图示2】

3 建筑高度大于54m的建筑，每个单元每层的安全出口不应少于2个。【图示3】【图示4】

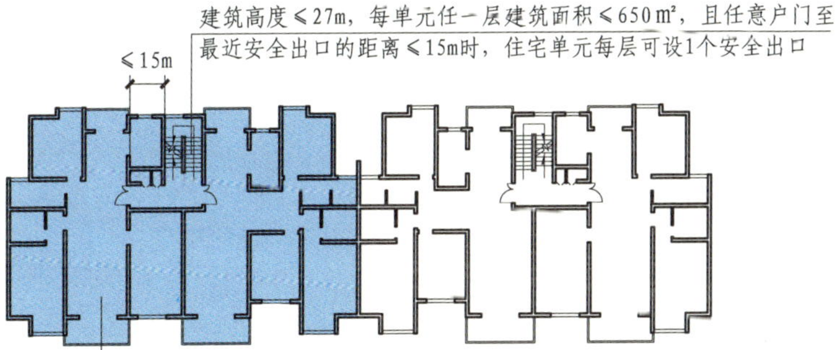

建筑高度≤27m的住宅建筑 平面示意图

5.5.25 图示1

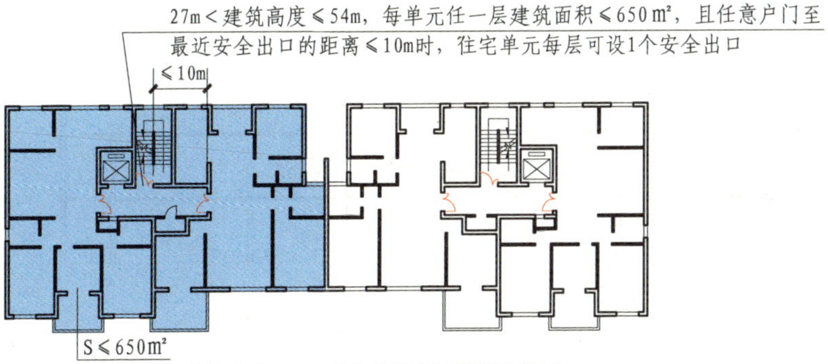

27m＜建筑高度≤54m的住宅建筑 平面示意图

[注释]27m＜建筑高度≤54m的住宅建筑，每单元设置一座疏散楼梯时还应符合第5.5.26条的规定。

5.5.25 图示2

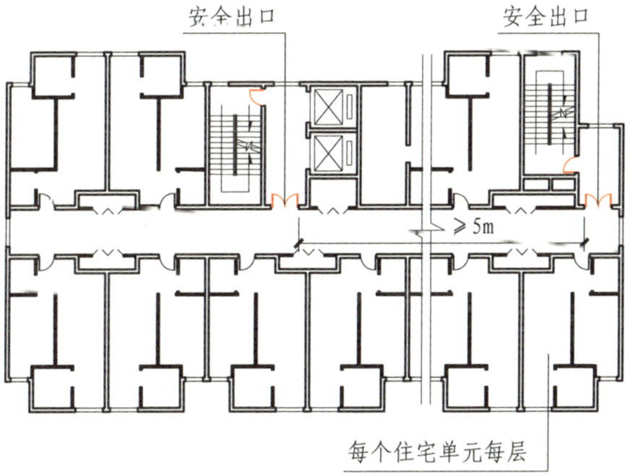

建筑高度＞54m的住宅建筑 平面示意图

5.5.25 图示3

[注释]红色标注的疏散门是否应为乙级防火门，设置要求见第5.5.26、5.5.27条及第6.4节。

5.5 安全疏散和避难						图集号	18J811-1
审核	蔡昭昀	校对	林 莉	设计	成 龙	页	5-84

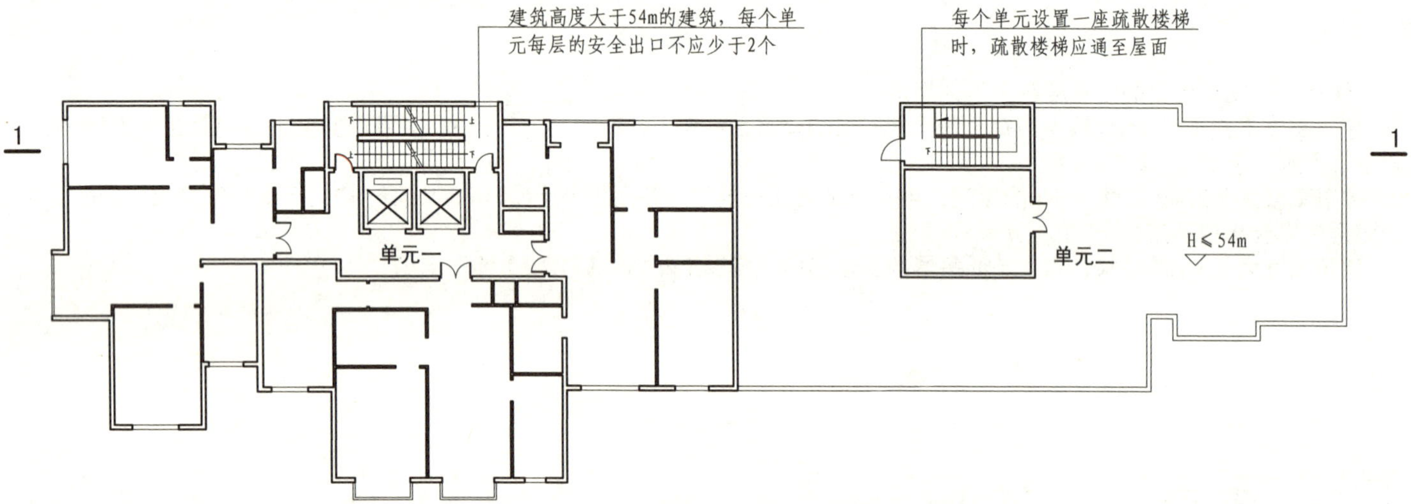

27m＜建筑高度≤54m的住宅建筑和建筑高度＞54m的住宅建筑拼合时
建筑高度≤54m的住宅建筑屋顶平面示意图

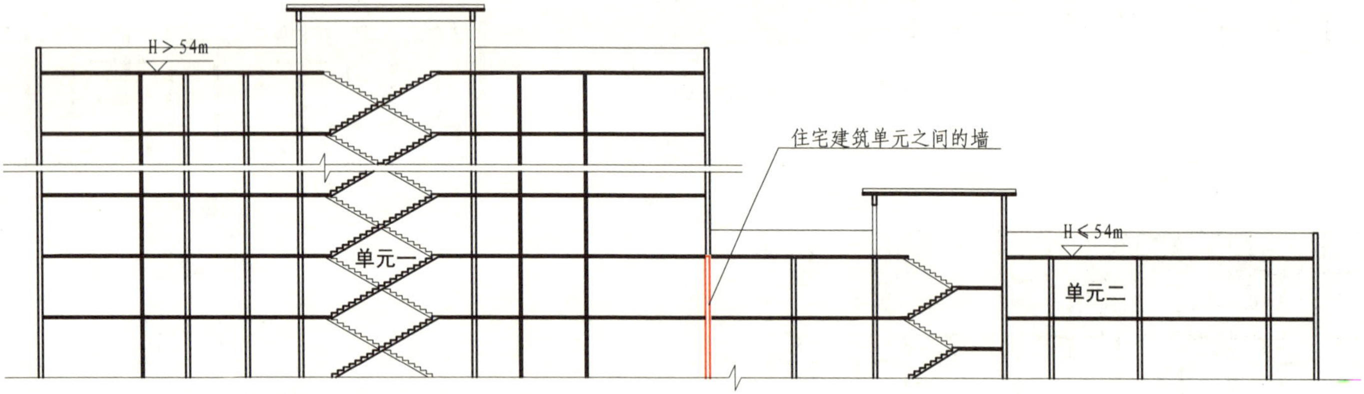

1-1

[注释]建筑高度不同的住宅建筑拼合时，各单元的楼梯数量应根据各单元的建筑高度分别确定。

5.5.25 图示4

5.5 安全疏散和避难						图集号	18J811-1
审核	蔡昭昀	校对	林 莉	设计	李雯	页	5-85

5.5.26　建筑高度大于27m，但不大于54m的住宅建筑，每个单元设置一座疏散楼梯时，疏散楼梯应通至屋面，且单元之间的疏散楼梯应能通过屋面连通，户门应采用乙级防火门【图示1】【图示2】【图示3】。当不能通至屋面或不能通过屋面连通时，应设置2个安全出口。

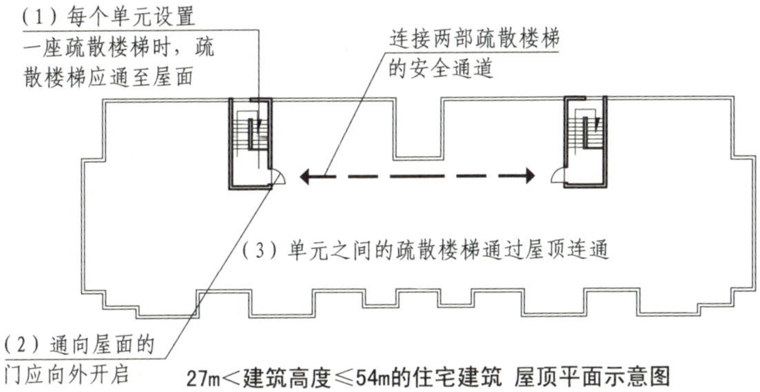

27m＜建筑高度≤54m的住宅建筑 屋顶平面示意图

5.5.26 图示1

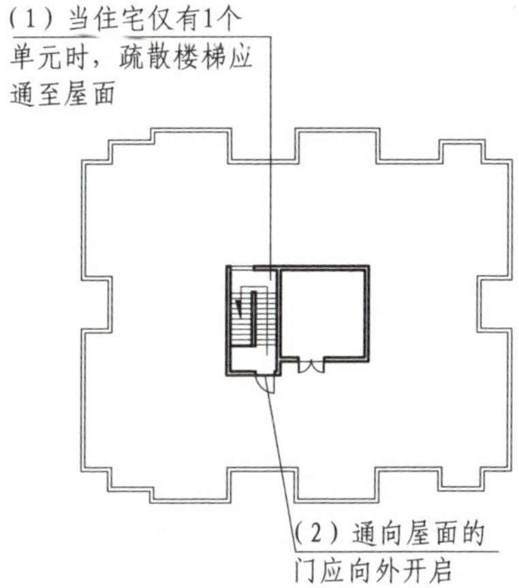

5.5.26 图示2

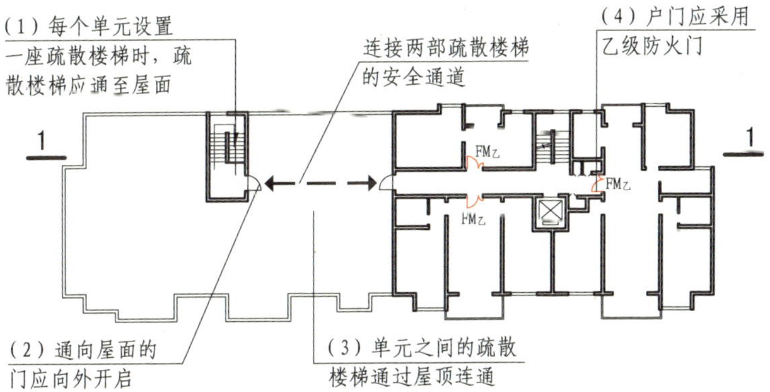

27m＜建筑高度≤54m的住宅建筑
较低单元屋顶平面示意图

[注释] 当住宅单元的建筑高度大于33m时，应采用防烟楼梯间，并应符合第5.5.27条的规定。

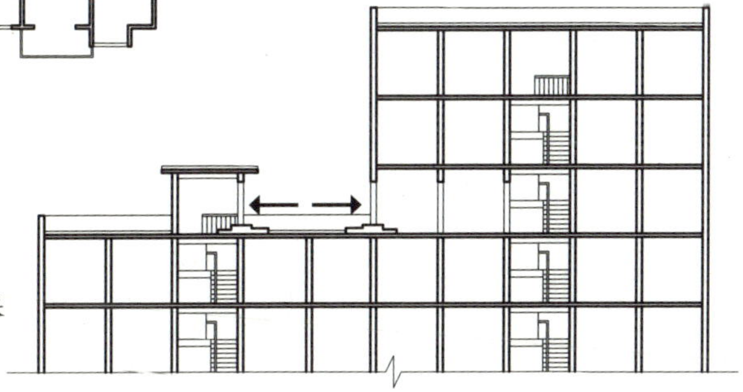

1-1

5.5.26 图示3

5.5 安全疏散和避难							图集号	18J811-1
审核	蔡昭昀	蔡昭昀	校对	林 莉	林莉	设计	李雯	李雯	页	5-86

5.5.27 住宅建筑的疏散楼梯设置应符合下列规定：

1 建筑高度不大于21m的住宅建筑可采用敞开楼梯间；与电梯井相邻布置的疏散楼梯应采用封闭楼梯间，当户门采用乙级防火门时，仍可采用敞开楼梯间。

【图示1】

2 建筑高度大于21m、不大于33m的住宅建筑应采用封闭楼梯间；当户门采用乙级防火门时，可采用敞开楼梯间。

【图示2】

3 建筑高度大于33m的住宅建筑应采用防烟楼梯间。户门不宜直接开向前室，确有困难时，每层开向同一前室的户门不应大于3樘且应采用乙级防火门。

【图示3】

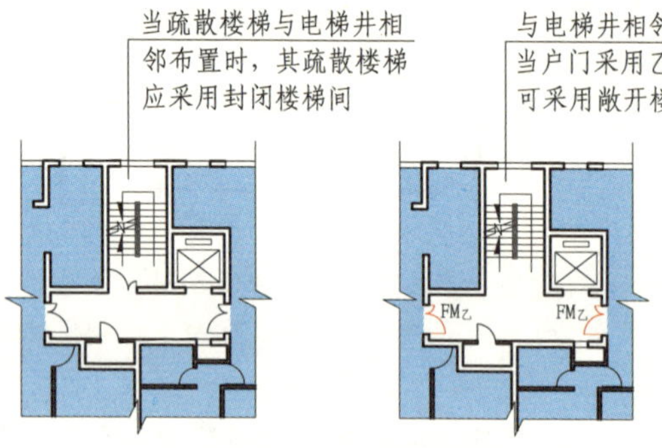

建筑高度≤21m的住宅建筑

5.5.27 图示1

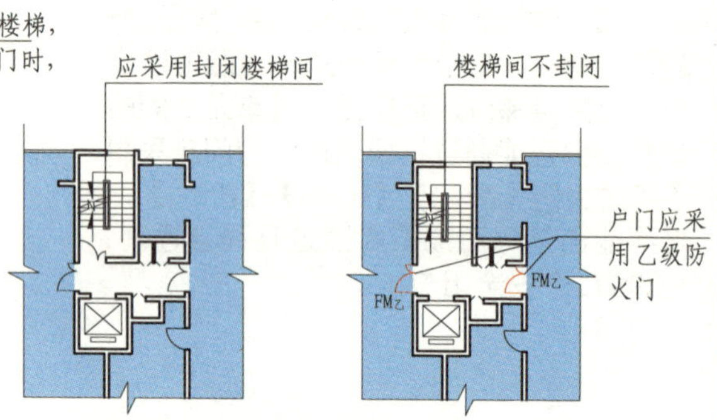

21m<建筑高度≤33m的住宅建筑

5.5.27 图示2

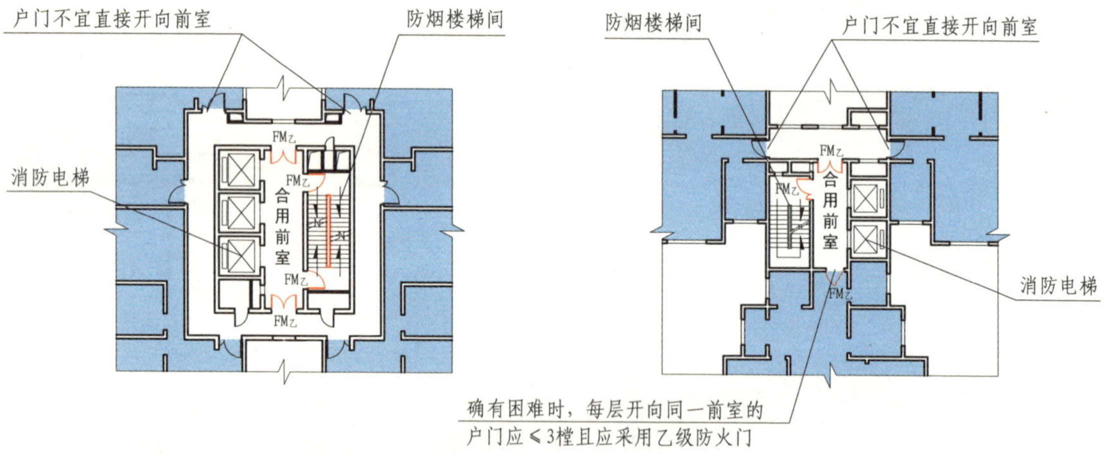

建筑高度>33m的住宅建筑

[注释] 当示意图中的疏散楼梯采用剪刀楼梯间时，设置要求见第5.5.28等条目。

5.5.27 图示3

5.5.28 住宅单元的疏散楼梯，当分散设置确有困难且任一户门至最近疏散楼梯间入口的距离不大于10m时，可采用剪刀楼梯间，但应符合下列规定：【图示1】【图示2】

1 应采用防烟楼梯间。

2 梯段之间应设置耐火极限不低于1.00h的防火隔墙。

3 楼梯间的前室不宜共用；共用时，前室的使用面积不应小于6.0㎡。

4 楼梯间的前室或共用前室不宜与消防电梯的前室合用；楼梯间的共用前室与消防电梯的前室合用时，合用前室的使用面积不应小于12.0㎡，且短边不应小于2.4m。

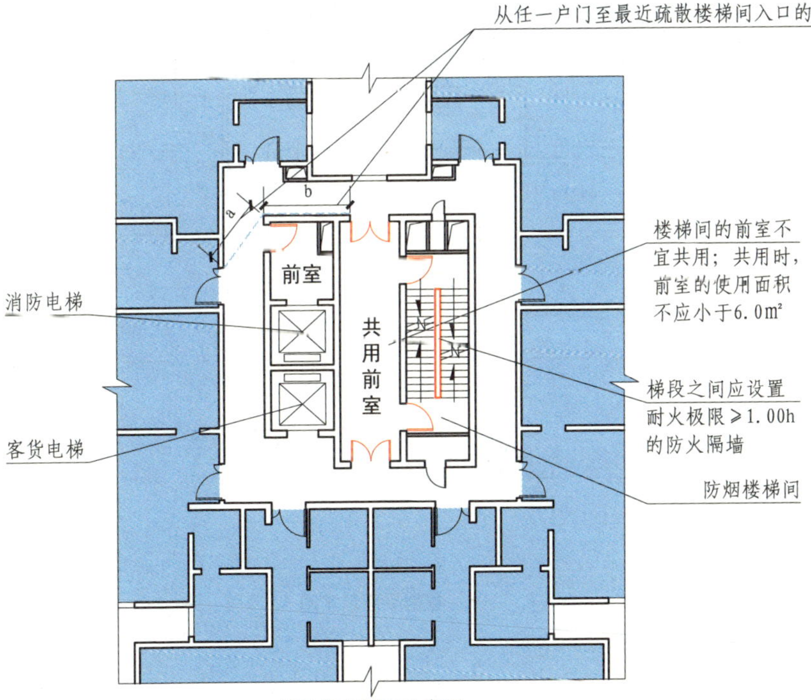

共用前室平面示意图

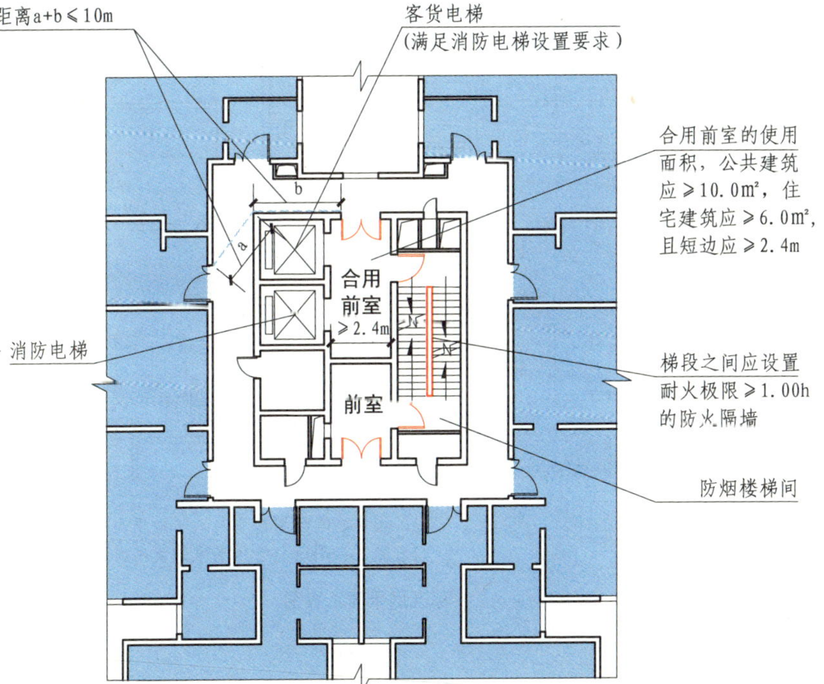

合用前室平面示意图

5.5.28 图示1

[注释]

1 当两部剪刀楼梯间共用前室时，进入剪刀楼梯间前室的入口应该位于不同方位，不能通过同一个入口进入共用前室，入口之间的距离仍要大于等于5m；在首层的对外出口，要尽量分开设置在不同方向。当首层的公共区无可燃物且除前室和楼梯间的门外，无其他门、窗洞口时，剪刀梯在首层的对外出口可以共用，但宽度需满足人员疏散的要求；

2 红色标注的疏散门应按第5.5.26条、第5.5.27条及第6.4节设置。

目录 编制说明
总则 术语 符号
厂房和仓库
甲、乙、丙类液体、气体储罐（区）和可燃材料堆场
民用建筑
建筑构造
灭火救援设施
消防设施的设置
供暖、通风和空气调节
电气
木结构建筑
城市交通隧道
附录

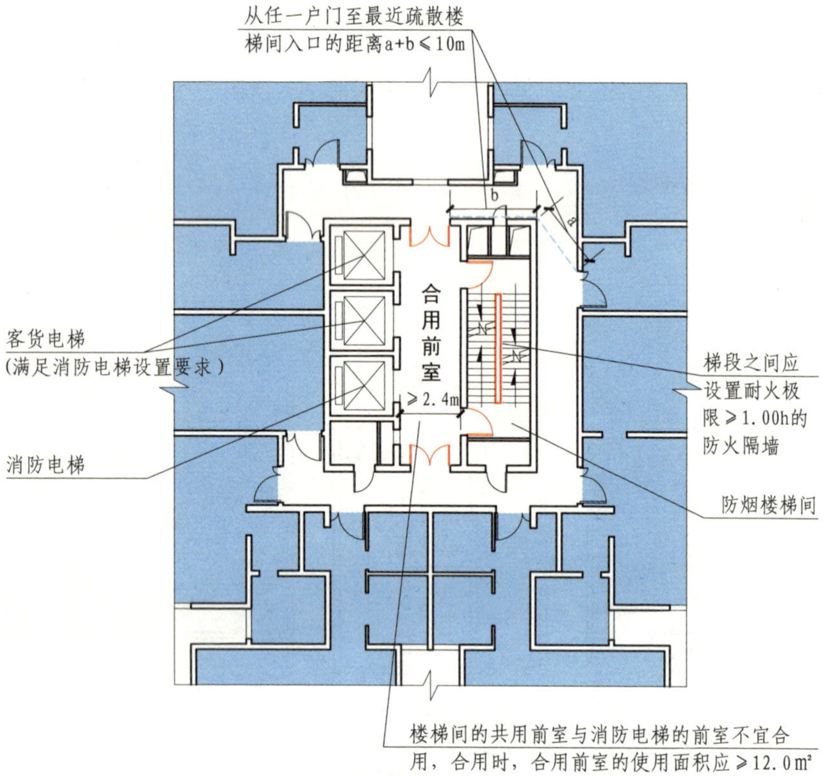

标准层平面示意图

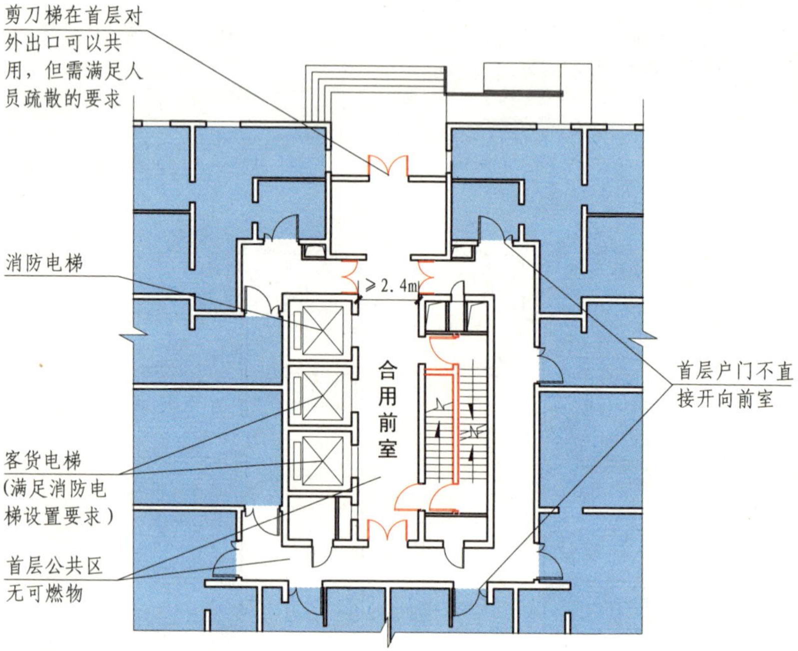

首层平面示意图

5.5.28 图示1续

[注释]

1 当两部剪刀楼梯间共用前室时，进入剪刀楼梯间前室的入口应该位于不同方位，不能通过同一个入口进入共用前室，入口之间的距离仍要大于等于5m；在首层的对外出口，要尽量分开设置在不同方向。当首层的公共区无可燃物且除前室和楼梯间的门外，无其他门、窗洞口时，剪刀梯在首层的对外出口可以共用，但宽度需满足人员疏散的要求；

2 红色标注的疏散门应按第5.5.26条、第5.5.27条及第6.4节设置。

5.5 安全疏散和避难							图集号	18J811-1
审核	蔡昭昀	蔡昭昀	校对	林莉	林莉	设计 成龙 成龙	页	5-89

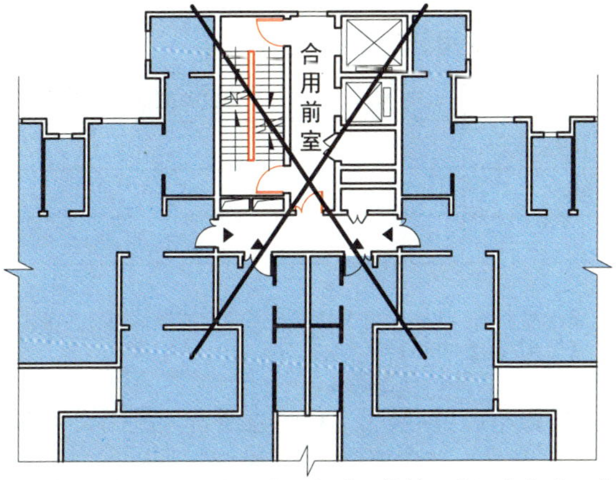

[注释]剪刀楼梯间服务4户，当两部剪刀楼梯间共用前室时，进入剪刀楼梯间前室的入口应该位于不同方位，不能通过同一个入口进入共用前室。

户型示意图一

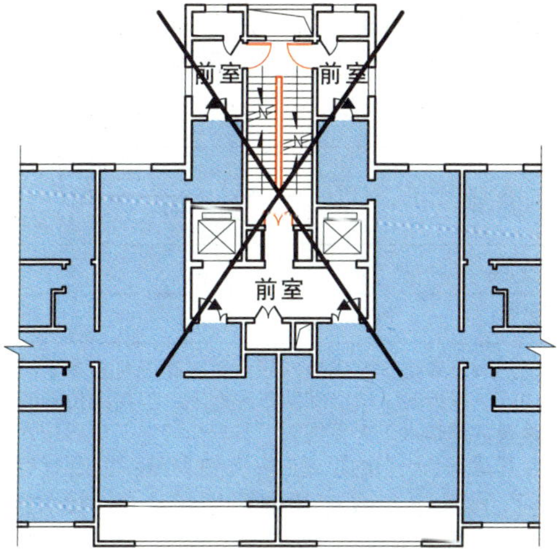

[注释]剪刀楼梯间服务2户，对于公共区内人员只有一个出口，只能进一个楼梯，不满足人员安全疏散要求。

户型示意图二

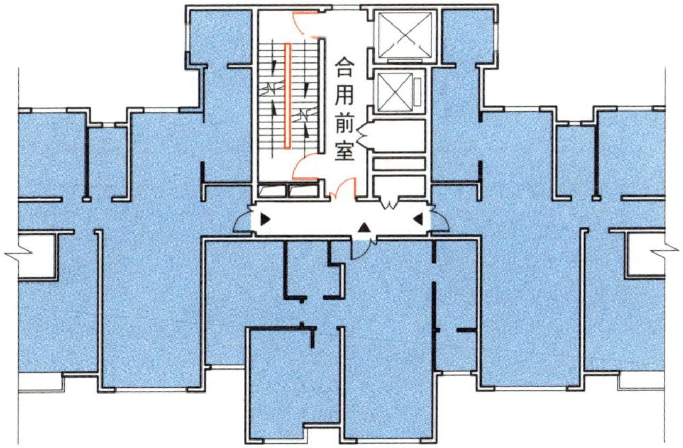

户型示意图三

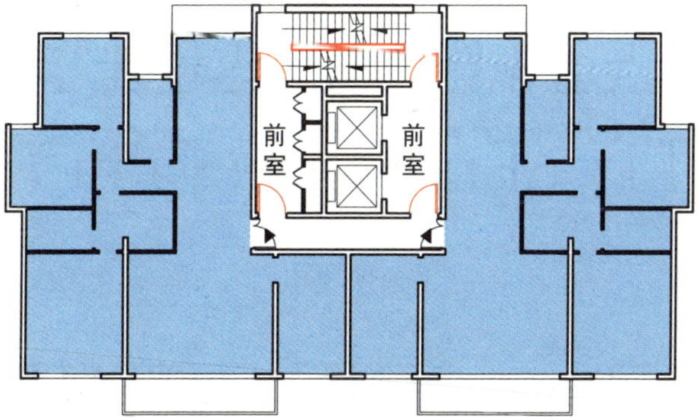

户型示意图四

5.5.28 图示2

5.5.29 住宅建筑的安全疏散距离应符合下列规定：

1 直通疏散走道的户门至最近安全出口的直线距离不应大于表5.5.29的规定。【图示1】

表5.5.29 住宅建筑直通疏散走道的户门至最近安全出口的直线距离（m）

住宅建筑类别	位于两个安全出口之间的户门			位于袋形走道两侧或尽端的户门		
	一、二级	三级	四级	一、二级	三级	四级
单、多层	40	35	25	22	20	15
高层	40	—	—	20	—	—

注：1 开向敞开式外廊的户门至最近安全出口的最大直线距离可按本表的规定增加5m。【图示2】
2 直通疏散走道的户门至最近敞开楼梯间的直线距离，当户门位于两个楼梯间之间时，应按本表的规定减少5m；当户门位于袋形走道两侧或尽端时，应按本表的规定减少2m。【图示3】
3 住宅建筑内全部设置自动喷水灭火系统时，其安全疏散距离可按本表的规定增加25%。【图示1】【图示2】【图示3】
4 跃廊式住宅户门至最近安全出口的距离，应从户门算起，小楼梯的一段距离可按其水平投影长度的1.50倍计算。【图示4】

2 楼梯间应在首层直通室外，或在首层采用扩大的封闭楼梯间或防烟楼梯间前室。层数不超过4层时，可将直通室外的门设置在离楼梯间不大于15m处。【图示5】

3 户内任一点至直通疏散走道的户门的直线距离不应大于表5.5.29规定的袋形走道两侧或尽端的疏散门至最近安全出口的最大直线距离。【图示6】

注：跃层式住宅，户内楼梯的距离可按其梯段水平投影长度的1.50倍计算。【图示6】

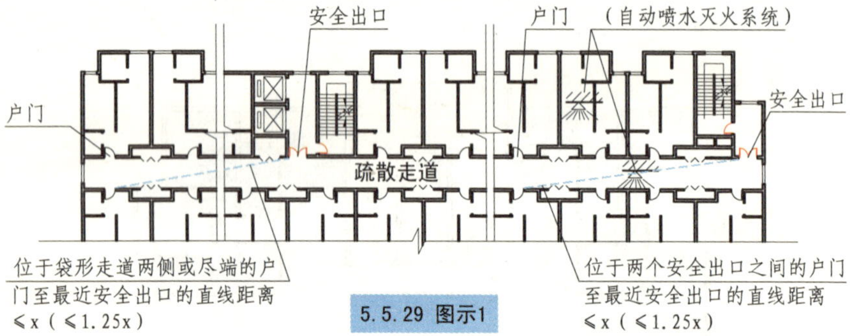

5.5.29 图示1

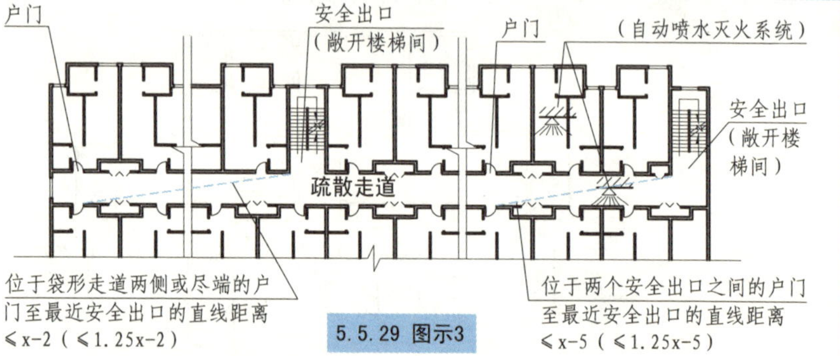

5.5.29 图示3

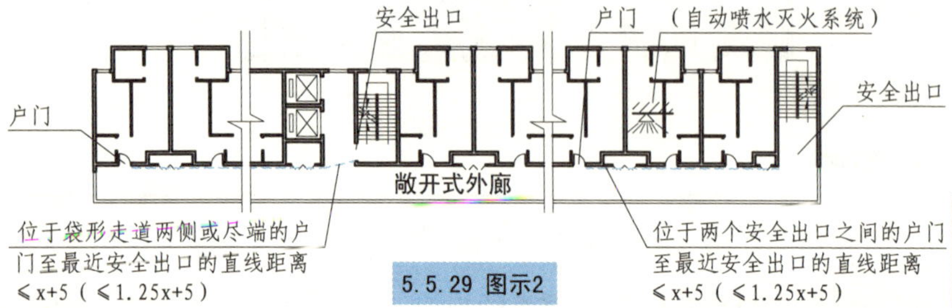

5.5.29 图示2

[注释]
1 x为表5.5.29中住宅建筑直通疏散走道的户门至最近安全出口的最大直线距离(m)。
2 建筑物内全部设自动喷水灭火系统时，安全疏散距离按括号内数字。
3 红色标注的疏散门应按第5.5.26、5.5.27条及第6.4节设置。

5.5 安全疏散和避难						图集号	18J811-1
审核	蔡昭昀	校对	林 莉	设计	成 龙	页	5-91

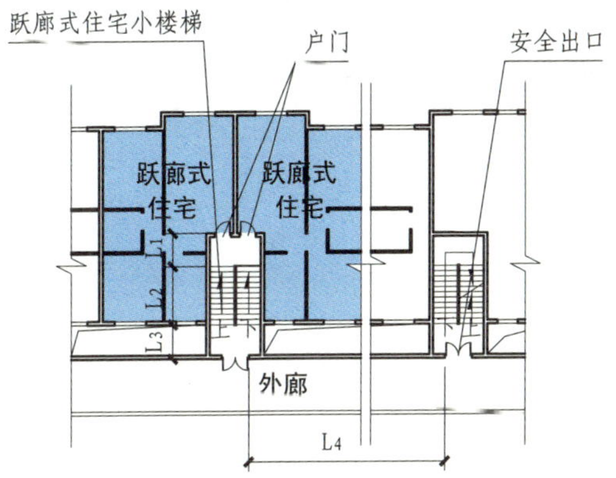

跃廊式住宅户门至最近安全出口的直线距离：$L=L_1+1.5\times L_2+L_3+L_4$

5.5.29 图示4

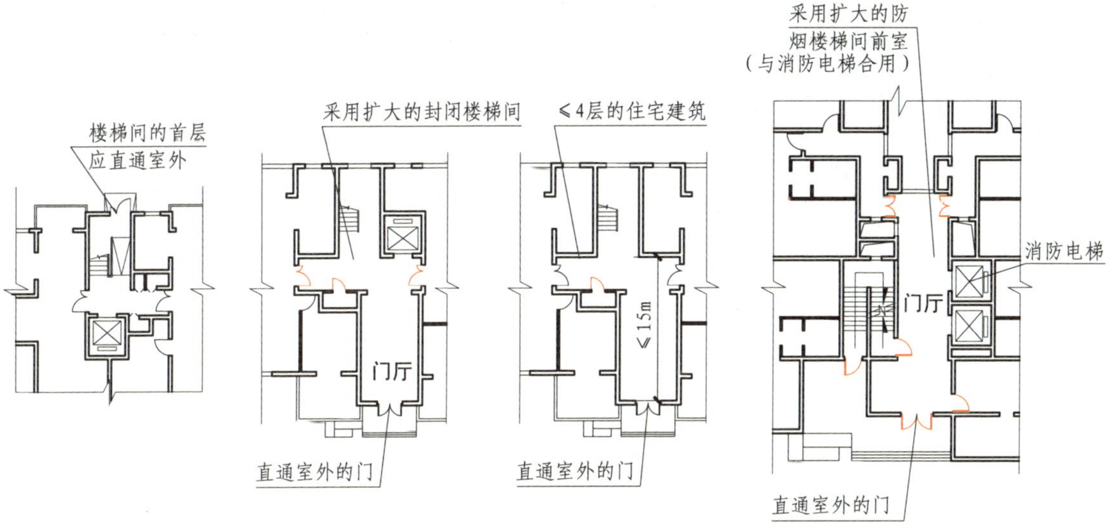

5.5.29 图示5

住宅建筑户内任一点至直通疏散走道的户门的直线距离

住宅建筑类别	户内任一点到户门的最大距离（L）		
	一、二级	三级	四级
单、多层	22（27.5）	20（25）	15（18.75）
高层	20（25）	—	—

[注释] 建筑物内全部设自动喷水灭火系统时，安全疏散距离按括号内数字。

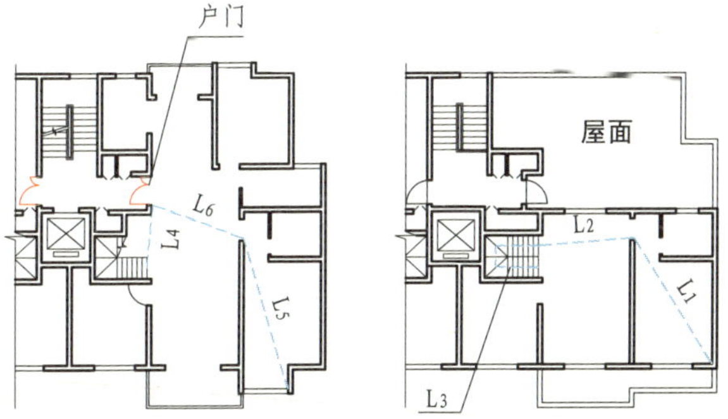

跃层户型 首层平面　　跃层户型 跃层平面

住宅举例：跃层式住宅户内任一点至其直通疏散走道的户门的最大直线距离$L=L_1+L_2+1.5\times L_3+L_4$。$L_3$为户内楼梯梯段的水平投影长度；平层式住宅户内任一点至其直通疏散走道的户门的最大直线距离$L=L_5+L_6$。

5.5.29 图示6

[注释]红色标注的疏散门应按第5.5.26、5.5.27条及第6.4节设置。

5.5.30 住宅建筑的户门、安全出口、疏散走道和疏散楼梯的各自总净宽度应经计算确定，且户门和安全出口的净宽度不应小于0.90m，疏散走道、疏散楼梯和首层疏散外门的净宽度不应小于1.10m。建筑高度不大于18m的住宅中一边设置栏杆的疏散楼梯，其净宽度不应小于1.0m。【图示】

5.5.31 建筑高度大于100m的住宅建筑应设置避难层，避难层的设置应符合本规范第5.5.23条有关避难层的要求。【图示】

5.5.32 建筑高度大于54m的住宅建筑，每户应有一间房间符合下列规定：【图示】

1 应靠外墙设置，并应设置可开启外窗；

2 内、外墙体的耐火极限不应低于1.00h，该房间的门宜采用乙级防火门，外窗的耐火完整性不宜低于1.00h。

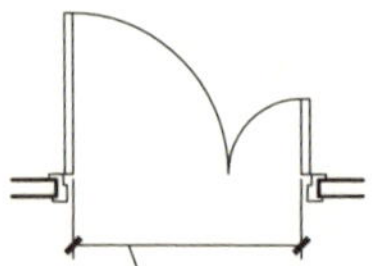

疏散门净宽度示意图

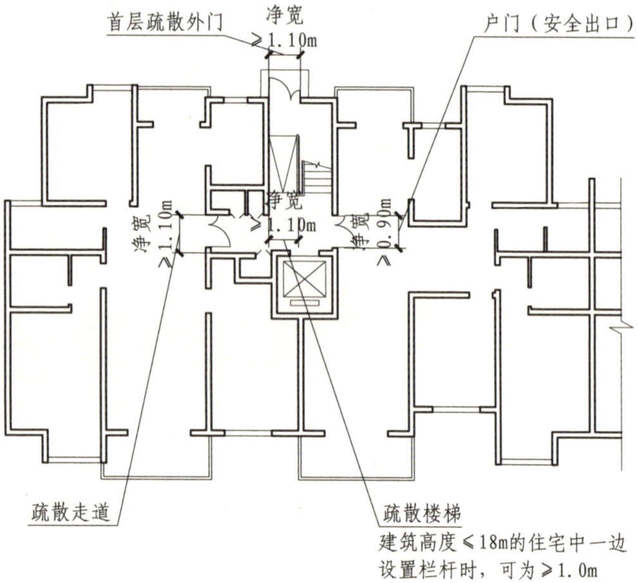

住宅建筑平面示意图

5.5.30 图示

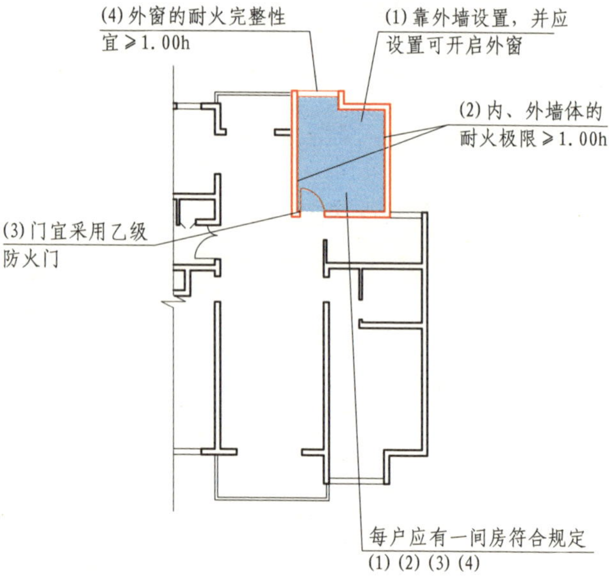

建筑高度＞54m的住宅建筑 平面示意图

5.5.32 图示

[注释]住宅建筑的户门、安全出口、疏散走道和疏散楼梯的各自总净宽度应经计算确定。

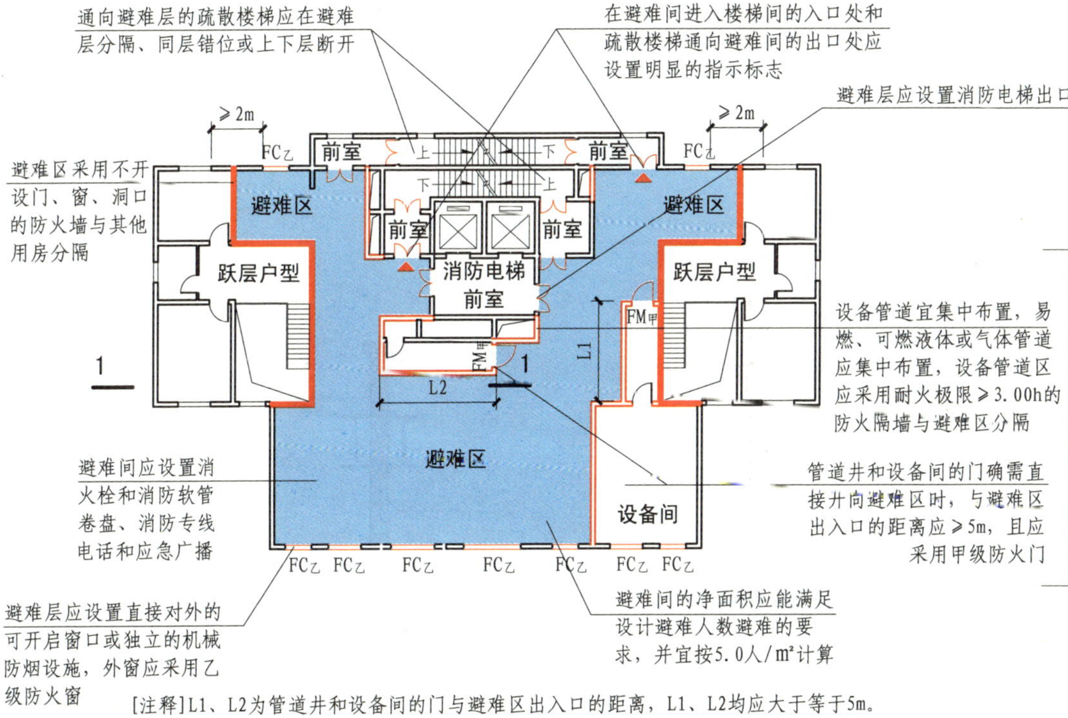

[注释]L1、L2为管道井和设备间的门与避难区出入口的距离，L1、L2均应大于等于5m。

建筑高度>100m的住宅建筑
避难层平面示意图

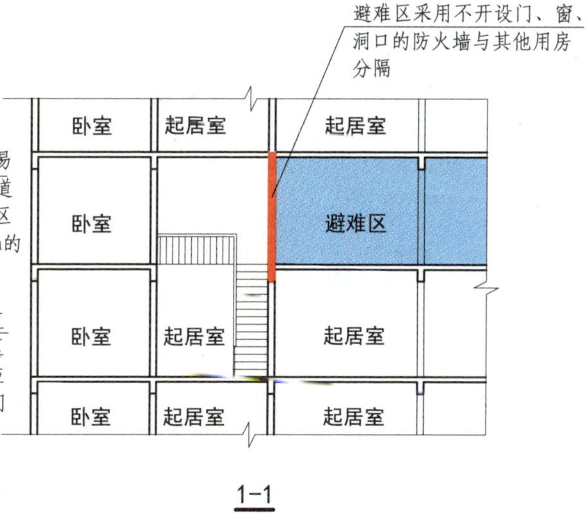

1-1

5.5.31 图示

5.5 安全疏散和避难						图集号	18J811-1
审核	蔡昭昀	校对	郭景	设计	林莉	页	5-94

6 建筑构造

6.1 防火墙

6.1.1 防火墙应直接设置在建筑的基础或框架、梁等承重结构上，框架、梁等承重结构的耐火极限不应低于防火墙的耐火极限。【图示1】

防火墙应从楼地面基层隔断至梁、楼板或屋面板的底面基层【图示2】。当高层厂房（仓库）屋顶承重结构和屋面板的耐火极限低于1.00h，其他建筑屋顶承重结构和屋面板的耐火极限低于0.50h时，防火墙应高出屋面0.5m以上【图示3】。

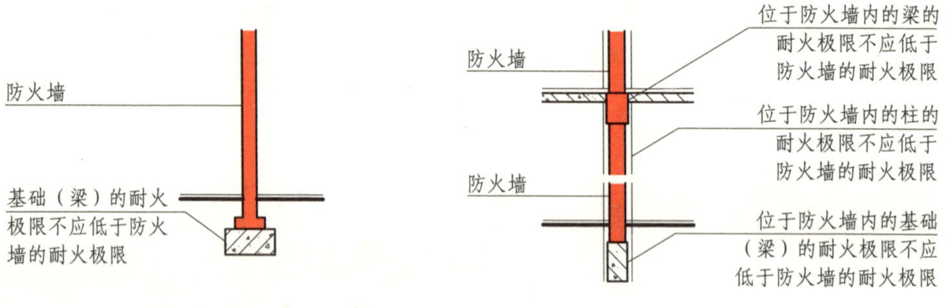

6.1.1 图示1

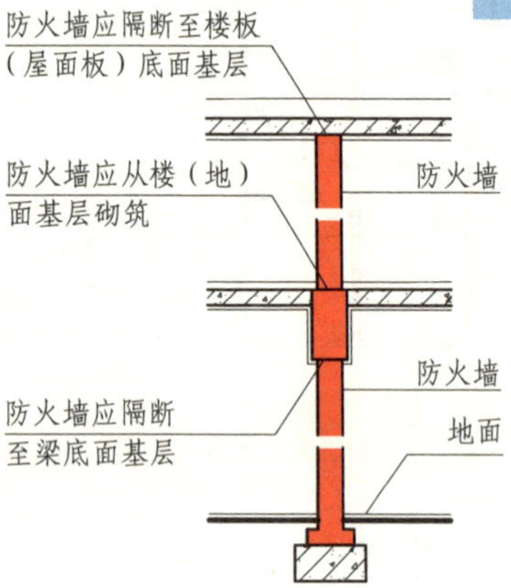

6.1.1 图示2

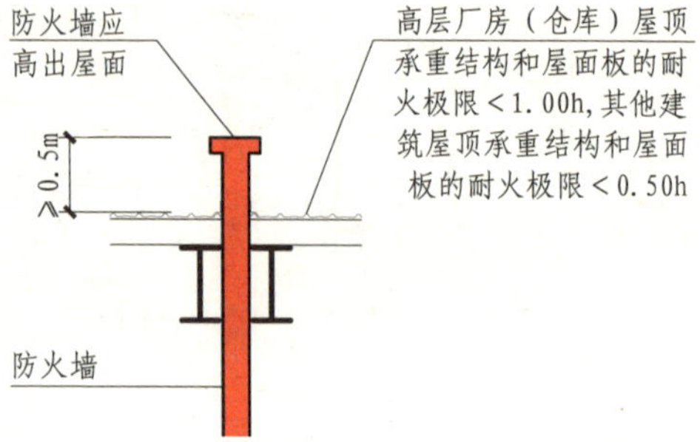

6.1.1 图示3

6.1.2 防火墙横截面中心线水平距离天窗端面小于4.0m，且天窗端面为可燃性墙体时，应采取防止火势蔓延的措施。【图示】

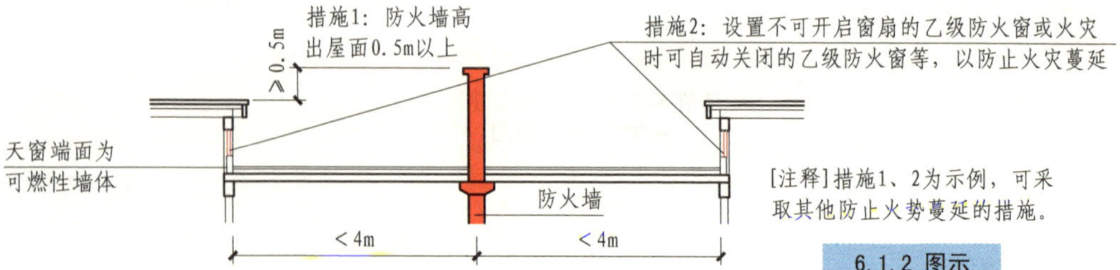

6.1.2 图示

6.1 防火墙							图集号	18J811-1
审核	蔡昭昀	蔡昭昀	校对	林莉	林莉	设计 曹奕	页	6-1

6.1.3 建筑外墙为难燃性或可燃性墙体时，防火墙应凸出墙的外表面0.4m以上，且防火墙两侧的外墙均应为宽度均不小于2.0m的不燃性墙体，其耐火极限不应低于外墙的耐火极限。【图示1】

建筑外墙为不燃性墙体时，防火墙可不凸出墙的外表面。紧靠防火墙两侧的门、窗、洞口之间最近边缘的水平距离不应小于2.0m；采取设置乙级防火窗等防止火灾水平蔓延的措施时，该距离不限。【图示2】

6.1.4 建筑内的防火墙不宜设置在转角处【图示1】，确需设置时，内转角两侧墙上的门、窗、洞口之间最近边缘的水平距离不应小于4.0m【图示2】；采取设置乙级防火窗等防止火灾水平蔓延的措施时，该距离不限【图示3】。

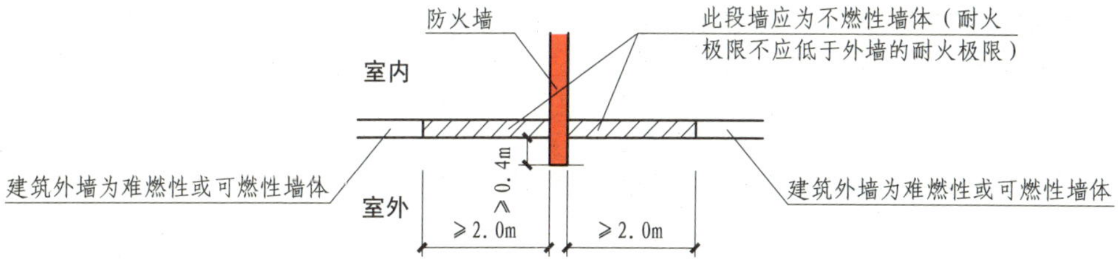

平面示意图

外墙为难燃性或可燃性墙体时，防火墙凸出墙外表面的规定 6.1.3 图示1

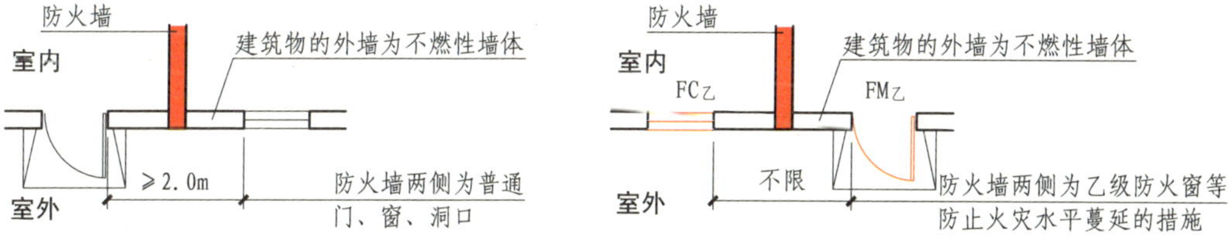

平面示意图

外墙为不燃性墙体时，防火墙不凸出墙外表面的规定 6.1.3 图示2

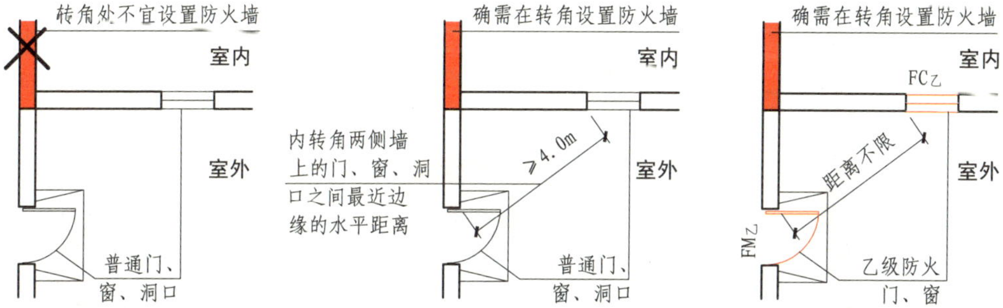

6.1.4 图示1　6.1.4 图示2　6.1.4 图示3

[注释]设置不可开启窗扇的乙级防火窗、火灾时可自动关闭的乙级防火窗、防火卷帘或防火分隔水幕等，均可视为能防止火灾水平蔓延的措施。

6.1 防火墙		图集号	18J811-1
审核 蔡昭昀	校对 林莉	设计 曹奕	页 6-2

6.1.5 防火墙上不应开设门、窗、洞口，确需开设时，应设置不可开启或火灾时能自动关闭的甲级防火门、窗。【图示1】

可燃气体和甲、乙、丙类液体的管道严禁穿过防火墙【图示2】。**防火墙内不应设置排气道**【图示3】。

6.1.6 除本规范第6.1.5条规定外的其他管道不宜穿过防火墙，确需穿过时，应采用防火封堵材料将墙与管道之间的空隙紧密填实，穿过防火墙处的管道保温材料，应采用不燃材料【图示1】；当管道为难燃及可燃材料时，应在防火墙两侧的管道上采取防火措施【图示2】。

6.1.7 防火墙的构造应能在防火墙任意一侧的屋架、梁、楼板等受到火灾的影响而破坏时，不会导致防火墙倒塌。

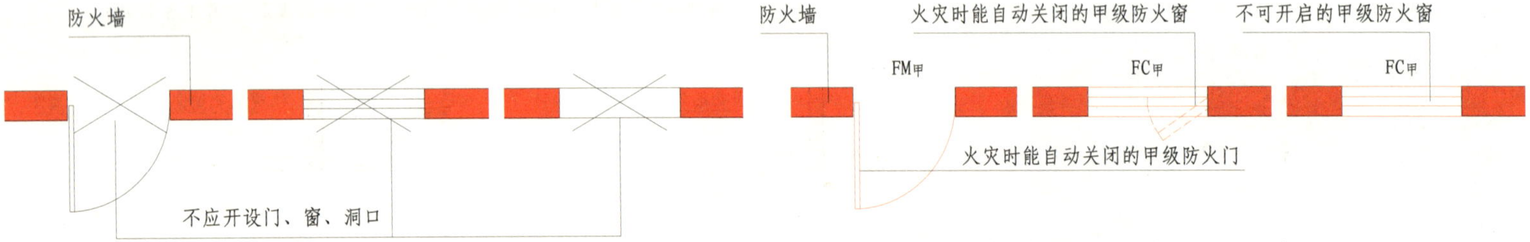

防火墙上确需开设门、窗、洞口的规定

6.1.5 图示1

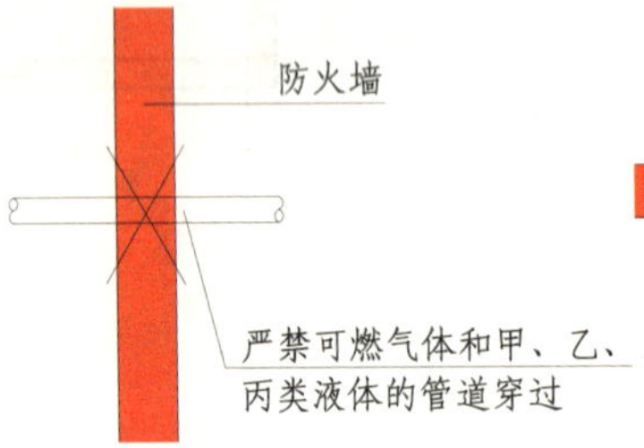

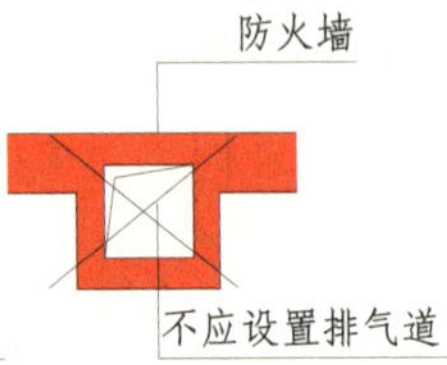

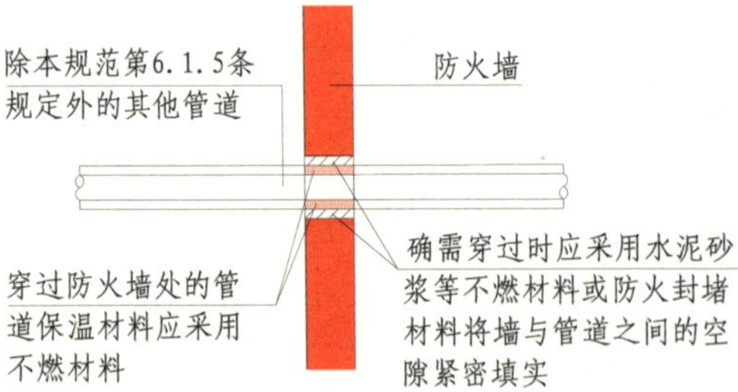

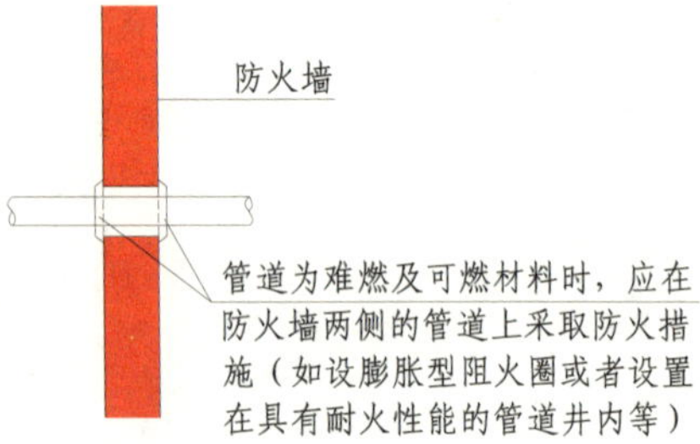

[注释]防火封堵材料应符合国家标准《防火封堵材料》GB 23864的要求。

6.1.5 图示2　　6.1.5 图示3　　6.1.6 图示1　　6.1.6 图示2

6.2 建筑构件和管道井

6.2.1 剧场等建筑的舞台与观众厅之间的隔墙应采用耐火极限不低于3.00h的防火隔墙。【图示1】

舞台上部与观众厅闷顶之间的隔墙可采用耐火极限不低于1.50h的防火隔墙，隔墙上的门应采用乙级防火门。【图示2】

舞台下部的灯光操作室和可燃物储藏室应采用耐火极限不低于2.00h的防火隔墙与其他部位分隔。【图示2】

电影放映室、卷片室应采用耐火极限不低于1.50h的防火隔墙与其他部位分隔【图示3】，观察孔和放映孔应采取防火分隔措施 【图示4】。

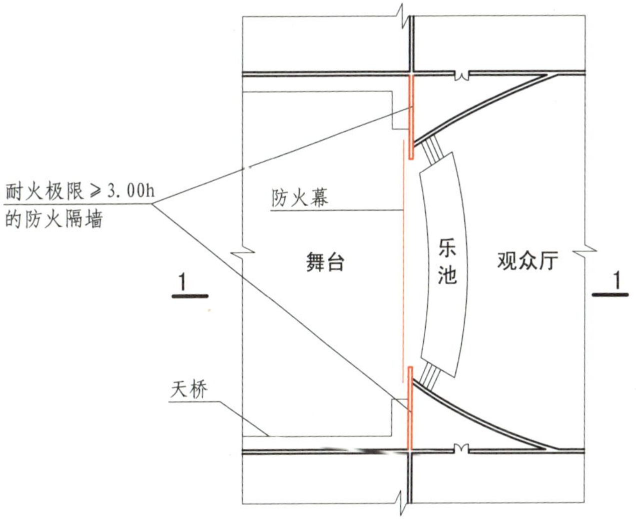

6.2.1 图示1

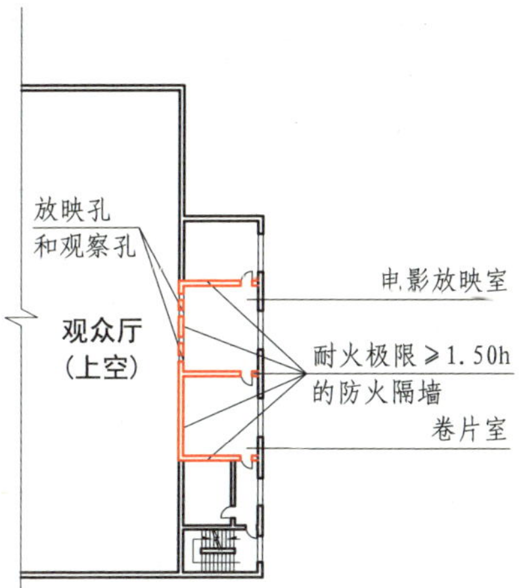

6.2.1 图示3

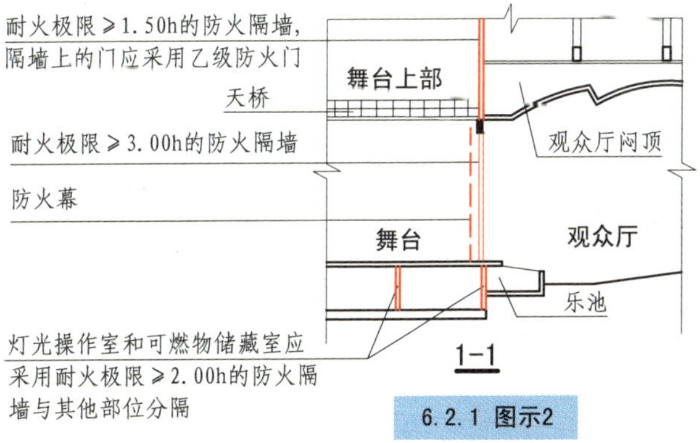

1-1

6.2.1 图示2

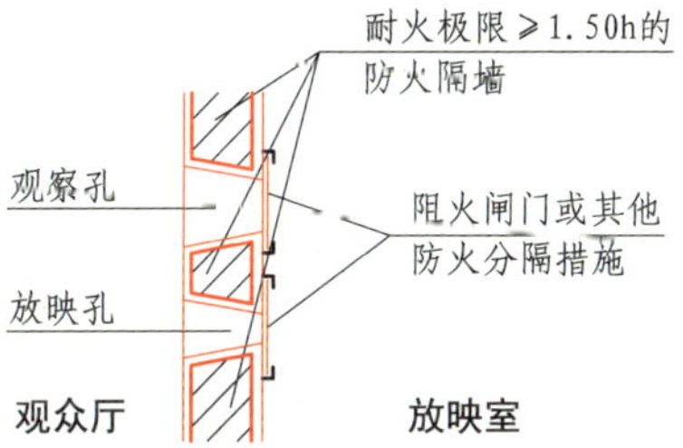

平面示意图

6.2.1 图示4

[注释]剧场、电影院内的其他建筑防火构造措施与规定，还应符合国家现行标准《剧场建筑设计规范》JGJ 57和《电影院建筑设计规范》JGJ 58的要求。

6.2 建筑构件和管道井							图集号	18J811-1
审核	蔡昭昀	[签名]	校对	林 莉	[签名]	设计 曹 奕 [签名]	页	6-4

6.2.2 医疗建筑内的手术室或手术部、产房、重症监护室、贵重精密医疗装备用房、储藏间、实验室、胶片室等，附设在建筑内的托儿所、幼儿园的儿童用房和儿童游乐厅等儿童活动场所、老年人照料设施，应采用耐火极限不低于2.00h的防火隔墙和1.00h的楼板与其他场所或部位分隔，墙上必须设置的门、窗应采用乙级防火门、窗。【图示】

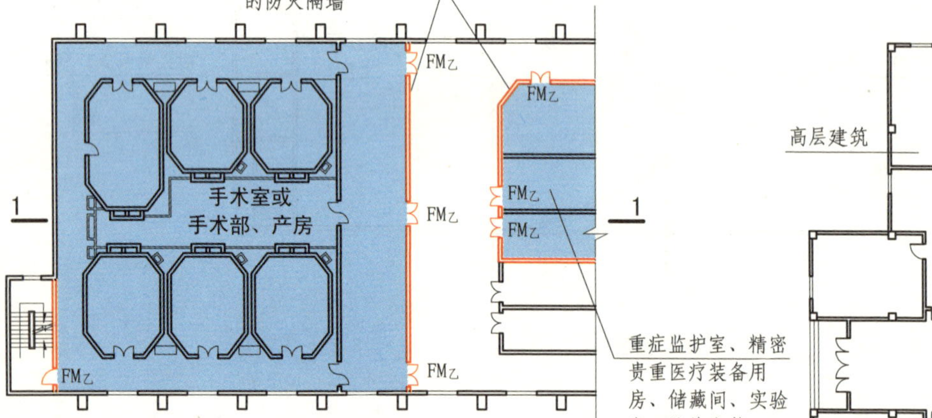

平面示意图

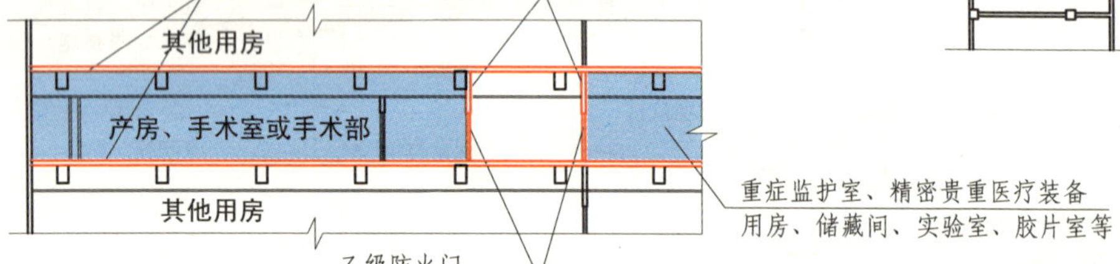

1-1

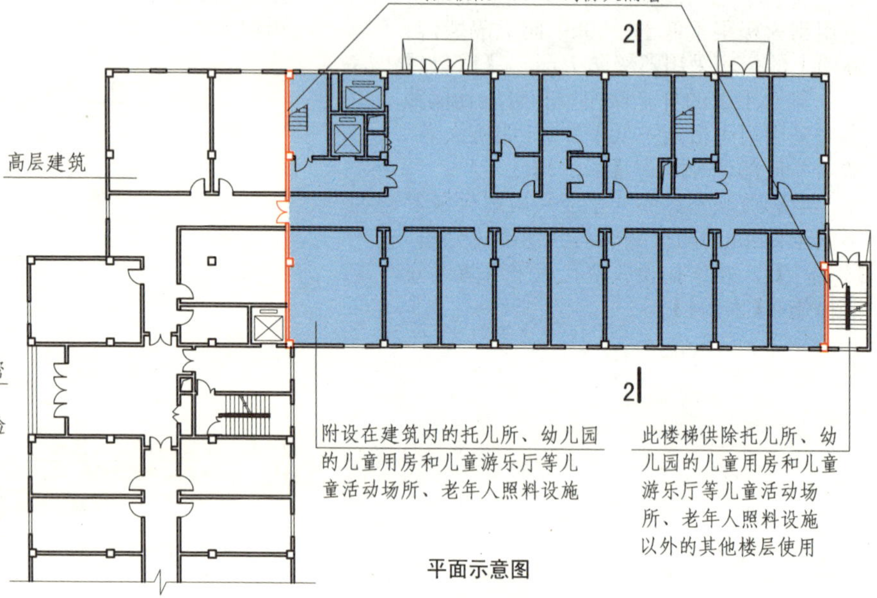

平面示意图

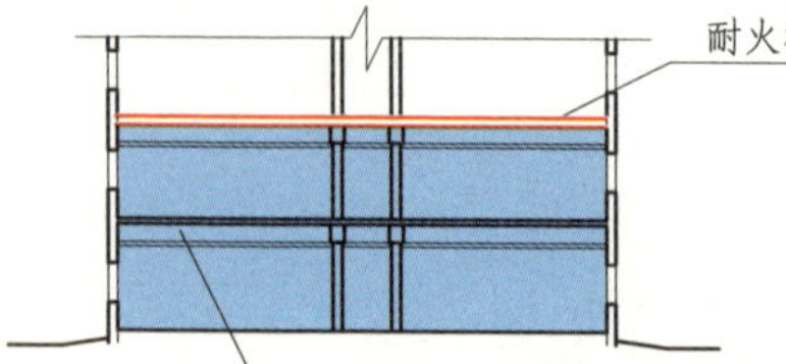

2-2

6.2.2 图示

6.2 建筑构件和管道井						图集号	18J811-1
审核	蔡昭昀	校对	林 莉	设计	杨立萌	页	6-5

6.2.3 建筑内的下列部位应采用耐火极限不低于2.00h的防火隔墙与其他部位分隔，墙上的门、窗应采用乙级防火门、窗，确有困难时，可采用防火卷帘，但应符合本规范第6.5.3条的规定：

1 甲、乙类生产部位和建筑内使用丙类液体的部位；【图示1】

2 厂房内有明火和高温的部位；【图示1】

3 甲、乙、丙类厂房（仓库）内布置有不同火灾危险性类别的房间；【图示2】

4 民用建筑内的附属库房【图示3】，剧场后台的辅助用房【图示4】；

5 除居住建筑中套内的厨房外，宿舍、公寓建筑中的公共厨房和其他建筑内的厨房；【图示5】

6 附设在住宅建筑内的机动车库。【图示6】

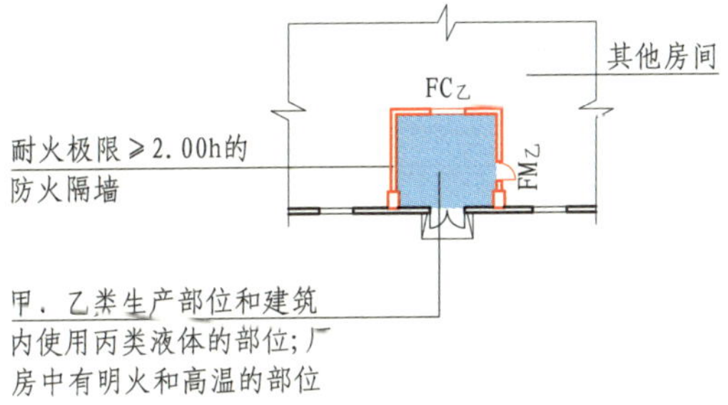

6.2.3 图示1

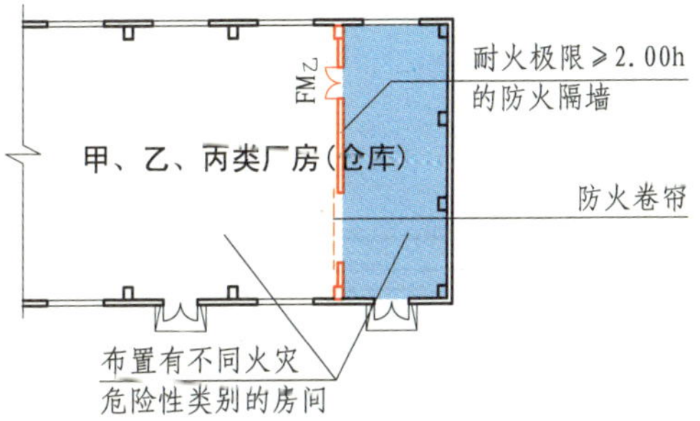

6.2.3 图示2

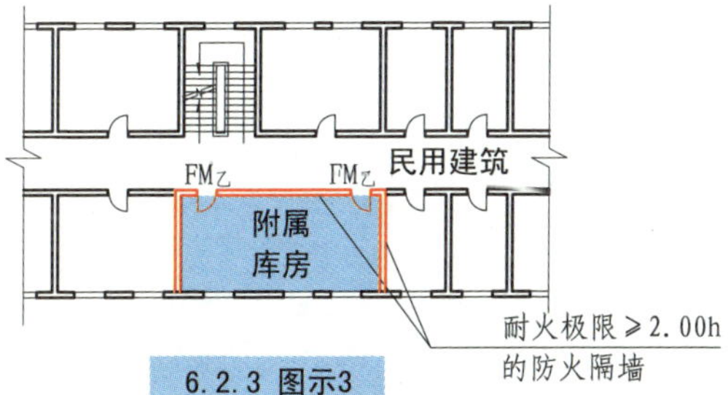

6.2.3 图示3

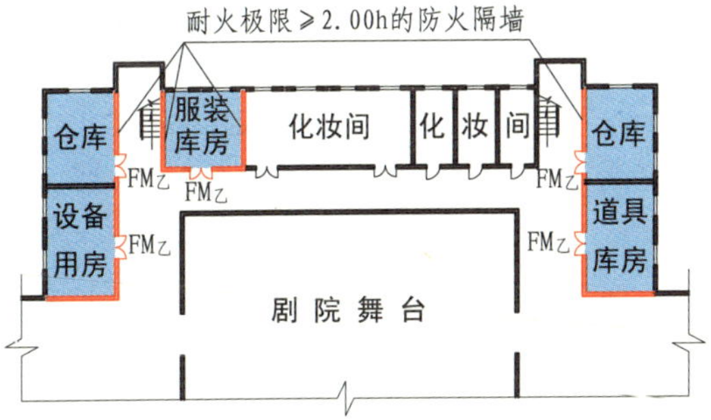

6.2.3 图示4

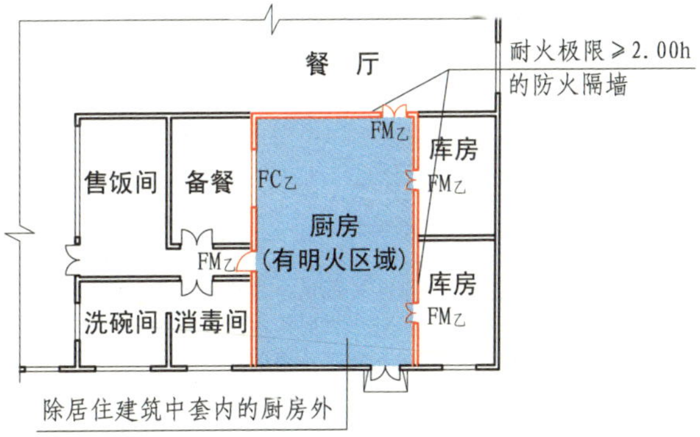

6.2.3 图示5

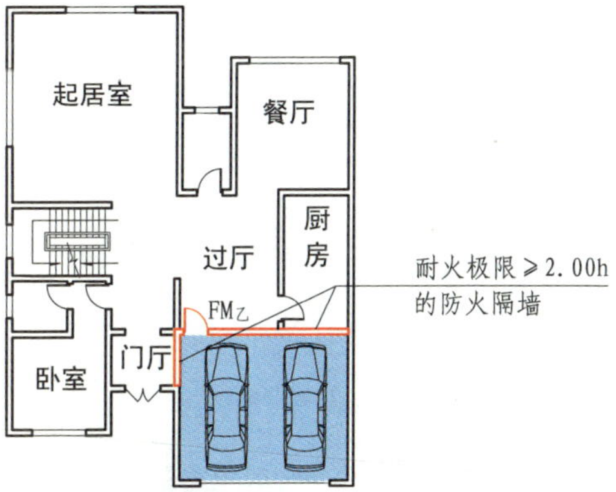

6.2.3 图示6

6.2 建筑构件和管道井							图集号	18J811-1
审核	蔡昭昀	蔡昭昀	校对	郭景	郭景	设计 林 莉	页	6-6

6.2.4 建筑内的防火隔墙应从楼地面基层隔断至梁、楼板或屋面板的底面基层【图示1】。住宅分户墙和单元之间的墙应隔断至梁、楼板或屋面板的底面基层，屋面板的耐火极限不应低于0.50h【图示2】。

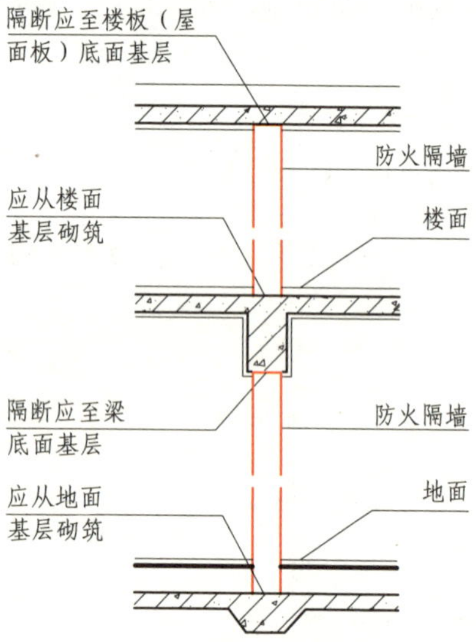

剖面示意图

6.2.4 图示1

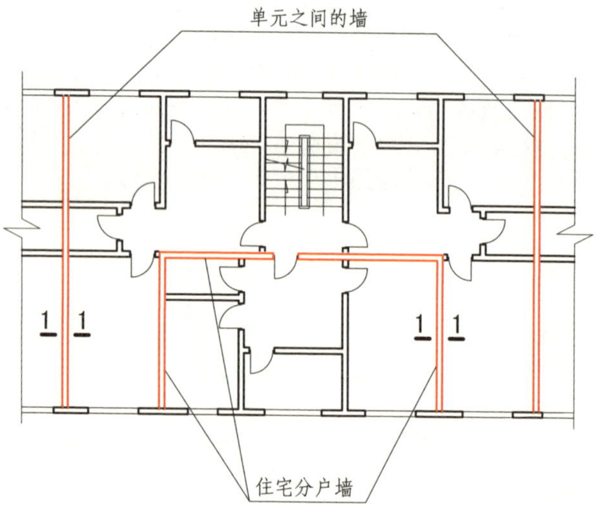

单元式住宅平面示意图

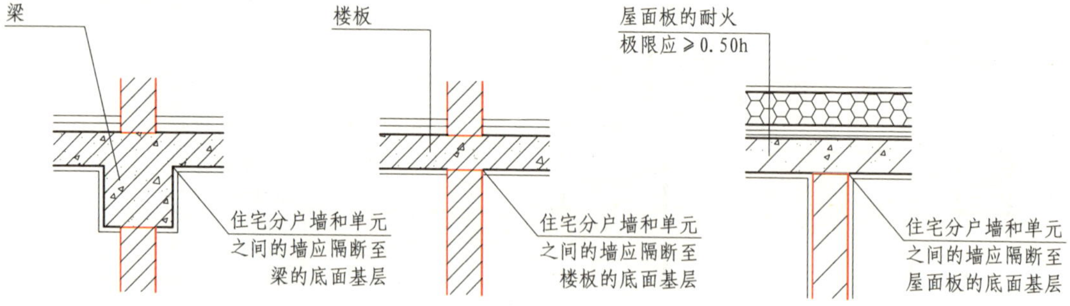

1-1 剖面示意图 6.2.4 图示2

6.2 建筑构件和管道井		图集号	18J811-1
审核 蔡昭昀	校对 林莉 设计 曹奕	页	6-7

6.2.5 除本规范另有规定外，建筑外墙上、下层开口之间应设置高度不小于1.2m的实体墙或挑出宽度不小于1.0m、长度不小于开口宽度的防火挑檐；当室内设置自动喷水灭火系统时，上、下层开口之间的实体墙高度不应小于0.8m【图示1】。当上、下层开口之间设置实体墙确有困难时，可设置防火玻璃墙，但高层建筑的防火玻璃墙的耐火完整性不应低于1.00h，多层建筑的防火玻璃墙的耐火完整性不应低于0.50h。外窗的耐火完整性不应低于防火玻璃墙的耐火完整性要求【图示2】。

住宅建筑外墙上相邻户开口之间的墙体宽度不应小于1.0m；小于1.0m时，应在开口之间设置突出外墙不小于0.6m的隔板。【图示3】

实体墙、防火挑檐和隔板的耐火极限和燃烧性能，均不应低于相应耐火等级建筑外墙的要求。

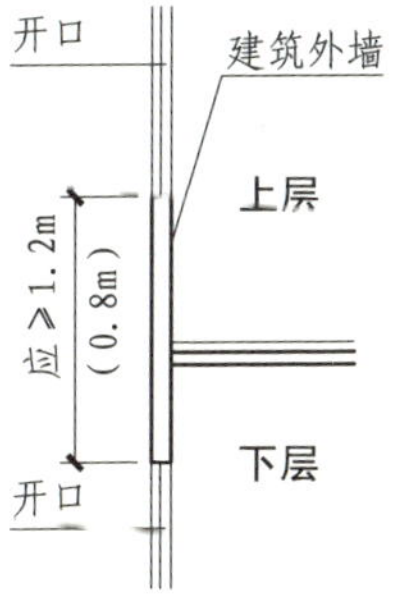

剖面示意图

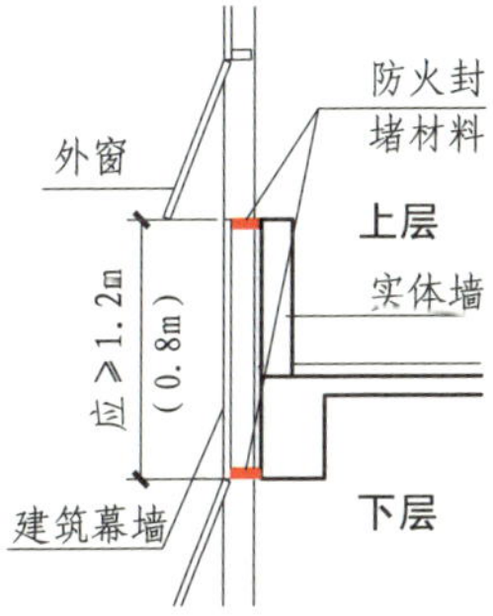

剖面示意图

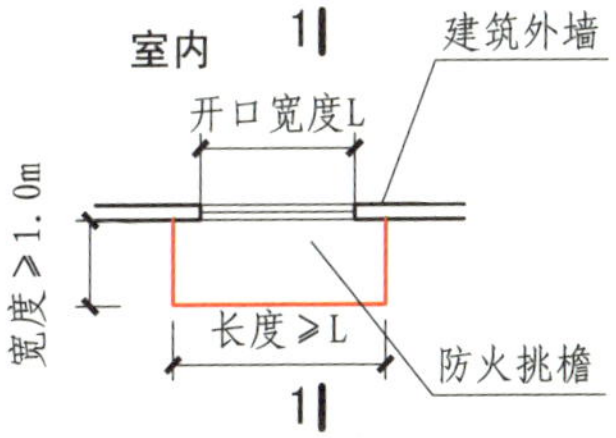

平面示意图

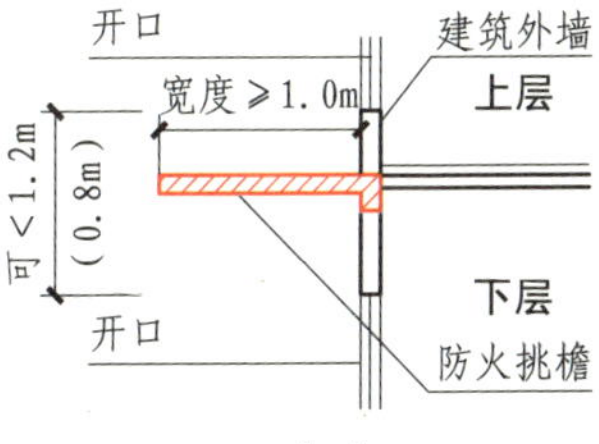

1-1

[注释]

1 当室内设置自动喷水灭火系统时，上、下层开口之间的墙体高度执行括号内数字。

2 如下部外窗的上沿以上为上一层的梁时，该梁高度可计入上、下层开口间的墙体高度。

3 实体墙、防火挑檐的耐火极限和燃烧性能，均不应低于相应耐火等级建筑外墙的要求。

6.2.5 图示1

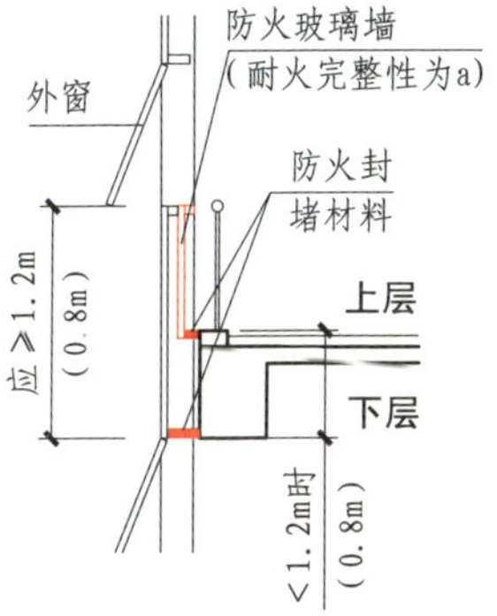

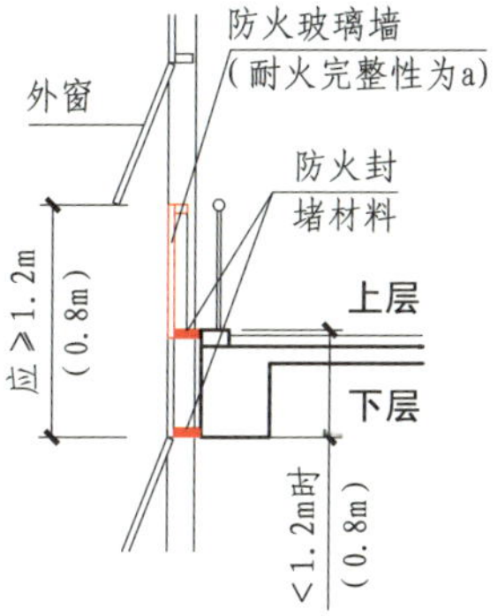

高层建筑：a≥1.00h 多层建筑：a≥0.50h

当上、下层开口之间设置实体墙确有困难时，可设置防火玻璃墙

6.2.5 图示2

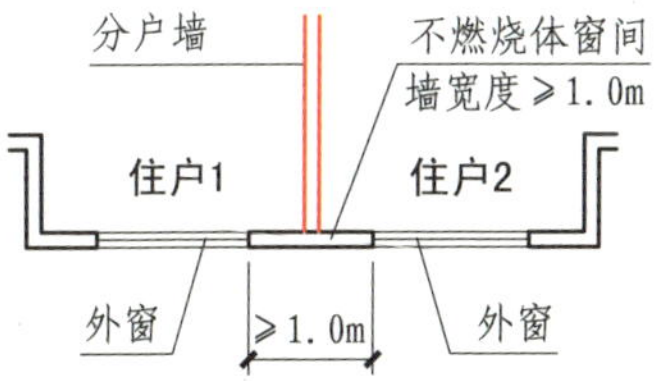

住宅建筑平面示意图

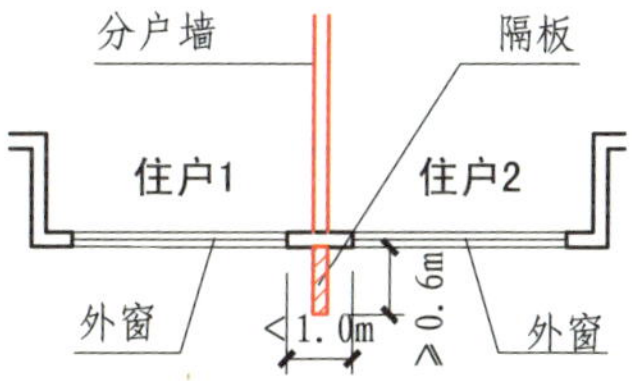

住宅建筑平面示意图

6.2.5 图示3

[注释]隔板的耐火极限和燃烧性能，均不应低于相应耐火等级建筑外墙的要求。

6.2.6 建筑幕墙应在每层楼板外沿处采取符合本规范第6.2.5条规定的防火措施，幕墙与每层楼板、隔墙处的缝隙应采用防火封堵材料封堵。【图示】

6.2.7 附设在建筑内的消防控制室、灭火设备室、消防水泵房和通风空气调节机房、变配电室等，应采用耐火极限不低于2.00h的防火隔墙和1.50h的楼板与其他部位分隔。

设置在丁、戊类厂房内的通风机房，应采用耐火极限不低于1.00h的防火隔墙和0.50h的楼板与其他部位分隔。

通风、空气调节机房和变配电室开向建筑内的门应采用甲级防火门，消防控制室和其他设备房开向建筑内的门应采用乙级防火门。【图示】

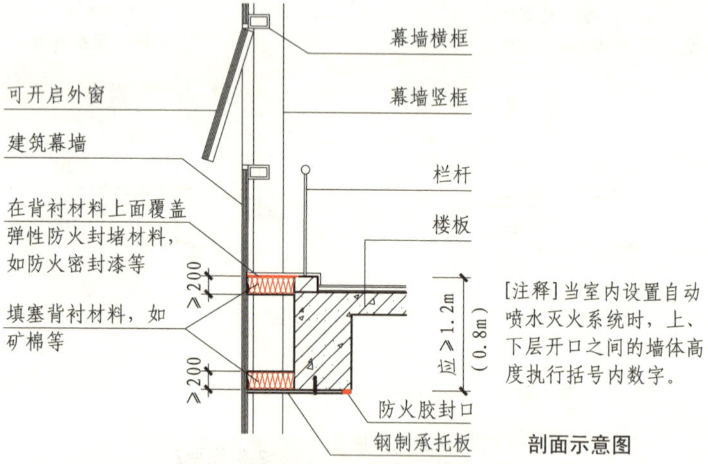

[注释]当室内设置自动喷水灭火系统时，上、下层开口之间的墙体高度执行括号内数字。

剖面示意图

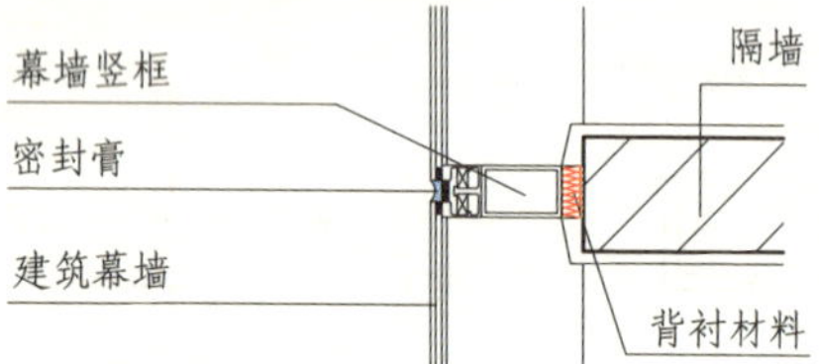

平面示意图

[注释]

1 防火封堵材料应符合国家标准《防火封堵材料》GB 23864的要求。

2 当防火封堵采用岩棉或压缩矿棉并喷涂防火密封漆等防火封堵措施时，其材料性能及构造应满足国家有关建筑防火封堵应用技术规范、幕墙规范中的相关要求。

6.2.6 图示

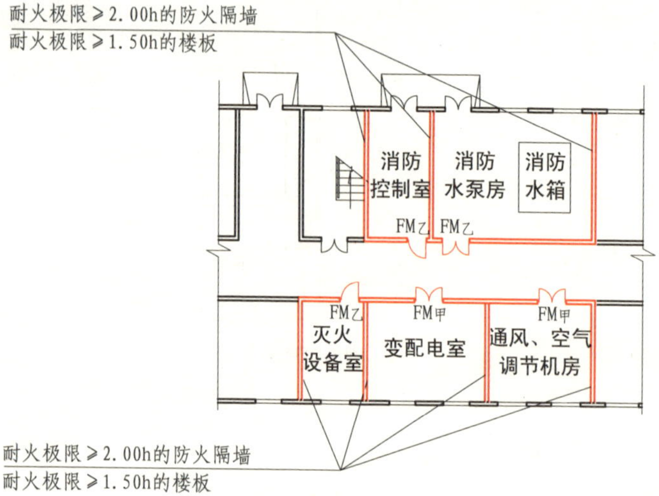

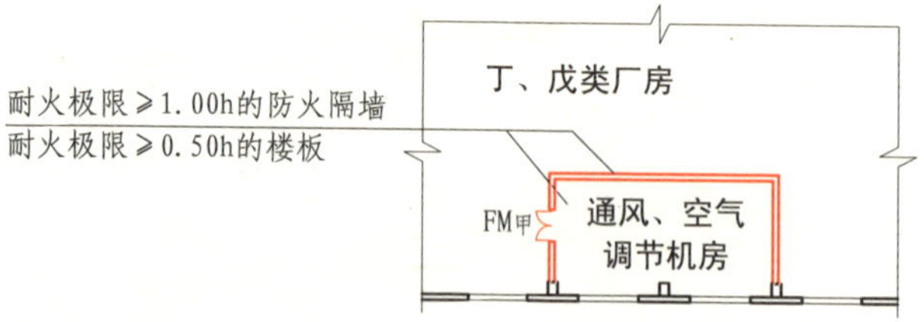

平面示意图

6.2.7 图示

6.2 建筑构件和管道井							图集号	18J811-1
审核	蔡昭昀	校对	林 莉		设计	杨立萌	页	6-9

6.2.8 冷库、低温环境生产场所采用泡沫塑料等可燃材料作墙体内的绝热层时，宜采用不燃绝热材料在每层楼板处做水平防火分隔。防火分隔部位的耐火极限不应低于楼板的耐火极限【图示1】。冷库阁楼层和墙体的可燃绝热层宜采用不燃性墙体分隔【图示2】。

冷库、低温环境生产场所采用泡沫塑料作内绝热层时，绝热层的燃烧性能不应低于B1级【图示1】，且绝热层的表面应采用不燃材料做防护层【图示2】。冷库的库房与加工车间贴邻建造时，应采用防火墙分隔，当确需开设相互连通的开口时，应采取防火隔间等措施进行分隔，隔间两侧的门应为甲级防火门。当冷库的氨压缩机房与加工车间贴邻时，应采用不开门窗洞口的防火墙分隔【图示3】。

6.2.9 建筑内的电梯井等竖井应符合下列规定：

1 **电梯井应独立设置，井内严禁敷设可燃气体和甲、乙、丙类液体管道，不应敷设与电梯无关的电缆、电线等。电梯井的井壁除设置电梯门、安全逃生门和通气孔洞外，不应设置其他开口。**【图示1】

2 **电缆井、管道井、排烟道、排气道、垃圾道等竖向井道，应分别独立设置。井壁的耐火极限不应低于1.00h，井壁上的检查门应采用丙级防火门。**【图示2】

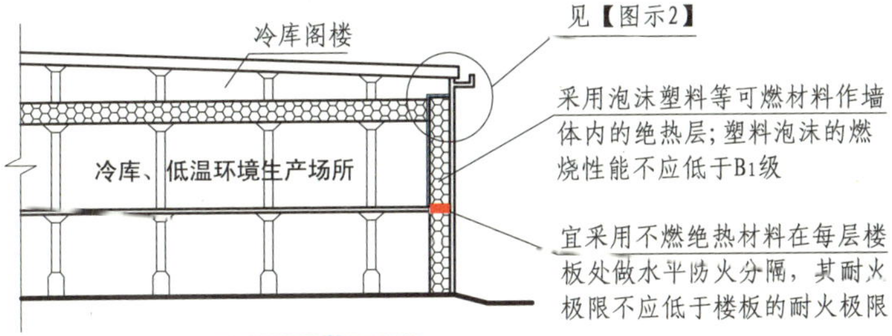

剖面示意图 6.2.8 图示1

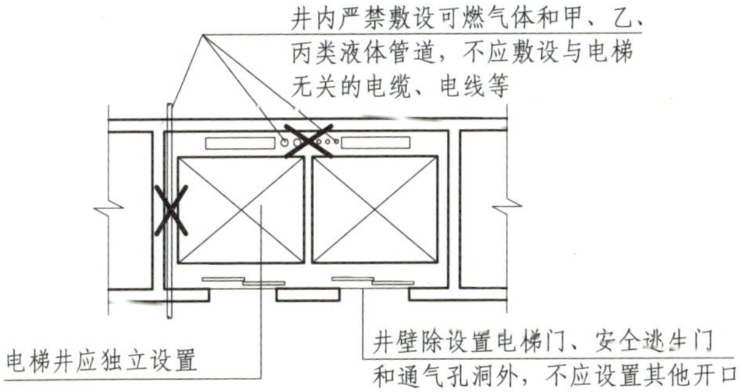

平面示意图 6.2.9 图示1

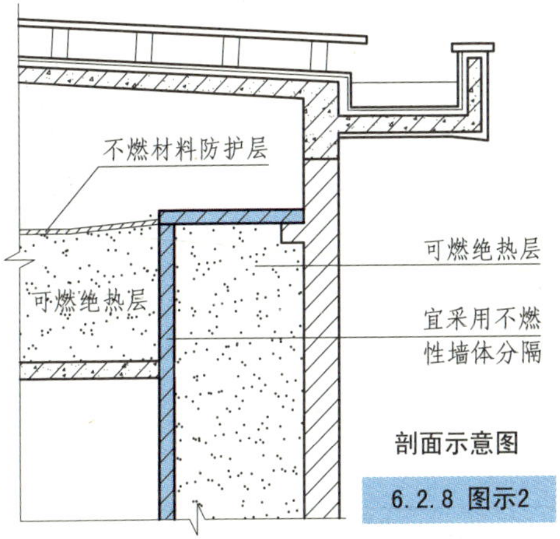

剖面示意图 6.2.8 图示2

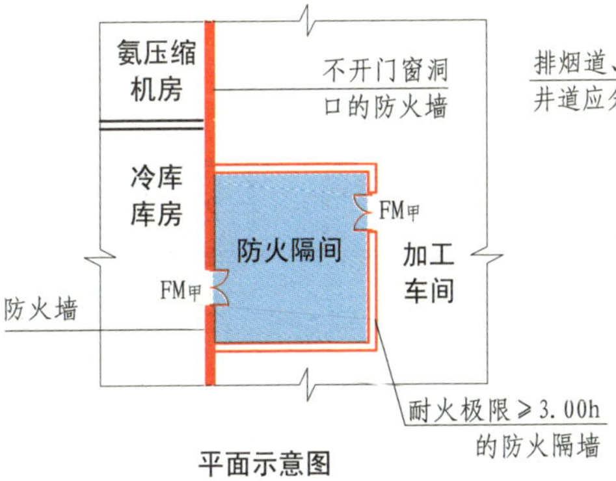

平面示意图 6.2.8 图示3

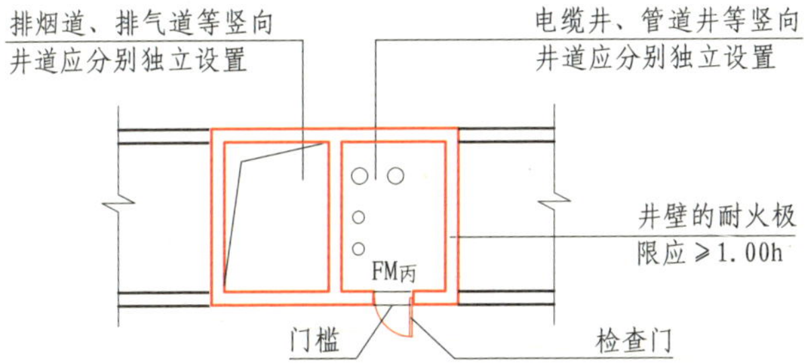

平面示意图 6.2.9 图示2

[注释]垃圾道设置要求详见6.2.9【图示5】。

[注释]其他有关分隔和构造要求还应符合国家现行有关标准《冷库设计规范》GB 50072的规定。

6.2 建筑构件和管道井						图集号	18J811-1
审核	蔡昭昀	校对	林 莉	设计	李晓宁	页	6-10

3 建筑内的电缆井、管道井应在每层楼板处采用不低于楼板耐火极限的不燃材料或防火封堵材料封堵。【图示3】
建筑内的电缆井、管道井与房间、走道等相连通的孔隙应采用防火封堵材料封堵。【图示4】

4 建筑内的垃圾道宜靠外墙设置，垃圾道的排气口应直接开向室外，垃圾斗应采用不燃材料制作，并应能自行关闭。【图示5】

5 电梯层门的耐火极限不应低于1.00h，并应符合现行国家标准《电梯层门耐火试验 完整性、隔热性和热通量测定法》GB/T 27903规定的完整性和隔热性要求。【图示6】

6.2.10 户外电致发光广告牌不应直接设置在有可燃、难燃材料的墙体上。
户外广告牌的设置不应遮挡建筑的外窗，不应影响外部灭火救援行动。【图示】

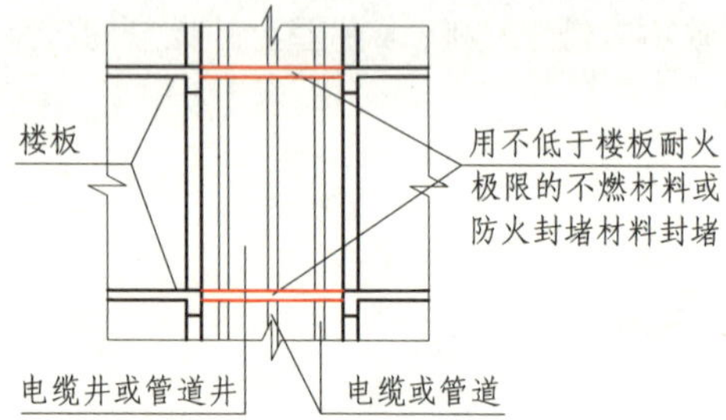

剖面示意图 6.2.9 图示3

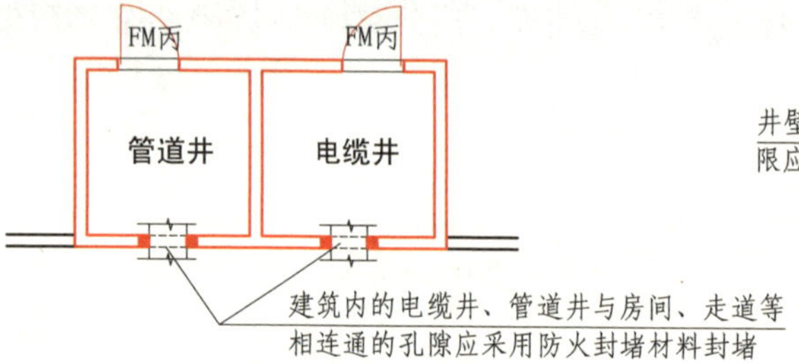

平面示意图 6.2.9 图示4

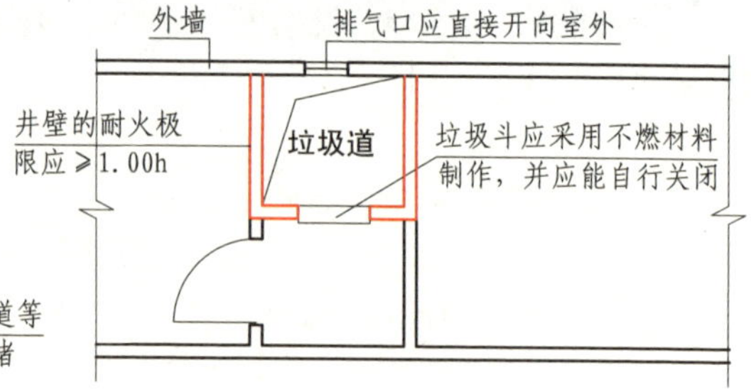

平面示意图 6.2.9 图示5

[注释]防火封堵材料应符合国家标准《防火封堵材料》GB 23864的要求。

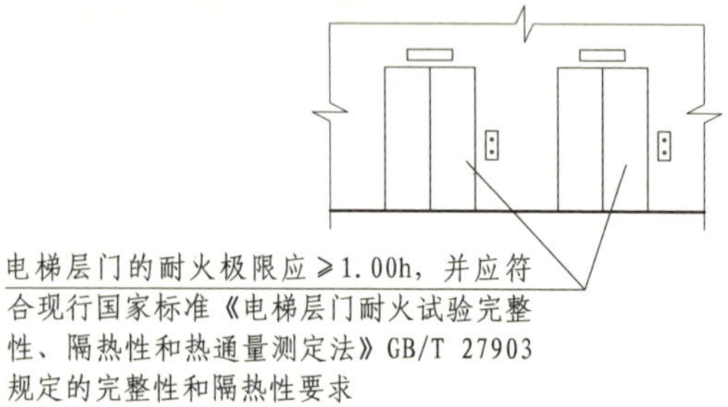

立面示意图 6.2.9 图示6

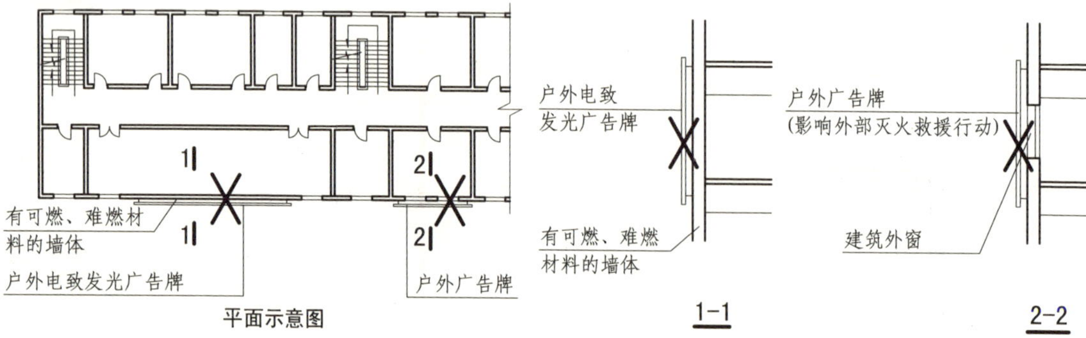

6.2.10 图示

6.3 屋顶、闷顶和建筑缝隙

6.3.1 在三、四级耐火等级建筑的闷顶内采用可燃材料作绝热层时，屋顶不应采用冷摊瓦。

闷顶内的非金属烟囱周围0.5m、金属烟囱0.7m范围内，应采用不燃材料作绝热层。【图示】

6.3.2 层数超过2层的三级耐火等级建筑内的闷顶，应在每个防火隔断范围内设置老虎窗，且老虎窗的间距不宜大于50m。【图示】

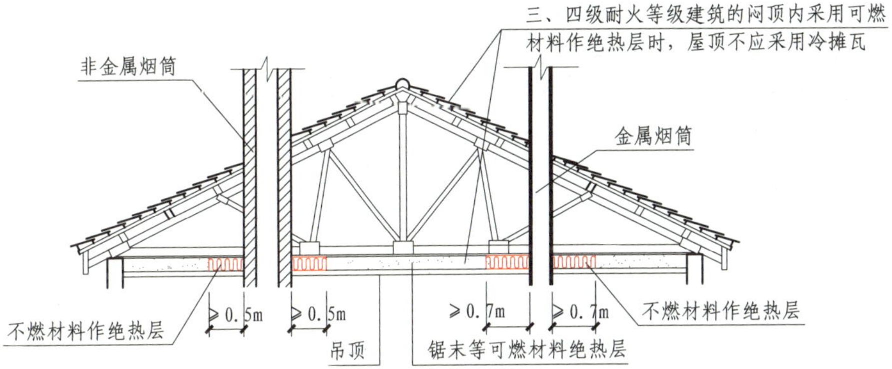

三、四级耐火等级建筑的闷顶

6.3.1 图示

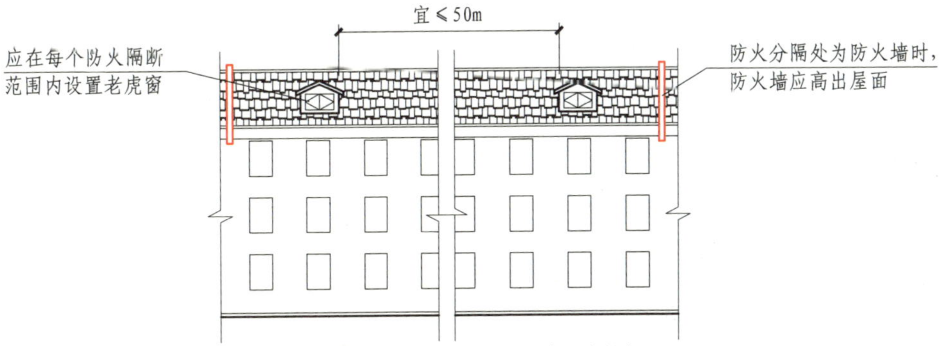

层数超过2层的三级耐火等级建筑内的闷顶

6.3.2 图示

6.3 屋顶、闷顶和建筑缝隙						图集号	18J811-1
审核	蔡昭昀	校对	林 莉	设计	曹 奕	页	6-12

6.3.3　内有可燃物的闷顶，应在每个防火隔断范围内设置净宽度和净高度均不小于0.7m的闷顶入口【图示1】；对于公共建筑，每个防火隔断范围内的闷顶入口不宜少于2个。闷顶入口宜布置在走廊中靠近楼梯间的部位【图示2】。

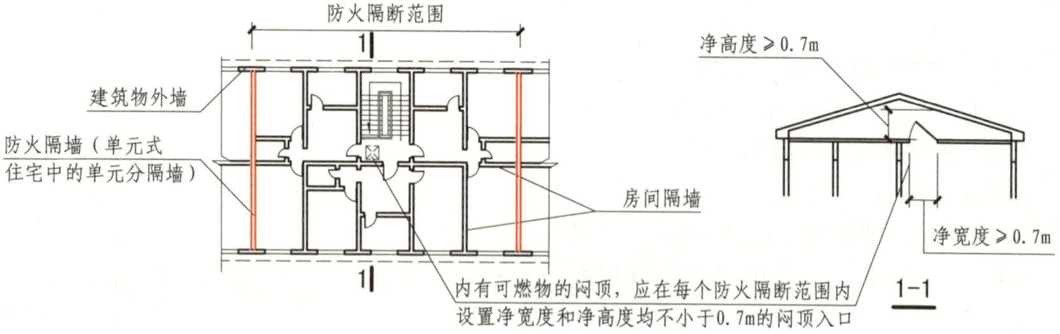

住宅顶层平面示意图　6.3.3 图示1

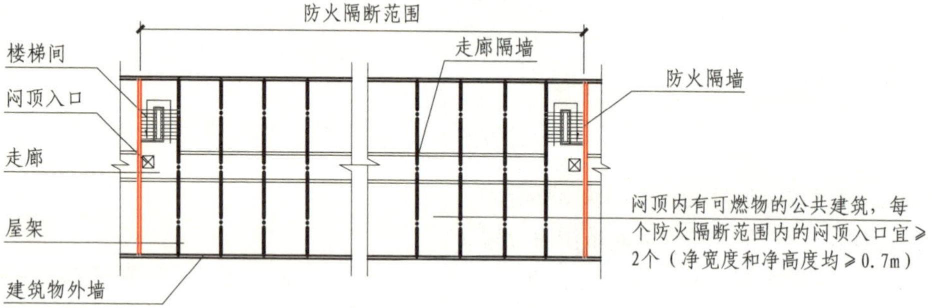

公共建筑闷顶平面示意图　6.3.3 图示2

6.3.4　变形缝内的填充材料和变形缝的构造基层应采用不燃材料。【图示1】

电线、电缆、可燃气体和甲、乙、丙类液体的管道不宜穿过建筑内的变形缝，确需穿过时，应在穿过处加设不燃材料制作的套管或采取其他防变形措施，并应采用防火封堵材料封堵。【图示2】

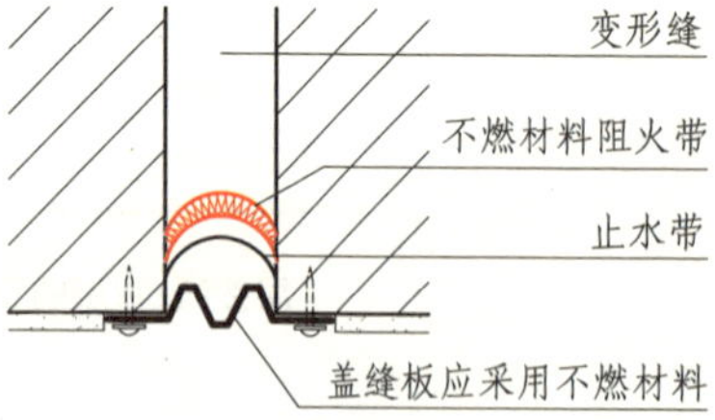

6.3.4 图示1

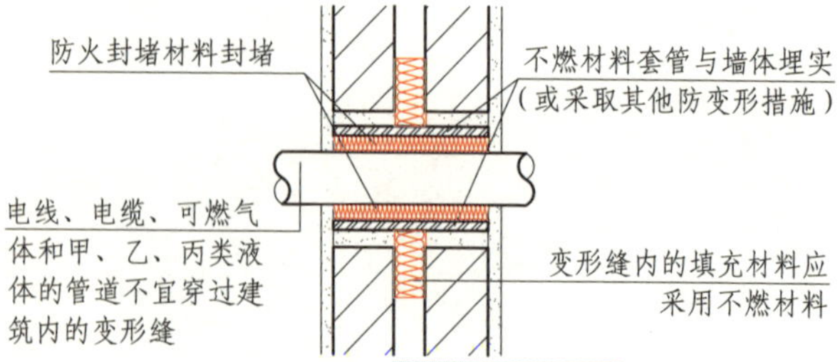

剖面示意图　6.3.4 图示2

6.3 屋顶、闷顶和建筑缝隙									图集号	18J811-1
审核	蔡昭昀	蔡昭昀	校对	林莉	林莉	设计	曹奕	曹奕	页	6-13

6.3.5 防烟、排烟、供暖、通风和空气调节系统中的管道及建筑内的其他管道，在穿越防火隔墙、楼板和防火墙处的孔隙应采用防火封堵材料封堵。【图示1】

风管穿过防火隔墙、楼板和防火墙时，穿越处风管上的防火阀、排烟防火阀两侧各2.0m范围内的风管应采用耐火风管或风管外壁应采取防火保护措施，且耐火极限不应低于该防火分隔体的耐火极限。【图示2】

6.3.6 建筑内受高温或火焰作用易变形的管道，在其贯穿楼板部位和穿越防火隔墙的两侧宜采取阻火措施。【图示】

6.3.7 建筑屋顶上的开口与邻近建筑或设施之间，应采取防止火灾蔓延的措施。

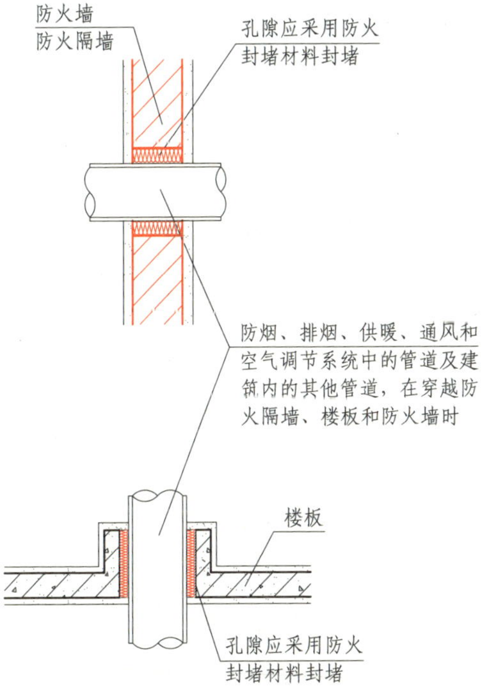

6.3.5图示1

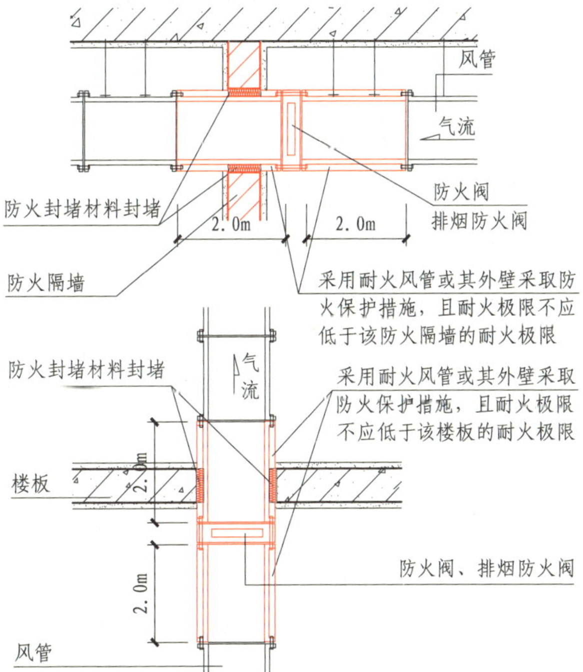

6.3.5 图示2

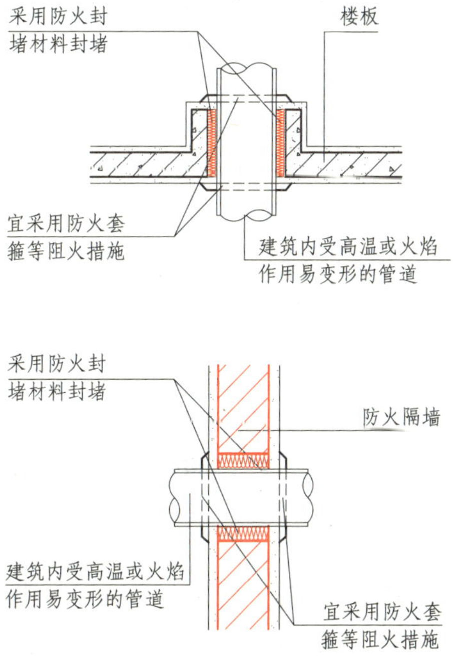

6.3.6 图示

[注释]
1 防火封堵材料应符合国家标准《防火封堵材料》GB 23864的要求；
2 防火阀的具体位置应根据实际工程确定。

6.3 屋顶、闷顶和建筑缝隙							图集号	18J811-1
审核	蔡昭昀	蔡昭昀	校对	林莉	林莉	设计 曹奕 曹奕	页	6-14

6.4 疏散楼梯间和疏散楼梯等

6.4.1 疏散楼梯间应符合下列规定：

1 楼梯间应能天然采光和自然通风，并宜靠外墙设置。靠外墙设置时，楼梯间、前室及合用前室外墙上的窗口与两侧门、窗、洞口最近边缘的水平距离不应小于1.0m。【图示1】

2 楼梯间内不应设置烧水间、可燃材料储藏室、垃圾道。【图示2】

3 楼梯间内不应有影响疏散的凸出物或其他障碍物。【图示3】

4 封闭楼梯间、防烟楼梯间及其前室，不应设置卷帘。【图示4】

5 楼梯间内不应设置甲、乙、丙类液体管道。【图示3】

6 封闭楼梯间、防烟楼梯间及其前室内禁止穿过或设置可燃气体管道【图示4】。敞开楼梯间内不应设置可燃气体管道【图示5】，当住宅建筑的敞开楼梯间内确需设置可燃气体管道和可燃气体计量表时，应采用金属管和设置切断气源的阀门【图示6】。

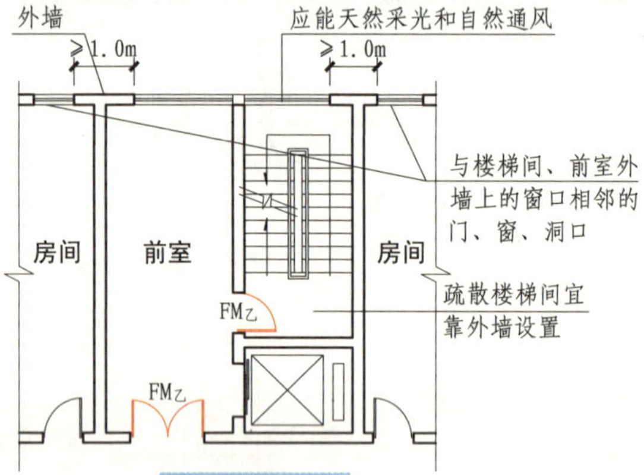

6.4.1图示1

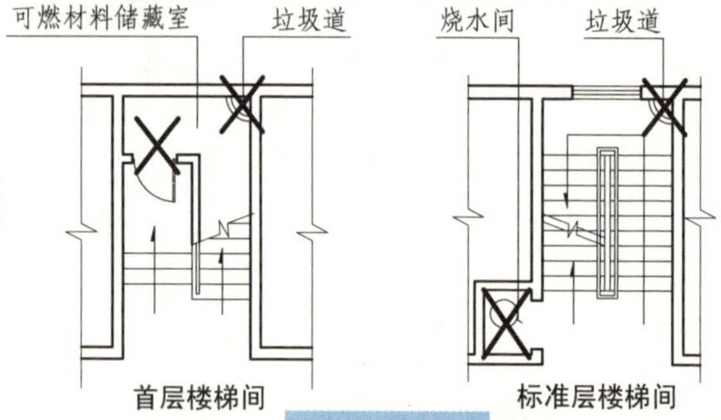

6.4.1图示2

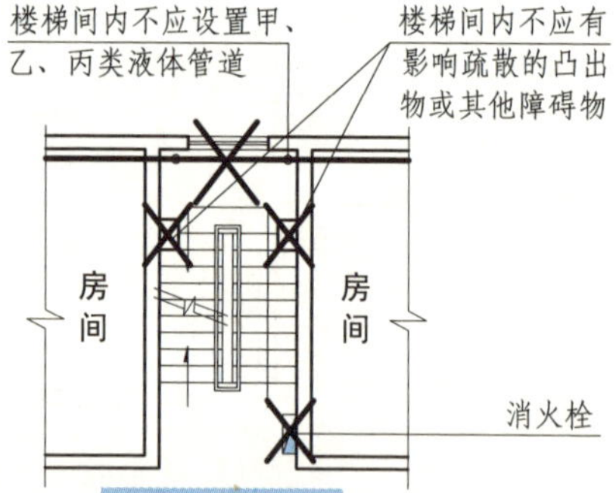

6.4.1图示3

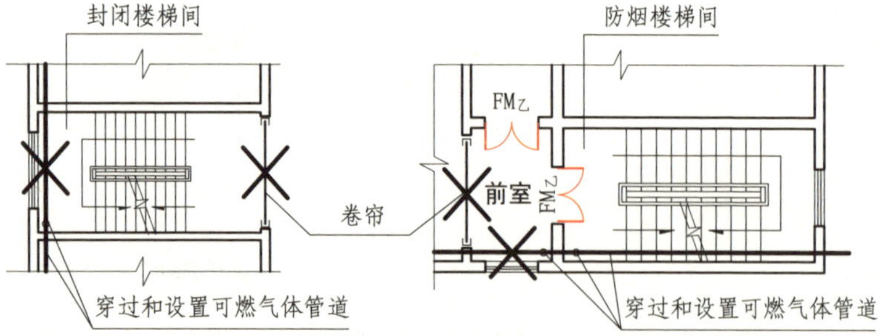

6.4.1图示4

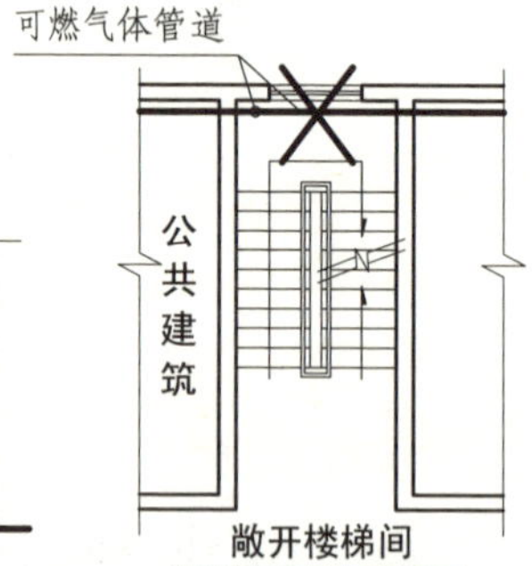

6.4.1图示5

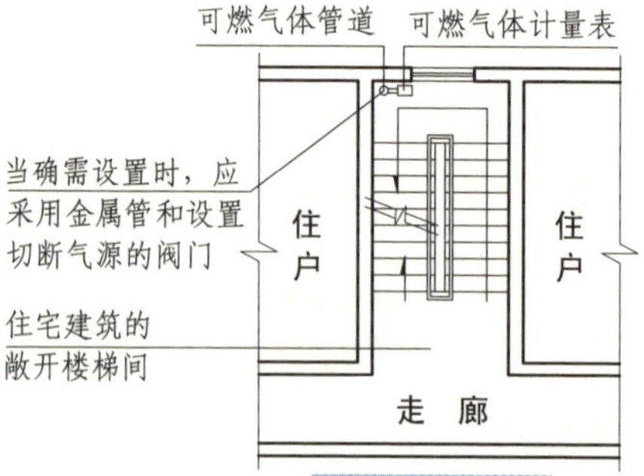

6.4.1图示6

6.4 疏散楼梯间和疏散楼梯等						图集号	18J811-1
审核	蔡昭昀	校对	林 莉	设计	杨立萌	页	6-15

6.4.2 封闭楼梯间除应符合本规范第6.4.1条的规定外【图示1】，尚应符合下列规定：

1 不能自然通风或自然通风不能满足要求时，应设置机械加压送风系统【图示2】或采用防烟楼梯间【见第6.4.3条图示】。

2 除楼梯间的出入口和外窗外，楼梯间的墙上不应开设其他门、窗、洞口。【图示3】

3 高层建筑、人员密集的公共建筑、人员密集的多层丙类厂房、甲、乙类厂房，其封闭楼梯间的门应采用乙级防火门，并应向疏散方向开启【图示4】；其他建筑，可采用双向弹簧门【图示1】。

4 楼梯间的首层可将走道和门厅等包括在楼梯间内形成扩大的封闭楼梯间，但应采用乙级防火门等与其他走道和房间分隔。【图示5】

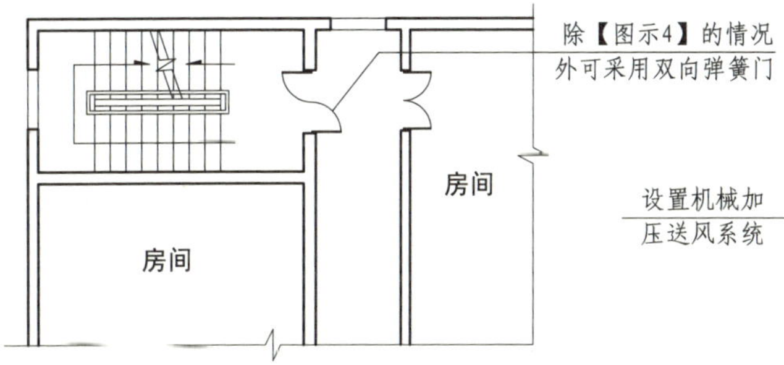

能自然通风且自然通风能满足要求的封闭楼梯间

6.4.2图示1

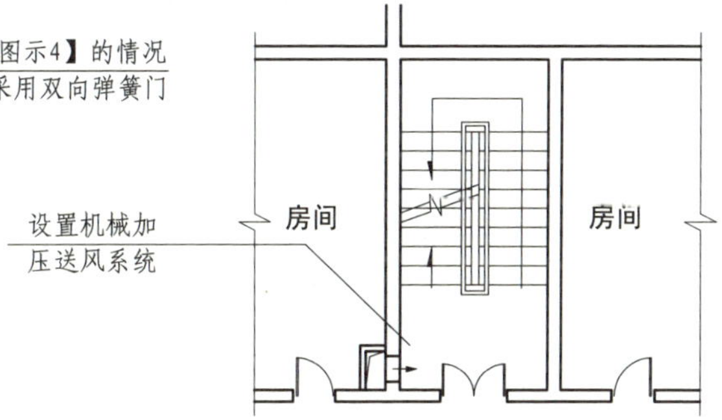

不能自然通风或自然通风不能满足要求的封闭楼梯间

6.4.2图示2

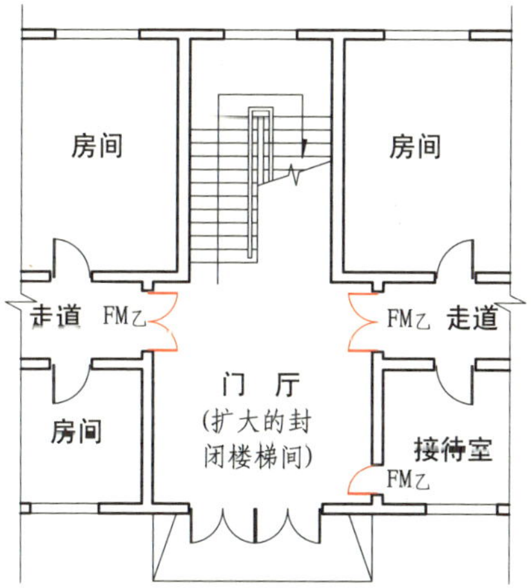

6.4.2图示5

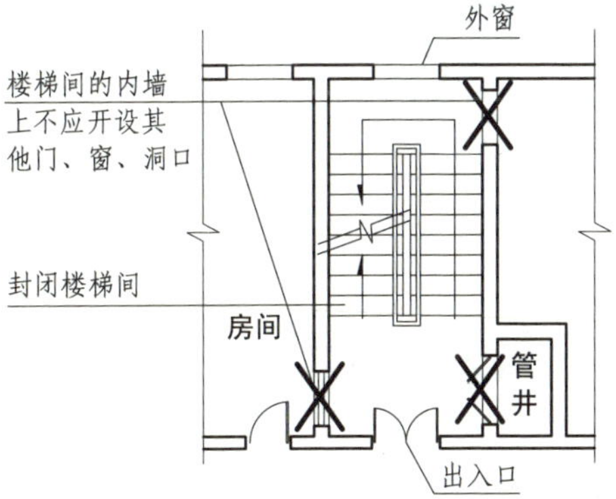

6.4.2图示3

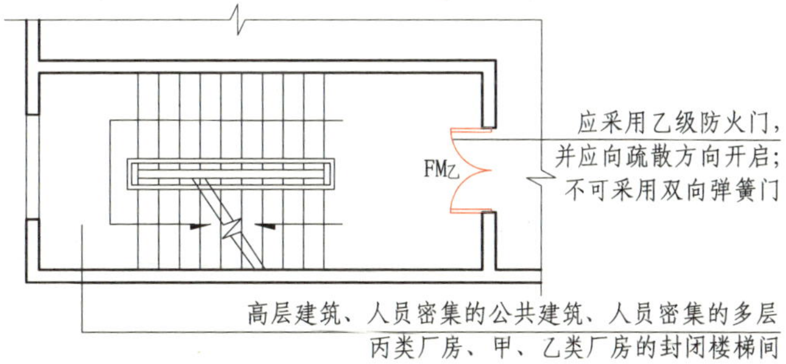

6.4.2图示4

6.4 疏散楼梯间和疏散楼梯等							图集号	18J811-1
审核	蔡昭昀	蔡昭昀	校对	林 莉	林莉	设计 曹 奕 曹奕	页	6-16

6.4.3 防烟楼梯间除应符合本规范第6.4.1条的规定外，尚应符合下列规定：

1 应设置防烟设施。【图示1】【图示2】【图示3】

2 前室可与消防电梯间前室合用。【图示3】

3 前室的使用面积：公共建筑、高层厂房（仓库），不应小于6.0㎡；住宅建筑，不应小于4.5㎡。【图示4】

与消防电梯间合用前室时，合用前室的使用面积：公共建筑、高层厂房（仓库），不应小于10.0㎡；住宅建筑，不应小于6.0㎡。【图示3】【图示4】【图示5】

4 疏散走道通向前室以及前室通向楼梯间的门应采用乙级防火门。【图示1】【图示2】【图示3】

5 除住宅建筑的楼梯间前室外【图示4】，防烟楼梯间和前室内的墙上不应开设除疏散门和送风口外的其他门、窗、洞口。【图示1】

6 楼梯间的首层可将走道和门厅等包括在楼梯间前室内形成扩大的前室，但应采用乙级防火门等与其他走道和房间分隔。【图示6】

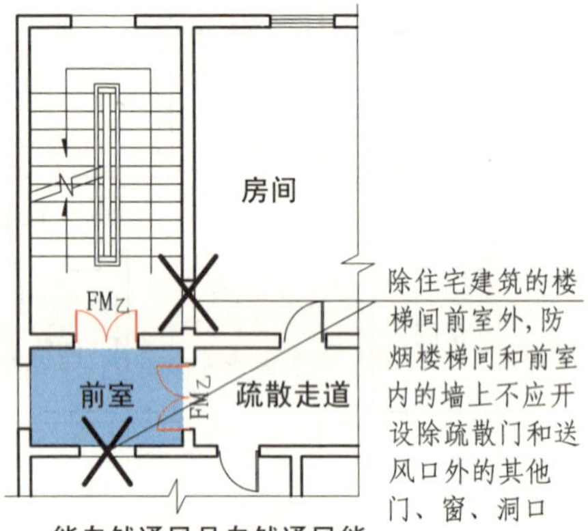

能自然通风且自然通风能满足要求的防烟楼梯间

6.4.3 图示1

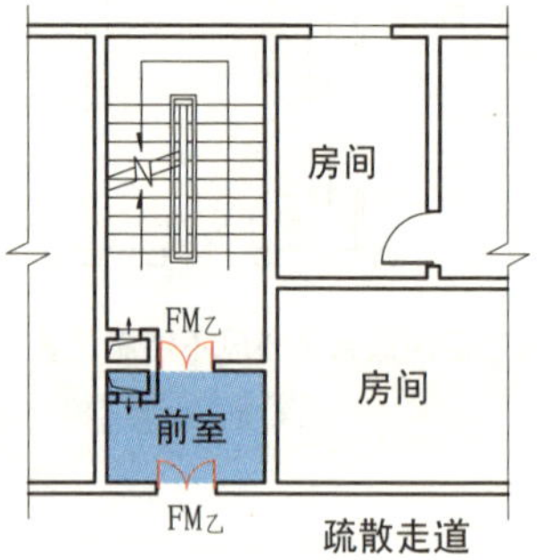

[注释]防烟设施的设置应符合《建筑防烟排烟系统技术标准》GB 51251的相关规定。

不能自然通风或自然通风不能满足要求的防烟楼梯间

6.4.3 图示2

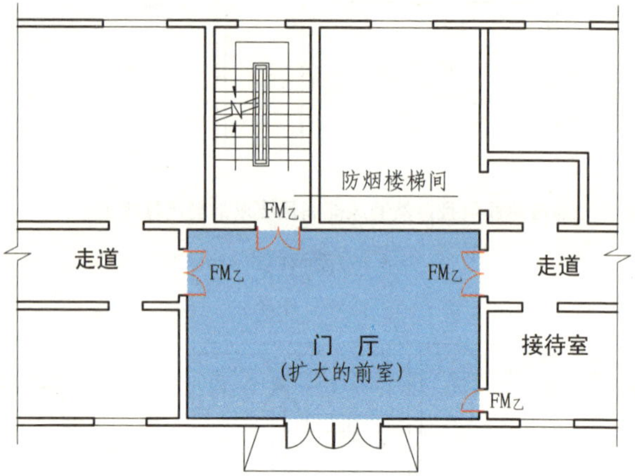

6.4.3 图示6

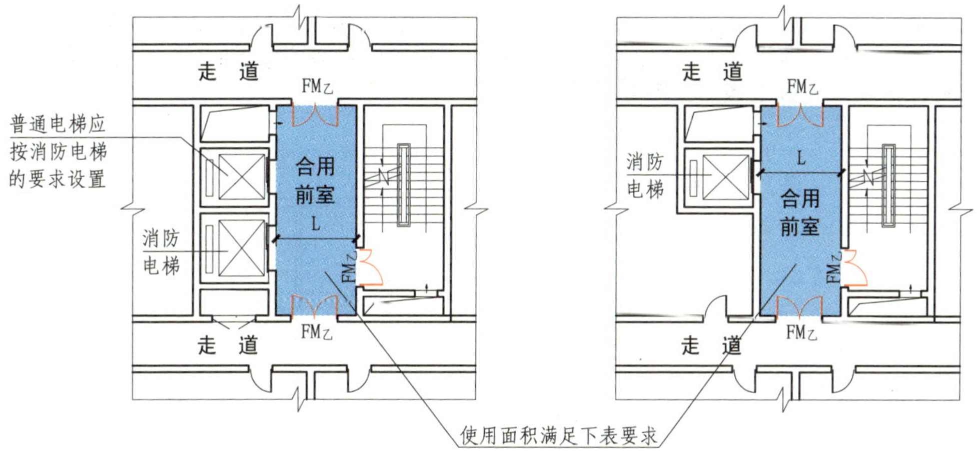

前室与消防电梯间前室
合用的防烟楼梯间

6.4.3 图示3

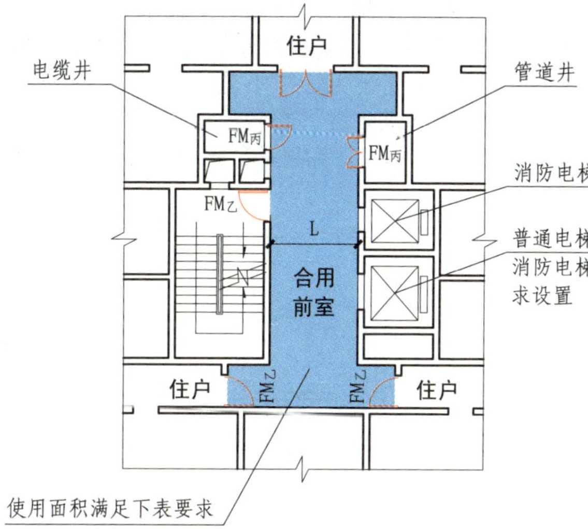

住宅建筑的防烟楼
梯间前室

6.4.3 图示5

防烟前室使用面积的要求

建筑类型	前室使用面积	与消防电梯合用前室使用面积
公共建筑、高层厂房（仓库）	≥6.0m²	≥10.0m²
住宅建筑	≥4.5m²	≥6.0m²

6.4.3 图示4

[注释]
1 敞开的阳台、凹廊等防烟空间作为前室时，其相关要求见第8.5.1条 。
2 L为消防电梯前室的短边宽度，L应≥2.4m 。

6.4.4 除通向避难层错位的疏散楼梯外，建筑内的疏散楼梯间在各层的平面位置不应改变。【图示1】

除住宅建筑套内的自用楼梯外，地下或半地下建筑(室)的疏散楼梯间，应符合下列规定：

1 室内地面与室外出入口地坪高差大于10m或3层及以上的地下、半地下建筑（室），其疏散楼梯应采用防烟楼梯间【图示2】；其他地下或半地下建筑（室），其疏散楼梯应采用封闭楼梯间【图示3】。

2 应在首层采用耐火极限不低于2.00h的防火隔墙与其他部位分隔并应直通室外，确需在隔墙上开门时，应采用乙级防火门。【图示2】

3 建筑的地下或半地下部分与地上部分不应共用楼梯间【图示3】，确需共用楼梯间时，应在首层采用耐火极限不低于2.00h的防火隔墙和乙级防火门将地下或半地下部分与地上部分的连通部位完全分隔，并应设置明显的标志【图示4】。

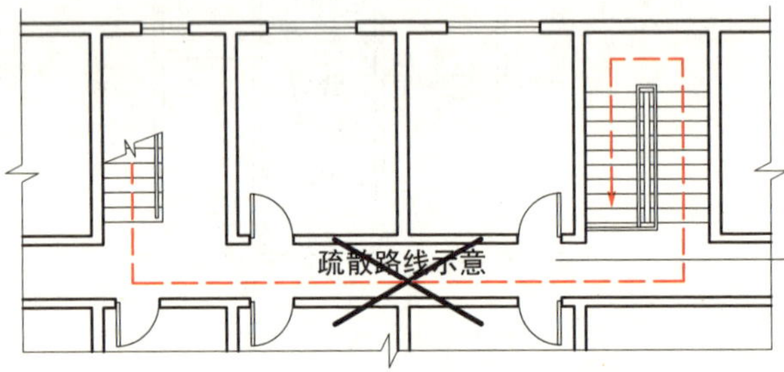

6.4.4 图示1 楼层平面示意图

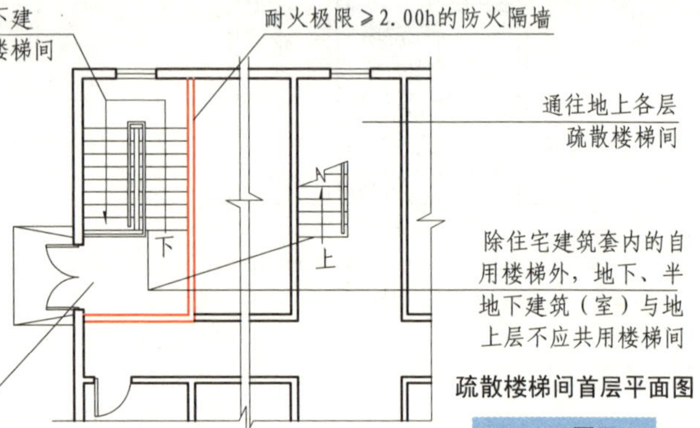

疏散楼梯间首层平面图

6.4.4 图示3

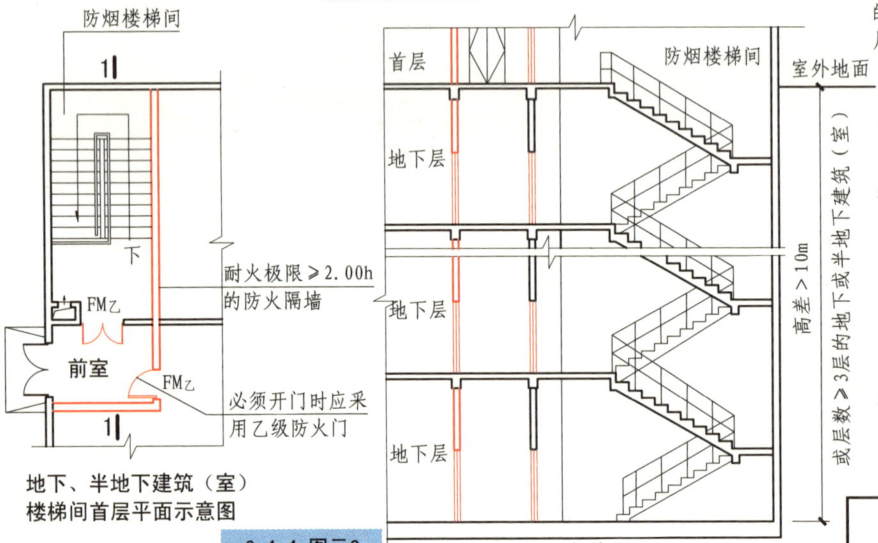

地下、半地下建筑（室）楼梯间首层平面示意图

1-1

6.4.4 图示2

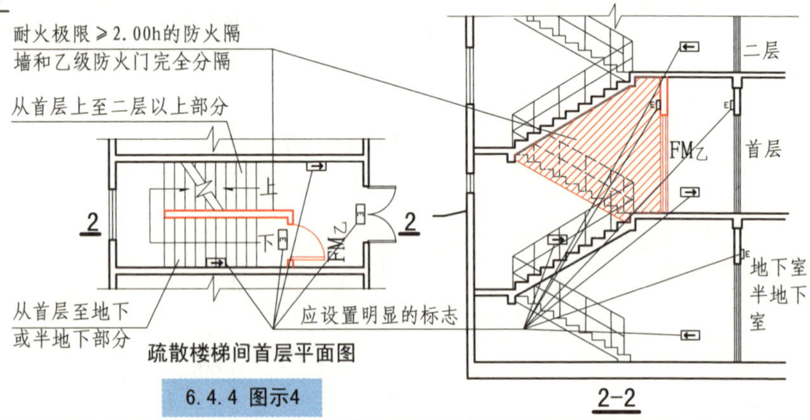

疏散楼梯间首层平面图

2-2

6.4.4 图示4

6.4 疏散楼梯间和疏散楼梯等						图集号	18J811-1
审核	蔡昭昀	校对	林莉	设计	杨立萌	页	6-19

6.4.5 室外疏散楼梯应符合下列规定：【图示】

1 栏杆扶手的高度不应小于1.10m，楼梯的净宽度不应小于0.90m。

2 倾斜角度不应大于45°。

3 梯段和平台均应采用不燃材料制作。平台的耐火极限不应低于1.00h，梯段的耐火极限不应低于0.25h。

4 通向室外楼梯的门应采用乙级防火门，并应向外开启。

5 除疏散门外，楼梯周围2m内的墙面上不应设置门、窗、洞口。疏散门不应正对梯段。

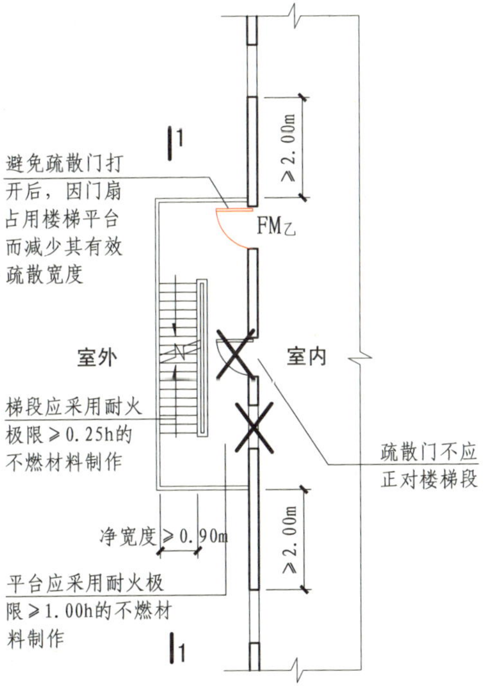

室外疏散楼梯
平面示意图

6.4.5 图示

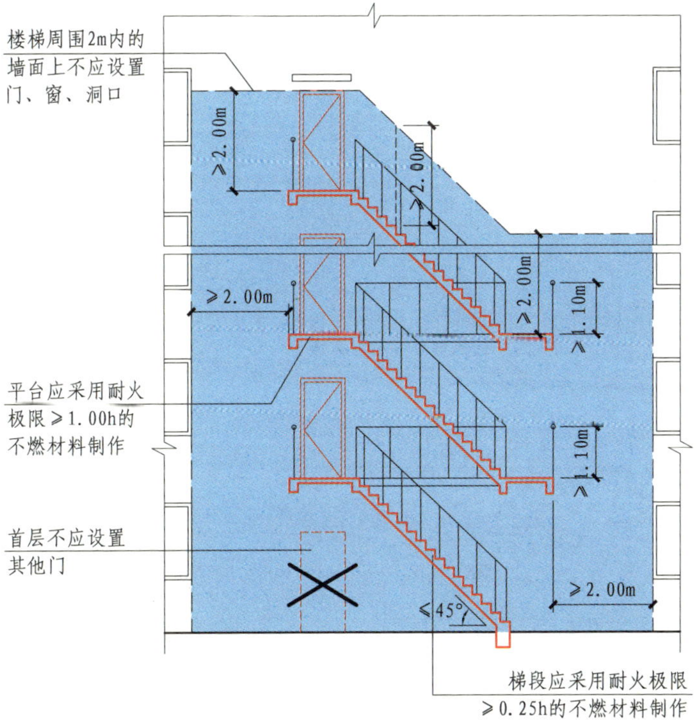

1—1

6.4 疏散楼梯间和疏散楼梯等							图集号	18J811-1
审核	蔡昭昀	(签名)	校对	林莉	(签名)	设计 杨立萌 (签名)	页	6-20

6.4.6 用作丁、戊类厂房内第二安全出口的楼梯可采用金属梯，但其净宽度不应小于0.90m，倾斜角度不应大于45°。【图示1】

丁、戊类高层厂房，当每层工作平台上的人数不超过2人且各层工作平台上同时工作的人数总和不超过10人时，其疏散楼梯可采用敞开楼梯或利用净宽度不小于0.90m、倾斜角度不大于60°的金属梯。【图示2】

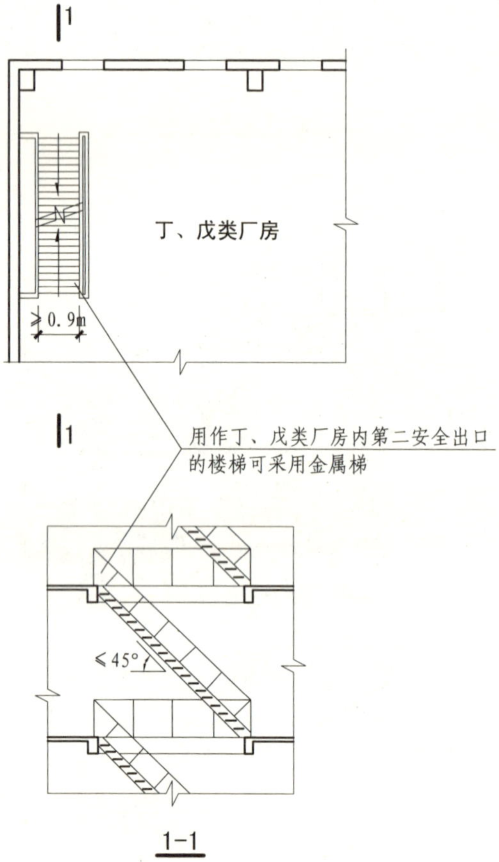

6.4.6 图示1

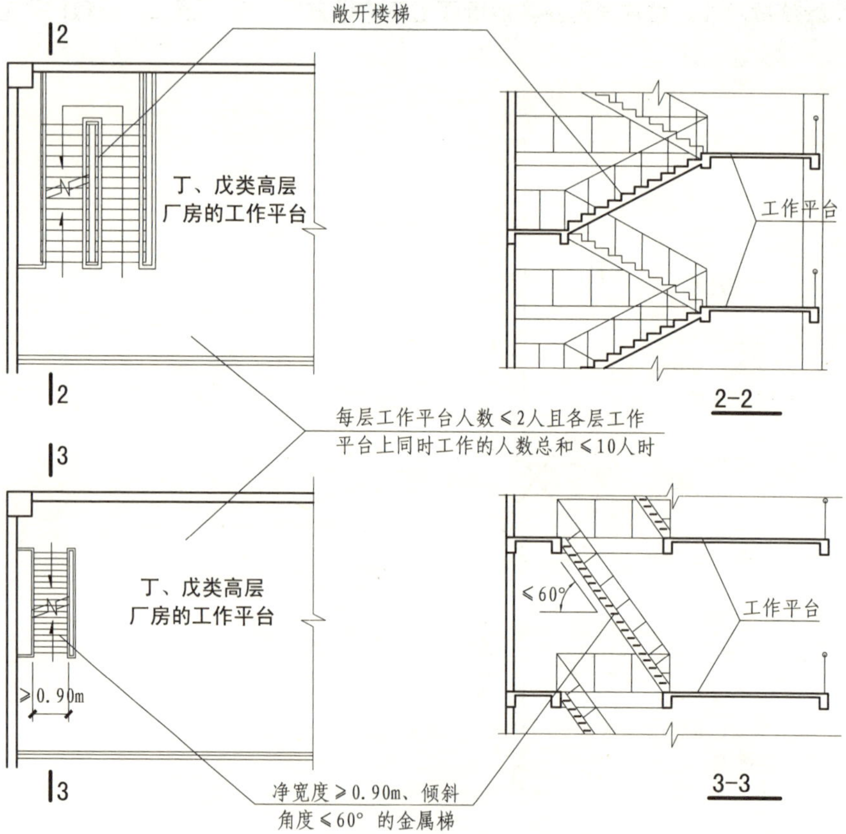

6.4.6 图示2

6.4 疏散楼梯间和疏散楼梯等						图集号	18J811-1
审核	蔡昭昀	校对	林莉	设计	杨立萌	页	6-21

6.4.7 疏散用楼梯和疏散通道上的阶梯不宜采用螺旋楼梯和扇形踏步【图示1】；确需采用时，踏步上、下两级所形成的平面角度不应大于10°，且每级离扶手250mm处的踏步深度不应小于220mm【图示2】。

6.4.8 建筑内的公共疏散楼梯，其两梯段及扶手间的水平净距不宜小于150mm。【图示】

6.4.9 高度大于10m的三级耐火等级建筑应设置通至屋顶的室外消防梯。室外消防梯不应面对老虎窗，宽度不应小于0.6m，且宜从离地面3.0m高处设置。【图示】

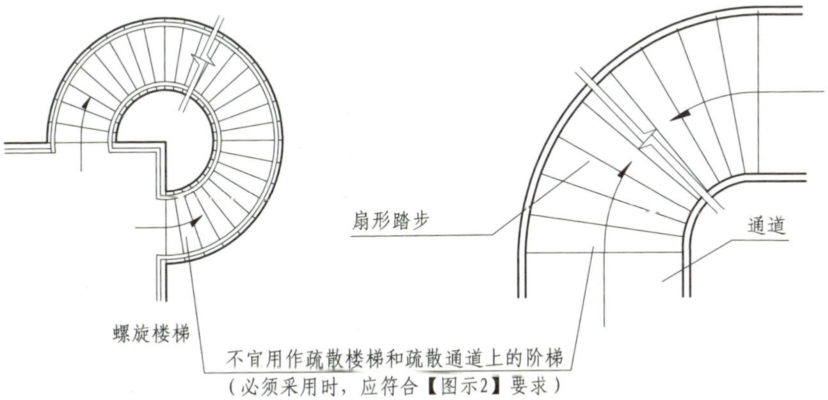

6.4.7 图示1

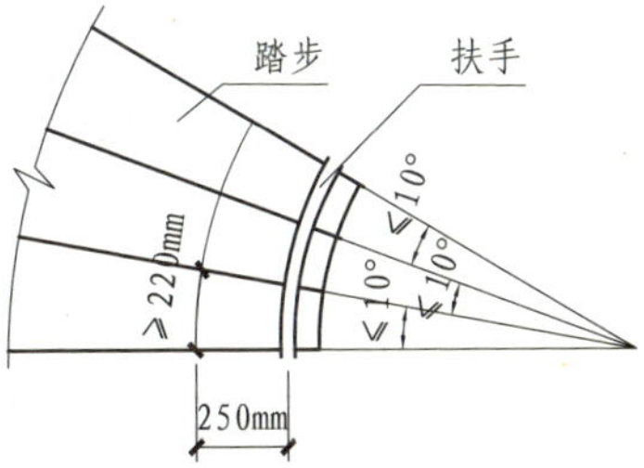

6.4.7 图示2

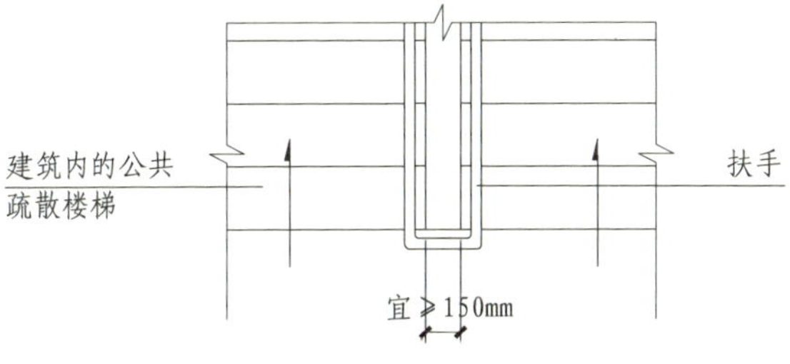

6.4.8 图示

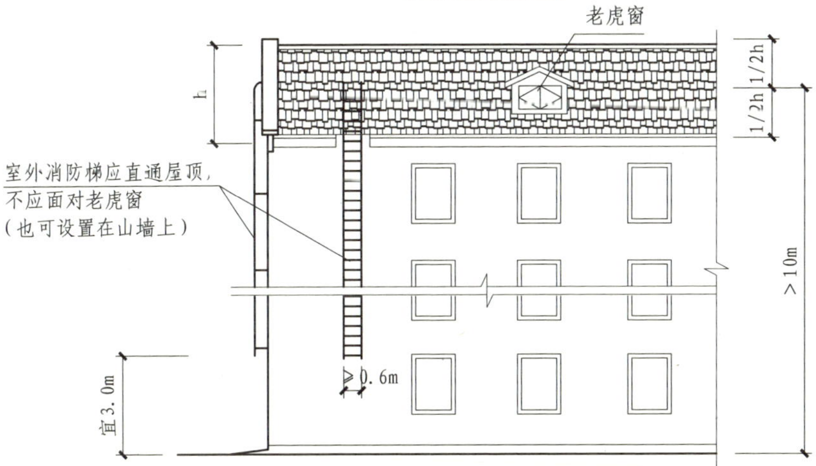

建筑高度＞10m的三级耐火等级建筑

6.4.9 图示

6.4.10 疏散走道在防火分区处应设置常开甲级防火门。【图示】

6.4.11 建筑内的疏散门应符合下列规定：

1 民用建筑和厂房的疏散门，应采用向疏散方向开启的平开门【图示1】，不应采用推拉门、卷帘门、吊门、转门和折叠门【图示2】。除甲、乙类生产车间外，人数不超过60人且每樘门的平均疏散人数不超过30人的房间，其疏散门的开启方向不限【图示3】。

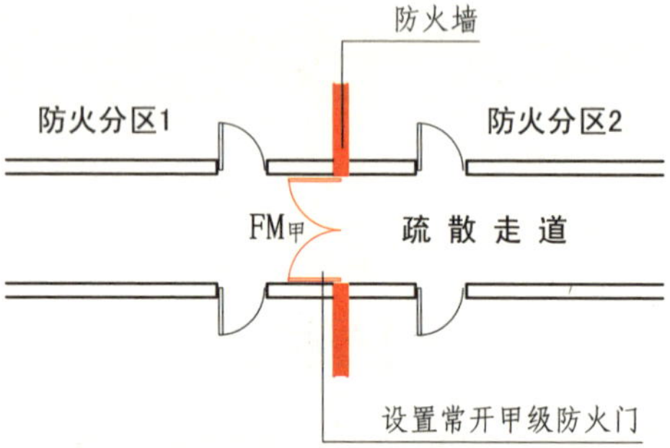

6.4.10 图示

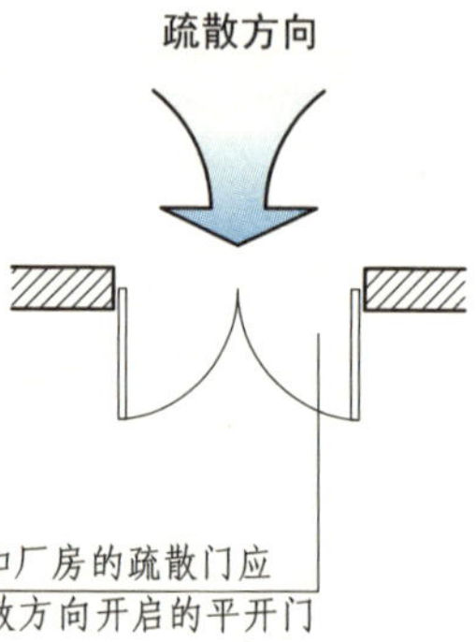

6.4.11 图示1

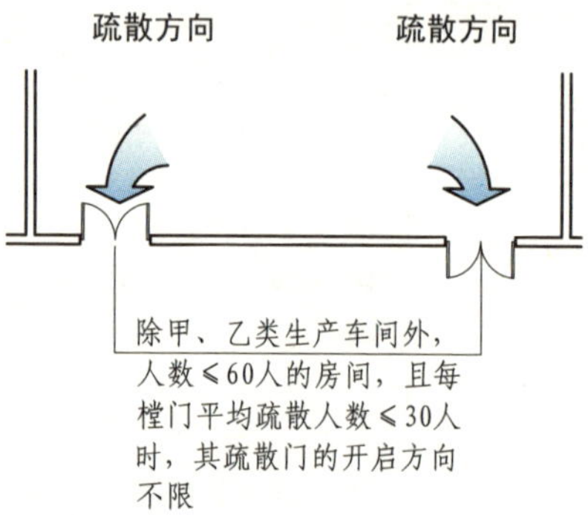

6.4.11 图示3

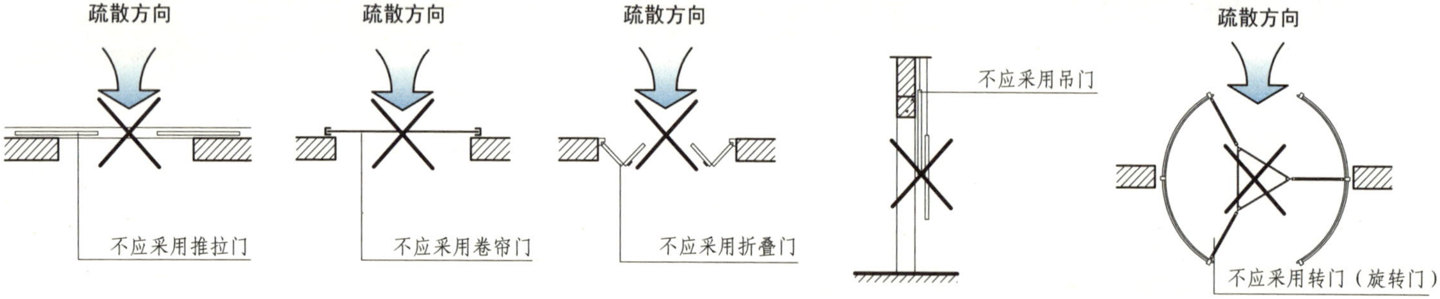

6.4.11 图示2

6.4 疏散楼梯间和疏散楼梯等						图集号	18J811-1
审核	蔡昭昀	校对	林 莉	设计	杨立萌	页	6-23

2　仓库的疏散门应采用向疏散方向开启的平开门【图示4】，但丙、丁、戊类仓库首层靠墙的外侧可采用推拉门或卷帘门【图示5】。

3　开向疏散楼梯或疏散楼梯间的门，当其完全开启时，不应减少楼梯平台的有效宽度。【图示6】

4　人员密集场所内平时需要控制人员随意出入的疏散门和设置门禁系统的住宅、宿舍、公寓建筑的外门，应保证火灾时不需使用钥匙等任何工具即能从内部易于打开，并应在显著位置设置具有使用提示的标识。【图示7】

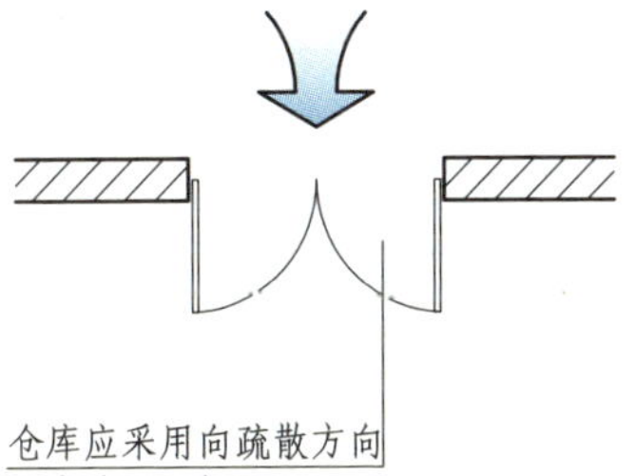

仓库的疏散门

6.4.11 图示4

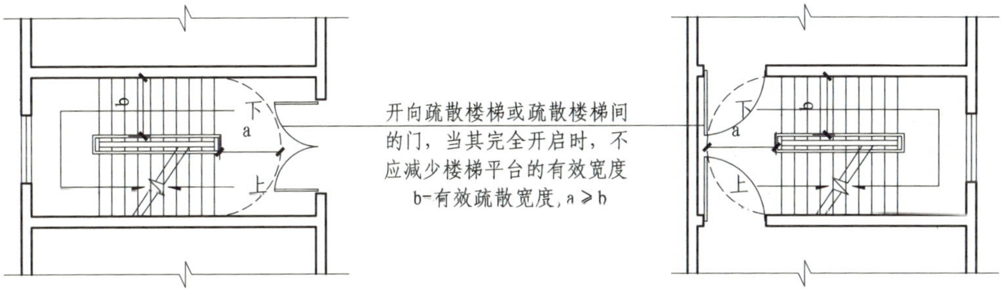

[注释]住宅建筑高度≤18m，一边设置栏杆时，b≥1.00m，a≥b;
住宅建筑高度>18m时，b≥1.10m，a≥b。

6.4.11 图示6

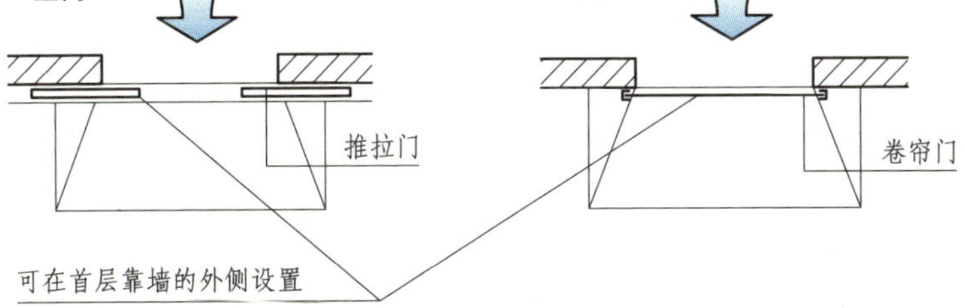

仓库的疏散门

6.4.11 图示5

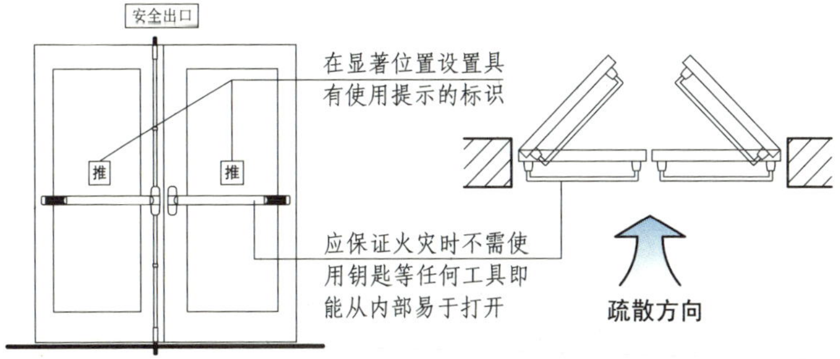

6.4.11 图示7

6.4 疏散楼梯间和疏散楼梯等						图集号	18J811-1
审核	蔡昭昀	校对	林 莉	设计	曹 奕	页	6-24

目录 编制说明
总则 术语 符号
厂房和仓库
甲、乙、丙类液体 气体储罐（区） 和可燃材料堆场
民用建筑
建筑构造
灭火救援设施
消防的设置
供暖、通风和空气调节
电气
木结构建筑
城市交通隧道
附录

6.4.12　用于防火分隔的下沉式广场等室外开敞空间，应符合下列规定：【图示】

1　分隔后的不同区域通向下沉式广场等室外开敞空间的开口最近边缘之间的水平距离不应小于13m。室外开敞空间除用于人员疏散外不得用于其他商业或可能导致火灾蔓延的用途，其中用于疏散的净面积不应小于169m^2。

2　下沉式广场等室外开敞空间内应设置不少于1部直通地面的疏散楼梯。当连接下沉广场的防火分区需利用下沉广场进行疏散时，疏散楼梯的总净宽度不应小于任一防火分区通向室外开敞空间的设计疏散总净宽度。

3　确需设置防风雨篷时，防风雨篷不应完全封闭，四周开口部位应均匀布置，开口的面积不应小于该空间地面面积的25%，开口高度不应小于1.0m；开口设置百叶时，百叶的有效排烟面积可按百叶通风口面积的60%计算。

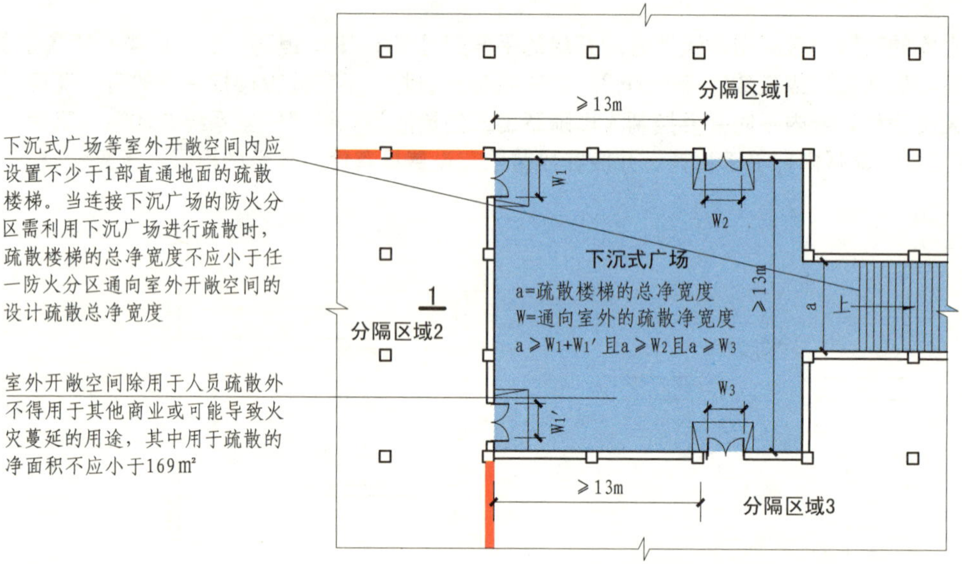

地下一层平面示意图

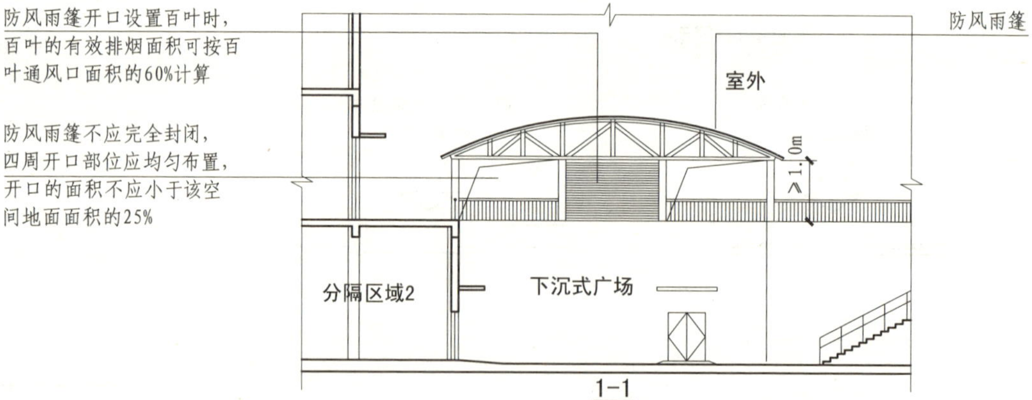

1-1

6.4.12 图示

6.4 疏散楼梯间和疏散楼梯等						图集号	18J811-1
审核	蔡昭昀	校对	林　莉	设计	曹　奕	页	6-25

6.4.13　防火隔间的设置应符合下列规定：

【图示】

1　防火隔间的建筑面积不应小于6.0㎡。

2　防火隔间的门应采用甲级防火门。

3　不同防火分区通向防火隔间的门不应计入安全出口，门的最小间距不应小于4m。

4　防火隔间内部装修材料的燃烧性能应为A级。

5　不应用于除人员通行外的其他用途。

6.4.14　避难走道的设置应符合下列规定：

1　避难走道防火隔墙的耐火极限不应低于3.00h，楼板的耐火极限不应低于1.50h。

【图示1】

2　避难走道直通地面的出口不应少于2个，并应设置在不同方向【图示1】；当避难走道仅与一个防火分区相通且该防火分区至少有1个直通室外的安全出口时，可设置1个直通地面的出口【图示2】。任一防火分区通向避难走道的门至该避难走道最近直通地面的出口的距离不应大于60m。【图示1】

3　避难走道的净宽度不应小于任一防火分区通向该避难走道的设计疏散总净宽度。【图示1】

4　避难走道内部装修材料的燃烧性能应为A级。【图示1】

5　防火分区至避难走道入口处应设置防烟前室，前室的使用面积不应小于6.0㎡，开向前室的门应采用甲级防火门，前室开向避难走道的门应采用乙级防火门。【图示1】

6　避难走道内应设置消火栓、消防应急照明、应急广播和消防专线电话。【图示1】

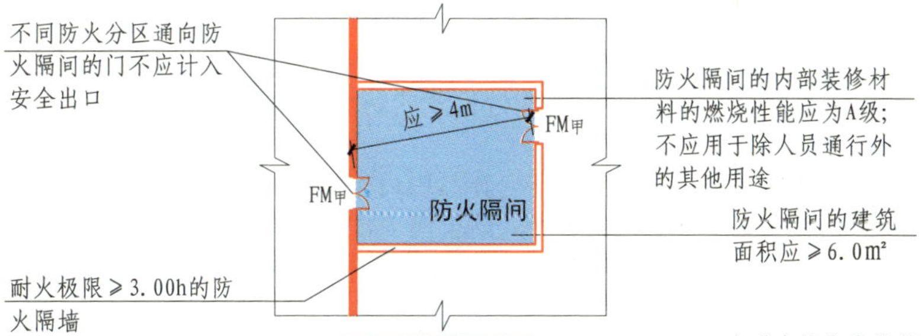

6.4.13　图示

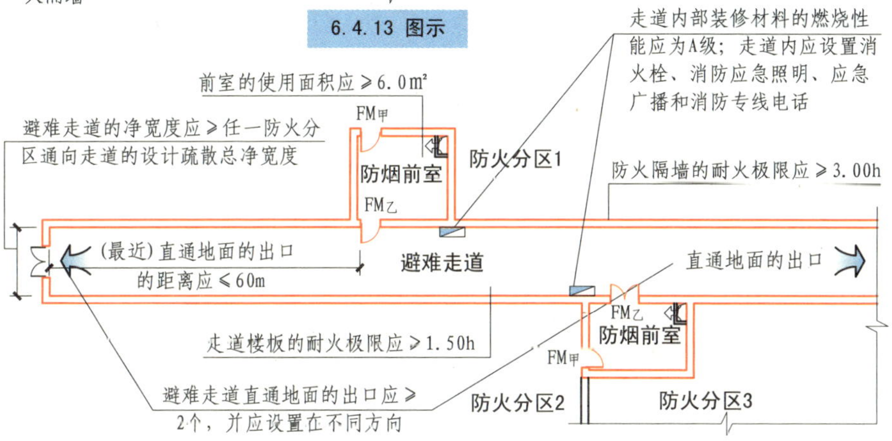

6.4.14　图示1

［注释］避难走道内设置的明装消火栓等突出物，不应影响避难走道的有效疏散宽度。

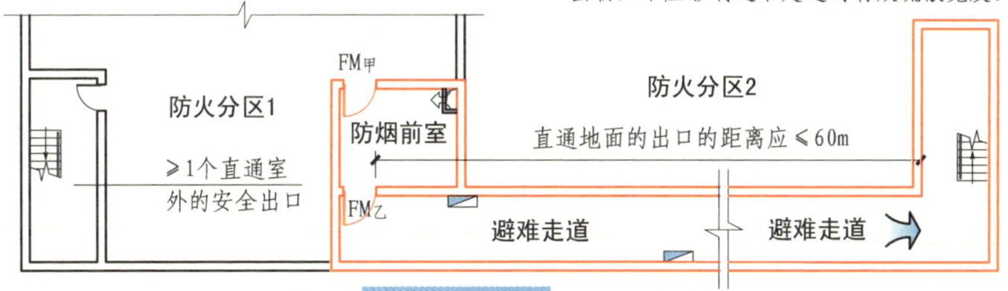

［注释］本图中的其他要求同图示1。

6.4.14　图示2　仅与一个防火分区相连通的避难走道示意图

编制说明 目录
总则 术语 符号
厂房和仓库
甲、乙、丙类液体、气体储罐（区）和可燃材料堆场
民用建筑
建筑构造
灭火救援设施
消防设施的设置
供暖、通风和空气调节
电气
木结构建筑
城市交通隧道
附录

6.5 防火门、窗和防火卷帘

6.5.1 防火门的设置应符合下列规定：

1 设置在建筑内经常有人通行处的防火门宜采用常开防火门。常开防火门应能在火灾时自行关闭，并应具有信号反馈的功能。【图示1】

2 除允许设置常开防火门的位置外，其他位置的防火门均应采用常闭防火门。常闭防火门应在其明显位置设置“保持防火门关闭”等提示标识。

3 除管井检修门和住宅的户门外，防火门应具有自行关闭功能。双扇防火门应具有按顺序自行关闭的功能。【图示2】

4 除本规范第6.4.11条第4款的规定外，防火门应能在其内外两侧手动开启。

5 设置在建筑变形缝附近时，防火门应设置在楼层较多的一侧【图示3】，并应保证防火门开启时门扇不跨越变形缝【图示4】。

6 防火门关闭后应具有防烟性能。

7 甲、乙、丙级防火门应符合现行国家标准《防火门》GB 12955的规定。

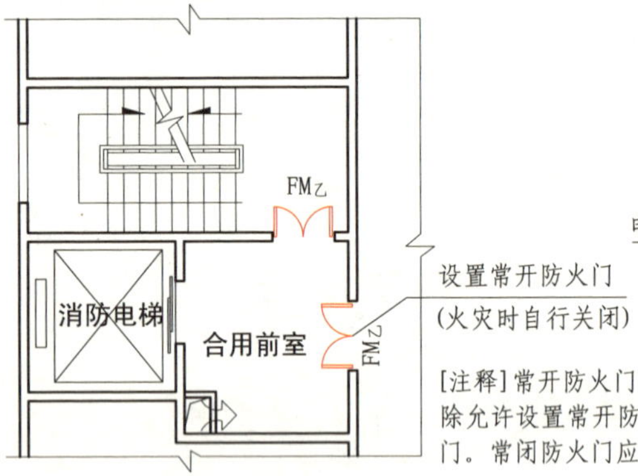

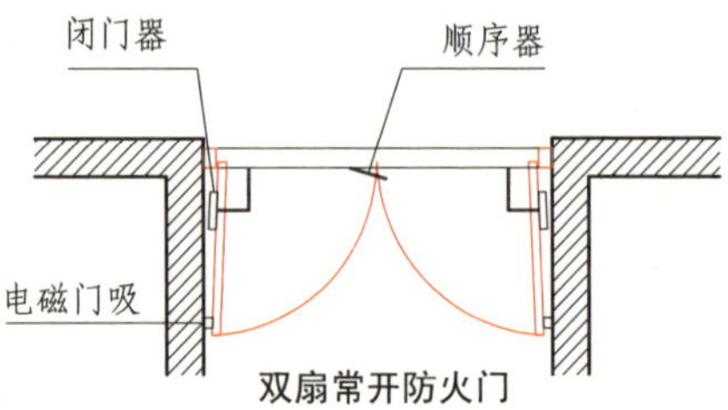

[注释]常开防火门应能在火灾时自行关闭，并应具有信号反馈的功能。除允许设置常开防火门的位置外，其他位置的防火门均应采用常闭防火门。常闭防火门应在其明显位置设置“保持防火门关闭”等提示标志。

6.5.1 图示1

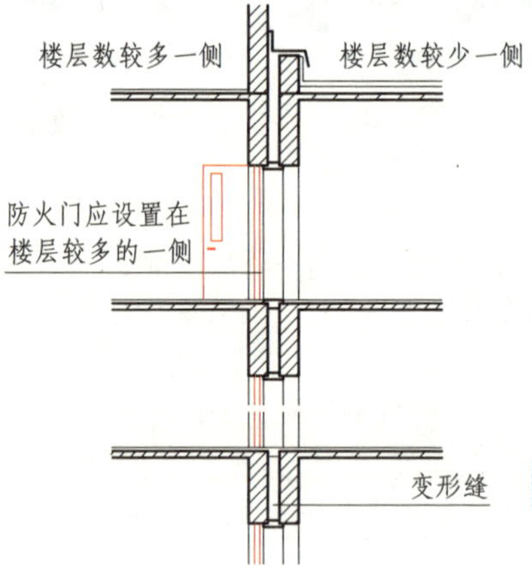

6.5.1 图示3

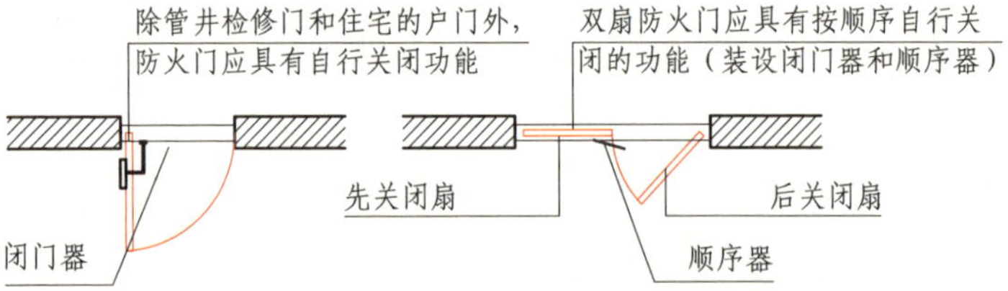

[注释]除本规范第6.4.11条第4款的规定外，防火门应能在其内外两侧手动开启。

6.5.1 图示2

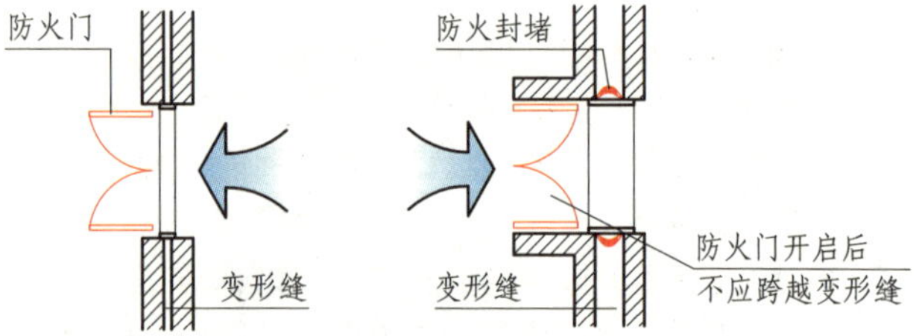

6.5.1 图示4

6.5 防火门、窗和防火卷帘						图集号	18J811-1
审核	蔡昭昀	校对	林 莉	设计	杨立萌	页	6-27

6.5.2 设置在防火墙、防火隔墙上的防火窗，应采用不可开启的窗扇或具有火灾时能自行关闭的功能。

防火窗应符合现行国家标准《防火窗》GB 16809的有关规定。【图示】

6.5.3 防火分隔部位设置防火卷帘时，应符合下列规定：

1 除中庭外，当防火分隔部位的宽度不大于30m时，防火卷帘的宽度不应大于10m；当防火分隔部位的宽度大于30m时，防火卷帘的宽度不应大于该部位宽度的1/3，且不应大于20m。【图示】

2 防火卷帘应具有火灾时靠自重自动关闭功能。

3 除本规范另有规定外，防火卷帘的耐火极限不应低于本规范对所设置部位墙体的耐火极限要求。

当防火卷帘的耐火极限符合现行国家标准《门和卷帘的耐火试验方法》GB/T 7633有关耐火完整性和耐火隔热性的判定条件时，可不设置自动喷水灭火系统保护。

当防火卷帘的耐火极限仅符合现行国家标准《门和卷帘的耐火试验方法》GB/T 7633有关耐火完整性的判定条件时，应设置自动喷水灭火系统保护。自动喷水灭火系统的设计应符合现行国家标准《自动喷水灭火系统设计规范》GB 50084的规定，但火灾延续时间不应小于该防火卷帘的耐火极限。

4 防火卷帘应具有防烟性能，与楼板、梁、墙、柱之间的空隙应采用防火封堵材料封堵。

5 需在火灾时自动降落的防火卷帘，应具有信号反馈的功能。

6 其他要求，应符合现行国家标准《防火卷帘》GB 14102的规定。

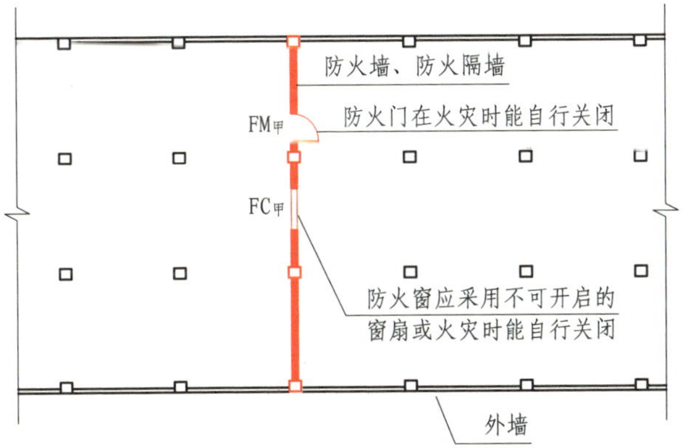

[注释]

1 防火窗一般均设置在防火间距不足部位的建筑外墙上的开口或天窗、建筑内的防火墙或防火隔墙上需要观察等部位以及需要防止火灾竖向蔓延的外墙开口部位。

2 防火窗应符合现行国家标准《防火窗》GB 16809的有关规定。

6.5.2 图示

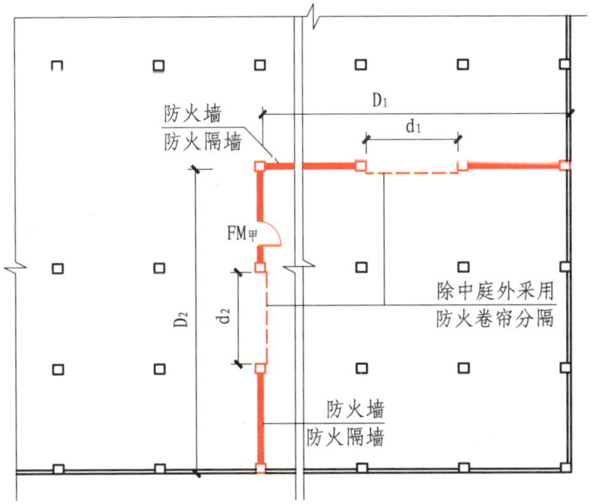

[注释]

D：某一防火分隔区域与相邻防火分隔区域两两之间需要进行分隔的部位的总宽度，$D=D_1+D_2$；

d：防火卷帘的宽度，$d=d_1+d_2$；

当D≤30m时，d≤10m；

当D>30m时，d≤D/3，且d≤20m。

6.5.3 图示

6.5 防火门、窗和防火卷帘							图集号	18J811-1
审核	蔡昭昀		校对	林 莉		设计 曹 奕	页	6-28

6.6 天桥、栈桥和管沟

6.6.1 天桥、跨越房屋的栈桥以及供输送可燃材料、可燃气体和甲、乙、丙类液体的栈桥，均应采用不燃材料。【图示】

6.6.2 输送有火灾、爆炸危险物质的栈桥不应兼作疏散通道。【图示】

6.6.3 封闭天桥、栈桥与建筑物连接处的门洞以及敷设甲、乙、丙类液体管道的封闭管沟（廊），均宜采取防止火灾蔓延的措施。【图示】

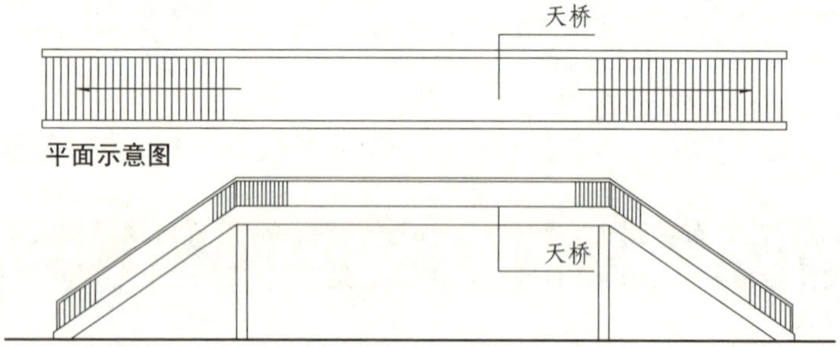

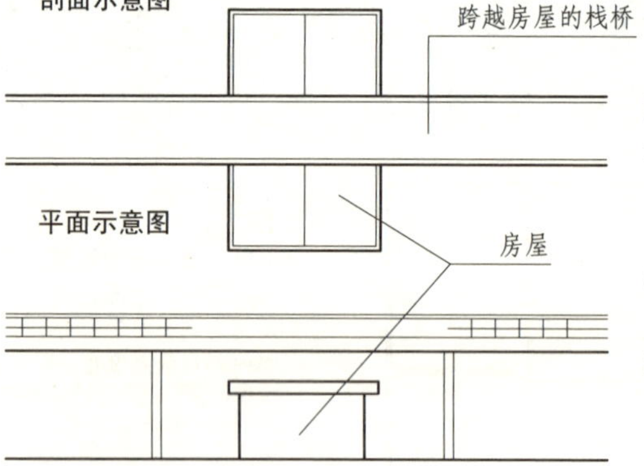

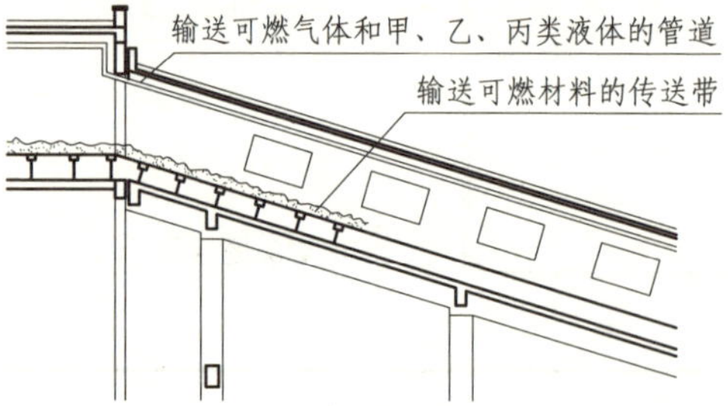

[注释]

1 天桥系指连接不同建筑物等、主要供人员通行的架空桥。

2 栈桥系指主要供输送物料的架空桥。

3 天桥、越过建筑物的栈桥以及供输送煤粉、粮食、石油、各种可燃气体（如煤气、氢气、乙炔气、甲烷气、天然气等）的栈桥，应考虑采用钢筋混凝土结构或钢结构或其他不燃材料制作的结构，栈桥不允许采用木质结构等可燃、难燃结构。

4 柱、梁、板侧墙均应采用不燃材料。

6.6.1 图示

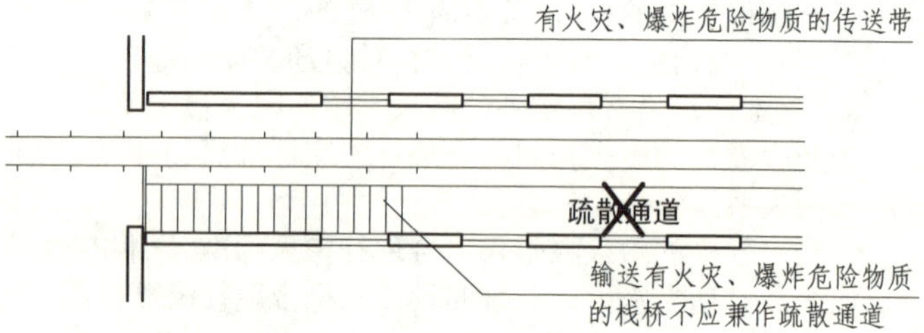

6.6.2 图示

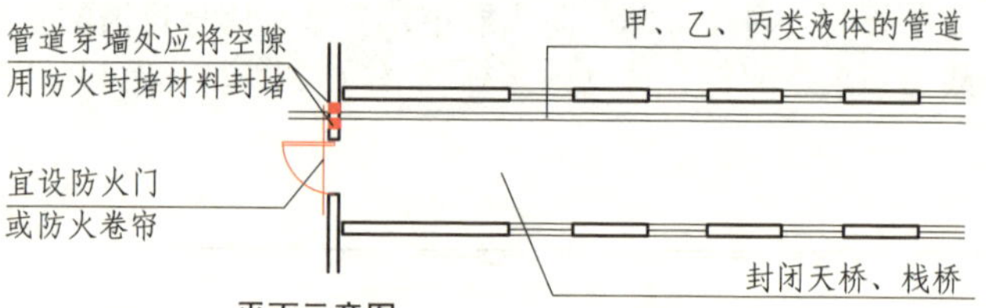

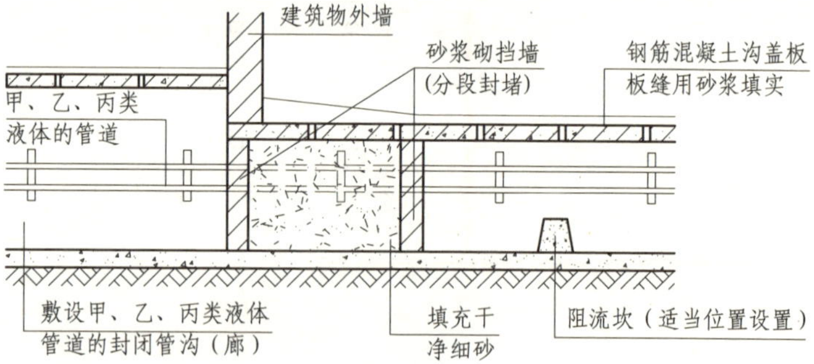

6.6.3 图示

6.6 天桥、栈桥和管沟	图集号	18J811-1
审核 蔡昭昀 校对 林莉 设计 杨立萌	页	6-29

6.6.4 连接两座建筑物的天桥、连廊，应采取防止火灾在两座建筑间蔓延的措施。当仅供通行的天桥、连廊采用不燃材料，且建筑物通向天桥、连廊的出口符合安全出口的要求时，该出口可作为安全出口。【图示1】【图示2】

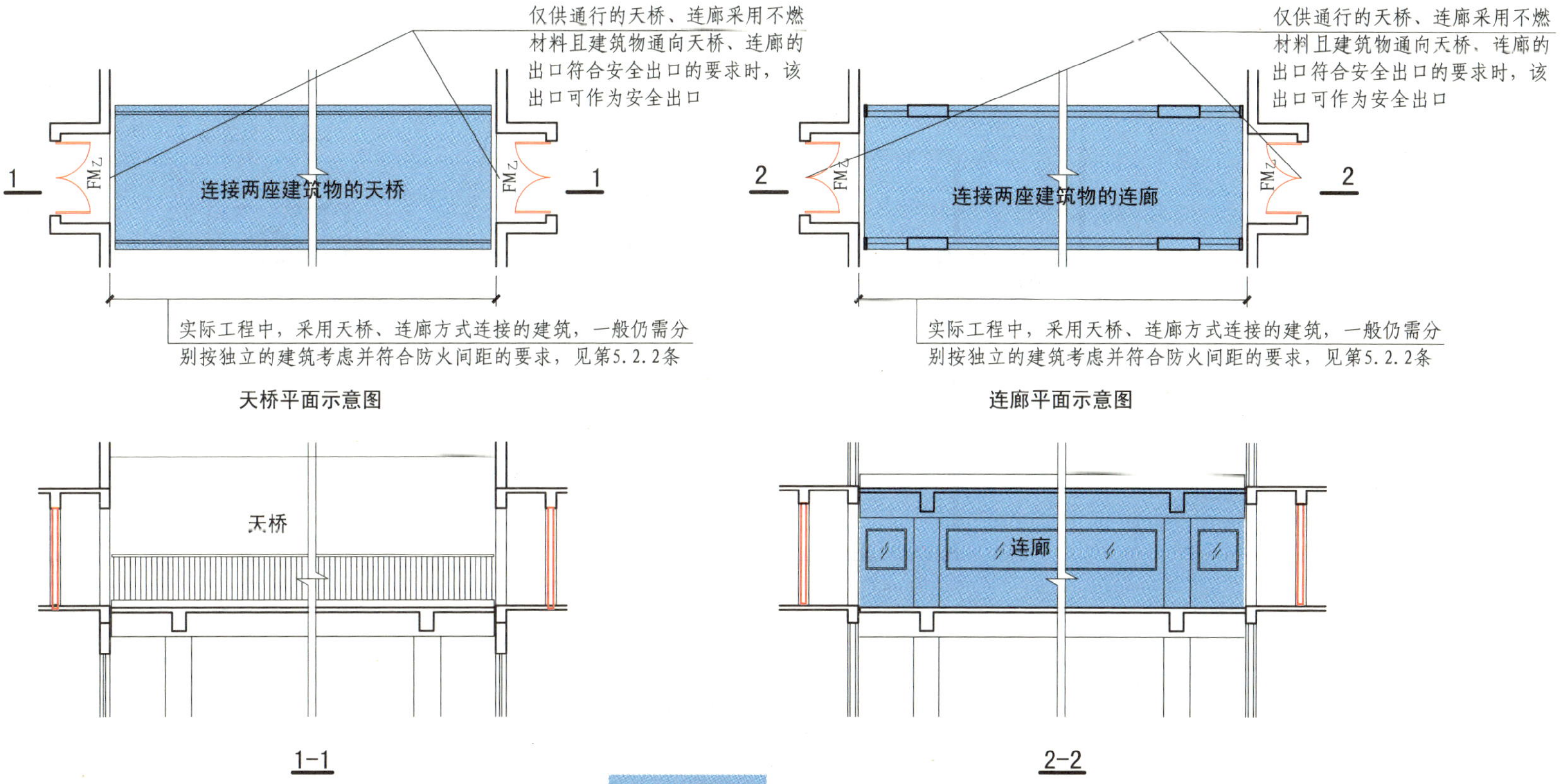

6.6.4 图示1

[注释]设计需注意研究天桥、连廊周围是否有危及其安全的情况，天桥下方若有窗洞口，应积极采取相应的防护措施，考虑天桥两端门的开启方向和能够计入疏散总宽度的门宽。

6.6 天桥、栈桥和管沟							图集号	18J811-1
审核	蔡昭昀	蔡昭昀	校对	郭景	郭景	设计 林莉	林莉	页 6-30

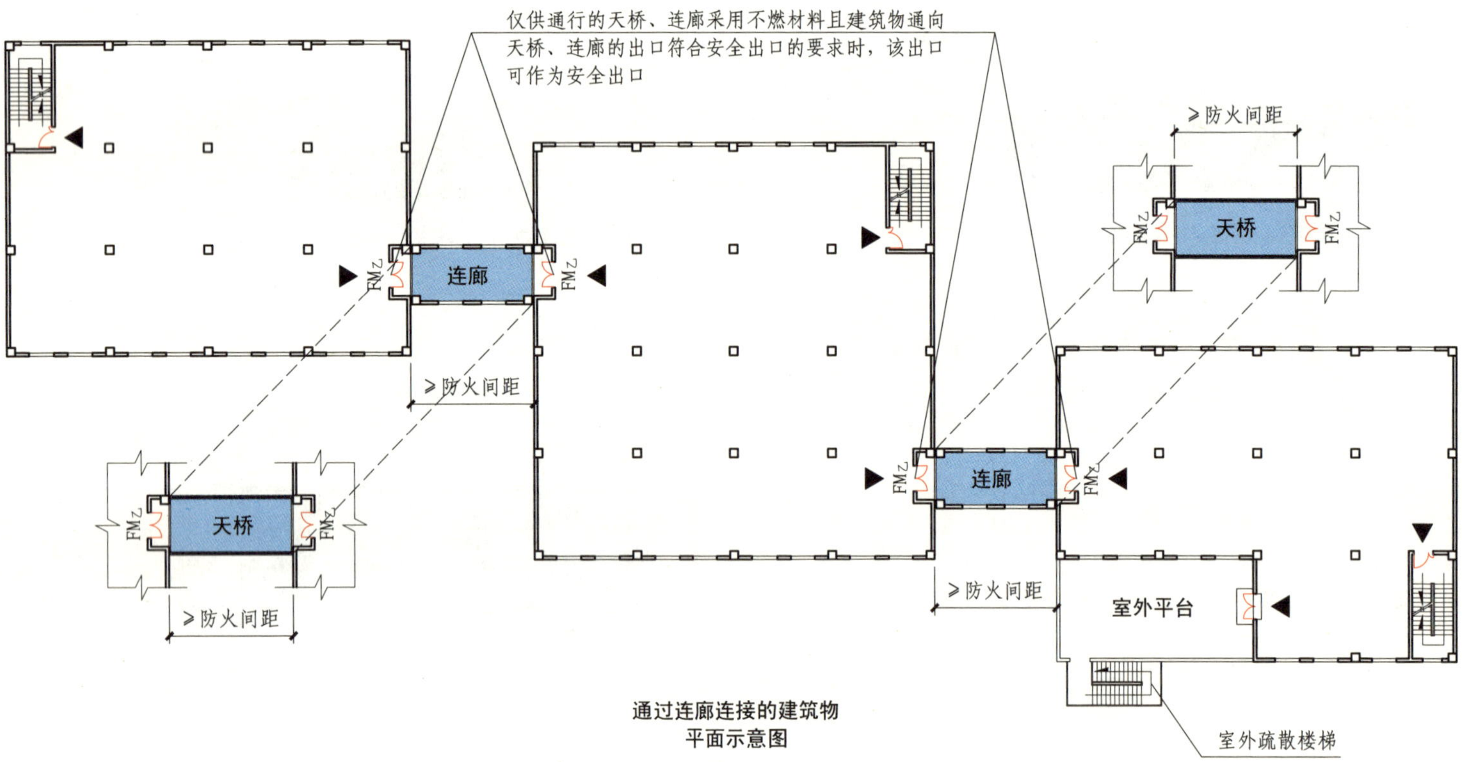

通过连廊连接的建筑物
平面示意图

6.6.4 图示2

6.6 天桥、栈桥和管沟								图集号	18J811-1
审核	蔡昭昀	蔡昭昀	校对	林莉	林莉	设计	杨立萌	页	6-31

6.7 建筑保温和外墙装饰

6.7.1 建筑的内、外保温系统，宜采用燃烧性能为A级的保温材料，不宜采用B2级保温材料，严禁采用B3级保温材料；设置保温系统的基层墙体或屋面板的耐火极限应符合本规范的有关规定。【注释】

6.7.2 建筑外墙采用内保温系统时，保温系统应符合下列规定：

1 对于人员密集场所，用火、燃油、燃气等具有火灾危险性的场所以及各类建筑内的疏散楼梯间、避难走道、避难间、避难层等场所或部位，应采用燃烧性能为A级的保温材料。

2 对于其他场所，应采用低烟、低毒且燃烧性能不低于B1级的保温材料。

3 保温系统应采用不燃材料做防护层【图示1】**。采用燃烧性能为B1级的保温材料时，防护层的厚度不应小于10mm**【图示2】。

6.7.3 建筑外墙采用保温材料与两侧墙体构成无空腔复合保温结构体时，该结构体的耐火极限应符合本规范的有关规定；当保温材料的燃烧性能为B1、B2级时，保温材料两侧的墙体应采用不燃材料且厚度均不应小于50mm。【图示】

6.7.1 注释

1 A级材料属于不燃材料，火灾危险性很低，不会导致火焰蔓延。因此，在建筑的内、外保温系统中，要尽量选用A级保温材料。

2 B2级保温材料属于普通可燃材料，在点火源功率较大或有较强热辐射时，容易燃烧且火焰传播速度较快，有较大的火灾危险。如果必须要采用B2级保温材料，需采取严格的构造措施进行保护。同时，在施工过程中也要注意采取相应的防火措施，如分别堆放、远离焊接区域、上墙后立即做构造保护等。

3 B3级保温材料属于易燃材料，很容易被低能量的火源或电焊渣等点燃，而且火焰传播速度极为迅速，无论是在施工，还是在使用过程中，其火灾危险性都非常高。因此，在建筑的内、外保温系统中严禁采用B3级保温材料。

4 本条规定的基层墙体或屋面板的耐火极限，即为本规范第3.2节和第5.1节对建筑外墙和屋面板的耐火极限要求，不考虑外保温系统的影响。

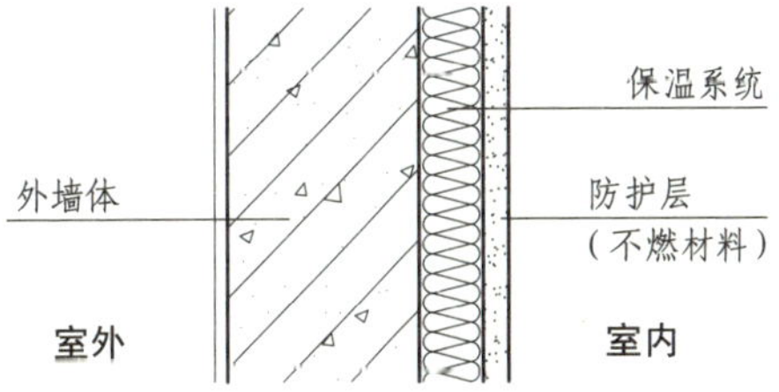

6.7.2 图示1

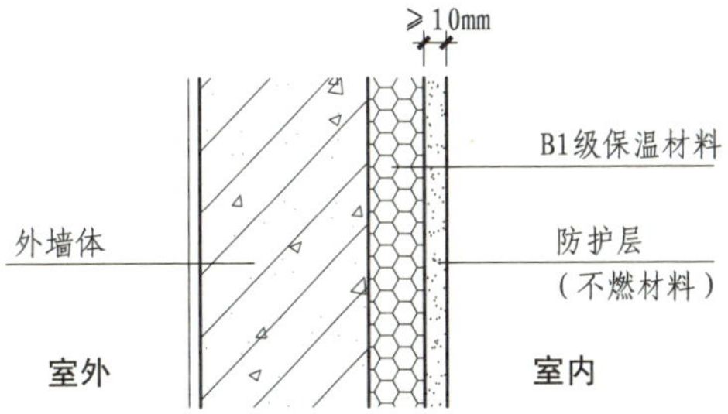

6.7.2 图示2

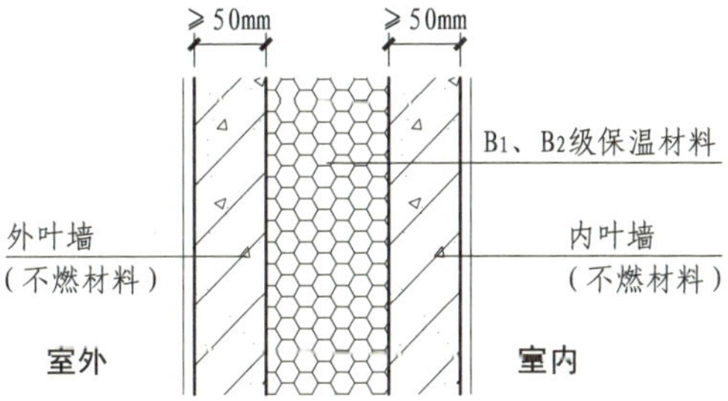

6.7.3 图示

[注释]

1 建筑外墙采用保温材料与两侧墙体无空腔的复合保温结构体系时，由两侧保护层和中间保温层共同组成的墙体的耐火极限应符合第3.2节和第5.1节对建筑外墙的耐火极限要求。

2 本条所规定的保温复合墙体体系主要指夹芯保温等墙体系统，保温层处于结构构件内部，与保温层两侧的墙体和结构受力体系共同作为建筑外墙使用，但要求保温层与两侧的墙体及结构受力体系之间不存在空隙或空腔。该类保温体系的墙体同时兼有墙体保温和建筑外墙体的功能。

6.7 建筑保温和外墙装饰							图集号	18J811-1
审核	蔡昭昀	蔡昭昀	校对	高杰	高杰	设计	林莉	林莉	页	6-32

6.7.4 设置人员密集场所的建筑，其外墙外保温材料的燃烧性能应为A级。【图示】

6.7.4A 除本规范第6.7.3条规定的情况外，下列老年人照料设施的内、外墙体和屋面保温材料应采用燃烧性能为A级的保温材料：【图示】

1 独立建造的老年人照料设施；

2 与其他建筑组合建造且老年人照料设施部分的总建筑面积大于$500m^2$的老年人照料设施。

6.7.5 与基层墙体、装饰层之间无空腔的建筑外墙外保温系统，其保温材料应符合下列规定：【图示】

1 住宅建筑：

1）建筑高度大于100m时，保温材料的燃烧性能应为A级；

2）建筑高度大于27m，但不大于100m时，保温材料的燃烧性能不应低于B_1级；

3）建筑高度不大于27m时，保温材料的燃烧性能不应低于B_2级；

2 除住宅建筑和设置人员密集场所的建筑外，其他建筑：

1）建筑高度大于50m时，保温材料的燃烧性能应为A级；

2）建筑高度大于24m，但不大于50m时，保温材料的燃烧性能不应低于B_1级；

3）建筑高度不大于24m时，保温材料的燃烧性能不应低于B_2级。

基层墙体、装饰层之间无空腔的建筑外墙保温体统的技术要求

建筑及场所	建筑高度（h）	A级保温材料	B_1级保温材料	B_2级保温材料
人员密集场所	—	应采用	不允许	不允许
住宅建筑	h＞100m	应采用	不允许	不允许
	27m＜h≤100m	宜采用	可采用：1 每层设置防火隔离带； 2 建筑外墙上门、窗的耐火完整性不应低于0.50h	不允许
	h≤27m	宜采用	可采用，每层设置防火隔离带	可采用：1 每层设置防火隔离带； 2 建筑外墙上门、窗的耐火完整性不应低于0.50h
除住宅建筑和设置人员密集场所的建筑外的其他建筑	h＞50m	应采用	不允许	不允许
	24m＜h≤50m	宜采用	可采用：1 每层设置防火隔离带； 2 建筑外墙上门、窗的耐火完整性不应低于0.50h	不允许
	h≤24m	宜采用	可采用，每层设置防火隔离带	可采用：1 每层设置防火隔离带； 2 建筑外墙上门、窗的耐火完整性不应低于0.50h

6.7.4 图示　6.7.5 图示

［注释］

1 当住宅建筑与其他使用功能建筑合建时，整体建筑的外保温系统应按照整体建筑的总高度确定，并符合公共建筑的相关要求。

2 防火隔离带应采用燃烧性能为A级的材料，防火隔离带的高度不应小于300mm。

3 有耐火完整性要求的窗，其耐火完整性按照现行国家标准《镶玻璃构件耐火试验方法》GB/T 12513中对非隔热性镶玻璃构件的试验方法和判定标准进行测定。有耐火完整性要求的门，其耐火完整性按照国家标准《门和卷帘耐火试验方法》GB/T 7633的有关规定进行测定。

6.7 建筑保温和外墙装饰						图集号	18J811-1
审核	蔡昭昀	校对	林 莉	设计	杨立萌	页	6-33

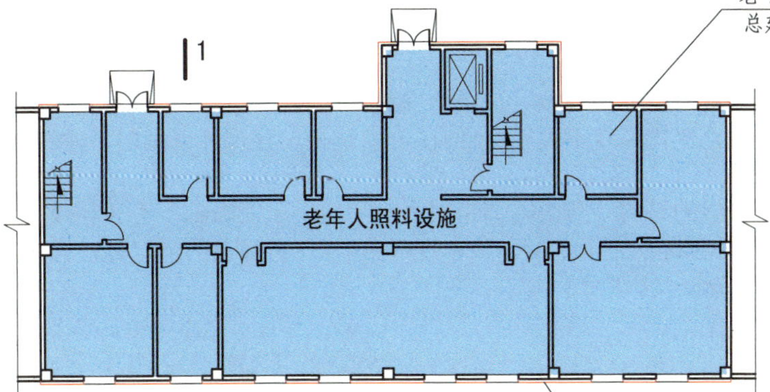

老年人照料设施与其他建筑组合建造
平面示意图一

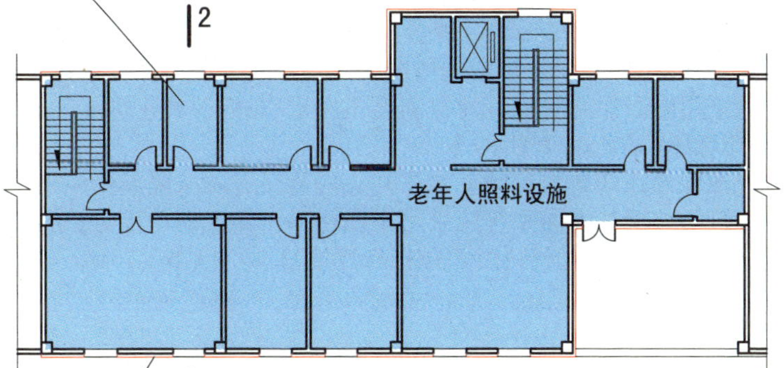

老年人照料设施与其他建筑组合建造
平面示意图二

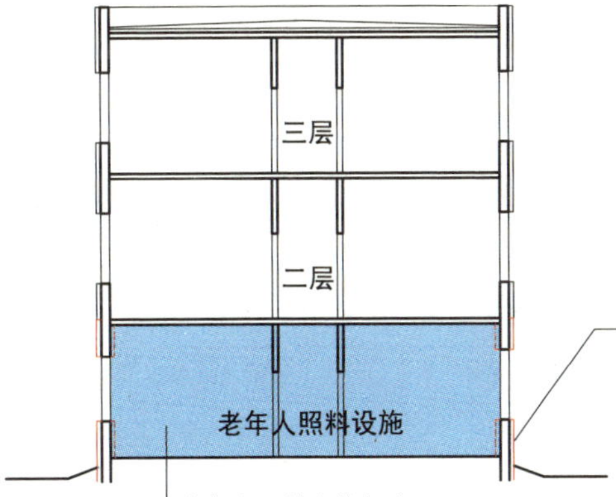

1-1

6.7.4A 图示

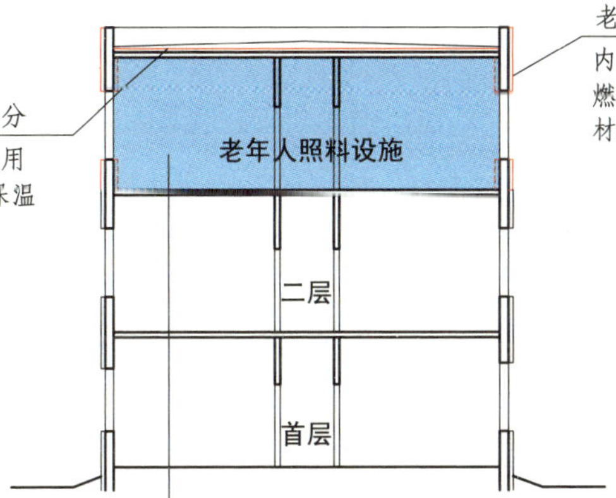

2-2

6.7 建筑保温和外墙装饰							图集号	18J811-1
审核	蔡昭昀		校对	林 莉		设计 杨立萌	页	6-34

6.7.6 除设置人员密集场所的建筑外，与基层墙体、装饰层之间有空腔的建筑外墙外保温系统，其保温材料应符合下列规定：【图示】

1 建筑高度大于24m时，保温材料的燃烧性能应为A级；

2 建筑高度不大于24m时，保温材料的燃烧性能不应低于B1级。

6.7.7 除本规范第6.7.3条规定的情况外，当建筑的外墙外保温系统按本节规定采用燃烧性能为B1、B2级的保温材料时，应符合下列规定：

1 除采用B1级保温材料且建筑高度不大于24m的公共建筑或采用B1级保温材料且建筑高度不大于27m的住宅建筑外，建筑外墙上门、窗的耐火完整性不应低于0.50h。【图示1】

2 应在保温系统中每层设置水平防火隔离带。防火隔离带应采用燃烧性能为A级的材料，防火隔离带的高度不应小于300mm。【图示2】

6.7.8 建筑的外墙外保温系统应采用不燃材料在其表面设置防护层，防护层应将保温材料完全包覆。除本规范第6.7.3条规定的情况外，当按本节规定采用B1、B2级保温材料时，防护层厚度首层不应小于15mm，其他层不应小于5mm。【图示】

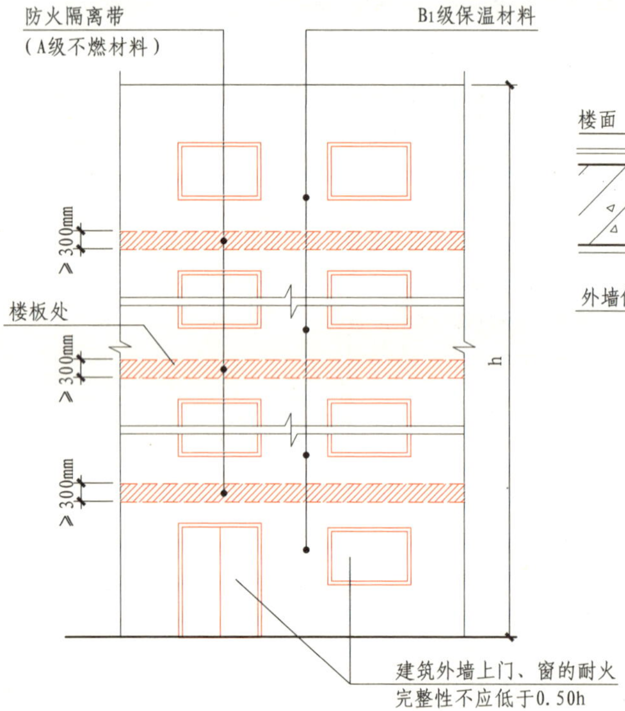

当采用B1级保温材料时，公共建筑建筑高度h>24m；住宅建筑建筑高度h>27m立面示意图

6.7.7 图示1

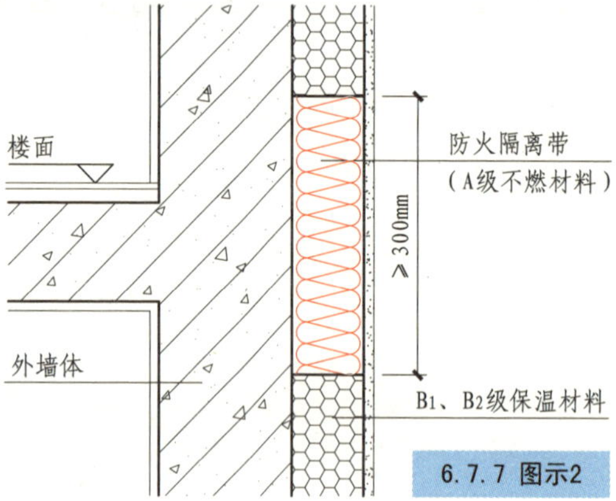

6.7.7 图示2

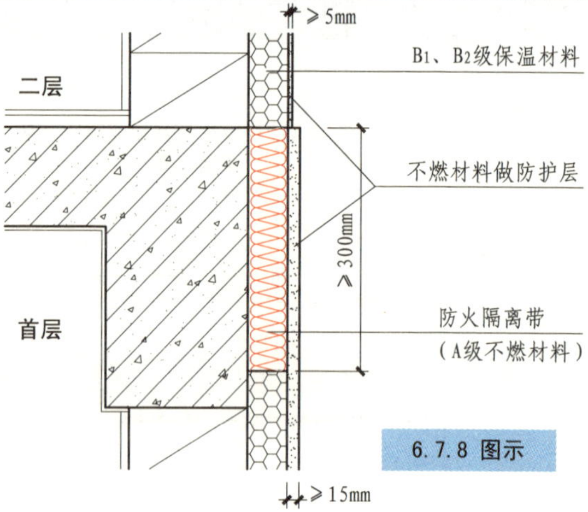

6.7.8 图示

建筑高度与基层墙体、装饰层之间有空腔的建筑外墙保温体统的技术要求

场所	建筑高度（h）	A级保温材料	B1级保温材料
人员密集场所	—	应采用	不允许
非人员密集场所	h>24m	应采用	不允许
	h≤24m	宜采用	可采用，每层设置防火隔离带

6.7.6 图示

6.7 建筑保温和外墙装饰	图集号	18J811-1
审核 蔡昭昀 校对 高杰 设计 林莉	页	6-35

6.7.9　建筑外墙外保温系统与基层墙体、装饰层之间的空腔，应在每层楼板处采用防火封堵材料封堵。【图示】

6.7.10　建筑的屋面外保温系统，当屋面板的耐火极限不低于1.00h时，保温材料的燃烧性能不应低于B2级；当屋面板的耐火极限低于1.00h时，不应低于B1级。采用B1、B2级保温材料的外保温系统应采用不燃材料作防护层，防护层的厚度不应小于10mm。【图示1】

当建筑的屋面和外墙外保温系统均采用B1、B2级保温材料时，屋面与外墙之间应采用宽度不小于500mm的不燃材料设置防火隔离带进行分隔。【图示2】

6.7.11　电气线路不应穿越或敷设在燃烧性能为B1、B2级的保温材料中；确需穿越或敷设时，应采取穿金属管并在金属管周围采用不燃隔热材料进行防火隔离等防火保护措施。设置开关、插座等电器配件的部位周围应采取不燃隔热材料进行防火隔离等防火保护措施。

6.7.12　建筑外墙的装饰层应采用燃烧性能为A级的材料，但建筑高度不大于50m时，可采用B1级材料。

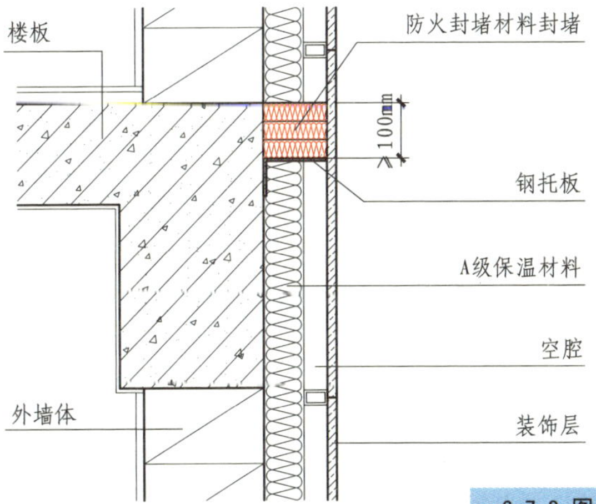

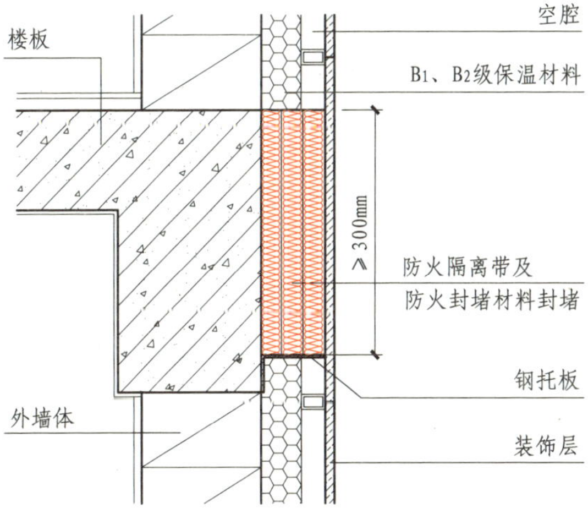

6.7.9 图示

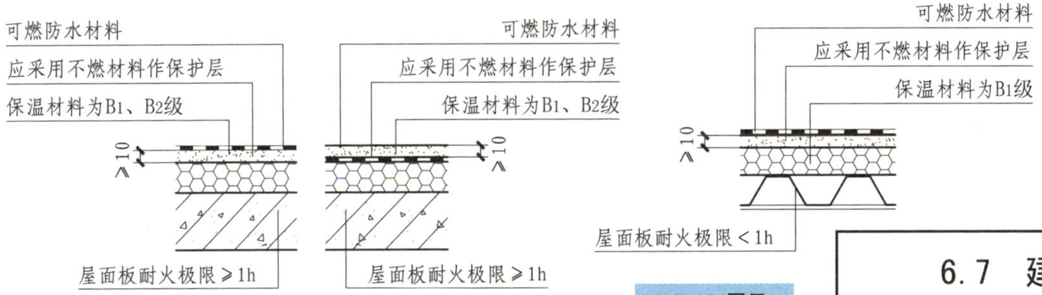

[注释] 当保温材料为A级时，不需要做防火保护层。

6.7.10 图示1

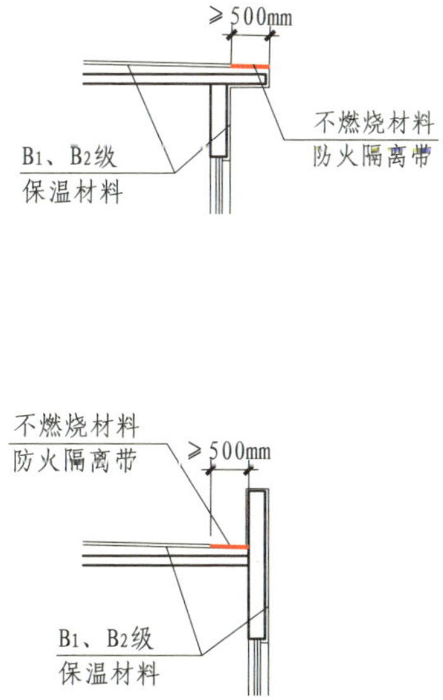

6.7.10 图示2

6.7　建筑保温和外墙装饰							图集号	18J811-1
审核	蔡昭昀	蔡昭昀	校对	林 莉	林莉	设计 李晓宁	李晓宁	页	6-36

7 灭火救援设施

7.1 消防车道

7.1.1 街区内的道路应考虑消防车的通行，道路中心线间的距离不宜大于160m。【图示1】

当建筑物沿街道部分的长度大于150m或总长度大于220m时，应设置穿过建筑物的消防车道【图示2】。确有困难时，应设置环形消防车道【图示3】。

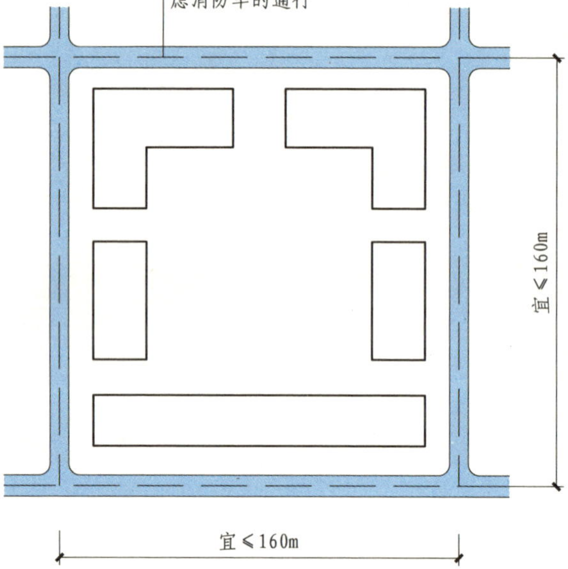

7.1.1 图示1

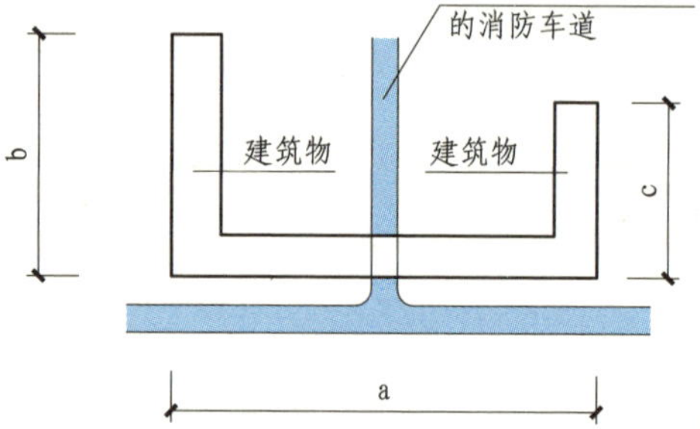

7.7.1 图示2

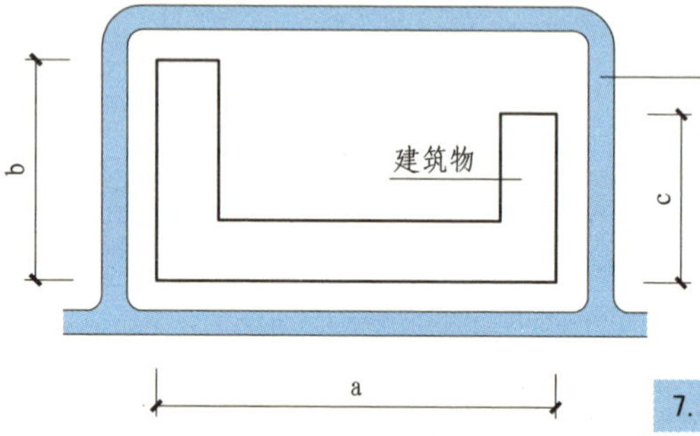

7.7.1 图示3

[注释] a＞150m（长条形建筑物）；a+b＞220m（L形建筑物）；a+b+c＞220m（U形建筑物）。

7.1 消防车道							图集号	18J811-1
审核	蔡昭昀	校对	李 笺	设计	高 杰		页	7-1

〖条文说明-摘录〗7.1.1、7.1.2 对于总长度和沿街的长度过长的沿街建筑，特别是U形或L形的建筑，如果不对其长度进行限制，会给灭火救援和内部人员的疏散带来不便，延误灭火时机。为满足灭火救援和人员疏散要求，本条对这些建筑的总长度作了必要的限制，而未限制U形、L形建筑物的两翼长度。由于我国市政消火栓的保护半径在150m左右，按规定一般设在城市道路两旁，故将消防车道的间距定位160m。对于一些超大体量或超长建筑物，一般均有较大的间距和开阔地带。这些建筑只要在平面布局上能保证灭火救援需要，在设置穿过建筑物的消防车道的确困难时，也可设置环行消防车道。但根据灭火救援实际，建筑物的进深最好控制在50m以内。少数高层建筑，受山地或河道等地理条件限制时，允许沿建筑的一个长边设置消防车道，但需结合消防车登高操作场地设置。计算建筑长度时，其内折线或内凹曲线，可按突出点间的直线距离确定；外折线或突出曲线，应按实际长度确定。

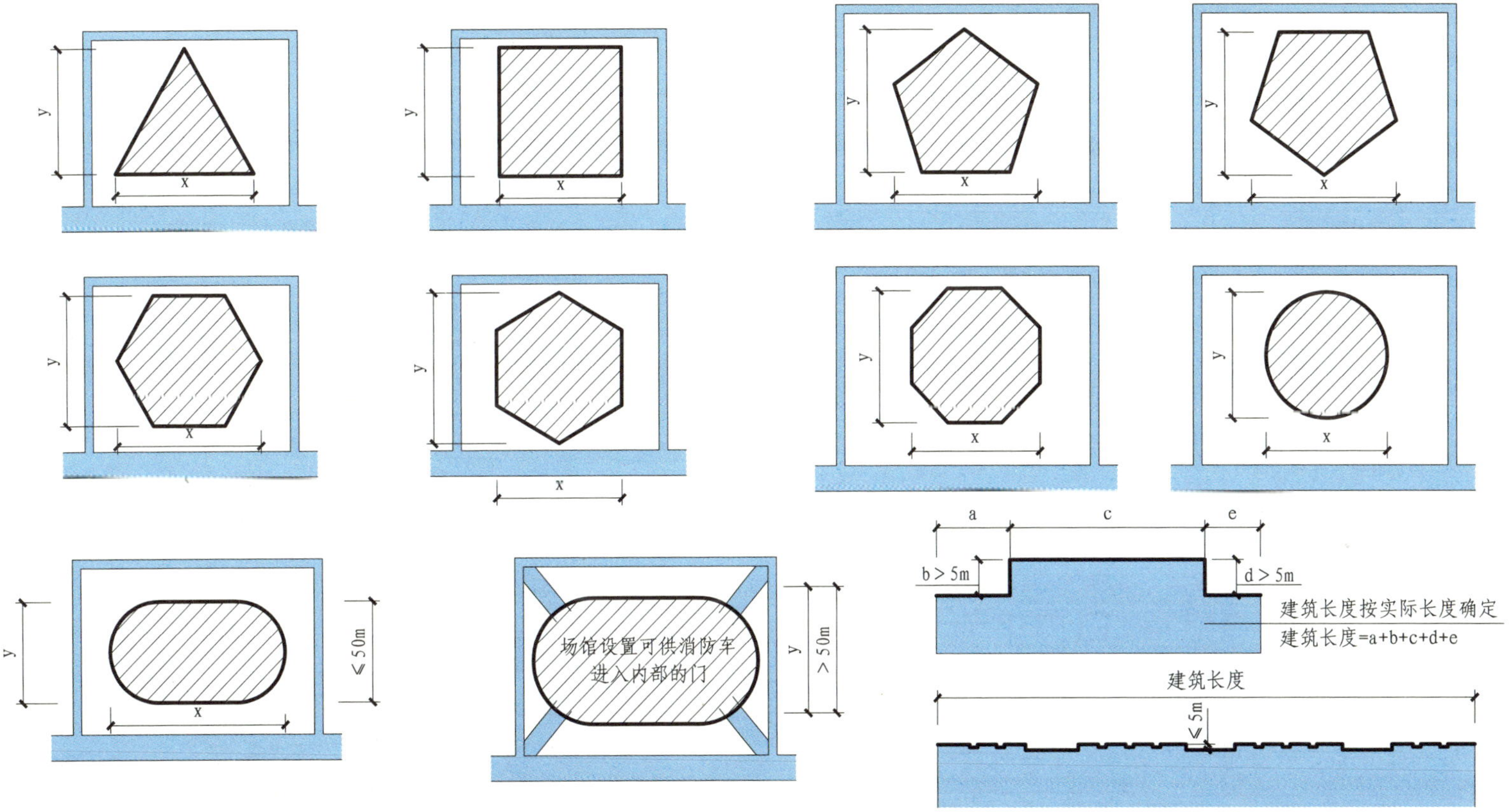

[注释]大体量或超长建筑物长度计算示例：当x或y有一边为≥150m或x+y>220m且消防车穿越困难时，应设环形消防车道。

7.1 消防车道

图集号	18J811-1
审核 蔡昭昀 校对 李笺 设计 高杰 页	7-2

7.1.2　高层民用建筑，超过3000个座位的体育馆，超过2000个座位的会堂，占地面积大于3000㎡的商店建筑、展览建筑等单、多层公共建筑应设置环形消防车道，确有困难时，可沿建筑的两个长边设置消防车道【图示1】；对于高层住宅建筑和山坡地或河道边临空建造的高层民用建筑，可沿建筑的一个长边设置消防车道，但该长边所在建筑立面应为消防车登高操作面【图示2】。

7.1.3　工厂、仓库区内应设置消防车道。

高层厂房，占地面积大于3000㎡的甲、乙、丙类厂房和占地面积大于1500㎡的乙、丙类仓库，应设置环形消防车道，确有困难时，应沿建筑物的两个长边设置消防车道。【见7.1.2图示1】

周围应设置环形车道的建筑

建筑类型		设置要求
民用建筑	单、多层公共建筑	＞3000座的体育馆
		＞2000座的会堂
		占地面积＞3000㎡的商店建筑、展览建筑
	高层建筑	均应设置
厂房	单、多层厂房	占地面积＞3000㎡的甲、乙、丙类厂房
	高层厂房	均应设置
仓库		占地面积＞1500㎡的乙、丙类仓库

[注释]
1 确有困难时，可沿建筑的两个长边设置消防车道。
2 甲、乙、丙类液体、气体储罐（区）和可燃材料堆场的消防车道设置要求详见第7.1.6条。

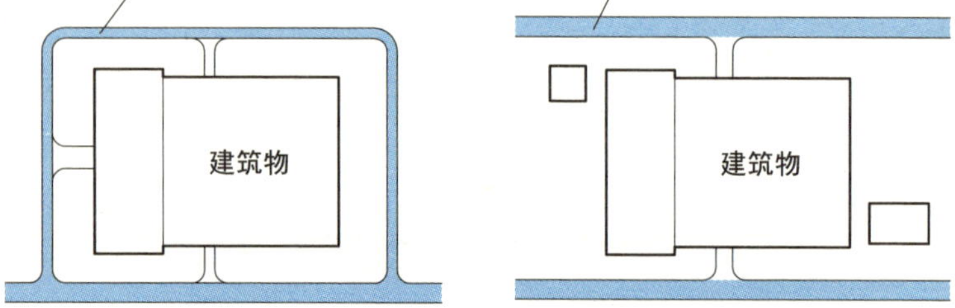

高层民用建筑，＞3000个座位的体育馆，＞2000个座位的会堂，占地面积＞3000㎡的商店建筑、展览建筑等单、多层公共建筑

平面示意图　7.1.2 图示1

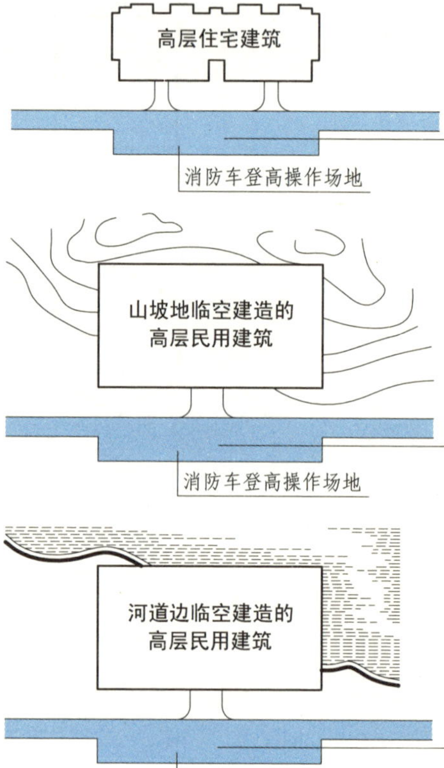

对于高层住宅建筑和山坡地或河道边临空建造的高层民用建筑，可沿建筑的一个长边设置消防车道，但该长边所在建筑立面应为消防车登高操作面

[注释]消防车登高操作场地应符合第7.2.2条的相关要求。

7.1.2 图示2

7.1 消防车道						图集号	18J811-1
审核	蔡昭昀	校对	林莉	设计	杨立萌	页	7-3

7.1.4 有封闭内院或天井的建筑物，当内院或天井的短边长度大于24m时，宜设置进入内院或天井的消防车道【图示1】；当该建筑物沿街时，应设置连通街道和内院的人行通道（可利用楼梯间），其间距不宜大于80m【图示2】。

7.1.5 在穿过建筑物或进入建筑物内院的消防车道两侧，不应设置影响消防车通行或人员安全疏散的设施。【图示】

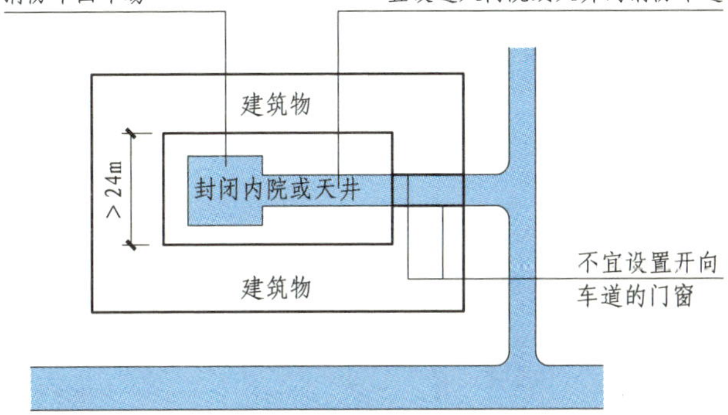

7.1.4 图示1

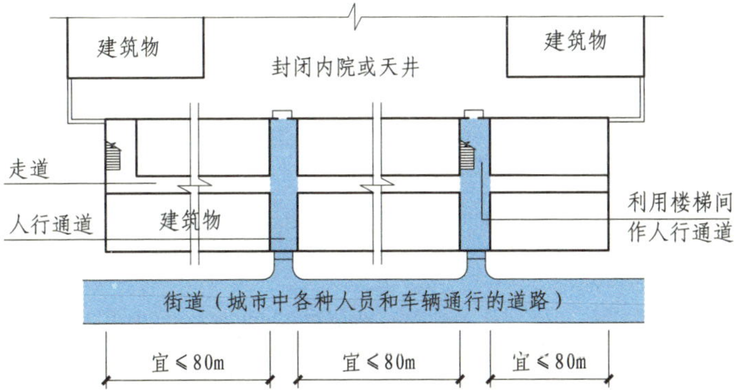

7.1.4 图示2

[注释]图示为不得影响消防车通行或影响人员安全疏散的设施举例。

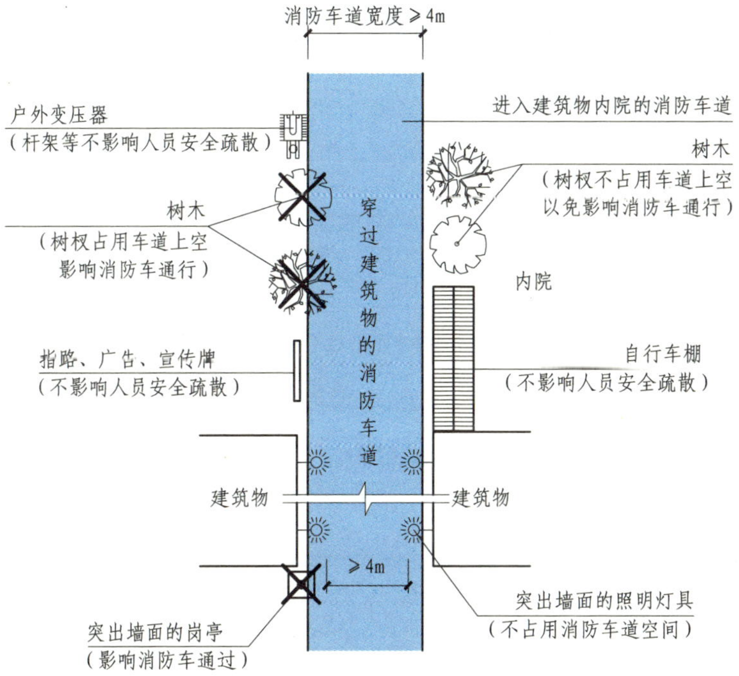

7.1.5 图示

7.1 消防车道						图集号	18J811-1
审核	蔡昭昀	校对	李 笺	设计	高 杰	页	7-4

7.1.6　可燃材料露天堆场区，液化石油气储罐区，甲、乙、丙类液体储罐区和可燃气体储罐区，应设置消防车道。消防车道的设置应符合下列规定：【图示1】

1 储量大于表7.1.6规定的堆场、储罐区，宜设置环形消防车道。

表7.1.6 堆场或储罐区的储量

名称	棉、麻、毛、化纤(t)	秸杆、芦苇(t)	木材(m^3)	甲、乙、丙类液体储罐(m^3)	液化石油气储罐(m^3)	可燃气体储罐(m^3)
储量	1000	5000	5000	1500	500	30000

2 占地面积大于30000m^2的可燃材料堆场，应设置与环形消防车道相通的中间消防车道，消防车道的间距不宜大于150m【图示2】。液化石油气储罐区，甲、乙、丙类液体储罐区和可燃气体储罐区内的环形消防车道之间宜设置连通的消防车道【图示3】。

3 消防车道的边缘距离可燃材料堆垛不应小于5m。【图示2】

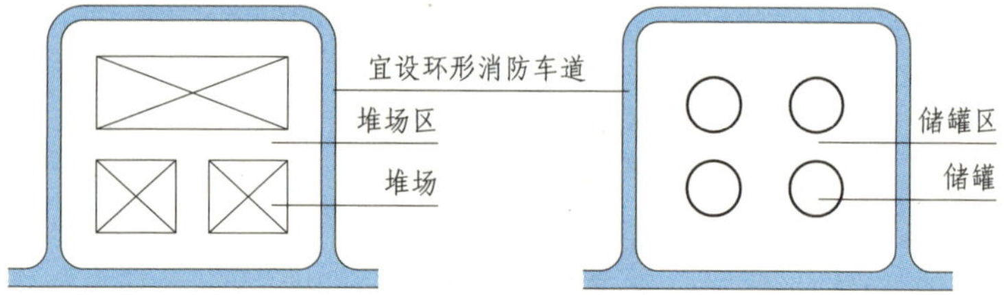

储量>1000t的棉、麻、毛、化纤露天堆场区
储量>5000t的秸杆、芦苇露天堆场区
储量>5000m^3的木材露天堆场区

储量>1500m^3的甲、乙、丙类液体储罐区
储量>500m^3的液化石油气储罐区
储量>30000m^3的可燃气体储罐区

7.1.6 图示1

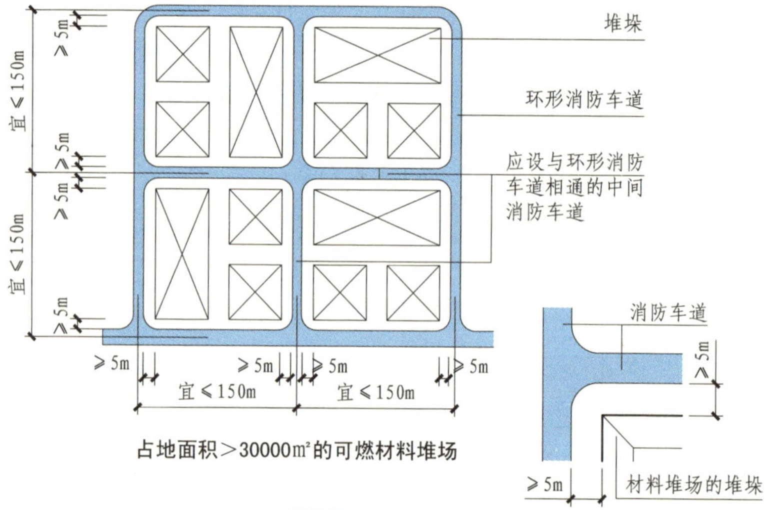

占地面积>30000m^2的可燃材料堆场

7.1.6 图示2

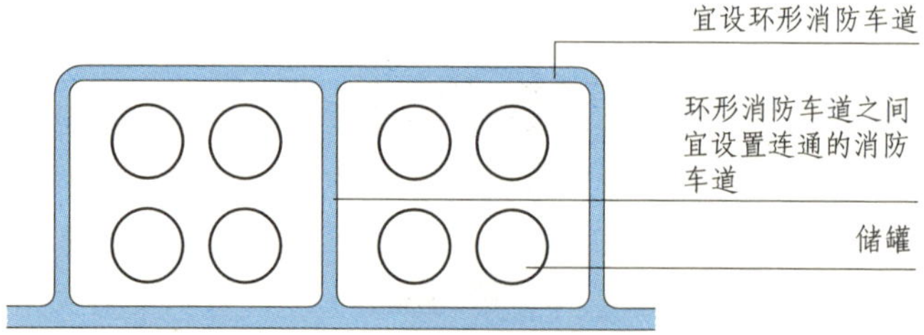

液化石油气储罐区，甲、乙、丙类液体储罐区，可燃气体储罐区

7.1.6 图示3

7.1 消防车道						图集号	18J811-1
审核	蔡昭昀	校对	李笺	设计	高杰	页	7-5

7.1.7 供消防车取水的天然水源和消防水池应设置消防车道。消防车道的边缘距离取水点不宜大于2m。【图示】

7.1.8 消防车道应符合下列要求：【图示】

1 **车道的净宽度和净空高度均不应小于4.0m；**

2 **转弯半径应满足消防车转弯的要求；**

3 **消防车道与建筑之间不应设置妨碍消防车操作的树木、架空管线等障碍物；**

4 消防车道靠建筑外墙一侧的边缘距离建筑外墙不宜小于5m；

5 消防车道的坡度不宜大于8%。

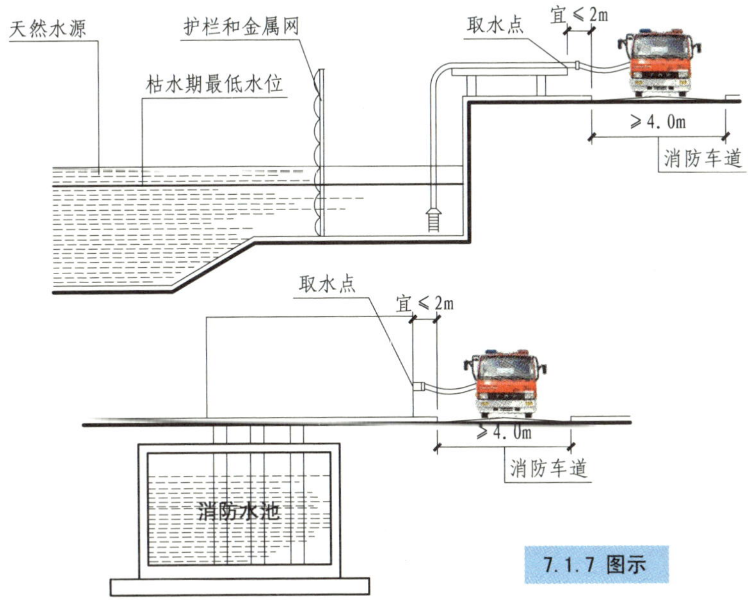

7.1.7 图示

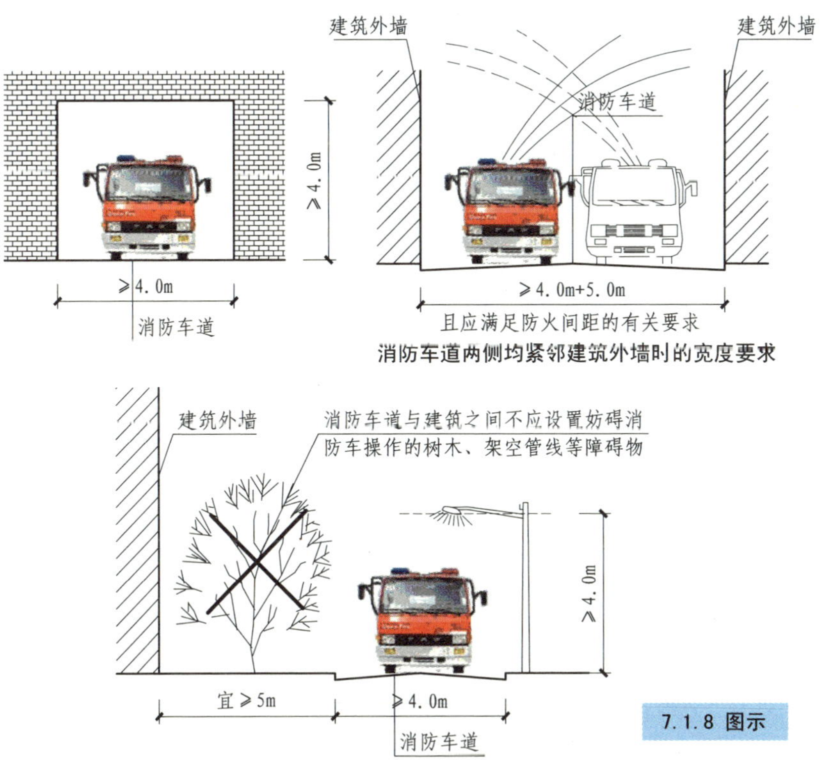

7.1.8 图示

消防车道基本尺寸要求

名称	要求
净宽度	应≥4.0m
净空高度	应≥4.0m
坡度	宜≤8%

消防车道转弯半径参考

消防车类别	转弯半径（m）
普通消防车	9
登高车	12
特种车	16～20

7.1 消防车道							图集号	18J811-1
审核	蔡昭昀	蔡昭昀	校对	李 笺	李笺	设计 高 杰	页	7-6

7.1.9 环形消防车道至少应有两处与其他车道连通【图示1】。尽头式消防车道应设置回车道或回车场，回车场的面积不应小于12m×12m；对于高层建筑，不宜小于15m×15m；供重型消防车使用时，不宜小于18m×18m【图示2】。

消防车道的路面、救援操作场地、消防车道和救援操作场地下面的管道和暗沟等，应能承受重型消防车的压力。

消防车道可利用城乡、厂区道路等，但该道路应满足消防车通行、转弯和停靠的要求。

7.1.10 消防车道不宜与铁路正线平交，确需平交时，应设置备用车道，且两车道的间距不应小于一列火车的长度。【图示】

7.1.9 图示1

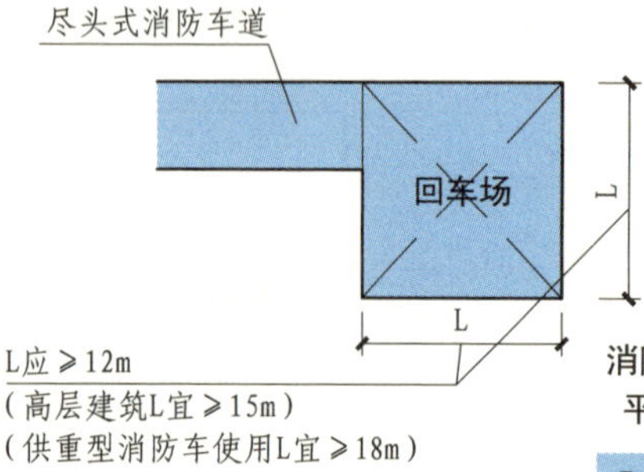

消防车回车场平面示意图

7.1.9 图示2

[注释]各种消防车的满载总重量（kg）

名称	型号	满载重量	名称	型号	满载重量
水罐车	SG65.SG65A	17286	泡沫车	CPP181	2900
	SHX5350 GXFSG160	35300		PM35GD	11000
	CG60	17000		PM50ZD	12500
	SG120	26000	供水车	GS140ZP	26325
	SG40	13320		GS150ZP	31500
	SG55	14500		GS150P	14100
	SG60	14100		东风144	5500
	SG170	31200		GS70	13315
	SG35ZP	9365	干粉车	GF30	1800
	SG80	19000		GF60	2600
	SG85	18525	干粉—泡沫联用消防车	PF45	17286
	SG70	13260		PF110	2600
	SP30	9210	登高平台车 举高喷射消防车 抢险救援车	CDZ53	33000
	EQ144	5000		CDZ40	2630
	SG36	9700		CDZ32	2700
	EQ153A-F	5500		CDZ20	9600
	SG110	26450		CJQ25	11095
	SG35GD	11000		SHX5110TTXFQJ73	14500
	SH5140GXFSG55GD	4000	消防通讯指挥车	CX10	3230
泡沫车	PM40ZP	11500		FXZ25	2160
	PM55	14100	火场供给消防车	FXZ25A	2470
	PM60ZP	1900		FXZ10	2200
	PM80、PM85	18525		XXFZM10	3864
	PM120	26000		XXFZM12	5300
	PM35ZP	9210		TQXZ20	5020
	PM55GD	14500		QXZ16	4095
	PP30	9410	供水车	GS1802P	31500
	EQ140	3000			

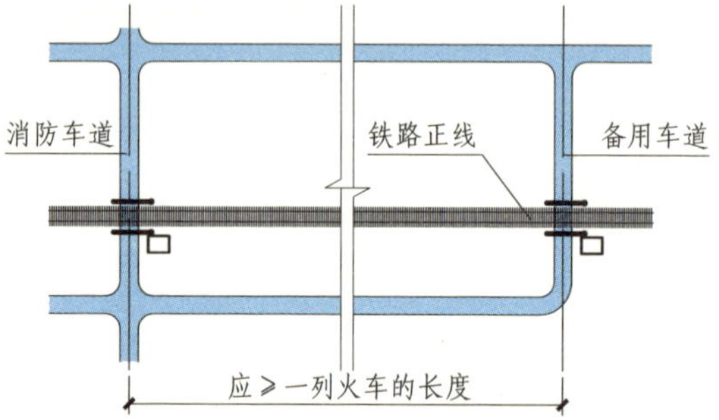

[注释]据成都铁路局提供的数据，目前一列火车的长度≤900m。对于存在通行特殊超长火车的地方，需根据铁路部门提供的数据确定。

7.1.10 图示

7.1 消防车道							图集号	18J811-1
审核	蔡昭昀	校对	李笺	设计	高杰		页	7-7

7.2 救援场地和入口

7.2.1 高层建筑应至少沿一个长边或周边长度的1/4且不小于一个长边长度的底边连续布置消防车登高操作场地，该范围内的裙房进深不应大于4m。【图示1】

建筑高度不大于50m的建筑，连续布置消防车登高操作场地确有困难时，可间隔布置，但间隔距离不宜大于30m，且消防车登高操作场地的总长度仍应符合上述规定。【图示2】~【图示10】

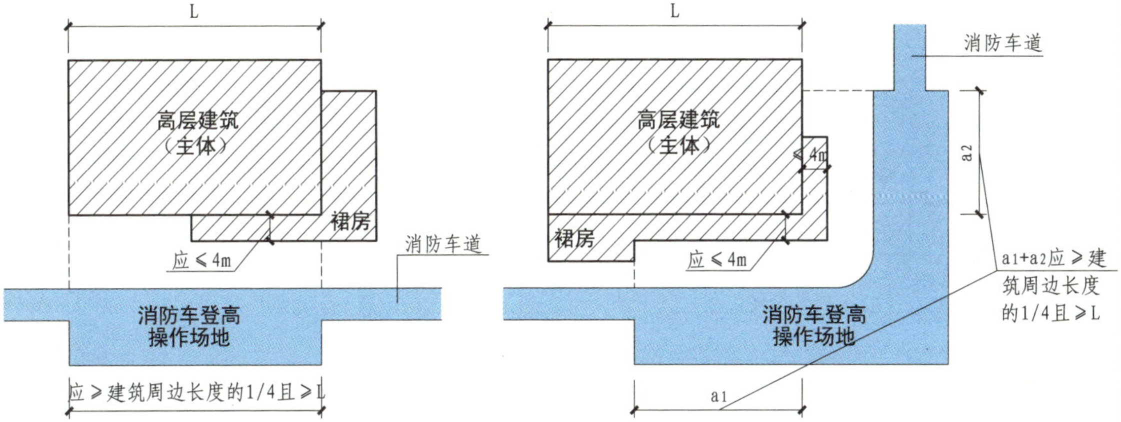

7.2.1 图示1

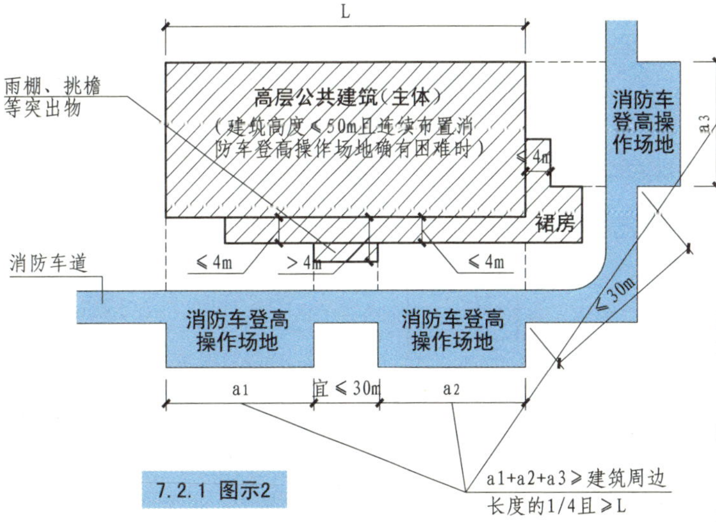

7.2.1 图示2

[注释]

1 L为高层建筑主体的一个长边长度，“建筑周边长度”应为高层建筑主体的周边长度。

2 消防车登高操作场地的有效计算长度（a1、a2、a3……）应在高层建筑主体的对应范围内。

3 图示2仅适用于高层公共建筑，高层住宅见图示3~图示6。

7.2 救援场地和入口							图集号	18J811-1
审核	蔡昭昀		校对	林 莉		设计	杨立萌	页	7-8

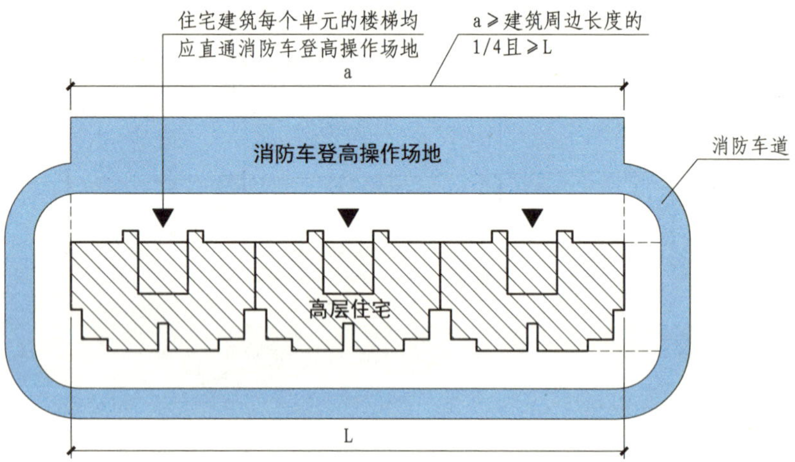

7.2.1 图示3

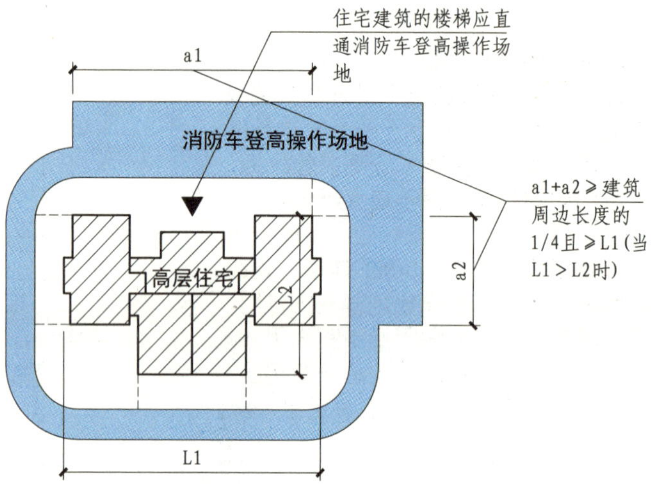

7.2.1 图示4

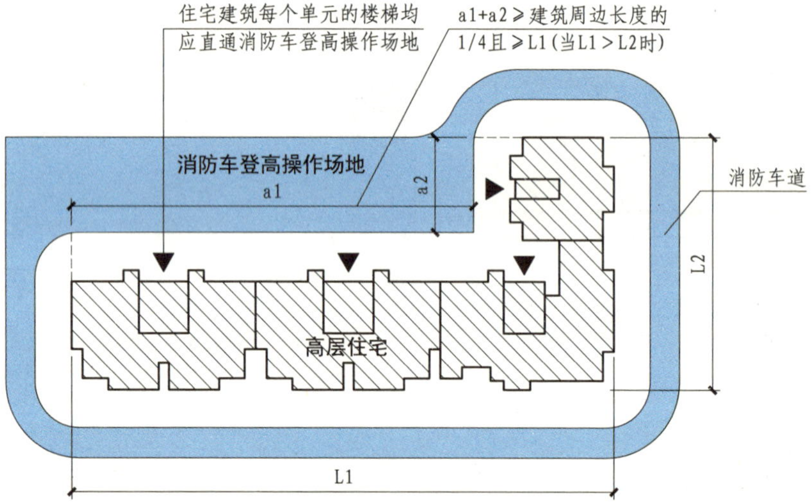

7.2.1 图示5

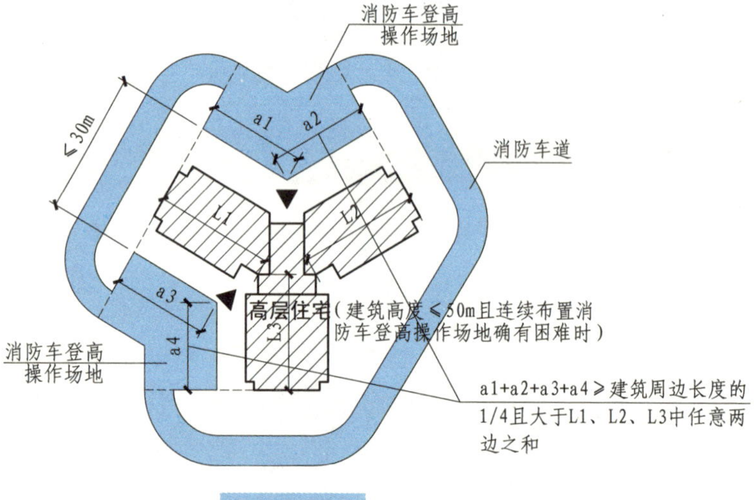

7.2.1 图示6

[注释]
1 L1为高层建筑主体的一个长边长度(当L1＞L2)，“建筑周边长度”应为高层建筑主体的周边长度。
2 消防车登高操作场地的有效计算长度（a1、a2、a3……）应在高层建筑主体的对应范围内。

7.2 救援场地和入口						图集号	18J811-1
审核	蔡昭昀	校对	林莉	设计	杨立萌	页	7-9

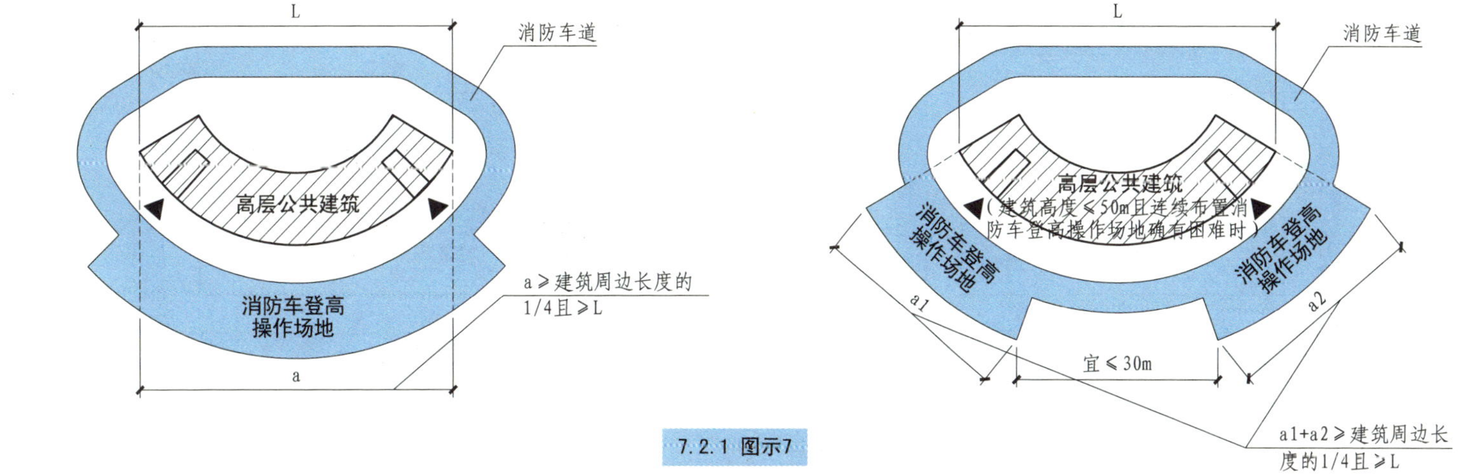

7.2.1 图示7

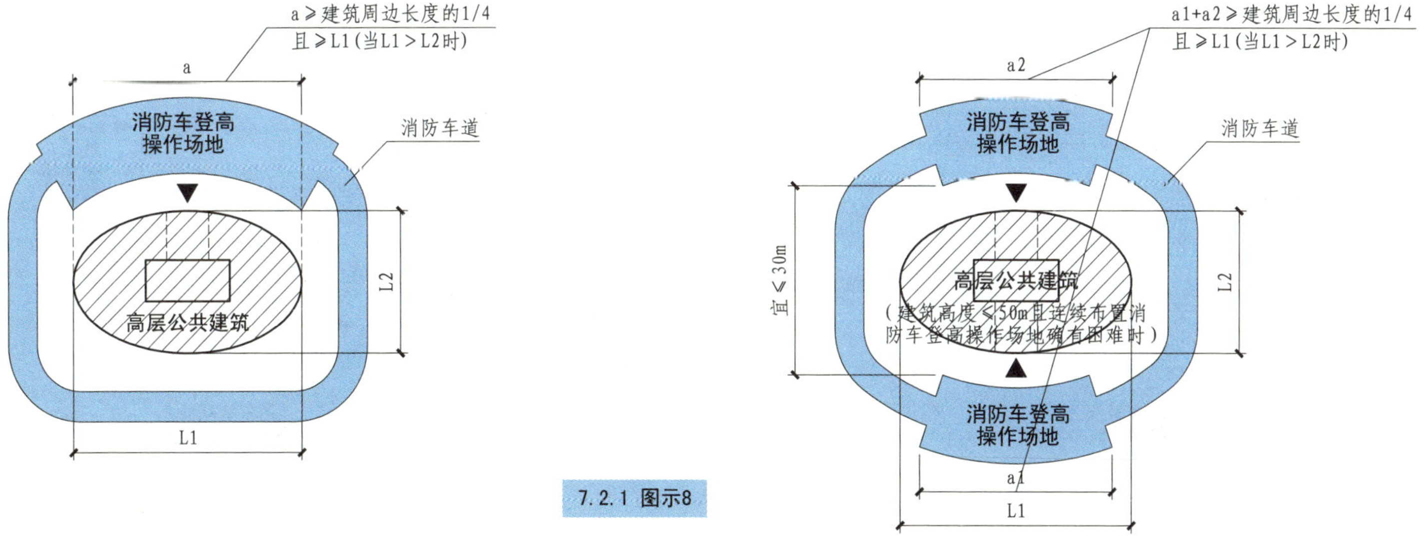

7.2.1 图示8

［注释］

1 L1为高层建筑主体的一个长边长度（当L1＞L2），“建筑周边长度”应为高层建筑主体的周边长度。

2 消防车登高操作场地的有效计算长度（a1、a2、a3……）应在高层建筑主体的对应范围内。

7.2 救援场地和入口						图集号	18J811-1
审核	蔡昭昀	校对	林 莉	设计	杨立萌	页	7-10

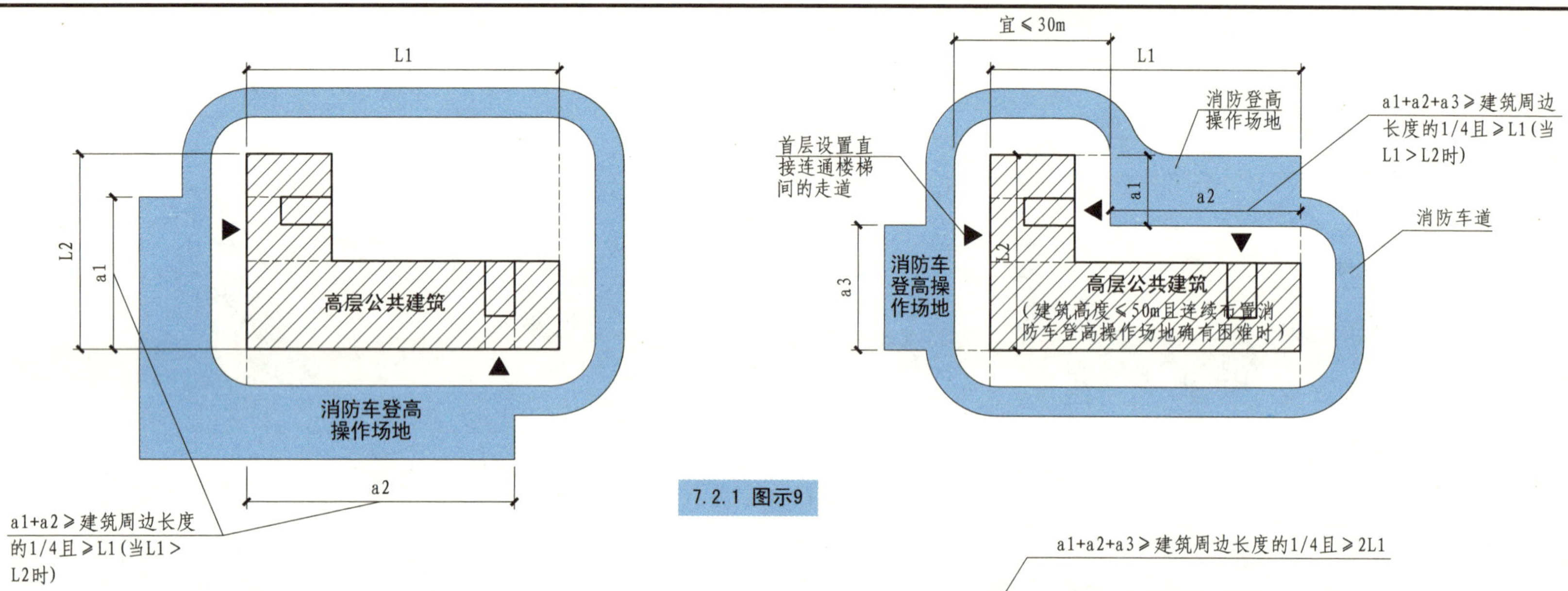

7.2.1 图示9

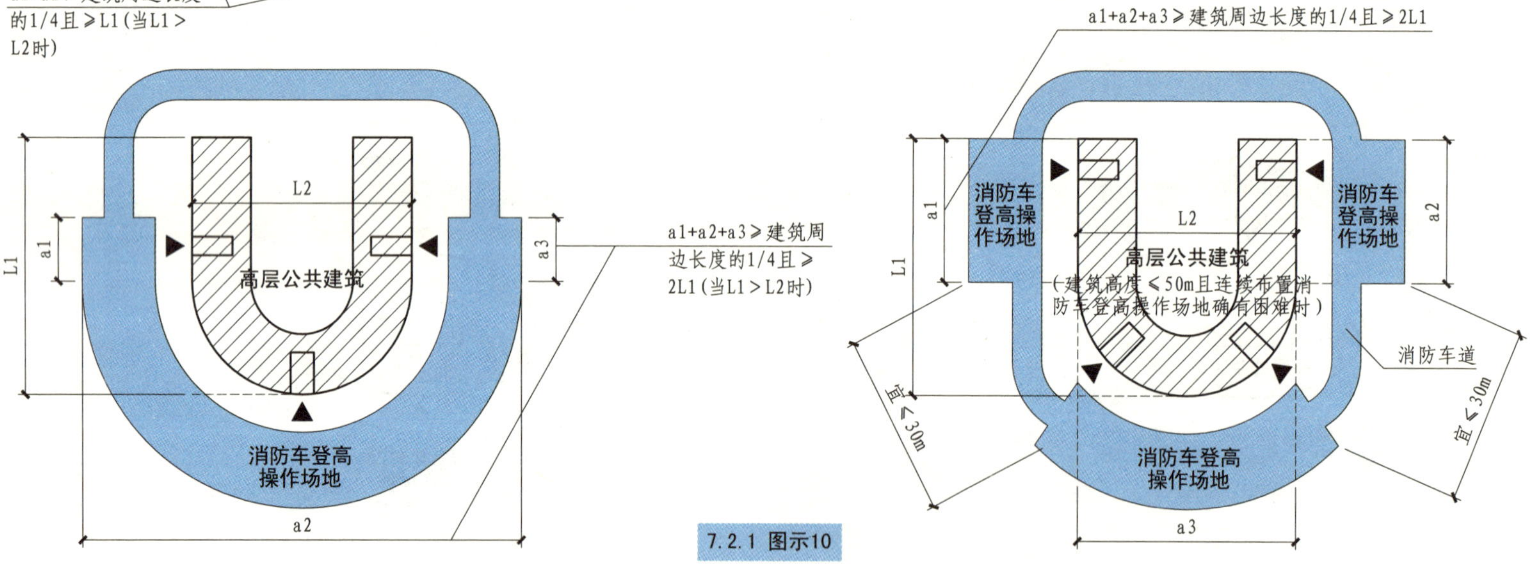

7.2.1 图示10

7.2 救援场地和入口						图集号	18J811-1
审核	蔡昭昀	校对	林莉	设计	杨立萌	页	7-11

7.2.2 消防车登高操作场地应符合下列规定：【图示】

1 场地与厂房、仓库、民用建筑之间不应设置妨碍消防车操作的树木、架空管线等障碍物和车库出入口。

2 场地的长度和宽度分别不应小于15m和10m。对于建筑高度大于50m的建筑，场地的长度和宽度分别不应小于20m和10m。

3 场地及其下面的建筑结构、管道和暗沟等，应能承受重型消防车的压力。

4 场地应与消防车道连通，场地靠建筑外墙一侧的边缘距离建筑外墙不宜小于5m，且不应大于10m，场地的坡度不宜大于3%。

7.2.3 建筑物与消防车登高操作场地相对应的范围内，应设置直通室外的楼梯或直通楼梯间的入口。

【见7.2.2图示】

7.2.4 厂房、仓库、公共建筑的外墙应在每层的适当位置设置可供消防救援人员进入的窗口。

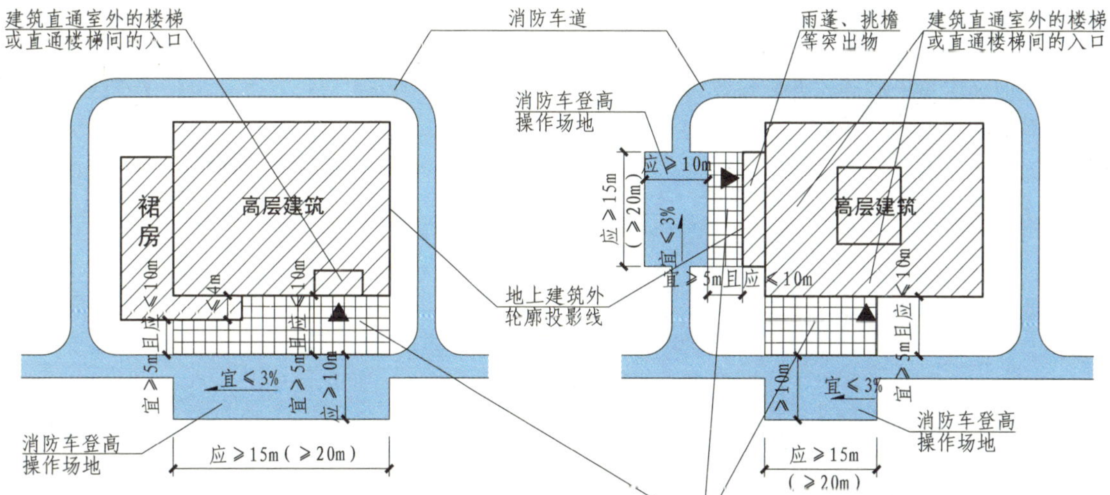

[注释]

1 建筑高度＞50m时，消防车登高操作场地的长度按括号内数字。

2 建筑高度≤50m且连续布置消防车登高操作场地确有困难时，可间隔布置，相关要求见第7.2.1条。

7.2.2 图示

7.2.5 供消防救援人员进入的窗口的净高度和净宽度均不应小于1.0m，下沿距室内地面不宜大于1.2m，间距不宜大于20m且每个防火分区不应少于2个，设置位置应与消防车登高操作场地相对应。窗口的玻璃应易于破碎，并应设置可在室外易于识别的明显标志。

【图示1】【图示2】

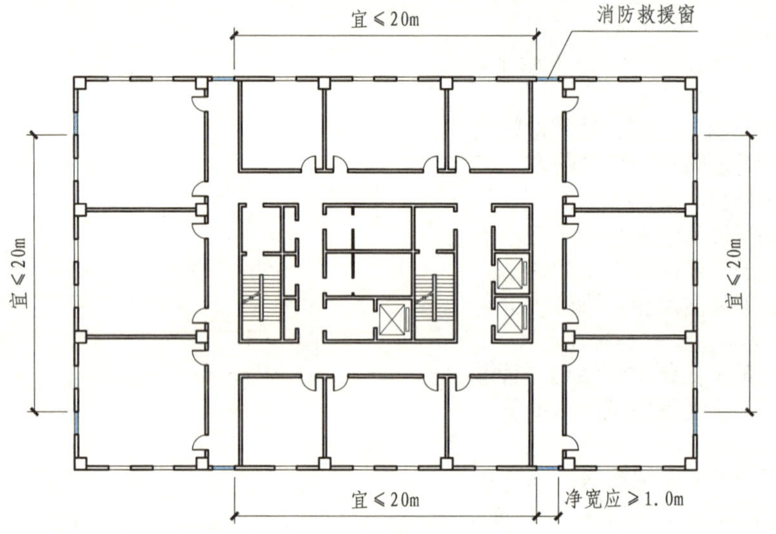

平面图

7.2.5 图示1

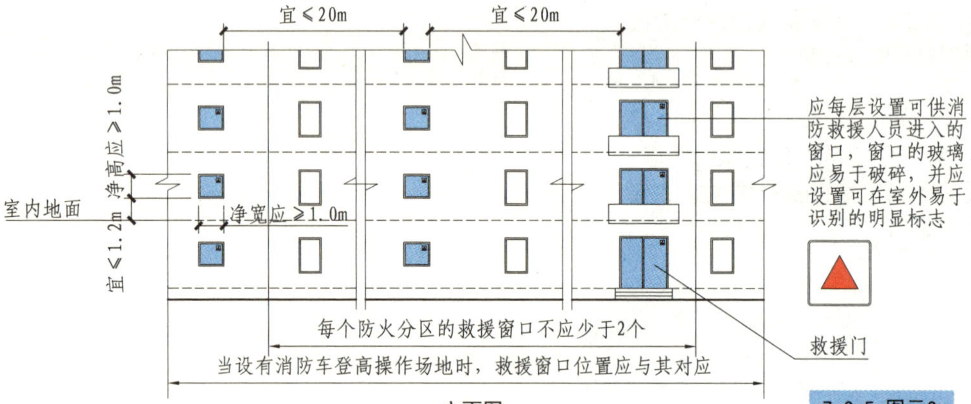

立面图

7.2.5 图示2

7.2 救援场地和入口						图集号	18J811-1
审核	蔡昭昀	校对	林莉	设计	杨立萌	页	7-13

7.3 消防电梯

7.3.1 下列建筑应设置消防电梯：【图示1】

1 建筑高度大于33m的住宅建筑；

2 一类高层公共建筑和建筑高度大于32m的二类高层公共建筑【图示2】、5层及以上且总建筑面积大于3000m²（包括设置在其他建筑内五层及以上楼层）的老年人照料设施【图示3】；

3 设置消防电梯的建筑的地下或半地下室【图示4】，埋深大于10m且总建筑面积大于3000m²的其他地下或半地下建筑（室）【图示5】。

7.3.2 消防电梯应分别设置在不同防火分区内，且每个防火分区不应少于1台。

应设置消防电梯的建筑

建筑类型	设置条件	设置要求
住宅建筑	建筑高度＞33m	分别设置在不同的防火分区内，且每个防火分区应≥1台
公共建筑	1. 一类高层 2. 建筑高度＞32m的二类高层 3. 建筑层数≥5层且总建筑面积＞3000m²（包括设置在其他建筑内五层及以上楼层）的老年人照料设施	
地下或半地下建筑（室）	1. 地上部分设置消防电梯的建筑 2. 埋深＞10m且总建筑面积＞3000m²	
高层厂房（仓库）	建筑高度＞32m且设置电梯 （符合第7.3.3条规定可不设置）	每个防火分区宜设置1台

7.3.1 图示1

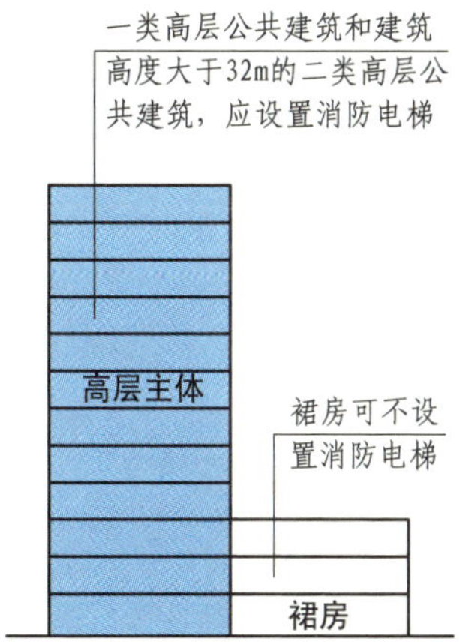

7.3.1 图示2

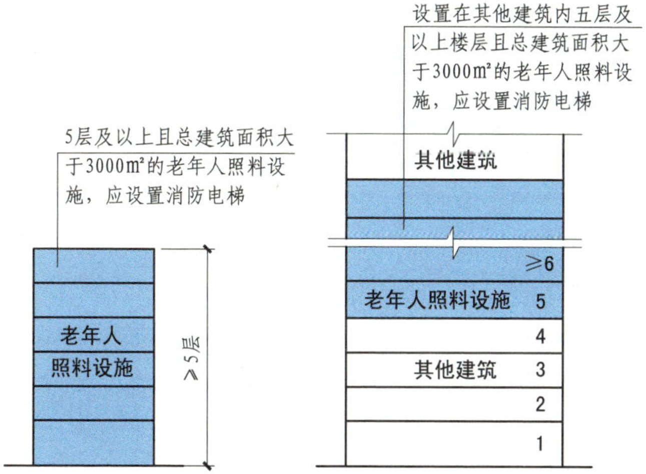

7.3.1 图示3

7.3 消防电梯							图集号	18J811-1
审核	蔡昭昀	[签名]	校对	林 莉	[签名]	设计 杨立萌 [签名]	页	7-14

7.3.3 建筑高度大于32m且设置电梯的高层厂房（仓库），每个防火分区内宜设置1台消防电梯，但符合下列条件的建筑可不设置消防电梯：

1 建筑高度大于32m且设置电梯，任一层工作平台上的人数不超过2人的高层塔架【图示1】；

2 局部建筑高度大于32m，且局部高出部分的每层建筑面积不大于50m²的丁、戊类厂房【图示2】。

7.3.4 符合消防电梯要求的客梯或货梯可兼作消防电梯。

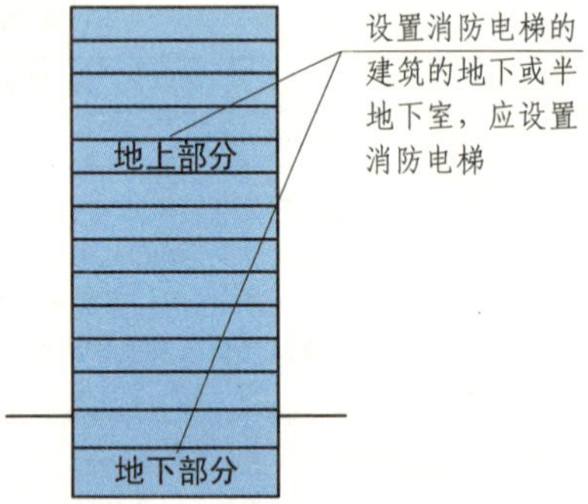

7.3.1 图示4

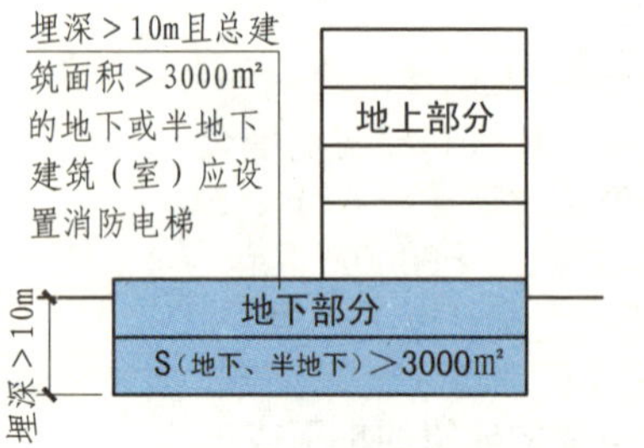

7.3.1 图示5

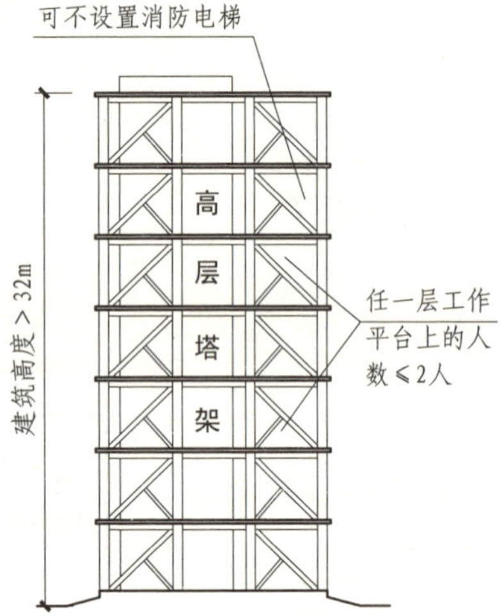

建筑允许不设消防电梯的规定

7.3.3 图示1

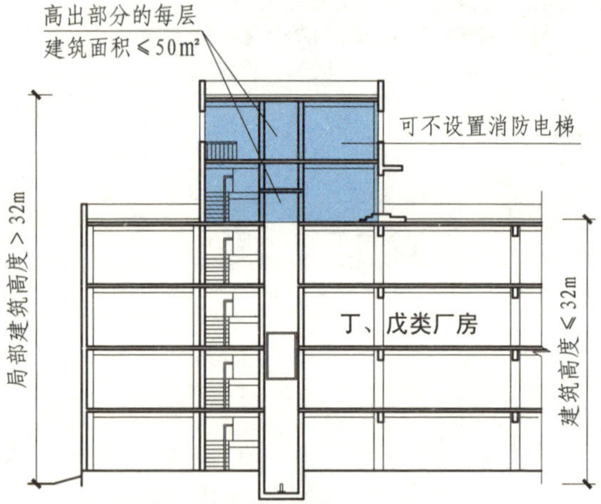

建筑允许不设消防电梯的规定

7.3.3 图示2

7.3 消防电梯						图集号	18J811-1
审核 蔡昭昀	蔡昭昀	校对 林莉	林莉	设计 杨立萌	杨立萌	页	7-15

7.3.5 除设置在仓库连廊、冷库穿堂或谷物筒仓工作塔内的消防电梯外【图示1】，消防电梯应设置前室，并应符合下列规定【图示2】：

1 前室宜靠外墙设置，并应在首层直通室外或经过长度不大于30m的通道通向室外；

2 前室的使用面积不应小于6.0m²，前室的短边不应小于2.4m；与防烟楼梯间合用的前室，其使用面积尚应符合本规范第5.5.28条和第6.4.3条的规定；

3 除前室的出入口、前室内设置的正压送风口和本规范第5.5.27条规定的户门外，前室内不应开设其他门、窗、洞口；

4 前室或合用前室的门应采用乙级防火门，不应设置卷帘。

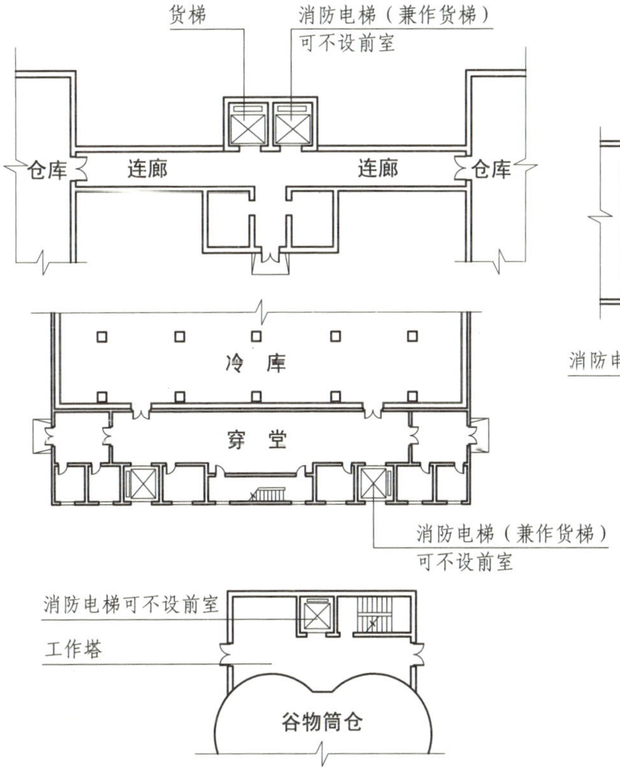

设置在仓库连廊、冷库穿堂或谷物筒仓工作塔内的消防电梯

7.3.5 图示1

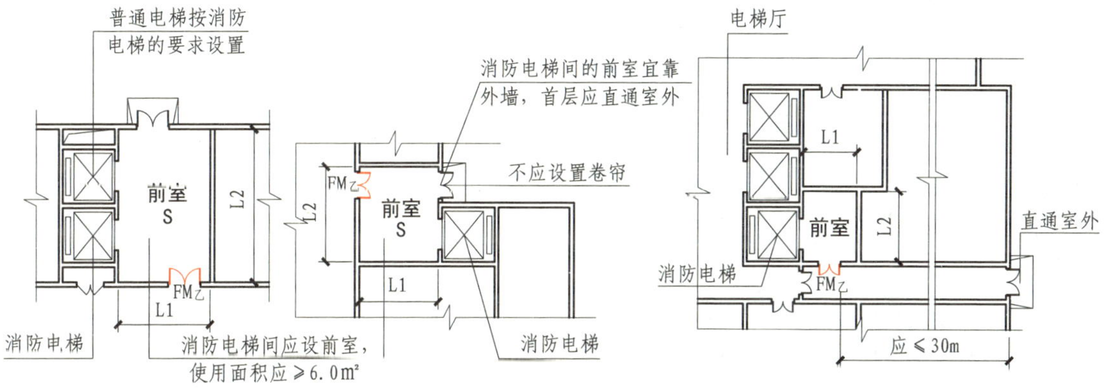

[注释]L1、L2均应≥2.4m，且消防电梯间前室面积S≥6.0m²。

设置在首层的消防电梯间前室平面示意图

消防电梯间前室的使用面积要求

前室类别	建筑类别	面积要求
单独前室	—	≥6m²
合用前室	公共建筑、高层厂房（仓库）	≥10m²
	住宅建筑	≥6m² ≥12m²（与剪刀防烟楼梯间共用前室）

7.3.5 图示2

7.3.6 消防电梯井、机房与相邻电梯井、机房之间应设置耐火极限不低于2.00h的防火隔墙，隔墙上的门应采用甲级防火门。【图示】

7.3.7 消防电梯的井底应设置排水设施，排水井的容量不应小于2m³，排水泵的排水量不应小于10L/s。【图示】
消防电梯间前室的门口宜设置挡水设施。【见7.3.8条图示】

7.3.8 消防电梯应符合下列规定：【图示】

1 应能每层停靠；

2 电梯的载重量不应小于800kg；

3 电梯从首层至顶层的运行时间不宜大于60s；

4 电梯的动力与控制电缆、电线、控制面板应采取防水措施；

5 在首层的消防电梯入口处应设置供消防队员专用的操作按钮；

6 电梯轿厢的内部装修应采用不燃材料；

7 电梯轿厢内部应设置专用消防对讲电话。

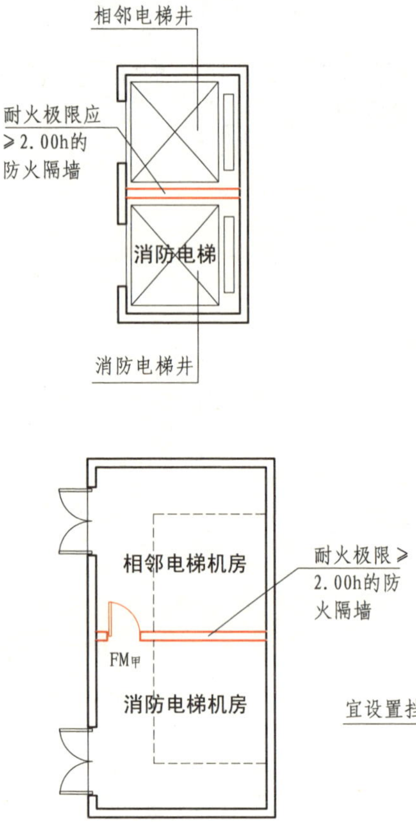

7.3.6 图示

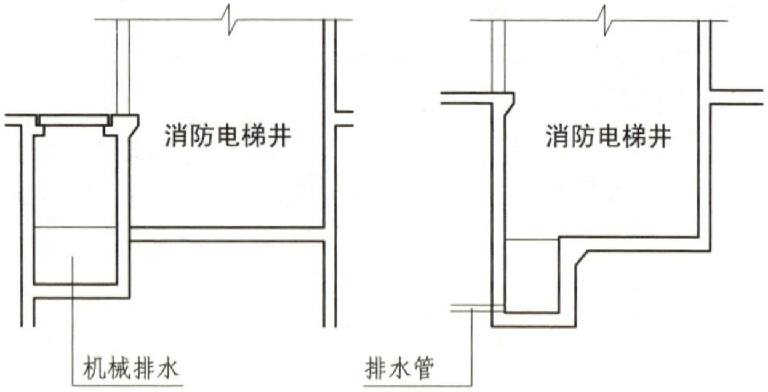

[注释]排水井容量应≥2m³，排水泵的排水量应≥10L/s。

7.3.7 图示

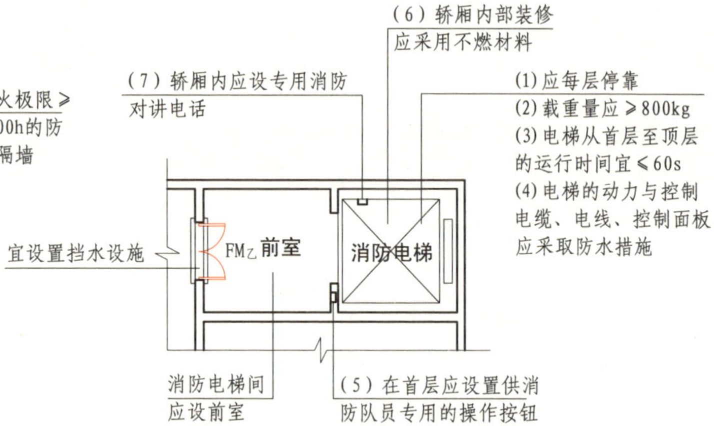

7.3.8 图示

7.3 消防电梯						图集号	18J811-1
审核	蔡昭昀	校对	林莉	设计	杨立萌	页	7-17

7.4 直升机停机坪【图示】

7.4.1 建筑高度大于100m且标准层建筑面积大于2000 m²的公共建筑，宜在屋顶设置直升机停机坪或供直升机救助的设施。

7.4.2 直升机停机坪应符合下列规定：

1 设置在屋顶平台上时，距离设备机房、电梯机房、水箱间、共用天线等突出物不应小于5m；

2 建筑通向停机坪的出口不应少于2个，每个出口的宽度不宜小于0.90m；

3 四周应设置航空障碍灯，并应设置应急照明；

4 在停机坪的适当位置应设置消火栓；

5 其他要求应符合国家现行航空管理有关标准的规定。

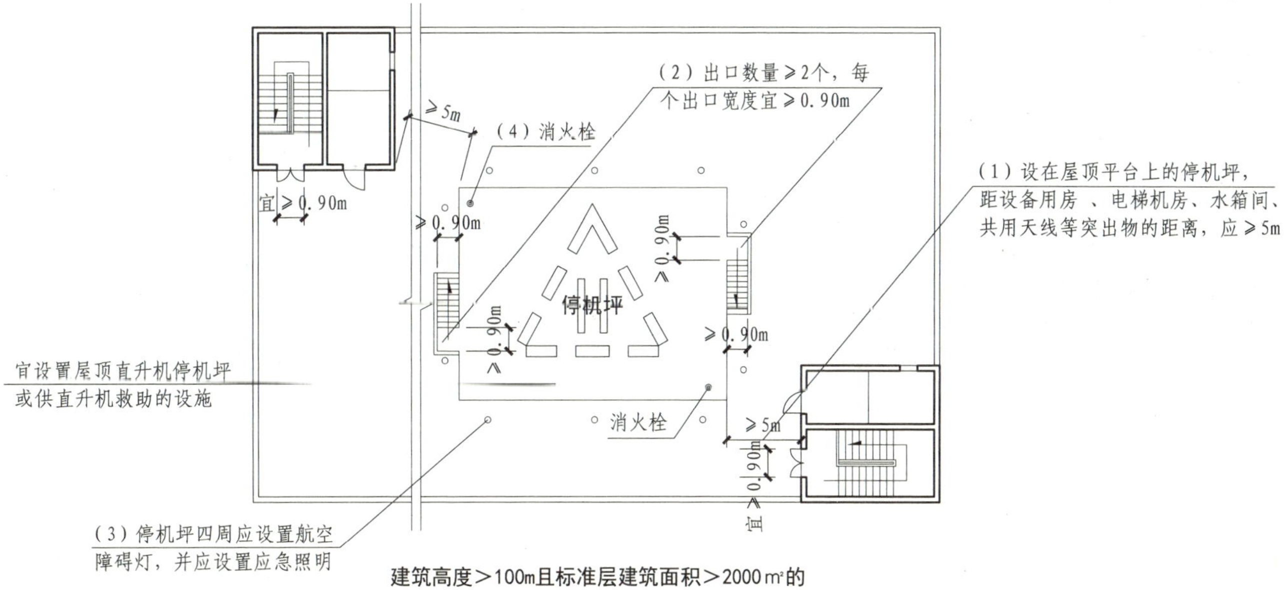

建筑高度>100m且标准层建筑面积>2000 m²的

公共建筑 屋顶平面示意图

7.4 图示

7.4 直升机停机坪						图集号	18J811-1
审核	蔡昭昀	校对	李 笺	设计	高 杰	页	7-18

8 消防设施的设置

8.1 一般规定

8.1.1 消防给水和消防设施的设置应根据建筑的用途及其重要性、火灾危险性、火灾特性和环境条件等因素综合确定。

8.1.2 城镇（包括居住区、商业区、开发区、工业区等）应沿可通行消防车的街道设置市政消火栓系统。

民用建筑、厂房、仓库、储罐（区）和堆场周围应设置室外消火栓系统。

用于消防救援和消防车停靠的屋面上，应设置室外消火栓系统。

注：耐火等级不低于二级且建筑体积不大于3000m³的戊类厂房，居住区人数不超过500人且建筑层数不超过两层的居住区，可不设置室外消火栓系统。

8.1.3 自动喷水灭火系统、水喷雾灭火系统、泡沫灭火系统和固定消防炮灭火系统等系统以及下列建筑的室内消火栓给水系统应设置消防水泵接合器：

1 超过5层的公共建筑；

2 超过4层的厂房或仓库；

3 其他高层建筑；

4 超过2层或建筑面积大于10000m²的地下建筑（室）。

8.1.4 甲、乙、丙类液体储罐（区）内的储罐应设置移动水枪或固定水冷却设施。高度大于15m或单罐容积大于2000m³的甲、乙、丙类液体地上储罐，宜采用固定水冷却设施。

8.1.5 总容积大于50m³或单罐容积大于20m³的液化石油气储罐（区）应设置固定水冷却设施，埋地的液化石油气储罐可不设置固定喷水冷却装置。总容积不大于50m³或单罐容积不大于20m³的液化石油气储罐（区），应设置移动式水枪。

8.1.6 消防水泵房的设置应符合下列规定：

1 单独建造的消防水泵房，其耐火等级不应低于二级；【图示1】

2 附设在建筑内的消防水泵房，不应设置在地下三层及以下或室内地面与室外出入口地坪高差大于10m的地下楼层；【图示2】

3 疏散门应直通室外或安全出口。【图示3】

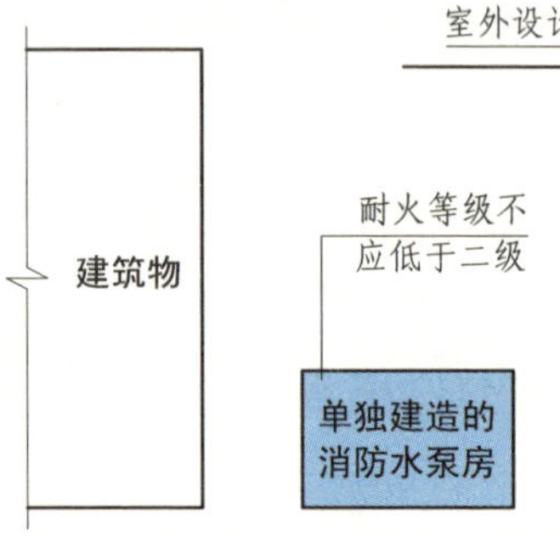

平面示意图

8.1.6 图示1

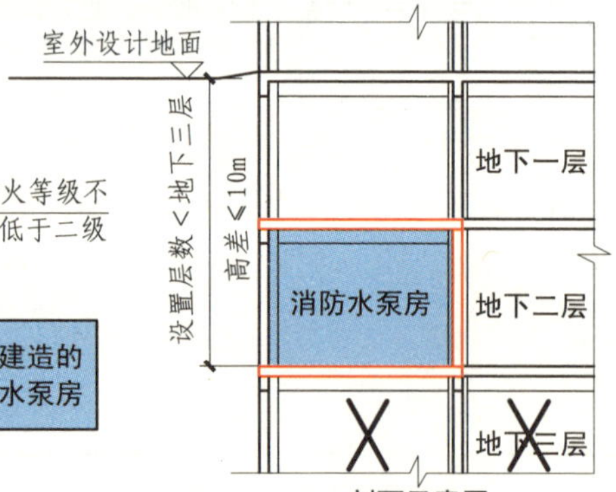

剖面示意图

8.1.6 图示2

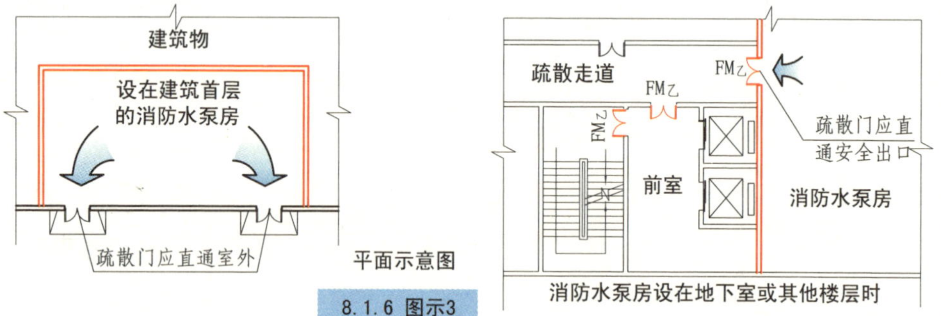

平面示意图

8.1.6 图示3

8.1 一般规定						图集号	18J811-1
审核	蔡昭昀	校对	林 莉	设计	曹 奕	页	8-1

8.1.7 设置火灾自动报警系统和需要联动控制的消防设备的建筑（群）应设置消防控制室。消防控制室的设置应符合下列规定：

1 **单独建造的消防控制室，其耐火等级不应低于二级；**【图示1】

2 附设在建筑内的消防控制室，宜设置在建筑内首层【图示2】或地下一层【图示3】，并宜布置在靠外墙部位；

3 **不应设置在电磁场干扰较强及其他可能影响消防控制设备正常工作的房间附近；**【图示2】【图示3】

4 **疏散门应直通室外或安全出口。**【图示2】【图示3】

5 消防控制室内的设备构成及其对建筑消防设施的控制与显示功能以及向远程监控系统传输相关信息的功能，应符合现行国家标准《火灾自动报警系统设计规范》GB 50116和《消防控制室通用技术要求》GB 25506的规定。

8.1.8 **消防水泵房和消防控制室应采取防水淹的技术措施。**【图示】

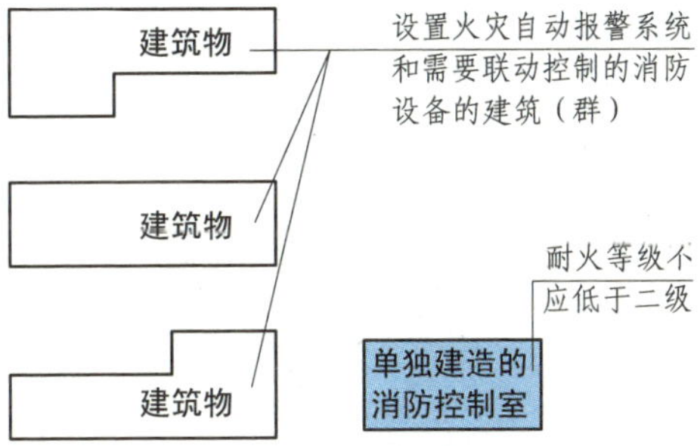

平面示意图

8.1.7 图示1

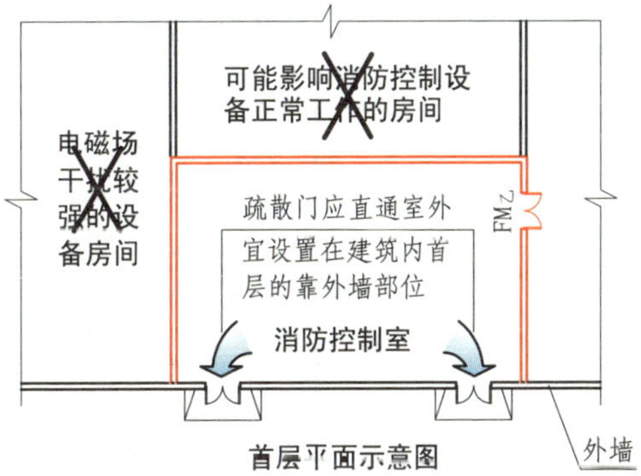

首层平面示意图

8.1.7 图示2

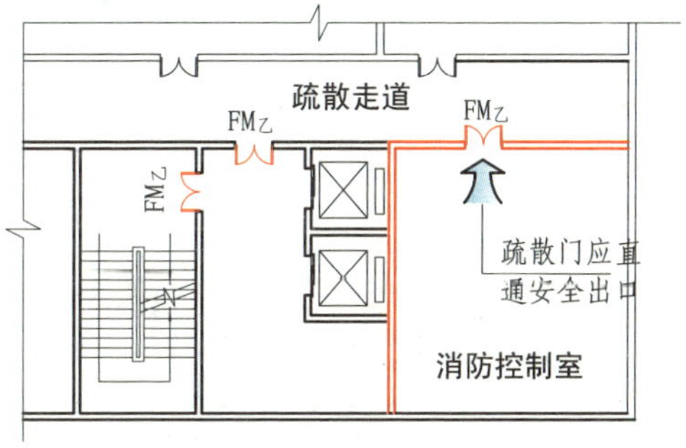

地下一层平面示意图

8.1.7 图示3

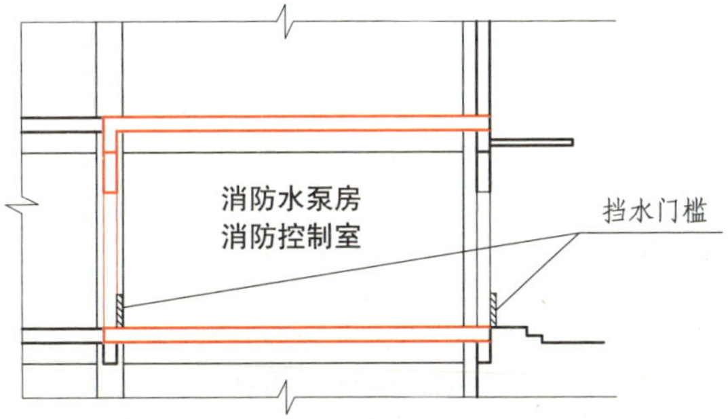

设在建筑首层的消防水泵房或消防控制室

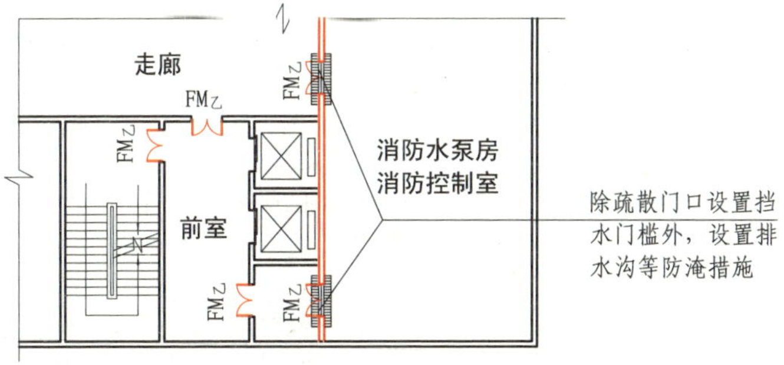

设在建筑地下的消防水泵房或消防控制室

8.1.8 图示

8.1 一般规定							图集号	18J811-1
审核	蔡昭昀	蔡昭昀	校对	林莉	林莉	设计 曹奕 曹奕	页	8-2

8.1.9 设置在建筑内的防排烟风机应设置在不同的专用机房内，有关防火分隔措施应符合本规范第6.2.7条的规定。

8.1.10 高层住宅建筑的公共部位和公共建筑内应设置灭火器，其他住宅建筑的公共部位宜设置灭火器。

厂房、仓库、储罐（区）和堆场，应设置灭火器。

8.1.11 建筑外墙设置有玻璃幕墙或采用火灾时可能脱落的墙体装饰材料或构造时，供灭火救援用的水泵接合器、室外消火栓等室外消防设施，应设置在距离建筑外墙相对安全的位置或采取安全防护措施。

8.1.12 设置在建筑室内外供人员操作或使用的消防设施，均应设置区别于环境的明显标志。

8.1.13 有关消防系统及设施的设计，应符合现行国家标准《消防给水及消火栓系统技术规范》GB 50974、《自动喷水灭火系统设计规范》GB 50084、《火灾自动报警系统设计规范》GB 50116等标准的规定。

8.2 室内消火栓系统

8.2.1 下列建筑或场所应设置室内消火栓系统：

1 建筑占地面积大于300m²的厂房和仓库；

2 高层公共建筑和建筑高度大于21m的住宅建筑；

注：建筑高度不大于27m的住宅建筑，设置室内消火栓系统确有困难时，可只设置干式消防竖管和不带消火栓箱的DN65的室内消火栓。

3 体积大于5000m³的车站、码头、机场的候车（船、机）建筑、展览建筑、商店建筑、旅馆建筑、医疗建筑、老年人照料设施和图书馆建筑等单、多层建筑；

4 特等、甲等剧场，超过800个座位的其他等级的剧场和电影院等以及超过1200个座位的礼堂、体育馆等单、多层建筑；

5 建筑高度大于15m或体积大于10000m³的办公建筑、教学建筑和其他单、多层民用建筑。

8.2.2 本规范第8.2.1条未规定的建筑或场所和符合本规范第8.2.1条规定的下列建筑或场所，可不设置室内消火栓系统，但宜设置消防软管卷盘或轻便消防水龙：

1 耐火等级为一、二级且可燃物较少的单、多层丁、戊类厂房（仓库）。

2 耐火等级为三、四级且建筑体积不大于3000m³的丁类厂房；耐火等级为三、四级且建筑体积不大于5000m³的戊类厂房（仓库）。

3 粮食仓库、金库、远离城镇且无人值班的独立建筑。

4 存有与水接触能引起燃烧爆炸的物品的建筑。

5 室内无生产、生活给水管道，室外消防用水取自储水池且建筑体积不大于5000m³的其他建筑。

8.2.3 国家级文物保护单位的重点砖木或木结构的古建筑，宜设置室内消火栓系统。

8.2.4 人员密集的公共建筑、建筑高度大于100m的建筑和建筑面积大于200m²的商业服务网点内应设置消防软管卷盘或轻便消防水龙。高层住宅建筑的户内宜配置轻便消防水龙。

老年人照料设施内应设置与室内供水系统直接连接的消防软管卷盘，消防软管卷盘的设置间距不应大于30.0m。

8.3 自动灭火系统

8.3.1 除本规范另有规定和不宜用水保护或灭火的场所外，下列厂房或生产部位应设置自动灭火系统，并宜采用自动喷水灭火系统：

1 不小于50000纱锭的棉纺厂的开包、清花车间，不小于5000锭的麻纺厂的分级、梳麻车间，火柴厂的烤梗、筛选部位；

2 占地面积大于1500m²或总建筑面积大于3000m²的单、多层制鞋、制衣、玩具及电子等类似生产的厂房；

3 占地面积大于1500m²的木器厂房；

4 泡沫塑料厂的预发、成型、切片、压花部位；

5 高层乙、丙类厂房；

6 建筑面积大于500m²的地下或半地下丙类厂房。

8.3.2 除本规范另有规定和不宜用水保护或灭火的仓库外，下列仓库应设置自动灭火系统，并宜采用自动喷水灭火系统：

1 每座占地面积大于1000m²的棉、毛、丝、麻、化纤、毛皮及其制品的仓库；

注：单层占地面积不大于2000m²的棉花库房，可不设置自动喷水灭火系统。

2 每座占地面积大于600m²的火柴仓库；

3 邮政建筑内建筑面积大于500m²的空邮袋库；

4 可燃、难燃物品的高架仓库和高层仓库；

5 设计温度高于0℃的高架冷库，设计温度高于0℃且每个防火分区建筑面积大于1500m²的非高架冷库；

6 总建筑面积大于500m²的可燃物品地下仓库；

7 每座占地面积大于1500m²或总建筑面积大于3000m²的其他单层或多层丙类物品仓库。

8.3.3 除本规范另有规定和不宜用水保护或灭火的场所外，下列高层民用建筑或场所应设置自动灭火系统，并宜采用自动喷水灭火系统：

1 一类高层公共建筑（除游泳池、溜冰场外）及其地下、半地下室；

2 二类高层公共建筑及其地下、半地下室的公共活动用房、走道、办公室和旅馆的客房、可燃物品库房、自动扶梯底部；

3 高层民用建筑内的歌舞娱乐放映游艺场所；

4 建筑高度大于100m的住宅建筑。

8.3.4 除本规范另有规定和不适用水保护或火火的场所外，下列单、多层民用建筑或场所应设置自动灭火系统，并宜采用自动喷水灭火系统：

1 特等、甲等剧场，超过1500个座位的其他等级的剧场，超过2000个座位的会堂或礼堂，超过3000个座位的体育馆，超过5000人的体育场的室内人员休息室与器材间等；

2 任一层建筑面积大于1500m²或总建筑面积大于3000m²的展览、商店、餐饮和旅馆建筑以及医院中同样建筑规模的病房楼、门诊楼和手术部；

3 设置送回风道（管）的集中空气调节系统且总建筑面积大于3000m²的办公建筑等；

4 藏书量超过50万册的图书馆；

5 大、中型幼儿园，老年人照料设施；

6 总建筑面积大于500m²的地下或半地下商店；

7 设置在地下或半地下或地上四层及以上楼层的歌舞娱乐放映游艺场所（除游泳场所外），设置在首层、二层和三层且任一层建筑面积大于300m²的地上歌舞娱乐放映游艺场所（除游泳场所外）。

8.3.5 根据本规范要求难以设置自动喷水灭火系统的展览厅、观众厅等人员密集的场所和丙类生产车间、库房等高大空间场所，应设置其他自动灭火系统，并宜采用固定消防炮等灭火系统。

8.3.6 下列部位宜设置水幕系统：

1 特等、甲等剧场、超过1500个座位的其他等级的剧场、超过2000个座位的会堂或礼堂和高层民用建筑内超过800个座位的剧场或礼堂的舞台口及上述场所内与舞台相连的侧台、后台的洞口；

2 应设置防火墙等防火分隔物而无法设置的局部开口部位；

3 需要防护冷却的防火卷帘或防火幕的上部。

注：舞台口也可采用防火幕进行分隔，侧台、后台的较小洞口宜设置乙级防火门、窗。

8.3.7 下列建筑或部位应设置雨淋自动喷水灭火系统：

1 火柴厂的氯酸钾压碾厂房，建筑面积大于100m²且生产或使用硝化棉、喷漆棉、火胶棉、赛璐珞胶片、硝化纤维的厂房；

2 乒乓球厂的轧坯、切片、磨球、分球检验部位；

3 建筑面积大于60m²或储存量大于2t的硝化棉、喷漆棉、火胶棉、赛璐珞胶片、硝化纤维的仓库；

4 日装瓶数量大于3000瓶的液化石油气储配站的灌瓶间、实瓶库；

5 特等、甲等剧场、超过1500个座位的其他等级剧场和超过2000个座位的会堂或礼堂的舞台葡萄架下部；

6 建筑面积不小于400m²的演播室，建筑面积不小于500m²的电影摄影棚。

8.3 自动灭火系统							图集号	18J811-1
审核	蔡昭昀	蔡昭昀	校对	郭景	郭景	设计	林莉	林莉	页	8-4

8.3.8　下列场所应设置自动灭火系统，并宜采用水喷雾灭火系统：

1　单台容量在40MV·A及以上的厂矿企业油浸变压器，单台容量在90MV·A及以上的电厂油浸变压器，单台容量在125MV·A及以上的独立变电站油浸变压器；

2　飞机发动机试验台的试车部位；

3　充可燃油并设置在高层民用建筑内的高压电容器和多油开关室。

注：设置在室内的油浸变压器、充可燃油的高压电容器和多油开关室，可采用细水雾灭火系统。

8.3.9　下列场所应设置自动灭火系统，并宜采用气体灭火系统：

1　国家、省级或人口超过100万的城市广播电视发射塔内的微波机房、分米波机房、米波机房、变配电室和不间断电源（UPS）室；

2　国际电信局、大区中心、省中心和一万路以上的地区中心内的长途程控交换机房、控制室和信令转接点室；

3　两万线以上的市话汇接局和六万门以上的市话端局内的程控交换机房、控制室和信令转接点室；

4　中央及省级公安、防灾和网局级及以上的电力等调度指挥中心内的通信机房和控制室；

5　A、B级电子信息系统机房内的主机房和基本工作间的已记录磁（纸）介质库；

6　中央和省级广播电视中心内建筑面积不小于$120m^2$的音像制品库房；

7　国家、省级或藏书量超过100万册的图书馆内的特藏库；中央和省级档案馆内的珍藏库和非纸质档案库；大、中型博物馆内的珍品库房；一级纸绢质文物的陈列室；

8　其他特殊重要设备室。

注：1　本条第1、4、5、8款规定的部位，可采用细水雾灭火系统。

2　当有备用主机和备用已记录磁（纸）介质，且设置在不同建筑内或同一建筑内的不同防火分区内时，本条第5款规定的部位可采用预作用自动喷水灭火系统。

8.3.10　甲、乙、丙类液体储罐的灭火系统设置应符合下列规定：

1　单罐容量大于$1000m^3$的固定顶罐应设置固定式泡沫灭火系统；

2　罐壁高度小于7m或容量不大于$200m^3$的储罐可采用移动式泡沫灭火系统；

3　其他储罐宜采用半固定式泡沫灭火系统；

4　石油库、石油化工、石油天然气工程中甲、乙、丙类液体储罐的灭火系统设置，应符合现行国家标准《石油库设计规范》GB 50074等标准的规定。

8.3.11　餐厅建筑面积大于$1000m^2$的餐馆或食堂，其烹饪操作间的排油烟罩及烹饪部位应设置自动灭火装置，并应在燃气或燃油管道上设置与自动灭火装置联动的自动切断装置。

食品工业加工场所内有明火作业或高温食用油的食品加工部位宜设置自动灭火装置。

8.4 火灾自动报警系统

8.4.1 下列建筑或场所应设置火灾自动报警系统：

1 任一层建筑面积大于1500m²或总建筑面积大于3000m²的制鞋、制衣、玩具、电子等类似用途的厂房；

2 每座占地面积大于1000m²的棉、毛、丝、麻、化纤及其制品的仓库，占地面积大于500m²或总建筑面积大于1000m²的卷烟仓库；

3 任一层建筑面积大于1500m²或总建筑面积大于3000m²的商店、展览、财贸金融、客运和货运等类似用途的建筑，总建筑面积大于500m²的地下或半地下商店；

4 图书或文物的珍藏库，每座藏书超过50万册的图书馆，重要的档案馆；

5 地市级及以上广播电视建筑、邮政建筑、电信建筑，城市或区域性电力、交通和防灾等指挥调度建筑；

6 特等、甲等剧场，座位数超过1500个的其他等级的剧场或电影院，座位数超过2000个的会堂或礼堂，座位数超过3000个的体育馆；

7 大、中型幼儿园的儿童用房等场所，老年人照料设施，任一层建筑面积大于1500m²或总建筑面积大于3000m²的疗养院的病房楼、旅馆建筑和其他儿童活动场所，不少于200床位的医院门诊楼、病房楼和手术部等；

8 歌舞娱乐放映游艺场所；

9 净高大于2.6m且可燃物较多的技术夹层，净高大于0.8m且有可燃物的闷顶或吊顶内；

10 电子信息系统的主机房及其控制室、记录介质库，特殊贵重或火灾危险性大的机器、仪表、仪器设备室、贵重物品库房；

11 二类高层公共建筑内建筑面积大于50m²的可燃物品库房和建筑面积大于500m²的营业厅；

12 其他一类高层公共建筑；

13 设置机械排烟、防烟系统、雨淋或预作用自动喷水灭火系统、固定消防水炮灭火系统、气体灭火系统等需与火灾自动报警系统联锁动作的场所或部位。

注：老年人照料设施中的老年人用房及其公共走道，均应设置火灾探测器和声警报装置或消防广播。【图示】

老年人照料设施中火灾自动报警系统的设置要求

老年人照料设施中的场所		火灾自动报警系统的设置要求		
		火灾探测器	声警报装置	消防广播
老年人用房		●	●（任选一种设置）	
公共走道	敞开式外廊	—	●	●
	内走廊	●	●	●

[注释]当老年人照料设施单体的总建筑面积小于500m²时，也可以采用独立式烟感火灾探测报警器。

8.4.1 图示

8.4.2 建筑高度大于100m的住宅建筑，应设置火灾自动报警系统。【图示】

建筑高度大于54m、但不大于100m的住宅建筑，其公共部位应设置火灾自动报警系统，套内宜设置火灾探测器。

建筑高度不大于54m的高层住宅建筑，其公共部位宜设置火灾自动报警系统。当设置需联动控制的消防设施时，公共部位应设置火灾自动报警系统。

高层住宅建筑的公共部位应设置具有语音功能的火灾声警报装置或应急广播。

8.4.3 建筑内可能散发可燃气体、可燃蒸气的场所应设置可燃气体报警装置。

住宅建筑中火灾自动报警系统的设置要求

住宅建筑高度h	住宅公共部位		住宅套内
h＞100m	应设置火灾自动报警系统	应设置具有语音功能的火灾声警报装置或应急广播	应设置火灾自动报警系统
54m＜h≤100m	应设置火灾自动报警系统	应设置具有语音功能的火灾声警报装置或应急广播	宜设置火灾探测器
27m＜h≤54m	宜设置火灾自动报警系统	应设置具有语音功能的火灾声警报装置或应急广播	—
	当设置需联动控制的消防设施时，应设置火灾自动报警系统		

8.4.2 图示

8.4 火灾自动报警系统	图集号	18J811-1
审核 蔡昭昀 校对 郭景 设计 林莉	页	8-7

8.5 防烟和排烟设施

8.5.1 建筑的下列场所或部位应设置防烟设施：

1 防烟楼梯间及其前室；【图示1】

2 消防电梯间前室【图示2】或合用前室【图示3】；

3 避难走道的前室【图示4】、避难层（间）。

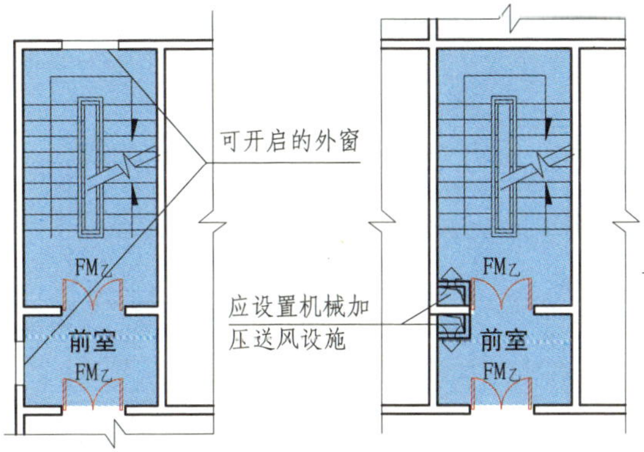

防烟楼梯间及其前室

8.5.1 图示1

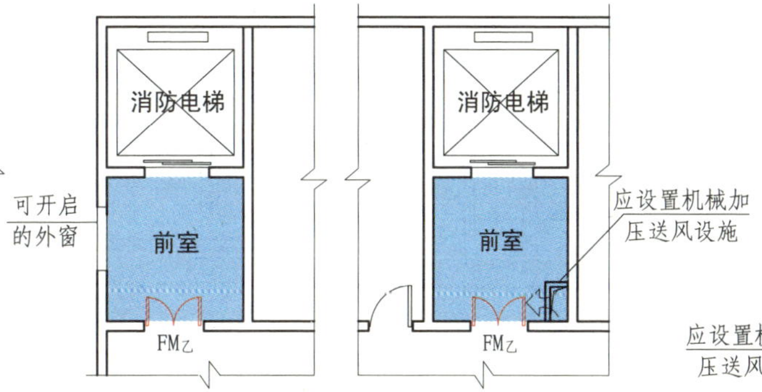

消防电梯间前室

8.5.1 图示2

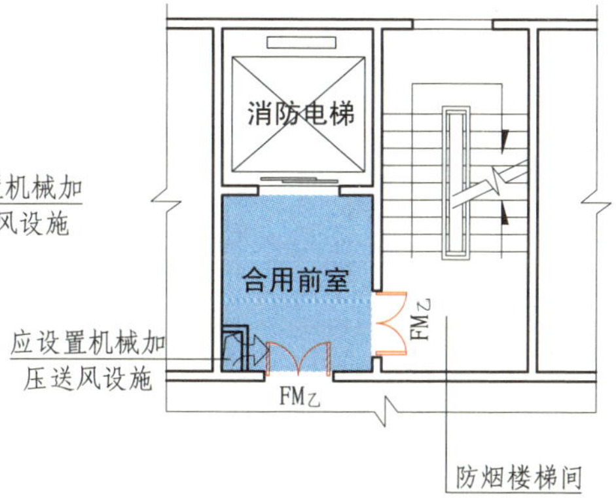

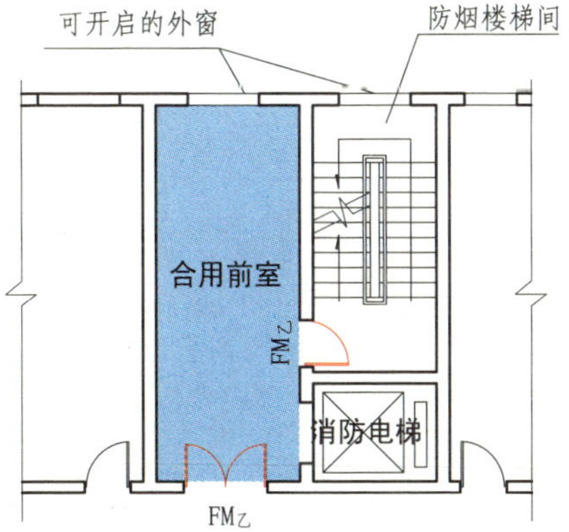

[注释]可开启排烟窗的有效面积规定见附录C。

8.5.1 图示3

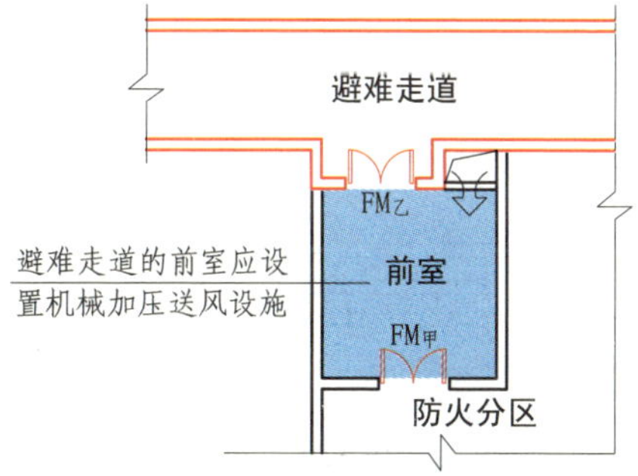

8.5.1 图示4

[注释]避难层（间）的其他要求见5.5.23规定。

8.5 防烟和排烟设施						图集号	18J811-1
审核	蔡昭昀	校对	林 莉	设计	李晓宁	页	8-8

建筑高度不大于50m的公共建筑、厂房、仓库和建筑高度不大于100m的住宅建筑，当其防烟楼梯间的前室或合用前室符合下列条件之一时，楼梯间可不设置防烟系统：

1 前室或合用前室采用敞开的阳台、凹廊；【图示5】

2 前室或合用前室具有不同朝向的可开启外窗，且可开启外窗的面积满足自然排烟口的面积要求。【图示6】

建筑高度≤50m的公共建筑、厂房、仓库和建筑高度≤100m的住宅建筑：

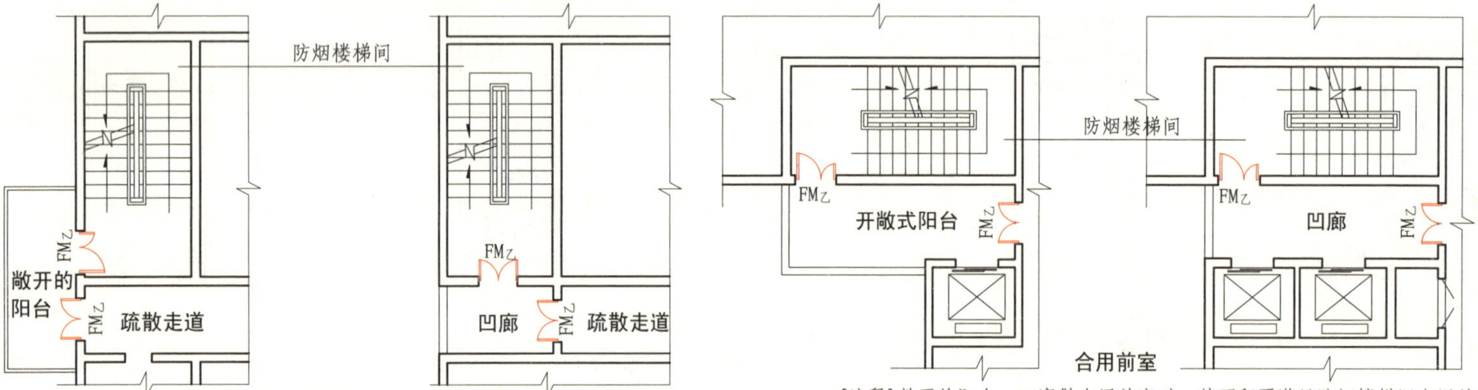

防烟楼梯间前室

[注释]敞开的阳台、凹廊做前室时，其面积要满足防烟楼梯间前室的面积要求（公共建筑≥6m²；住宅建筑≥4.5m²）。

[注释]敞开的阳台、凹廊做合用前室时，其面积要满足防烟楼梯间合用前室的使用面积要求（公共建筑、高层厂房仓库≥10m²；住宅建筑≥6m²）。

8.5.1 图示5

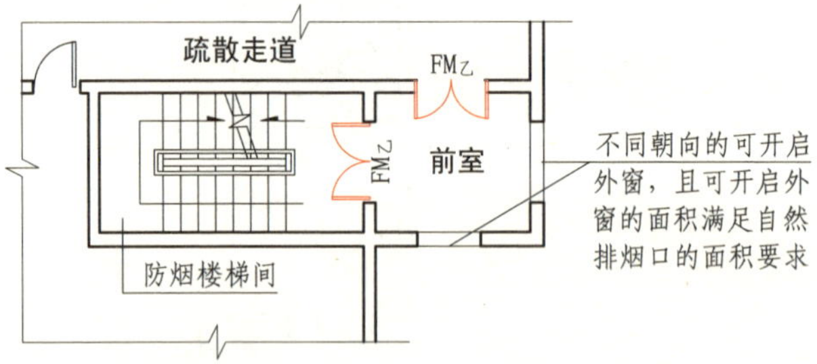

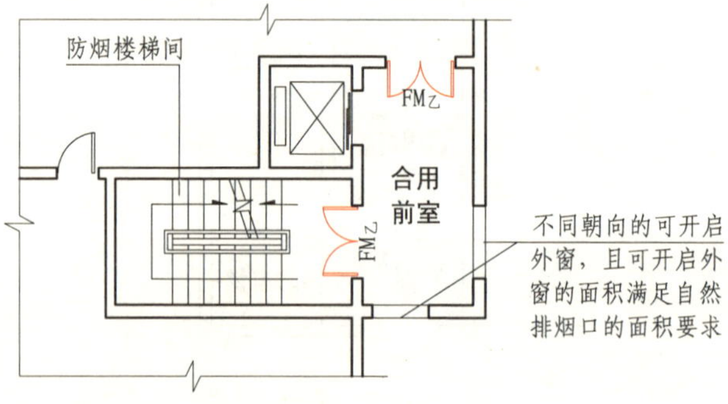

8.5.1 图示6

[注释]防烟楼梯间前室、消防电梯前室自然通风的有效面积≥2.0m²；合用前室≥3.0m²。

8.5 防烟和排烟设施							图集号	18J811-1
审核	蔡昭昀	[signature]	校对	林 莉	[signature]	设计 曹 奕 [signature]	页	8-9

8.5.2 厂房或仓库的下列场所或部位应设置排烟设施：

1 人员或可燃物较多的丙类生产场所、丙类厂房内建筑面积大于300m²且经常有人停留或可燃物较多的地上房间；【图示1】

2 建筑面积大于5000m²的丁类生产车间；【图示2】

3 占地面积大于1000m²的丙类仓库；【图示3】

4 高度大于32m的高层厂房（仓库）内长度大于20m的疏散走道，其他厂房（仓库）内长度大于40m的疏散走道。【图示4】

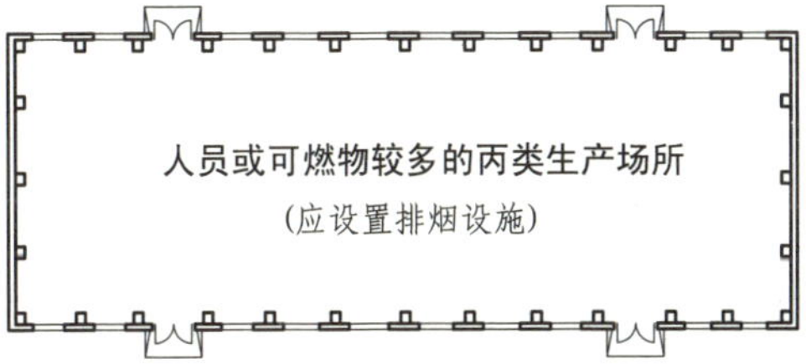

平面示意图

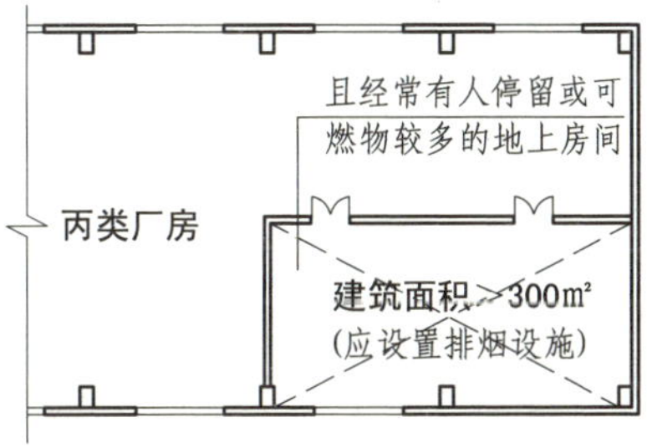

平面示意图

8.5.2 图示1

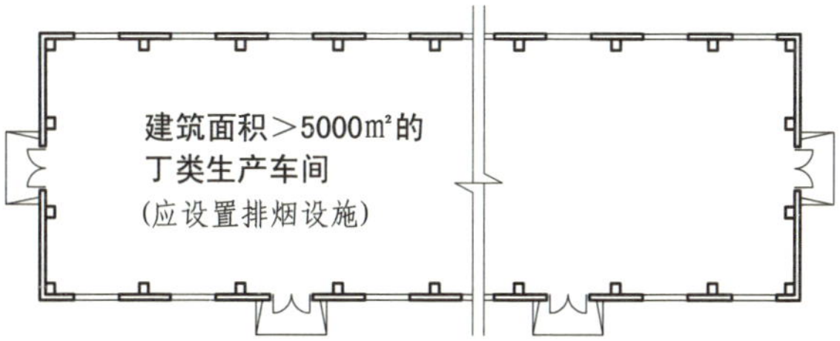

平面示意图

8.5.2 图示2

平面示意图

8.5.2 图示3

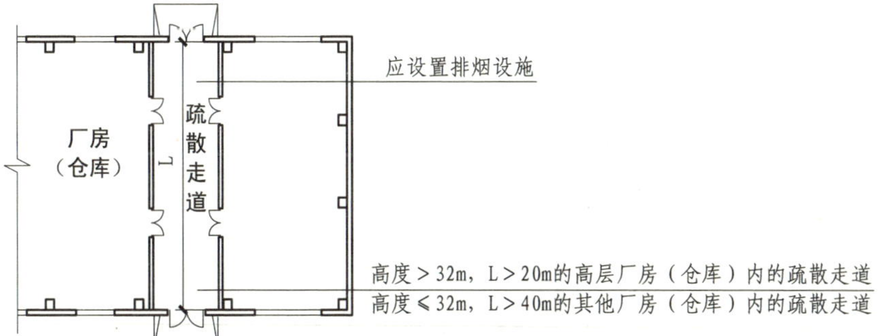

平面示意图

8.5.2 图示4

8.5 防烟和排烟设施						图集号	18J811-1
审核	蔡昭昀	校对	林莉	设计	曹奕	页	8-10

8.5.3 民用建筑的下列场所或部位应设置排烟设施：

1 设置在一、二、三层且房间建筑面积大于100m²的歌舞娱乐放映游艺场所，设置在四层及以上楼层、地下或半地下的歌舞娱乐放映游艺场所；【图示1】

2 中庭；【图示2】

3 公共建筑内建筑面积大于100m²且经常有人停留的地上房间；【图示2】

4 公共建筑内建筑面积大于300m²且可燃物较多的地上房间；【图示2】

5 建筑内长度大于20m的疏散走道。【图示3】

8.5.4 地下或半地下建筑（室）、地上建筑内的无窗房间，当总建筑面积大于200m²或一个房间建筑面积大于50m²，且经常有人停留或可燃物较多时，应设置排烟设施。【图示】

民用建筑的下列场所或部位应设置排烟设施：

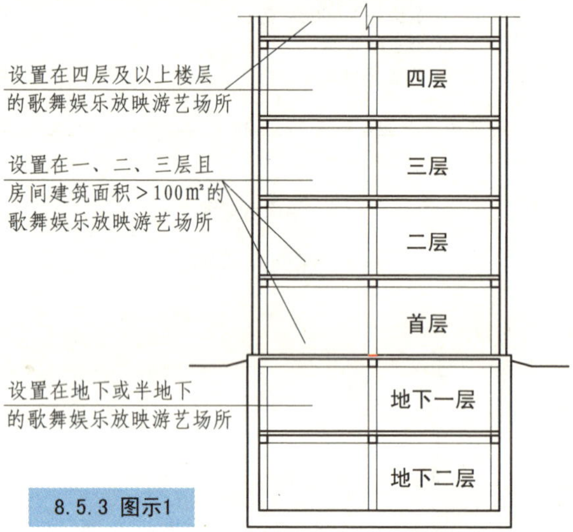

8.5.3 图示1

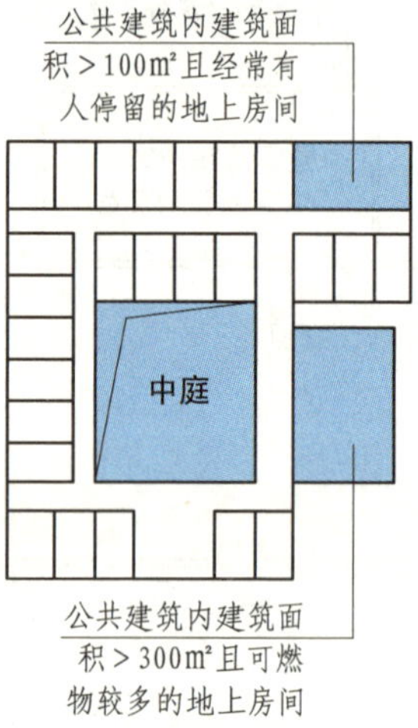

8.5.3 图示2

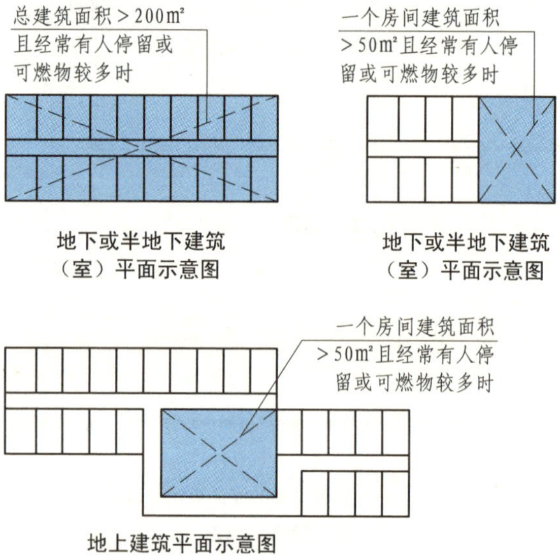

8.5.4 图示 无窗房间设置排烟设施

[注释]地上建筑中无窗房间的通风与自然排烟条件与地下建筑类似，因此其相关要求也与地下建筑的要求一致。

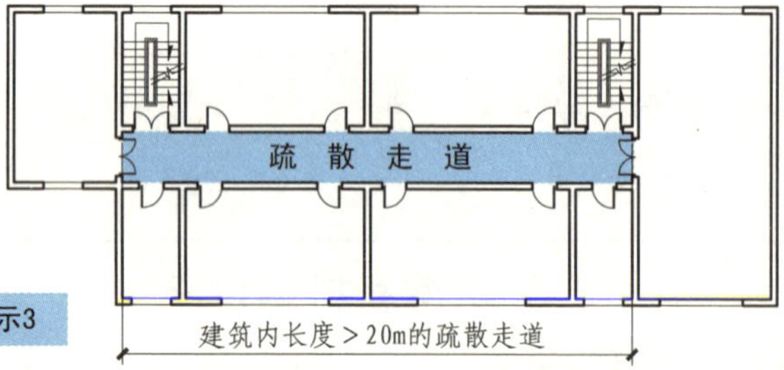

8.5.3 图示3

8.5 防烟和排烟设施						图集号	18J811-1
审核	蔡昭昀	校对	林 莉	设计	曹 奕	页	8-11

9 供暖、通风和空气调节

9.1 一般规定

9.1.1 供暖、通风和空气调节系统应采取防火措施。

9.1.2 甲、乙类厂房内的空气不应循环使用。

丙类厂房内含有燃烧或爆炸危险粉尘、纤维的空气，在循环使用前应经净化处理，并应使空气中的含尘浓度低于其爆炸下限的25%。

9.1.3 为甲、乙类厂房服务的送风设备与排风设备应分别布置在不同通风机房内，且排风设备不应和其他房间的送、排风设备布置在同一通风机房内。

9.1.4 民用建筑内空气中含有容易起火或爆炸危险物质的房间，应设置自然通风或独立的机械通风设施，且其空气不应循环使用。

9.1.5 当空气中含有比空气轻的可燃气体时，水平排风管全长应顺气流方向向上坡度敷设。

9.1.6 可燃气体管道和甲、乙、丙类液体管道不应穿过通风机房和通风管道，且不应紧贴通风管道的外壁敷设。

9.2 供暖

9.2.1 在散发可燃粉尘、纤维的厂房内，散热器表面平均温度不应超过82.5℃。输煤廊的散热器表面平均温度不应超过130℃。

9.2.2 甲、乙类厂房（仓库）内严禁采用明火和电热散热器供暖。

9.2.3 下列厂房应采用不循环使用的热风供暖：

1 生产过程中散发的可燃气体、蒸气、粉尘或纤维与供暖管道、散热器表面接触能引起燃烧的厂房；

2 生产过程中散发的粉尘受到水、水蒸气的作用能引起自燃、爆炸或产生爆炸性气体的厂房。

9.2.4 供暖管道不应穿过存在与供暖管道接触能引起燃烧或爆炸的气体、蒸气或粉尘的房间，确需穿过时，应采用不燃材料隔热。

9.2.5 供暖管道与可燃物之间应保持一定距离，并应符合下列规定：

1 当供暖管道的表面温度大于100℃时，不应小于100mm或采用不燃材料隔热；

2 当供暖管道的表面温度不大于100℃时，不应小于50mm或采用不燃材料隔热。

9.2.6 建筑内供暖管道和设备的绝热材料应符合下列规定：

1 对于甲、乙类厂房（仓库），应采用不燃材料；

2 对于其他建筑，宜采用不燃材料，不得采用可燃材料。

9.3 通风和空气调节

9.3.1 通风和空气调节系统，横向宜按防火分区设置，竖向不宜超过5层。当管道设置防止回流设施或防火阀时，管道布置可不受此限制。竖向风管应设置在管井内。

9.3.2 厂房内有爆炸危险场所的排风管道，严禁穿过防火墙和有爆炸危险的房间隔墙。

9.3.3 甲、乙、丙类厂房内的送、排风管道宜分层设置。当水平或竖向送风管在进入生产车间处设置防火阀时，各层的水平或竖向送风管可合用一个送风系统。

9.3.4 空气中含有易燃、易爆危险物质的房间，其送、排风系统应采用防爆型的通风设备。当送风机布置在单独分隔的通风机房内且送风干管上设置防止回流设施时，可采用普通型的通风设备。

9.3.5 含有燃烧和爆炸危险粉尘的空气，在进入排风机前应采用不产生火花的除尘器进行处理。对于遇水可能形成爆炸的粉尘，严禁采用湿式除尘器。

9.3.6 处理有爆炸危险粉尘的除尘器、排风机的设置应与其他普通型的风机、除尘器分开设置，并宜按单一粉尘分组布置。

9.3.7 净化有爆炸危险粉尘的干式除尘器和过滤器宜布置在厂房外的独立建筑内，建筑外墙与所属厂房的防火间距不应小于10m。

具备连续清灰功能，或具有定期清灰功能且风量不大于15000m³/h、集尘斗的储尘量小于60kg的干式除尘器和过滤器，可布置在厂房内的单独房间内，但应采用耐火极限不低于3.00h的防火隔墙和1.50h的楼板与其他部位分隔。

9.3.8 净化或输送有爆炸危险粉尘和碎屑的除尘器、过滤器或管道，均应设置泄压装置。

净化有爆炸危险粉尘的干式除尘器和过滤器应布置在系统的负压段上。

9.3.9 排除有燃烧或爆炸危险气体、蒸气和粉尘的排风系统，应符合下列规定：

1 排风系统应设置导除静电的接地装置；

2 排风设备不应布置在地下或半地下建筑（室）内；

3 排风管应采用金属管道，并应直接通向室外安全地点，不应暗设。

9.3.10 排除和输送温度超过80℃的空气或其他气体以及易燃碎屑的管道，与可燃或难燃物体之间的间隙不应小于150mm，或采用厚度不小于50mm的不燃材料隔热；当管道上下布置时，表面温度较高者应布置在上面。

9.3.11 通风、空气调节系统的风管在下列部位应设置公称动作温度为70℃的防火阀：

1 穿越防火分区处；

2 穿越通风、空气调节机房的房间隔墙和楼板处；

3 穿越重要或火灾危险性大的场所的房间隔墙和楼板处；

4 穿越防火分隔处的变形缝两侧；

5 竖向风管与每层水平风管交接处的水平管段上。

注：当建筑内每个防火分区的通风、空气调节系统均独立设置时，水平风管与竖向总管的交接处可不设置防火阀。

9.3.12 公共建筑的浴室、卫生间和厨房的竖向排风管，应采取防止回流措施并宜在支管上设置公称动作温度为70℃的防火阀。

公共建筑内厨房的排油烟管道宜按防火分区设置，且在与竖向排风管连接的支管处应设置公称动作温度为150℃的防火阀。

9.3.13 防火阀的设置应符合下列规定：

1 防火阀宜靠近防火分隔处设置；

2 防火阀暗装时，应在安装部位设置方便维护的检修口；

3 在防火阀两侧各2.0m范围内的风管及其绝热材料应采用不燃材料；

4 防火阀应符合现行国家标准《建筑通风和排烟系统用防火阀门》GB 15930的规定。

9.3.14 除下列情况外，通风、空气调节系统的风管应采用不燃材料：

1 接触腐蚀性介质的风管和柔性接头可采用难燃材料；

2 体育馆、展览馆、候机（车、船）建筑（厅）等大空间建筑，单、多层办公建筑和丙、丁、戊类厂房内通风、空气调节系统的风管，当不跨越防火分区且在穿越房间隔墙处设置防火阀时，可采用难燃材料。

9.3.15 设备和风管的绝热材料、用于加湿器的加湿材料、消声材料及其粘结剂，宜采用不燃材料，确有困难时，可采用难燃材料。

风管内设置电加热器时，电加热器的开关应与风机的启停联锁控制。电加热器前后各0.8m范围内的风管和穿过有高温、火源等容易起火房间的风管，均应采用不燃材料。

9.3.16 燃油或燃气锅炉房应设置自然通风或机械通风设施。燃气锅炉房应选用防爆型的事故排风机。当采取机械通风时，机械通风设施应设置导除静电的接地装置，通风量应符合下列规定：

1 燃油锅炉房的正常通风量应按换气次数不少于3次/h确定，事故排风量应按换气次数不少于6次/h确定；

2 燃气锅炉房的正常通风量应按换气次数不少于6次/h确定，事故排风量应按换气次数不少于12次/h确定。

10 电气

10.1 消防电源及其配电

10.1.1 下列建筑物的消防用电应按一级负荷供电：

1 建筑高度大于50m的乙、丙类厂房和丙类仓库；

2 一类高层民用建筑。

10.1.2 下列建筑物、储罐（区）和堆场的消防用电应按二级负荷供电：

1 室外消防用水量大于30L/s的厂房（仓库）；

2 室外消防用水量大于35L/s的可燃材料堆场、可燃气体储罐（区）和甲、乙类液体储罐（区）；

3 粮食仓库及粮食筒仓；

4 二类高层民用建筑；

5 座位数超过1500个的电影院、剧场，座位数超过3000个的体育馆，任一层建筑面积大于3000m²的商店和展览建筑，省（市）级及以上的广播电视、电信和财贸金融建筑，室外消防用水量大于25L/s的其他公共建筑。

10.1.3 除本规范第10.1.1和10.1.2条外的建筑物、储罐（区）和堆场等的消防用电，可按三级负荷供电。

10.1.4 消防用电按一、二级负荷供电的建筑，当采用自备发电设备作备用电源时，自备发电设备应设置自动和手动启动装置。当采用自动启动方式时，应能保证在30s内供电。

不同级别负荷的供电电源应符合现行国家标准《供配电系统设计规范》GB 50052的规定。

10.1.5 建筑内消防应急照明和灯光疏散指示标志的备用电源的连续供电时间应符合下列规定：

1 建筑高度大于100m的民用建筑，不应小于1.5h；

2 医疗建筑、老年人照料设施、总建筑面积大于100000m²的公共建筑和总建筑面积大于20000m²的地下、半地下建筑，不应少于1.0h；

3 其他建筑，不应少于0.5h。

10.1.6 消防用电设备应采用专用的供电回路，当建筑内的生产、生活用电被切断时，应仍能保证消防用电。

备用消防电源的供电时间和容量，应满足该建筑火灾延续时间内各消防用电设备的要求。

10.1.7 消防配电干线宜按防火分区划分，消防配电支线不宜穿越防火分区。

10.1.8 消防控制室、消防水泵房、防烟和排烟风机房的消防用电设备及消防电梯等的供电，应在其配电线路的最末一级配电箱处设置自动切换装置。

10.1.9 按一、二级负荷供电的消防设备，其配电箱应独立设置；按三级负荷供电的消防设备，其配电箱宜独立设置。

消防配电设备应设置明显标志。

10.1.10 消防配电线路应满足火灾时连续供电的需要，其敷设应符合下列规定：

1 明敷时（包括敷设在吊顶内），应穿金属导管或采用封闭式金属槽盒保护，金属导管或封闭式金属槽盒应采取防火保护措施；当采用阻燃或耐火电缆并敷设在电缆井、沟内时，可不穿金属导管或采用封闭式金属槽盒保护；当采用矿物绝缘类不燃性电缆时，可直接明敷。

2 暗敷时，应穿管并应敷设在不燃性结构内且保护层厚度不应小于30mm。

3 消防配电线路宜与其他配电线路分开敷设在不同的电缆井、沟内；确有困难需敷设在同一电缆井、沟内时，应分别布置在电缆井、沟的两侧，且消防配电线路应采用矿物绝缘类不燃性电缆。

10.2 电力线路及电器装置

10.2.1 架空电力线与甲、乙类厂房（仓库），可燃材料堆垛，甲、乙、丙类液体储罐，液化石油气储罐，可燃、助燃气体储罐的最近水平距离应符合表10.2.1的规定。【图示1】

35kV及以上架空电力线与单罐容积大于$200m^3$或总容积大于$1000m^3$液化石油气储罐（区）的最近水平距离不应小于40m。【图示2】

10.2.2 电力电缆不应和输送甲、乙、丙类液体管道、可燃气体管道、热力管道敷设在同一管沟内。

10.2.3 配电线路不得穿越通风管道内腔或直接敷设在通风管道外壁上，穿金属导管保护的配电线路可紧贴通风管道外壁敷设。

配电线路敷设在有可燃物的闷顶、吊顶内时，应采取穿金属导管、采用封闭式金属槽盒等防火保护措施。

10.2.4 开关、插座和照明灯具靠近可燃物时，应采取隔热、散热等防火措施。

卤钨灯和额定功率不小于100W的白炽灯泡的吸顶灯、槽灯、嵌入式灯，其引入线应采用瓷管、矿棉等不燃材料作隔热保护。

额定功率不小于60W的白炽灯、卤钨灯、高压钠灯、金属卤化物灯、荧光高压汞灯（包括电感镇流器）等，不应直接安装在可燃物体上或采取其他防火措施。

10.2.5 可燃材料仓库内宜使用低温照明灯具，并应对灯具的发热部件采取隔热等防火措施，不应使用卤钨灯等高温照明灯具。

配电箱及开关应设置在仓库外。

10.2.6 爆炸危险环境电力装置的设计应符合现行国家标准《爆炸危险环境电力装置设计规范》GB 50058的规定。

10.2.7 老年人照料设施的非消防用电负荷应设置电气火灾监控系统。下列建筑或场所的非消防用电负荷宜设置电气火灾监控系统：

1 建筑高度大于50m的乙、丙类厂房和丙类仓库，室外消防用水量大于30L/s的厂房（仓库）；

2 一类高层民用建筑；

3 座位数超过1500个的电影院、剧场，座位数超过3000个的体育馆，任一层建筑面积大于3000㎡的商店和展览建筑，省（市）级及以上的广播电视、电信和财贸金融建筑，室外消防用水量大于25L/s的其他公共建筑；

4 国家级文物保护单位的重点砖木或木结构的古建筑。

表10.2.1 架空电力线与甲、乙类厂房（仓库）、可燃材料堆垛等的最近水平距离（m）

名　称	架空电力线
甲、乙类厂房（仓库），可燃材料堆垛，甲、乙类液体储罐，液化石油气储罐，可燃、助燃气体储罐	电杆（塔）高度1.5倍
直埋地下的甲、乙类液体储罐和可燃气体储罐	电杆（塔）高度0.75倍
丙类液体储罐	电杆（塔）高度1.2倍
直埋地下的丙类液体储罐	电杆（塔）高度0.6倍

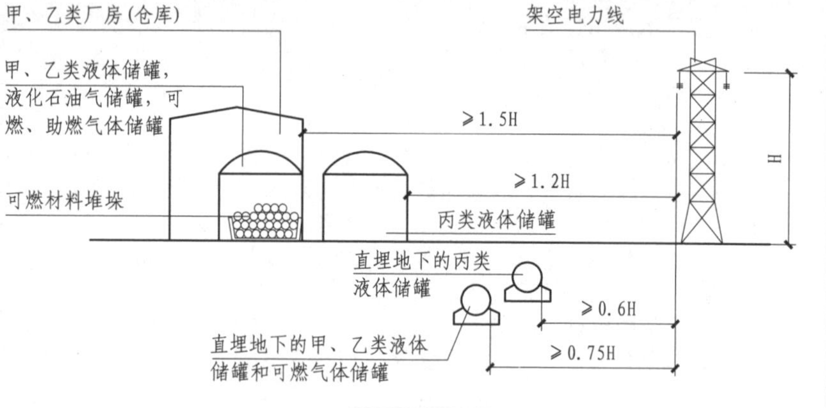

10.2.1 图示1

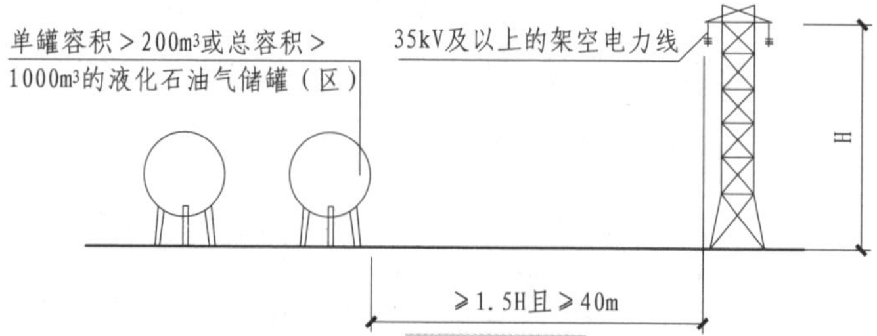

10.2.1 图示2

10.2 电力线路及电器装置						图集号	18J811 1
审核	蔡昭昀	校对	林 莉	设计	李晓宁	页	10-2

10.3 消防应急照明和疏散指示标志

10.3.1 除建筑高度小于27m的住宅建筑外，民用建筑、厂房和丙类仓库的下列部位应设置疏散照明：

1 封闭楼梯间、防烟楼梯间及其前室、消防电梯间的前室或合用前室、避难走道、避难层（间）；【图示1】

2 观众厅、展览厅、多功能厅和建筑面积大于200m²的营业厅、餐厅、演播室等人员密集的场所；【图示2】

3 建筑面积大于100m²的地下或半地下公共活动场所；【图示3】

4 公共建筑内的疏散走道；【图示4】

5 人员密集的厂房内的生产场所及疏散走道。

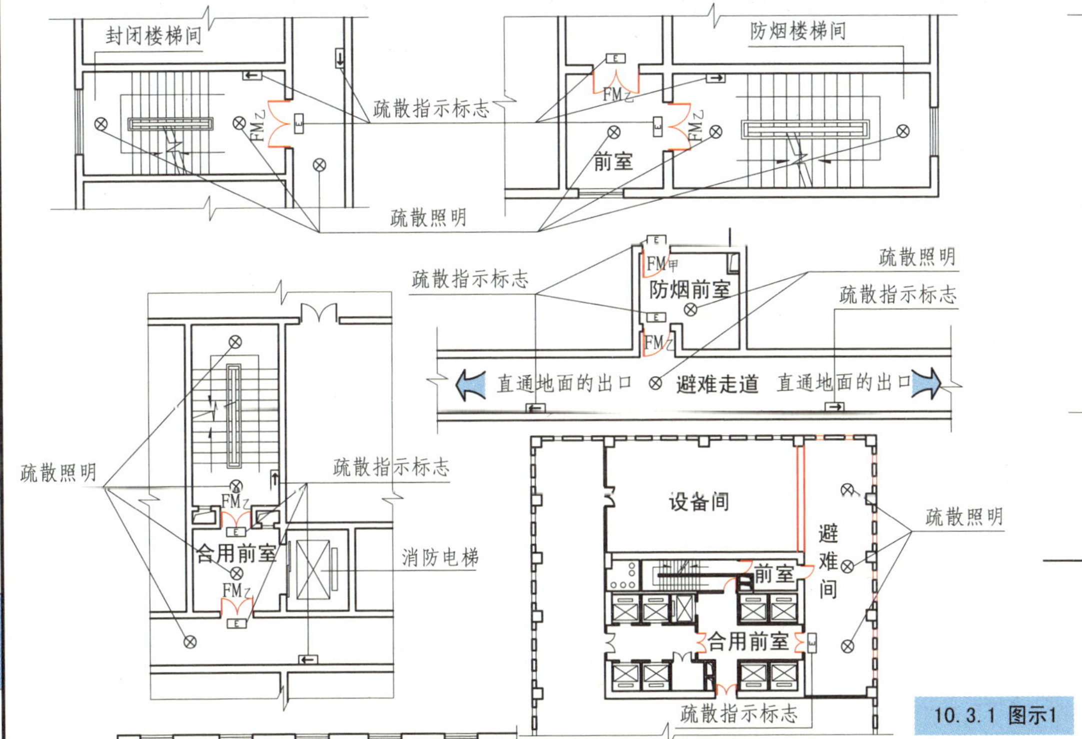

10.3.1 图示1

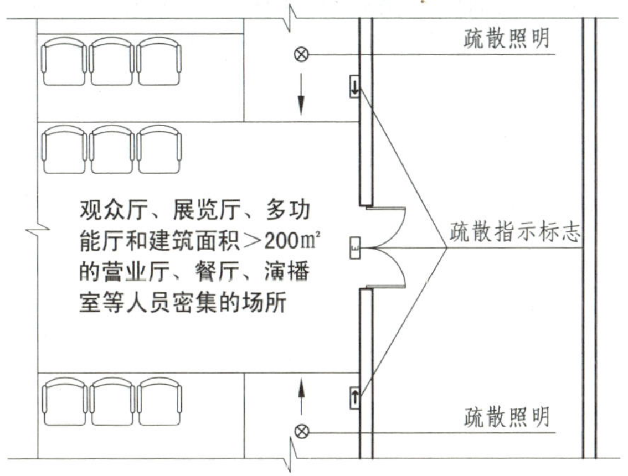

10.3.1 图示2

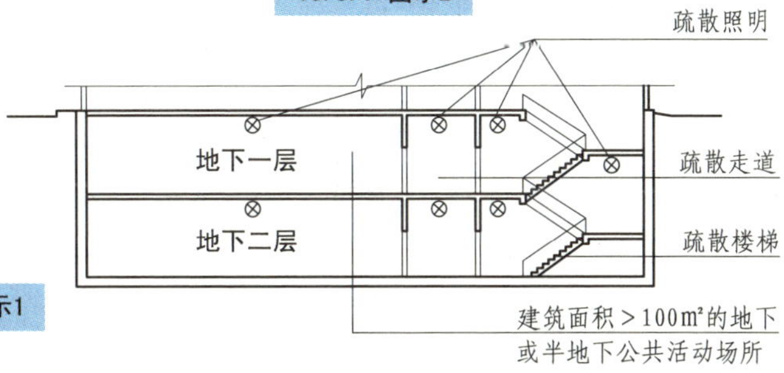

10.3.1 图示3

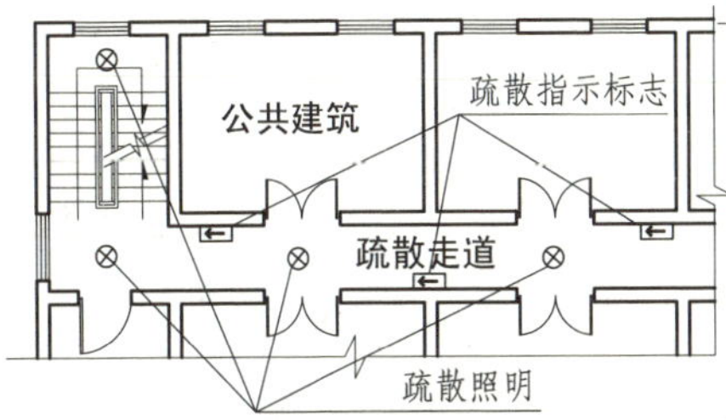

图例	E	→	⊗
	安全出口指示	疏散方向指示	疏散照明

[注释]疏散照明及应急照明要求详见《民用建筑电气设计规范》JGJ 16-2008。

10.3.1 图示4

10.3 消防应急照明和疏散指示标志							图集号	18J811-1
审核	蔡昭昀	（签名）	校对	林 莉	（签名）	设计 李晓宁 （签名）	页	10-3

10.3.2　建筑内疏散照明的地面最低水平照度应符合下列规定：

1　对于疏散走道，不应低于1.0 lx。

2　对于人员密集场所、避难层（间），不应低于3.0 lx；对于老年人照料设施、病房楼或手术部的避难间，不应低于10.0 lx。

3　对于楼梯间、前室或合用前室、避难走道，不应低于5.0lx；对于人员密集场所、老年人照料设施、病房楼或手术部内的楼梯间、前室或合用前室、避难走道，不应低于10.0lx。

10.3.3　消防控制室、消防水泵房、自备发电机房、配电室、防排烟机房以及发生火灾时仍需正常工作的消防设备房应设置备用照明，其作业面的最低照度不应低于正常照明的照度。

10.3.4　疏散照明灯具应设置在出口的顶部、墙面的上部或顶棚上【图示】；备用照明灯具应设置在墙面的上部或顶棚上。

10.3.5　公共建筑、建筑高度大于54m的住宅建筑、高层厂房（库房）和甲、乙、丙类单、多层厂房，应设置灯光疏散指示标志，并应符合下列规定：

1　应设置在安全出口和人员密集的场所的疏散门的正上方。【图示1】

2　应设置在疏散走道及其转角处距地面高度1.0m以下的墙面或地面上。灯光疏散指示标志的间距不应大于20m；对于袋形走道，不应大于10m；在走道转角区，不应大于1.0m。【图示2】

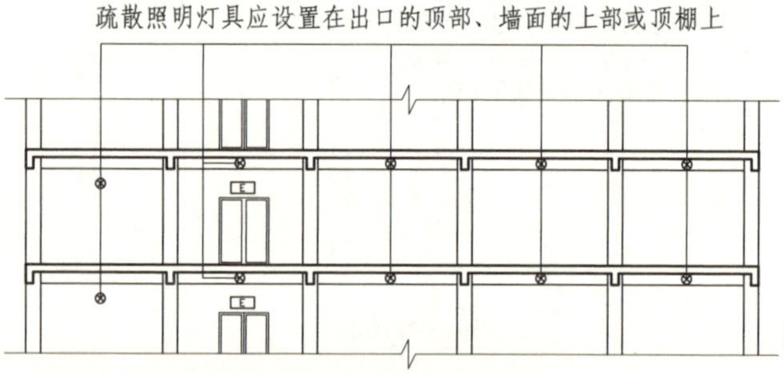

剖面示意图

10.3.4 图示

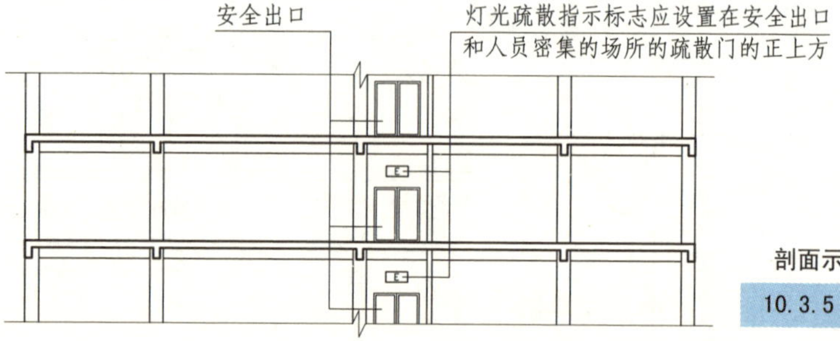

剖面示意图

10.3.5 图示1

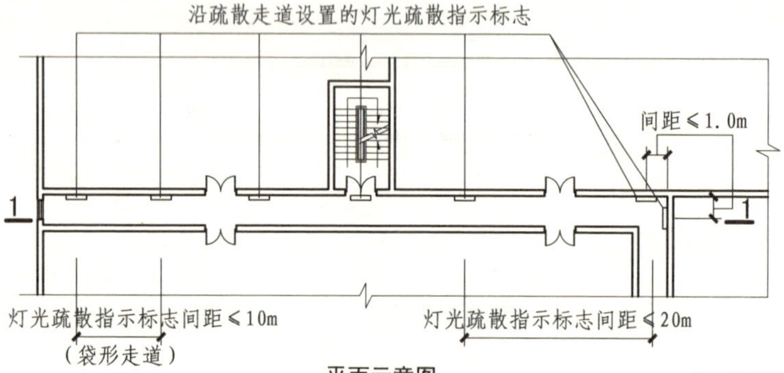

平面示意图

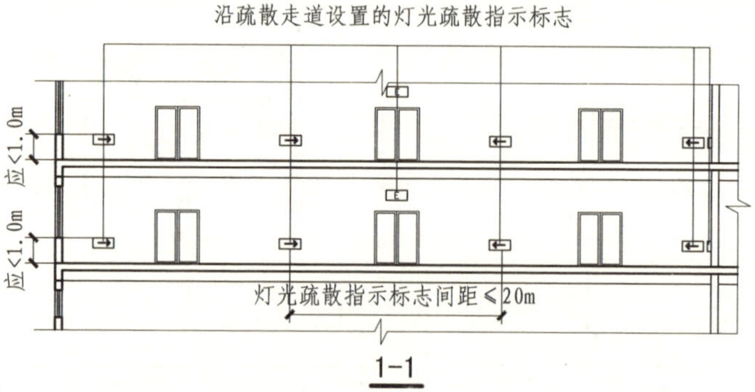

1-1

图例	E	→	⊗
	安全出口指示	疏散方向指示	疏散照明

10.3.5 图示2

10.3 消防应急照明和疏散指示标志						图集号	18J811-1
审核	蔡昭昀	校对	林 莉	设计	李晓宁	页	10-4

编制说明 目录
总则 术语 符号
厂房 和 仓库
甲、乙、丙类液体 气体储罐（区） 和可燃材料堆场
民用建筑
建筑构造
灭火救援设施
消防设施的设置
供暖、通风和空气调节
电气
木结构建筑
城市交通隧道
附录

10.3.6 下列建筑或场所应在疏散走道和主要疏散路径的地面上增设能保持视觉连续的灯光疏散指示标志或蓄光疏散指示标志：

1 总建筑面积大于8000m²的展览建筑；

2 总建筑面积大于5000m²的地上商店；

3 总建筑面积大于500m²的地下或半地下商店；

4 歌舞娱乐放映游艺场所；

5 座位数超过1500个的电影院、剧场，座位数超过3000个的体育馆、会堂或礼堂；

6 车站、码头建筑和民用机场航站楼中建筑面积大于3000m²的候车、侯船厅和航站楼的公共区。

10.3.7 建筑内设置的消防疏散指示标志和消防应急照明灯具，除应符合本规范的规定外，还应符合现行国家标准《消防安全标志》GB 13495和《消防应急照明和疏散指示系统》GB 17945的规定。

11 木结构建筑

11.0.1 木结构建筑的防火设计可按本章的规定执行。建筑构件的燃烧性能和耐火极限应符合表11.0.1的规定。【图示1】【图示2】

表11.0.1 木结构建筑构件的燃烧性能和耐火极限

构件名称	燃烧性能和耐火极限（h）
防火墙	不燃性 3.00
承重墙，住宅建筑单元之间的墙和分户墙，楼梯间的墙	难燃性 1.00
电梯井的墙体	不燃性 1.00
非承重外墙，疏散走道两侧的隔墙	难燃性 0.75
房间隔墙	难燃性 0.50
承重柱	可燃性 1.00
梁	可燃性 1.00
楼板	难燃性 0.75
屋顶承重构件	可燃性 0.50
疏散楼梯	难燃性 0.50
吊顶	难燃性 0.15

注：1 除本规范另有规定外，当同一座木结构建筑存在不同高度的屋顶时，较低部分的屋顶承重构件和屋面不应采用可燃性构件，采用难燃性屋顶承重构件时，其耐火极限不应低于0.75h。【图示3】

2 轻型木结构建筑的屋顶，除防水层、保温层及屋面板外，其他部分均应视为屋顶承重构件，且不应采用可燃性构件，耐火极限不应低于0.50h。【图示4】

3 当建筑的层数不超过2层、防火墙间的建筑面积小于600㎡且防火墙间的建筑长度小于60m时，建筑构件的燃烧性能和耐火极限可按本规范有关四级耐火等级建筑的要求确定。【图示5】

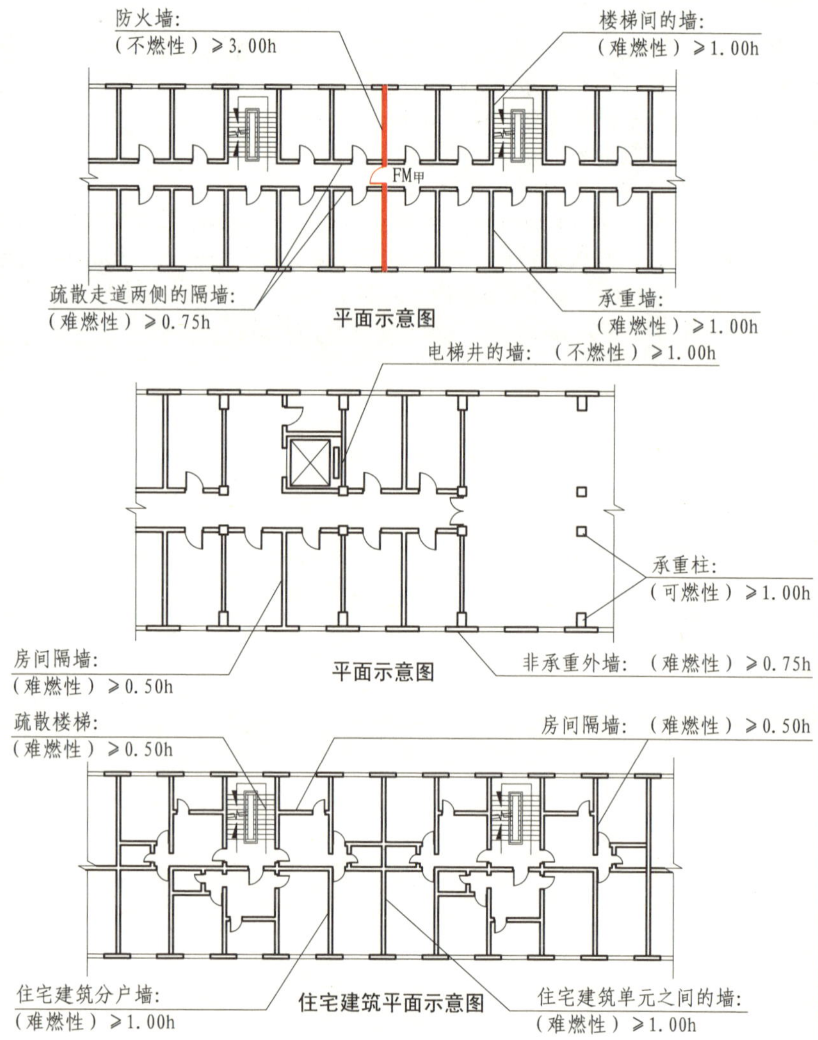

11.0.1 图示1

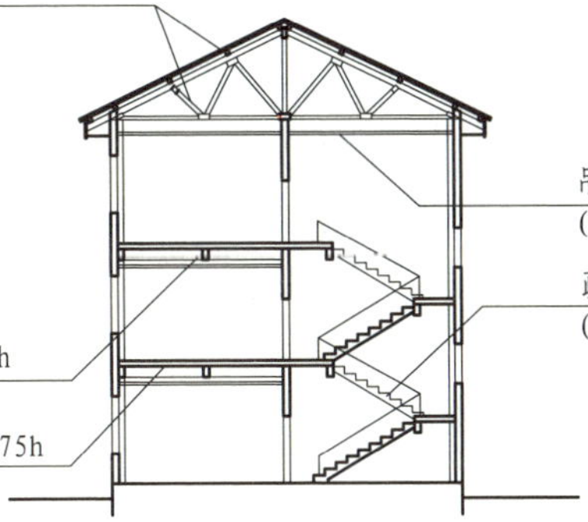

剖面示意图

[注释]图示中的各类墙体凡用作承重墙者均为难燃性,其耐火极限≥1.00h;须用作防火墙者均为不燃性,其耐火极限≥3.00h。

11.0.1 图示2

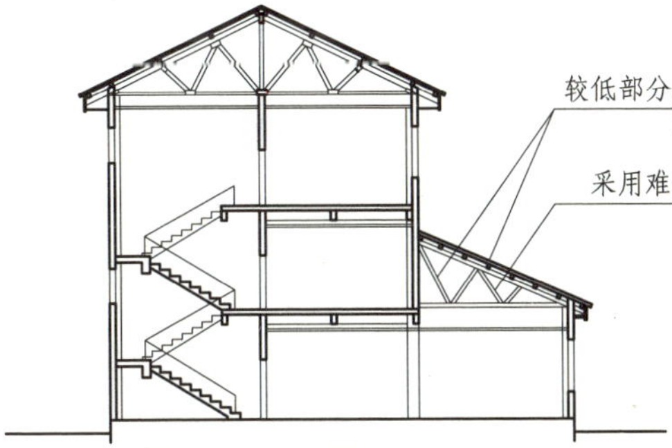

剖面示意图

11.0.1 图示3

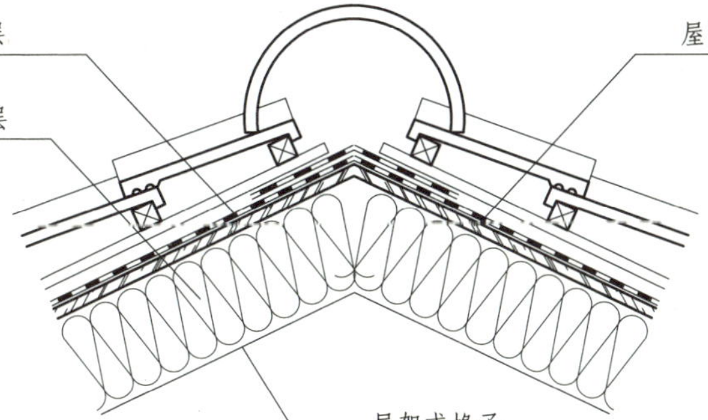

[注释]轻型木结构建筑的屋顶,除防水层、保温层及屋面板外,其他部分均应视为屋面承重构件:(不应采用可燃性构件)≥0.50h。

11.0.1 图示4

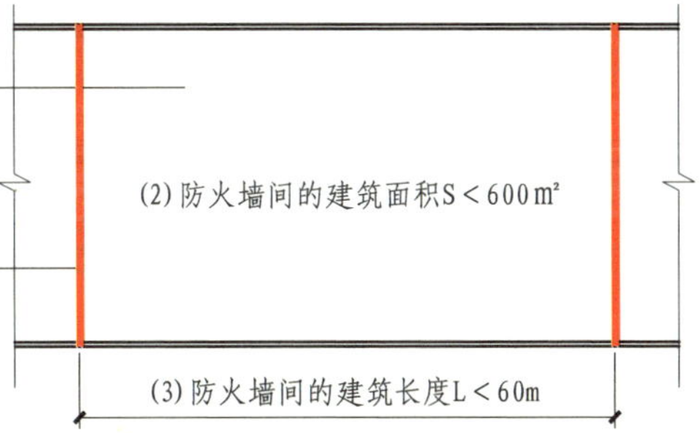

平面示意图

[注释]建筑构件的燃烧性能和耐火极限可按本规范有关四级耐火等级建筑的要求确定(本规范第3.2.1条及第5.1.2条)。

11.0.1 图示5

11 木结构建筑						图集号	18J811-1
审核	蔡昭昀	校对	吴 颖	设计	林 莉	页	11-2

11.0.2 建筑采用木骨架组合墙体时，应符合下列规定：

1 建筑高度不大于18m的住宅建筑【图示1】、建筑高度不大于24m的办公建筑和丁、戊类厂房（库房）【图示2】的房间隔墙和非承重外墙可采用木骨架组合墙体，其他建筑的非承重外墙不得采用木骨架组合墙体；

建筑采用木骨架组合墙体时，图示如下：

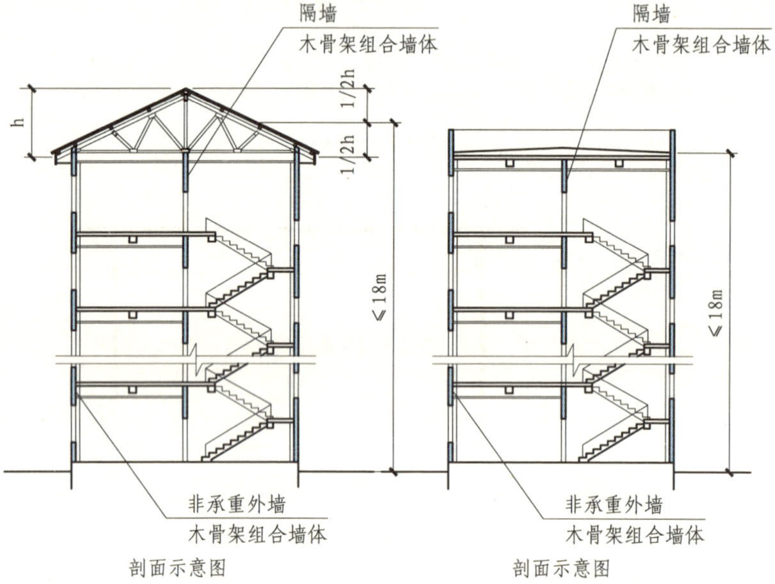

住宅建筑

11.0.2 图示1

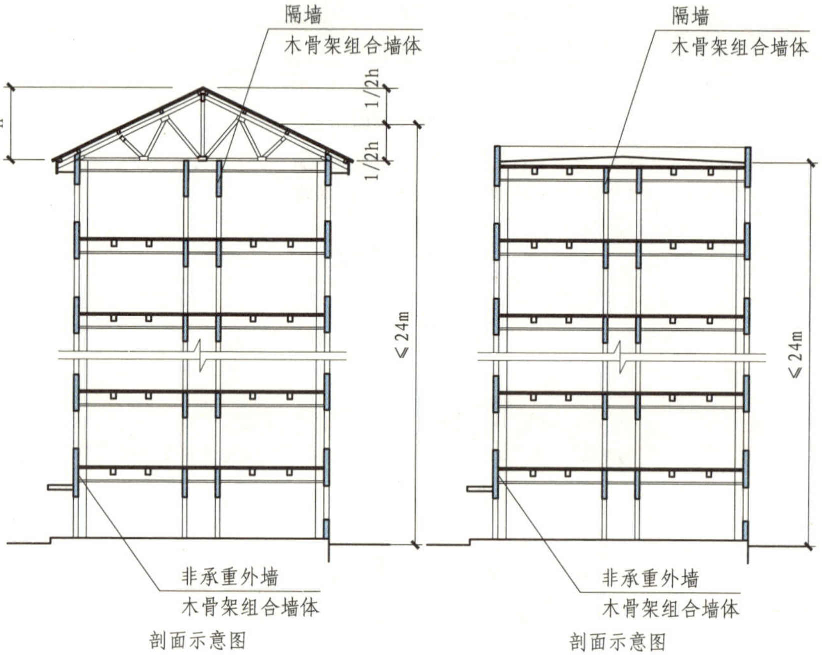

办公建筑和丁、戊类厂房（库房）

11.0.2 图示2

2 墙体填充材料的燃烧性能应为A级；

3 木骨架组合墙体的燃烧性能和耐火极限应符合表11.0.2的规定【图示3】，其他要求应符合现行国家标准《木骨架组合墙体技术规范》GB/T 50361的规定。

表11.0.2 木骨架组合墙体的燃烧性能和耐火极限（h）

构件名称	建筑物的耐火等级或类型				
	一级	二级	三级	木结构建筑	四级
非承重外墙	不允许	难燃性 1.25	难燃性 0.75	难燃性 0.75	无要求
房间隔墙	难燃性 1.00	难燃性 0.75	难燃性 0.50	难燃性 0.50	难燃性 0.25

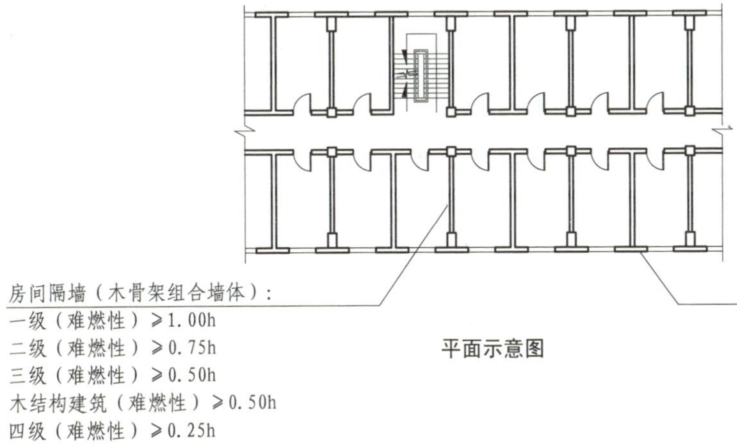

平面示意图

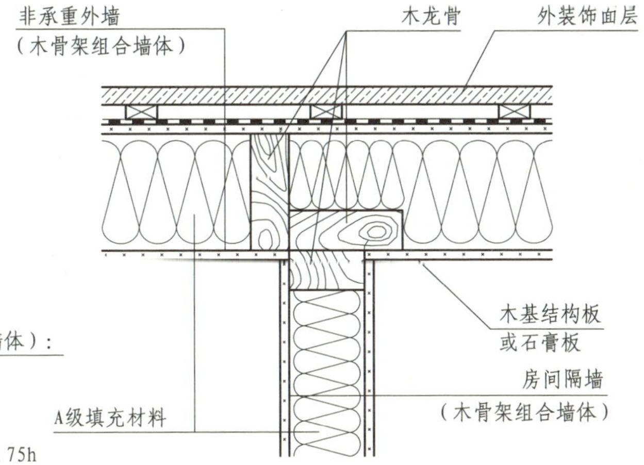

木骨架组合墙体示意图

11.0.2 图示3

11 木结构建筑						图集号	18J811-1
审核	蔡昭昀	校对	吴颖	设计	林莉	页	11-4

11.0.3 甲、乙、丙类厂房（库房）不应采用木结构建筑或木结构组合建筑。丁、戊类厂房（库房）和民用建筑，当采用木结构建筑或木结构组合建筑时，其允许层数和允许建筑高度应符合表11.0.3-1的规定【图示1】，木结构建筑中防火墙间的允许建筑长度和每层最大允许建筑面积应符合表11.0.3-2的规定【图示2】。

表11.0.3-1 木结构建筑或木结构组合建筑的允许层数和允许建筑高度

木结构建筑的形式	普通木结构建筑	轻型木结构建筑	胶合木结构建筑		木结构组合建筑
允许层数（层）	2	3	1	3	7
允许建筑高度（m）	10	10	不限	15	24

表11.0.3-2 木结构建筑中防火墙间的允许建筑长度和每层最大允许建筑面积

层数（层）	防火墙间的允许建筑长度（m）	防火墙间的每层最大允许建筑面积（m²）
1	100	1800
2	80	900
3	60	600

注：1 当设置自动喷水灭火系统时，防火墙间的允许建筑长度和每层最大允许建筑面积可按本表的规定增加1.0倍，对于丁、戊类地上厂房，防火墙间的每层最大允许建筑面积不限。
2 体育场馆等高大空间建筑，其建筑高度和建筑面积可适当增加。

[注释]
普通木结构建筑：承重构件采用方木或圆木制作的单层或多层木结构建筑。
轻型木结构建筑：用规格材及木基结构板或石膏板制作的木架墙体、楼板和屋盖系统构成的单层或多层建筑。
胶合木结构建筑：以厚度为20～45mm的板材，沿顺纹方向叠层胶合而成的胶合木构件制作的单层或多层建筑。
木结构组合建筑：木结构建筑与其他结构形式建筑组合建造的的单层或多层建筑，有竖向组合建造及水平组合建造形式。

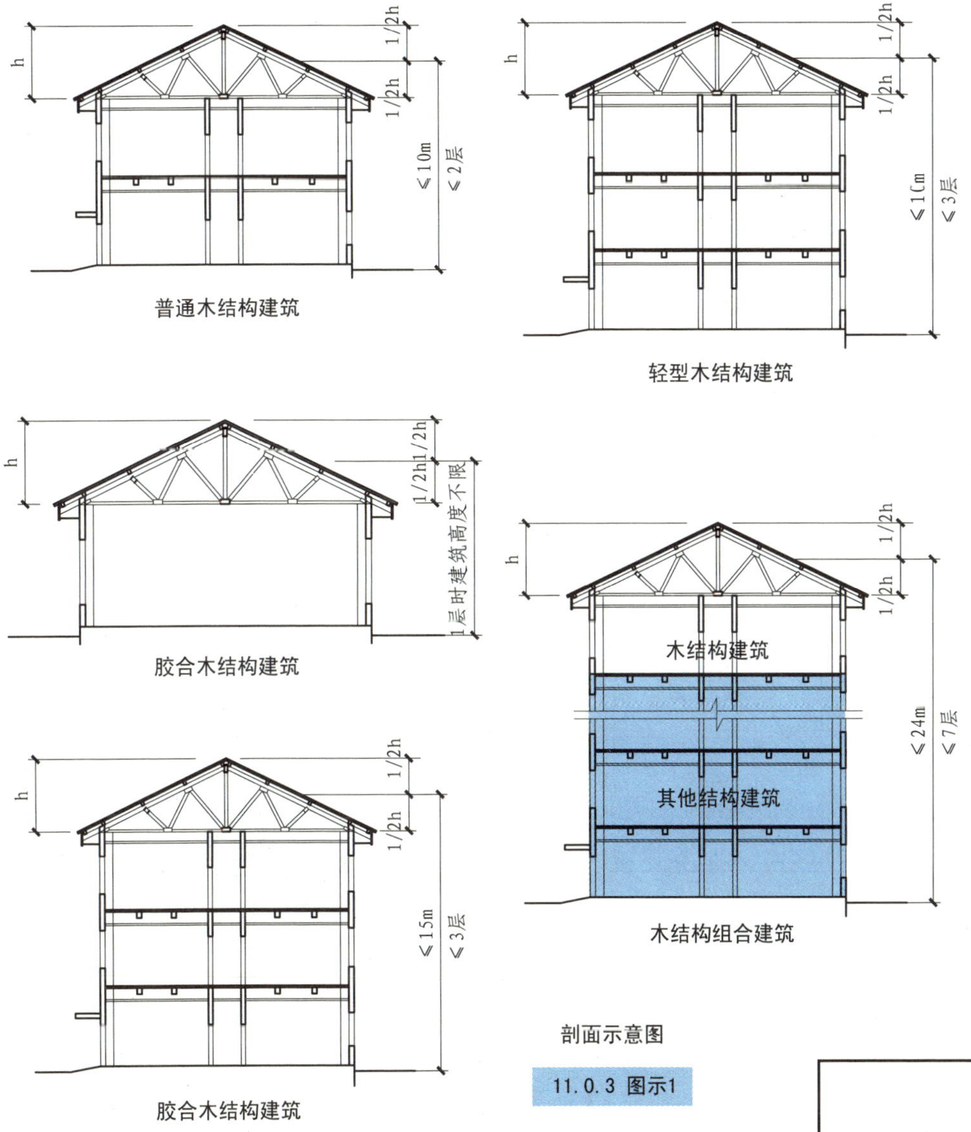

剖面示意图

11.0.3 图示1

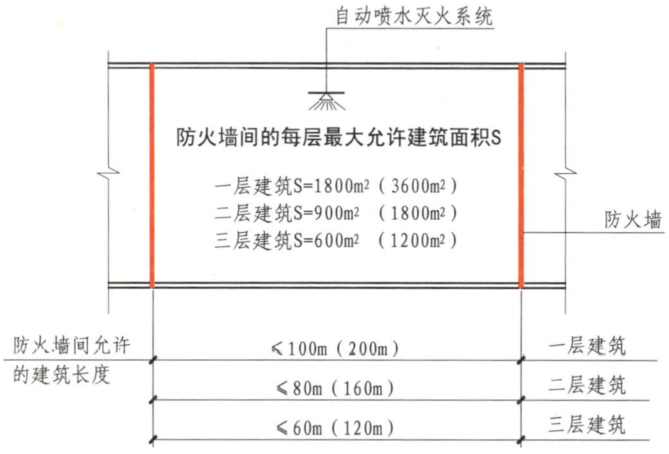

平面示意图

[注释]

1 当设置自动喷水灭火系统时，丁、戊类地上厂房，防火墙间的每层最大允许建筑面积不限。体育场馆等高大空间建筑，其建筑高度和建筑面积可适当增加。

2 建筑物内全部设自动喷水灭火系统时，防火墙间的允许建筑长度和建筑面积按括号内数字。

11.0.3 图示2

11 木结构建筑							图集号	18J811-1
审核	蔡昭昀	（签名）	校对	林 莉	（签名）	设计 李晓宁 （签名）	页	11-6

11.0.4　老年人照料设施，托儿所、幼儿园的儿童用房和活动场所设置在木结构建筑内时，应布置在首层或二层。【图示1】

商店、体育馆和丁、戊类厂房（库房）应采用单层木结构建筑。【图示2】

11.0.5　除住宅建筑外，建筑内发电机间、配电间、锅炉间的设置及其防火要求，应符合本规范第5.4.12条～第5.4.15条和第6.2.3条～第6.2.6条的规定。

11.0.6　设置在木结构住宅建筑内的机动车库、发电机间、配电间、锅炉间，应采用耐火极限不低于2.00h的防火隔墙和1.00h的不燃性楼板与其他部位分隔，不宜开设与室内相通的门、窗、洞口，确需开设时，可开设一樘不直通卧室的单扇乙级防火门。机动车库的建筑面积不宜大于60m²。【图示】

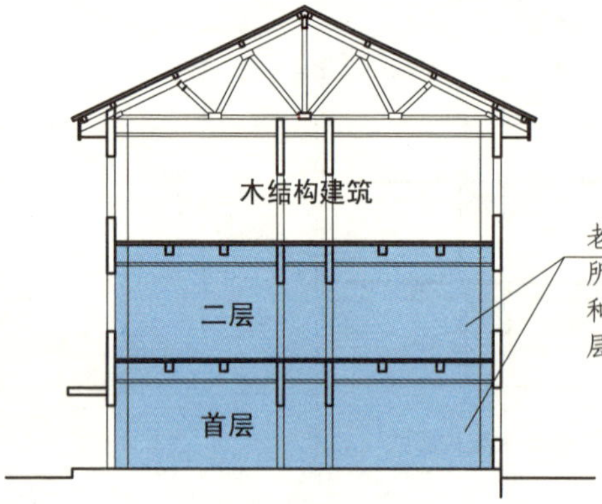

剖面示意图

11.0.4 图示1

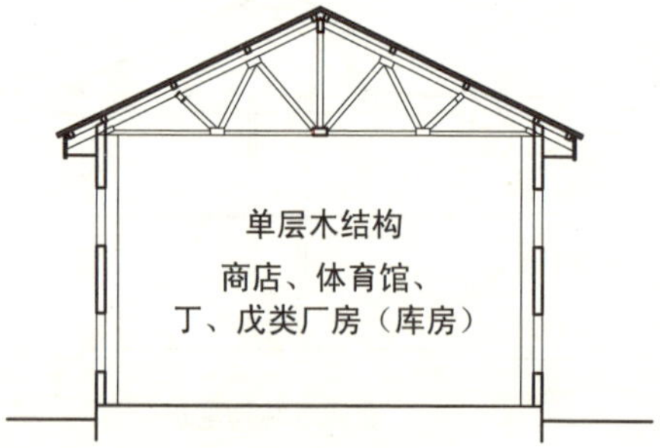

剖面示意图

[注释]商店、体育馆和丁、戊类厂房（库房）应采用单层木结构建筑。

11.0.4 图示2

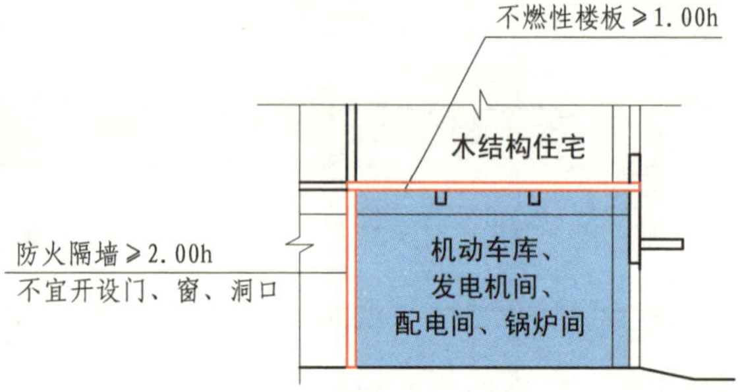

剖面示意图

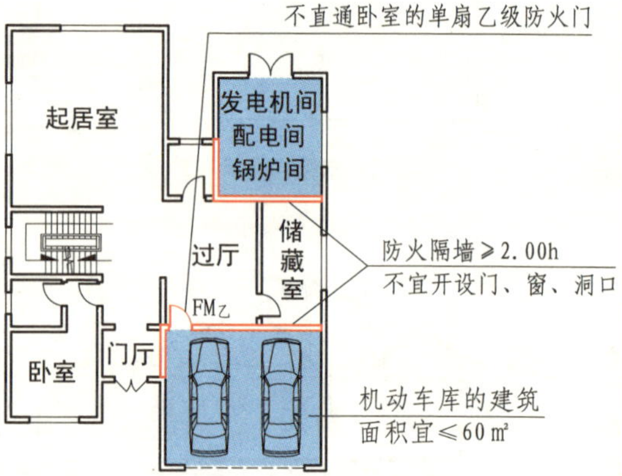

平面示意图

木结构住宅

11.0.6 图示

11 木结构建筑						图集号	18J811-1
审核	蔡昭昀	校对	林莉	设计	李晓宁	页	11-7

11.0.7　民用木结构建筑的安全疏散设计应符合下列规定：

1　建筑的安全出口和房间疏散门的设置，应符合本规范第5.5节的规定。当木结构建筑的每层建筑面积小于200m²且第二层和第三层的人数之和不超过25人时，可设置1部疏散楼梯。【图示1】

2　房间直通疏散走道的疏散门至最近安全出口的直线距离不应大于表11.0.7-1的规定。【图示2】

表11.0.7-1　房间直通疏散走道的疏散门至最近安全出口的直线距离（m）

名称	位于两个安全出口之间的疏散门	位于袋形走道两侧或尽端的疏散门
托儿所、幼儿园、老年人照料设施	15	10
歌舞娱乐放映游艺场所	15	6
医院和疗养院建筑、教学建筑	25	12
其他民用建筑	30	15

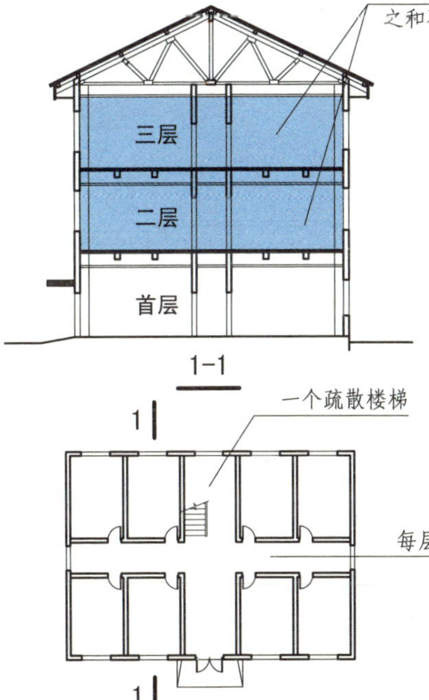

11.0.7 图示1

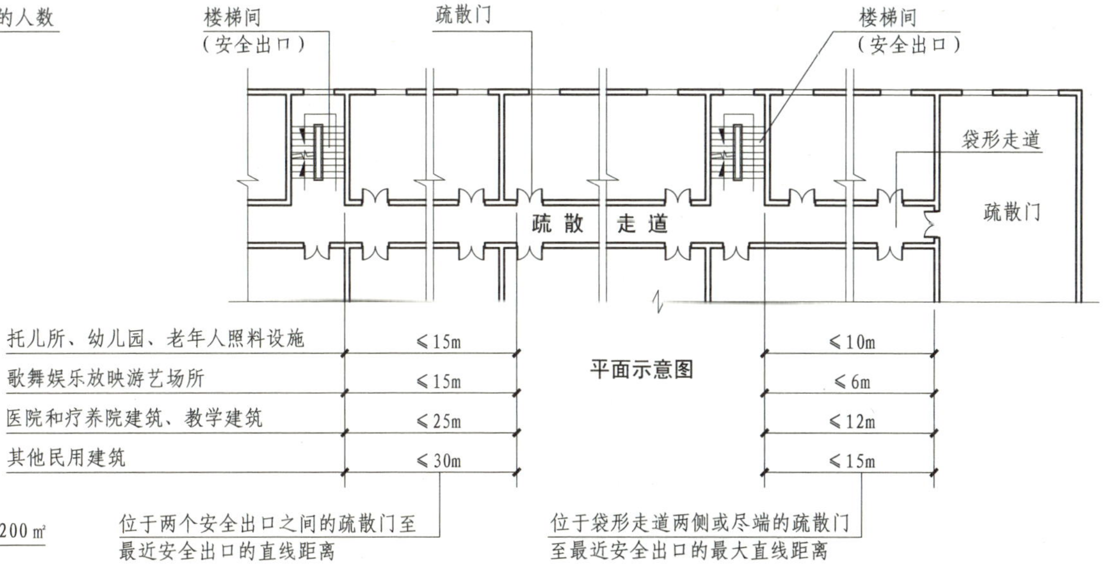

11.0.7 图示2

11 木结构建筑							图集号	18J811-1
审核	蔡昭昀	校对	林 莉	设计	李晓宁		页	11-8

3 房间内任一点至该房间直通疏散走道的疏散门的直线距离，不应大于表11.0.7-1中有关袋形走道两侧或尽端的疏散门至最近安全出口的直线距离。【图示3】

4 建筑内疏散走道、安全出口、疏散楼梯和房间疏散门的净宽度，应根据疏散人数按每100人的最小疏散净宽度不小于表11.0.7-2的规定计算确定。【图示4】

表11.0.7-2 疏散走道、安全出口、疏散楼梯和房间疏散门每100人的最小疏散净宽度（m/百人）

层数	地上1～2层	地上3层
每100人的疏散净宽度	0.75	1.00

11.0.8 丁、戊类木结构厂房内任意一点至最近安全出口的疏散距离分别不应大于50m和60m【图示】，其他安全疏散要求应符合本规范第3.7节的规定。

11.0.9 管道、电气线路敷设在墙体内或穿过楼板、墙体时，应采取防火保护措施，与墙体、楼板之间的缝隙应采用防火封堵材料填塞密实。

住宅建筑内厨房的明火或高温部位及排油烟管道等，应采用防火隔热措施。

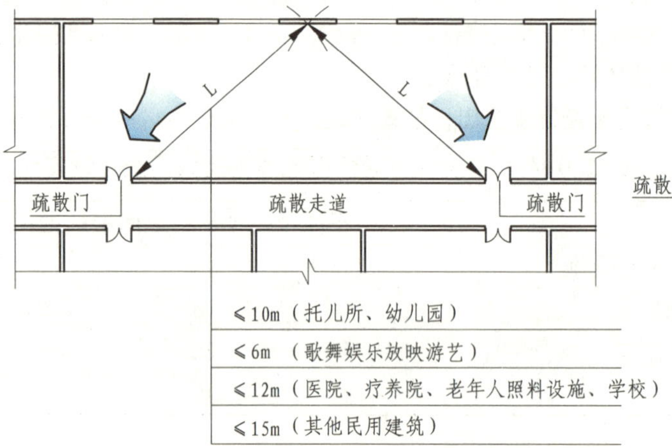

平面示意图

[注释] L为房间内任一点到疏散门的直线距离。

11.0.7 图示3

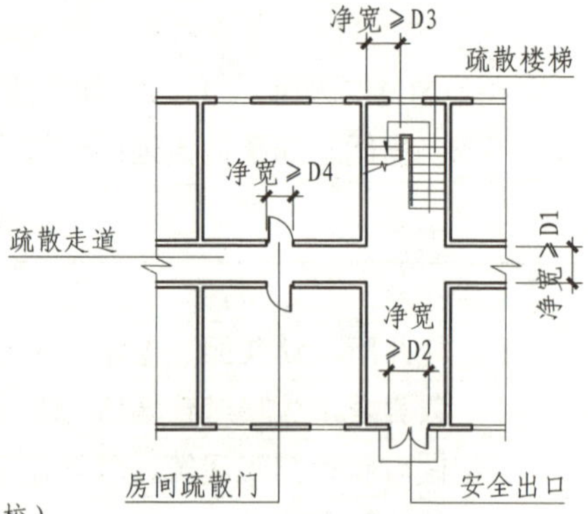

平面示意图

[注释] D1、D2、D3、D4分别为各部位相应每100人的疏散净宽度（m）。

11.0.7 图示4

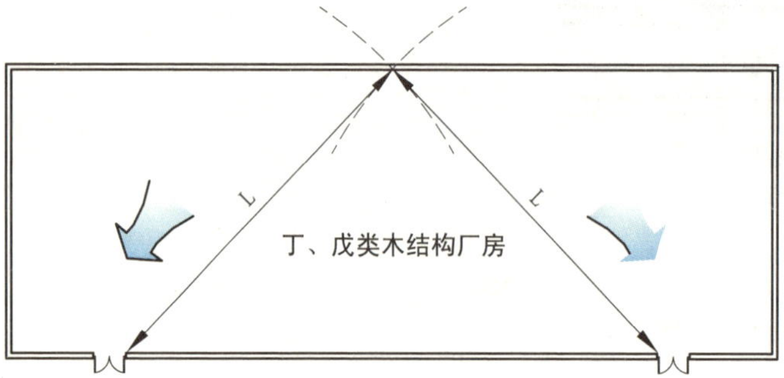

平面示意图

[注释] 丁类木结构厂房：L≤50m；戊类木结构厂房：L≤60m。

11.0.8 图示

11 木结构建筑						图集号	18J811 1
审核 蔡昭昀	蔡昭昀	校对 林莉	林莉	设计 李晓宁	李晓宁	页	11-9

11.0.10 民用木结构建筑之间及其与其他民用建筑的防火间距不应小于表11.0.10的规定。【图示1】

民用木结构建筑与厂房（仓库）等建筑的防火间距、木结构厂房（仓库）之间及其与其他民用建筑的防火间距，应符合本规范第3、4章有关四级耐火等级建筑的规定。【图示2】

表11.0.10 民用木结构建筑之间及其与其他民用建筑的防火间距（m）

建筑耐火等级或类别	一、二级	三级	木结构建筑	四级
木结构建筑	8	9	10	11

注：1 两座木结构建筑之间或木结构建筑与其他民用建筑之间，外墙均无任何门、窗、洞口时，防火间距可为4m【图示3】；外墙上的门、窗、洞口不正对且开口面积之和不大于外墙面积的10%时，防火间距可按本表的规定减少25%【图示4】。

2 当相邻建筑外墙有一面为防火墙【图示5】，或建筑物之间设置防火墙且墙体截断不燃性屋面【图示6】或高出难燃性、可燃性屋面不低于0.5m时，防火间距不限【图示7】。

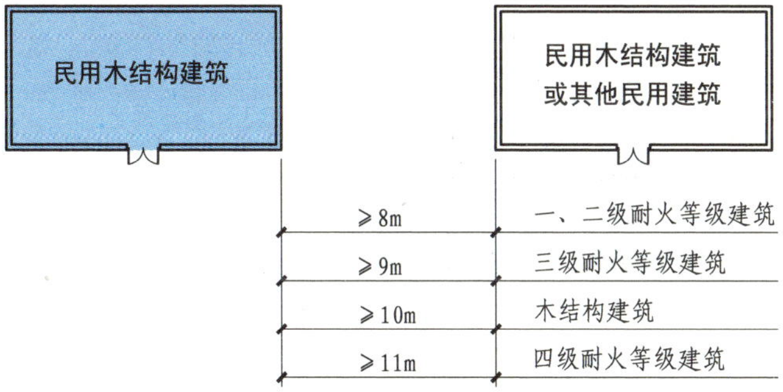

平面示意图

11.0.10 图示1

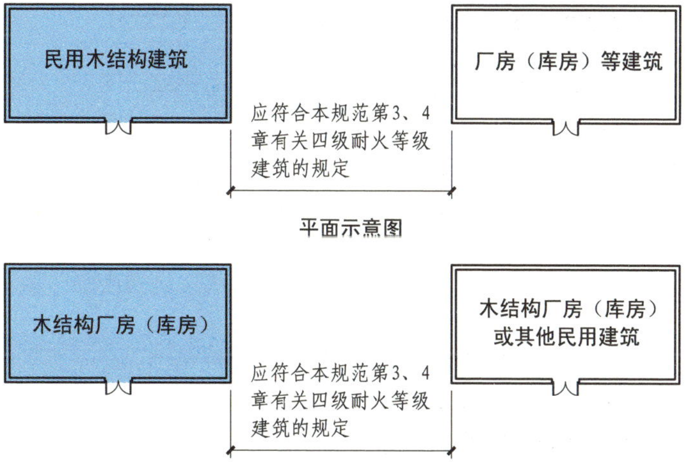

平面示意图

11.0.10 图示2

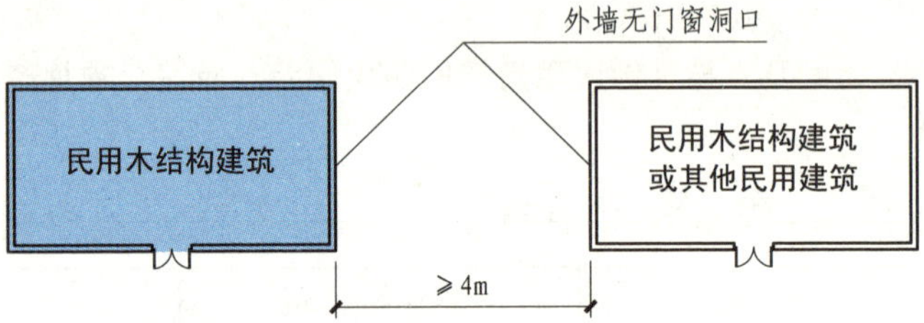

平面示意图 11.0.10 图示3

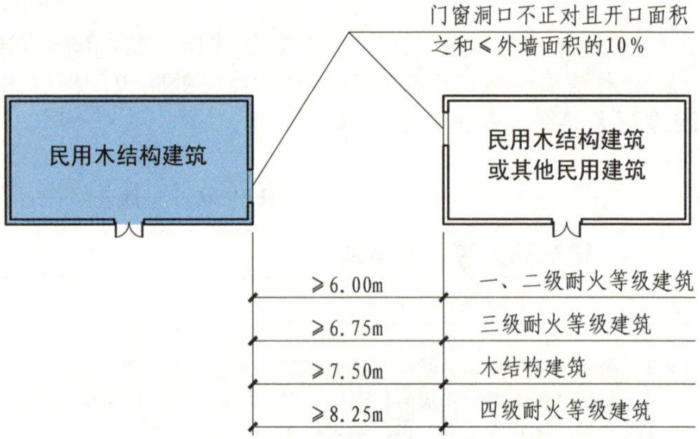

平面示意图

11.0.10 图示4

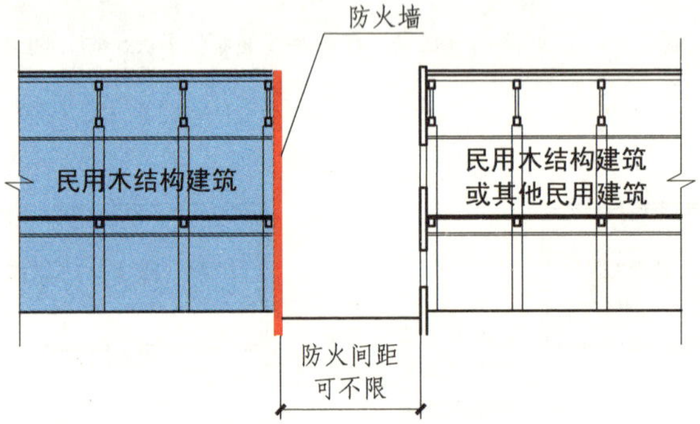

剖面示意图 11.0.10 图示5

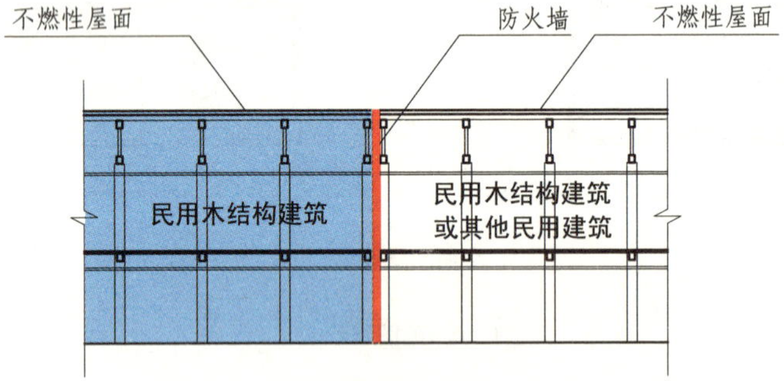

剖面示意图

[注释]民用木结构建筑之间及其与其他民用建筑的防火间距不限。

11.0.10 图示6

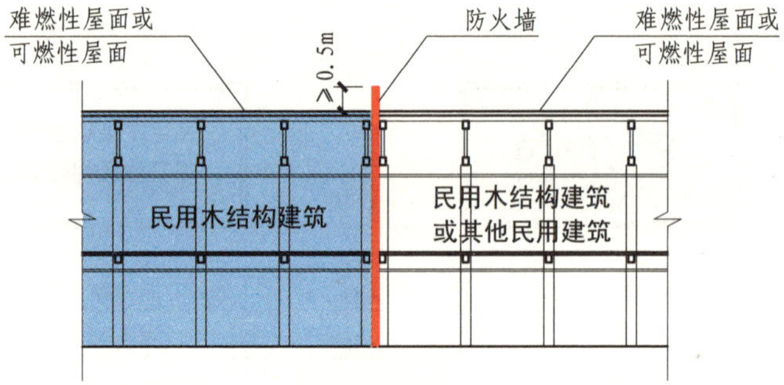

剖面示意图

[注释]民用木结构建筑之间及其与其他民用建筑的防火间距不限。

11.0.10 图示7

11 木结构建筑								图集号	18J811-1
审核	蔡昭昀	蔡昭昀	校对	吴颖	吴颖	设计	林莉	页	11-11

11.0.11 木结构墙体、楼板及封闭吊顶或屋顶下的密闭空间内应采取防火分隔措施，且水平分隔长度或宽度均不应大于20m，建筑面积不应大于300m²，墙体的竖向分隔高度不应大于3m。【图示1】

轻型木结构建筑的每层楼梯梁处应采取防火分隔措施。【图示2】

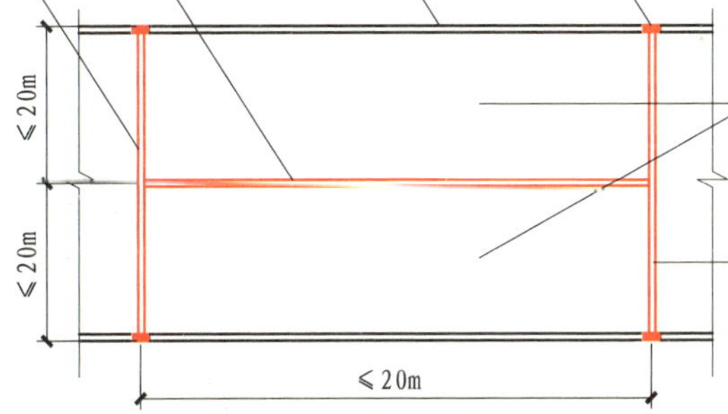

平面示意图

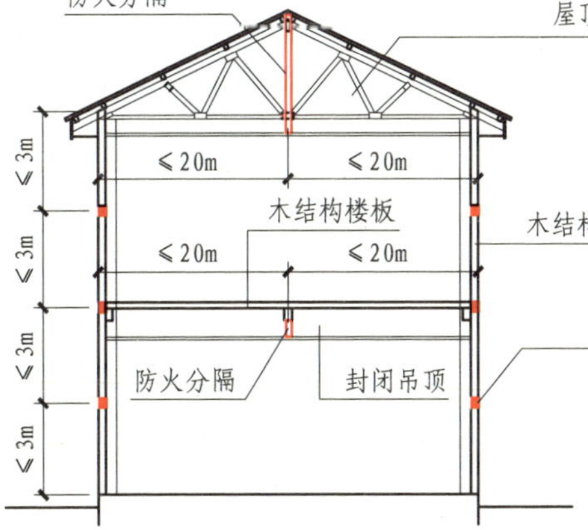

木结构建筑剖面示意图

11.0.11 图示1

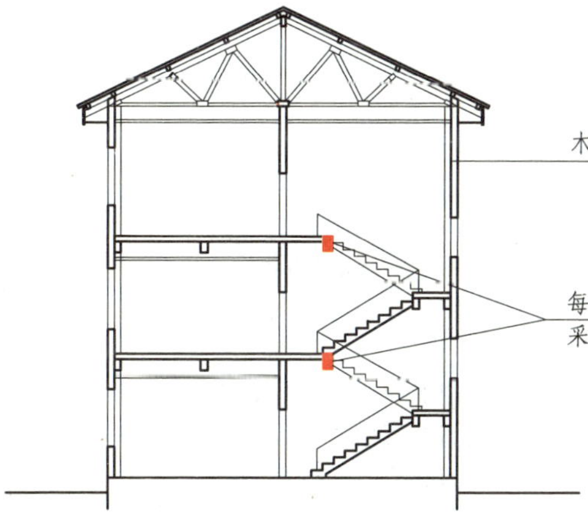

轻型木结构建筑剖面示意图

11.0.11 图示2

11.0.12　木结构建筑与钢结构、钢筋混凝土结构或砌体结构等其他结构类型组合建造时，应符合下列规定：

1　竖向组合建造时，木结构部分的层数不应超过3层并应设置在建筑的上部，木结构部分与其他结构部分宜采用耐火极限不低于1.00h的不燃性楼板分隔。【图示1】

水平组合建造时，木结构部分与其他结构部分宜采用防火墙分隔。【图示2】

2　当木结构部分与其他结构部分之间按上款规定进行了防火分隔时，木结构部分和其他部分的防火设计，可分别执行本规范对木结构建筑和其他结构建筑的规定；其他情况，建筑的防火设计应执行本规范有关木结构建筑的规定。【图示3】

3　室内消防给水应根据建筑的总高度、体积或层数和用途按本规范第8章和国家现行有关标准的规定确定，室外消防给水应按本规范有关四级耐火等级建筑的规定确定。

11.0.13　总建筑面积大于1500m²的木结构公共建筑应设置火灾自动报警系统，木结构住宅建筑内应设置火灾探测与报警装置。

11.0.14　木结构建筑的其他防火设计应执行本规范有关四级耐火等级建筑的规定，防火构造要求除应符合本规范的规定外，尚应符合现行国家标准《木结构设计规范》GB 50005等标准的规定。

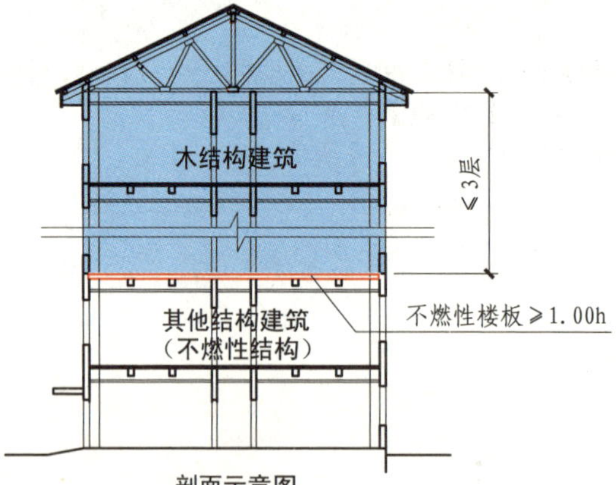

剖面示意图

木结构与其他结构竖向组合建造

［注释］木结构部分和其他结构部分的防火设计，可分别执行本规范对木结构建筑和其他结构建筑的规定。

11.0.12 图示1

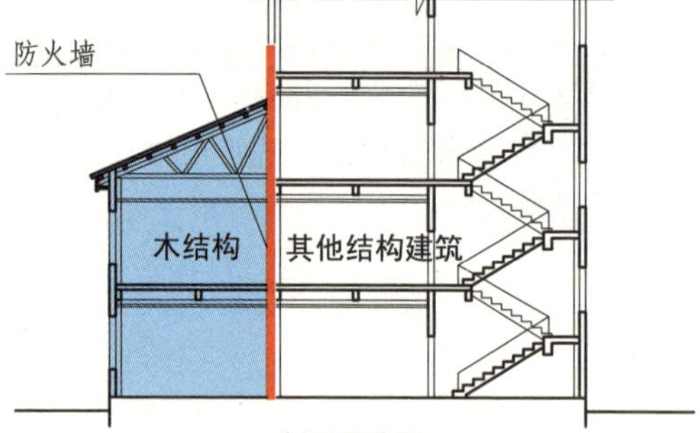

剖面示意图

木结构与其他结构水平组合建造

［注释］木结构部分和其他结构部分的防火设计，可分别执行本规范对木结构建筑和其他结构建筑的规定。

11.0.12 图示2

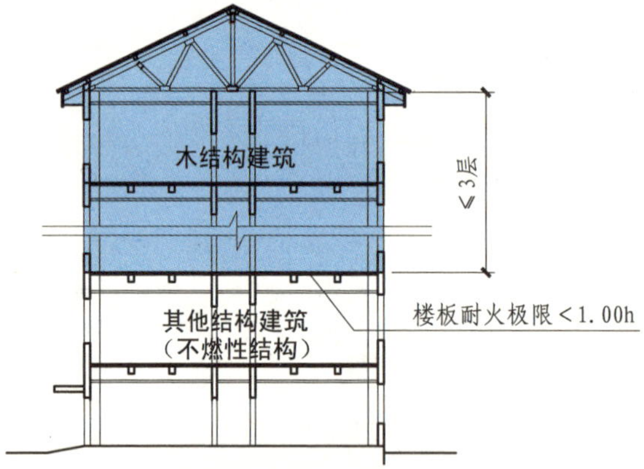

剖面示意图

［注释］建筑的防火设计应执行本规范有关木结构建筑的规定。

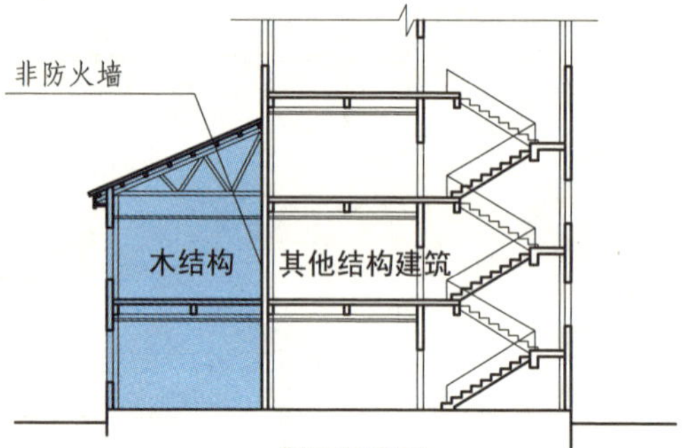

剖面示意图

［注释］当木结构部分与其他结构部分之间未进行防火分隔或防火分隔不符合要求时，建筑的防火设计应执行本规范有关木结构建筑的规定。

11.0.12 图示3

12 城市交通隧道

12.1 一般规定

12.1.1 城市交通隧道（以下简称隧道）的防火设计应综合考虑隧道内的交通组成、隧道的用途、自然条件、长度等因素。

12.1.2 单孔和双孔隧道应按其封闭段长度和交通情况分为一、二、三、四类，并应符合表12.1.2的规定。

表12.1.2 单孔和双孔隧道分类

用途	一类	二类	三类	四类
	隧道封闭段长度L（m）			
可通行危险化学品等机动车	$L>1500$	$500<L\leqslant1500$	$L\leqslant500$	-
仅限通行非危险化学品等机动车	$L>3000$	$1500<L\leqslant3000$	$500<L\leqslant1500$	$L\leqslant500$
仅限人行或通行非机动车	-	-	$L>1500$	$L\leqslant1500$

12.1.3 隧道承重结构体的耐火极限应符合下列规定：

1 一、二类隧道和通行机动车的三类隧道，其承重结构体耐火极限的测定应符合本规范附录C的规定；对于一、二类隧道，火灾升温曲线应采用本规范附录C第C.0.1条规定的RABT标准升温曲线，耐火极限分别不应低于2.00h和1.50h；对于通行机动车的三类隧道，火灾升温曲线应采用本规范附录C第C.0.1条规定的HC标准升温曲线，耐火极限不应低于2.00h。

2 其他类别隧道承重结构体耐火极限的测定应符合现行国家标准《建筑构件耐火试验方法 第1部分：通用要求》GB/T 9978.1的规定；对于三类隧道，耐火极限不应低于2.00h；对于四类隧道，耐火极限不限。

12.1.4 隧道内的地下设备用房、风井和消防救援出入口的耐火等级应为一级，地面的重要设备用房、运营管理中心及其他地面附属用房的耐火等级不应低于二级。

12.1.5 除嵌缝材料外，隧道的内部装修应采用不燃材料。

12.1.6 通行机动车的双孔隧道，其车行横通道或车行疏散通道的设置应符合下列规定：

1 水底隧道宜设置车行横通道或车行疏散通道。车行横通道的间隔和隧道通向车行疏散通道入口的间隔宜为1000m～1500m。

2 非水底隧道应设置车行横通道或车行疏散通道。车行横通道的间隔和隧道通向车行疏散通道入口的间隔不宜大于1000m。

3 车行横通道应沿垂直隧道长度方向布置，并应通向相邻隧道；车行疏散通道应沿隧道长度方向布置在双孔中间，并应直通隧道外。

4 车行横通道和车行疏散通道的净宽度不应小于4.0m，净高度不应小于4.5m。

5 隧道与车行横通道或车行疏散通道的连通处，应采取防火分隔措施。

12.1.7　双孔隧道应设置人行横通道或人行疏散通道，并应符合下列规定：

1　人行横通道的间隔和隧道通向人行疏散通道入口的间隔，宜为250m～300m。

2　人行疏散横通道应沿垂直双孔隧道长度方向布置，并应通向相邻隧道。人行疏散通道应沿隧道长度方向布置在双孔中间，并应直通隧道外。

3　人行横通道可利用车行横通道。

4　人行横通道或人行疏散通道的净宽度不应小于1.2m，净高度不应小于2.1m。

5　隧道与人行横通道或人行疏散通道的连通处，应采取防火分隔措施，门应采用乙级防火门。

12.1.8　单孔隧道宜设置直通室外的人员疏散出口或独立避难所等避难设施。

12.1.9　隧道内的变电站、管廊、专用疏散通道、通风机房及其他辅助用房等，应采取耐火极限不低于2.00h的防火隔墙和乙级防火门等分隔措施与车行隧道分隔。

12.1.10　隧道内地下设备用房的每个防火分区的最大允许建筑面积不应大于1500m²，每个防火分区的安全出口数量不应少于2个，与车道或其它防火分区相通的出口可作为第二安全出口，但必须至少设置1个直通室外的安全出口；建筑面积不大于500m²且无人值守的设备用房可设置1个直通室外的安全出口。

12.2　消防给水和灭火设施

12.2.1　在进行城市交通的规划和设计时，应同时设计消防给水系统。四类隧道和行人或通行非机动车辆的三类隧道，可不设置消防给水系统。

12.2.2　消防给水系统的设置应符合下列规定：

1　消防水源和供水管网应符合国家现行有关标准的规定。

2　消防用水量应按隧道的火灾延续时间和隧道全线同一时间发生一次火灾计算确定。一、二类隧道的火灾延续时间不应小于3.0h；三类隧道，不应小于2.0h。

3　隧道内的消防用水量应按需要同时开启所有灭火设施的用水量之和计算。

4　隧道内宜设置独立的消防给水系统。严寒和寒冷地区的消防给水管道及室外消火栓应采取防冻措施；当采用干式给水系统时，应在管网的最高部位设置自动排气阀，管道的充水时间不宜大于90s。

5　隧道内的消火栓用水量不应小于20L/s，隧道外的消火栓用水量不应小于30L/s。对于长度小于1000m的三类隧道，隧道内、外的消火栓用水量可分别为10L/s和20L/s。

6　管道内的消防供水压力应保证用水量达到最大时，最不利点处的水枪充实水柱不小于10.0m。消火栓栓口处的出水压力大于0.5MPa时，应设置减压设施。

7　在隧道出入口处应设置消防水泵接合器和室外消火栓。

8　隧道内消火栓的间距不应大于50m，消火栓的栓口距地面高度宜为1.1m。

9　设置消防水泵供水设施的隧道，应在消火栓箱内设置消防水泵启动按钮。

10　应在隧道单侧设置室内消火栓箱，消火栓箱内应配置1支喷嘴口径19mm的水枪、1盘长25m、直径65mm的水带，并宜配置消防软管卷盘。

12.2.3　隧道内应设置排水设施。排水设施应考虑排除渗水、雨水、隧道清洗等水量和灭火时的消防用水量，并应采取防止事故时可燃液体或有害液体沿隧道漫流的措施。

12.2.4　隧道内应设置ABC类灭火器，并应符合下列规定：

1　通行机动车的一、二类隧道和通行机动车并设置3条及以上车道的三类隧道，在隧道两侧均应设置灭火器，每个设置点不应少于4具；

2　其他隧道，可在隧道一侧设置灭火器，每个设置点不应少于2具；

3　灭火器设置点的间距不应大于100m。

12.3 通风和排烟系统

12.3.1 通行机动车的一、二、三类隧道应设置排烟设施。

12.3.2 隧道内机械排烟系统的设置应符合下列规定：

1 长度大于3000m的隧道，宜采用纵向分段排烟方式或重点排烟方式；

2 长度不大于3000m的单洞单向交通隧道，宜采用纵向排烟方式；

3 单洞双向交通隧道，宜采用重点排烟方式。

12.3.3 机械排烟系统与隧道的通风系统宜分开设置。合用时，合用的通风系统应具备在火灾时快速转换的功能，并应符合机械排烟系统的要求。

12.3.4 隧道内设置的机械排烟系统应符合下列规定：

1 采用全横向和半横向通风方式时，可通过排风管道排烟。

2 采用纵向排烟方式时，应能迅速组织气流、有效排烟，其排烟风速应根据隧道内的最不利火灾规模确定，且纵向气流的速度不应小于2m/s，并应大于临界风速。

3 排烟风机和烟气流经的风阀、消声器、软接等辅助设备，应能承受设计的隧道火灾烟气排放温度，并应能在250℃下连续正常运行不小于1.0h。排烟管道的耐火极限不应低于1.00h。

12.3.5 隧道的避难设施内应设置独立的机械加压送风系统，其送风的余压值应为30Pa～50Pa。

12.3.6 隧道内用于火灾排烟的射流风机，应至少备用一组。

12.4 火灾自动报警系统

12.4.1 隧道入口外100m～150m处，应设置隧道内发生火灾时能提示车辆禁入隧道的警报信号装置。

12.4.2 一、二类隧道应设置火灾自动报警系统，通行机动车的三类隧道宜设置火灾自动报警系统。火灾自动报警系统的设置应符合下列规定：

1 应设置火灾自动探测装置；

2 隧道出入口和隧道内每隔100m～150m处，应设置报警电话和报警按钮；

3 应设置火灾应急广播或应每隔100m～150m处设置发光警报装置。

12.4.3 隧道用电缆通道和主要设备用房内应设置火灾自动报警系统。

12.4.4 对于可能产生屏蔽的隧道，应设置无线通信等保证灭火时通信联络畅通的设施。

12.4.5 封闭段长度超过1000m的隧道宜设置消防控制室，消防控制室的建筑防火要求应符合本规范第8.1.7条和第8.1.8条的规定。

隧道内火灾自动报警系统的设计应符合现行国家标准《火灾自动报警系统设计规范》GB 50116的规定。

12.5 供电及其他

12.5.1 一、二类隧道的消防用电应按一级负荷要求供电；三类隧道的消防用电应按二级负荷要求供电。

12.5.2 隧道的消防电源及其供电、配电线路等的其他要求应符合本规范第10.1节的规定。

12.5.3 隧道两侧、人行横通道和人行疏散通道上应设置疏散照明和疏散指示标志，其设置高度不宜大于1.5m。

一、二类隧道内疏散照明和疏散指示标志的连续供电时间不应小于1.5h；其他隧道，不应小于1.0h。其他要求可按本规范第10章的规定确定。

12.5.4 隧道内严禁设置可燃气体管道；电缆线槽应与其他管道分开敷设。当设置10kV及以上的高压电缆时，应采用耐火极限不低于2.00h的防火分隔体与其他区域分隔。

12.5.5 隧道内设置的各类消防设施均应采取与隧道内环境条件相适应的保护措施，并应设置明显的发光指示标志。

附录A　建筑高度和建筑层数的计算方法

A.0.1　建筑高度的计算应符合下列规定：

1　建筑屋面为坡屋面时，建筑高度应为建筑室外设计地面至其檐口与屋脊的平均高度。【图示1】

2　建筑屋面为平屋面（包括有女儿墙的平屋面）时，建筑高度应为建筑室外设计地面至其屋面面层的高度。【图示2】

3　同一座建筑有多种形式的屋面时，建筑高度应按上述方法分别计算后，取其中最大值。【图示3】

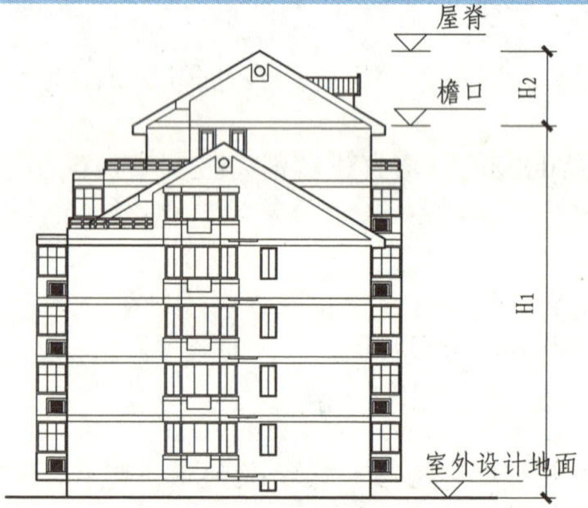

[注释]　1. 建筑高度$H=H_1+(1/2)H_2$;
2. 坡屋面坡度应≥3%。

A.0.1 图示1　坡屋面建筑剖面示意图

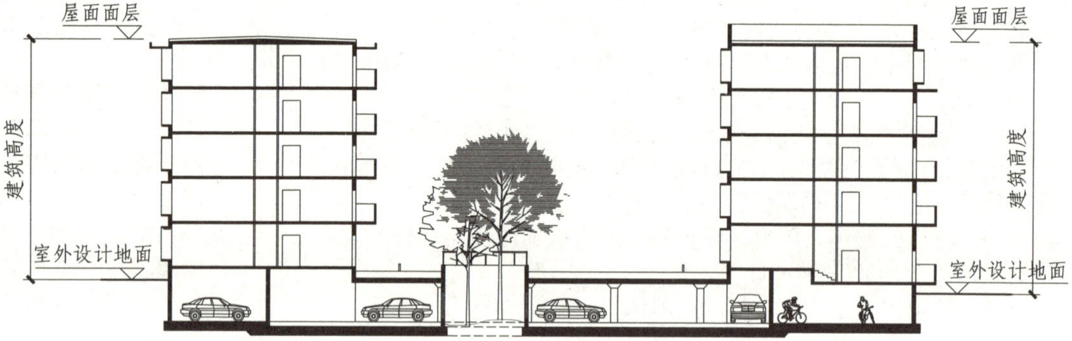

平屋面建筑剖面示意图

A.0.1 图示2

[注释]除台阶式地坪外，室外设计地面应同时满足以下两个条件，并选取室外设计地面标高的最低值作为计算建筑高度的标高值:
(1) 建筑首层主要安全出口的室外设计地面标高;
(2) 满足消防扑救操作要求的室外设计地面标高。

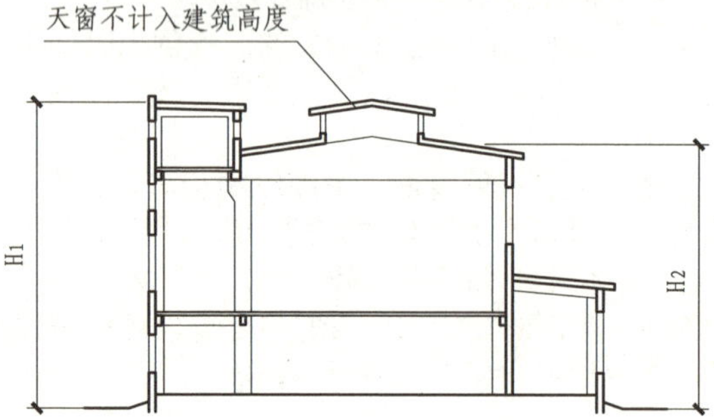

[注释]建筑高度取H_1和H_2的大值。

A.0.1 图示3　多种形式屋面建筑剖面示意图

附录A 建筑高度和建筑层数的计算方法								图集号	18J811-1
审核	蔡昭昀	蔡昭昀	校对	林莉	林莉	设计	李晓宁	李晓宁	页 FL-1

4 对于台阶式地坪，当位于不同高程地坪上的同一建筑之间有防火墙分隔，各自有符合规范规定的安全出口，且可沿建筑的两个长边设置贯通式或尽头式消防车道时，可分别计算各自的建筑高度。否则，应按其中建筑高度最大者确定该建筑的建筑高度。【图示4】

5 局部突出屋顶的瞭望塔、冷却塔、水箱间、微波天线间或设施、电梯机房、排风和排烟机房以及楼梯出口小间等辅助用房占屋面面积不大于1/4者，可不计入建筑高度。【图示5】

6 对于住宅建筑，设置在底部且室内高度不大于2.2m的自行车库、储藏室、敞开空间，室内外高差或建筑的地下或半地下室的顶板面高出室外设计地面的高度不大于1.5m的部分，可不计入建筑高度。【A.0.2图示1】【A.0.2图示2】【A.0.2图示3】

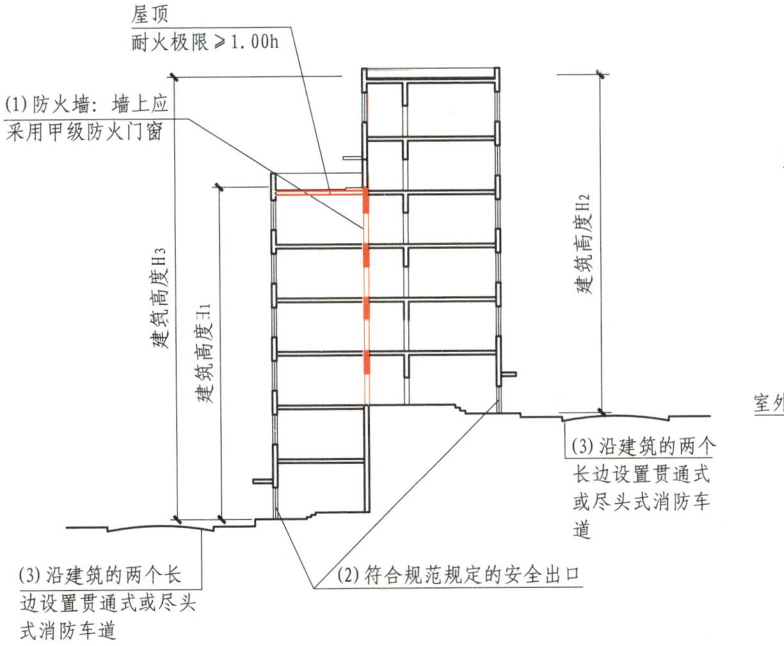

[注释]同时具备(1)、(2)、(3)三个条件时可按H_1、H_2分别计算建筑高度；否则应按H_3计算建筑高度。

剖面示意图

A.0.1 图示4

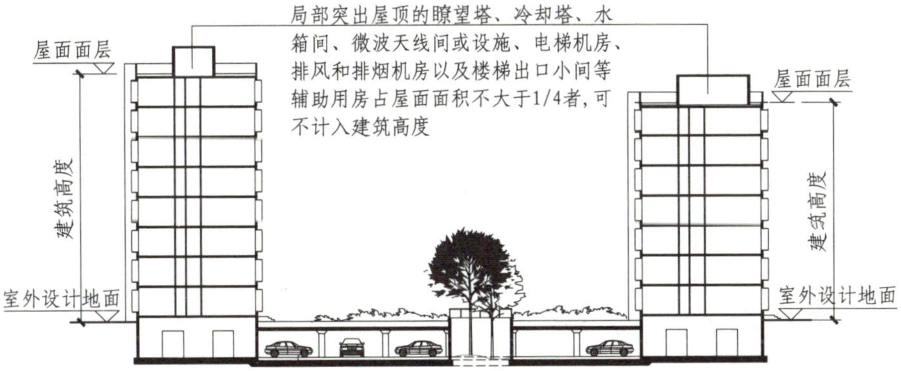

剖面示意图

A.0.1 图示5

附录A 建筑高度和建筑层数的计算方法							图集号	18J811-1
审核	蔡昭昀		校对	林 莉		设计 李晓宁	页	FL-2

A.0.2 建筑层数应按建筑的自然层数计算，下列空间可不计入建筑层数：

1 室内顶板面高出室外设计地面的高度不大于1.5m的地下或半地下室；【图示1】【图示3】

2 设置在建筑底部且室内高度不大于2.2m的自行车库、储藏室、敞开空间；【图示2】【图示3】

3 建筑屋顶上突出的局部设备用房、出屋面的楼梯间等。【图示1】

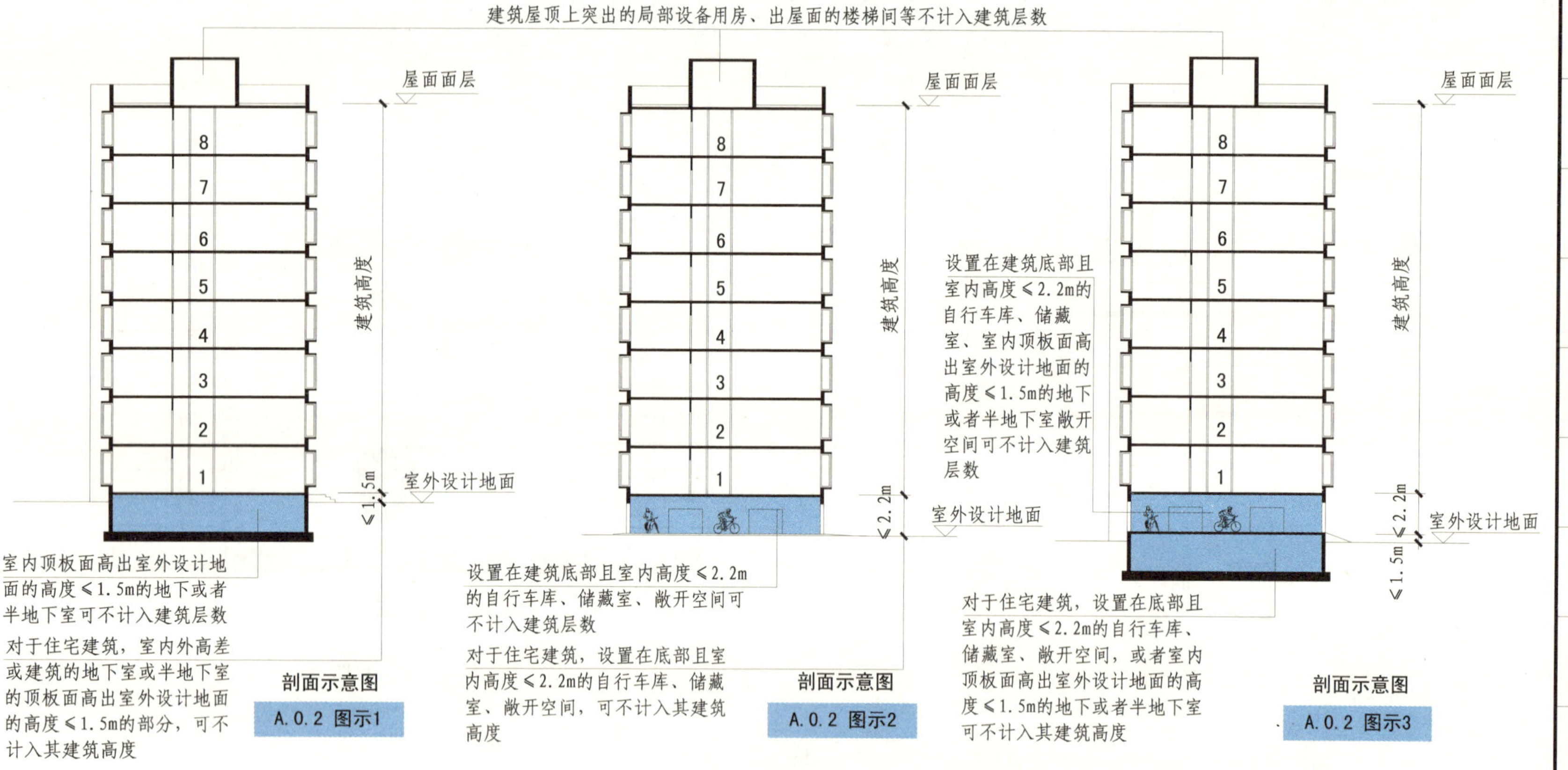

剖面示意图 A.0.2 图示1

剖面示意图 A.0.2 图示2

剖面示意图 A.0.3 图示3

附录A 建筑高度和建筑层数的计算方法	图集号	18J811-1
审核 蔡昭昀 校对 林莉 设计 李晓宁	页	FL-3

附录B　防火间距的计算方法

B.0.1　建筑物之间的防火间距应按相邻建筑外墙的最近水平距离计算，当外墙有凸出的可燃或难燃构件时，应从其凸出部分外缘算起。【图示1】

建筑物与储罐、堆场的防火间距，应为建筑外墙至储罐外壁或堆场中相邻堆垛外缘的最近水平距离。【图示2】【图示3】

B.0.2　储罐之间的防火间距应为相邻两储罐外壁的最近水平距离。【图示2】

储罐与堆场的防火间距应为储罐外壁至堆场中相邻堆垛外缘的最近水平距离。【图示2】

B.0.3　堆场之间的防火间距应为两堆场中相邻堆垛外缘的最近水平距离。【图示3】

B.0.4　变压器之间的防火间距应为相邻变压器外壁的最近水平距离。【图示4】

变压器与建筑物、储罐或堆场的防火间距，应为变压器外壁至建筑外墙、储罐外壁或相邻堆垛外缘的最近水平距离。【图示4】

B.0.5　建筑物、储罐或堆场与道路、铁路的防火间距，应为建筑外墙、储罐外壁或相邻堆垛外缘距道路最近一侧路边或铁路中心线的最小水平距离。【图示5】

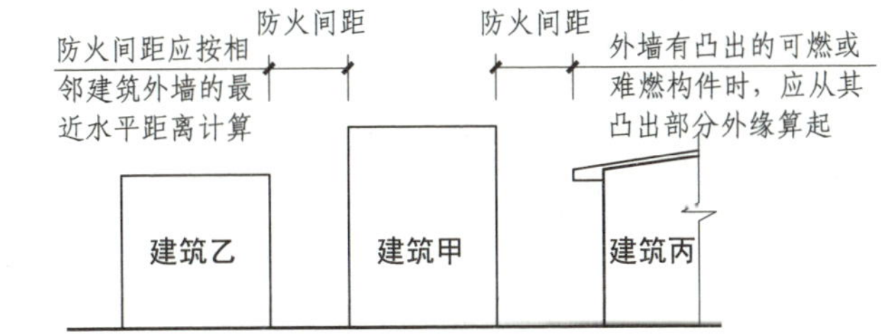

图示1

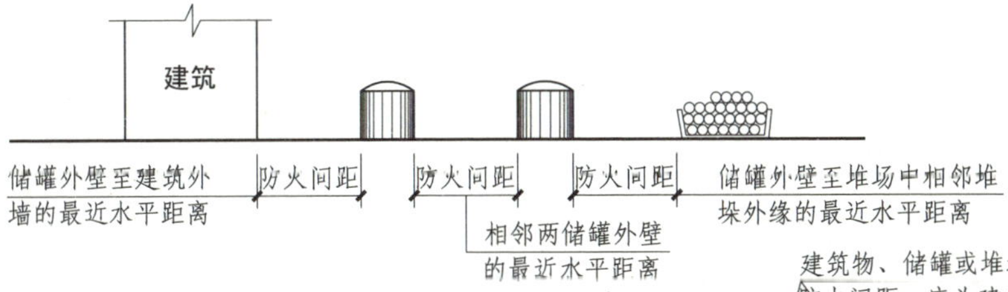

图示2

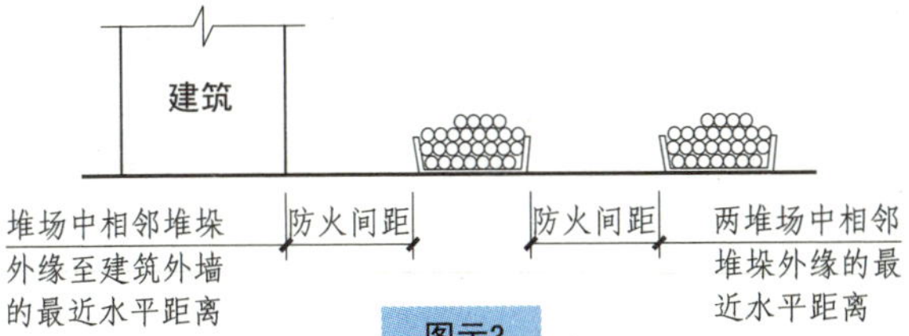

图示3

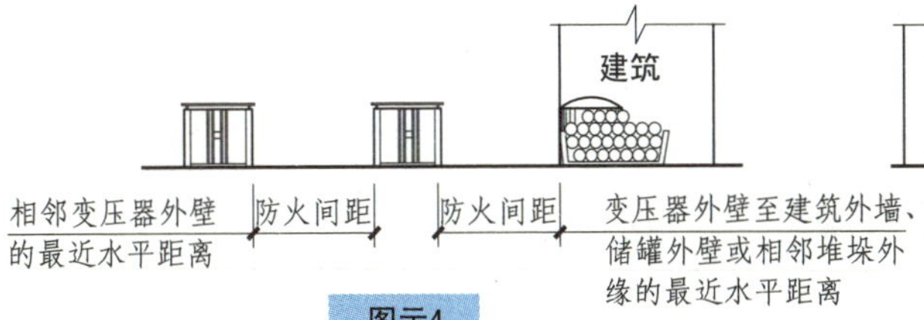

图示4

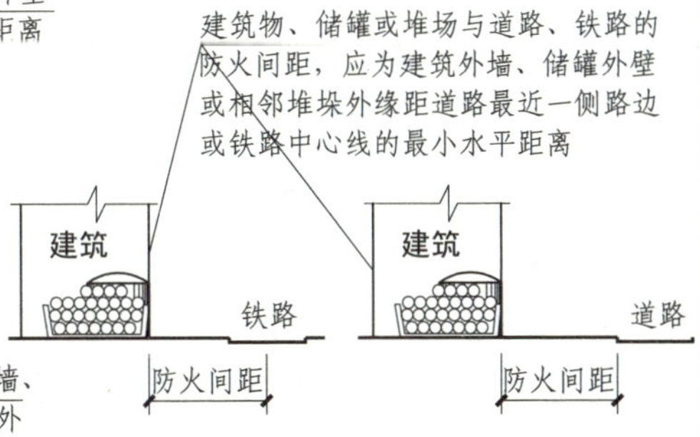

图示5

附录B　防火间距的计算方法							图集号	18J811-1
审核	蔡昭昀	蔡昭昀	校对	林莉	林莉	设计	李晓宁	李晓宁	页	FL-4

附录C 隧道内承重结构体的耐火极限试验升温曲线和相应的判定标准

C.0.1 RABT和HC标准升温曲线应符合现行国家标准《建筑构件耐火试验可供选择和附加的试验程序》GB/T 26784的规定。

C.0.2 耐火极限判定标准

1 当采用HC标准升温曲线测试时，耐火极限的判定标准为：受火后，当距离混凝土底表面25mm处钢筋的温度超过250℃，或者混凝土表面的温度超过380℃时，则判定为达到耐火极限。

2 当采用RABT标准升温曲线测试时，耐火极限的判定标准为：受火后，当距离混凝土底表面25mm处钢筋的温度超过300℃，或者混凝土表面的温度超过380℃时，则判定为达到耐火极限。

本规范用词说明

1 为便于在执行本规范条文时区别对待，对要求严格程度不同的用词说明如下：

1）表示很严格，非这样做不可的：

正面词采用“必须”，反面词采用“严禁”；

2）表示严格，在正常情况下均应这样做的：

正面词采用“应”，反面词采用“不应”或“不得”；

3）表示允许稍有选择，在条件许可时首先应这样做的：

正面词采用“宜”，反面词采用“不宜”；

4）表示允许有选择，在一定条件下可以这样做的，采用“可”。

2 本规范中指明应按其他有关标准、规范执行的写法为“应符合……的规定”或“应按……执行”。

引用标准名录

《木结构设计规范》GB 50005
《城镇燃气设计规范》GB 50028
《锅炉房设计规范》GB 50041
《供配电系统设计规范》GB 50052
《爆炸危险环境电力装置设计规范》GB 50058
《冷库设计规范》GB 50072
《石油库设计规范》GB 50074
《自动喷水灭火系统设计规范》GB 50084
《火灾自动报警系统设计规范》GB 50116
《汽车加油加气站设计与施工规范》GB 50156
《火力发电厂和变电站设计防火规范》GB 50229
《粮食钢板筒仓设计规范》GB 50322
《木骨架组合墙体技术规范》GB/T 50361
《住宅建筑规范》GB 50368
《医用气体工程技术规范》GB 50751
《消防给水及消火栓系统技术规范》GB 50974
《门和卷帘的耐火试验方法》GB/T 7633
《建筑构件耐火试验方法 第1部分：通用要求》GB/T 9978.1
《防火门》GB 12955
《消防安全标志》GB 13495
《防火卷帘》GB 14102
《建筑通风和排烟系统用防火阀门》GB 15930
《防火窗》GB 16809
《消防应急照明和疏散指示系统》GB 17945
《消防控制室通用技术要求》GB 25506
《建筑构件耐火试验可供选择和附加的试验程序》GB/T 26784
《电梯层门耐火试验 完整性、隔热性和热通量测定法》GB/T 27903

附录D　自然排烟窗(口)开启有效面积计算方法(依据《建筑防烟排烟系统技术标准》GB 51251-2017第4.3.5条)

除本标准另有规定外，自然排烟窗（口）开启的有效面积尚应符合下列规定：

1　当采用开窗角大于70°的悬窗时，其面积应按窗的面积计算；当开窗角小于或等于70°时，其面积应按窗最大开启时的水平投影面积计算。【图示1】

2　当采用开窗角大于70°的平开窗时，其面积应按窗的面积计算；当开窗角小于或等于70°时，其面积应按窗最大开启时的竖向投影面积计算。【图示2】

3　当采用推拉窗时，其面积应按开启的最大窗口面积计算。【图示3】

4　当采用百叶窗时，其面积应按窗的有效开口面积计算。【图示4】

5　当平推窗设置在顶部时，其面积可按窗的1/2周长与平推距离乘积计算，且不应大于窗面积。【图示5】

6　当平推窗设置在外墙时，其面积可按窗的1/4周长与平推距离乘积计算，且不应大于窗面积。【图示6】

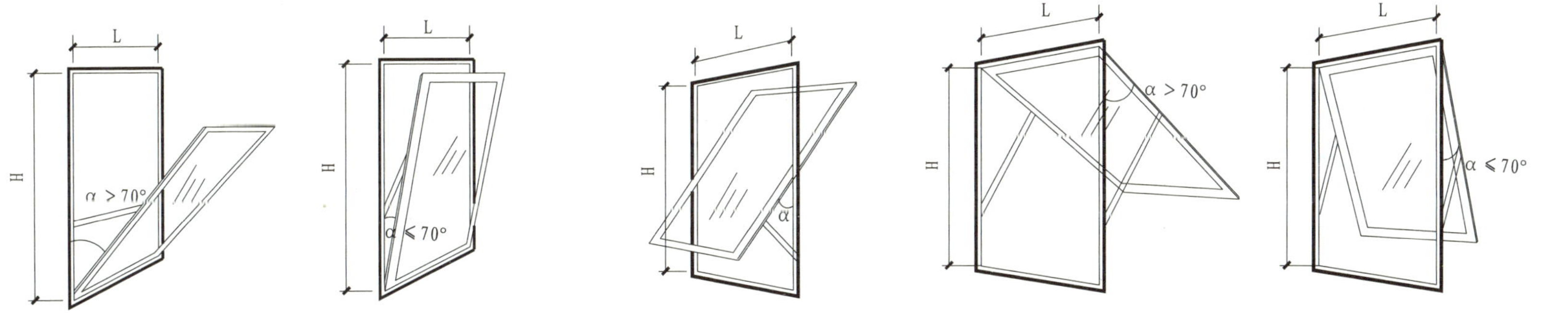

排烟窗的有效面积$F_{有效排烟}=F_{窗}$　下悬窗开窗角度大于70°

排烟窗的有效面积$F_{有效排烟}=F_{窗}\times\sin\alpha$　下悬窗开窗角度小于或等于70°

排烟窗的有效面积$F_{有效排烟}=F_{窗}\times\sin\alpha$　中悬窗

排烟窗的有效面积$F_{有效排烟}=F_{窗}$　上悬窗开窗角度大于70°

排烟窗的有效面积$F_{有效排烟}=F_{窗}\times\sin\alpha$　上悬窗开窗角度小于或等于70°

图示1

[注释]

1　排烟窗净面积$F_{窗}=H\times L$;

2　对于悬窗，排烟有效面积应按水平投影面积计算；如果中悬窗的下开部分不在储烟仓内，这部分的面积不能计入有效排烟面积之内。

附录D　自然排烟窗(口)开启有效面积计算方法						图集号	18J811-1
审核	蔡昭昀	校对	林莉	设计	李晓宁	页	FL-6

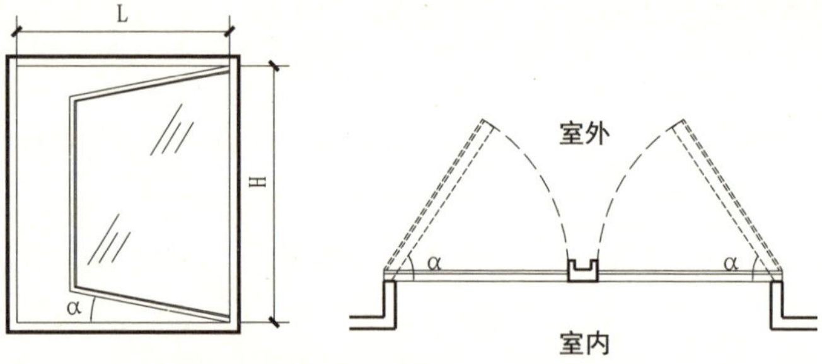

排烟窗净面积$F_{窗}=H\times L$

平开窗角度α≤70° ： $F_{有效排烟}=F_{窗}\times\sin\alpha$

平开窗角度α>70° ： $F_{有效排烟}=F_{窗}$

安装在外墙上的平开窗　　**安装在屋顶的平开窗**

[注释]

1　对于平开窗，排烟有效面积应按垂直投影面积；

2　作为排烟使用的平开窗必须设在储烟仓内。

图示2

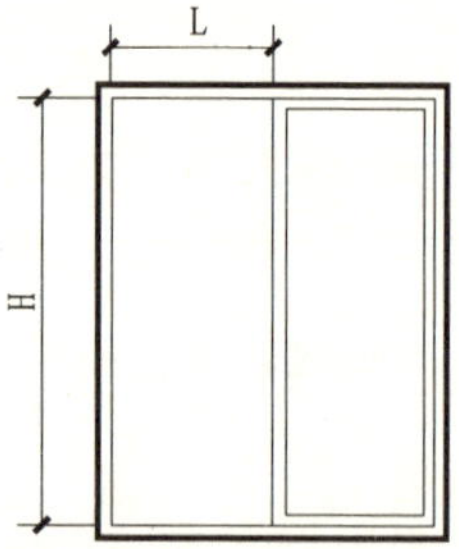

排烟窗的有效面积$F_{有效排烟}=H\times L$

推拉窗

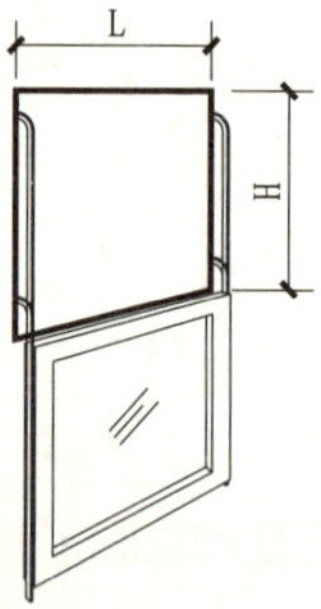

排烟窗的有效面积$F_{有效排烟}=H\times L$

下滑电动窗

图示3

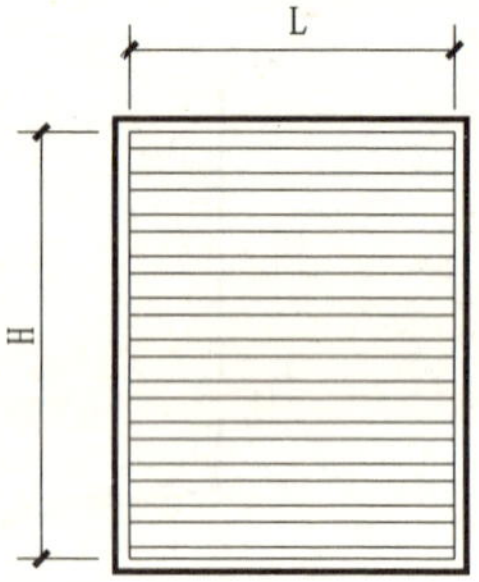

排烟窗净面积$F_{窗}=H\times L$

排烟窗的有效面积$F_{排烟有效}=F_{窗}\times$有效面积系数

百叶窗

[注释] 对于百叶窗，窗的有效面积为窗的净面积乘以有效面积系数。根据工程实际经验，当采用防雨百叶时系数取0.6，当采用一般百叶时系数取0.8。

图示4

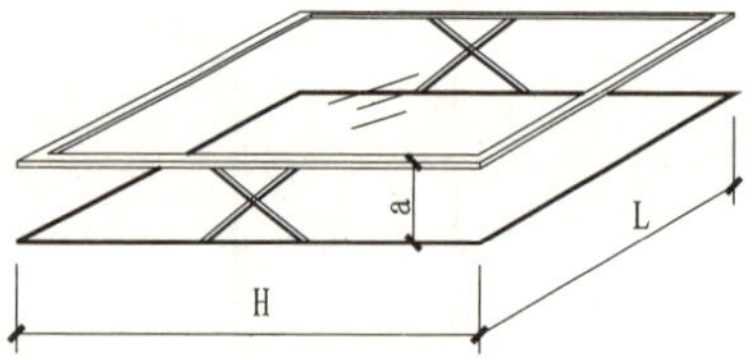

排烟窗的有效面积

$F_{有效排烟}=1/2\times(2H+2L)\times a$且$F_{有效排烟}\leqslant H\times L$

设置在顶部的平推窗

图示5

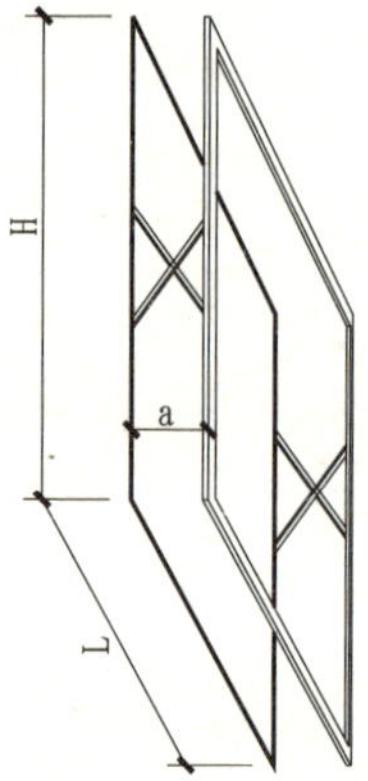

排烟窗的有效面积

$F_{有效排烟}=1/4\times(2H+2L)\times a$且$F_{有效排烟}\leqslant H\times L$

设置在侧墙的平推窗

图示6

附录D 自然排烟窗（口）开启有效面积计算方法							图集号	18J811-1
审核	蔡昭昀	（签名）	校对	林 莉	（签名）	设计 李晓宁 （签名）	页	FL-7

喜利得防火封堵产品相关技术资料

电缆束贯穿孔防火封堵

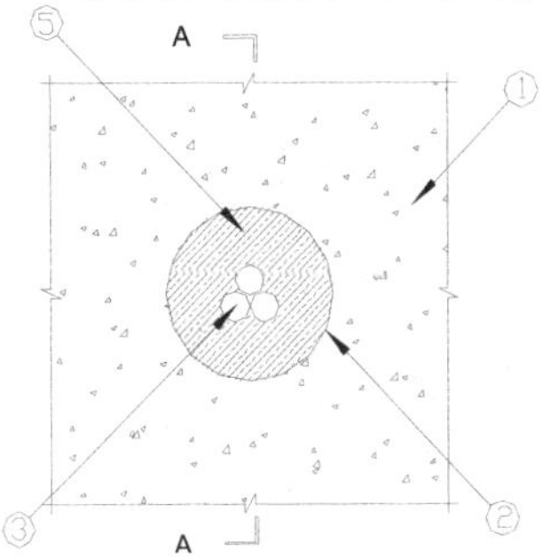

UL 检测系统编号：NO. CAJ 3095

防火时效：3h

①混凝土墙或混凝土楼板

② 钢管套筒（可选）

③ 电缆束

④ 最小厚度为 51mm 的矿棉（密度>70kg/m³）

⑤ 最小厚度为 13mm 的 FS-ONE Max 膨胀型防火胶

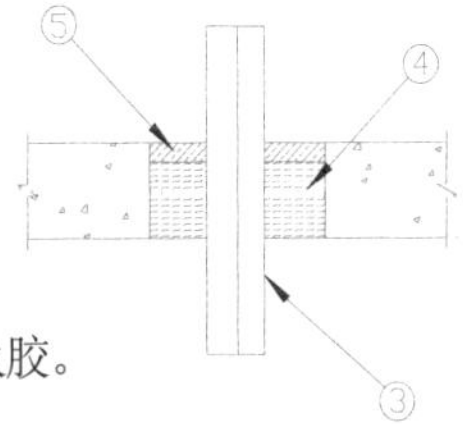

备注：

电缆束占整个井孔截面积的要求最小为 25%，最大为 45%，进行穿墙孔封堵时，墙体两边都必须填充最小深度为 13mm 的 FS-ONE Max 膨胀型防火胶。

金属管道贯穿孔防火封堵

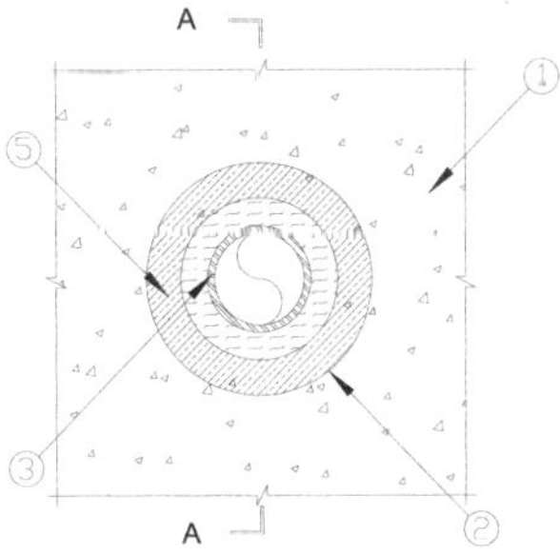

UL 检测系统编号：NO. CAJ 1226

防火时效：3h

① 混凝土墙或混凝土楼板结构

② 钢管套筒（可选）

③ 适用贯穿物：钢管、铸铁管、铜管

④ 最小厚度为 100mm 的矿棉（密度>70kg/m³）

⑤ 最小厚度为 6.5mm 的 FS-ONE Max 膨胀型防火胶

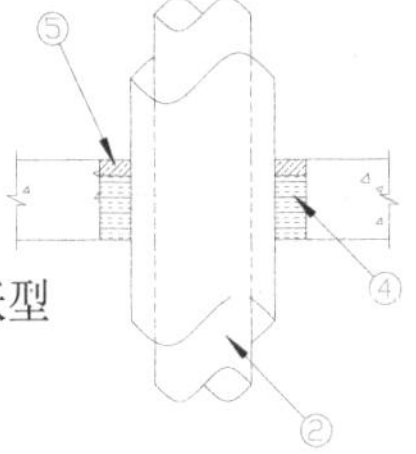

备注：

封堵时孔间隙要求为 0～48mm，进行穿墙孔封堵时，墙体两边都必须填充最小厚度为 6.5mm 的 FS-ONE Max 膨胀型防火胶。

注：本页根据喜利得（中国）商贸有限公司提供的技术资料编制。

多重电缆桥架贯穿孔防火封堵

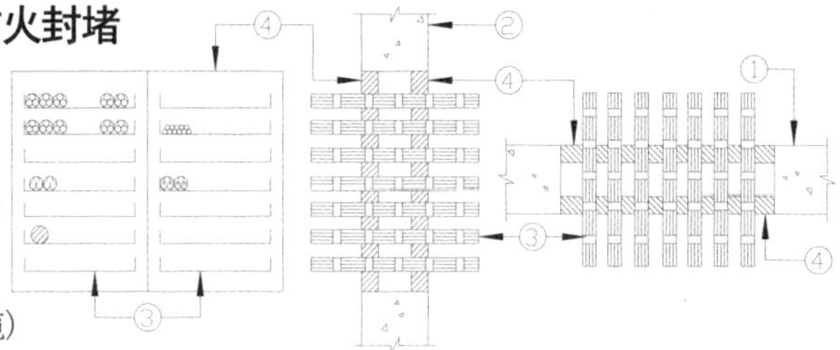

检测序列号：C 129497

防火时效：4h

① 混凝土楼板，厚度 100mm

② 混凝土墙，厚度 150mm

③ 多排电缆桥架（多种电缆）

④ CP 670 防火涂层板系统组成：双层 CP670 涂层板（每层各 50mm 厚），CP 606 防火密封胶用于涂层板与混凝土孔口边缘的粘结，和电缆管线穿涂层板处的防火封堵。

幕墙防火设计

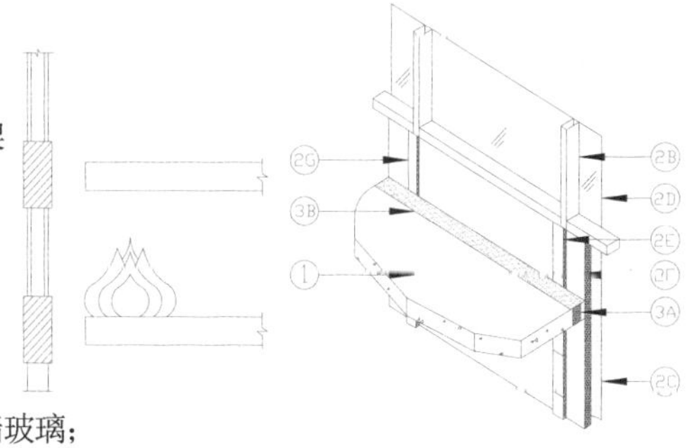

幕墙层间防火检验报告 CEJ-216-P

适用于：玻璃幕墙和铝合金幕墙框架

防火时效及位移要求：

① 满足 2h 防火防烟要求

② 满足位移变形要求可达±15%

节点：

2B：铝合金幕墙框架；2C，2D：幕墙玻璃；

2E，2G：铝框防火绝热垫层：矿棉垫，最小密度 130kg/m³，防止铝框遇火变形，以自攻螺丝等方式固定至铝框，矿棉垫朝向室内部分以铝箔贴面；

2F：幕墙玻璃防火绝热垫层：矿棉垫，50mm 厚，最小密度 130kg/m³，防止玻璃遇火变形，最小高出楼面层 900mm，以自攻螺丝配合角钢等部件方式固定至铝框，矿棉垫朝向室内部分以铝箔贴面，垫层可以与铝框内面齐平，确保垫层与幕墙玻璃之间保持最小 50mm 的间隔--隔热空气层；

3A：防火封堵漆背衬矿棉板，安装时压缩比不得小于 33%，压紧后最小密度 130kg/m³，最小厚度 100mm，以满足位移变形要求；

3B：防火封堵漆 CFS-SP WB，喷涂或涂刷最小 3mm 湿厚度（干燥后 1.5mm 厚），满足 2h 防火防烟要求，满足位移变形要求可达±15%。

洛科威岩棉产品相关技术资料

1. 产品简介

洛科威岩棉产品是以天然岩石为主要原材料，经过 1450°C 高温熔融，离心喷吹制成的纤维制品。洛科威岩棉配方和技术应用经过 80 多年的发展和完善，通过巨量的工程实践证实其耐久性和可靠性，在建筑、工业、交通和农业领域都有成熟的应用，并将防火安全、保温节能、吸音降噪和耐久稳定等功能组合为一体。

2. 适用范围

制品		适用范围
屋面岩棉	柔性屋面	钢结构房屋金属屋面系统的新建和修葺
	金属屋面	大型公共建筑、厂房、库房
幕墙岩棉	保温	非透明幕墙保温绝热
	防火封堵	层间防火封堵和填充
外墙外保温岩棉		新建和改建外围护构造，被动式超低能耗围护构造
隔声防火岩棉		工业和民用建筑中的内隔墙和外隔墙
夹芯板岩棉芯材	金属面	商业、工业和公共建筑的室内和室外，可以为墙体、屋面、隔墙、天花板、建筑立面和高载荷围护结构
	非金属面	民用建筑中的保温装饰一体化板系统
定向岩棉板系列		当屋面、幕墙、外墙和隔墙应用中有轻质高强、高防火、高节能和高防水等要求时
岩棉吸音吊顶		安全、声学和舒适性要求较高的医疗机构、教育机构、办公楼、商场、体育休闲场所和工业厂房等

北京国贸中心 I II III 期

郑州华润悦府（外墙外保温系统高度 189m）

北京首都机场 A380 飞机库

青岛中德生态园被动房示范楼

上海迪士尼乐园屋面

威卢克斯中国区总部办公楼（ROCKFON）

3. 性能特点

洛科威岩棉是 A_1 级防火材料且耐高温持久，具有导热系数低且长期稳定、憎水效果可靠、吸水率低、强度高、尺寸稳定性强、吸音隔音降噪显著等特点，对于绿色建筑，在产品全生命周期内具有优秀的可持续性。

注：本页根据洛科威中国公司提供的技术资料编制。

阔尔垂直滑动窗相关技术资料

阔尔垂直滑动窗系列产品是长春阔尔科技股份有限公司完全自主研发的全新、智能化窗型，也是我国自己研发的第一套垂直滑动窗型，可作为侧窗及幕墙应用于各种场景。

阔尔垂直滑动窗最大的特点在于电动开启扇在窗户上部分向室内方向下滑开启方式，其承袭古人智慧，遵循了空气交换规律，使通风更科学、更高效；下滑开启方式不仅节省室内空间，还避免了窗与内遮阳系统、窗台摆放物的相互干扰；开启扇设在上部形成了不易翻越的高度，有效防止高空坠落；窗棂简洁，采光充分，视野更开阔；断电情况下，利用蓄能电池开启满足临时断电的应急需要；紧急情况下亦可启动紧急释放系统，在窗扇自重的作用下瞬间开窗排放烟雾。阔尔垂直滑动窗具有智能的多元化操作方式，可通过遥控器、面板、操作终端对单扇或成组窗扇进行控制，还可以通过手机远程遥控，千里之外实现对窗的管控。同时可通过风、雨、烟、温度等智能化传感器对窗扇进行自动控制。阔尔垂直滑动窗采用了独特的线性锁紧结构，使产品整体水密性、气密性与抗风压性达到国家标准规定的最高级别，2016 年 3 月 26 日由国家住建部科技成果推广中心系统评估：“产品达到国际先进水平”。详细构造可详见国家建筑标准参考图集 16CJ69《垂直滑动窗》。

阔尔垂直滑动窗　开启智能新风时代

注：本页根据长春阔尔科技股份有限公司提供的技术资料编制。

长春新区政务综合服务中心

中国建筑标准设计研究院

长春科技大市场

济南高铁东站

阔尔科技参展中国住博会

无钉无胶三角型消防排烟天窗（菲尼克斯）产品相关技术资料

1. 产品简介

菲尼克斯主要以采光为主、必要时开启的需求进行设计；采用通用控制箱控制，可与消防中心联动控制，达到排烟的目的。

2. 适用范围

产品	主要材料	适用范围
菲尼克斯	铝合金板、铝合金型材、聚碳酸酯阳光板	可应用在采光为主、必要时开启的工业厂房、仓库等建筑。

3. 性能特点

（1） 窗扇采用矩形铝合金结构，高强度的免维护合页，结构稳定强度高，抗风压最大可达 3000Pa，抗雪压最大可达 1500Pa。

（2） 采用全铝合金制作，耐腐蚀性强，质量轻。

（3） 整窗设计理念：无钉无胶、结构防水，具有超强的防水性能。

（4） 整窗 K 值（16mm 阳光板）可达 $2.4W/m^2 \cdot K$，保温性能优异。

（5） 经过了 10000 次启闭循环测试，功能可靠。

（6） 采用通用控制箱控制，可与消防中心联动，达到排烟目的。

（7） 有防坠落系统可选。

4. 窗型及详细构造可详见国家建筑标准设计参考图集 18CJ87-1《采光、通风、消防排烟天窗(一)》。

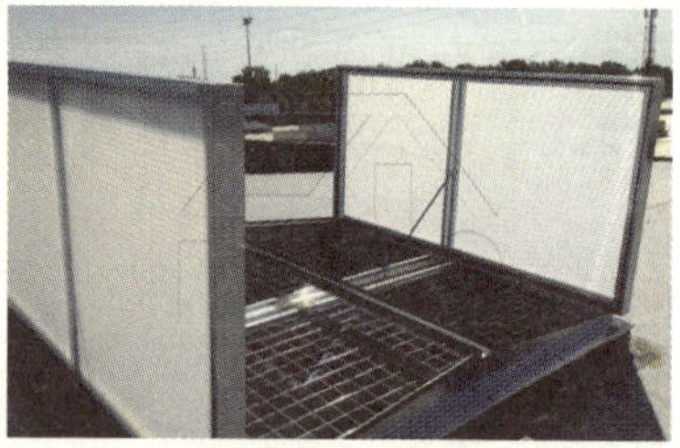

注：本页根据大连光华采光通风工程有限公司提供的技术资料编制。

恒保防火玻璃、防火门窗隔墙产品相关技术资料

1. 产品简介

鹤山市恒保防火玻璃厂有限公司是一间专业从事：防火玻璃、防火窗、耐火窗、玻璃防火门、防火玻璃非承重隔墙、挡烟垂壁、防火玻璃地台、采光顶、防火幕墙、镶玻璃构件等产品研究与生产的专业性厂家。公司自 2013 年率先通过“CCCf”强制性认证截止到 2018 年 9 月中旬，已获得国家“CCCf”主型产品认证证书 35 张，共获报告 152 份涵盖 0.5h～4h 防火系列产品，并拥有防火玻璃与门窗类专利 21 项。

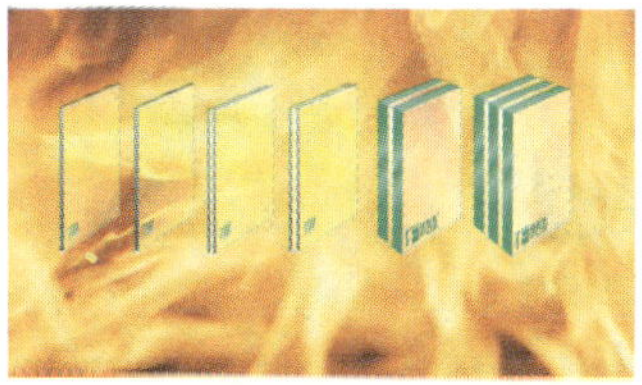

恒保防火玻璃

（单片防火玻璃、灌浆复合防火玻璃、水晶硅新型防火玻璃）

防火玻璃非承重隔墙

玻璃防火门

防火玻璃地台、采光顶

挡烟垂壁

钢质防火窗、耐火窗

2. 适用范围

防火玻璃与门窗，主要适用于建筑物中各使用功能区域的防火分区和防火分隔，起阻隔火灾传播的作用，防火类型有隔热型和非隔热型，防火时间有 0.50h、1.00h、1.50h、2.00h、3.00h 等。

3. 八大产品信息

产品系列	产品特点	执行标准
防火玻璃	1. 单片非隔热型防火玻璃：产品包括普通型、SV1233、SV1333、SV2133、SV3133、SV6133 六个系列，防火时间 30min~120min； 2. 灌浆复合隔热型防火玻璃：16、20、26、30、36mm 等型号,并获 CCC 认证证书,防火隔热时间 30min~90min； 3. 水晶硅新型防火玻璃：有 15、25、35、75mm 等型号，并获 CCC 认证证书，德国原材料进口，产品具有防火、稳定、绿色、超薄、隔热、坚硬的特点，质保五年，可使用十年以上	GB 15763.1-2009、BS476 part22、AS 1530.4、BS EN1634-1：2008、BS EN1364-1：1999
钢质防火窗、耐火窗	1. 钢质隔热防火窗：14 个型号获 CCC 认证证书，率先通过国家 2h、3h 防火窗认证； 2. 耐火窗：钢质非隔热型防火窗、钢铝复合非隔热型防火窗,根据新《建筑设计防火规范》研发,满足外窗三性及防火完整性 1.0h 要求	CCC 认证、GB 16809-2008、BS 476 part22、AS 1530.4 BS EN1634-1：2008、BS EN1364-1：1999
玻璃防火门	1. 其他材质隔热型防火门：7 个型号获 CCC 认证证书，超大版面乙级玻璃防火门 2130、甲级玻璃防火门 2230； 2. 欧标/英标地弹簧玻璃门	CCC 认证、GB 12955--2008、BS 476 part22、AS 1530.4、BS EN1634-1：2008、BS EN1364-1：1999
防火玻璃非承重隔墙	4 个型号获 CCC 认证证书，超大超高尺寸 3200mm×4300mm，单块玻璃最大尺寸为 1500mm×4200mm	CCC 认证、GA 97-1995、BS 476 part22、AS 1530.4、BS EN1634-1：2008、BS EN1364-1：1999
挡烟垂壁	6mm、8mm 防火玻璃类刚性固定式挡烟垂壁，已获 CCC 认证证书	CCC 认证、GA 533-2012
防火玻璃地台、采光顶系统	防火隔热 60min~120min，承重 500kg/㎡以上，火灾发生后持续 16h 不坍塌、保持承载力和完整性	BS 476 part22、BS EN1365-2：2000
防火玻璃幕墙	1. 框架：厚实耐高温优质钢材； 2. 玻璃：水晶硅硬质隔热或部分隔热防火玻璃	JGJ 102-2003、GB 50016-2014
镶玻璃构件	为客户提供个性化防火构件，全部通过国家型式检验	GB/T 12513-2006

注：本页根据鹤山市恒保防火玻璃厂有限公司提供的技术资料编制。

彤天岩棉产品相关技术资料

1. 产品简介

彤天岩棉产品是以精选优质的天然玄武岩、白云石为主要原料经熔融制成的无机防火绝热吸声材料，产品可分为外墙用岩棉板、条；屋面用岩棉板、高强度岩棉板和低密度岩棉板或毡；金属围护专用岩棉板芯材以及柔性防火岩棉毡等。适用于大型、高层、重点项目建筑，如机场、汽车厂、大型商场、住宅楼、体育馆、仓储及烟草行业建筑等。

2. 适用范围

制品	材料主要指标	适用范围
外墙用岩棉制品	岩棉板：抗拉强度≥10kPa；厚度 30～100mm 岩棉条：抗拉强度≥100kPa；厚度 30～250mm	外墙外保温薄抹灰系统
	铝箔贴面岩棉板：厚度 30～150mm 防火贴面岩棉板：厚度 30～150mm	幕墙外保温防火系统
	一体板用岩棉条：密度≥120kg/m³， 与装饰板复合后抗伸粘结强度≥0.10MPa	外墙保温装饰一体化系统
	耐火岩棉板：耐火 2h，厚度 100～150mm	幕墙系统防火堵头
屋面用岩棉制品	岩棉板：抗压≥60kPa，点载荷≥600N，厚度 30～100mm 高强度岩棉板：抗压≥80kPa，点载荷≥800N， 厚度 30～100mm	单层柔性防水卷材屋面结构系统；适用于各种压型金属板屋面以及光伏太阳能屋面
	低密度岩棉板或毡：密度 40～60kg/m³，降噪系数>0.75，导热系数 0.036W/(m.k)；板长 1200mm，卷毡长度 3～6m	高效的吸音降噪和弹性消振材料，与压型钢板配合安装
夹芯板专用岩棉	岩棉条：密度≥120kg/m³；金属夹芯板厚度 50～100mm，耐火 1h～2h，复合后抗伸粘结强度≥0.06MPa	金属夹芯板，金属围护系统，隔断
柔性防火岩棉毡	岩棉毡：卷毡长度 4-6m，耐火 1h；耐火 2h	钢结构梁、柱防火保温；混凝土梁、柱防火保温

3. 性能特点

1、A_1级不燃防火保温材料，耐温超过 650℃，无有害气体释放；尺寸稳定性及耐热稳定性高；不生霉菌、无微生物生长基础；良好的抗老化、耐候性及稳定性；使用寿命高于其他保温材料。

2、具有优秀的透气与吸声降噪性能，同时具有优异的耐火及保温性能及持久稳定的保温效果。

3、高性价比，使防火保温建造成本与节能要求更趋于合理。

外墙应用实例

屋面应用实例

金属围护

柔性防火岩棉毡

注：本页根据南京彤天岩棉有限公司提供的技术资料编制。

新元素玻特防火板相关技术资料

1. 产品简介

坡特防火板是一种无石棉纤维增强硅酸盐（钙）板，其适用于工业、民用建筑的室内高耐火极限要求的防火墙、防火吊顶、建筑防烟排烟、钢结构保护、隧道防火保护等防火系统。

新元素抗爆和泄爆系统适用于各类有抗爆/泄爆要求的建筑部位。

2. 适用范围

类别	板材长度(mm)×宽度(mm)	厚度（mm）
2h、3h、4h 防火墙	2440×1220	8、9、12
0.5h、1.5h、2h 防火吊顶	2440×1220	9、12
3h、4h 钢柱防火包覆	2440×1220	12
2.5h 钢梁防火包覆	2440×1220	12
2h、3h 防火排烟风管	2440×1220	9、12
2h 隧道防火保护（RABT 类）	2440×1220	10 + 10
2h 幕墙封堵（完整性）	2440×1220	9
4h 防火抗爆墙系统	2400×1200	9.5
泄爆墙系统	2440×1220	9

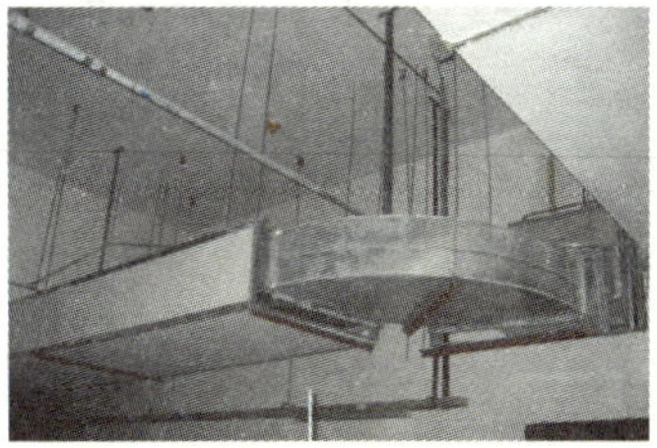

3. 性能指标

类别		玻特 H 板	玻特 N 板
密度（g/cm^3）		≤0.95	>0.95，≤1.15
导热系数（W/(m·k)）	23℃	≤0.20	≤0.22
	500℃	≤0.40	≤0.46
热收缩率（%）（900℃）	横向	≤2.00	≤2.50
	纵向	≤3.50	≤4.00
	厚度	≤10.0	≤14.0
烧失量（%）		≤16	≤18
高温开裂性（900℃）	板幅面	完整性良好 （不炸裂，表面不应产生裂纹，严禁产生穿透裂纹）	
	厚度	完整性良好 （不应产生裂纹、分层）	
燃烧性能		A1 级不燃	
烟毒性		安全级 AQ1	

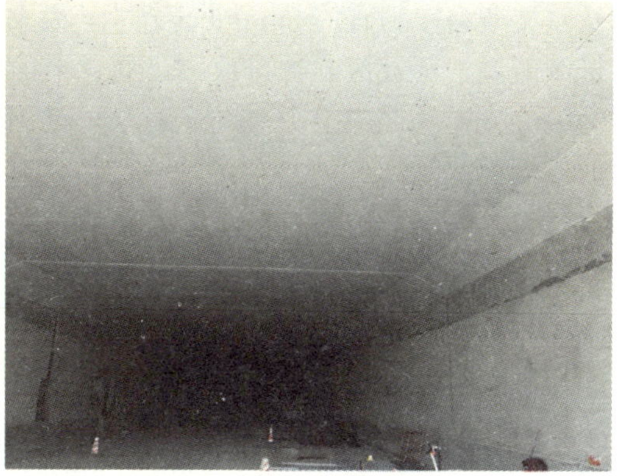

注：本页根据广东新元素板业有限公司提供的技术资料编制。

欧文斯科宁产品相关技术资料

1. 公司简介

欧文斯科宁致力于保温材料、屋面系统和玻璃纤维复合材料的开发、生产和销售。面向全球，以人为本，在保温材料领域，欧文斯科宁利用自身在材料、制造和建筑科学方面的丰富经验与技术专长开发节能的产品和系统，在该领域处于市场领先水平。欧文斯科宁总部设在俄亥俄州的托莱多市，2017 年销售额达 64 亿美元，在 37 个国家拥有员工约 19000 名，已连续 63 年入选“《财富》500 强”。

2. 玻璃棉产品介绍

欧文斯科宁玻璃棉保温材料是由均匀细长、富有弹性的玻璃纤维和特殊粘结剂组成的轻质、耐用、保温性能优越的保温隔热材料，并可根据使用要求选择不同的防潮、防火系列贴面，被广泛用于钢结构和住宅商业类建筑中，常见的应用部位有幕墙、隔墙、外墙、暖通空调等。2013 年欧文斯科宁推出了新一代绿色保温材料—Ecotouch®宜可®玻璃棉，采用纯天然原料的生态粘结剂及欧文斯科宁独有的 PureFiber 技术，大大降低了在生产过程中的资源能源消耗及废弃物排放，已通过十环认证，甲醛释放量小于 0.01mg/m³，获得中国环境绿色标志，是国内第一款获得此项认证的玻璃棉产品。

3. 岩棉产品介绍

Thermafiber 是全球领先的岩棉生产商，通过全球最具权威的 UL 近千项防火体系认证，全球 10 幢最高的建筑中，有 6 幢采用了该公司的产品。2013 年 6 月，Thermafiber 正式并入欧文斯科宁旗下。欧文斯科宁 Thermafiber®岩棉采用玄武岩、白云石等为主要原材料，加入粘结剂等辅助材料在经 1450℃左右的高温熔融后，由高速离心设备制成的无机纤维类保温材料，被广泛用于钢结构和住宅商业类建筑中，常见的应用部位有幕墙、隔墙、外墙、暖通空调等。

注：本页根据欧文斯科宁（中国）投资有限公司提供的技术资料编制。

北京玛钢防火门窗产品相关技术资料

1. 产品简介

北京玛钢炜业消防科技有限公司的防火门窗产品有钢质防火门、钢木复合防火门、装甲门、不锈钢大玻璃防火门、防火隔音门、地铁抗风压防火门、钢质防火窗、不锈钢防火窗、钢质防火卷帘门、不锈钢防火卷帘门、无机布卷帘门、提升卷帘门、侧卷门、挡烟垂壁等 50 多种产品。

2. 适用范围

产品类型	主要产品	适用范围
防火门窗	钢质防火门、不锈钢大玻璃防火门、钢木复合防火门，钢质固定、平开防火窗	工业与民用建筑：别墅、医院、学校、商场、银行、轨道交通、厂房等
装甲门	锻铜装甲门、铸铝装甲门、原木门	
防火卷帘门	钢质防火卷帘门、侧卷门，无机防火卷帘门、提升卷帘门	
挡烟垂壁	玻璃挡烟垂壁、电动挡烟垂壁	

3. 性能特点

3.1 防火门窗能够达到甲级（1.5h）、乙级（1.0h）、丙级（0.5h）的耐火极限要求。防火卷帘产品经过耐火性能测试，耐火极限达到 3.0h。挡烟垂壁满足挡烟性能要求。以上产品均获有公安部消防产品合格评定中心颁发的国家强制性产品认证 3C 证书。

3.2 装甲门：结构为钢质门体系统+铜、实木装饰面板。

外饰面为0.8mm紫铜板或6mm真空铸铝板等面板材料，内饰面为15mm红橡实木板，内嵌双面 1.0mm 防撬镀锌钢板，门扇厚度 100mm。防撬镀锌钢板内填充防火保温材料。

门框采用 2.0mm 厚镀锌钢板一次折弯成型，铰链侧设三点式防撬销。门扇面板和门套在使用多年以后可根据个人喜好拆换。

装配有“帝卢”6.5 寸加重型铰链、意大利原装进口机动化电子锁、中控一体插销等五金。门扇、门框四周设有高档密封条。

装甲门可达到防盗等级甲级、防火等级甲级和气密性、水密性等性能要求。造型美观大方，开启灵活，使用寿命长。

锻铜装甲门

钢木防火门

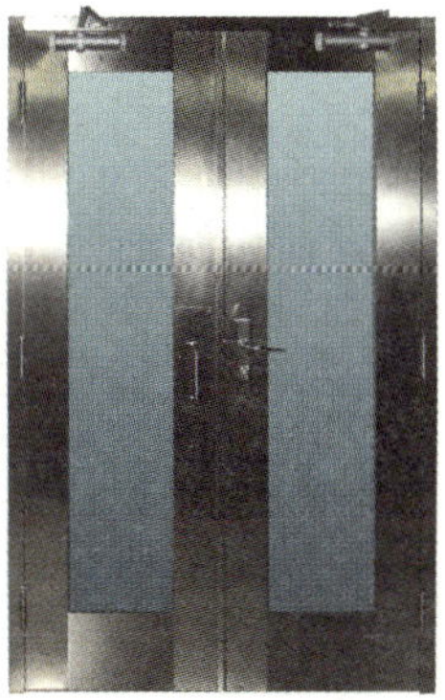
不锈钢大玻璃防火门

防火窗

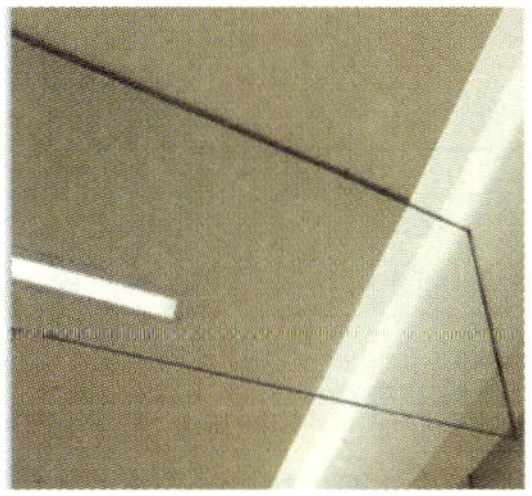
玻璃挡烟垂壁

电动挡烟垂壁

钢质防火卷帘门

无机防火卷帘门

注：本页根据北京玛钢炜业消防科技有限公司提供的技术资料编制。

宝产三和产品相关技术资料

1. 产品简介

上海宝产三和门业有限公司卷帘系列以钢质防火卷帘（复合型）、钢制防火卷帘（普通）、特级防火卷帘（双轨无机布基）等十几种产品组成；滑升门系列以铝质单板滑升门、钢质单板滑升门、钢质复合滑升门等产品组成；另有快速卷帘门系列产品。

2. 适用范围

制品	厚度（mm）	主要材料	适用范围
普通卷帘门（单板型）	0.8～1.5	冷轧镀锌钢板、彩色涂层钢板、不锈钢	工业与民用建筑
普通卷帘门（复合型）	0.8+0.8		
钢质防火卷帘（复合型）	0.8+0.8		
钢质防火卷帘（普通）	1.0		
钢质防火防烟卷帘（普通）	1.0		
钢质防火防烟卷帘（复合型）	0.8+0.8		
无机纤维复合防火防烟卷帘	15	由防热辐射布、隔热毯、防火耐火布、防火布、装饰布竺组成	
特级防火卷帘（双轨无机布基）	15		
特级防火卷帘（双轨无机折叠式提升）	15		
特级防火卷帘（水雾式钢制复合型）	0.8+0.8	冷轧镀锌钢板、彩色涂层钢板、不锈钢	
铝质单板滑升门	0.6	彩涂铝板、铝合金型材	工业、商业、物流、车库
钢质单板滑升门	0.5	彩涂钢板	
钢质复合滑升门	40	彩涂钢板、彩硬质聚氨酯发泡	
快速卷帘门	0.9	软质氯乙稀	工业、商业

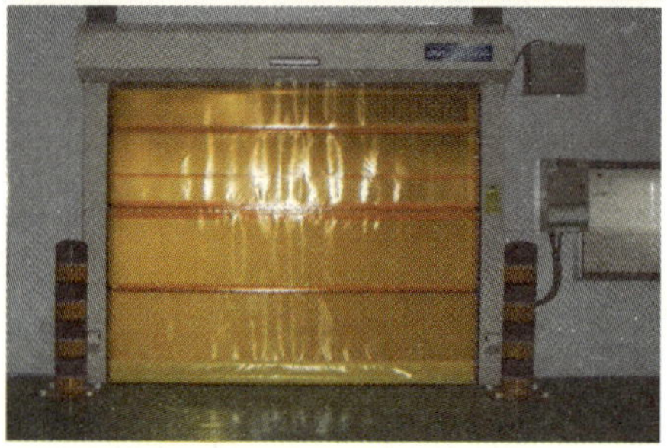

3. 性能特点

防火卷帘系列产品其耐火极限>4.00h；铝质单板滑升门具有优异的耐腐蚀性能且具有轻巧的操作感；钢质单板滑升门具有耐久性特点；钢质复合滑升门向钢板注入硬质聚氨酯泡沫塑料，具备最佳隔热方式；快速卷帘门开闭速度为普通卷帘门的10倍，对风、灰尘、昆虫等有阻挡作用，配备传感器自动开闭装置，方便操作。

注：本页根据上海宝产三和门业有限公司提供的技术资料编制。

NFJ®地坪相关技术资料

1. 产品简介

NFJ 防爆地坪是从切断爆炸点燃源这一必要条件来防止爆炸发生的；NFJ 防（抗）爆地面同时具备防静电、不发火、防火等级 A_1 级、抗爆、耐冲击的功能。主要适用于适用于有甲、乙类防（抗）爆要求的易燃、易爆品生产车间及易燃、易爆品仓库等：石油化工、航空航天、军事工业、粉尘、气体爆炸工程、民爆行业等领域。满足并高于本图示 3.6.6 条中要求。

2. 适用范围

产品规格	类型	适用场合
NFJ-06A	金属骨料防爆	防（抗）爆要求高、有重载要求的场所（氢氧气等敏感气体、敏感炸药的生产车间、库房等）
NFJ-06B	金属骨料防防爆	有防（抗）爆要求，对重载要求不高的场所。
NFJ-07C	金属复合防爆	
NFJ-7J	金属复合防静电、不发火	市政综合管廊燃气舱、对耐磨要求不高的易燃易爆的场所
NFJ-GFB	金属防爆改造	本图示 3.6.6 条中规定的场所

3. 特点

（1）防火等级为 A_1 级；

（2）持久的、稳定的防静电、不发火性能；

（3）施工周期短施工时无有害气体排放、无污染物产生；

（4）高耐磨、耐冲击、抗油渗、抗渗透、耐弱酸、耐盐碱、防锈蚀。

4. 产品性能指标

产品规格	防静电性能(Ω)	不发火性能	抗压强度（MPa）	耐磨性（g/cm^3）
NFJ-06A	10^5～10^6	符合国家标准	95.8	0.014
NFJ-06B	10^5～10^8		90.5	0.020
NFJ-07C	10^5～10^8		82.5	0.028
NFJ-07J	10^6～10^9		60	0.1
NFJ-GFB	10^5～10^9		85	0.020

注：本页根据北京金科复合材料有限责任公司材料研究所提供的技术资料编制。

〈CZ〉靖江市春竹环保科技有限公司相关技术资料

1 电动采光排烟天窗

电动采光排烟天窗适用于工业与民用建筑屋顶或侧面采光、通风和排烟。

排烟天窗主要类型有：一字型天窗、三角形天窗、圆拱形天窗、避风型天窗、侧开型天窗、金字塔型天窗等。

控制方式：单控、多项控制、智能控制、消防联动控制。

2 防火抗爆窗

防火抗爆窗是既能防火又能抵抗来自建筑物外部爆炸冲击波的特种建筑固定外窗。

特性：

① 窗框为钢方管，抗爆玻璃由铯钾玻璃和聚合物夹层组成。

② 玻璃的厚度、尺寸与抗爆压力之间的关系按工程要求计算确定。

3 消防排烟百叶窗

该产品叶片两端周边框有毛条密封，故叶片完全密合时可达到阻绝暴风雨的效果，中空叶片结构能有效地提高室内的保温隔音效果，叶片调整角度可在0～105°之间，当配装驱动电机及智能控制系统后，能最大限度地发挥产品优点。平时可作通风换气窗，发生火灾时，接到火灾自动报警信号后会立即打开（消防优先原则），实现消防排烟功能。

4 自动消防排烟天窗

自动消防排烟天窗可全开至90～120°，确保快速驱散烟雾以及有害烟气。产品安装在楼梯间上部、电梯井顶部及屋顶上。其控制直接接入建筑物的管理系统或配备备用电池，实现消防联动控制和烟雾探测器自动控制。天窗系统配置自熔装置，当温度达到一定值时，窗扇自动打开排烟。

特性：

① 排烟降低烟尘伤害的风险；

② 可见度增强，使消防人员得以快速定位火灾位置；

③ 可防止二次着火以及防止火灾的侧向蔓延；

④ 排除有毒的以及可能会爆炸的烟气；

⑤ 防止被热气烫伤；

⑥ 减少对建筑物内物品的损害。

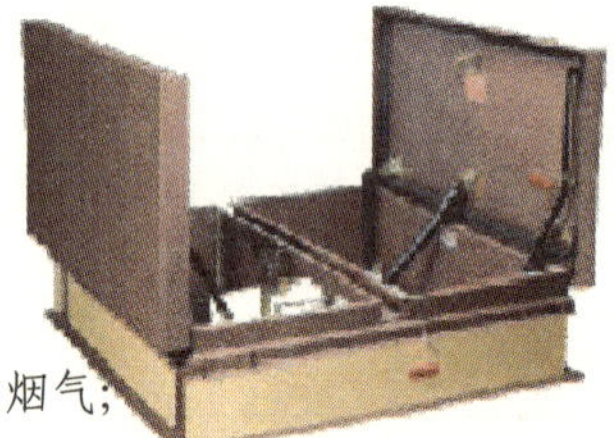

5 自动排烟通风天窗

通风天窗的主要通风形式为自然通风，它是利用室内外温差所形成的风压来实现换气通风效果，在自然通风不能达到预计效果时，可选择辅助风机补充动能达到排热、排烟的效果。天窗系统配置自熔装置，当温度达到一定值时，窗扇自动打开排烟。

特性：

① 结构布置灵活，适用于任何结构屋面。

② 结构整体性能优越，通过设计能满足任何地区荷载要求。

③ 能适用于各种类型的车间，具有防酸、防热、防水、防湿等功能，使用寿命长。

注：本页根据靖江市春竹环保科技有限公司提供技术资料编制。
企业网址：www.bilco.com.cn

④ 不存在倒灌的问题。

⑤ 维护费少，与建筑物本身达到同等使用寿命。

6 CZKC 系列开窗机

CZKC 系列开窗机主要适用于工业厂房上悬、中悬、下悬天窗和侧窗，电动开启。

主机壳体为铝镁合金，机电一体化控制，齿轮铜环免润滑。

控制方式：风控、雨控、消防联动集中控制和局部控制。

开启形式有齿条开启式、拐臂开启式、推杆开启式、链条开启式，具体根据开启扇数和窗扇重量选用。

CZKC 开窗机

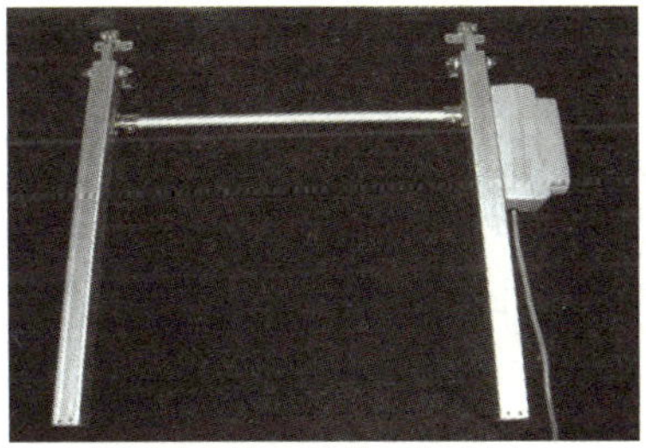

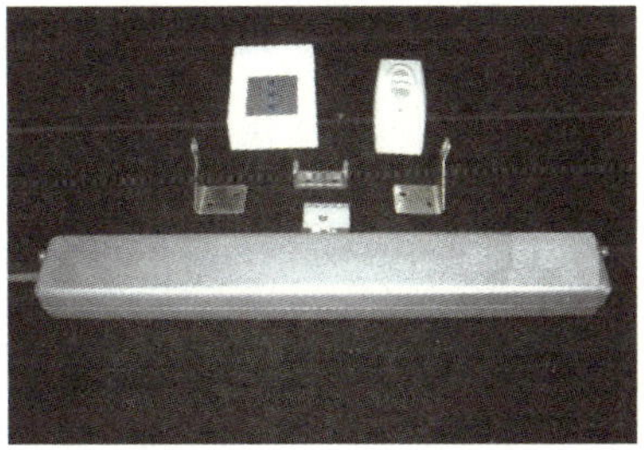

7 防火抗爆门

防火抗爆门分 A 型、B 型：A 型门适用于危险工房的抗爆室(抗爆隔间)；B 型适用于石油化工、隧道、仓库、核电、避难所、变电所（站）及贵重物品库，机要部门等建筑。

特性：

① 产品耐火时间达到 4h 以上。

② A 型抗爆门的允许等效静荷载为：1000kPa～4000kPa 共五类。

③ A 型抗爆门均为单扇平开式内开门，有手动抗爆门和液动抗爆门两种形式开启方向有左开和右开两种方式。

④ A 型防火抗爆门要求四点锁紧，密封条采用阻燃橡胶制品。

⑤ B 型防火抗爆门允许等效静荷载为 30kPa-1000kPa。

⑥ 开启方式 B 型抗爆门分为单扇门和双扇门。

⑦ 抗爆门应具有自动闭合的功能。

8 排烟采光移动天窗

主要用于室内游泳馆、室内植物园、工业厂房、商业大厦中庭花园、酒店、别墅等场所的大型屋顶采光、通风和排烟。

特性：

① 移动天窗采用铝合金构架或钢构体系，具有免维修、完善的密封结构、能控制结露和风雨渗透等优点，并提供多种屋面结构及颜色选择。

② 采光材料：中空玻璃、多层聚碳酸酯板膜结构等。

③ 移动天窗的结构件及滑动轨道均严格遵守现行国家建筑法规和技术标准设计。

④ 设计由多个分格的子系统构成，每个子系统可单独启闭。

控制方式：可集中控制、遥控器控制、风雨感应器、光感应器实现自动控制；同时，可带有自备电源，与楼宇和消防控制系统联动，接受启闭命令。

开启形式：单板块开启、双板块开启、整体屋面平移开启以及整体房屋移动。

9 防火、降温、降噪系统

系统主要适用于 35kV、110kV、220kV 户内式变电站（所）或电厂机房的防火、降温和降噪工程。

产品主要有：防火隔音大门、防火百叶窗、通风吸音百叶窗、吸音墙体、低噪声风机、智能控制六种产品经设计组合而成。使主变电室或机房的防火、温控、噪声等指标达到国家现行相关标准。

注：本页根据靖江市春竹环保科技有限公司提供技术资料编制。

企业网址：www.bilco.com.cn

宇安防火产品相关技术资料

1. 产品简介

宇安防火板是一种无石棉增强纤维硅酸盐（钙）板，以水泥、石英砂、云母、珍珠岩经高温蒸压养护而成的，其性能稳定，单位质量轻，安装方便快捷，是节能环保的新型材料。板材 100%无石棉、无放射性、A 级不燃、施工干式作业，施工速度快，安装过程环保无污染。可根据项目具体要求提供二次深化设计及施工安装。

2. 适用范围

宇安建筑系统适用于专业防火、泄爆、抗爆要求的各类建筑，主要应用于防火墙、防火吊顶、钢柱、钢梁防火包覆、泄爆墙、泄爆屋面、泄爆窗、抗爆墙、抗爆门等。

3. 工程图片

注：本页根据北京卓瀛嘉天建筑材料有限公司提供的技术资料编制。

4. 产品性能指标

系统	类别	产品信息
防火系统	3h 防火墙	耐火时间 3h，具备型式检验报告 9mm 硅酸盐防火板+钢骨架（岩棉）+9mm 硅酸盐防火板
	4h 防火墙	耐火时间 4h，具备型式检验报告 12mm 硅酸盐防火板+钢骨架（岩棉）+12mm 硅酸盐防火板
	0.5h 防火吊顶	耐火时间 0.5h，具备型式检验报告 9mm 硅酸盐防火板+钢骨架（岩棉）
	1.5h 防火吊顶	耐火时间 1.5h，具备型式检验报告 12mm 硅酸盐防火板+钢骨架（岩棉）
	3h 钢柱防火包覆	耐火时间 3h，具备型式检验报告 12mm 硅酸盐防火板+钢骨架（岩棉）
	3h 钢梁防火包覆	耐火时间 3h，具备型式检验报告 12mm 硅酸盐防火板+钢骨架（岩棉）
抗爆系统	4h 抗爆防火墙	抗爆压力值 2MPa、3MPa。耐火极限 4h，具备型式检验报告。9.5mm 钢片纤维水泥复合板+钢骨架（岩棉）+9.5mm 钢片纤维水泥复合板
	抗爆门	抗爆压力值 2MPa、3MPa 钢片纤维水泥复合板+重型铰链+锁栓机构
泄爆系统	泄爆墙	泄爆压力≤50kPa，重量不超过 60kg/m²。9mm 双层硅酸盐泄爆板+钢骨架（岩棉）+9mm 硅酸盐泄爆板
	饰面泄爆外墙	泄爆压力≤50kPa，重量不超过 60 kg/m²。纤维水泥外墙装饰板+钢骨架（岩棉）+硅酸盐泄爆板
	泄爆屋面	泄爆压力≤50kPa，重量不超过 60 kg/m² 9mm 双层硅酸盐泄爆板+钢骨架
洁净系统	洁净装饰系统	室内洁净装饰 6mm（或 8mm）洁净板+基板+钢骨架

泰康健康产业投资控股有限公司
Taikang Healthcare Investment Holdings Limited

泰康保险集团 世界500强企业

泰康健投
Taikang Healthcare

泰康健康产业投资控股有限公司（简称泰康健投），是泰康保险集团旗下专业从事医养健康产业投资开发、资产管理和运营服务的全资子公司，是泰康大健康业务发展的核心平台和载体。顺应时代发展和民生需求，努力建设成为中国医养健康产业的核心企业。

泰康健投布局大健康产业十余年，聚焦“医养康宁”服务体系建设，拥有泰康之家、泰康医疗、泰康纪念园、泰康健康不动产、泰康健康产业基金等多个专业医养品牌，打造面向全国的生态化的医疗、养老、康复、安宁的实体服务网络，致力于以市场化的服务，提升中国老年人及其家庭的生活品质、医护水平和文化传承。

泰康之家
Taikang Community

泰康之家，是泰康健投旗下专注养老、康复的实体建设运营和创新服务的专业品牌，作为中国保监会批准的首个保险资金投资的养老社区试点，泰康之家康养社区目前已完成全国多个省会及重点城市的布局，其中北京、上海、广州、成都等项目已先后投入运营，并获得良好的市场和社会反响。

泰康之家聚焦老年生命链的产业整合，以养、康为核心，坚定医养结合和科技推动的服务创新，医养服务对接保险产品的市场创新，产学研结合的平台创新，与全社会协同打造老年人健康养老的服务平台。以规模化、体系化的创新实践，引领国人健康养老观念和生活方式的变革，为承担时代赋予的社会责任贡献自身力量。

泰康同济（武汉）医院

广东罗浮净土人文纪念园

泰康之家·燕园

泰康之家·申园

泰康之家·沈园

泰康之家·鹭园

注：本页根据泰康健康产业投资控股有限公司提供的资料编制。

TKC 泄爆及抗爆系统产品相关技术资料

1. 产品简介

TKC 泄爆及抗爆系统是用于保护来自高压粉尘或化学品的爆燃对建筑物房间或设备的破坏。TKC 泄爆及抗爆系统能按照国标(GB)及美标(FM/NFPA)的抗爆泄爆值与负风压的参数来设计及安装建筑物的防爆区划。TKC 泄爆及抗爆系统均通过国家认证的实验室进行的实际防火/爆炸/抗风揭/三性能/隔音/保温/节能测试及结构计算，能有效地抗 12 级台风，防止建筑物的倒塌及限制爆燃扩散到其他区域。

2. 适用范围

喷漆间/锅炉房/甲乙类化学品库/电池实验室/洁净室/特种气体

3. 工程实例照片

轻型泄爆墙

成功泄爆案例

柔性防水卷材泄爆屋盖

防火抗爆墙

4. 性能指标

系统名称	产品信息
TKC 防火抗爆门(A 型)	钢制门(单开/双开)，抗爆压力值=4000kPa，防火时效 1.5h(甲级)。
TKC 抗爆窗	钢制窗(采光型)，抗爆压力值=4000kPa。
TKC 防火抗爆墙	1. 技术参数:抗爆压力值=4000kPa，重量≤100kg/m²，防火时效 4h。 2. 材料组成及规格:10mm 抗爆板+120mm 龙骨(内填岩棉)+10mm 抗爆板。
TKC 抗爆吊顶	1. 技术参数:抗爆压力值=4000kPa，重量≤100kg/m²，防火时效 4h。 2. 材料组成及规格:10mm 抗爆板+120mm 龙骨(内填岩棉)+10mm 抗爆板。
TKC 轻型泄爆墙	1. 技术参数:泄爆压力值≤20kPa，重量≤60kg/m²，规格:50mm/75mm/100mm。 2. 类型:1)岩棉夹芯钢板复合保温泄爆墙。 2)单层压型钢板复合保温泄爆墙。
TKC 水泥纤维板泄爆墙	1. 技术参数：泄爆压力值≤20kPa，重量≤60kg/m²。 2. 材料组成及规格： 9mm 水泥纤维板×2+120mm 龙骨（内填岩棉）+9mm 水泥纤维板×1。
TKC 泄爆吊顶	1. 技术参数:泄爆压力值≤20kPa，重量≤60kg/m²，规格:50mm。 2. 材料组成及规格;洁净室专用泄爆板+泄爆扣件。
TKC 轻型泄爆屋盖	1. 技术参数:泄爆压力值≤20kPa，重量≤60kg/m²，规格:50mm/75mm/100mm。 2. 类型:岩棉夹芯彩钢板/单层压型钢板/柔性防水卷材复合保温泄爆屋盖。
TKC 泄爆窗(A 型)	铝制窗(采光型/保温型)，泄爆压力值≤20kPa，重量≤60kg/m²。
TKC 泄爆门	钢制门(单开/双开)，泄爆压力值≤20kPa，重量≤60kg/m²。
TKC 抗爆屋(A 型)	1. 量身定制:按实际化学品存放的数量，减少空间的浪费。 2. 可移动性:未来化学品需求增加或减少，可以灵活运用。 3. 规格:6000×2450×2600mm，12000×2450×2600mm。

注：本页根据上海腾喜建筑工程有限公司提供的技术资料编制。

“樱花”建筑用岩棉产品技术资料

1. 产品简介

樱花建筑用岩棉产品主要包括外墙外保温岩棉板、外墙外保温岩棉带、建筑多功能岩棉板、防火岩棉板以及高强度屋面板等，建筑用岩棉产品是具有优异的保温性能、憎水性、力学性能的一种无机不燃保温材料。

2. 适用范围

产品分类	密度（kg/m^3）	厚度（mm）	适用范围
外墙外保温岩棉板	≥140	40～150	外墙外保温薄抹灰系统，干挂幕墙保温系统
外墙外保温岩棉带	≥80	30～200	外墙外保温薄抹灰系统，防火隔离带
建筑多功能岩棉板	40~120	25～250	建筑隔墙，非透明幕墙，压型钢板屋面系统
Safecurtain 幕墙岩棉保温系统	45～55	40～200	非透明幕墙保温系统
高强度屋面岩棉板	≥140	40～75	单层屋面系统，压型钢板屋面系统
防火岩棉板	64～120	100	幕墙防火封堵、防火墙等（耐火时效有 1h 到 4h 不等）

3. 性能特点

樱花建筑岩棉具有良好的保温性能、憎水性能、压缩强度、垂直于表面的抗拉拔强度、吸音降噪功能，耐久性好，适用于建筑外墙外保温系统、外墙防火隔离带、非透明幕墙保温系统、单层屋面系统。A 级不燃的防火性和抗高温的收缩能力，可以在火灾发生时保持系统的稳定性。

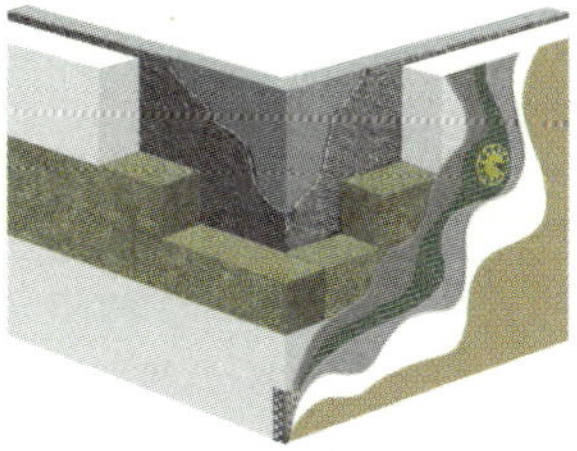
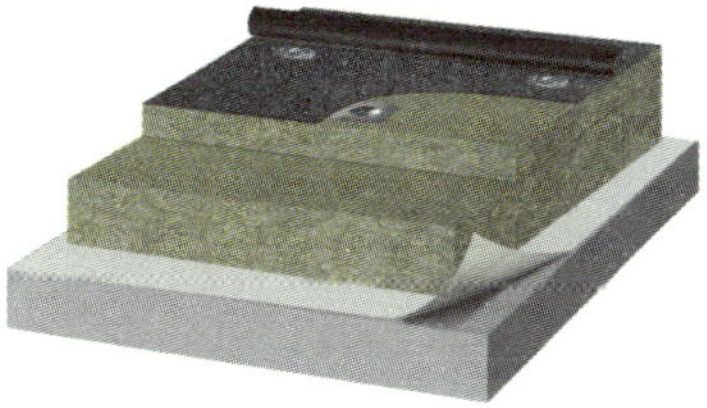
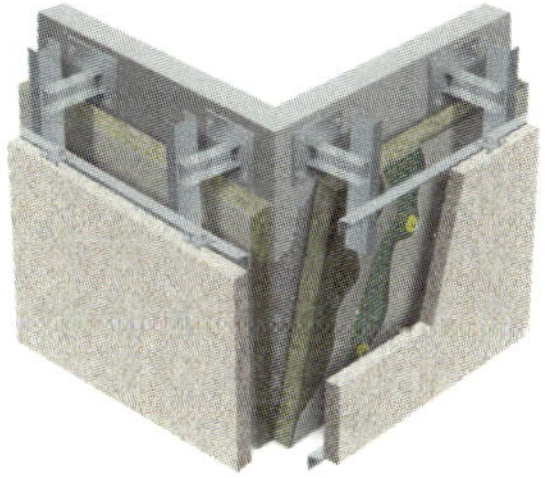
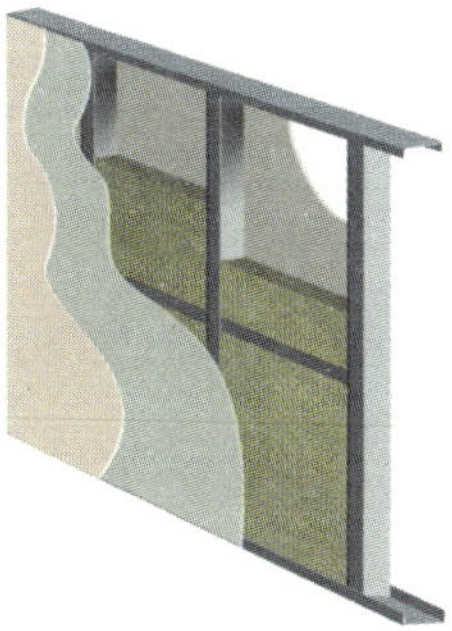
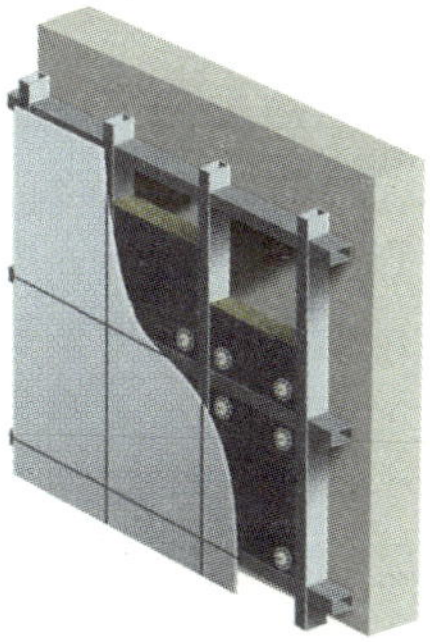

注：本页根据上海新型建材岩棉有限公司提供的技术资料编制。

上海森林特种钢门有限公司产品相关技术资料

1. 产品简介

上海森林特种钢门有限公司主要消防类产品有：钢质、木质门、钢木质防火门，防火卷帘门、防火窗、防火气密门、防火住宅门、挡烟垂壁、防火涂(堵）料等 40 多个品种。

2. 适用范围

品种	主要产品	适用范围
防火门（及窗、墙）	防火门：钢质防火门、玻璃防火门、超大防火门 钢木防火门、木质防火门、防火安全门 防火窗：固定式防火窗、开启式防火窗 防火墙：防火金属墙板	**公共建筑**：写字楼、商场、酒店、学校、体育馆、演出场所、医院、机场、轨道交通、大使馆等 **工业建筑**：工业厂房 **民用建筑**：别墅、公寓等
防排烟	自动排烟窗、挡烟垂壁	
防火卷帘	垂直、侧向、平卧式防火、防烟卷帘 双帘双轨无机卷筒式、折叠提升式特级防火卷帘；钢质水喷淋式特级防火卷帘 抗风压防火卷帘	
重型门	特种门：包括机库门、折叠门、柔性大门等核电门、抗爆门、泄爆门、隧道防护隔断等	
室内门	住宅门：防盗门、防盗防火门 医院门：病房门、洁净门、半自动移门等	

钢质防火门（安全出口）

防盗防火门（住宅）

防火金属墙板

玻璃隔热防火门

钢质隔热防火窗

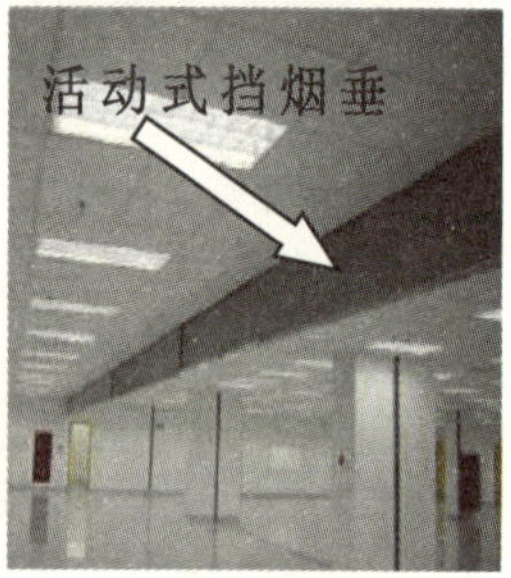

挡烟垂壁

3. 性能特点

3.1 满足《防火门》GB12955 中的甲级、乙级、丙级隔热产品。产品设计选用对人体无毒无害的环保材料；公司取得符合海外 WH、UL、BS 等标准的防火门、卷帘门的认证证书。

3.2 防排烟系统：当建筑物产生有毒烟气时系统会自动开启，确保人员生命安全。日常还具有采光及通风功能。

3.3 防火卷帘：采用先进的防火传动系统；无机布卷帘通过万向传动系统使卷帘达到不同形状，满足各种形状的建筑洞口的要求。

3.4 重钢产品：可根据设计要求，研发设计特种功能性的产品。

3.5 防火防盗安全门：同时满足防火门、防盗门标准要求的产品。

自动排烟系统

双帘双轨无机特级无防火卷帘

注：本页根据上海森林特种钢门有限公司技术资料编制。

参编企业、联系人及电话

参编企业

喜利得（中国）商贸有限公司	李　翔	010-63861391
洛科威防火保温材料（广州）有限公司	吕大鹏	4006650505
长春阔尔科技股份有限公司	刘阔天	15943059625
大连光华采光通风工程有限公司	黄兴贤	18241151201
鹤山市恒保防火玻璃厂有限公司	陈沃林	13702293757
南京彤天岩棉有限公司	孙　鑫	15861800853
广东新元素板业有限公司	黎浩辉	13925988833
欧文斯科宁（中国）投资有限公司	张　智	13911592751
北京坞钢炜业消防科技有限公司	蒋建明	13701068641
上海宝产三和门业有限公司	陈艳梅	021-66932135
北京金科复合材料有限责任公司材料研究所	杨玉兴	13811375495
靖江市春竹环保科技有限公司	陈玉美	13814461795
北京卓瀛嘉天建筑材料有限公司	张宝祥	18089233229
泰康健康产业投资控股有限公司	张墨青	13810107442
上海腾喜建筑工程有限公司	李宝龄	13818970275
上海新型建材岩棉大丰有限公司	严伟华	13817683227
上海森林特种钢门有限公司	王福生	15802190068